3 2109 00810 4169

T4-ADF-795

REALIENBÜCHER FÜR GERMANISTEN

ABT. G: DOKUMENTATIONEN

(Reihe a: Aus der Geschichte der Literaturwissenschaft und Literaturkritik)

FRIEDRICH VON BLANCKENBURG

VERSUCH ÜBER DEN ROMAN

FAKSIMILEDRUCK

DER ORIGINALAUSGABE VON 1774

MIT EINEM NACHWORT

VON

EBERHARD LÄMMERT

MCMLXV

J.B. METZLERSCHE VERLAGSBUCHHANDLUNG

STUTTGART

Die Württembergische Landesbibliothek in Stuttgart stellte ihr Exemplar der Originalausgabe dankenswerterweise für die Reproduktion zur Verfügung.

M 39

 Druck: Omnitypie-Gesellschaft Nachf. Leopold Zechnall Stuttgart
Printed in Germany

Versuch
über
den Roman.

Leipzig und Liegnitz,
bey David Siegerts Wittwe, 1774.

Vorbericht.

Ich weis nicht recht, aus welchem Gesichtspunkte man diese ganze Schrift ansehen möchte, wenn ich diesen Gesichtspunkt nicht selbst zeigte, und dazu soll nun dieser Vorbericht dienen.

Es mag vielen ein sehr dreuster und mißlicher Einfall zu seyn scheinen, daß ich eine Art von Theorie für die Romane schreiben will. Wenn sich nicht mancherley Schwierigkeiten dabey fänden, so dürften vielleicht nicht so viel Jahrhunderte vergangen, und so viele Romane geschrieben worden seyn, ohne daß nicht irgend ein Grübler auf den

Einfall gerathen wäre, über diese Gattung von Schriften nachzudenken, die vorhandenen Werke mit ihrem Zweck und Absicht zu vergleichen, und, nach Anlage der menschlichen Natur, die Mittel anzuzeigen, wodurch man diesen Zweck am sichersten erreichen könne. —

Aber vielleicht hat man es nicht der Mühe werth gehalten, über eine Gattung von Schriften viel nachzudenken, die nur für die Unterhaltung der Menge geschrieben ist? — Dies scheint wirklich der Fall zu seyn; aber eben **dadurch** wird diese Sorglosigkeit strafbar. Sollte man nicht **zuvörderst** darauf denken, dem größten Theil des menschlichen Geschlechts gesunde Nahrung zu verschaffen?

Ich bin nicht Willens, — und auch nicht fähig, eine vollständige Theorie für eine Gattung von Schriften zu schreiben, die so mancherley Gestalten annehmen können; aber ich halte Bemerkungen über diese Dichtungsart, aus den angeführten Gründen, für sehr nothwendig.

Daß

Daß diese Schriften, weil sie nun einmal die Unterhaltung der Menge sind, natürlich einen Einfluß auf ihren Geschmack, — und auch auf ihre Sitten gehabt haben, ist wohl unläugbar.

Wir wollen hierüber nicht etwan den Epigrammatisten allein hören, der in Zieglers Asiatische Banise schrieb:

Mit kühnen, treuen, frommen Rittern,
Verdarb sich der Geschmack von unsern guten Müttern;
Mit feinerm Witz, empfindungsvollen Scherzen,
Verdirbt man unsrer Töchter Herzen.

Kästners Vorles. zweyte Samml. S. 114.

Was läßt sich von einer Schrift erwarten, „in welcher gewöhnlich die Heldinn ein tugendhaft Frauenzimmer ist, das der Verfasser durch allerhand Gefährlichkeiten zu „Wasser und zu Lande herum führt, tausend Versuchungen, zuweilen gar gewaltthätigen Unternehmungen, aussetzt, und „am Ende durch diese oder jene Peripetie „krönt?

„krönt? Das Mägdchen muß Schiff„bruch leiden, um zur Sclavinn gemacht „zu werden; ihre Tugend wird auf die „Probe gesetzt, entweder von einem Bassa „oder Thersander, oder einem jungen Lie„besritter in Paris, London, oder wo es „ist. — Die Romanen aller Nationen „scheinen dies mit einander gemein zu ha„ben: — daß Männer ihre Zeit, ihre „Ruhe, ihre höhere Bestimmung, zu„weilen ihre Gesundheit, oder so gar „das Leben dem andern Geschlechte „aufopfern:“ — was, sag' ich, läßt sich von solch einer Schrift, charakterisirt durch einen Romanenschreiber selbst, wenigstens durch einen Romanenübersetzer, für die Bildung des guten Geschmacks, für die Ausbreitung guter Sitten erwarten?

Damit nun dieser Geschmack weniger verdorben werden, damit der üble Einfluß der Romane auf die Sitten, von unsern guten Müttern weniger beseufzt werden möge, hab' ich diese Bemerkungen niedergeschrieben. Sie sollen, wenns möglich ist,

ist, den Roman zur Wahrheit und Natur zurücke führen.

Ich gesteh' es sehr aufrichtig, daß ich glaube, ein Roman könne zu einem sehr angenehmen, und sehr lehrreichen Zeitvertreibe gemacht werden; und nicht etwan für müßiges Frauenzimmer, sondern auch für den denkenden Kopf.

Solcher Romane aber haben wir vielleicht nicht mehr, als zwey oder drey; — vielleicht gar nur einen. Diese vorhandenen Werke hab' ich mit allen dem Fleisse studiert, der nöthig ist, um es ausfindig zu machen, wodurch sie das geworden sind, was sie sind.

Noch ehe ich daran dachte, diesen Versuch zu schreiben, las' ich die Wielandschen und Fieldingschen Romane, den Agathon und den Tom Jones, zu meinem Unterricht und zu meinem Vergnügen, sah bey jedem Schritt, der darinn geschieht, zurück auf die menschliche Natur, und fand bey ihnen das, was Pope vom Homer sagt:

Nature and *they* were . . . the same.

Und von den andern, in dieser Gattung erschienenen Werken, hab ich gewiß die wichtigsten, — und überhaupt so viele gelesen, als nöthig gewesen, um die Vortrefflichkeit jener einzusehen. — Es ist nicht etwan mein Vorsatz, indem ich diese beyde mit einander nenne, sie einander gleich zu stellen, und für einerley zu erklären; unstreitig hat Wieland **einen** Schritt zur Vollkommenheit voraus; aber Fielding verdient nächst ihm gestellt zu werden. Die Ausführung hierüber gehört an einem andern Ort. —

Aber wird man das, was ich aus diesen beyden Schriftstellern, und also aus der menschlichen Natur, gelernt und abstrahirt habe, auch gelten lassen, auch annehmen wollen? — Wenn es den Dichtern am Herzen liegt, gegründeten Beyfall zu haben, so denk' ich, können sie mit keinem hadern, der sich die Mühe giebt, ihnen wenigstens etwas von dem zu sagen, was sie thun müssen, um den Beyfall der Besten zu erwerben. Und wenn die Ausbreitung

tung

tung des guten Geschmacks und die Verbesserung der Sitten diejenigen Endzwecke sind, die sie billig, sich vorsetzen müssen, wenn man sie nicht zu unnützen Zeitvertreibern zählen soll: so sollten die Mittel, wodurch diese Endzwecke erreicht werden können, mit der größten Sorgfalt hervorgesucht werden. — Und wer wird nicht, wenn er sieht, daß Fielding und Wieland durch das, was er hier von ihnen angemerkt finden wird, geworden sind, was sie sind, das Gesagte wenigstens der Mühe werth finden, es zu prüfen? Wer wird nicht gerne ein Fielding oder Wieland werden wollen, — wenn er kann? — *)

*) Der Verfasser von Sophiens Reise hat uns, wenn ich Ihn recht verstehe, ein Werk, in der Geschichte des H. Groß, versprochen, wodurch die Zahl der ächten Romane vermehrt werden wird, wenn er sein Wort hält. Wir sollen nämlich in diesem Werke eine Reihe von Begebenheiten und Vorfällen sehen, wodurch H. Groß gleichsam geführt

Die Leser selbst, oder die Menge, wenn man will, könnte es leicht am übelsten empfinden, wenn alle Vorschläge befolgt würden, die sich aus den angeführten Mustern folgern lassen. Sie hat sich einmal das Richteramt über diese Schriften angemaßt; vielleicht glaubt sie, dabey zu verlieren, wenn ihr ein Kunstrichter auch nur einen Roman wegcritisirt. Wer wird sich gutwillig seine gewohnte Nahrung neh-

men

führt wird, um am Ende, durch ihre Einwirkung auf ihn, vor unsern Augen, das zu werden, was er ist. Natürlich wird also diese Reihe von Begebenheiten, eine, durch die Person des H. Groß verbundene Kette von Ursach und Wirkung seyn, deren Resultat der Charakter des H. Groß ist. Wenn je eine Schrift meine Erwartung erregt hat, so ist es diese. Sie muß, ihrer Einrichtung nach, unendlich weit die bisherigen Romane dieses schätzbaren Mannes übertreffen; und ich erinnere den Verfasser daher an sein gegebenes Wort. Deutschland wird gerne noch warten, wenn es solch einen Roman erwartet.

men lassen? — Ich kann nichts thun, als versichern, daß sie, so fremde und schwer ihr auch die neue Nahrung auf den ersten Augenblick dünkt, nichts dabey verlieren, sondern nur um desto gesünder davon werden wird. — Und auch dafür werden die Romanendichter wohl sorgen, daß es ihr nicht so bald an der **gewohnten** Nahrung gebricht. —

Aus allem, was ich bis jetzt gesagt habe, wird man folgern können, daß ich nicht **willkührliche** Grundsätze und Vorschriften vorzutragen Willens bin. Auch habe ich nicht etwan mit einer Untersuchung über das Wort **Roman** angefangen, und daraus die nöthigen Eigenschaften dieser Gattung Schriften hergeleitet. Nicht einmal die Schrift des Huet, de l'origine des Romans, hab' ich gelesen; ob ich gleich sie habhaft werden zu können, gewünscht hätte.

Meinetwegen mag auch das Wort Roman von Ῥωμη (Stärke) oder von der Stadt Rheims, oder von dem Namen der

Spra-

Sprache, worinn die Barden dichteten, abstammen! Leser, die das bey mir suchen, könnten sich leicht betrogen finden.

Und eben so sehr diejenigen, die über die bloß äußere Einrichtung des Romans viel Bemerkungen erwarten. Es sieht inwendig noch zu öde und wüst darinn aus, als daß man sich um den Aufputz zuerst bekümmern sollte. Dieser Aufputz sollte billig immer das Letzte seyn, und ist, leyder! fast immer das Erste; er ist fast immer für das Wesentlichste angesehen worden. Werden wir denn nicht einmal aufhören, dem Knaben in Gellerts Fabeln ähnlich zu seyn, der durchaus den Zeisig zur Nachtigall machen wollte? —

Weder über die Ausdehnung des Ganzen also, noch die zufällige Form, noch über den Schauplatz (das abgerechnet, daß ich deutsche Sitten empfehle) noch über die Menge und Auswahl der spielenden Personen, wird man hier was anders finden, als was, in Beziehung auf wichtigere Dinge, davon gesagt werden muß.

Ich

Ich sehe den Roman, den **guten Roman** für das an, was, in den ersten Zeiten Griechenlands, die Epopee für die Griechen war; wenigstens glaub' ichs, daß der **gute Roman** für uns das werden könne. — Aber ich will hiermit nicht gesagt haben, daß diese beyden Gattungen von Werken gerade in Allem einerley, und sich ganz ähnlich wären. — —

Die Romane entstanden nicht aus dem Genie der Autoren allein; die **Sitten** der Zeit gaben ihnen das Daseyn. **Gegenden**, in welchen man keine **Bürger** brauchte; und **Zeiten**, in welchen keine **Bürger** mehr waren, verwandelten die Heldengedichte der Alten, eine Iliade oder Odyssee, in einen Roman. Der erste Romanendichter würde, wenn er in **ganz bürgerlichen** Zeiten geboren, und gebildet worden, an statt einen Roman zu schreiben, gewiß eine Epopee geschrieben haben. — Doch die Heldengedichte der Alten sind nicht durch diese Romane etwann so verdrängt geworden, daß sie nicht dabey haben

ben bestehen können, und wirklich bestanden sind; sondern diese sind nur so zur Unterhaltung ihrer Zeit geschrieben worden, wie jene zur Unterhaltung der ihrigen. Den Eindruck, den damals nur jene machen konnten, machen jetzt diese; in so fern nämlich nur, daß sie die Unterhaltung des Publikums jetzt sind, so wie es jene ehmals waren.

Natürlich sind hieraus Unterschiede in der Einrichtung dieser verschiedenen Werke entstanden. Der Roman ist von mannichfaltigerm Umfange, als die Epopee, weil sich für den Menschen mehr Gegenstände zur Unterhaltung, als für den Bürger finden. Und dieser Unterschiede sind noch mehr. Aber alle lassen sich aus dem Unterschiede herleiten, der sich zwischen den Sitten und Einrichtungen der damaligen, und der jetzigen Welt findet.

Wenn der Roman das für uns eigentlich ist, was die Epopee, nach Maaßgebung, für die Griechen war; — wenn wir jetzt nur vorzüglich der Theilnehmung

für

für das, was den Menschen eigentlich angeht, (ohne daß wir auf ihn, als Glied eines gewissen Staates denken) fähig sind: so wird man leicht die Foderungen voraussehen können, die ich mit Recht an den Romanendichter machen zu dürfen glaube. — Diese Veränderung in unsrer Theilnehmung kann das menschliche Geschlecht seiner Vervollkommung näher bringen. Der Romanendichter soll es mit dahin führen helfen.

Er soll uns den Menschen zeigen, wie er ihn, nach der eigenthümlichen Einrichtung seines Werks, zu zeigen vermag. Das übrige alles ist Verzierung und Nebenwerk. Die verschiedenen Formen, die der Roman haben kann, müssen alle von einer Materie seyn. Von dieser ist hier nun, als dem Wesentlichsten, die Rede; nicht von der Gestalt, von dem Model des Dinges. —

Und ich ehre die nackte Menschheit, die, von allem, was ihr Sitten und Stand, und Zufall geben können, entblößte Menschheit so sehr; ich möchte sie so gern

gern in ihr wahres Vorrecht wieder eingesetzt sehen; ich möchte so gern alle Welt davon überzeugen, daß ein heller Kopf und ein reines Herz die **wichtigsten** Stücke in unserm Posten sind: — und ich finde diese Meynungen so wenig immer noch ausgebreitet, daß ich natürlich öfter, als einmal auf sie zurück gekommen bin, und mich so gar einigen kleinen Abschweifungen überlassen habe, um sie desto Anwendungsfähiger zu machen. Denn, wenn wir vorzüglich dies, im Menschen sehen und suchen müssen: so müssen wir dazu gebildet, und der Mensch uns so gezeigt werden, daß **wir erst dies an ihm sehen, und dann auch an ihm bemerken können**, wie er zu dem Besitz dieser Eigenschaften gelanget ist? —

Für den Philosophen kann die Aussicht, die aus der Veränderung der Gegenstände unsrer Theilnehmung entsteht, nicht unangenehm seyn. Wenn wir **zuerst** Menschen sind, und seyn sollen; wenn wir nur, indem wir Menschen sind, unsre Bestimmung errei-

erreichen können: so muß es ihm lieb seyn, daß die Theilnehmung der Menschen vorzüglich auf das gehr, was den Menschen allein trift, und nicht den Menschen, als Bürger. — Vielleicht folgert er hieraus, daß ein Theil dieses Alls, dieser Erde seiner Vervollkommung näher ist, als je ein andrer Theil es war, — daß einige Krümmungen und Umwege auf der Bahn zum Ziel, und allgemeinen Endzweck der Natur, mehr durchlaufen sind; — daß alle die von den Morgenländern und Griechen besessene Vollkommenheiten und Vorzüge nicht das sind, was man eigentlich glaubt; — daß die Abänderung und Umschmelzung unsers Geschmacks hierinn, nicht Verfall, und die Vollkommenheiten der Griechischen Litteratur nicht die höchsten Vollkommenheiten sind. —

Glücklich der Dichter, der etwas beytragen kann, diese Aussichten für den Philosophen zu erweitern; der, indem er uns den Menschen zeigt, und kennen, und es uns selbst werden lehrt, sein Volk doch nie, mit seinen Besondernheiten, dabey vergißt, sondern in seiner Art so national ist, als es die Griechischen Dichter für ihr Volk waren.

Dadurch glaub' ich, kann der Romanendichter classisch, und sein Werk des Lesens werth werden. Darauf habe ich vorzüglich bestanden, weil der Romanendichter sich vorzüglich mit dem Menschen beschäftigt; und so ist dieser Versuch entsprungen. Man sieht leicht, daß jene Kleinigkeiten und Nebenwerke nicht Platz darinn hatten.

Daß sich meine Begriffe sehr gut mit den Begriffen der Kunstrichter in andern Dichtungsarten vertragen: davon bin ich sehr gewiß überzeugt. Ich verlange aber nicht ganz neue und bis jetzt ungesagte Dinge vorgetragen zu haben. Ich habe größtentheils schon längst bekannte, und angenommene Grundsätze und Bemerkungen auf die Romane angewandt. —

Ich schreibe auch nicht für die Meister der Kunst, und will nicht für sie geschrie-

ben

ben haben. Dazu fühl' ich mich zu schwach. Aber eben weil ich nicht für sie, sondern für junge, angehende Romanendichter schreibe: so habe ich an einigen Orten weiter ausgeholt, als es jenen vielleicht nöthig dünken wird. Aber ich bitte sie, zu bedenken, wie es mit unsern gewöhnlichen Romanenschreibern aussieht. —

Noch einige Kleinigkeiten! — Ich habe sehr oft Beyspiele aus dem Epopee oder dem Drama angeführt, wo sie das beweisen, was sie beweisen sollten, und sie nicht aus dem Roman genommen. — Die Ursachen sind mancherley; eine davon ist auch diese, daß man, im Ganzen gerechnet, Epopee und Drama mehr kennt, als den Roman. — Ich habe ferner der Ausländer öfter gedacht, als meiner Landsleute; aber ich hasse und verabscheue Kritiker- und Autorenkriege. Die aus den Ausländern und Alten gebrauchten Stellen, hab' ich fast immer mit ihren Uebersetzungen zugleich angeführt. Auch diese Vorsicht wird wohl nicht ganz bey unserm Publiko unnütz seyn;

 — wenig-

— wenigstens bey den gewöhnlichen Romanschreibern.

Ich habe ferner oft Werke von großem Rufe getadelt. Darunter gehören vorzüglich Richardsons Romane. Aber ich habe nicht die Absicht gehabt, sie herunter zu setzen. Wer mich zu entscheidend, oder zu richterlich sprechen zu hören glaubt: der setze dies nicht auf Rechnung von Stolz und Eigendünkel. Ich schätze Richardson; aber die Wahrheit höher, als ihn. Ich habe jedesmal, ohn' alle Nebenabsicht, aber nach inniger Ueberzeugung, und vorhergegangener Prüfung niedergeschrieben.

Uebrigens zerfällt mein Werk von selbst in zwey Theile. In dem erstern finden sich Betrachtungen über das Anziehende einiger Gegenstände; Im zweyten ist die Rede von der Kunst des Dichters, in Rücksicht auf die Anordnung und Ausbildung der Theile und das Ganze des Romans.

B.

I. Von

I.

Von dem Anziehenden einiger Gegenstände.

I.

Von dem Anziehenden einiger Gegenstände.

1.

he ich zu diesem Anziehenden selbst komme, ists billig, daß ich eine kleine Einleitung voran schicke, in welcher wir uns mit der Gattung und Natur des **Romans** überhaupt bekannt machen wollen.

Die Erfindung, das menschliche Geschlecht durch Erzählung allerhand rührender und anziehender Begebenheiten und Vorfälle zu unterhalten, ist vielleicht so alt, als irgend eine andre auf diese Absicht zweckende Erfindung. Vielleicht ist sie so alt, als das Epische Gedicht, und hat nur, nach veränderter Denkungsart des Menschen, eine andre Gestalt angenommen. Im allgemeinsten Sinn gehört wirklich das Heldengedicht mit allen seinen Gattungen hieher; oder vielmehr gehöret der Roman einigermaßen mit zur Gattung der Heldengedichte, und die Theorienschreiber der Dichtkunst, wenn sie die Romane mit in ihren Plan zu ziehen würdigen, pflegen Epopee und Roman in eine Classe zu setzen.

Man sieht gewöhnlich die so genannten Milesischen Fabeln für die ersten Romane an; Erzählungen, die im Schooß einer üppigen, in Trägheit versunkenen Stadt entstanden, irgend einen Liebeshandel enthielten, bey welchem der unbeschäftigte Einwohner, der als Bürger keine Nahrung für seinen Geist bedurfte und haben konnte, sich eben so vergnügte, wie der Athenienser bey seinem Homer. — In der Bibliothek des Photius wird ein Antonius Diogenes als derjenige Scribent genannt, der den Romanen die gewöhnliche, und in dem Vorbericht charakterisirte Form und Einrichtung gegeben; und das älteste der in dieser Gattung auf uns gekommenen Werke, ist die Geschichte des Theagenes und der Chariklea, deren Uebersetzung wir Meinhardten zu verdanken haben. Die Zahl all' der ältern übrig gebliebenen Schriften dieser Art beläuft sich auf sieben [a]), wenn ich des Theodorus Pro-

a) Sie sind — die angeführte Geschichte des Theagenes und der Chariklea vom Heliodor, — des Clitiphons und der Leucippe vom Achilles Tatius, — des Daphnis und der Chloe

Prodromus Geschichte des Rhodantes und der Dosikle, in jambischen Versen, dazu rechne. Alle diese Werke haben nichts, das die Aufmerksamkeit der Leser vorzüglich auf sie zu ziehen verdiente; und sie sind in einer unsrer kritischen Schriften (der Allg. Bibl.) bey Gelegenheit der Uebersetzung des Longus, sehr richtig charakterisirt. — Den Titel Roman aber hat meines Wissens die von Guillaume de Lorris angefangene, und von Jean de Meun geendigte Schrift, von der Rose, zuerst geführt. Es ist eine Art von Kunst zu lieben: [b])

Chloe vom Longus, — des Ismenes und der Ismenia vom Eustathius, — des Chäreas und der Calliroe vom Chariton, — des Aprocamus und der Anthia vom Xenophon von Ephes, — und die oben genannte Geschichte des Rhodantes und der Dosikle. Der erste, zweyte, dritte und fünfte dieser Romane sind auch schon ins Deutsche übersetzt.

b) Vielleicht ist es manchem nicht unlieb, hier von diesem Roman so viel zu hören, als ich selbst ohngefähr davon weis: hier ist es in den eigenen Worten eines französischen Scribenten: Au milieu de chansons on vit éclorre le *Roman de la Rose*, que les gens de gout estiment encore aujourd'hui. — Il renferme les expressions vives de cette passion si douce & si cruelle, qu'on ne se lassera jamais de peindre, & dont les peintures sont toujours intéressantes même pour les malheureux qu'elle a faits. Cet ouvrage eprouva tout ce qui accompagne les grands succès, les éloges outrés, & les contradictions ridicules. Les Religieux qui s'y voyoient maltraités crioient au blasphê-

C'est le Roman de la Rose
Où tout l'art d'amours est inclose.

Unter uns Deutschen ist, so viel ich weis, Wolfram von Eschenbach, oder eigentlich Eschilbach, der im An-

blasphême; les Prédicateurs lançoient contre lui toutes les foudres de l'eloquence Apostolique; & Gerson, Chancelier de l'Université crut l'ensevelir sous un énorme Traité Latin; — mais les Graces toujours victorieuses se jouent des criailleries des Moines, des Anathèmes de la Chair & du Latin de l'Université. — Les Partisans du Roman de la Rose tombèrent dans un autre excès. à les entendre, c'étoit le livre universelle. Fable, Histoire, Morale, Theologie, Religion, Chymie, tout étoit renfermé sous cet ingenieux emblème. Cette Rose, d'après eux, representoit tout-à tour la Science, la Sagesse, les mysteres de la *Grace*, la Piété Chretienne, & le Port du Salut: quelques-uns même y appercevoient la *Rose virginale de Marie*, la *blanche Rose en Jéricho plantée*, le *Verger d'infinie Liesse*, le *Rosier de tout bien & gloire*, *qui est la béatifique vision de l'essence de Dieu.* — Cette Rose est cependant celle qui fut transplantée depuis à l'opera-comique par l'auteur de la Metromanie. *(Piron)* — le Roman célébre fut en quelque sorte l'Aurore de la Poësie françoise; il est à la fois voluptueux & satyrique. Les femmes sur-tout n'y sont pas menagées; les Epigrammes contr'elles y reviennent à tout moment; en voici une:

Penelope même il prendroit,
Qui bien à la prendre entendroit —

Quand cela seroit faut-il le dire avec cette dureté, & outrager un sexe charmant qui n'a pas toujours le courage de se defendre contre les idées du bonheur que nous attachons à ses foiblesses. — *Oeuvr. de Dorat* T. IV. Disc. prél. p. 13. (Ed. de Paris.)

Anfange des dreyzehnten Jahrhunderts lebte, der älteste Romanendichter. —

Doch ich will hier nicht eine Geschichte oder Charakteristik der Romane überhaupt entwerfen; nur das Nothwendige hierinn hab' ich mitnehmen zu müssen geglaubt. Aus dem Eigenthümlichen, das diese Gattung von Schriften bey den verschiedenen Nationen gehabt hat, aus der Zauberey, z. B. die in den barbarischen, aus der vermittelten Intrige, die in den spanischen, aus der ausschweifenden Liebe und Ehrbegierde, die in den ersten französischen Werken dieser Art durchgängig herrscht, kann der Untersucher zwar wichtige Beyträge zur Geschichte des Geschmacks und der Sitten dieser Völker holen. Es ist kein unangenehm Geschäft, die Romane aus diesem Gesichtspunkte zu betrachten; und ich bilde mir ein, mit richtigen Voraussetzungen und Abrechnungen, manchen Beytrag zur Geschichte der Menschheit in ihnen gefunden zu haben; aber diese Sachen liegen jetzt außer meinem Wege. — —

Wenn der Innhalt des Romans von dem Innhalt der Epopee abgehen muß, weil sie aus einer Verschiedenheit in der Denkungsart der Menschen entstanden sind: so muß dies natürlich einen Einfluß auf die übrigen Einrichtungen des Romans gehabt haben. Den Unterschied also, der sich zwischen Epopee und Roman finden muß, wollen wir aufsuchen, um die Idee eines Romans desto fester zu setzen, und um ihn von den angränzenden und so sehr verwandten Gattungen desto sicherer zu unterscheiden. — Aber ich bin nicht willens, diese Materie zu erschöpfen, und alle Kleinigkeiten anzugeben, die man als Unterschiede zählen kann. Nur das Allerwesentlichste werd' ich berühren.

Zuerst also ist dem Heldendichter nur eine Handlung von einer gewissen Größe, von einem gewissen Umfange erlaubt. Aristoteles gab diese Vorschrift nicht allein nach Maaßgebung des Endzwecks, den alle Dichter haben, zu vergnügen und zu unterrichten; er zog auch die eigenthümliche Denkungsart seines Volks, und die Materien, die die Epischen Dichter behandelten, bey der nähern Bestimmung dieser Größe mit zu Rathe. Dies läßt sich nicht anders von dem, seinen Stoff aus allen Gesichtspunkten übersehenden Philosophen vermuthen; und ich denke, daß ihm diese Vermuthung nicht Schande machen kann.

Die nähere Bestimmung dieser Größe geht uns hier nichts weiter an, als daß der dem Roman zukommende Umfang mehr in sich begreift, wenigstens mehr in sich begreifen kann, als jene Größe. Die wichtigsten Begebenheiten eines Menschen können unter einem Gesichtspunkt vereinigt, und, als

Ursach

Ursach und Wirkung, in ein Ganzes unter sich verbunden werden, das weder einer Milbe noch einem Elephanten gleicht, und das doch Aristoteles nie für das Ganze eines Heldengedichts erkannt haben würde. Da wir diesen Fall in wenigstens zwey Beyspielen wirklich sehen, wovon das schönste noch dazu deutscher Geburt und Ursprungs ist: so braucht meine Meynung keines weitern Beweises, als daß ich den – Agathon nenne. Wer sich wundert, daß ich dieses vortreffliche Werk so gerade zu unter die Romane setze, der beliebe hinzu zu denken, daß es nicht etwan geschieht, weil ich alles, was Roman ist und heißt, ihm gleich schätze, sondern weil ich alle Romane ihm gleich zu werden wünschte, — weil nur er allein all' die Eigenschaften hat, die solch ein Werk, seiner Natur nach, haben kann. Es ist nicht etwan sein besondrer Innhalt, deswegen ich ihm diese Vorzüge zuerkennen muß; es ist die Art und Weise, wie der Dichter desselben, den Stoff, Begebenheiten und Charaktere, behandelt hat, die dies Werk so sehr über die andern Werke dieser Art erhebt. Bey dieser Behandlung konnte der Held Tristram seyn; und das Werk war immer noch vortrefflich; immer noch vortrefflich, wenn wir auch nicht ein Muster fürs Leben darinn sich ausbilden sähen. —

Wenn wir den Agathon [c]) untersuchen: so findet es sich so gleich, daß der Punkt, unter welchem alle Begebenheiten desselben vereinigt sind, kein andrer ist, als das ganze jetzige moralische Seyn des Agathon, seine jetzige Denkungsart und Sitten, die durch all' diese Begebenheiten gebildet, gleichsam das Resultat, die Wirkung aller derselben sind, so daß diese Schrift ein vollkommen dichterisches Ganzes, eine Kette von Ursach und Wirkung ausmacht. Weder in den Vorschriften des Aristoteles, noch in den vorhandenen Heldengedichten finden wir einen Plan zu einem Werk von solchem Umfange. Wir sehen in ihm vorzüglich den bemerkten Unterschied in Rücksicht auf die Größe der Handlung, der sich zwischen der Epopee und dem Roman befindet. Zwar haben wir viele Romane, die weitläuftiger zu seyn scheinen, als es Agathon ist. Ohne hier der Clelien und Artamenen zu gedenken, so haben die Werke des Richardsons das Ansehn eines weit größern Umfanges, in Rücksicht auf die Handlung, und haben diesen Umfang doch wirklich nicht. Agathon ist, da er zu Tarent ankommt, wenigstens einige dreyßig Jahre alt; und die ganzen Begebenheiten

c) Ich besitze nur die erste Auflage des Agathon, ob ich gleich dies zu einer Zeit schreibe, wo die neue, vollendete Ausgabe desselben unlängst erschienen ist. — Ich habe also nur diese erstere Auflage hier nützen können.

heiten seines vorigen Lebens, in so fern nämlich sie nicht ohne Einwirkung geblieben, sind in einen Punkt vereint. Dies läßt sich weder vom Grandison, noch von der Clarisse, noch von jenen grössern Werken sagen, wenn sie auch sonst die übrigen Vollkommenheiten, die ein Werk dieser Art haben kann, hätten. d)

Eine natürliche Folge dieses bemerkten Unterschiedes zwischen dem epischen Gedicht und dem Roman, ist die Frage: Warum kömmt dieser größere Umfang vorzugsweise dem Roman vor dem epischen Gedichte zu? die Untersuchung dieser Frage ist nicht so ganz gleichgültig, wenn wir uns mit der Natur des Romans bekannt machen wollen. Wenn Aristoteles in dem drey und zwanzigsten Kapitel der Dichtkunst auch diejenigen epischen Dichter zu tadeln scheint, die entweder einen ganzen Krieg, oder die ganzen Begebenheiten eines Menschen besingen: so kann es freylich seyn, daß diese Dichter diese ganzen Begebenheiten nicht unter einen Gesichtspunkt zu bringen verstanden, und sich dadurch den Tadel des Philosophen zugezogen haben; ich werde auch nie glauben, daß, wenn Aristoteles das Ganze des

d) Man mag diesen weitern Umfang vom Innhalte des Agathon für einen neuen Grund ansehen, warum ich ihn auch lieber zuerst nennen wollen.

des Agathon beurtheilen sollte, er es nicht zugestehen würde, daß es ein solches Vergnügen gewährte, als immer irgend ein vollständiges Werk der Natur gewähren kann; aber dem ungeachtet bin ich eben so fest überzeugt, daß, wenn auch Hr. Wieland seinem Werke, in Rücksicht auf den Styl, die epischen Eigenschaften geben wollte, es dennoch für den Aristoteles nie ein episches Gedicht seyn würde. Aristoteles foderte für das Heldengedicht die Nachahmung einer großen Handlung [e]), und obgleich das Wort (σπȣδαιων), wodurch er den Gegenstand epischer Gedichte ausdrückt, mehr als eine Bedeutung haben kann, und auch den Uebersetzern ein Stein des Anstoßes gewesen ist, die es bald auf diese, bald auf jene Art erklärt; bald auf die Personen, bald auf die Handlung gezogen haben: so dünkts mich doch sehr wahrscheinlich, daß der eigentliche Sinn des Philosophen sehr leicht zu finden ist, wenn man hier, so wie man bey ihm billig immer es sollte! sich den Sinn des Worts, nach Maaßgabe der Absicht, die er damit hatte, aus der Denkungsart und den Begriffen, die die Griechen vermöge ihrer politischen Einrichtung, Religion, Sitten und ganzen Verfassung von der Sache haben mußten, abstra-

e) Es versteht sich von selbst, daß hier die Rede von innerer Größe ist.

abstrahirt. Wenn die Commentatoren des Aristoteles praktisch werden wollten: so sollten sie jedesmal die Veranlassungen, die er zu dieser oder jener Vorschrift gehabt haben kann, ausfindig zu machen suchen. Gewiß ists, daß hier der Philosoph nichts anders meynen kann, als eine Handlung und Personen, die, nach der Denkungsart der damaligen Zeiten, viel Anziehendes für die Griechen haben sollten. Nach diesen Begriffen nun getrau ich mir es zu sagen, daß ein Gedicht, in welchem alle Handlungen dahin nur zweckten, den Geist und den Charakter eines einzelnen Mannes zu bilden, und sollte dieser einzige Ulysses oder Achilles seyn, nicht das charakteristische Große gehabt haben würde, das Aristoteles für ein Heldengedicht fodert [f]). Und dieser

f) Wenn doch unsre Kunstrichter (wie es einige sehr rühmlich gethan) indem sie uns die Gesetze des Aristoteles so ganz unbedingt vorlegen, immer ein wenig Rücksicht auf ihre Entstehung, Veranlassung, eigentliche Abzweckung und wahren Innhalt haben wollten! Oder, wenn doch ein neuer Aristoteles aufstehen, und eine deutsche Poetik schreiben wollte, wie jener eigentlich eine Griechische Poetik schrieb. Freylich müßte es aber kein andrer Gottsched seyn, der diesen Einfall, so wie Gottsched, hätte. Doch vielleicht ist in unserer jetzigen ganzen politischen Verfassung, Denkungsart und Sitten nichts, auf das sich ein Kunstrichter bey Abfassung seiner Vorschriften mit beziehen könnte, wie es Aristoteles, nachdem er gewiß zuerst Rücksicht auf die menschliche Natur gehabt hat, thun konnte? —— Diese Frage wäre einer Untersuchung werth —— Ich will aber nicht

dieser Charakter von Große würde Aristoteles auch nicht dem Dichter, bey der Wahl seiner Handlung, empfohlen haben, wenn er ihm nicht davon den mehrsten Beyfall versprochen hätte, so fern nämlich solch eine Handlung den mehrsten Einfluß auf das damalige Publikum hatte, und von ihm für wichtig gehalten wurde.

Die epischen Dichter der neuern Zeiten (wenn ich vielleicht meinen treuen Freund Ariost und einige andere ausnehme, die von den strengen Kunstrichtern kaum unter die Heldendichter pflegen gestellt zu werden) haben sich in Rücksicht auf den Umfang und den Innhalt der Handlung, im Ganzen gerechnet, so sehr nach dem Homerischen Heldengedicht gebildet, sie haben sich so getreu den Regeln des Aristoteles unterworfen g); und unsre Kunstrichter sind

nicht etwan, daß man eine Celtische Dichtkunst schreibe; oder daß man für vaterländisch erkläre, was Ossian und die Barden sangen.

g) Mit wie viel Recht oder Unrecht mag ich nicht so ganz genau bestimmen; aber da wir weder solch Vaterland, noch solche Gesetzgebung, noch solche Denkungsart haben, als die Griechen hatten, (eine Sache, die ich hier wiederholen zu müssen glaube) so scheints unmöglich, daß solche Handlungen, wie Homer behandelte, den Einfluß auf ein deutsches Publikum haben können, den sie auf ein griechisches hatten. Was noch mehr ist, ich zweifle schlechterdings, daß für uns Deutsche irgend eine Handlung für die Epopee aussindig gemacht werden könne, die auf uns so wirke, wie die Iliade, zum Beyspiel, auf die Griechen in einem

sind in ihren Vorschriften, was diese Gattung von Gedichten betrifft, so genau dem Philosophen gefolgt,

einem gewissen Zeitpunkt wirkte. Selbst die Eneide machte nie auf die Römer den Eindruck, den die Werke Homers auf die Griechen machten. Und sie konnte es nicht. — Das Heldengedicht enthält vorzüglich Thaten, Unternehmungen; und für den bloßen Unterthanen kann darinn keine Theilnehmung liegen. — Man klagt so oft und so viel, daß Homer jetzt so wenig gelesen werde, in Vergleichung mit denen Zeiten, wo noch ein Griechenland war; — daß unsre Heldendichter, in Vergleichung mit denen Lesern, die er in jenen Tagen hatte, so sehr wenige, und noch dazu so sehr kalte Leser haben; — daß wir die Muster der Alten von Tage zu Tage mehr vernachläßigen, und unser Geschmack immer schlechter wird; — es giebt Leute, die da behaupten, daß, so vortreflich auch das Colorit Homers ist, dennoch einige unserer Dichter, nach Maaßgebung des Unterschieds, den die Sprache und andre Umstände in der Sache machen (und wobey folglich, wenn die Dichtkunst verliert, die Nation den Verlust nicht empfindet, weil sie den Vorzug nicht gekannt haben kann) diese freylich sehr wenigen Dichter, in ihrer Art, und nach Möglichkeit der ganzen Lage der Zeit, für uns so vortreflich beynahe sind, als es nur Homer für die Griechen seyn konnte, ohne daß sie jemals so gelesen worden sind, und gelesen werden dürften, als er; — man folgert hieraus sehr richtig, daß dies in der Wahl des Vorwurfs liege, den die verschiedenen Dichter behandeln: — und doch sucht man nicht, nach all' den Verhältnissen, in welchen wir uns befinden, das Eigenthümliche zu bestimmen, das vorzüglich der Stoff haben müsse, der uns so an sich ziehen solle, wie der Innhalt der Iliade die Griechen an sich zog. — Je weiter wir von der Denkungsart des griechischen Volks entfernt sind; je kälter muß uns geradesweges alles das dünken, was sich nur auf dies Volk allein bezog,

folgt, daß ich wohl nicht befürchten darf, getadelt zu werden, wenn ich also den Begriff des Aristoteles von

bezog, und nichts, als was die bloße Menschheit angeht, kann uns also nur noch in diesen Werken interessiren. Wer also unser Homer im wahren Sinne werden will, muß zuerst einen Stoff ausfindig machen, der eben so anziehend ist, als der Stoff, den Homer behandelte, es für die Griechen war; und dann muß er ihn freylich auch so behandeln, wie Homer. — Die neuern Epischen Dichter, die zu ihren Heldengedichten den Innhalt aus der Religion genommen, scheinen über das Anziehende, das solch ein Stoff immer haben muß, und auch trotz dem Gott von Ferney, (wie ein Epigrammatist den alten Voltaire irgendwo nennt) immer behalten wird, richtig geurtheilt zu haben; aber ich weis nicht, ob dies allein die Sache ausmacht? — Die Schuld unsers Kaltsinns und der Vernachläßigung immer und allein auf die Nation zu schieben, die oft einen unbedeutenden französischen Roman, eine fade Nouvelle, verschlingt, hilft dem Uebel nicht ab; und ist vielleicht ungerecht. Denn wenn ein Volk zu so einem Gerichte Appetit haben kann, wie würd' es sich bey einem andern ergötzen, bey dem die Natur des Menschen, und all' die Eigenthümlichkeiten, die es durch Religion, Gesetzgebung u. s. w. erhalten hat, zu Rathe gezogen worden wären? „Aber vielleicht" . . . ich verstehe! aber dann habt erst Mitleiden mit diesem Volk, das, nach seiner ganzen Einrichtung keinen andern Geschmack, als für französische Possen haben kann. An ihm allein liegt die Schuld nicht! — Und am Ende bleibt ihm wenigstens Eins übrig, das ihm durch nichts genommen werden kann. Wir müssen immer Menschen bleiben; und in den Eigenthümlichkeiten des Geschmacks unsrer und der benachbarten Nationen, findet sich die Bestätigung, daß wir immer mehr und mehr hierauf zurück kommen. Auch verliert die Menschheit im Grunde nichts hierbey, wie man vorher schon von der Epopee (der vielleicht zu dem deutschen Titel, **Heldengedicht**, Anlaß gegeben) als allgemein annehme, und dann folgere, daß also der Unterschied zwischen Heldengedicht und Roman, in Rücksicht auf den Umfang der Handlung, aus der Wahl der verschiedenen Begebenheiten zu entspringen scheine. So wäre denn auch zugleich ein zweyter Unterschied bemerkt, der sich zwischen diesen beyden Gattungen befindet, und beyde Unterschiede zusammen sind darinn enthalten, daß, so wie das Heldengedicht **öffentliche Thaten und Begebenheiten**, das ist, **Handlungen des Bürgers** (in einem gewissen Sinn dieses Worts) besingt: so beschäftigt sich der Roman mit den **Handlungen und Empfindungen des Menschen.**

Diese beyden Unterschiede gründen sich auf die Verschiedenheit in den Sitten und der Einrichtung der Welt. So wie aber vorzüglich in der Epopee die **Thaten des Bürgers**, in Betracht kommen: so

schon gesehen haben wird. —— Dies Feld also laßt uns aufs sorgfältigste anbauen! Es ist bis jetzt noch zum Theil sehr vernachläßigt worden. Wenigstens haben einige unsrer Dichtungsarten noch nicht das Ansehn, als ob wir darauf allein eingeschränkt wären; sondern daß sie da gewachsen sind, wo für uns keine Blumen mehr wachsen. Wie bedaur' ich unsre deutsche Pindare und Horaze! Ich würde sie nicht so bedauern, wenn ich sie nicht so sehr verehrte.

so scheint in dem Roman das Seyn des Menschen, sein innrer Zustand das Hauptwerk zu seyn. Bey jenen Thaten läßt sich für den Bürger eine anziehende Unterhaltung denken, weil diese Thaten entweder den Ruhm der Vorfahren, oder die Wohlfahrt ihres Landes enthalten können. Wenn die Epopee den gehörigen Eindruck machen soll: so muß ihr Innhalt aus dem Volk genommen seyn, für das sie geschrieben wird. Wie könnte der Muselmann sich bey der christlichen Epopee gefallen? – Und wenn sich der Romanendichter auf Thaten und Unternehmungen des Menschen allein einschränken wollte, was kann heraus kommen, das den vorangeführten Thaten gleich interessant wäre? — Aber wohl kann uns das Innre des Menschen sehr angenehm beschäftigen. — Bey einer gewonnenen Schlacht ists nicht das Innre des Feldherrn, um das wir uns bekümmern; die Sache selbst hat ihren Reiz für uns; aber bey den Begebenheiten unsrer Mitmenschen, ist es der Zustand ihrer Empfindung, der uns, bey Erzählung ihrer Vorfälle, mehr oder weniger Theil daran nehmen läßt. Dies lehrt Jeden die Erfahrung. Sind es Thaten und Begebenheiten, die uns so sehr angenehm im Tom Jones unterhalten; oder ist es nicht vielmehr dieser Jones selbst, dieser Mensch mit seinem Seyn und seinen Empfindungen? Er

thut

thut nichts, wenigstens sehr wenig, das wir nur gut heißen können, und doch lieben wir ihn herzlich, und nehmen deßwegen sehr viel Theil an seinen Begebenheiten.

Einige der Vortheile, die hieraus für die Menschheit entstehen, wenn die Romanendichter diese Winke der Natur; diese Folgen der Einrichtung der jetzigen Zeiten nutzen, hab' ich schon vorher angezeigt; und die Eigenthümlichkeiten, die sich hieraus für den Roman ergeben, werd' ich, am gehörigen Orte, bemerken. —

Daß die Gefühle und Handlungen der Menschheit, der eigentliche Innhalt der Romane sind, wird dadurch nicht widerlegt, daß in einigen Werken dieser Art Könige und Helden, Clelien und Artamenen auftreten. Die Verfasser und Verfasserinnen dieser Werke, behandeln ihre Personen als Menschen, und nicht als Bürger; wenigstens ist die Empfindung des bloßen Menschen, und nicht des Bürgers, der Grund der Handlungen, die das Ansehn bürgerlicher Handlung zu haben scheinen. —

Es versteht sich von selbst, daß der Umfang, der vorher dem Roman zuerkannt worden, der weiteste ist, den er haben kann; aber daß nicht eben jeder Roman diesen Umfang haben müsse, um ein

Roman zu seyn. Das mehrere hierüber kann sich erst in der Folge ergeben. —

Es werden ferner die mehresten der folgenden Bemerkungen auf die höchste Wirkung gerechnet seyn, die der Roman hervorzubringen vermag, ohne daß ich jeder Schrift, die nicht alle diese Wirkungen hervorbringt, deßwegen (wenn das Publikum sie sonst Roman nennen will, oder ihr Verfasser sie so zu nennen beliebt hat) diesen Namen absprechen will. Auf den Namen kömmt es überdem nicht an. — Es dürfte auch wirklich die Zahl der Ausrangirten so groß werden, daß nur sehr wenige übrig bleiben möchten, die, wie Hr. Lessing vom Agathon sagt, verdienten, von einem Manne von Classischem Geschmack gelesen zu werden. Genug, daß ich alles das aufs sorgfältigste zu entwickeln gedenke, was aus einem Werke werden kann, **das sich mit den Handlungen und mit den Empfindungen des Menschen beschäftigt.** —

Es befinden sich zwischen dem epischen Gedichte und dem Roman noch allerhand andre Unterschiede, die aus dem erstern herzukommen scheinen; und von welchen ich mir nur dann die beste Rechenschaft zu geben weis, wenn ich sie als natürliche Folgen derselben ansehen darf. Der eine dieser Unterschiede betrift die **Schreibart.**

Oeffent-

Oeffentliche Handlungen werden, in aller Art, mit einer Feyerlichkeit, mit einer Würde vollzogen, die bey Privatbegebenheiten mehr als Geziere seyn würde. Wer spricht unter Freunden, so wie er in einer öffentlichen Rede, vor einer öffentlichen Versammlung spricht? — Wenn auch der Styl des Heldengedichts andre Schönheiten hat, als daß er nur dieser Uebereinstimmung wegen allein, viel Wirkung und Reiz haben sollte, und deßwegen eingeführt worden ist: so dünkts mich doch gewiß, daß das Oeffentliche der epischen Handlungen eine mit von den Veranlassungen zur dichterischen Schreibart gewesen seyn muß [h]). Und so würd' es dann auch sehr pretiös und sehr unwahrscheinlich klingen, wenn ein Romanendichter den epischen Ton anstimmen wollte. — Es versteht sich aber wohl von selbst, daß alles, was uns die ideale Gegenwart der behandelten und vorgestellten Gegenstände verschaffen kann, hierdurch nicht verworfen wird.

h) Wer auf die Art zurücke denkt, wie öffentliche Begebenheiten in Griechenland behandelt worden, wird hierin wohl nichts Widersprechendes finden. Es ließe sich hier noch viel von dem Unterschiede sagen, der aus diesen Gründen sich zwischen unsrer und jener dichterischen Schreibart befinden kann.

Ein dritter Unterschied ist zwischen dem Heldengedicht und Roman zu bemerken, der, so wie der vorhergehende, eine Folge der erstern zu seyn scheint. Die Epopee gestattet ein gewisses Wunderbares, das man Maschienen nennt; und der Roman dürfte es vielleicht nicht vertragen.

Die neuern scheinen zu glauben, daß die Würde der Epopee und die Wichtigkeit der epischen Handlung, den Beystand und die Einmischung der Götter und der höhern Wesen erlaube, ja so gar fodern könne; zufolge des sehr unphilosophischen Grundsatzes, daß sich diese mehr ums Ganze als ums Einzelne bekümmern müssen. Sie glauben auch, daß das Ansehn vom Wunderbaren, welches dem epischen Gedicht dadurch gegeben wird, es um sehr vieles anziehender mache; und dadurch scheinen sie sich rechtfertigen zu wollen, daß sie auch hier, so unbedingt, sich den Vorschriften des Aristoteles und dem Beyspiel des Homers unterworfen haben. Die eigentlichen Ursachen aber dieser Vorschriften, und dieses Gebrauchs der obern Wesen, liegen wohl in andern Veranlassungen. Erstlich gab sie die Religion des Alterthums mehr, wie die unsrige; wenn sich Jupiter und Juno, Mars und Venus, für oder wider die Griechen erklärten: so waren es Familienhändel, in die sie sich mischten. Und dadurch wurden denn diese Einmischungen zugleich höchst

höchst anziehend, weil unter den Lesern Homers noch immer sehr viele seyn konnten, denen natürlich die Erinnerungen so naher Verhältnisse zwischen sich und ihren Göttern, sehr schmeichelhaft und angenehm scheinen mußten. Die Maschienen verschafften also dem Homer gewiß mehr, wie einen Leser, weil das besondre Interesse so manches Griechen damit verknüpft war; ob sie unsern epischen Dichtern mehr Leser zuführen, weis ich nicht? — Da indessen der Romanendichter keine von diesen Veranlassungen haben kann, Maschienen in seinem Werke zu gebrauchen; weil sie sich nicht so gut mit denen Gegenständen vertragen und vereinigen lassen, die er behandelt, als mit dem Vorwurf des epischen Gedichts; ferner, da er sich nach dem Vorurtheil und den Meynungen des Ganzen bequemen muß, (wenn es auch noch so unphilosophisch denkt,) wofern er diesem Ganzen gefallen will: so enthält er sich wohl aus all' diesen Gründen der Maschienen in seinem Werke; zumal da der Reiz des Wunderbaren (die einzige Ursache, warum er sie noch gebrauchen könnte) ihm größere Vortheile rauben würde, als er ihm gewähren kann, wie wir dies an seinem Orte sehen werden. Aus diesen Vergleichungen des Epischen Gedichts und des Romans scheinen sich einige Bemerkungen ergeben zu haben, die es uns begreiflich machen, warum einige Einrichtungen in beyden Werken lieber so, als anders sind? Und dies scheint uns nicht so ganz gleichgültig seyn zu dürfen, wenn wir die Natur und Bestimmung des einen uns näher bekannt machen wollen.

2.

Es ist nichts so sehr billig, als die Foderung, daß der Romanendichter uns vorzüglich diejenigen Empfindungen und Handlungen des Menschen, und überhaupt diejenigen Gegenstånde darlege, die uns auf die angenehmste Art unterhalten. Welche sind dies? Die Beantwortung dieser Frage kann nicht, ohne Kenntniß der menschlichen Natur, und ohne mancherley Beobachtungen, ertheilt werden. Zur Nachricht aller künftigen jungen Romanendichter sey es also gesagt, daß wir gleich bey dem ersten Schritt an diese beyden Sachen verwiesen worden sind! Sie mögen hieraus folgern, daß man den Menschen ehe studieren müsse, als man ihn vergnügen und unterrichten könne. — Ich will das Nöthige hier ganz kurz fassen. —

Der Mensch ist so geschaffen, daß er bey Erblickung gewisser Handlungen, Empfindungen und Gegenstånde in eine ergetzende oder verdrüßliche Bewegung geråth. Wir werden durch alles in Be-

Bewegung gesetzt, was selbst in Bewegung ist. Auch leblose Dinge, ein großer Pallast, ein tiefer Abgrund erzeugen Bewegungen in uns; nur daß diese nicht so anhaltend sind, als diejenigen, die durch bewegliche Dinge in uns erzeugt werden können. — Alle Bewegungen, die in uns entstehen, sind den Ursachen ähnlich, woraus sie herkommen; angenehme Handlungen, Empfindungen und Gegenstände erwecken ergetzende; unangenehme Handlungen, Empfindungen und Gegenstände erwecken verdrüßliche Bewegungen.

Diese unangenehmen Gegenstände können nun auf unser eigenes Selbst wirken; oder sich auf andre beziehen. Das letzte ist der Fall bey den Werken der Nachahmung. Und in diesem Fall sind auch diejenigen Bewegungen, die aus unangenehmen Gegenständen entstehen, ergetzend für uns. Im Grunde beschäftigt uns daher jede Bewegung, die durch Nachahmung erzeugt wird, auf eine ergetzende Art. Denn da die geradeswegs und durchaus verdrüßliche Bewègung nur dann in uns entsteht, und unvermischt gefühlt wird, wann die vorhandenen verdrüßlichen Gegenstände die Seele zunächst treffen [i]), und in ihr, oder ihrem

i) Alles, was ich hievon sage, nehme ich des Zusammenhangs wegen nur mit; und verweise den Leser über das mehrere

Gefährten, dem Körper, einen Mangel erzeugen: so folgt natürlich, daß (weil ein Theil der Vergnügen unsrer Seele aus der Uebung und Beschäftigung ihrer denkenden Kraft entspringt, und diese Uebung nie ganz aufhört, als bey eignen Uebeln) die, für die Lieblinge unsers Herzens, eine Clementina, Clarisse, Emilia Galotti unangenehmen Gegenstände, für uns selbst, so nahe unserm Herzen die Personen liegen, nicht schlechterdings unangenehm werden, weil sie unsre denkende Kraft aufs äußerste beschäftigen, und uns nie das Unterscheiden unser selbst von den leidenden Personen nehmen können. Nur vielleicht, wenn diese Personen wirklich wären, so daß wir uns ganz an ihre Stelle setzen könnten, würde das Schrecken ihrer Leiden uns einen Augenblick aus uns selbst herausscheuchen, und uns unsrer vergessen machen. Aber auch dieser Zustand würde nur von gar sehr kurzer Dauer seyn, weil unsre Zuneigung für diese Personen, ihn so gleich in einen Zustand vermischter Empfindungen verwandeln würde. —

Auch so gar diejenigen Gegenstände, die, in der Nachahmung für sich allein betrachtet, verdrüßliche Bewegungen erzeugen, wie die ekelhaften z. B. können

mehrere an die Schriften des H. Mendelssohn, welchen auch das gehört, was ich sage.

können vom Dichter, verbunden mit andern, gebraucht werden. Im Roman besonders kann nie die Illusion so weit gehen, (wie auf dem Theater vielleicht) daß wir das wirklich sehen, was uns der Dichter vorhält, und also darf der Dichter von dem Eindruck solcher Gegenstände, auf die gehörige Art gebraucht, nichts fürchten. —

Und so bleibt es denn gewiß, daß alle Gegenstände in der Nachahmung etwas angenehmes behalten, oder behalten können, weil sie noch immer unsrer Seele die Uebung ihrer Kräfte gestatten. —

Freylich ist aber von denen, durch die Nachahmung in uns erzeugten Bewegungen, die eine mehr ergetzender als die andre. Denn, wofern der Gegenstand, der sie erzeugt, seiner Natur nach, unangenehm ist, das heißt, wenn wir mehr Mängel als Realitäten in ihm entdecken: so ist die ergetzende Bewegung, die die Seele durch ihn erhält, nur sehr klein. Dieser Gegenstände giebt es nun genug, die auch in der Nachahmung mehr unangenehm, als angenehm sind. Habsucht, Grausamkeit, Untreue, Prahlsucht erzeugen mehr verdrüßliche, als ergetzende Bewegungen. —

Es versteht sich von selbst, daß der Zustand unsrer Empfindungen, sehr viel von Temperament, Erziehung und andern Umständen mehr abhängt, und daß das Herz des Menschen dadurch für eine

Art

Art von Gegenständen offner, als für andre, und überhaupt mehr oder weniger geschickter wird, sich den Eindrücken derselben zu überlassen. Daher kann denn natürlich ein großer Unterschied zwischen den Empfindungen zweyer verschiedenen Menschen über einen und denselben Gegenstand statt finden. Es lassen sich aber auch noch Gegenstände angeben, die in dem allergrößten Theil des menschlichen Geschlechts ergetzende Bewegungen erzeugen. —

Alle diejenigen Gegenstände dem Romanendichter namhaft zu machen, die er im Roman brauchen kann, um uns damit angenehm zu unterhalten, würde fast unmöglich seyn. Alles, was der Mensch thun, und seyn und empfinden kann, steht ihm zu seinem Gebrauche frey. Und da jeder Dichter in gewissem Maaße auch die Gegenstände der körperlichen Natur nützen darf: so gehören auch natürlich diese mit in seinen Zirkel. Es scheint aber, als wenn sie nur in Verbindung mit selbsthandelnden Wesen, und beziehendlich gebraucht werden könnten, weil sie nicht dauernde und bestimmte Bewegungen in uns erzeugen.

Ich werde über das Anziehende, das einige Eigenschaften und Leidenschaften haben können, zuerst einige Bemerkungen in diesem Versuch mittheilen, und dann zu dem Gebrauch übergehen, den der Romanendichter von denen Materialien

machen

machen soll, die ihm der Mensch und die Natur darbeut. Ich gesteh' es, daß es mir hauptsächlich darum zu thun ist, diesen letztern Theil aufzuklären, und über die **Kunst**, wie der Dichter die Gegenstände seines Werks, — und zu **welchem Zwecke** er sie untereinander verbinden soll und kann, einige Bemerkungen anzubringen, von welchen ich glaube, daß sie nicht so ganz überflüßig und so ganz bekannt sind, daß sie nicht verdienten, dem Leser dargelegt zu werden. — Die Bemerkungen über das Anziehende der Gegenstände selbst, sind weniger gemacht worden, um dem Leser etwas Neues zu sagen, als um gewisse, bis jetzt noch nicht ganz entschiedene Streitigkeiten (z. B. über den Gebrauch und die Bildung der so genannten vollkommnen Charaktere) wenns möglich wäre, beyzulegen, indem man sie in ihr wahres Licht setzte; — und dann, dem jungen Romanendichter Gelegenheit zu verschaffen, sich zu überzeugen, daß auch mehrere Begegnisse, als **Liebe** allein, verdienen von ihm genützt zu werden. Ich habe nichts gewollt, als ihn erinnern, daß wir mit Theilnehmung, auch für andre Dinge, als Liebhaber und Liebhaberinnen geschaffen sind. Vorzüglich hab' ich mich bey Gegenständen lange aufgehalten, die, indem sie unsre Leidenschaften der Selbsterhaltung erregen, zugleich unser Mitleid erwecken. Und dazu hab' ich nun, weil wir doch

einmal

einmal das Shakespearsche Trauerspiel nicht für unser Theater brauchen können, einige Scenen und Charaktere aus diesem Dichter genommen, an welchem man das Entstehen, Fortgehn und ganze **Werden** der Leidenschaften, gerade so, wie der Dichter es behandeln soll, behandelt sieht; und ich habe alles dies aus den übrigen Theilen des Stücks allein herausgehoben, damit man es desto besser sehen könne. Nicht allein seines **Reizes**, sondern auch seines **Nutzens** wegen fürs menschliche Geschlecht, ist das **Mitleid** mir ein sehr heilig Gefühl. — Der **gute Romanendichter** hat dies alles freylich längst gewußt; aber ich schreibe nun für die **guten** gar nicht. —

3.

So schwer es auch immer aus den vorher angeführten Ursachen seyn mag, eine Rangordnung unter unsern Empfindungen festzusetzen: so ists doch wohl gewiß, — was auch einige Philosophen sagen mögen, — daß alles, was unserm Triebe zur Vollkommenheit schmeichelt, die anziehendste aller Bewegungen in uns erzeugt. Wie konnt' auch die weise Vorsicht, wenn es ihr nicht mit unsrer Vervollkommung ein bloßes Spiel war, anders, als daß sie in uns für solche Thaten und

Empfindungen die mehrste Theilnehmung legte, die die möglichste Vollkommenheit solcher Geschöpfe, wie wir sind, enthalten?

Das Gefühl des Erhabenen ist gewiß ergetzender, als irgend ein anderes. Ich rede hier noch nicht von der Dauer seines Reizes, sondern bloß von seinem Innhalt; und da glaub' ich, ohne Widerspruch, mit dem Longin sagen zu können [k]), „daß die Natur in uns einen unüberwindlichen Hang für dasjenige, was uns Erhaben, und daher fast Göttlich dünke, gelegt habe.“ —

Ich halt' es für billig, diejenigen Gegenstände zuerst zu untersuchen, die dies Gefühl in uns erzeugen können.

Ich weis es, daß in einem großen Theil des menschlichen Geschlechts diese Theilnehmung an den Gegenständen des Erhabenen nicht zu liegen scheinet. — Und ein vielleicht noch größerer Theil, als dieser, findet es in Gegenständen, die nicht unsre Vervollkommung zu befördern scheinen; aber dies wird sich sehr leicht erklären lassen.

Das erste ist immer die Folge einer unglücklichen Erziehung und Ausbildung. Der Urheber der Na-

k) ἡ Φύσις ἄμαχον ἔρωτα ἐνέφυσεν ἡμῶν ταῖς ψυχαῖς παντὸς ἀεὶ τοῦ μεγάλου, καὶ ὡς πρὸς ἡμᾶς δαιμονιωτέρου. De Sublim. XXXV. Edit. Mor. p. 202.

Natur hat uns gewiß nichts versagt, das, auf irgend eine Art, unsrer Bestimmung uns näher bringen kann. Obgleich, bey der gegenwärtigen Einrichtung der Welt, man Kinder vorzüglich erziehen sollte, um — Menschen aus ihnen zu machen, (denn Bürger in dem eigentlichen Sinn des Worts bedürfen nur noch wenig Staaten) — so ist doch dies das Einzige, das wir gewöhnlich bey der Erziehung vergessen. Wir sollen Cavaliere werden, die ihren Ahnen und ihrer Geburt Ehre machen; oder verschlagene Staatsminister, unternehmende Generals, arbeitsame Landjunker, einsichtige Rechtsgelehrte, erfahrne Aerzte, kluge Kaufleute, — als wenn diese Sachen alle was anders wären, als Stickereyen und Zierrathen, die, wenn sie nicht auf einem guten Grunde angebracht sind, so gleich ihr Nichts, ihr läppisches Verdienst von selbst verrathen? — Doch, was hat hiemit eine Schrift über die Romane zu thun? So wenigstens dürften verschiedene Leser, — vielleicht sehr ungerecht, — denken —

Der Mensch findet in allem, was zu seiner Vervollkommung etwas beyträgt, eine anziehendere Unterhaltung, als er in jenen finden kann. Dies geht sehr natürlich zu. Diese Neigung ist das Werk des Schöpfers, und der Hang für jene Dinge das Werk — der Frau Mama, — des Herrn

Papa,

Papa, — des Herrn Hofmeisters, — oder der alten Gouvernante. Und diese guten Leute erkennen auch selbst den Vorzug, den die Vergnügen der erstern Art haben. Home bemerkt[1]), daß, obgleich viele Menschen ihre Zeit auf niedrige und nichtswürdige Belustigungen verschwenden, ohne daß sie ein Verlangen merken ließen, sich zu erheben, sie dennoch die Sprache des bessern Theils der Menschen reden, und in ihren Urtheilen, wenn gleich nicht in ihrem Geschmack, erhabnen Gegenständen den Vorzug geben. Sie erkennen, setzt er hinzu, daß es einen feinern Geschmack giebt, und schämen sich des ihrigen, als eines niedrigen und kriechenden. Wenn auch dieser Zusatz gleich nicht von Deutschland gelten sollte, wie ich beynahe glaube: so hab' ich ihn doch lieber hersetzen, als durch seine Weglassung irgend jemanden, der ihn zur Anwendung auf sich brauchen kann, das Verdienst rauben wollen, — sich inskünftige seiner selbst zu schämen. —

Ein anderer Theil des menschlichen Geschlechts, der des Gefühls fürs Erhabene fähig ist, und es nur nicht in Gegenständen suchet und findet, die die Vervollkommung des Menschen befördern, scheint eben

1) Elements of Criticism Vol. Ch. 4.

eben so, wie jener, zum Theil in der Erziehung verwahrlost worden zu seyn; zum Theil — durch andere Umstände mehr, die ich nicht nennen mag, und nicht nennen darf. Da aber in diesem die Fähigkeit liegt, das Erhabene zu empfinden; so müssen auch in den Gegenständen, in welchen er es findet, einige Eigenschaften des Erhabenen anzutreffen seyn, und so verhält sich auch die Sache. Wenn alles, was den Charakter des **Unermeßlichen**, vereint mit Größe, Neuheit und Mannichfaltigkeit, besitzt, nach der so richtigen Erklärung des Verehrungswürdigen Mendelssohns, **Erhaben** ist: so müssen eben so gut die **höchstguten**, als die **höchstbösen** Eigenschaften dies Gefühl in uns erzeugen können, es mag die Rede von Charakter, Leidenschaft oder von Thaten seyn. Dies **Höchstgute** ist hier nicht allein das moralisch Gute; es begreift jede große Eigenschaft des Geistes und des Herzens, angewandt auf unschädliche wichtige Gegenstände; Sokrates sowohl als Newton; der **Titus**, der keinen Tag verlieren wollte, ohne Gutes zu thun, und **Lycurg** gehören hieher. Und eben so heißt das **Höchstböse**, jede große Eigenschaft angewandt auf schädliche Gegenstände. Hier stehen, — Miltons Teufel, — und Alexander der Große; — Cromwel — und Kartousch. — Ich rede hier noch nicht von dem **Uebertriebenen**,

das

das sich in der Schilderung dieser Thaten befinden, und so, durch das Lesen solcher Schriften in den Kopf dieser Menschen gekommen seyn kann; dies wäre höchstens nur verdorbner Geschmack; — ich rede von **wirklich** gewordnen höchst bösen Thaten, die diesen Charakter von **Größe, Unermeßlichkeit** und **Mannichfaltigkeit** haben. Freylich zeugt auch die lebhafte Theilnehmung für große und verderbliche Gegenstände den ungebildten Kopf und das ungebildete Herz: und dies wars, was ich schon oben bemerkte; aber diese Gegenstände selbst haben doch auch immer die Eigenschaften des Erhabenen, und können daher zu diesem Vergreifen Anlaß geben. Home sagt: „Man darf sich nicht wundern, daß Geschichte von Helden und Eroberern ein so allgemein beliebter Zeitvertreib sind. — Der Mensch hat eine ursprüngliche Neigung für jeden Gegenstand, der die Seele erhebt. — Die gröbsten Unterdrückungen und Ungerechtigkeiten, beflecken kaum den Charakter eines großen Eroberers; sie halten uns nicht ab, an seinen Schicksalen eifrig Theil zu nehmen, ihn durch seine Thaten zu begleiten und für sein Glück bekümmert zu seyn. Der Glanz und der Enthusiasmus des Helden, der in die Leser seiner Thaten übergeht, erhebt ihre Seelen weit über die Regeln der Gerechtigkeit, und macht sie gegen das Unrecht, das er thut, fast unempfindlich." — Diese Bemerkung ist so wahr, wenn vielleicht der Grund dazu es nicht ist, daß ich kaum eines solchen Gewährmannes bedürfte, sie zu bezeugen. Und ich selbst kenne mehr als einen Menschen, der sogar Kartouschens Leben mit eben so vieler Theilnehmung gelesen hat, als das Leben des großen Alexanders m). —

Wenn indessen auch so weit nur ein vernachläßigter Kopf und ein roher Geschmack gehen können: so würde doch die Betrachtung schon traurig scheinen, daß das Gefühl für den Geist, welcher alle seine Kraft anstrenget, seine Macht anwendet, seine Leidenschaften besieget und seine Vergnügen aufopfert,

m) Fast alle Philosophen haben es bemerkt, daß die Empfindungen des Erhabenen einer gewissen Art von kürzerer Dauer sind, als irgend ein anders unserer Gefühle. Bewundern können wir nicht lange. Man glaubt dies aus der Natur der Seele zu erklären; man sagt, es spanne die Kräfte der Seele zu sehr an, und ermüde sie daher. Diese Erklärung kann richtig seyn; aber das muß ich noch hinzusetzen: Betet Den auch hier an, der alles so weislich schuf! Wenn der Mensch, unersättlich in solchen Empfindungen, geschaffen gewesen wäre: zu wie viel sogenannten großen Thaten mehr hätte dies Anlaß geben müssen? Und da die Neigung dafür so leicht ausarten, — und der Mensch leichter ein Kartousch, als ein Alexander werden kann: wie viel Unglück mehr hätte aufs Geschlecht der Menschen kommen können! Es versteht sich von selbst, daß dies Gefühl nur denn so bald ermüdet, wenn es allein in uns ist; und nicht denn, wann Liebe damit sich vereinet, wie es gleich hier der Fall seyn muß.

opfert, und dies alles, um seinen Mitbürgern Ruhe, Friede und Unterhalt zu verschaffen, nicht anziehender sey, als das Gefühl für den, welcher wacht, und denkt, und der Fürsorge für sich vergißt, und keine Gefahren scheuet, um Morgen lieber hundert tausend, als zehn tausend Kriepel zu machen: — ich sage, diese Betrachtung schon würde traurig seyn, — wann nicht die Zahl derer, die in einer Verfassung sind, diese Thaten zu thun, würklich kleiner wäre, als die Zahl derer, die jene thun können — wenn nicht die Gefahren, die mit der letzten Gattung von Thaten verknüpft sind, und natürliche Trägheit manchem, den dies Gefühl zu ihrer Nachahmung treiben könnte, zum Gegengifte dienten, — wenn nicht die Liebe, die sich mit der Bewunderung für jene Thaten vereinigt, ihren Eindruck angenehmer und dauernder machte, — und endlich, wenn nicht, in einem sehr kleinen Kreise, Thaten ächter Tugend und wahrer Menschenliebe ausgeübt, und so das Gefühl fürs Erhabne vervielfältigt werden könnte, da Thaten der Helden und Eroberer großen Umfang bedürfen, — und also natürlich weniger zahlreich seyn können, als jene. — Es befindet sich noch ein Unterschied im Erhabenen, in so fern es aus verschiedenen Quellen kömmt. Das eine scheint aus ächter Tugend und großem Verstande zu entspringen; das andere aus heftigen Leidenschaften. Es ist natürlich, daß aus der ersten Quelle nichts als die höchst guten Thaten kommen können; diese erregen in uns Bewunderung und Liebe; und unterhalten uns dahero so angenehm. Das Gefühl selbst ist von größerer Dauer, als das Gefühl des Erhabenen allein es seyn würde. — Das Erhabene, das aus Leidenschaften entspringt, ist zweyerley: es kann Bewunderung allein erregen, und dann sind die Leidenschaften, die es wirken, Ehrgeiz, Stolz, Kühnheit; — oder dies Erhabene entsteht, indem die Gefühle der Selbsterhaltung in uns erregt werden, dann sind die überwältigenden Leidenschaften, die Quellen desselben, und mit diesem Erhabenen vereinigt sich unser Mitleid. — Unter den Thaten der Leidenschaften findet, in dem Begriffe der gebildeten Menschen, noch ein andrer Unterschied statt. Es müssen diese Thaten das Ansehen von Rechtmäßigkeit für uns haben; wenn sie uns ganz hinreißen sollen; und da wir nicht Richter über die Rechtmäßigkeit der Thaten der Könige sind: so zählen wir ihre Thaten zu den rechtmäßig erhabenen. Wenn aber bloße Blutsucht mit unter die heftigen Leidenschaften gehöret, wodurch sie in Bewegung gesetzt worden sind: so ist ein gewisser Abscheu mit unserm Gefühl verbunden, der dadurch ehe vermehret als gemindert wird, daß der große Verstand

gewohngewöhnlich in eben dem Grade weniger sich in diesen Fürsten zeiget, als jene Blutsucht mehr. — Rechtmäßigkeit in den Thaten der Menschen finden wir, wann wir glauben, daß die Veranlassung, die ein Mensch zu seinen Unternehmungen und den Aeußerungen seiner Leidenschaften hat, gerecht ist, das heißt, wann diese Veranlassung schlechterdings gar keine andere, als diese Wirkungen hervorbringen konnte; wenn wir sehen, daß Absicht und Mittel, Ursach und Wirkung im genauesten Verhältniß stehen. Kartousch konnte jede andre Lebensart zu seinem Unterhalt wählen. — Ein Mann, der wüthet und raset, weil seine Geliebte eine Zusammenkunft verabsäumt hat, wird lächerlich; viel tausend Menschen würden sich anders dabey genommen haben; aber wenn der alte Lear im Shakespear von seinen Töchtern gemißhandelt wird, welchen er kurz vorher sein Königreich eingetheilt hat; so scheint uns seine Wuth gerecht. Wir glauben, daß kein Mensch von Gefühl, bey so scheußlichem Unrecht, sich anders verhalten haben würde. Bey Miltons Teufeln, die gewiß nicht das Ansehn von Rechtmäßigkeit für sich haben, reißt uns, wie bey Königen, die Macht, die sie zeigen, mit sich fort, und hält uns ab, hieran zu denken. — Man mag hieraus, im Vorbeygehn gesagt, folgern, in wie weit Home Recht hat, wenn er sagt, daß wir die Regeln der Gerechtigkeit, bey Lesung großer Thaten, aus den Augen setzen. Mich dünkt, daß die **Macht**, mit welcher jene ihre Thaten vollziehen, unser Selbstgefühl erreget, und uns für unsere Erhaltung zittern macht. Aus der Erregung unsrer Leidenschaften, die zur Erhaltung gehören, entsteht in uns das Gefühl des zweyten Erhabenen, wie Burkes beweist. — Die mehreren Untersuchungen hierüber gehören in eine Theorie der Empfindungen.

Dichter stellen uns diejenigen Gegenstände, die das Gefühl des Erhabenen erzeugen, in der Nachahmung vor. Es versteht sich wohl, daß das **Höchstböse**, in so fern es nicht das Ansehn von Rechtmäßigkeit hat, von dem Dichter nicht gewählt werden wird, weil seine Nachahmung einen Grad weniger Vergnügen, als das rechtmäßige bringt. Den Zirkel haben wir schon gefunden, in dem der Romanendichter Schöpfer seyn kann; und die Zeit scheint vorüber zu seyn, in welchen man so genannte Heldenthaten in Romanen vollziehen läßt; es bedarf also der Warnung nicht, die ich hier sicher geben würde, — **an das Wohl der Menschen zu denken**, (wenn ich auch sonst keine andre Abhaltungsgründe wüßte) indem man sie mit den Thaten und Begebenheiten ihrer Mitgeschöpfe unterhält. Aber einer andern Warnung, oder viel-

mehr

mehr Bemerkung, bedarf hier mein Versuch. Ich habe schon gesagt, daß das unrechtmäßig' Erhabene weniger anziehend ist, als das wahre Erhabene, das heißt, für gebildete Menschen; es kann aber auch schädlich werden. Ich verbitte zum voraus das ungünstige Urtheil, als ob ich Klostertugenden, oder Anachoreten, oder Schweizerhelden n) gebildet haben wollte; ich will nichts als dem jungen Romanendichter rathen, uns auf solche Art und mit solchen Gegenständen zu unterhalten, die die Vervollkommung des menschlichen Geschlechts befördern können. —

Beyder Saame liegt in uns allen, mehr oder weniger, aus dem entweder Neigung für die höchstguten, oder für die höchstbösen Thaten aufschossen kann. Diesen letztern Saamen soll er nur nicht befruchten. Wir müssen in ihm finden, was der Dichter sagt:

In jeder bösen Handlung liegt ein verborgen Gift,
Ein Fluch, ein rächend Wehe, das ihren Thäter trifft.

Je mehr wir uns durch das Nachdenken über seine Kunst hiervon überzeugen: je sicherer wird er

n) Wer die Schriften des Vater Bodmers, und besonders die neuere schweizerische Trauerspiele kennt, weis, was ich meyne; für jeden andern würde eine Erklärung immer unzulänglich bleiben. —

uns überzeugen; und je mehr er uns unvermerkt selbst zu diesem Nachdenken Anlaß giebt, je vortreflicher wird er seyn. — Mit einem Wort, er soll dem Laster keine Folie unterlegen, die es schimmern mache. Dies ist das falsche Erhabene, das der Romanendichter, so eng sein Zirkel auch ist, doch immer noch uns schildern kann. — Leider ist dies das Erhabene, das sich in so vielen Werken der neuern Dichtkunst durchgehends noch findet, und davon wir in der Folge noch mehr hören werden.

4.

Ich komme zu einer nähern Betrachtung der Gegenstände, die das Gefühl des Erhabenen in uns erzeugen. Die Bestandtheile des erstern sind, wie gesagt, ächte Tugend und großer Verstand. Aus ächter Tugend handeln, wenn ich nach Grundsätzen handele, die nach der Bestimmung des Menschen geformt sind. Hier würde sich natürlich die Untersuchung darbieten, ob alle Menschen, in allen Zeiten, so über das Quidquid sumus haben denken können, wie der verehrungswürdige Spalding sie darüber denken läßt. Könnte sich hierinnen einige Verschiedenheit finden:

den °): so würde sich nach dieser erst die Frage auflösen lassen, ob die Helden des Alterthums, in den Werken der Dichter, mehr oder minder vollkommen erscheinen? — Für uns ist die Frage von der Bestimmung entschieden. Wer nach den Grundsätzen, die sich aus ihr folgern lassen, handelt, wird sich zu einer rechtschaffenen, edlen That nicht eben entschließen, weil er weichherzig, oder weil er ruhmsüchtig ist: sondern weil er einen richtigen Begriff von der Würde der menschlichen Natur und von seinen Pflichten hat.

Man gestatte es mir, daß ich an einem Beyspiele meinen Begriff von Tugend aus Grundsätzen deutlicher machen darf. Einen Menschen, der unschuldig und sehr viel leidet, von seinen Leiden erretten, dies kann geschehen

1) Weil

°) Ich sage einige Verschiedenheit. Freylich kann sie nicht groß seyn; aber ich glaube, daß Erziehung, Gesetzgebung, Religion, Clima u. s. w. in der Denkungsart des Menschen auch hierüber einen Unterschied machen müssen. Ich wünschte hierüber belehrt zu werden, und von dem Manne am liebsten, der es mit so vieler Ueberzeugung kann, als Hr. Spalding. Dieser Versuch wird gewiß nicht in seine Hände kommen; aber ich kann es mir doch nicht verwehren, hier zu sagen, daß jene Schrift des Hrn. Spalding, und die über die Nutzbarkeit des Predigtamts, verdienen von jedem Patrioten — auswendig gelernt zu werden.

1) Weil die Idee von seinen Leiden einen zu tiefen Eindruck auf uns macht. Wir suchen ihn zu befreyen, um unsrer Selbst willen. Wir können die Vorstellung seiner Leiden nicht aushalten.

2) Oder, weil wir einen Ruhm davon zu tragen hofften, wenn wir einen unschuldigen Unglücklichen errettet haben.

3) Oder, — weil wir wissen, daß er unschuldig ist. — Welche von diesen Thaten nun wird die würdigste, die erhabenste seyn?

Es können noch mehrere Umstände hinzukommen, wodurch diese That erhaben wird, ohne daß sie jener Vergleichung bedarf. Es ist sehr leicht zu sehen, daß wir um so gewisser von dem Daseyn ächter Tugend überzeugt seyn werden, um so mehr es ihr kosten wird, sich zu äußern, um so mehr Hindernisse sie überwindet. Diese Hindernisse können nun von uns selber, oder von außen herkommen. Man setze also zu den obigen noch diesen Fall:

4) daß der Unglückliche uns vorher feindselig begegnet sey. — Wird das Verdienst ihn zu erretten nicht noch größer seyn?

Oder 5) daß wir so gar was aufopfern müssen, um ihn zu befreyen, das zwar in Vergleichung mit dem Nutzen, den seine Befreyung fürs Ganze hat, weit geringer, aber sonst nichts unanständiges, und doch uns theuer ist. —

Man

Man mag aus diesem Beyspiele zugleich sehen, daß das Leblose, welches ein großer Theil der Menschen bey erhabner Tugend sich gedenkt, und das zufolge eben dieser Meynung, den Zuschauer so kalt lassen soll, sich gar nicht dabey befinden darf. Und der Situationen und Begebenheiten sind sehr viele, in welche ich die Tugend mir eben so thätig und beunruhigt, wie sie es hier natürlich seyn muß, gedenken kann. Aechte Tugend muß nichts weniger, als Gleichgültigkeit seyn; alsdenn wäre sie eben so gut Temperamentstugend, als es die Tugend im ersten Falle ist. Hier wenigstens soll sie es wissen, und fühlen, daß der leidende Unglückliche ehemals ihr Feind war; es soll ihr kosten, es zu vergessen. Und sie soll das Opfer schätzen, und es lieb haben, das sie bringet. Nur dann wird sie ... „Nicht in der Natur seyn!“ — O ja, meine Herrn, dann wird sie ungefähr das seyn, was wir von einem Sokrates, Regulus, Brutus, u. a. m. abstrahieren können.

Ich fürchte, daß man mich hier mißverstehen, und den Begriff von ganz vollkommenen Charakteren unterschieben wird. Zwar haben sehr verdienstvolle Kunstrichter p) dem Roman diese zu erlauben geschie-

p) Litt. Br. Th. 7. S. 115.

geschienen; aber sie haben sie zugleich in den übrigen Dichtungsarten verworfen. Ich dürfte also keinen Tadel befürchten, wenn ich sie auch verlangte; aber da ich lieber den Roman mit unter die übrigen Dichtungsarten gestellt zu werden, und ihm seines bloßen Namens wegen keine Freyheit mehr wünschte, als jede Dichtungsart, ihrer Gattung nach, haben kann: so wird man mir es erlauben, daß ich mich hier über den Gebrauch der so genannten ganz vollkommenen Charakter, erklären mag.

Ich erkenne sie auch im Roman für undichterisch; und ich sollte denken, daß wenn sie, wie man sagt, in jeder Nachahmung einförmig, unfruchtbar und ohne sonderliche Erfindung sind, sie es auch im Roman seyn müßten. Der Titel des Werks wenigstens kann unmöglich das Gegentheil aus ihnen machen; und ich möchte dem Roman gerne alles nehmen, was er nicht mit Recht hat, und ihm einen wichtigern Platz geben, als man ihm jetzt anweist. Jedoch meine schon geäußerten Erklärungen würden mich nicht retten, wenn ich das in der That foderte, was ich Worten ablehne: ich will mich also hierüber umständlicher rechtfertigen. Die schon gedachten Kunstrichter haben die wichtigsten Einwürfe gegen die vollkommenen Charaktere in dem Schaftsbury gefunden; und wenn ich also beweisen kann, daß die Grundsätze des

Englän-

Engländers nicht auf mein Ideal angewandt werden können: so denk ich mich wider alle Einwürfe geschützt zu haben. Ich bin ganz der Meynung des Lords, that in a poem (whether *epick* or dramatick) *a compleat and perfect character is the greatest Monster*, and of all poetick fictions not only the least *engaging*, but the least *moral* and *improving*; nur paßt sich dies nicht auf gegenwärtigen Fall. Ich denke mich sehr leicht mit dem Engländer zu vertragen. Den ersten Theil seiner Einwürfe haben bereits die Verfasser der Litteratur-Briefe (Th. 7. S. 116.) beantwortet; ich werde also nur die letzten anführen. „Ein **Held ohne Leidenschaft**, sagt er, ist in der Dichtkunst eben so ungereimt, als ein Held ohne Leben, oder ohne Handlung." Der höchst Tugendhafte, dessen Bild wir vorher entworfen haben, ist nicht ohne Leidenschaften; er äußert sie auch, nur unterliegen sie endlich dem stärkern Gefühl seiner Pflicht, und nur dann tritt er auf, und handelt. Er unterscheidet sich nur darinnen von den übrigen Menschenkindern, daß er sich nicht den ersten Eindrücken überläßt; aber fühlen thut er sie. Was verhindert den Dichter, daß er uns den ganzen Kampf zeige, den der Tugendhafte kämpfen muß, ehe er über sich gebieten kann? Man wende ja nicht ein, daß es Gelegenheiten im Leben giebt,

wo

wo man sich ohne Besinnen und Ueberdenken entscheiden muß. Ich antworte, daß der wahrhaft Tugendhafte, wenn diese Fälle wichtig sind, gewiß in seiner Seele schon vorher so manchen Kampf mit seinen Feinden gekämpft haben wird, daß er sie nur zu sehen braucht, um sie zu erkennen und sich an seine Pflichten zu erinnern; — daß wichtige Vorfälle immer Zeit zur Entscheidung lassen, und daß es nur in Schriften die Schuld des Autors ist, wenn er sie so rasch sich zutragen läßt; — und daß endlich die erhabenste Tugend der Natur des Menschen getreu bleiben soll, wie wir alle es ihr bleiben. — Wenn man einen, nach obigen Zügen Handelnden nicht für einen wahrhaft Tugendhaften will gelten lassen: so erklär' ich mich, daß auch ich unter ächter Tugend nichts anders verstehe und meyne, als Tugend, die annoch mit sich kämpfen muß. Mein Tugendhafter soll auch ausrufen können q): Wherever thy Providence shall

q) Wohin deine Vorsehung mich stellen mag, meine Tugend zu prüfen, — wie groß meine Gefahr, — wie schlüpfrig die Umstände seyn mögen. — Laß mich die Regungen empfinden, die daraus entspringen, und welche mir zukommen, als einem Manne: und wenn ich solche als ein Rechtschaffner regiere, so will ich den Ausgang deiner Gerechtigkeit überlassen — denn du hast uns gemacht, und nicht wir selbst. Empfinds. Reise Th. 2. S. 84. Der Sieg.

shall place me for the trials of my virtue — whatever is my danger — whatever is my situation — leet me *feel* the movements which rise out of it, and which belong to me as a man — and if I govern them as a good one, I will trust the issues to thy justice; for thou hast made us, and not we ourselves. — „Aber vielleicht tragen solche Handlungen nicht mehr den Charakter des Erhabenen?“ Darauf weis ich freylich nichts anders zu antworten, als daß ich den — entweder beneide, oder herzlich bedaure, der es nicht darinn findet. Freylich eines Stecknadelkopfes wegen müssen wir nicht kämpfen dürfen; ich führe auch Yoricks Sieg eben nicht, als ein Beyspiel des Erhabenen an. Der Gegenstand, der den Kampf veranlaßt, kann wichtiger; unsre eigene Verfassung kann schwächer seyn, und die Folgen des Sieges können, durch ihren Einfluß auf unser Glück oder Unglück, wichtiger werden, als sie es hier sind; aber ich sehe nicht ab, warum nicht ein mit sich selbst Ringender eben so erhaben seyn solle, als des Seneka [r]) vir fortis, cum *mala fortuna* com-

r) Senecae Oper. phil. p. 233. Ecce spectaculum dignum, ad quod respiciat intentus operi suo Deus. Ecce par Deo dignum, vir fortis cum mala fortuna compositus. So wie die Dichter überhaupt die Werke der Philosophen alle studiren sollten: so wäre auch aus eben diesem Kapitel

compositus? Was er zu überwinden hat, ist, wenn der Dichter nur seine Kunst versteht, nicht weniger. — Und eben dieser mit seinem Schicksale Kämpfende gehört auch zu den erhabenen Charakteren [s]). — Und mehr noch, als erhaben, werden beyde seyn; wir werden sie lieben, indem wir sie bewundern, und so werden sie uns dauernd angenehm beschäftigen! — Ich fahre mit den Bemerkungen über den Schaftsbury fort [t]): „Die Person, die Leidenschaft hat, muß auch leidenschaftliche Handlungen unternehmen. Eben der heroische Geist, eben die Seelengröße, die uns entzücken, wenn wir sie handeln sehen, entzücken uns eben so, wenn man sie uns in dem Leben und in den Sitten der Großen darstellt. Der geschickte Zeichner also, der

des Seneka sehr viel für sie zu erlernen; wozu sie nämlich diese Kämpfe und Siege in ihrem Helden anwenden könnten. Operibus, sagt er, doloribus ac damnis exagitantur (viri boni) *vt verum colligant robur*. Man mache die Anwendung! —

s) Mendelssohns Schriften 2ter Th. S. 170. verdienen hier nachgelesen zu werden.

t) Schaftesburys characteristicks T. 3. p. 260. u. f. Ich habe die Uebersetzung aus den Litt. Br. genommen, und nur das aus dem Original hinzu übersetzt, was dort fehlte, und hier in ( ) eingeschlossen ist. Die ganze Stelle kann Dichtern und Kunstrichtern so nützlich werden, auch ohne, daß ich sie zur Vergleichung brauche, daß ich nichts habe weglassen wollen.

der zum Behuf der Wahrheit dichtet, und seine Charaktere nach den Regeln der Sittenlehre schildert, bemerkt den Hang der Natur, und läßt jeder hohen Gesinnung den ihr eigenen Ueberschwung, oder die Neigung in dem Tone, oder in der Art von Leidenschaften, die den hervorstechenden und scheinbaren Theil eines jeden poetischen Charakters ausmacht, zu weit gehen. Die Leidenschaft des Achilles strebt nach solchem Ruhm, den man durch Waffen und persönliche Tapferkeit erwirbt. Diesem Charakter zu gefallen, verzeihen wir dem edelmüthigen Jünglinge seine allzugroße Hitze auf dem Schlachtfelde, und seinen Jachzorn in dem Rathe, oder gegen seine Bundsgenossen, wenn er beleidigt und aufgebracht wird. Die Leidenschaft des Ulysses strebt nach solchem Ruhm, den man durch Klugheit, Weisheit und geschickte Unterhandlungen erwirbt. Daher verzeihen wir ihm sein feines, listiges und betrügerisches Wesen. Der Intrigengeist, das überkluge Wesen, und die allzufein gekünstelte Politik sind dem versuchten Staatsmanne, der lauter Staatsmann ist, so natürlich, als der Jachzorn, ein unüberlegtes und rasches Betragen, dem offenen Charakter eines kriegerischen Jünglings, der selten weit aussehende Absichten hat. Die riesenmäßige Stärke des Ajax und seine trefliche Kriegsarbeit würde weder so glaublich, noch so einnehmend

 seyn,

seyn, wenn ihnen der Dichter nicht zugleich die redlichste Einfalt und etwas plumpe Gemüthsgaben zugesellt hätte. (Denn so wie wir oft sagen, daß körperliche Stärke Geistesstärke ausschließt: so vergeben wir auch dem Dichter alle Uebertreibungen, die er von einer Seite machen kann, wenn wir nur finden, daß er der Natur getreu geblieben ist, und unser etwas boshaftes Urtheil bestätigt hat. Wir erlauben es ihm, daß er seiner Einbildungskraft den Zügel schießen lasse, daß er die herrschende Eigenschaft oder Tugend seines Helden erhöhe und übertreibe; er kann uns nach seinem Belieben Illusion machen und in Erstaunen setzen; wir verzeihen ihm alles, wenn er uns dabey nur rührt und nicht unbewegt läßt. So kann Nestors Zunge Wunder thun, wenn uns der Dichter nur seine Beredsamkeit zeigt, und die vielfältige Erfahrung, die er gehabt hat.) Wir bewundern den Agamemnon als einen weisen und edelmüthigen Heerführer; aber es gefällt uns ungemein, daß der Dichter den fürstlichen Stolz, das steife und herrische Wesen, das diesem Charakter eigen zu seyn pflegt, in seiner Person vorgestellt, und die übeln Folgen desselben nicht unbemerkt gelassen. Und hiedurch wird das Uebertriebene der Charaktere eigentlich wieder zurecht gesetzt. Denn indem das Unglück gezeigt wird, das aus jeder Uebertreibung zu entstehen pflegt: so wer-

werden unsre heftig erregten Leidenschaften auf die heilsamste und wirksamste Weise, gebessert und gereiniget. Wer sich nach einem einzigen Muster oder Originale bildet, und wenn es auch noch so vollkommen ist, der bleibt doch nichts mehr, als eine bloße Kopey. Wer sich aber Züge aus verschiedenen Mustern wählet, der wird selbst original, natürlich und ungezwungen. Wir bemerken täglich, in Ansehung der äußerlichen Aufführung, wie lächerlich der wird, der einem andern, und wenn es auch der artigste Mann wäre, beständig nachahmt. Das müssen kleine Geister seyn, die nichts als kopiren wollen. Nichts ist angenehm, nichts ist natürlich, als was original ist. Unsre Sitten so wohl als unsre Gesichter müssen, wenn sie noch so schön sind, in der Schönheit selbst eine Verschiedenheit haben. Eine allzugroße Regelmässigkeit kömmt der Häßlichkeit nahe, und in einem Gedichte (es sey episch oder dramatisch) ist ein vollkommener Charakter das größte Ungeheuer; und unter allen poetischen Erdichtungen nicht nur am wenigsten einnehmend, sondern auch am wenigsten moralisch, und am wenigsten bequem, die Sitten zu verbessern."

Nach dieser, den Lesern vielleicht zu langen, aber sehr nützlichen Stelle, sollen nun, erstlich, die vorhandenen **Ursachen** ihre gehörigen **Wirkungen**

gen hervorbringen. Achillis Ehrgeiz soll in Hitze und Heftigkeit ausbrechen, denn aus Ehrgeiz können so gut und so leicht rühmliche Thaten, als Jachzorn entspringen. Ich bin ganz der Meynung des Lords, daß keine Ursach ohne Wirkung bleiben müsse. Das Gefühl von der Würde der menschlichen Natur soll alle Wirkungen hervorbringen, die es hervorbringen kann. Richardson scheint seinen Grandison nach diesen Grundsätzen gebildet zu haben, und kannte die menschliche Natur zu gut, um seinem Helden nicht Stolz (die Wirkung, die aus jenem Gefühl zuerst entstehen muß) zu geben; und um ihm die Heftigkeit zu nehmen, ohne welche er, nach der übrigen Anlage des Richardson, nicht wirklich werden konnte; — ob ich gleich sonst bekennen muß, daß Richardson immer noch, selbst nach meinen Ideen, weit zu sehr ideal zusammengesetzt, und seinem Helden ein zu übertriebenes, feyerliches Ansehn gegeben hat.

Zweytens will der Engländer, daß überhaupt keine Wirkung, ohne hinlängliche Ursache in einem Gedicht sich finden, daß, wenn Nestors Zunge Wunder thun, der Dichter uns seine Beredsamkeit zeigen solle. Kein Mensch kann dies Gesetz lieber unterschreiben, als ich. Das von mir entworfene Ideal hat auch eine Leidenschaft, wodurch es in Bewegung gesetzt wird, und woraus sich seine Thaten herleiten lassen: das lebendige Gefühl von dem, was es billig seyn sollte. „Aber wer weis, ob im Menschen solch ein Gefühl sich finden könne?“ — dann wäre die Vorsicht ... doch wer wird solche Einfälle beantworten? —

Unter diesen beyden Bedingungen, gewähren, nach des Lords Meynung, nun die Charaktere dem Leser **Vergnügen**; das heißt, sie sind fähig, ihn in Bewegung zu setzen, weil sie selbst darinn sind. Wer kann noch zweifeln, daß dies also auch von dem entworfenen erhabenen Charakter gilt?

Der wichtigste Einwurf des Engländers gegen die vollkommenen Charaktere ist der, daß sie nicht so unterrichtend sind, als die andern. Der Engländer findet das Unterrichtende dieser in dem Ueberschwunge, den ihre Leidenschaften nehmen; und da der vorher entworfene Charakter Leidenschaften hat, und auch diese übertreiben kann: so ist er gewiß nicht den Grundsätzen des Engländers zuwider gebildet. Ich habe vorher schon an dem Charakter des Grandison bemerkt, wie Richardson diesem die Ueberspannung seiner Leidenschaften gelassen.

Der letzte Einwurf des Engländers ist wider die Einförmigkeit, die in einem Werke entsteht, wann alle Charaktere nach der Regel der Vollkommenheit gebildet sind; und auch hierinn hat er sehr Recht. Es ist nichts langweiliger, als die schon ange-

angeführten Schweizerischen Gedichte, deren Charaktere alle nach einerley Maaßstabe gezeichnet zu seyn scheinen. Auch habe ich nie eine ganze Gallerie vollkommener Gestalten vom Romanendichter gefodert.

Dies würde ungefähr das Wichtigste seyn, das wider die so genannten vollkommenen Charaktere gesagt worden ist. Wir haben gesehen, daß es auf das vorher entworfene Ideal nicht paßt. Ein Einwurf dünkt mich noch übrig zu seyn, der sich auch in den Litteraturbriefen findet. „Die poetische Idealschönheit, heißt es, ist diejenige, die mehr Gelegenheit zu Handlungen giebt, die heftigere Leidenschaften erregt, und deren Erdichtung dem Dichter eine größere Anstrengung des Geistes gekostet hat.“ Ich weis nicht, ob nicht auch diese poetische Idealschönheit bey dem vorher entworfenen Charakter statt finden könne? Ist Handlung bloß, wie ich glaube, abwechselnder Zustand unsrer Gemüthsfassung, innerliche Bewegung: so ist die Sache schon widerlegt. Heißt Handlung Unternehmung mit Wahl und Absicht, so muß ächte Tugend zu viel Handlungen dieser Art Anlaß geben. Belebt von dem Gefühl der Würde der menschlichen Natur, warum sollte dies Gefühl den Tugendhaften nicht in Handlung setzen? Warum sollte ächte Tugend nicht zu vielen Handlungen für andre, eben aus

dem

dem Grundsatz, der sie treibt, aufgelegt seyn? Freylich muß der Dichter den tugendhaften Charakter in Thätigkeit zu setzen wissen, und ihn ja nicht, in diesem Fall, auf bloß tugendhaft Schwatzen einschränken. Eitles Geschwätz von Tugend verträgt sich gar nicht mit der Erhabenheit. Mit dem Erhabenen in der Tugend ist das Stillschweigen ehe verbunden, als sonst mit irgend einer andern Leidenschaft. Tugend schweigt so gut, wie der Stolz im Ajax, oder Verachtung in der Dido; nur freylich aus andern Gründen. Eben da, wo der ächte Tugendhafte seine Bewegungsgründe zu Handlungen herholt, eben da findet er auch Gründe fürs Stillschweigen in vielen Gelegenheiten. Ich darf den einen Grund dazu wohl in diesen Worten ausdrücken: wenn wir auch alles gethan haben, was wir zu thun schuldig sind, so sind wir doch immer noch sehr unverdiente Knechte. Dies Prangen und Prahlen mit Thaten und mit Gesinnungen, mit dem, in den Romanen vom gewöhnlichen Schlage, die so genannten Tugendhaften auftreten, verräth in den Verfassern sehr unberichtigte Kenntnisse von der wahren Beschaffenheit des menschlichen Herzens, und sehr große Armuth in der Kunst, uns den Helden auf die rechte Art von der besten Seite zu zeigen. — Winkelmann redet von der edlen Einfalt, die sich an den Werken der Kunst, aus dem goldnen Zeitalter, neben der schon gedachten stillen Größe finden soll. Diese edle Einfalt, die unstreitig sehr viel zur Erhabenheit jener Werke beyträgt, muß auch der Dichter in sein Werk übertragen; ohne dieselbe darf er nicht hoffen, jene Größe seinen Personen zu geben, die uns beym Anblick jener Werke so sehr über uns selbst erhebt. —

Diese edle Einfalt, aber sehr unrichtig verstanden, so daß man sie lieber schlechtweg Einfalt nennen möchte, findet sich in den schon angeführten schweizerischen Trauerspielen. Man hat den handelnden Personen eine gewisse Leblosigkeit gegeben, wodurch sie den Leser einschläfern. Hierzu kömmt, in andern Fällen, noch eine gewisse Steife, eine Feyerlichkeit, die die Helden ehe zu Pedanten und zu Schulmeistern macht, als zu erhabnen Geistern. Das Eigenthum des wahrhaft Tugendhaften ist gewiß auch das, daß er nie mehr von seiner Tugend zeigt, als nöthig ist, und nie am unrechten Orte. Ueber den Graben, über den man springen kann, bedarfs keiner Brücke.

Im Grunde thun aber diese **Thaten**, diese **Unternehmungen** selbst das wenigste bey der Sache. Das Innre der Personen ist es, das wir in Handlung, in Bewegung sehen wollen, wenn wir bewegt werden sollen. Und davon ist schon vorher die Rede gewesen.

5. Es

5.

Es giebt noch viele Fälle mehr, in welchen der wahrhaft Tugendhafte auf die anziehendste Art in Handlung gezeigt werden kann. Es steht dem Romanendichter frey, von außen her Gegenstände zu holen, die seinen Held in Bewegung setzen können, so wie die vorhin angeführten aus ihm selbst genommen sind. Man denke sich also, zu den vorher angeführten Hindernissen, noch hinzu:

6) Daß der von seinen Leiden, durch den Tugendhaften Errettete, seinen Befreyer mit Feindseligkeit belohnen, oder daß sich dieser, durch die Befreyung selbst, die Feindschaft eines andern zuziehen könne. Kann nicht die allererhabenste Großmuth, die sanfteste Milde sich Feinde machen? — Soll er dies nicht empfinden? Und

7) Wird nicht der Tugendhafte diesen Uebeln, die ihm drohen, ausweichen wollen? Es ist sehr falscher Prunk, wenn er es nicht soll. Ich weis, daß man die gewöhnlich vollkommenen Charaktere bey solchen Gelegenheiten sich bloß leidend verhalten läßt; aber ich weis auch, daß nichts unnatürlicher, nichts kälter, nichts fader ist, als solch ein Betragen. Der wahrhaft Tugendhafte wird sich aber in der Art, wie er diesen Uebeln ausweicht, in denen Mitteln, die er zu diesem Ende wählt, von uns andern Erdensöhnen unterscheiden. —

Ich

Ich verlange nicht etwan, auf die vorangeführten Fälle, den Romanendichter in der Behandlung des wahrhaft Tugendhaften einzuschränken, oder sie als Muster zur Behandlung vorzuschlagen. Ich habe sie bloß angenommen, um meine Meynung an diesen Beyspielen desto besser entwickeln zu können. Aus diesen und aus ähnlichen Situationen können eine Menge Handlungen entstehen, die uns alle auf die anziehendste Art unterhalten, ohne daß sich die mindeste Gleichförmigkeit und ein ewig Einerley in ihnen finden darf. Das jedesmalig' Eigenthümliche einer jeden Situation wird natürlich eine Abänderung in dem Betragen der handelnden Person veranlassen müssen; denn die jedesmaligen Umstände sollen nicht ohne Einwirkung bleiben: wozu wären sie sonst da? — Es kömmt überhaupt, wie schon gedacht, nicht auf die **Begebenheiten** der handelnden Person, sondern auf ihre **Empfindungen** an. Der Verfasser der Gedanken, **über das Interessirende** [u]), mit dem ich hierinn einerley Meynung zu seyn mich freue, sagt, „wir wollen den Dichter lehren, daß wir nicht an den **Vorfällen** und **Veränderungen** selbst, sondern nur an den **Gesinnungen** oder den **Begierden** unsrer

u) Neue Bibl. der sch. Wissensch. 13ten B. 1tes St. S. 38. ebend. S. 47.

unsrer Nebenmenschen Theil nehmen, die durch solche Vorfälle erregt oder aufgebracht werden: und daß es also mehr von seinen Personen, das heißt im Grunde mehr von ihm selbst, von seiner eignen Art zu denken und zu empfinden, als von dem Stoff abhänge, ob er interessant seyn soll oder nicht." Und an einer andern Stelle: „wir sehen, daß wir den Mann, an dessen Begebenheiten wir Theil nehmen sollen, lieben oder achten müssen, und daß sich diese Liebe oder Achtung auf irgend eine, in seinem Charakter hervorleuchtende Tugend gründet; wir sehen, daß verwickelte Unglücksfälle bloß dadurch interessiren, weil wir eines weisen Mannes Entschlüsse dabey sehen wollen; wir sehen, daß nicht die Begebenheit interessirt, sondern der Charakter, und zwar gewisse Vollkommenheiten des Charakters, die durch die Begebenheit, so zu sagen, aufgefodert und in volle Wirksamkeit gesetzt worden." — Ich setze zu allen diesen hinzu, daß deutsche Biedertreu, deutsche Rechtschaffenheit nach denen Begriffen, die wir aus den Zeiten, wo wir noch Deutsche waren, uns davon machen können, so viel eigenthümlich Großes und Erhabenes haben, daß der Dichter sehr unrecht thut, der sie nicht nützt.

---

6. Ich

6.

Ich habe vorher gesagt, daß aus ächter Tugend handeln nichts heiße, als nach Grundsätzen handeln, die nach der Bestimmung des Menschen geformt sind. Ich bin sehr fest mit dem Weltweisen überzeugt, daß die Tugend als eine Wissenschaft angesehen werden muß, und daß besonders ächte Tugend, zum Unterschiede von Gleichgültigkeit oder Mildigkeit des Herzens, den großen Verstand voraus setze, um wirklich zu werden: mit einem Wort, daß beyde in einem Charakter vereint seyn müssen, wenn nicht die Tugend unwahrscheinlich, und der Verstand ungeschätzt bleiben soll. Wenigstens muß wahrer Verstand in einem gewissen Sinne mit ihr verbunden seyn. Denn den Grundsatz auszumitteln, nach welchem der Tugendhafte handeln soll, wird ein Geist erfodert, der das Ganze zu übersehen vermag; und die richtige Anwendung, und das jedesmalige Maaß beym Thun und Lassen, erfodert eben so viel Verstand. Im Grunde sind eigentlich hierinn Tugend und Verstand so genau mit einander verbunden, daß ich nicht sehe, wie man sie trennen, nicht einmal wie man sie von einander unterscheiden kann. Es scheint das Geschäft des Verstandes zu seyn, alle Dinge nach ihrer Natur und nach ihrem wahren Werth zu schätzen, und nicht bloß in Beziehung auf ihn. Seine gegenwärwärtige Verfassung, seine heutige Denkungsart soll nicht Einfluß auf sein Urtheil haben. Er soll nicht heute das Gold schätzen, weil ers bedarf, das er gestern verachtete, weil ers nicht nöthig hatte; er soll nicht heute eine unschuldige Freude verdammen, weil er Kopfschmerzen hat, die er gestern lobte, weil er sie mitmachen konnte. — Er soll sich edle Endzwecke erwählen, nach dem Maaß der Handlungen, die er in seiner Lage verrichten kann. Wenn er nicht, ein neuer Lycurg, einem Staate Gesetze geben, oder, ein andrer Pelopidas, sein Vaterland von der Unterdrückung befreyen kann: so wird er doch die Menschen, die von ihm abhangen, so glücklich zu machen suchen, als sie es werden und durch ihn werden können. Auch alsdenn, wenn sie es nicht werden wollen, wird er sich nicht abweisen lassen; seine Langmuth wird seiner Thätigkeit gleichen. — Zur Erreichung seiner Absichten wird er jedesmal die besten, sichersten, kürzesten Mittel wählen; und da er nie andre als edle oder unschuldige Vorsätze hat: so wird er auch, nach Maaßgabe ihres Werths, standhaft bey allen Hindernissen seyn. — Wer sieht nicht, daß hierinn Tugend und Verstand in einander fließen? Aber, — man sehe das folgende immer als einen Auswuchs an! — wie sehr wünschte ich dies jedem Vater, jedem Lehrmeister recht begreiflich zu machen,

der

der für sein armes Kind, oder seinen unschuldigen Lehrling genug gethan zu haben glaubt, wenn er ihn nur mit frommen Lehren versieht, in den Kopf mag übrigens Grütze oder Gold kommen. Dies unselige Vorurtheil ist nur noch zu allgemein in Deutschland; und ich liebe mein Land zu sehr, als daß ich nicht, vielleicht an einem sehr unschicklichen Orte, davon reden sollte. Und wodurch dies Vorurtheil so besonders traurig für den Patrioten werden muß, ist, daß es sich gerade noch bey denen Vätern am mehrsten findet, die ihren Kindern eine menschliche Erziehung geben können, und sie ihnen auch noch geben wollen: eine kleine Zahl im Gegensatz derer, die ihre Kinder zu Franzosen machen, oder als Thiere aufwachsen lassen. —

All' diese Unglückliche können nie das Verdienst erlangen, das den erhaben Tugendhaften charakterisiret, die Grundsätze, wodurch sie in Bewegung gesetzt werden, gleichsam aus sich selbst heraus geholt zu haben. Aechte Tugend verliert einen großen Theil ihrer Erhabenheit, wenn sie auf Treu und Glauben das angenommen hat, wornach sie ihre Handlungen ordnet und einrichtet. Sie muß die Wahrheit, die Nothwendigkeit ihrer Grundsätze in ihrem Innersten fühlen; sie muß, wenn sie auch nicht vor ihrer Zeit gelehrt und gefunden worden wären, sie selbst haben finden und entdecken können, wenn wir sie nicht in einem sehr kleinen Licht und als Nachäfferey ansehen sollen. —

Dies alles zusammen macht, meines Erachtens, ungefähr die Erhabenheit aus, die im Menschen sich finden kann. Ich verlange sie aber nicht, bis auf die kleinsten Züge, hier ausgemalt zu haben. —

Ich habe schon gesagt, daß solch ein Mann nicht ganz ohne Mangel, oder ganz ideal, ganz vollkommen seyn könne. Der Dichter wird in der Zusammensetzung seines Charakters, Rücksicht auf seine Zeit, seine Erziehung, sein Alter, sein Land, seine Religion, seinen Stand im bürgerlichen Leben, auf die Eigenschaften selbst, die er ihm giebt: mit einem Wort, auf seine ganze Verfassung Rücksicht nehmen müssen, damit diese ächte Tugend und dieser wahre Verstand diesen sämtlichen Umständen angemessen, und seine Eigenschaften nach dem Endzweck, den er mit ihm hat, und nach dem Zirkel, in dem er ihn wirken lassen will, geordnet seyn mögen. Er wird so gar auf körperliche Umstände, auf Temperament und andere Dinge mehr sehen, und den Einfluß derselben nie aus den Augen lassen. Dadurch werden nun Einschränkungen von allen Seiten entstehen; eine Eigenschaft wird etwas nachgeben oder etwas verlieren müssen, damit sich die andre hinanfügen könne. Das Uebergewicht, das eine Eigenschaft sehr leicht erhalten kann, wird, wenn ich mich so ausdrücken darf, eine andre in die Höhe ziehen; der Handelnde wird sich, in dem Gewicht, das er dieser zulegen sollte, um die Probe zu halten, sehr leicht vergreifen, oder es gar jetzt nicht haben konnen: er wird sich selbst zuerst zu leicht finden. Alles dies liegt in der Natur und der Einrichtung des menschlichen Geschlechts. Den Menschen ganz vollkommen zeigen, ist vielleicht falscher noch als undichterisch. — Aber solch ein Charakter, wie er vorhin entworfen und gezeichnet ist, wird auch weder übertrieben noch überladen heißen können. Mit diesen Beywörtern bezeichnet man gewöhnlich diejenigen Charaktere, die man für undichterisch erklärt; und man braucht sie vorzüglich von den so genannten vollkommenen Charakteren. Aber wenn vollkommen nichts mehr bedeutet, als was ich vorher es habe gelten lassen: so sieht man sehr leicht, daß nicht dieser Vollkommenheit diese Wörter zukommen. Hier heißt vollkommen nichts, als diejenige moralische Eigenschaft, die der Mensch vorzüglich haben sollte, und die er, als Mensch, auch haben kann. Sie ist nichts mehr oder weniger, als im Helden der Muth, im Rathgeber die Weisheit. Und da der Romanendichter sich auf das, was den Menschen angeht, vorzüglich einschränkt; da, nach

mei-

meinen Begriffen überhaupt, und nach der jetzigen Einrichtung der Welt besonders, kein anderes wahres Verdienst unsre Aufmerksamkeit mit Recht an sich ziehen sollte und an sich ziehen kann, als das Verdienst des Menschen: so wird man sich nicht wundern, warum ich so vorzüglich lange mich bey dieser Erhabenheit, bey diesen so genannten vollkommenen Charakteren aufgehalten habe. Das Uebertriebene scheint nur von denjenigen wahr seyn zu können, die irgend eine oder die andre Eigenschaft, — und dies kann Tugend so gut wie Muth oder Klugheit seyn — in einem Grade besitzen, der Menschen nicht zukommen kann. Und überladen können wohl nur diejenigen heißen, die alle mögliche Vollkommenheiten in sich vereinen. Von beyden gesteh' ich, daß ich sie gleich sehr für undichterisch und ununterrichtend halte. Alle Eigenschaften des Geistes und des Herzens in einer Person zusammen zu verbinden, oder ihr eine und die andre in einem Maaße zu geben, das Menschen nicht zukömmt, ist eine Erfindung, die nicht der Mühe werth ist, beurtheilt zu werden.

Ich behalt' es mir vor, über die Kunst der Zusammensetzung eines Charakters am gehörigen Orte noch mehr zu sagen. Der Roman hat, seiner Gattung nach, Vorzüge und Eigenthümlichkeiten, wodurch uns der vorher entworfene vollkommene Charakter so wahrscheinlich und so lehrreich gemacht werden kann, daß vollends alle Einwürfe, die man vielleicht im Drama mit Recht gegen ihn machen kann, hier schweigen müssen. Der Charakter des Grandison z. B. würde, auf mich wenigstens, ganz andre Eindrücke machen, als er jetzt macht, wenn uns Richardson alle die Umstände gezeigt hätte, wodurch, und wie Grandison das geworden ist, was er ist. Dies kann der Romanendichter; und vielleicht ist dies so gar, wie wir in der Folge sehen werden, das Eigenthümliche des Romans, wodurch er sich von den übrigen Dichtungsarten allein unterscheiden; oder vielmehr wodurch er sich einen Platz unter ihnen verdienen kann. — Richardson versucht es einmal, uns dies Werdende seines Helden zu zeichnen; aber ich sehe nicht, daß er es ausgeführet habe. Die erste Frage, wenn man einen so außerordentlichen Mann sieht, ist bey dem Prüfer so wohl, als bey dem Nachahmungseifrigen: Kann der Mensch auch das werden, was der Mann ist? — daher fehlt uns gewiß noch ein werdender Grandison, der besonders unsern deutschen Sitten, unserm Vaterlande entspricht. Ich fühle die ganze Schwierigkeit eines solchen Werks; und doch kann ich mich von dem Einfall nicht losmachen, es in künftigen Jahren selbst zu versuchen. – Wird es willkommen seyn? –

7. Das

7.

Das vorher entworfene Ideal vom vollkommenen Charakter ist, nach Maaßgabe, nicht vollkommner, als es die Helden des Homers und der alten Dichter überhaupt sind. Sie sind zwar jenem nicht ganz ähnlich und gleich; aber dies liegt bloß in der Verschiedenheit der Zeit und der Umstände. Ich würde meiner Sache nicht recht viel trauen, wenn ich in den Dichtern der Alten nicht solche Charaktere zu finden glaubte, wie es, nach Maaßgebung der Zeiten, diese sind. Dies scheint auf den ersten Augenblick sehr paradox; aber man erlaube es mir, mich zu erklären.

Erstlich muß in der Moralität der Helden des Alterthums und der unsrigen ein Unterschied sich finden. So wie die Begriffe, die wir jetzt von der Würde der menschlichen Natur haben, eine Folge der Denkungsart, Religion, Gesetzgebung und Kenntniß des jetzigen Zeitalters sind: eben so sind die Begriffe der Alten von dieser Würde, und von der Vollkommenheit des Menschen, nach der Denkungsart, Kenntniß und Religion der damaligen Zeiten gebildet. Und eben so, wie mein Tugendhafter nach denen Begriffen handeln soll, die wir jetzt haben können: eben so haben die Personen der Alten, wenn sie solche zu schildern, oder vielmehr, wenn sie sie nöthig hatten, nach denen Begriffen, die sie haben konnten, gehandelt. Wenn Achill unversöhnlich gegen den Agamemnon ist: so bedenke man nur, daß Unversöhnlichkeit gegen Feinde mit in dem Begriff eines vollkommenen Griechen, selbst noch in den spätern Zeiten, war [x]). Was uns hierinn widersprechend scheint, war es nicht in dem Zeitalter Homers. Auch der Verfasser vom Leben des Dichters, der in den Litteraturbriefen angeführt wird, mußte schon von der Moralität des Menschen ganz andre Begriffe haben, als Homer selbst sie haben konnte. Und da er die Personen der Iliade nicht mit seinen Begriffen von Vollkommenheit übereinstimmend fand: so konnte er sehr

---

x) Eben so gut, wie der tapfere Krieger, den die Verfasser der Litteraturbriefe anführen, im Homer zittert (Iliad. N. v. 279), eben so gut wird der vorher entworfene Charakter auch die Gefahr fühlen; aber er wird auch eben so, wie der Krieger Homers, Meister seiner Furcht werden. Pope hat, bey seiner Modernisirung dieses Zugs, nicht die mindeste Rücksicht auf die menschliche Natur gehabt. Und es ist traurig, daß selbst einem Pope hierinn, Dichten, Lügen und Uebertreiben eins gewesen ist. — Auch Richardson ist, in der Bildung seines Grandisons, an vielen Orten auf ganz gleiche Art zu Werke gegangen. Wer ihn dadurch vertheidigen wollte, daß wir in den Helden Homers selbst wenig oder gar nichts von dieser Furcht gewahr werden, dem könnte man antworten, daß diese Leidenschaft alsdenn von mächtigern Leidenschaften, als Vaterlandsliebe, Ehrgeiz u. s. w. überwältigt wird: Gegensätzen, von welchen wir gar nichts im Grandison gewahr werden.

sehr leicht auf den Einfall gerathen, daß sich Vollkommenheit gar nicht mit einer dichterischen Person vertragen könne. Mich dünkt, daß der größte Theil der Helden der Iliade, nach Maaßgebung des Unterschieds, den Temperament, Alter, Volk, Stand, und die besondre Absicht des Dichters mit jedem, unter ihnen machen, nach dem Ideal menschlicher Vollkommenheit gebildet sind, das Homer haben konnte. Alle besitzen **Tapferkeit**, und verschiedene sehr viel **Klugheit**: zwey Eigenschaften, die man in dem rohen, und überhaupt in dem ersten, ungebildeten Zeitalter für die größte **Vollkommenheit** des **Menschen** hält und halten muß, wie dies der Kenner der frühesten Geschichte des menschlichen Geschlechts gewiß wahr finden wird. Wenn wir also **unsre** Vollkommenheit nicht in diesen Personen finden: so ists nur, weil Homer sie nicht kennen, weil er sie, als Grieche, nicht gebrauchen konnte, wenn er sie auch kannte. Er schilderte aber eben auch so gut **Vollkommenheit**, **das heißt**, die, nach damaligen Zeiten, **anziehendsten und vortreflichsten** Eigenschaften im Menschen, als ich solche nach Maaßgebung der jetzigen Zeiten vom Romanendichter geschildert wünsche. In der Sache selbst ist kein Unterschied, als den Zeiten und Umstände darinn machen. Wie kann man also dem neuern Dichter es als ein Verbrechen zurechnen, wenn er nur eben so gut, wie jener, seine Personen vollkommen macht? Was im Homer Klugheit und Tapferkeit ist, muß mit Recht in ihm Tugend und Verstand seyn. Es ist bloß ein Wechsel der Eigenschaften. Eigenschaft gegen Eigenschaft sind sich die Personen nur unähnlich, weil Zeiten und Begriffe nicht mehr gleich sind. Und daß der Romanendichter seinen Personen ihre Eigenschaften nicht in einem höhern Grade geben solle, als sie Menschen zukommen können, als Homer selbst die Vollkommenheiten seiner Zeit seinen Personen gegeben hat, das ist vorher bemerkt worden. —

Die Meynungen späterer griechischer Zeit von Vollkommenheit widersprechen meinen Voraussetzungen nicht. Wenn wir in den Schriften der Philosophen vollkommenere oder unsern Begriffen von Vollkommenheit sich mehr nähernde Charaktere finden: so ists einmal, weil man zu ihrer Zeit schon reinere Begriffe von der Vollkommenheit des Menschen hatte, und dann, weil die Philosophen solche, und keine andre Charaktere, zur Erreichung ihres Endzwecks nöthig hatten. Mit ihrem Endzweck vertrugen sich nicht thätige, fürs Vaterland fechtende, und ihre Feinde hassende Helden. Und es ist ein Vorzug der Schriften des Alterthums, daß jedesmal darinn alle Mittel vortreflich zur

Errei-

Erreichung des vorgesetzten Endzwecks gewählt sind. —

Zur Bestätigung des Unterschiedes in den Begriffen von der Vollkommenheit des Menschen, bedenke man nur, daß sich noch jetzt ein großer Abstand zwischen den Begriffen unsrer und dieser letztern Zeit der Griechen über die Sache findet. Griechische Vollkommenheit war weit zusammengesetzter, als es unsre ist. Vaterlandsliebe war mit in ihre Ideen von Vollkommenheit hineingewebet: man konnte nicht für vollkommen gehalten werden, wenn man nicht das Vaterland über alles liebte. Gehört dies zu unsern Zeiten in den Begriff eines vollkommenen Menschen? —

Und noch jetzt ist eine Verschiedenheit in den Begriffen von Vollkommenheit unter den noch existirenden Nationen. Man lasse einen Portugiesen, Spanier, Engländer, Franzosen, Italiener einen so genannten vollkommenen Charakter entwerfen; die Begriffe von Rechtschaffenheit und Tugend werden einen, aus der besondern Denkungsart des Volks hergenommenen Anstrich haben, der ihre vollkommenen Charaktere den unsrigen unähnlich macht. Wenn das Lesen der Romane dieser verschiedenen Nationen mich sonst nichts gelehrt hätte: so ist es gewiß dies. — Oder man vergleiche, was die verschiedenen Glaubensgenossen der christlichen Religion sich bey Vollkommenheit denken? —

Man erinnere sich hierbey, daß Vollkommenheit im Menschen, in allen diesen Fällen, nichts heißt und nichts heißen kann, als die vortreflichste, anziehendste Eigenschaft im Menschen, die der Dichter eben deßwegen seinen Personen zuleget, weil er sich den mehrsten, den besten Eindruck damit zu machen verspricht. Hier kömmt es nun natürlich nicht auf die wenigen, in allen Nationen gleichdenkenden, erleuchteten Köpfe an. Für diese allein, als Philosophen betrachtet, können unmöglich Romane und Heldengedichte geschrieben werden; und sie selbst schreiben auch, als Philosophen, keine Romane.

„Aber warum trift man in den spätern Werken der griechischen Dichtkunst, in einem Aeschylus, Sophocles, Euripides nicht solche vollkommene Charaktere an, wie sie selbige nach den reinern Begriffen ihres Zeitalters haben konnten?“ — Dieser Einwurf scheint wichtig; aber seine Beantwortung dünkt mich sehr leicht. Zuerst also nahmen diese Dichter den Innhalt ihrer Trauerspiele zum Theil aus einer Zeit, wo man die Menschen nicht vollkommener haben konnte, als sie sie uns schildern; und es würde unwahrscheinlich für die Griechen gewesen seyn, wenn man ihnen Geschöpfe gezeigt hätte,

von

von denen sie sich nicht überzeugen konnten, wie sie das geworden wären, was der Dichter sie seyn lassen. Wie konnte Oedip, nach der Bildung, die er erhalten hatte, vollkommener seyn, als ihn Sophocles schildert? Für den denkenden Kopf und den feinen Geschmack, den ich in Athen nicht bloß voraussetzen darf, wäre solch ein Widerspruch nicht eben unterhaltend gewesen. — Ferner nahmen die spätern Dichter den Stoff zu ihren Trauerspielen sehr oft aus dem Homer und andern epischen Dichtern; Aeschylus nannte die seinigen Ueberbleibsel von den herrlichen Mahlzeiten Homers; und wie konnte ein Euripides mit dem Achill so umgehen, wie Racine? Wie konnte Sophocles y) den

y) Die Dichter der Alten waren in Beobachtung des Hergebrachten unstreitig weit sorgfältiger, als es die Neuern sind. Woran die Schuld liegt, — mag Kästner an meiner Statt sagen; aber mir erlaube man, die Sache durch einige Bemerkungen zu bestätigen. Man hat verschiedene Ursachen angegeben, warum Virgil seinen Held lieber so, als anders gezeichnet habe. Die wahre Ursache ist, weil er ihn im Homer schon so gezeichnet fand. Die Welt war schon mit dem Charakter des Eneas bekannt; der Dichter glaubte, ihn nicht mehr abändern zu können. Freylich hat Homer nur die Außenlinien von dem Helden der Eneide gezogen; aber er konnte auch nicht mehr thun. Seine Frömmigkeit zeigt sich, so bald wir ihn in der Iliade erscheinen sehen. „Vielleicht ist es ein Gott (sagt er vom Diomed), der Troja für versäumte Opfer züchtiget! — Der Zorn der Götter ist schrecklich.“ — Er ist ferner der

den Neoptolem so behandeln, wie Chataubrun? — Mit Wirkungen, die nicht hinlängliche Ursachen hatten; oder mit Ursachen, die ohne Wirkungen blieben, den Zuschauer zu unterhalten, war damals wirklich noch nicht die Mode. „Aber die tragischen Dich-

der Erste, der es wagt, dem wüthenden Achill sich entgegen zu stellen; auch einer von denen ist er, die den Hektor aus den Händen des Ajax erretten. (Il. Ξ.) Alle diejenigen, die einen von einem andern Dichter bloß entworfenen Charakter ausbilden und vollenden wollen, mögen, in Rücksicht hierauf, den Virgil studieren. Er hat die geringsten Winke Homers genützt, und ganz genau das aufgefaßt, was er hat sagen wollen. — Und Homer selbst ist in andern Fällen eben so sorgfältig, in Rücksicht auf das Kostume, gewesen, als irgend ein andrer Dichter des Alterthums. Eustathius hat die Bemerkung gemacht, daß Homer nirgends einer kriegerischen Musik in Schlachten bey den verschiedenen Heeren vor Troja gedenkt; obgleich zu seinen (Homers) Zeiten die Trompeten z. B. schon im Gebrauch gewesen. Dies erhellet nämlich daraus, daß Homer sie, aber nur Gleichnißweise (Iliad. C.) anführt. — Das Zeitwort σαλπιζω, wodurch die spätern Griechen den Klang der Trompete ausdrückten, braucht Homer von jedem andern Tone oder Getöse, als in Iliad. Φ. v. 388. vom Donner: ἀμφὶ δὲ σάλπιγξεν μέγας ὐρανός. Und es ist nicht zu glauben, daß, wäre kriegerische Musik zur Zeit des Trojanischen Krieges in den Heeren eingeführt gewesen, Homer solch einen Umstand, der so dichterisch genützt werden kann, vernachläßigt haben sollte. Eben so verhält es sich mit dem Gebrauch der Reuterey in den Heeren. Homers Helden und Krieger streiten zu Fuß, oder zu Wagen; der Reuterey gedenkt Homer auch nur Gleichnißweise. (Iliad. O.)

Dichter haben auch Geschichte neuerer Zeiten aufs Theater gebracht? Die Perser des Aeschylus"... Dies ist gewiß, und die Widerlegung dieses Einwurfs enthält das Wichtigste, das sich wider den ganzen Umstand sagen läßt, und das die ganze Sache entscheidet. Aber es ist auch so bekannt! — Es ist schon gesagt worden, daß in der Wahl der wahren Mittel zur Erreichung des Endzwecks niemand so sorgfältig gewesen, als die Dichter des Alterthums. Die tragischen Dichter konnten mit den vollkommenern Charakteren ihren Endzweck nicht erreichen; die hervorzubringende Wirkung wäre der Ursache nicht angemessen gewesen: dies ist der wahre Grund, warum wir keine solche Charaktere in den Werken des Aeschylus, Sophocles, Euripides finden. Das Drama, meines Erachtens, verträgt überhaupt nicht solche vollkommene Charaktere, wie sie der Roman leidet. Aus dem Unterschiede der beyden Gattungen entspringt diese Verschiedenheit, und sie ist daher so wesentlich als irgend eine. Im Drama würde zuerst der Erhabentugendhafte zu sehr das Ansehn eines Schwätzers haben müssen, wenn wir viel von ihm sehen sollten; und nichts verträgt sich weniger mit der Erhabenheit der Tugend (wie schon erinnert worden) als dies Geschwätz; und dann erfodert die Einrichtung des Drama, daß der Gang der Handlung schnell

gehe.

gehe. Daher muß natürlich, vom Anfang bis zum Ende, alles in voller Bewegung seyn; diese kann nur durch ein unaufhörlich Spiel der Leidenschaften ... Doch was halt' ich mich bey einer Sache auf, die Aristoteles von all' ihren Seiten betrachtet und behandelt hat? —

Wir haben gesehen, daß der Romanendichter Zeit und Raum hat, seine Personen nach allen ihren Eigenthümlichkeiten behandeln zu können. Thäte er nicht Unrecht, wenn er nicht alles das nützte, was die Dichtungsart, in welcher er arbeitet, ihm darbeut? — Genug hievon!

Ich habe mich lange bey dieser Erhabenheit ächter Tugend im Charakter aufgehalten; aber ich habe geglaubt, daß die Materie es verdiene. Alles das, was ich gesagt habe, soll nichts beweisen, als daß die Charaktere, die ich für den Roman wünsche, nach Maaßgabe der Zeiten und der verschiedenen Gattungen, keine andern sind, als die Charaktere der alten Dichter. — Und bey Anführung des Schaftsbury sowohl als der Litteraturbriefe habe ich keine andre Absicht gehabt, als meine Meynung daran desto besser entwickeln zu können. Ein Leitfaden nur gewährt diesen Vortheil.

---

8. Das,

8.

Das, was ich über das Erhabene erster Art noch sagen zu müssen glaube, will ich ganz kurz fassen.

Es ist mir noch übrig, einige Züge hinzuwerfen, die den **großen Verstand**, vor sich allein betrachtet, bezeichnen. Er kann sich noch thätig und denkend in höhern Sphären, und auf andre, als moralische Gegenstände angewandt, zeigen. Und man glaubt wenigstens, daß, je größer das Theater ist, auf dem er erscheint, je glänzender sey er. Dieser Glanz aber kömmt wohl nur in so fern von der Stelle her, worauf er steht, weil er von einer höhern weiter gesehen werden kann, als von einer niedrigern. Denn sonst macht die beste, zweckmäßigste Anwendung desselben, wenn er, nach Maaßgebung der Möglichkeit, gleich vertheilet ist, seinen wahren Werth aus; und Alexander der Große hat vielleicht nicht mehr Anspruch darauf, als der Mann vom **weißen Rosse** [z]), oder **Hanbury** [a]).

In-

z) Siehe Popens Werke Vol. 3. (Lond. Ed.) p. 142.
v. 250. Rise, honest Muse! and sing the Man of Ross etc.
Der Mann hieß eigentlich John Kyrle. Die ganze Stelle im Pope verdient gelesen zu werden.

a) Hanbury ist Rektor von Langton zu Leicestershire, und lebt noch. Er ist weniger bekannt, als der Mann vom Rosse,

Indessen, wenn er auf den höhern Bühnen des Lebens auftritt, nennen wir ihn den großen Geist. Hier erhält er schon, nach Umständen, — und er muß es — Zusatz von mehrern Leidenschaften. Die Ceder auf dem Libanon webt hin und her, und muß bewegsam seyn, wenn sie den Anfall des Sturms aushalten will, dem sie natürlich mehr ausgesetzt ist, als die Linde im Thal. Und der hohen Eichen, die auf den Gipfeln der Berge wachsen, sind so wenige, und jetzt so selten, daß es wohl beynahe ein Problem seyn möchte, ob sie noch jetzt darauf gut entsprießen, oder vielmehr fortkommen können?

Wenn der große Verstand **denkend** erscheint: so findet er entweder Wahrheiten, die das menschliche Geschlecht unterrichten, oder er holt sie unter den tiefen Hüllen hervor, mit welchen sie bedeckt waren. Er übersieht die Wahrheiten alle, die in seinen Zirkel gehören; er hat den Weg von der einen zur andern inne, als ob er ihn selbst gefunden hätte; und

Rosse, ob er gleich auch einen Dichter unter seiner Nation gefunden, der ihn in einem nicht ganz schlechten Lobgedichte besungen hat, weil er eine Plantage von allen in der Welt bekannten Bäumen, Pflanzen u. s. w. angelegt, die jährlich mehr als zehn tausend Pfund einbringt, welche er zum Wohl seiner Mitmenschen verspendet. — Sein Dichter heißt Wory.

und er hat jede nach ihrer wahren Beziehung auf den allgemeinen Endzweck geordnet, und schätzt jede nach den richtigsten Verhältnissen. Er sieht durch den Purpurmantel und den Chorrock hindurch, was Vorurtheil, Wahn und Thorheit; oder Größe, Nutzen und Heil ist. Ihn kann nichts blenden, nichts kann seinen Blick aufhalten; er zweifelt, wo er nicht entscheiden kann, — und wirft sich endlich vor Dem mit Ehrfurcht und Anbetung nieder, von Dem er alles hat, was er hat, und fühlt seinen ganzen Raupenstand, in Vergleichung mit dem Allmächtigen. — —

Ich komme zu den erhabenen Gesinnungen, als Aeußerungen der Denkungsart irgend eines Menschen. Der ganze Charakter dieses Menschen wird aber nicht erhaben, wann er gleich eine erhabene Gesinnung in einem einzeln Falle äußert. —

Ueber die Sache selbst befindet sich in den Werken des Hrn. Mendelssohn [b]) und des Home [c]) so viel Gründliches und Wahres, daß ich nur Nachlese zu halten begehre.

Wir haben schon gesehn, daß mit wahrer Erhabenheit, sich nichts weniger verträgt, als Schwatzhaftigkeit. Also wird der Ausdruck erhabener

b) Phil. Schr. 2ter Th. S. 180. N. Aufl.

c) Elem. on Crit. Vol. I. Ch. 4. Vol. 2. Ch. 11. Ch. 16.

bener Gesinnungen schon den Charakter der Kürze und des Nachdrucks tragen müssen. Und diese Kürze ist um desto nothwendiger, da unsre ganze Seele beschäftigt werden muß, wenn Erhabenheit, Erhabenheit bleiben soll. Unsre Seele muß viel, und sehr viel an der ihr vorgehaltenen Sache zu denken finden, so daß sie ihre ganze Kraft darauf verwendet, den ganzen Innhalt der Sache, wenn ich so sagen darf, zu entziffern; und dies ist nicht mehr nöthig, so bald im Ausdruck alles schon gesagt ist, was bey der Sache gedacht werden kann. —

Freylich ist es aber auch nothwendig, daß sich bey der Sache selbst, bey dem Innhalt der Gesinnung, viel zu denken finde. Einige Beyspiele mögen dies erläutern. Wenn der Hohepriester Joad in der Athalie des Racine sagt [d]):

Je crains Dieu, cher Abner, & n'ai point d'autre crainte,

so enthält dieser Gedanke für die Seele selbst ein sehr wichtiges Geschäft, wenn sie alles das ausdenken will, was er in sich faßt. „Was muß das für ein Geist seyn, wie viele Eigenschaften muß der besitzen, der nur Gott fürchten kann?“ Wie unendlich viel hat die Seele nicht bey diesen und den ihr verwandten, und durch sie herbeygeführten Vorstellun-

d) Act. I. Sc. 1.

stellungen zu denken! Und alles das, was in der Sache liegt, ist uns durch den zusammengedrängten Ausdruck so sichtbar gemacht, so nahe gebracht worden. — Eben so verhält es sich mit dem Ausdruck des Psalmendichters:

Darum fürchten wir uns nicht, wenn sich die Erde verwandelt,
Und Gebirge mitten im Meere vergehen.

Mit Recht gebührt dieser Stelle noch der Vorzug vor jener, weil sie weit bildlicher die Gegenstande dieser Furcht zeigt, die der Dichter wohl haben könnte, und nicht hat. — So ist eine Stelle im Euripides (in dem Trauerspiele, die Tochter des Herkules) die uns, in sehr wenig Worten, eine sehr große That ankündigt, und uns eben daher desto mehr beschäftigt. Makaria hört von dem alten Jolaus, daß das Orakel dem Demophoon erklärt habe, es sey keine Rettung für die Herakliden übrig, (die Euristheus verfolgt) wenn nicht eine Jungfrau von dem Götterblute geopfert werde. Sie frägt ihn darauf:

„Ist dann dies das einzige Mittel zu unsrer Rettung?
Jol. Das einzige!
Makaria. So fürchte nur das Heer der Argiver nicht länger!

Die heldenmüthige Entschließung, selbst das Opfer zu werden, die wir aus Makariens Antwort erkennen, verdient mit Recht einen Platz unter den erhabenen Gesinnungen, die unserm Geiste viel zu denken geben [e]). —

Die Anwendung von allem diesen auf den Roman wird sehr leicht seyn. — Nur hüte sich der junge

e) Man setzt gewöhnlich den bekannten Ausruf des Ajax, beym Homer,

> Ζεῦ πάτερ, ἀλλὰ σὺ ῥῦσαι ὑπ' ἠέρος υἷας Ἀχαιῶν·
> Ποίησον δ' αἴθρην, δὸς δ' ὀφθαλμοῖσιν ἰδέσθαι·
> Ἐν δὲ φάει καὶ ὄλεσσον·
>
> Il. P. v. 645.

unter die Beyspiele des Erhabenen in den Gesinnungen; und die Stelle, außer dem Zusammenhange gelesen, scheint alles das zu enthalten, was Longin zu ihrem Vortheil bemerkt; aber, ohne etwan auf die Seite des Abt Terrasson (Dissertation sur l'Iliade) treten zu wollen, der dem Longin, bey Anführung dieser Stelle, einen Gedächtnißfehler Schuld giebt, und lieber der Stelle ihren ganzen Werth nehmen möchte, — ist es doch gewiß, daß sie, im Zusammenhange gelesen, lange nicht den Eindruck macht, den sie einzeln genommen hervorbringt. Es ist ehe Ungeduld, Unwille, der aus dem Ajax spricht, als jener unbezwingliche Muth, der sterben will, wenn er nur sehen kann, um zu kämpfen. Denn nichts weniger als dieser Muth ist es, der den Ajax zu dem Ausrufe bringt. Er will Licht haben, Jupiter soll die Finsterniß wegnehmen, damit er jemand entdecken könne, der dem Achill die Nachricht von dem Tode des Patroclus bringe. — Und die Art, wie Boileau sowohl als La Motte diese Stelle übersetzt haben, macht, nach der Bemerkung der Dacier, eine weit kühnere und unsinnigere Gottlosigkeit daraus, als sie irgend einem Menschen ansteht; und als am wenigsten sie Homer gesagt hat. —

junge Romanendichter, das Erhabene zu mißbrauchen; das heißt, an unrechten Orten uns die Gesinnungen seiner Personen, als Erhabenheiten, aufdringen; oder unter einem Schein von Würde und Feyerlichkeit uns Dinge als Erhabenheiten aufbürden zu wollen, die im Grunde ein Nichts, ein Geklingel von Worten sind. Auf dem Theater ist diese Mode außerordentlich gangbar; und der sentenzenmäßige Ausdruck, der sie so gut verbirgt, vermehrt diesen falschen Prunk, nicht unter den französischen Dichtern allein, von Tage zu Tage mehr; er ergreift auch unsre besten Genien. — Doch was geht mich hier das Theater an! Auch Romanendichter haben ihre Personen oft, mit Affektation und Geziere, Sachen sagen lassen, wodurch, wenn man dies Gesagte entziffert, uns nachher nur die Personen desto lächerlicher geworden sind, je erhabener sie uns scheinen sollten. Es klingt sehr erhaben, wenn Henriette Byron im Grandison, in einem Anfall von Einbildung, daß Grandison nicht der Ihrige werden könne, das Unglück gleichsam herausfodert f). „Thu dein Bestes, Unglück!“ ruft sie aus; und sie setzt hinzu: „sie hoff' es noch zu verdienen, daß man sie würdig finden werde, der Lucia ihre Henriette Byron zu seyn.“ — Ich

 sage,

f) S. den 21sten Br. des 3ten Th.

sage, es klingt erhaben, das Unglück herauszufodern; nur Schade, daß diese Herausfoderung gar nichts sagt. Das gute Mädchen konnte nicht einen höhnischen Blick, nicht ein spöttisches Lächeln vertragen; sie litte schon, wenn nur Charlotte die Miene verzog; und nun fodert sie das Unglück heraus. Und welchen Sieg wird sie nun erfechten? worüber will sie mit dem ganzen Unglück kämpfen? Daß es ihr nicht an dem Verdienst hinderlich sey, Luciens würdige Henriette Byron zu seyn! Das ist nun freylich eine große Sache! — Nur im Scherz sollte man so was schreiben — Und eben so Erhaben siehts auf den ersten Anblick aus, wenn sie sagt [g]): „O behüte mich mein guter Geist, daß ich nicht das Mitleiden, selbst von einem Sir Grandison, brauche!" Sie, keines Mitleids? — Henriette Byron keines Mitleids? — Sie, die das Mitleid aller bedurfte, mit welchen sie lebte? Sie, die das Mitleid aller, eben um diese Zeit, suchte, gegen alle klagte, gegen alle jammerte, Trost von allen haben wollte? Da hätte sie ihre Leiden in sich selbst verschließen und ihrer mächtig seyn müssen, wenn sie keines Menschen Mitleid hätte brauchen wollen. Wenn man nun nicht Mitleid mit ihrer Schwachheit gehabt, sondern sie, nach Ver-

g) S. den 6. Br. des 4ten Th.

Verdienst, ausgelacht hätte? — Wenn ein Vertheidiger Richardsons antwortet, daß es die Liebe sey, die Henrietten so reden mache: so kann ich nichts als bedauern, daß er eine Person zur Heldinn gewählt, bey der sich die Liebe so ekelhaft äussert. — Aber der Stoff lag in ihrem Charakter, — so wie im Charakter aller Frauenzimmer — sie anders reden zu lassen. Stolz schweigt vor der Liebe. — Jetzt ist Henriette ein Mittelding von beyden, voller hohen Anfoderungen, und ohne Rechte dazu; jetzt über alles Irrdische erhaben, und dann wieder voller Gefühle: ein wahrer Widerspruch, — eine sehr unangenehme Gesellschafterinn! —

9.

Wenn der Maaßstab des Erhabenen, Unermeßlichkeit, vereint mit Mannichfaltigkeit und Größe ist: so kann es natürlich auch durch heftige Leidenschaften in uns erweckt werden. Die Frage ist also nur, welche Leidenschaften es sind, die dies vermögen?

Ehrgeiz, Kühnheit, Stolz, scheinen das Gefühl des Erhabenen in uns zu erwecken, wenn sie nämlich denjenigen Grad von Größe und Unermeßlichkeit haben, der hierzu nothig ist. Aber dies Gefühl ist, wie bemerkt, eigentlich nichts, als Bewunderung. Daß uns diese Leidenschaften daher in der Dauer nicht so anziehend, und überhaupt nicht so nützlich unterhalten konnen, als diejenigen, die mit der Bewunderung zugleich andre Gefühle in uns erwecken, das scheint von selbst zu folgern; und wird durch die Erfahrung bestätigt. — Zwar werden in jedem längern Werk die Wirkungen des Ehrgeizes, der Kühnheit, des Stolzes auf andre uns sichtbar werden müssen; und diese Wirkungen werden uns (besonders wenn es, nach der Natur dieser Leidenschaften, über andre Personen verbreitete Leiden sind) einige Unterhaltung gewähren; dies aber wird noch immer nicht die Langeweile ersetzen, welche wir durch die Hauptgegenstände erhalten. Die Beyspiele hierzu werden Jedem selbst sehr leicht einfallen. Oder soll ich einige Trauerspiele des Corneille nennen, die, ungeachtet der Dichter Liebe hat hineinmischen wollen, von der kalten Unterhaltung zeugen, die großer Ehrgeiz, große Kühnheit oder großer Stolz uns verschaffen? — Man erlaube es mir, zu denen Gegenständen überzugehen, die mit dem Gefühl des Erhabenen zugleich unser Mitleid erregen können. —

Diejenigen Gegenstände (es mögen Leidenschaften oder ihre Thaten seyn), die sehr lebhaft das Gefühl

Gefühl der Selbsterhaltung, das ist, eigennützige Leidenschaften erregen, die erzeugen dadurch das Gefühl des Erhabenen in uns. Das Gefühl von Selbsterhaltung kann nicht erweckt werden, wenn nicht denen Gegenständen, die es erwecken sollen, Schmerz, Gefahr, oder Untergang droht. Dies findet sich nun bey verschiedenen Leidenschaften in andern, als bey Furcht, Schrecken, Zorn, Raserey, Verzweiflung, Angst, Reue, Wuth, Entsetzen; auch so gar bey der Betrübniß findet es sich. —

Ein Philosoph sagt irgendwo: „Auch bey den überwältigenden Leidenschaften kann sich etwas Erhabenes zeigen; wir bewundern die Größe des Gegenstandes, der das Leiden hervorbringt, und den wir in der leidenden Seele als in einem Spiegel erblicken.“ Doch diese Bewunderung der Größe des Gegenstandes ist nicht das einzige Gefühl, das, bey heftig leidenden Personen, sich unser bemächtigt, obgleich diese Größe nöthig zur Erweckung des Erhabenen ist. Wenigstens ist Bewunderung allein ein zu kaltes, ein zu wenig dauerndes Gefühl, als daß der Dichter, von der bloßen Erregung der Bewunderung, sich sehr viel Anziehendes für sein Werk versprechen dürfe. Und diese Bewunderung allein entsteht vorzüglich nur, wenn wir die Personen das Leiden mit starker Seele tragen, wenn wir sie den überwältigenden Leidenschaften nicht unterliegen sehen; und von diesem Fall ist hier die Rede nicht.

Man muß sich hier erinnern, daß, wenn es heißt, die Erregung des Gefühls der Selbsterhaltung erwecke das Gefühl des Erhabenen in uns, dies nicht so viel sagen wolle, als ob, wenn wir Raserey, Verzweiflung, Furcht, Schrecken u. s. w. sehen, wir eben das empfinden, was die Person empfindet, die diesen Leidenschaften unterliegt; und daß uns dies erheben würde. Diese Leidenschaften erregen in denen, die wir vor unsern Augen daran leiden sehen, so wenig das Gefühl des Erhabenen, daß, wenn wir, Leser und Zuschauer, eben diese Leidenschaften empfinden sollten, wir uns in den mehrsten ehe niedergedrückt als erhaben fühlen würden. Das Objektive ist in diesen Fällen sehr sorgfältig vom Subjektiven zu unterscheiden; und dies geschieht doch so selten, daß so gar Home es vergessen hat. Er sagt von der Rache, daß sie das Gefühl des Erhabenen nicht in uns erwecken könne, weil sie den, der sie fühlt, nie erhebe. Er spricht überhaupt allen eigennützigen Leidenschaften die Erregung des Erhabenen ab; und man hat ihm dies so hingehn lassen, ohne es nur einmal zu bemerken [h]).

Wir

h) Bey dieser ganzen Materie verdient Burkes vorzüglich nachgelesen zu werden.

Wir fürchten also nicht für uns den Untergang, die Gefahr, den Schmerz, die mit jenen Leidenschaften, als Furcht, Schrecken u. s. w. verbunden sind; nein, wir fürchten für die Personen, die von diesen Leidenschaften befallen sind; — und nur in so fern ist also Furcht und Schrecken in uns. Es ist nicht wirkliche Furcht, nicht wirklicher Schrecken. Wären sie es, so würden sie nichts weniger als angenehm seyn. „Alle Leidenschaften der Selbsterhaltung, sagt Burkes, sind schlechterdings verdrüßlich, wenn ihre Ursachen unmittelbar auf uns wirken; sie sind ergetzend, wenn wir die Vorstellung von Schmerz und Gefahr haben, ohne selbst in dem Zustande des Schmerzens zu seyn.“ —

Und da nun die Leidenschaften der Selbsterhaltung, das heißt erhabene Gefühle, nicht in uns erregt werden können, ohne daß irgend eine Person in dem Werke leidet: so kann mit diesem zugleich unser Mitleid erweckt werden. Und dies ist die Ursache, warum die Erregung dieser Leidenschaften in uns mit Recht von dem Philosophen dem Dichter angepriesen werden kann, weil dadurch die Ausbildung eines der edelsten Gefühle der Menschheit, — und auf diese Art unsre Vervollkommung befördert wird. Die Vorsicht hat es so weise, so vortreflich geordnet, daß, indem wir auf die angenehmste

Art

Art unterhalten werden, — wir es auch zugleich auf die, für die Menschheit **nützlichste** Art, werden können, — wenn der Dichter nicht zum Giftmischer für uns wird, und unsre Leidenschaften für Gegenstände erregt, die es nicht verdienen. Wäre das Erhabene hier bloß Nahrung für das Gefühl der Selbsterhaltung: so verdiente es nie die zweyte Stelle unter denen Gegenständen, deren Behandlung hier dem Romanendichter empfohlen wird. Er mag aus den Vorzügen dieses Erhabenen sehen, wie unrecht er handelt, wenn er es nicht braucht. — Ich will hier noch zwey Bemerkungen mittheilen. Einmal ist diese in uns erregte Empfindung nicht mehr ein **reines** Gefühl, sondern eine **vermischte** Empfindung, und daher so **höchst anziehend**, wie wir es bemerkt haben. Zweytens folgert, daß die Kunst des Dichters bey Gegenständen, die diese Empfindung erzeugen sollen, auf die kräftigste Art thätig seyn müsse, damit wir an ihnen — schon angenommen, daß sie richtig gewählt sind, — **alles** das **sehen** und gewahr werden, was diese **vermischte** Empfindung erregen kann. Das mehrere hievon in der Folge. —

Ich komme zu den Beyspielen des Erhabenen, das aus überwältigenden Leidenschaften entstehen kann. — Es ist bereits gesagt, daß der bloße **Ausdruck** einiger heftigen Leidenschaften mehr Erhabehabenes zu besitzen scheint, als die Thaten, die aus ihnen entstehen. Der Ausdruck der glühendsten Rache im **Makduff**, als ihn sein Freund (Malkolm) bey der Nachricht trösten will, die ihm Rosse eben bringt, daß nämlich Makbeth sein Schloß überfallen, seine Frau, seine Kinder ermorden lassen; dieser Ausdruck, sag' ich, erzeugt gewiß das Gefühl des Erhabenen in uns. Malkolm sagt:

Be comforted!
Let's make us med'cines of our great revenge
To cure this deadly grief.

Makduff antwortet:

He has no childern! Er (Makbeth) hat keine Kinder.
Trag. of Makb. Act. IV. Sc. 6.

aber die Ausführung dieser Rache selbst, die That, hat so wenig Erhabenes und so wenig Anziehendes, daß Shakespear, der sonst gewiß keine französischen Bedenklichkeiten kennt, sie so gar vom Theater entfernt hat. Makbeth und Makduff treffen sich zwar auf demselben, und haben eine zum Theil wirklich schreckliche Unterhaltung; aber, noch fechtend, verlassen sie es beyde. Das, was Shakespear so gern entfaltet, das Herz der Personen, hatte hier nun nichts mehr zu thun; — sie eilen fort.

Eben dies würde sich sehr leicht von all' den genannten Leidenschaften zeigen lassen. Man höre den

den Lear im Shakespear reden; und sehe nachher nur das, was er als Wahnwitziger gethan hat, das heißt, die wirklichen Thaten des Wahnsinnigen: werden wir noch eben so viel empfinden, als vorher? — Es versteht sich von selbst, daß hier von denen Thaten, von denen Unternehmungen die Rede ist, die in dem höchsten Grade einer Leidenschaft, — in dem Grade, worinn sie das Gefühl des Erhabenen erzeugen kann — wirklich werden können. —

Auch von Kühnheit und von Ehrgeiz gilt dies, wenn wir sie in den Werken der Nachahmung sehen. Da das Gefühl der Bewunderung schon seiner Natur nach ein kaltes Gefühl ist: so ists für den Dichter desto nothwendiger, uns diejenige Seite der gedachten Leidenschaften zu zeigen, die die mehrste Theilnehmung erregt. — Ich führe hier einige Beyspiele an, worinn mir der Ausdruck kühner und ehrgeiziger Gesinnungen erhabener dünkt, als alle Thaten dieser Leidenschaften. Glover hat in seinem Leonidas den bekannten Zug aus der griechischen Geschichte genützt [i]), wo Dieneces bey Thermopile, als es heißt, daß die Pfeile der Perser die Sonne verfinstern würden, sagt:

Then

i) Aus dem 7ten Buch des Herodots.

Then ſhall we join in the ſhade,
Dann werden wir im Schatten fechten.

Ich habe dieſen Zug aus dem Dichter deßwegen genommen, weil ich zugleich die Thaten des Dieneces dagegen halten kann; aber ich geſteh' es, daß ich in all' den Unternehmungen der griechiſchen Helden nichts gefunden habe, das nur halb ſo viel das Gefühl des Erhabenen in mir erzeugt hätte, als dieſe paar Worte. Eben ſo iſt die Antwort, die der ſterbende Warwick in einem Trauerſpiele des Shakeſpear giebt, äußerſt erhaben, und zeigt von eben ſo viel Kühnheit, als die Antwort des Dieneces [k]):

Sommerſet: Ah Warwick, Warwick, wert thou as we are,
We might recover all our loſſes again.
The Queen from france hath brought a puiſſant power;
Ev'n now we heard the news. Ah! could'ſt thou fly!
Warwick: Why, then I would not fly!

Aber wenn Warwick nun auch geſund geworden wäre, und alles das gethan hätte, was ſo eine Antwort

k) Sommerſet: Ach Warwick, Warwick, wärſt du wie wir ſind; wir könnten all' unſern Verluſt wieder erſetzen. Die Königinn hat ein mächtig Heer aus Frankreich herüber gebracht; eben jetzt hörten wir es. Ach! könnteſt du fliehen! — Warwick: Dann würd' ich nicht fliehen!

wort verspricht: so glaub' ich doch nicht, daß ich irgend eine That von ihm hätte hören können, die das Gefühl des Erhabenen, in mir wenigstens, so lebhaft erzeugt hätte, als diese Antwort.

So wie es sich mit der Kühnheit verhält, eben so verhält es sich auch mit dem Ehrgeiz. Alle die Thaten, die Cäsars Ehrgeiz unternahm, wirken nicht so mächtig auf mich, als ein paar Worte von ihm, die nur der Ausdruck dieser Leidenschaften sind. Plutarch läßt ihn, auf seiner Reise nach Gallien, bey einem kleinen Städtchen sagen: „Lieber der erste hier, als der zweyte in Rom!"

Alles dies geht sehr natürlich zu! Der Gründe können mancherley seyn, warum die Sache sich nicht anders zutragen kann; mir sey die Anführung des wichtigsten genug! In den Thaten dieser Leidenschaften sehen wir nicht das, was wir sehen wollen, und was wir in dem bloßen Ausdruck erkennen, — das, was allein uns in Bewegung setzen kann: die innre Gemüthsverfassung der Person. An diesem Innern ist, wenn wir bewegt werden sollen, das mehrste gelegen.

Einem Irrthum muß ich zuvorkommen, zu dem das Vorhergehende vielleicht Anlaß geben möchte. Man könnte glauben, als ob ich durch den Werth, den ich auf den bloßen Ausdruck der Leidenschaften lege,

lege, ihre Thaten selbst gar nicht sehen wollte. Dies wäre eine unsinnige, unmögliche Foderung. Alle Leidenschaften gehen weiter, als bis zu Worten, und müssen weiter gehen, wenn wir sie für ächt, uns nicht für betrogen halten, und den Schwätzer nicht verachten sollen. Aber diese Thaten machen nur nicht den Eindruck, den der Ausdruck der Leidenschaften macht. Und in diesem Ausdruck selbst kann **Handlung** genug liegen, wie wir in der Folge sehen werden. — Es sey ferne von mir, daß ich, auch nur auf die entfernteste Art, zu dem Argwohn Anlaß geben sollte, als ob ich z. B. die **Erzehlung** der Katastrophe im Trauerspiel höher schätzte, als die Ausführung vor unsern Augen. Außer den Veranlassungen, die in der Natur des Drama, und in seiner Einrichtung liegen können, vermöge welcher die rascheste Ausführung der That, in vielen Fällen, nothwendig ist, wenn wir nicht ganz kalt werden sollen, ist es ein ander Ding, gar **keinen** Eindruck machen, oder nur einen **wenigern** Eindruck machen. Ich habe von den Thaten der heftigen Leidenschaften gesagt, daß sie **wenigern** Eindruck machten, als die wörtlichen Aeußerungen dieser Leidenschaften, und nicht, daß sie **gar keinen** machten. Gar keinen Eindruck nun, wenigstens einen herzlich flachen Eindruck machen jene Erzehlungen, mit denen uns verzärtelte Dichter,

 von

von den Katastrophen ihrer Werke, beehren. Und dies geht sehr natürlich zu. Erstlich sind wir vorher zu lebhaft unterhalten worden, als daß wir nicht, beym bloßen Hören abkühlen — und Langeweile leiden müßten. Ferner verlieren wir, durch die Erzehlung, in solchen Fällen, gewöhnlich alle die Abstuffungen, alle die Grade, die die Leidenschaft, so zu sagen, hat hinaufsteigen müssen, um zur That zu kommen: ein Verlust, den keine Erzehlung ersetzen kann. Ich habe vom Shakespear gesagt, daß er die Vollziehung der Rache Makdufs vom Theater entferne; aber daß er sie nicht ehe entferne, als bis er uns nichts mehr von den Herzen, von den Leidenschaften der Personen zeigen kann. Mit diesen hat es der Dichter zu thun; diese führe er bis zur nöthigen Höhe. Das Morden und Würgen ist **Händearbeit**; das kann man vom Klopfechter lernen; es braucht des Dichters nicht. Aber wenn uns jenes entzogen wird, indem wir dieses nicht sehen; wenn uns das **Wie** der Sache, wodurch sie wirklich geworden ist, entzogen werden **muß**, so bald man sie uns nur erzehlt: so — weg mit aller Erzehlung! In dem Drama der Neuern kann nichts liegen, (wie vielleicht im Drama der Alten,) das die Erzehlung mehr, als die Ausführung, begünstige! —

Nur

Nur von solchen, von ähnlichen Thaten der Leidenschaften; von Thaten, zu welchen wir nichts bedürfen, als etwan unsre Hände oder Füße; von Thaten, die durch den Körper allein ausgeführt werden, war die Rede, als ich behauptete, daß Thaten der Leidenschaften weniger Eindruck machten, als ihre Aeußerung in Worten. —

Die Folgen, die sich aus allen diesem ziehen lassen, scheinen nicht die günstigsten für den Roman zu seyn. Es ist der dramatische Dichter, der uns vorzüglich mit den Empfindungen seiner Personen unterhalten kann, an statt, daß der Romanendichter gewöhnlich zu Beschreibungen seine Zuflucht nehmen muß. Und wenn wir, zu diesem Vorzuge des Drama, die wirkliche Vorstellung, Miene, Ton der Stimme, Stellung der Person hinzudenken, wie sie jedem Ausdruck mehr Kraft, mehr Leben geben, und auf diese Art natürlich mächtiger ins Herz dringen: so ists kein Wunder, daß der Romanendichter so weit zurück bleibt. Dies muß ihn aber nicht abschrecken! Es feure ihn ehe zum Wetteifer an. — Warum sollte, in heftigen Situationen, dem Romanendichter der Dialog, — wenigstens der Monolog verwehrt seyn? Die Aeußerung der Leidenschaften fodert Worte, fodert Rede: soll der Dichter ehe der Natur, als den willkührlichen Einrichtungen der Kunst entsagen?

gen? — Das mehrere hierüber in der Folge! — Bis zu ausgemachter Sache also, und wenn uns die Personen des Romans nicht mit solcher Schicklichkeit, als die dramatischen, ihre Empfindungen entfalten können: so thue es der Dichter an ihrer Statt! Er kann uns die Räder zeigen und das Werk zerlegen, um uns zu lehren, warum der Zeiger dies vielmehr als jenes gewiesen hat. Er lasse innre und äußre Geschichte genau Schritt mit einander halten, er .... doch ich will nicht das vorher weggreifen, was an einen andern Ort gehört. — Die Wichtigkeit der Sache hat mich nur verführt.

10.

Ich habe ferner bereits gesagt, daß die Veranlassung zu heftigen Leidenschaften uns gerecht dünken muß, wenn diese Leidenschaften den gehörigen Eindruck machen sollen. Ich wiederhole diese Bemerkung hier, ehe ich zu den Beyspielen übergehe, die ich von erhabenen Leidenschaften zu geben gedenke. Daß ich diese Beyspiele lieber aus dramatischen Dichtern nehme, darüber habe ich mich schon in der Vorrede erklärt.

Es ist bemerkt, daß diejenigen Leidenschaften, und ihre Thaten, die die zweyte Art vom Gefühl des Erhabenen in uns erzeugen sollen, sich auf

Schmerz

Schmerz und Gefahr beziehen müssen, wenn sie dies Gefühl erwecken wollen.

Mächtige Furcht in andern erregt gewiß das gedachte Gefühl der Selbsterhaltung sehr lebhaft. Im Trauerspiel Makbeth hört Makbeth, nach dem Morde am Dunkan, eben da ihn seine Gemahlinn verläßt, ein Pochen; er stürzt auf, und ruft aus:

Whence is that knocking?
How is't with me, when every noise appals me!

„Was ist das für ein Pochen? — Wie ist's
„mit mir, wenn mich jedes Geräusch blaß
„macht!"

Die ganze fünfte Scene in dem dritten Akte dieses Trauerspiels kann uns all' das Erhabene, das der Schrecken in uns zu erzeugen vermag, lehren. Ich würde aus diesem Trauerspiel mehr als ein Beyspiel nehmen können, wenn es sonst der Raum gestattete. Ich schränke mich auf einige Stellen ein. Makbeth hat den Banko ermorden lassen; — er giebt ein groß Gastmahl, — die Gäste sitzen, — Makbeths Stuhl ist leer, — er hat eben den Mörder des Banko abgefertigt, — nähert sich dem Tisch — Rosse bittet ihn, sich zu setzen, und er ruft starrend:

The table's full!

„Der Tisch ist voll."

Man zeigt ihm seinen Platz, (denn keiner sieht den Geist des Banko, als er) er hört aber auf keinen mehr, sondern setzt hinzu:

> Which of you have done this?

„Wer von euch hat das gethan?“

Dann wendet er sich an den Geist:

> Thou can'st not say I dit it: never shake
> Thy goary locks at me.

„Du kannst nicht sagen, daß ich es that;
„schüttle nicht deine blutige Locken gegen mich.“

Zu seiner Gemahlinn, die ihm Vorwürfe macht, sagt er:

> Pr'y thee see there!
> Behold! look! loe how say you?

„Bitt' dich, sieh her! sieh! schau! he, was
„sagt ihr?“

Dann zeigt er mit dem Finger auf den Geist.

> Why, what care I, if thou can'st nod, speak too —

„Wie? was frag ich darnach? wenn du win-
„ken kannst, sprich auch!“

Hierauf verschwindet der Geist; — Makbeth nähert sich seinem Stuhl; — er muß, (obwohl aus eigner Bewegung) Banko's Gesundheit ausbringen; und der Geist steigt von neuem empor:

Avaunt!

Avaunt! quit my ſight! let the earth hide thee:
Thy bones are marrowleſs; thy blood is cold;
Thou haſt no ſpeculation in thoſe eyes
Which thou doſt glare it.

„Weg! aus dem Geſicht! daß die Erde dich
„verberge! Deine Gebeine ſind ohne Mark;
„dein Blut iſt kalt; du haſt keine Sehkraft in
„dieſen Augen, mit welchen du mich ſo anſtarreſt.“

Wiel. Ueberſetzung.

Seine Gemahlinn ſucht ihn bey den Anweſenden zu entſchuldigen; aber er hat nichts, als den Gegenſtand ſeines Schreckens vor ſich:

What man dare, I dare.
Approach thou like the rugged ruſſian bear,
The arm'd rhinoceros, or Hyrcanian tyger,
Take any ſhape, but that, and my firm nerves
Shall never tremble; or be alive again,
And dare me to the deſart with thy ſword;
If trembling I inhibit, then proteſt me
The baby of a girl. Hence horrible ſhadow,
Unreal mock'ry hence! Why ſo — be gone!

„Was ein Mann darf, darf ich auch. Erſcheine
„wie ein Bär, wie ein gewaffneter Rhinoceros,
„wie ein hyrkaniſcher Tiger; nimm welche
„Geſtalt du willſt, nur nicht dieſe; und
„meine Nerven ſollen nicht zittern! Oder lebe
„wieder auf, und fodre mich zum Zweykampf
„in die Wüſte; wenn ichs dir zitternd abſchlage,

„so nenn mich eine Kinderpuppe. Weg, scheuß-
„licher Schatten, blendend Schreckbild, weg!
„Wie, so — fort!“

Der Geist verschwindet; und Makbeth setzt sogleich hinzu:

I am a man again —

„Ich bin wieder ein Mann“ — und nun bittet er auch seine Gäste, sitzen zu bleiben. —

Ich habe mich bey dieser Scene lange aufgehalten; und könnte noch einiges hinzusetzen, das gleichsam den Nachtrab des Schreckens ausmacht; aber ich will nicht gern zu weitläuftig seyn. Ein Kommentar über diese Stelle könnte allen jungen Dichtern lehrreich werden, die eine solche Situation zu behandeln haben. Im Anfang stößt Makbeth nur einzelne, wenige Worte heraus; mit jedemmale sagt er etwas mehr; aber sein Schrecken bleibt in jedem Worte lebendig. Seine Leidenschaft, aufs höchste aufgebracht, erhält so gar Zusammenhang in seinen Worten; er kann nichts anders sagen, als was sich auf Banko's Geist bezieht. Wie er nachdenken kann, zeigt sich die Verwirrung desto größer in seinen Reden:

It will have blood, they say; blood will have blood &c.

„Es will Blut haben, sagen sie; Blut fodert
„Blut u. s. w.

Man

Man bemerke ferner, daß Makbeth mit den schrecklichsten Ungeheuern lieber zu thun haben, als den Mann sehen will, dessen Mörder er geworden ist. Doch ich enthalte mich fernerer Bemerkungen, da ich hier nicht zeigen will, wie man den Schrecken behandeln müsse, um ihn wahrhaft zu behandeln; aber ich empfehle das Studium dieser Scene, und des ganzen Trauerspiels allen Dichtern, die uns zugleich das Erhabene dieser Art lehrreich machen wollen. Wer anders, als ein wirklich Strafbarer, kann so fühlen, so sprechen? — Daraus sehe man, wie nützlich dies Erhabene gemacht werden könne, wenn man solche Charaktere zu behandeln hat.

II.

Vom Zorne hab' ich bereits gesagt, daß die Veranlassung dazu, so wie bey allen heftigen Leidenschaften, wichtig scheinen müsse, wenn die heftigen Ausbrüche desselben in uns das Gefühl des Erhabenen erzeugen sollen. Der alte Lear hat seinen beyden Töchtern sein Königreich eingetheilet, und sie an die Herzoge von Albanien und Kornwall verheyrathet. Er hat seinen Töchtern alles gegeben, und die älteste, **Gonerill**, will ihm nicht einmal gestatten, daß er seine ausbedungene hundert Ritter in ihrem Hause behalten solle; er soll die Hälfte abdanken; sie klagt über die Leute, und über den alten Vater selber; — er sucht seines Zornes und seines Jammers Meister zu werden; — kurze Ausbrüche entwischen ihm; — aber er faßt sich immer noch wieder; — er will es nicht denken, daß es seine Tochter ist, die ihn so beleidigen kann; — man sieht aber das Ungewitter mit jedem Worte näher kommen; — endlich faßt er den Entschluß, zu seiner andern Tochter zu reisen. — Gonerill schmäht noch fort, — und nun bricht er, aber nur auf einen Augenblick, in eine schreckliche Verwünschung dieser Gonerill aus, die aber lange den Ungestüm nicht hat, den seine nachherigen Ausbrüche haben, wie dies, nach der ganzen Situation, auch sehr natürlich war, und vom Shakespear ganz vortreflich behandelt ist:

Hear, Nature, hear; dear Goddeſs, hear a father!
Suſpend thy purpoſe, if thou didſt intend
To make this creature fruitful:
Into her womb convey ſterility,
Dry up in her the organs of increaſe,
And from her derogate body never ſpring
A babe to honour her. If ſhe muſt teem,
Create her child of ſpleen, that it may live,
And be a thwart diſnatur'd torment to her;
Let it ſtamp wrinkles in her brow of youth,
With candent tears fret channels in her checks;
Turn all her mothers pains and benefits
To laughter and contempt; that ſhe may feel,

How

How ſharper than a ſerpent's tooth it is
To have a thankleſs child.

Act. I.

„Höre mich, Natur! höre einen Vater! hemme deinen Vorſatz, wenn er war, dies Geſchöpf fruchtbar zu machen. Banne Unfruchtbarkeit in ihren Schoos! — Muß ſie aber gebähren, ſo erſchaff' ihr Kind aus Galle, und laß es leben, ſie ohne Raſt mit unnatürlicher Bosheit zu peinigen; laß es Runzeln in ihre junge Stirne graben, und mit glühenden Thränen Kanäle in ihre Wangen ätzen; laß es alle ihre Mutterſchmerzen mit Hohngelächter, all' ihre Wohlthaten mit Verachtung erwiedern, damit ſie fühle, wie viel ſchärfer als einer Schlange Biß es iſt, ein undankbares Kind zu haben." —

Wiel. Ueberſetzung.

Nach einigen Augenblicken legt ſich dieſer Zorn; — er ſchämt ſich deſſen; — ſein volles Herz bricht in Thränen aus; — aber Gonerills Undankbarkeit erregt ſeine Wuth bald wieder; — er reiſet ab, und kömmt zu ſeiner zweyten Tochter, Regan.

Es iſt natürlich, daß dieſe ganze Begebenheit den, von Natur empfindlichen Mann noch empfindlicher machen mußte, als er es vorher war; er bricht jetzt weit leichter in Zorn aus, wenn er einmal dazu gebracht worden iſt. Wie er bey ſeiner

seiner zweyten Tochter ankömmt, läßt sich diese, eben so undankbar, wie die älteste, für krank angeben; er kann weder sie, noch ihren Mann so gleich sprechen, und wie er eine bessere Antwort, als diese Entschuldigung haben will, so sagt Gloster etwas von der feurigen Gemüthsart des Herzogs der unbeweglich. . .

Lear: Vengeance! plague! death! confusion! —
Fiery? what fiery quality, why, Gloster
I'd speak with the Duke of Cornwal, and his wife.

— — — — — — —

The King would speak with Cornwal. The dear father
Would with his daughter speak, commands her service.
Are they inform'd of this? my breath and blood!
Fiery? the fiery duke? tell the hot duke, that —

Act. II. Sc. 10.

„Rache! Pest! Tod! Verderben! feurig? was feurige Gemüthsart? Wie? Gloster, ich will mit dem Herzog von Kornwal reden, und seinem Weibe.“ —

Man bemerke, daß hier die Heftigkeit schon wieder etwas gesunken ist, die so schnell und so hoch mit einemmale stieg; es fallen noch einige Worte zwischen ihm und dem Gloster vor; und dann erfolgt das übrige:

„Der König will mit Kornwal reden; der Vater will mit seiner Tochter reden; befiehlt ihr, ihm

ihm aufzuwarten. Sind sie dessen berichtet? — Mein Athem! mein Blut! feurig? der feurige Herzog? Sagt dem heißen Herzoge, daß — "

Wiel. Uebersetzung.

In diesem zweyten Theil der Rede steigt der Zorn allmählig wieder bis zu der Heftigkeit, mit welcher er vorher so gleich ausbrach. Man sieht, daß der alte Mann mit jedem Augenblick weniger Meister seiner selbst ist. Und wenn man den ganzen Charakter des Lear studiren wollte: so würde man finden, wie bewundernswürdig der Dichter ihn behandelt hat. Dies Trauerspiel ist gewiß eins von denjenigen, die den tiefsten und rührendsten Eindruck machen. Mit all' seiner Heftigkeit bleibt uns Lear verehrungswürdig; der Dichter hat es so angelegt, daß er in diesen Zorn ausbrechen muß; aber seine Mühe, sich zu fassen, — seine Rückfälle zur Sanftmuth machen ihn uns schätzbar; und sein Unglück höchst mitleidswürdig. Wenn ich einen Kommentar über den Shakespear schriebe: so müßte ich hier noch viel sagen. Jetzt will ich es alles darinn zusammenfassen, daß ich jedem jungen Dichter rathe, uns den Zorn eines Mannes so zu schildern, wie der Engländer es hier im Lear gethan hat, wenn dieser Zorn das Gefühl des Erhabenen erzeugen soll. —

Was ich von den Ursachen gesagt habe, die den Zorn veranlassen müssen, gilt eben so sehr von der Raserey. Die vorhergehende Zustände der Person müssen uns diese als eine nothwendige Folge aus ihnen zeigen; sie müssen so beschaffen seyn, daß aus ihnen nichts, als dieser schreckliche Zustand erfolgen konnte. Je außerordentlicher, je wichtiger die Sache, je wichtiger müssen die Veranlassungen seyn! Es versteht sich von selbst, daß eine so heftige Bewegung kleinere vorhergehende Bewegungen haben muß; und daß also diese vorhergehenden Zustände keine ruhige Situationen gewesen seyn können. Ich weis dies nicht anschauender zu zeigen, als wenn ich die Beyspiele aus dem Charakter eben des Lear nehme, dessen Gemüthsverfassung wir nun schon kennen. —

Der alte Mann versucht es nun mit Güte und mit Schmeicheleyen, und mit Bitten bey seiner zweyten Tochter, um sich bey ihr zu erhalten; er klagt über Gonerill; aber Regan giebt ihr Recht; — Gonerill kömmt selber; — Regan weißt ihm die Thür, und heißt ihm sein Gefolge abdanken; — er soll mit Gonerill zurückkehren; — der alte Mann wird schwach; er bittet seine Tochter, ihn nicht wahnwitzig zu machen; — er macht beyden die rührendsten Vorwürfe; aber sie bestehen auf ihrem Sinn, daß er alles Gefolge verabdanken, und sich von ihren Leuten bedienen lassen soll. — Man sieht den Wahnsinn kommen; der alte Mann fleht alle Himmel und Geduld an; und verläßt in voller Ungeduld seine beyden Töchter und das Haus; — die Nacht bricht an; alle Winde stürmen, der Himmel ist voll Feuer, und die Erde erbebt vom Donner, kein Mensch wohnt da herum Meilenweit auf der Heyde — man schließt die Thüre des Schlosses ab. — Nun bedenke jeder selber, ob ihm irgend etwas unwahrscheinlich noch ist, wenn er den alten Lear auf freyem Felde, bey dauerndem Ungewitter, höret [1]):

Spit

1) Ein Franzose würde lachen, wenn man ihm sagte, daß Shakespear das Verlegen der Scenen besser verstanden, als all' ihre großen Meister; und daß keiner, so wie er, den rechten Ort zu wählen gewußt habe. Warum ist die Scene im zweyten Akt des Lear lieber auf dem Schlosse des Gloster, als in der Residenz des Herzogs von Albanien? dahin wollte ja Lear: warum mußt' er sich mit seiner Tochter hier treffen? Ich weis nicht, daß ich irgend eine Bemerkung hierüber gelesen hätte. Wenigstens ist die nicht genug, daß die Tochter ihm aus dem Wege reisen wollen; und ihn also hier ehe, als in ihrem Pallast treffen müssen: auch die nicht, daß Gloster der Liebhaber der einen Tochter war, und sie also zu ihm kam; diese Umstände machen nur die ganze Zusammenkunft hier wahrscheinlicher; — aber wenn aus dem alten Lear das werden sollte, was er wirklich wurde: so mußte er nicht Trost und Zerstreuung von Menschen haben können; diese würde er in einer Residenz gefunden haben; aber in einem einzeln gelegenen Schlosse

Spit fire, spout rain!
Nor rain, wind, thunder, fire are my daughters;
I tax you not, you elements, with unkindness,
I never gave you Kingdoms, call'd you childern.
You owe me no submission. Then let fall
Your horrible pleasure; here I stand your slave,
A poor, infirm, weak, and despis'd old man!
And yet I call you servile ministers,
That have with two pernicious daughters join'd
Your high engender'd battles, 'gainst a head
So old and white as this. — Oh, Oh! 't is foul! —

„Spey Feuer! ströme Regen! weder Regen noch Wind, Donner noch Blitze sind meine Töchter; ich beschuldige euch keiner Unfreundlichkeit, ihr Elemente; ich gab euch keine Königreiche, ich nannte euch nie meine Kinder, ihr seyd

Schlosse konnt' er sie nicht finden, und daß Meilenlang herum kein Mensch lebte. Man sehe also, wie weislich Shakespear eben diesen Ort gewählt habe, um dem Verstande des alten Lear den letzten Stoß zu geben, und wie er zugleich die Zusammenkunft hier wahrscheinlich zu machen gewußt. Und wars Tradition, die die Scene hierher verlegt hatte: so sehe man, wie der Dichter die Lage des Orts zu nützen verstanden. — Ich schiebe hierinn, wie die Erklärer so gerne thun, dem Dichter nichts unter; Gloster sagt selber, wie der alte Lear: „Auf manche Meilen herum ist hier kein Mensch." — Und wenn die Residenz des Herzogs von Albanien, nach damaliger Zeit, auch nichts mehr als ein solches Kastel, wie das vom Gloster war, so ists sehr begreiflich, daß es wenigstens in einer mehr angebauten Gegend gelegen habe.

seyd mir keinen Gehorsam schuldig. So laßt denn euer entsetzliches Vergnügen fallen; hier steh' ich, eu'r Sclave, ein armer, entkräfteter, schwacher, und verachteter alter Mann! Und doch seyd ihr nur knechtische Diener, die, in Verständniß mit zwo verderblichen Töchtern, eure donnernden Schlachten gegen einen so alten und weißen Kopf richtet. — oh! das ist niederträchtig!" —

Noch raset der alte Mann hier nicht wirklich; aber wir nähern uns mit jedem Schritte dem völligen Ausbruch der Raserey immer mehr. Man sieht, wie heftig sein Unglück ihm in seinem Marke naget; und dies Unglück ist unaufheblich. Die Folge von so einem Zustande ist natürlich Raserey. Ich folge daher dem Dichter Schritt vor Schritt, um alle vorhergehende Zustände des alten Lear den Lesern vorzuhalten, damit sie sich überzeugen, wie höchst wahrscheinlich diese Raserey endlich erfolgt. Ich muß noch erinnern, daß der Dichter, der Natur gemäß, im Anfange, heftigere mit ruhigern Stellen abwechseln läßt. In einem Ende, und in einem Tone fort geht keine Leidenschaft. So ist, z. B. die Rede des Lear, die dieser vorhergeht, und welche die erste ist, die wir von ihm, in seinem jetzigen hülflosen Zustande hören, weit heftiger als diese:

Blow winds, — rage, blow!
You cataracts and hurricanes, spout
Till you have drencht our steeples —
You sulph'rous and thought-executing fires,
Singe my white head. And thou all-shaking thunder,
Strike flat the thick rotundity o'th' world;
Crack nature's mould, all germins spill at once
That make ingrateful man.

„Blaset, ihr Winde! wüthet! blaset! Ihr Wolkenbrüche und Orkane, speyet Wasser aus, bis ihr unsre Glockenthürme überschwemmt. — Ihr schwefelichten, meine Gedanken ausrichtenden Blitze, senget mein weißes Haupt, und du allerschütternder Donner — zerbrich die Form der Natur, und zerstücke auf einmal all' die ursprünglichen Keime, woraus der undankbare Mensch entsteht."

Auf dieser Höhe konnte sich die Leidenschaft nicht erhalten. So wie der alte Lear mit seinem Zustande bekannter wird, sinkt sie hinunter; der erste Ausbruch ist immer lebhafter; aber so wie er etwas mäßiger nach dem ersten Anfall wird: so steigt er so gleich, da sein Zustand eben derselbe bleibt, und die Ueberlegung ihm nichts bessers zeigt, zu der vorigen Höhe sehr schnell.

Ich weis, daß die Empfindung, die durch diese und die erstere Stelle in uns erregt wird, zugleich sehr viel Rührendes enthält, das ihr so wohl die

die ganze Situation des alten Lear, und sein unüberschwenglich Unglück, als auch die Kunst des Shakespear giebt, der alles so geordnet, und die Rede so eingerichtet hat, daß man den mächtigen Einfluß aller Leiden des Lear auf seinen Geist siehet; aber ich getrau' es mich zu sagen, daß ohne diesen Zusatz zu unserer Empfindung, welche aus der größern Empfindlichkeit des Leidenden entsteht, die ganze Situation des Lear gar nichts Anziehendes mehr behalten haben würde. Um sich hiervon zu überzeugen, darf man nur den rasenden Herkules des Seneka gegen den Lear halten; und mit den vorgehenden könnte man das Poltern manches französischen Helden vergleichen, wenn sich nicht eine Stelle aus einem Classischen Dichter anführen ließe, die die obige Bemerkung bestätigen wird. Prometheus, in dem Trauerspiele des Aeschylus, das seinen Namen führt, ist bereits an den Kaukasus angeschmiedet; Merkur hat ihm noch härtere Strafen vom Jupiter gedroht, um sein hartes Herz zu erweichen, und Prometheus sagt:

— — ἐπ᾽ ἐμοι ῥιπτεσθω μεν
Πυρος ἀμφηκης βοστρυχος, αἰθηρ
Δ᾽ ἐρεθιζεσθω βροντη, σφακελω
Τ᾽ ἀγριων ἀνεμων· χθονα δ᾽ ἐκ πυθμενων
Αυταις ῥιζαις πνευμα κραδαινοι,
Κυμα δε ποντου τραχει ῥοθιω

Συγχωσειεν, των τ' ουρανιων
Αστρων διοδους, ἐς τε κελαινον
Ταρταρον ἀρδην ῥιψειε δεμας
Τουμον, ἀναγκης στερραις διναις
Παντως ἐμε γ' ου θανατωσει.

Aeſchyl. Prom. 1042. f.

„Laß den Donnerer ſeine zackigten Blitze auf mich herabſchleudern, und den Aether mit raſenden Ungewittern durchſtürmen; laß die Erde durch den Sturm bis auf den Grund erſchüttern, und die ſauſenden Wogen des Meeres und die himmliſchen Geſtirne untereinander miſchen; laß ihn meinen Leib, mit den Stricken des Verhängniſſes gebunden, in den ſchwarzen Schlund des Tartarus hinunter ſtürzen: mich ſoll er nicht tödten.“

Ohne daß ich hier die Situation des Prometheus mit der Verfaſſung des Lear vergleichen, und den Shakeſpear auf Koſten des Aeſchylus erheben will, ſag' ich nur, daß die letztere Stelle für uns lange nicht ſo anziehend iſt, als die Rede des Lear. In dem Charakter des Prometheus, als Halbgott, und als ein empfindend Weſen betrachtet, ferner in der Denkungsart des damaligen Zeitalters, und in den Uebeln ſelbſt, die ihn treffen, mit einem Wort, in der ganzen Lage der Sachen, können Bewegungs-

grün-

gründe liegen, warum Aeschylus ihn vielmehr so, als anders sprechen läßt; diese Rede selbst aber wirkt nicht so mächtig auf uns, als die mehr jammernde des Lear. Mehr als ein Gefühl entsteht in uns, wenn wir diesen hören. —

Mitten in dem schrecklichen Ungewitter kommt nun sein treuer Kent zu ihm, (den er aber nicht kennt) — er sucht sich zu fassen, — „er will das Muster aller Geduld seyn, er will nichts sagen;“ aber kaum gedenkt Kent der Schrecklichkeit dieser Nacht: so bricht der alte Mann wieder los:

Let the great Gods,
That keep this dreadful pow'r o'er our heads,
Find out their ennemies now. Tremble thou wretch,
That hast within thee undivulged crimes
Unwhipt of justice! Hide thee thou bloody hand;
Thou perjur'd, and thou simular of virtue,
That art incestuous. Caitiff shake to pieces,
That under covert, and convenient seeming
Has practis'd on man's life. Close pent up guilts,
Rive your concealing continents, and ask
The dread full summoners grace! — I am a man
More sinn'd against than sinning.

Act. III. Sc. 3

„Jetzt mogen die großen Götter, die dieses entsetzliche Getöse über unsern Häuptern machen, ihre Feinde aufsuchen. Zittre du Unglückseliger, dessen unentdeckte Verbrechen der Ruthe der

Gerechtigkeit entgangen sind! Verbirg dich, du blutige Hand, du Meyneidiger, du blutschänderischer Heuchler der Tugend; zerfall in Asche, Bösewicht, der unter dem Schein der Freundschaft nach dem Leben eines Menschen getrachtet hat. Ihr geheimen verschlossenen Sünder, öffnet eure verbergenden Kammern, und bittet diese fürchterlichen Aufforderer um Gnade! — Ich bin ein Mensch, gegen den mehr gesündigt worden, als er selbst gesündigt hat."

Wiel. Uebersetzung.

Der letzte Zug dieser Rede besonders zeigt schon seine Auflehnung gegen sein Geschick. So lange wir uns noch unsern Schicksalen unterwerfen, so lange wir uns noch strafbar fühlen, können wir uns nicht bis zu dem Gemüthszustande erheben, der so leicht in Raserey ausartet. Es gehöret eine gewisse Anstrengung des Geistes dazu, wüthend zu werden; und daher ist nichts der Raserey so sehr nahe, als Stolz, wenn er sehr unglücklich ist: eine Bemerkung, die ich durch Richardsons Bildung und Behandlung der Clementine bestätigen kann. — Doch zu dieser Erhebung und Anstrengung des Geistes, kann ein alter Mann, der von Natur nicht stolz ist, nicht mit einemmale kommen; ein zu großes Unglück schlägt diesen Mann

im

im Anfange ganz nieder; wenn es aber fortdauert, wenn dieser Unglückliche näher mit ihm bekannt wird, wenn er Zeit gewinnt, sein Geschick mit seinen Verdiensten zu vergleichen; wenn seine Ueberlegung, und das Zeugniß anderer, (wie hier das Zeugniß des Kent) sein unüberschwinglich Leiden bestätigt: so muß das erfolgen, was Shakespear hier erfolgen läßt. —

Kaum hat Lear seine Rede geendigt: so entdeckt Kent, — daß der alte König mit entblößtem Haupte da steht: ein neuer Zusatz des Shakespear, um die ganze Situation des alten Mannes schrecklicher und mitleidswürdiger zu machen, und uns von der Verfassung seines Geistes, da er entweder den ganzen Umstand nicht weis, und also nicht mehr fühlet, oder in der Raserey selbst sich, bey so schrecklichem Wetter, entblößt hat, eine desto lebhaftere Abbildung zu geben. Solche kleine Züge, so verächtlich auch unsre französischen Witzlinge auf sie herabsehen, wirken auf den gesunden Kopf, der nicht mit jenen Possen sich krank gemacht hat, kräftiger, als Seitenlange Declamationen. Was wir darinn, in viel Worten, hören müssen, sehen wir hier mit einem Blick; und gewiß weit nachdrücklicher, weil dort das erste schon wieder vergessen ist, wenn das letzte erzehlt wird. —

Nun bittet ihn Kent ernstlich, in eine Hütte mit ihm zu kehren, die dort auf der Heyde liegt, — und sagt ihm, daß der Eingang in das Schloß des Gloster ihm versagt worden, weil er dort nach dem Könige gefragt habe. —

My wits begin to run.

„Mein Kopf fängt an zu schwärmen," antwortet Lear, — und er verfällt zugleich in einen beynahe scherzhaften Ton, der aber nur einige Worte hindurch dauert. Lessing läßt eben so richtig seinen Tellheim lachen, da alles für ihn verloren ist; und Tellheim scheint hierinn deßwegen nur weiter zu gehen, weil er überhaupt stärkeren Geists ist, als der alte Lear. Er kann sich wieder bis zu der Anstrengung erheben, oder länger darinn erhalten, in die seine Leiden seinen Geist gesetzt. Auch im Titus Andronicus des Shakespear lacht Titus, (Akt. 3. Sc. 1.) nachdem er all seine Kinder verloren, über seine Leiden. — Dies Lachen, oder diesen Scherz vielmehr, im Lear, möcht' ich gern mit der Meersfille vergleichen, die vor dem Orkan hergeht, wenn dadurch nur die Verfassung der Seele begreiflich gemacht würde, welche diesen Scherz hervorbringen kann. Mich dünkt, daß er Maschienenmäßig beynahe, und so erfolgt, daß die Seele im allerhöchsten Grade angespannt, sich auf dieser Höhe nun nicht mehr erhalten kann, —

daß

daß sie, selbst wider ihren Willen, nun hinuntersinket, — und zu schwach jetzt, sich ihres Zustandes zu erinnern, und, wenn ich so sagen darf, im Fall zu ihrer Vernichtung, Worte und Töne äußert, die zwar noch Sinn haben, aber die nicht mehr mit ihrer Verfassung zusammenhängen. —

Come on, my boy. How dost my boy? art cold?
I'm cold my self. Where is the straw, my fellow?
The art of our necessities is strange,
That can make vile things precious. Come, your hovel!

„Komm mit, Junge!" sagt Lear zum Kent. Was machst du, Junge? Frierst du? Ich friere selbst. Wo ist Stroh, guter Freund? die Kunst der Nothwendigkeit ist wunderbar, daß sie die schlechtesten Dinge kostbar machen kann. Kommt! in eure Hütte"...

Wenn die Verfassung sich zur Besserung abändert, wenn ein tröstender Gegenstand sich findet, oder das Herz noch etwas in sich hat, das es liebt: so sind die folgenden Zustände des Lachens oder des Scherzes natürlich nicht geradesweges Raserey; es bleibt uns dann noch etwas übrig; unsere Vernunft kann sich woran noch fest halten: — aber nicht so im Lear. Man wird zwar bemerkt haben, daß die letztern Worte desselben in der vorhergehenden

Stelle wieder ernsthaft werden, und daß also, auf den erstern Scherz nicht gerade zu, der Unsinn erfolgt. Aber Shakespear führt ihn durch die allerfeinsten Nüancen seinem schrecklichen Schicksale zu. Jeder andre würde geglaubt haben, nicht frühzeitig genug den alten Mann seiner Vernunft berauben zu können; zumal da es schon so weit ist. Shakespear läßt ihm, der Wahrscheinlichkeit und Natur gemäß, sein Gefühl wieder kommen; aber nun fühlt er nur für andre zuerst. Er endigt obige Rede mit diesen Worten:

Poor fool and knave, I've one part in my heart,
That's sorry yet for thee.

„Armer Tropf! (zum Kent) ich habe nur noch ein Faser von meinem Herzen übrig, und die ist jetzt für dich bekümmert!“ — —

Ich weis nicht, was meine Leser hiebey fühlen werden. — Kent führt den König fort, und bringt ihn in die Hütte, wo sie einen — sich aus Noth wahnwitzig stellenden jungen Menschen finden. Aber noch ehe wir in diese Hütte kommen, hören wir ihn auf der Heyde. Mit jedem Augenblick wird nun der alte Mann grämlicher; — „er will allein seyn;“ — Kent nöthigt ihn in die Hütte zu gehen, weil es auf dem freyen Felde nicht auszuhalten ist; — er antwortet nur: „Wird

„Wird es mein Herze brechen?“ — man sieht, daß er abwesendes Geistes ist, und sich von der Idee seiner Leiden nicht losmachen kann; er will nur mit diesen zu thun haben, weil er nicht mit andern zu thun haben kann; — aber Kent bringt ihn in einem Augenblick davon ab, — durch die Versicherung, daß er lieber wolle, daß ihm sein eignes Herz brechen solle. Ich gesteh es, daß ich nicht glaube, daß Shakespear so auf das Ohngefähr hin, den alten König, im Anfange bald mehr, bald minder rasend gezeigt habe, eh' er ihn gänzlich fallen läßt. Diese Abwechselungen sind in der Natur zuerst gegründet, und wenn Lear zu sich zurück kömmt: so sind es immer die gegenwärtigen Situationen, die ihn zurückbringen; wenigstens ist, nach Anlage der menschlichen Natur, und nach dem Charakter, den der Dichter dem Lear gegeben, alles so geordnet, daß das Geschehende solche Wirkungen hervorbringen muß, als es hervorbringt; und da, durch alles dies, der Charakter des Lear mit jedem Zuge, anziehender und verehrungswürdiger wird: so darf ich mir wohl, von Seiten des Dichters, Absicht dabey gedenken. Bey dem höchst empfindlichen Herzen des alten Mannes war es sehr natürlich, daß jede Versicherung, so lang er nur noch fühlen konnte, von Ehrlichkeit, Treue, Anhänglichkeit, zumal in seiner jetzigen trostlosen

Lage,

Lage, den tiefsten Eindruck auf ihn machen mußte. Er fand in den paar Worten des Kent etwas, woran er sich festhalten konnte; und so gleich sehen wir ihn auch wieder stehen:

Thou think'st, 't is much, that this contentious storm
Invades us to the skin; so 't is to thee;
But where the greater malady is fixt,
The lesser is scarce felt. Thou'dst shun a bear;
But if thy flight lay towards the roaring sea,
Thou'dst meet the bear i'th' mouth. When the mind's free,
The body's delicate; the tempest in my mind
Doth from my senses take all feeling else,
Save what beats *there.* Filial ingratitude!
Is it not, as this mouth should tear his hand
For lifting food to't? — But I'll punish home;
No, I will weep no more — In such a night,
To shut me out? — pour on, I will endure —
In such a night as this? O *Regan*, *Gonerill*,
Your old kind father, whose frank heart gave all —
O, that way madness lies; let me shun that —
No more of that.

Act. III.

„Du denkst, es sey zu viel, daß dieser wüthende Sturm uns bis auf die Haut anfällt; für dich ist es so; aber wenn ein größerer Schmerz tobet, wird der geringere kaum gefühlt. Du würdest dich vor einem Bären entsetzen; wenn aber deine Flucht gegen das heulende Meer läge, würdest

du

du dem Bären in den Rachen laufen. Wenn das Gemüth frey ist, so ist der Leib zärtlich; der Sturm in meinem Gemüth nimmt meinen Sinnen alles andre Gefühl, als was hier schlägt. (indem er aufs Herz zeigt) Kindliche Undankbarkeit! Ist es nicht, als ob dieser Mund diese Hand zerreißen wollte, weil sie ihm Speise gereicht habe? — Doch, ich will sie abstrafen; nein, ich will nicht mehr weinen. — In einer solchen Nacht mich auszustoßen — Schütte nur zu, ich will es leiden. — In einer Nacht, wie diese? O Regan, Gonerill, euern alten guten Vater, dessen ehrliches Herz alles gab! — O auf diesem Wege liegt Wahnwitz; ich muß ihm ausweichen." —

Aber vergebens bemüht er sich hierum; indem er daran denkt, wie er ihm ausweichen will, geht er hierdurch eben gerade auf ihn zu. Dies alles liegt in der Natur unsrer Leidenschaften. Wenn wir sie bekämpfen wollen mit Betrachtungen, ohn' ihnen andre Leidenschaften dabey entgegen zu stellen: so kämpfen wir sie nur noch stärker. — — Kent fährt fort zu bitten, daß der König doch hineingehen solle:

„Ich bitte dich, (antwortet Lear) geh du selbst hinein; sieh, wie du dir helfen kannst. — Dieser

Sturm ist gut; er erlaubt mir nicht an Dinge zu denken, die mich noch stärker angreifen würden." — Es hat das Ansehn, als ob er sich hier von der Idee seiner Leiden losmachen wollte. Solche Vorsätze faßt jeder Mensch, so lang' er noch ein Quentchen Vernunft hat; allein hier sind sie schon zu genau mit dem Leidenden zusammengewachsen, als daß er es könnte, oder ernstlich wollte. — „Ich will hinein gehen!" — fährt er fort, und es dünkt mich, als ob ich in diesem Augenblick den Steuermann das Ruder des bestürmten Schiffs verlassen, und das Schiff den Wellen übergeben sähe. Shakespear hat diesen Sturm ganz vortreflich genützt. Indem dadurch die ganze Situation des Lear schrecklicher und bejammernswürdiger gemacht wird, so hat es zugleich das Ansehn, als ob dieser Sturm den alten Mann im Laufe zur Raserey dadurch aufhielte, und ihn über seine innern Leiden zerstreuete. Er dient dem Dichter dazu, den König die verschiedenen Stufen zur Raserey allmählig hinaufzuführen; wir sehn sie ihn hierdurch eine nach der andern besteigen; denn dieser Sturm selbst treibt den König in die Hütte des gedachten Wahnsinnigen; und wie sehr, und wie sehr natürlich die Raserey des alten Lear hierdurch befördert wird, werden wir gleich sehen:

In, boy, go first. You houseless poverty —
Nay, get thee in; I'll pray, and then I'll sleep —
Poor naked wretches, wheresoe'er you are,
That bide the pelting of this pitiless storm!
How shall your houseless heads, and unfed sides,
Your loop'd and window'd raggedness, defend you
From seasons such as these? — O, I have ta'en
Too litlee care of this! take physick, Pomp;
Expose thyself to feel what wretches feel,
That thou may'st shake the superflux to them,
And shew the Heavens more just.

„Hinein, Junge, zuerst! (sagt er zum Kent) — Ihr Dürftigen, die ihr jetzt ohne Dach seyd — — Nun, geh doch — ich will beten, dann will ich schlafen — Arme, nakkende Unglückselige, wo ihr auch seyd, der Wuth dieses unbarmherzigen Sturms ausgesetzt! Wie sollen eure unbedeckten Häupter, und ausgehungerten Seiten, eure zerlumpte, durchlöcherte Blöße euch gegen ein Wetter, wie dieses ist, schützen? — O! ich hab zu wenig hieran gedacht! Nimm Arzney ein, Pracht! setze dich in die Umstände, zu fühlen, was diese Elenden fühlen, damit du ihnen deinen Ueberfluß zuwerfest, und die Gerechtigkeit des Himmels gerettet werde!“

Ein neuer Zusatz zu den Leiden des alten Königs entsteht aus der Vorstellung, daß er, in seinen guten

guten Tagen, nicht an die Leiden der Unglücklichen gedacht habe; und diese Vorstellung selbst kann sehr leicht aus der ganzen Verfassung desselben entspringen. In Menschen von mehr empfindlichem als stolzem Herzen entstehen Vorwürfe und Unzufriedenheit über sich selbst, in großen Leiden, sehr natürlich; und wenn die Leiden unüberschwinglich groß sind, entstehen sie in allen Menschen. Man sucht die Ursache des Unglücks, das uns niederdrückt; — und wenn sich nun eine Ursache dazu in uns selbst findet; so wird das Leiden darüber gewiß nicht dadurch vermindert. Auf diese Art wird der Gemüthszustand des Königs dem Punkte immer näher gebracht, auf welchem seine Vernunft endlich seinen Leiden ganz unterliegt. —

Sie kommen in die Hütte, in welcher sie den jungen Edgar, wie gedacht, als einen tollen Menschen verkleidet, finden; das erste, was der König fragt, ist:

> Didst thou give all to thy daughters? and art thou come to this?

> „Gabst du deinen Töchtern alles, daß du in diesen Zustand gekommen bist?“

Hier sieht man, wie voll des alten Mannes Herz ist! Er sieht und hört um sich her nichts als Schrecken und Leiden; und dies alles muß von mißrathenen Töchtern kommen. —

So

So wie Edgar fortfährt, Unsinn zu reden, eben so wird der König immer heftiger in seinen Ausdrücken, und verwirrter in seinen Gedanken. Die Bemerkung ist traurig; aber sie ist gewiß wahr, daß Raserey so ansteckend ist, als irgend eine Krankheit; es versteht sich, bey Leuten von empfindlichem Herzen, und in welchen der Saame zu diesem Unglück liegt. Wer sich mit der Geschichte der Tollhäuser bekannt gemacht hat, wird durch mehr als einen Umstand diese Bemerkung bestätigt haben. Ich weis mehr als einen Prediger eines solchen Hauses, der sehr vernünftig und gesund dahin berufen wurde; und binnen kurzer Zeit sich unter der Zahl seiner Zuhörer befand; und ich habe zwey unglückliche Personen gekannt, die, unter dem Vorwand von Raserey, in solche Häuser gebracht wurden, weil sie ihren Verwandten Schande gemacht haben sollten; die aber sehr gesund am Verstande waren; allein es nicht lange mehr blieben, nachdem sie die Gesellschaft der Tollen eine Zeitlang gehabt hatten.

Lear fährt fort, alles, was er hört und sieht, auf seine Töchter zu beziehen:

What, have his daughters brought him to this paſs?
Coul'dſt thou ſave nothing? did'ſt thou give 'em all? --
— Now all the plagues, that in the pendulous air
Hang fated o'er mens' faults, light on thy daughters!

„Wie? haben seine Töchter ihn dahin gebracht? Konntest du nichts davon bringen? gabst du ihnen alles? — — Nun alle die rächenden Plagen, die in der schwebenden Luft, über den menschlichen Uebelthaten hangen, blitzen auf deine Töchter!“ —

Kent wagt es zu sagen, daß der Unglückliche keine Töchter habe; der Widerspruch setzt den König in Feuer; und von diesem Augenblick an, scheint er auf den Kent nicht mehr so viel zu hören, als zuvor;

Death! traitor, nothing could have subdu'd nature
To such a lowness, but this unkind daughters.

— — — —

Judicious punishment! 'twas this flesh begot
Those pelican daughters.

„Tod! Verräther! nichts könnte die Natur zu einer solchen Erniedrigung herunter gebracht haben, als undankbare Töchter. — Dieses Fleisch war es, das diese Pelikantöchter zeugte.“—

Edgar ist beynahe nakt; der Sturm dauert fort; er klagt über Kälte, und schon hat ihn sein vermeyntes Leiden so genau mit dem Lear verbunden, daß dieser anfängt, sich seine Kleider aufzureißen, um so nakt zu seyn, als Edgar. Es ist nichts gewisser, als daß gleiches Unglück, gleiche Leiden zwey Menschen sehr genau an einander ketten; und Lear kann nicht glauben, daß man durch andre

Men=

Menschen so gräßlich leiden könne, als durch Töchter: so groß sind seine Leiden! — Diese vermeynte Aehnlichkeit nun, will er in allem vollkommen machen. So wie Alexanders Hofleute, ihrem Herrn zu Ehren, sich krumme Hälse machten: so will Lear, seinem neuen Freunde zu gefallen, auch nakt seyn, wie er. Was aber dort aus Schmeicheley, und mit Vorsatz und Ueberlegung geschah, geschieht hier aus einer sympatetischen Bewegung. Und diese kann gewiß in allen sehr rührenden Situationen statt finden.

Thou wert better in thy grave, than to anſwer with thy uncover'd body this extremity of the ſkies. — Is man no more than this? Conſider him well. Thou ow'ſt the worm no ſilk, the beaſt no hide, the ſheep no wool, the cat no perfume. — — An accommodated man is no more but ſuch a poor bare, forked animal as thou art. — Off, off! you lendings, come, unbutton here! —

„Besser du wärest, sagt Lear dem, über kalten Wind klagenden Edgar, in deinem Grab, als deinen unbedeckten Kopf diesem Ungewitter entgegen zu stellen. — Ist der Mensch nicht mehr, als das? Betracht' ihn recht! Du bist dem Wurm keine Seide schuldig, den wilden Thieren keinen Pelz, dem Schaafe keine Wolle, der Bisamkatze keinen guten Geruch! — — Der unaufgeschmückte Mensch ist nichts mehr, als ein solch armes, naktes, gabelförmiges Thier, wie du bist. Weg, weg, du geborgter Plunder! kommt, knöpft mich auf....

Hier will er sich entkleiden; und man sieht ihn nun seinem Mitbruder im Leiden immer mehr ähnlich werden. Kent, und sein Hofnarr halten ihn vom Auskleiden ab; und der alte Gloster kommt, um ihn an einen bessern Ort abzuholen; aber er will hiervon nichts wissen. Er will nur mit dem tollen Edgar sprechen; er macht ihn zu seinem Philosophen; und jedes Wort, das der alte König jetzt sagt, verräth schon Unsinn. Er ist nicht mehr von seinem Mitbruder zu trennen; und der alte Gloster muß auch diesen jungen Menschen mitnehmen, wenn er den König fortbringen will. „Ich will immer bey meinem Philosophen bleiben!" sagt er, eh' er abgeht. Er vergißt seine Töchter, weil er jemand findet, an welchem er sich, in seinem Leiden, der Aehnlichkeit wegen, festzuhalten getraut; dies kann freylich aber kein anderer seyn, als einer, der seiner Raserey immer mehr Nahrung giebt. — Wie wir ihn, gleich darauf, in einem Meyerhofe wieder finden, sehen wir ihn beynahe ganz unsinnig schon. Indem der Hofnarr Possen macht: so stößt er Wahnwitz heraus. Er hat schon mehr von seinem gefundenen Freunde angenommen; hin und wieder sind noch Sonnenblicke:

Then

Then let them anatomize Regan — ſee what breeds about her heart. — Is there any cauſe in nature that makes theſe hard hearts?

„Laßt ſie Regan anatomiren — Seht, was in ihrem Herzen ausgebrütet wird. — Iſt irgend eine Urſach in der Natur, die ſolche harte Herzen macht?“ — —

Gleich darauf fällt er in Poſſen; — und ich kann es mir kaum verwehren, zu denken, daß Shakeſpear ſo gar dem guten Lear ſeinen Hofnarren zugeſellet habe, (der zwar unter dem Anſehn von Poſſe oft bittre Wahrheiten ſagt, die aber doch immer nur Poſſen ſcheinen) um auch durch ſolch Geſchwätz noch eine Urſache mehr zur Raſerey des alten Mannes herbey zu bringen; damit ja eine ſolch außerordentliche und ſchreckliche Wirkung alle nur mogliche und gehörige Urſachen und Veranlaſſungen habe. Es kann zwar ſehr leicht ſeyn, daß Shakeſpear nicht ſo genau vorher über Urſach und Wirkung philoſophirt, und eines gegen das andre ſo beſtimmt abgewogen habe, wie ich es zu finden glaube; aber ſein Beobachtungsgeiſt und ſein glückliches Genie, das durch keine Vorurtheile aufgehalten, und durch keine unnütze Speculationen verdorben war, fand alle dieſe Sachen, ohne daß er ſie ſuchen durfte. —

Wir finden den Lear erſt lange nachher wieder auf dem Felde herumirrend, verlaſſen von allen, auf eine phantastische Art mit Blumen geschmückt, und in dem völligen Zustande der Raserey; wir haben ihn dies allmählig werden sehen, und dürfen uns also nun nicht mehr wundern:

Ha, Gonerill! hah, Regan! they flatter'd me like a dog, and told me I had white hairs in my beard, ere the black ones were there. — To ſay ay, and no to every thing that I ſaid. — Ay and no, too was no good divinity. When the rain came to wet me once, and the wind to make me chatter; when the thunder would not peace at my bidding; — there I found 'em, there I ſmelt 'em out. — Go to, they are not men o' their words; they told me I was every thing: 'tis a lie, I am not agueproof.

„Ha, Gonerill! ha, Regan! Sie streichelten mich, wie einen Hund, und sagten mir, ich hätte weiße Haare in meinem Bart, ehe noch die schwarzen da waren! — **Ja** und **Nein** zu allem zu sagen, was ich sagte — **Ja** und **Nein**, aber es war unächte Münze. Wie der Regen kam und mich durch und durch netzte, wie der Wind mich schaudern machte, und der Donner auf meinen Befehl nicht schweigen wollte, — da fand ich sie, da spürt ich sie aus! — Geht, geht! sie sind keine Leute, die auf ihr Wort halten; Sie sagten mir, ich sey alles; es ist eine Lüge; ich halte die Fieberprobe nicht!“ —

Wie

Wie der blinde Gloster fragt, ob dies nicht der König sey: so antwortet er:

Ay, every inch a King.
When I do ſtare, ſee, how the ſubjeƈt quakes.
I pardon that man's life —

„Ja! jeden Zolls lang ein König! Wenn ich sauer sehe, seht, wie meine Unterthanen zittern! Ich schenke diesem Manne das Leben. . .“

Hier läßt ihn Shakespear einen Ausfall aufs weibliche Geschlecht machen, der eben nicht der anständigste, aber gewiß in seiner Verfassung sehr natürlich ist. Der Dichter hat ihm noch so viel Vernunft gelassen, daß er so ohngefähr auf die Ursach seiner Leiden sich zurück besinnen kann: und was ist natürlicher für einen höchst Elenden, als sich mit seinem Elende zu unterhalten?

Down from the waſte they are centaurs, though women all above: but to the girdle do the Gods inherit, beneath is all the fiends. There's hell, there 's darknels, there is the ſulphurous pit — fie, fie!

„Von der Hüfte herab sind sie Centauren, obgleich von oben her ganz weiblich; bis zum Gürtel wohnen lauter Götter; weiter unten ist alles mit Teufeln angefüllt. Hier ist die Hölle! hier ist Finsterniß, — hier ist der brennende, siedende Schwefelpfuhl — pfuy, pfuy! —

— Gloster will ihm hier die Hände küssen; aber er antwortet:

Let me wipe it first, it smells of *mortality!*

„Ich will sie vorher abwischen; sie hat einen Todtengeruch!“ —

Und dies Bewußtseyn, das der alte Mann von seinem Unglück hat, trägt nicht wenig dazu bey, ihn anziehend für uns zu machen. —

Ich eile über vieles weg, das nichts als lauter Unsinn ist, wie natürlich in dieser Situation, vieles nichts als Unsinn seyn konnte. Aber dieser Unsinn ist immer noch sehr rührend; und es scheinen immer noch Sonnenblicke durch, die ihn aufhellen, und desto rührender machen. Ich muß es besonders anmerken, daß Shakespear hier den Lear, so wie im Hamlet die Ophelia, mit Blumen geschmückt und beschäftigt, auftreten läßt; und daß mich dies ein Zug dünkt, der mit solcher Gemüthsverfassung zusammen stimmen kann. Ich meyne nämlich mit einer zärtlichen, sanftern, vielleicht schwächern Gemüthsverfassung, wenn sie in Raserey verfällt; diese wird ins Kindische ausarten; und ein Geschäft und ganzer Schmuck von Blumen ist ein Zug aus den Kinderjahren. Bey Personen von stärkerm und heftigerm Geist wird freylich die Raserey anders wirken; ob diese Wirkung aber rührender und anziehenziehender ist, als jene, wag ich nicht zu entscheiden? — Indessen ists billig, daß ich hiervon ein Beyspiel gebe. Das Trauerspiel des Seneka, der rasende Herkules, ist bekannt. Ich weis es sehr gewiß, daß Herkules anders rasen muß, als Lear; und daß, bey verschiedenen Personen, Aehnlichkeit in gewissen Situationen verlangen, die allereinfältigste aller Foderungen ist. Ich glaube nur, daß wenn es dem Dichter frey stehet, einen Charakter hiezu sich zu bilden, welchen er will, (voraus gesetzt, daß er eines solchen Charakters nöthig hat, um das Resultat seines Werks hervorzubringen) — er denjenigen wählen solle, der den mehrsten Eindruck in dieser Situation macht. Hierbey können freylich Ausnahmen sich befinden. Der Dichter kann, z. B. nicht die Absicht haben, uns sehr für die wahnwitzige Person interessiren zu wollen; dann muß er freylich einen andern Charakter dazu wählen. Wie vortreflich unter andern Lessing [m]) dies, in

 seiner

m) So vortreflich Lessing hierinn zu Werk gegangen ist: so gerecht, dünkt mich, ist Richardson darinn zu tadeln. Die Geschichte der Clementina ist unstreitig vortreflich behandelt; aber vielleicht zu vortreflich. Ich meyne nichts, als daß der Dichter den Charakter der Clementina so sehr anziehend gemacht hat, und als Dichter um so sehr viel besser behandelt hat, daß man seine Hauptperson, die Henriette, sehr gern und ganz und gar bey ihr vergißt; — vielleicht noch mehr als vergißt.

seiner Emilia Galotti, im Charakter der Orsina gethan hat, kann ein jeder sehr leicht sehen, wenn er nur bedenkt, daß es nicht die Absicht des Dichters war, uns für diese Person auf die höchste Art einzunehmen; und daß er dies nicht durfte, wenn er nicht seiner Emilia Galotti dadurch schaden, und die Gräfinn zur Hauptperson machen wollte. — Eben auf diese Art, kann die übrige Situation einer Person den Dichter verhindern, nicht diese dazu zu wählen, die den mehrsten Eindruck in einem so traurigen Zustande machen würde; dieser Zustand kann sich vielleicht nicht mit dem übrigen Ganzen der Person vertragen. In solchen Umständen wär' es freylich Thorheit, Dinge zu fodern, die nur dann, wann solche Person die Hauptperson seyn soll, und wann in der übrigen Situation derselben, der Sache selbst nichts zuwider ist, statt finden können. Ich sage auch nicht, daß geradeswegs leidende Unschuld so weit gebracht werden müsse; vielleicht könnte dies leicht zu scheußlich werden; ich schränke meine Foderung darauf ein, daß, wenn der Dichter alle mögliche Freyheit in der Bildung seiner Charaktere hat, die fühlbarern, sanftern, schwächern, in solchen Situationen den tiefsten Eindruck, — und die Sache selbst wahrscheinlicher machen; und daher, ans der erstern Ursache, zu Hauptpersonen die schicklichsten sind. —

Einige

Einige der vorangeführten Hindernisse waren es, ohne Zweifel, die den Seneka vermochten, seinen Herkules zwar rasen, aber nicht dabey leiden zu lassen. Die wichtigste Ursache hiezu lag wohl in dem schon bekannten und angenommenen Charakter des Helden, und in der Denkungsart und in den übrigen Einrichtungen des Römischen Volks; doch es liegt außer meinem Wege, die Veranlassungen des Dichters hier alle zu untersuchen, und den Unterschied zu zeigen, der sich so sehr, zum Vortheil des Euripidischen Herkules, im Ausdrucke, zwischen diesem und dem Herkules seines Nachfolgers befindet: mir ist es hier um den bloßen Ausdruck zu thun, in so fern nämlich wir einen bloß Rasenden darinn erkennen, der nicht von seiner Raserey leidet.

Es ist, wie bekannt, Juno, die mit dieser Raserey sich am Herkules rächt, und sie in ihm erzeugt. Diese Art ihrer Entstehung, die der Glaube der damaligen Zeit unterstützte, ist jetzt ganz unbrauchbar; aber ich darf daher auch den Leser nicht durch alle die Stufen bis zur Entstehung dieser Raserey hinaufführen. Sie äußert sich im vierten Akt, indem Herkules den Göttern das Opfer für den Sieg über den Lycus, und den Mord desselben, bringen will, mit einemmal:

—— —— Sed quid hoc? medium diem
Cinxere tenebrae: Phoebus obscuro meat

Sine

Sine nube vultu. quis diem retro fugat,
Agitque in ortus? unde nox atrum caput
Ignota profert? unde tot stellae polum
Implent diurnae? primus en noster labor
Coeli refulget parte non minima Leo
Iraque totus fervet et morsus parat;
Iam rapiet aliquod sidus: ingenti minax
Stat ore, et ignes efflat, rutila jubam
Cervice iactat: quidquid autumnus gravis,
Hyemsque gelido frigida spatio refert
Uno impetu transiliet: et verni petet
Frangetque tauri colla. v. 939 seq.

Und in der Folge:

In alta mundi spatia sublimis ferar;
Petatur aether, astra promittit pater
Quid si negaret? non capit terra Herculem,
Tandemque superis reddit. En ultro vocat
Omnis deorum coetus, et laxat fores,
Una vetante. recipis et reseras polum?
An contumacis januam mundi traho?
Dubitatur etiam? vincla Saturno exuam
Contraque patris impii regnum impotens
Avum resolvam. bella Titanes parent
Me duce furentes: saxa cum silvis traham,
Rapiamque dextra plena Centauris juga. &c.

Herc. Fur. (Edit. Farn. p. 248. f.)

„Wie? welche Finsternisse umhüllen den Mit„tag? Warum schießt Phöbus so finstre Blicke, „ohne daß ihn eine Wolke verdunkele? Wer „macht aus dem hellen Tage Dämmerung? „Wo-

„Woher die Nacht, die ihr schwarzes Gefieder „ausbreitet? Woher die zu frühen Sterne, die „den Pol erfüllen? Seht, dort flimmert das „erste Ungeheuer, das ich bezwang, der Löwe! „Er glüht vor Zorn, und droht tödtliche Bisse. „Er speyet aus dem offenen Rachen Feuer, und „die goldgelbe Mähne sträubt sich empor. Jetzt „wird er ein Gestirn herabschleudern; er wird „des harten Herbstes und des frostigen Winters „Zeichen überspringen, den Stier im Frühling „anfallen, u. s. w.“

Ich will es gerne zugeben, daß die Stelle, vor sich betrachtet, sehr schön seyn mag; nur dünkt sie mich nicht so tief ins Herz des Lesers zu gehen, als eben die, den Wahnsinn des Lear ausdrückenden Stellen. —

Lear wird endlich vor seine, ihm aus Frankreich zu Hülf eilende, und ehedem von ihm verstoßene Tochter gebracht. Man mag noch bemerken, daß der Dichter vorher den alten Mann uns nur da (4ter Aufz. 7ter Auftr.) ganz seiner Sinne beraubt, gezeigt hat, wo er ihn, ohn' alle Begleitung, verlassen von seinem Kent, den er sehr künstlich von ihm zu entfernen gewußt hat, und so gar von seinem Hofnarren, erscheinen läßt. Vielleicht hat Shakespear geglaubt, daß ein Mensch von allen Nebenmenschen aufgegeben, und geschieden, — wenigstens ohn' allen Freund und allen Zuspruch seyn müsse, um so ganz Menschen unähnlich zu werden. Er hat, ehe er vor seine Tochter gebracht wird, eine lange Zeit geschlafen; man hat ihm andre Kleider angezogen, als er sie in seiner Raserey trug: beydes Vorbereitungen, um die Wiederkehr seiner Vernunft wahrscheinlich zu machen. Durch das erste wurden seine Sinne beruhigt und gestärkt, indem er von den Vorstellungen an die Grausamkeit seiner Töchter abgezogen wurde; durch das andre sollt' ihm, beym Erwachen, das Andenken an seinen vorigen Zustand entzogen, und er gleichsam mit sich selbst unbekannt, und ihm alle Idee von dem, was er gewesen war, genommen werden. Wie er endlich, in Gegenwart der Cordelia geweckt wird: so zeigen sich alle die, aus den vorher angeführten Ursachen natürlich erfolgenden Wirkungen. Er ist sich nichts bewußt:

> You do me wrong to take me out of the grave.
>
> „Ihr handelt nicht recht an mir, mich so aus meinem Grabe zu nehmen!"

Es scheint zwar, als ob er seine, ehemals von ihm beleidigte Tochter erkenne, aber er denkt sie, und sich in ganz andern Zuständen, als sie es sind:

> Thou art a soul in bliss; but I am bound
> Upon a wheel of fire, that mine own tears
> Do scald like molten bad.

„Du

„Du bist ein seliger Geist, und ich bin an ein feuriges Rad gebunden, welches meine eigenen Thränen gleich zerschmolzenem Bley erhitzen.“

Man sieht es sehr leicht, daß der alte Mann noch nicht wieder seiner mächtig ist; und wie sehr hierinn Shakespear nach den Regeln der Wahrscheinlichkeit zu Werke gegangen, wird jeder Beobachter sehr leicht finden. Auf Anrathen des Arzts läßt man ihn einige Augenblicke ruhig; und nun hebt er an:

Where have I been? where am I? fair day-light!
I'm mightily abus'd; I ſhould even die with Pity,
'To ſee another thus. I know not what to ſay;
I'll not ſwear, theſe are my hands: let's ſee,
I feel this pin prick: 'would I were aſſur'd
Of my condition.

„Wo bin ich gewesen? Wer bin ich? Schönes Tagelicht! Ich bin sehr übel zugerichtet! — einen andern so zu sehen, könnte mich vor Mitleid sterben machen. Ich weis nicht, was ich sagen soll; ich wollte nicht schwören, daß dieses meine Hände sind. Laßt sehen, ich fühle diesen Nadelstich. — Ich wollte, ich wäre gewiß, was ich bin.“

Hier sagt die betrübte Tochter: „O — strecket eure Hand zum Segen über mich aus!“ und der alte Mann, statt aller Antwort, kniet nieder. Hieraus läßt es sich abnehmen, wie sehr geschwächt, wie

wie sehr heruntergedrückt der Geist des Lear, durch den vorhergehenden Zustand, geworden war; seine Raserey hat das bisgen Kraft, das er noch übrig von Alter und Unglück hatte, ganz vernichtet; er schien nur in den vorigen Scenen bisweilen thätig und stark, weil er rasete; nun diese Raserey anfängt nachzulassen, sieht man die traurigen Wirkungen, die sie auf ihn gehabt hat. Und das Gefühl von dem Unrecht, das er dieser Gestalt (Cordelien) gethan, vereinigt sich mit dieser natürlichen Schwäche. Als seine Tochter ihn aufstehen heißt: so antwortet er:

Pray, do not mock me!
I am a very foolish fond old Man,
Fourscore and upward; and to deal plainly,
I fear, I am not in my perfect mind.
Methinks, I should know you, and know this man;
Yet I am doubtful: for I'm mainly ignorant,
What place this is; and all the skill I have,
Remembers not these garments; nay I know not
Where I dit lodge last night. Do not laugh at me,
For, as I am a man, I think, this lady
To be my child *Cordelia*.

„Ich bitte euch, spottet meiner nicht! Ich bin ein sehr thörigter, weichherziger alter Mann, achtzig und drüber, und, aufrichtig zu seyn, ich fürchte, ich bin nicht bey meinem völligen Verstande. Mich dünkt, ich sollte euch und diesen

Mann

Mann (Kent) kennen, und doch zweifle ich; denn ich weis gar nicht, was für ein Ort dies ist, und so sehr ich auch mich besinne, kenne ich diese Kleider nicht; nein; ich weis nicht, wo ich in der letzten Nacht übernachtete. Lacht nicht über mich; denn, so wahr ich ein Mann bin, ich denke, diese Dame ist mein Kind Cordelia."

Man sieht hier die allmählige Rückkehr der Vernunft, — und die guten Wirkungen, die das Umwechseln der Kleider so wohl, als der Schlaf, hervorgebracht hat. Er fängt an, sich zu besinnen. —

Als Cordelia, weinend, ihm antwortet: so sagt er:

Be your tears wet? Yes, faith; I pray you, weep not.
If you have poison for me, I will drink it;
I know, you do not love me; for your sisters
Have, as I do remember, done me wrong.
You have some cause, they have not.

„Sind eure Thränen naß? Ja, bey meiner Treue! ich bitte euch, weinet nicht mehr. Wenn ihr Gift für mich habt, so will ichs trinken. Ich weis, ihr liebet mich nicht; denn eure Schwestern haben, wie ich mich erinnere, mir übel begegnet; ihr habt einige Ursache, sie nicht."

Man sieht, daß sein erstes Besinnen zugleich das Erinnern, an sein' gelittenes, — und auch an sein gethanes Unrecht ist. Er scheint mißtrauisch zu seyn, ob auch eine Tochter wirklich weinen könne? ein Zug, der ganz vortreflich den Zustand seiner Seele ausdrückt. Er ist und bleibt übrigens immer noch unruhig und verwirrt; unbekannt mit seiner ganzen Situation, ists, als wenn er bis jetzt nichts, als geschlafen hätte; und nun erwacht wäre. Er weis nicht, wo er ist; und, um ihn durch mehrere Bewegung und Zerstreuung zu heilen, führt man ihn ab, indem er sagt:

You must bear with me;
Pray you now, forget and forgive;
I am old and foolish.

„Ihr müßt Geduld mit mir haben! Nun, ich bitte euch, vergeßt, und vergebt; ich bin alt und albern.“ —

Ich höre hier mit der innern Geschichte des alten Lear auf, ohngeachtet, bis an den Ausgang seines Lebens und des Trauerspiels, noch mancherley Betrachtungen über die Kunst seines Dichters zu machen wären. Vielleicht hab' ich vielen Lesern aber schon jetzt zu viel gesagt? Diejenigen, die da glauben, daß dies wohl deßwegen möglich sey, weil man den Shakespear in sich selbst studiren müsse, haben

haben Recht; und nur um dies Studium zu erleichtern, oder dazu aufzumuntern, hab' ich mir es nicht verwehren wollen, einen Theil der Kunst zu entwickeln, mit welcher der Engländer diesen Charakter behandelt hat. Es bleibt aber immer noch im Dichter selbst viel zu lernen übrig. — Wir haben keine solche Bühne, als die Engländische es ist. Wenn wir also nicht die Shakespearsche Behandlung der Charaktere auf dem Theater nützen können: so ist sie uns doch im Roman erlaubt. Und um hierauf aufmerksam zu machen, hab' ich ehe ein Beyspiel aus diesem Dichter, als vielleicht das Beyspiel der Clementina aus dem Grandison wählen wollen. Ich weis, daß lange nicht alle Züge, die ich hier herausgehoben habe, und vielleicht die mehrsten nicht, geradeswegs das Gefühl des Erhabenen in uns erzeugen; sie wechseln zu sehr mit bloß rührenden ab; und das Leiden des alten Lear ist zu groß, als daß wir nicht dadurch mit heruntergedrückt werden sollten; aber ich habe mehr als eine Ursache gehabt, nur diese Züge, so wie sie da sind, aufzustellen. Einmal hab' ich schon vorhin gesagt, daß eine ganze Reihe von Vorstellungen, die alle das Gefühl des Erhabenen allein in uns erzeugen, uns zu sehr anstrenge, um uns auf die höchste Art zu vergnügen; und daß daher die Einmischung sanfterer und rührenderer Vorstellungen nothwendig sey, um unsre Aufmerksamkeit zu erhalten. Und dann verschaffte mir diese Vereinigung zugleich die Gelegenheit, es zeigen zu können, wie eigentlich Shakespear in der ganzen Zeichnung des Lear zu Werke gegangen; und, wenn ich mich nicht irre, so ist die Entwickelung dieses wie das wichtigste, was bemerkt zu werden verdient.

12.

Ich versprech' es, mich bey dem Erhabenen, das in uns durch andre Leidenschaften erzeugt werden kann, weniger, als bey dem vorhergehenden zu verweilen.

Longin, und nach ihm Home haben es der Furcht und der Betrübniß, und der Engländer besonders der Rache (Vol. I. Ch. 4.) abgesprochen, daß sie nicht erhabene Leidenschaften in uns erzeugen können; aber, indem Home eben daselbst beweist, daß das vom Longin gewählte Beyspiel (die berühmte Ode der Sapho) seiner Lehre widerspreche: so kann ich ihm selbst einen seiner Landsleute, den Burkes entgegen setzen. Es ist bekannt, daß sich ein Theil der Schrift dieses letztern über den Ursprung unserer Begriffe vom Erhabenen und Schönen, auf die Behauptung gründet, daß alles, was die Leidenschaften der Selbsterhaltung in uns erregt, das

das Gefühl des Erhabenen dadurch in uns erzeuge; und ich glaube, daß Verzweifelung, Angst, Entsetzen, Reue, Wuth, und so gar Betrübniß dies in uns eben so gut vermögen, als ich es von Furcht, Schrecken, Rache und Raserey gesagt habe. Die Meynung des Home scheint aus einem Irrthum herzukommen, der schon im neunten Abschnitt widerlegt ist. —

Es ist Verzweifelung im Othello, die sich ganz, nachdem er die Unschuld seiner von ihm ermordeten Gattinn erkannt hat, seiner bemeistert, wenn er zum Gratiano sagt, der ihn jetzt entwaffnen lassen will:

Lo! I have a weapon:
A better never did itself sustain
Upon a soldier's thigh. I've seen the day,
That with this little arm, and this good sword,
I've made my way through more impediments,
Than twenty times your stop. But, oh vain boast!
Who can controul his fate? 'Tis not so now.
Be not afraid, though you do see me weapon'd;
Here is my journey's end, here is my butt,
The very sea-mark of my outmost sail. —
Do you go bak dismay'd? 'tis a lost fear.
Man but a rush against Othello's breast,
And he retires. Where should Othello go?
Now — how dost thou look now? (Indem er auf die ermordete Gattinn sieht) Oh ill-star'd Wench!
Pale as thy smoke! *When we shall meet at compt,*

 This

This look of thine will hurl my ſoul from heav'n,
And fiends will ſnatch at it. —— Cold, cold, my girl,
Ev'n like thy chaſtity. —— O curſed Slave!
Whip me, ye devils
From the poſſeſſion of this heav'nly ſight;
Blow me about in Winds, roaſt me in ſulphur,
Waſh me in ſteep-down gulfs of liquid fire ——
Oh, Desdemona! Desdemona! dead! dead! oh! oh!

Othello Act. V. Sc. 9.

„Seht! ich hab ein Gewehr; ein ſchöneres hieng niemals an eines Soldaten Hüfte. Ich habe den Tag geſehen, da ich mit dieſem kleinen Arm, und dieſem guten Degen mir durch mehr Hinderniſſe einen Weg machte, als zwanzig ſolche Wächter wie ihr ſeyd. Aber, o eitle Prahlerey! Wer kann über ſein Schickſal Meiſter werden? Es iſt nun ein anderes. Erſchrecket nicht, ob ihr mich gleich bewaffnet ſeht; hier iſt das Ende meiner Fahrt, hier iſt mein Ziel, die äußerſte Marke, die mein letztes Seegel noch erreichen kann. —— Tretet ihr erſchrocken zurück? Es iſt eine vergebliche Furcht: Zücket nur ein Schilfrohr gegen Othellos Bruſt, ſo wird er ſich zurück ziehen. Wo ſollte Othello hingehen? Nun —— (er ſieht auf Desdemonen) —— wie ſiehſt du nun aus? Unglückliches Geſchöpf! wie bleich! Wenn wir vor Gericht zuſammen kommen, wird dieſe

Mine,

Mine, die du hast, meine Seele vom Himmel herabschleudern, und Teufel werden sie auffangen. — Kalt, kalt, mein Mädchen; kalt wie deine Schönheit! — O verfluchter Sclave! Peischt mich, ihr bösen Geister! peischt mich vom Genuß dieses himmlischen Anschauens hinweg; zerstäubt mich in die Winde, röstet mich in Schwefel, wascht mich in bodenlosen Schlünden von flüßigem Feuer. — O Desdemona! Desdemona! todt! todt! oh! oh!"

Wiel. Uebersetzung.

Ich habe die ganze Rede des Othello hergesetzt, (obgleich nur der letztere Theil derselben eigentlich Lebhaftigkeit genug hat, um als ein Beyspiel der Verzweifelung gezeigt werden zu können,) damit ich die Gelegenheit erhalte, es anzumerken, daß der Dichter nicht mit einemmal, nicht ohne Veranlassung den Othello in diese Verzweifelung gerathen läßt. Es ist eigentlich der, an seiner unschuldigen Gemahlinn verübte Mord, welcher ihn in diese Verzweifelung stürzet; und er ist daher, ehe er eben auf die todte Desdemona sieht, weit ruhiger, als nachdem er sie nun erblickt, und beschauet. Die abscheulichen Verwünschungen seiner selbst brechen nicht ehe aus, als bis er wieder, auf das lebhafteste, an seine rasende Eifersucht erinnert worden ist. —

Ich werde eben noch aus dem Shakespear ein Beyspiel nehmen, um zu zeigen, daß so gar Gewissensangst in uns erhabene Ideen hervor bringen kann, wenn sie gut behandelt wird. Die That nämlich, die jetzt das Gewissen ängstigt, muß mit ganzem Recht dies Gewissen ängstigen. Und der Thäter muß diese Angst empfinden, und äußern, und ihr doch nicht unterliegen wollen; vorausgesetzt, daß sein Charakter Lebhaftigkeit und Ehrgeiz genug hat, und überhaupt in solchen Situationen sich befindet, um nicht ganz unterliegen zu dürfen. Die ganze dritte Scene im fünften Aufzuge des Trauerspiels vom Makbeth, so verschiedene Wendungen sie auch hat, ist nichts, als der lebendigste Ausdruck eines gepeinigten Gewissens. Schon ist das Engländische Heer, mit dem rechtmäßigen Erben von Schottland (Malkolm) in diesem Königreich angekommen, um den grausamen Makbeth zu züchtigen; es hat seinen Weg gegen den Birnamwald genommen, und Makbeth sein Lager zu Dunsinan aufgeschlagen: zwey Oerter, von welchen die Zauberinnen gesagt hatten:

Macbeth shall never vainquish'd be, untill
Great Birnam wood to Dusinane's high hill
Shall came against him. —

Act. IV. Sc. 2.

„Mak-

„Makbeth soll niemals überwunden werden, wenn nicht der große Wald von Birnam, auf die hohen Hügel von Dusinan zu, gegen ihn anzieht.“

Hier sehen wir ihn nun, mit einem Arzt, und einigem Gefolge auftreten, indem er sagt:

Bring me no more reports, let them fly all;
'Till Birnam wood remove to Dusinane,
I cannot taint with fear. What 's the boy Malcolme?
Was he not born of Woman? Spirits that know
All mortal consequences, have pronounc'd it:
Fear not Macbeth, no man that 's born of woman,
Shall e'er have power upon thee. — fly false Thanes,
— The mind I sway by, and the heart I bear,
Shall never sagg with doubt, nor shake with fear.

„Bringt mir keine Zeitungen mehr, laßt sie alle fliehen! Bis der Birnamwald sich nach Dusinan bewegt, kennt Makbeth keine Furcht. Was ist der Knabe Malkolm? Ward er nicht von einem Weibe geboren? Geister die den ganzen Zusammenhang der sterblichen Begegnisse kennen, haben so ausgesprochen: Fürchte nichts, Makbeth! keiner der von einem Weibe geboren ward, soll jemals Gewalt über dich haben. — Flieht ihr abtrünnigen Thane! — — Der Geist, der mich beherrscht, das Herz, das mich befeuert, kann nie von Zweifeln wanken, nie von Furcht erschüttert werden.“

Es scheint auf den ersten Augenblick, als wenn es nichts weniger, als Gewissensangst sey, welche aus dem Makbeth rede; und doch ists, wenn man besonders den ganzen Zusammenhang des Stücks sich denkt, nichts anders, als eben diese Angst, die sich so ganz seiner bemächtigt hat, daß sie, wenn er kühn und gesetzt erscheinen will, ganz allein aus ihm spricht. Er nimt den Ton eines Zuversichtlichen nur an, um diese Angst desto besser zu verbergen. Es ist eine alte Bemerkung, daß die Furcht oft die Sprache der Kühnheit führt, entweder um sich dadurch zu verstecken, oder um in sich selber Muth hinein zu reden. — Doch, was man hier noch nicht deutlich genug davon sieht, wird man in dem Verfolg der Scene sehr gewiß entdecken. Indem Makbeth noch fortredet, tritt ein Bedienter herein: n)

The

n) Daß dich der Teufel schwarz räuchere, du milchsuppiger Bengel! Wie kommst du zu diesem gänsmäßigem Aussehn?

Bed. Zehn tausend —

Makb. Gänse, Schurke?

Bed. Soldaten, Gnädigster Herr —

Makb. Geh, streich dein Gesicht vorher roth an, du weißlebrichter Bube! Was für Soldaten, Lumpenhund? daß du verdammt wärest! deine Wangen von weißem Tuch rathen uns Furcht an. Was für Soldaten, Molkengesicht?

Bed. Die engländische Armee, mit eurer Erlaubniß.

Makb. Fort! Aus den Augen! — Seyton! — Ich werde krank, wenn ich sehe —— Seyton! sag ich — Ich habe

The Devil damn thee black, thou cream-fac'd lown:
Where got'st thou that goose lock?
Serv. There are ten thousand —
Macb. Geese, villain?
Serv. Soldiers, Sir —
Macb. Go, prick thy face, and over red thy fear,
Thou lilly-liver'd boy. What soldiers, patch?
Death of thy soul! those linnen cheeks of thine
Are counsellors to fear. What soldiers, wheyface?
Serv. The English force, so please you.
Macb. Take thy face hence — *Seyton!* — *I' m sick at heart,*
When I behold — Seyton! I say! — —
— — — — — —
I have liv'd long enough; my way of life
Is fall'n into the sear, the yellow leaf:
And that which should accompany old age,
As honour, love, obedience, troops of friends,
I must not look to have: but in their stead,
Curses not loud but deep, mouth-honour, breath,
Which thee poor heart would fain deny, and dare not.
(Enter Seyton.)
Seyt.

habe lange genug gelebt; mein Leben ist nach und nach ins Welken herabgesunken, in gelbes Laub, und das was das hohe Alter begleiten sollte, Ehre, Zuneigung, Gehorsam, Freunde, an das darf ich nur nicht gedenken: alles was ich dagegen zu erwarten habe, sind Flüche, nicht laut, aber desto tiefer, leere Complimente, Athem, den das arme Herz gerne versagen wollte, wenn es dürfte.
(Seyton kommt.)

Seyt. Was ist euer gnädigster Befehl?
Makb. Was giebts Neues?
Seyt. Es hat sich alles bestätiget, was berichtet worden ist.
Makb. Ich will fechten, bis mir das Fleisch von den Knochen abgehackt ist; gebt mir meine Waffen!

Seyt. What is your gracious pleasure?
Macb. What news more?
Seyt. All is confirm'd, mylord, which was reported.
Macb. *I'll fight, 'till from my bones my flesh is hacked.*
Give me my armour!

Die Wuth, mit welcher Makbeth den Bedienten anfällt, ehe dieser noch spricht, charakterisirt, auf die vortreflichste Art, die Angst, die in ihm ist. Man weis es, daß diese Leidenschaft, so wie alle heftige andre Leidenschaften, beym ersten Anreize ausbricht. Beym Makbeth ist es die zweydeutigste Sache von der Welt, die ihn in Bewegung setzt; der Bediente konnte, auch andrer Ursachen wegen, blaß aussehen; und es ist wahrscheinlich, daß er gar nicht blaß aussahe, weil, nach dem eigenen Zeugnisse des Makbeth, ihn seine Anhänger und Bedienten nicht so sehr liebten, als daß sie für ihn in Furcht hätten gerathen sollen. Aber sein böses Gewissen zeigte ihm in allen, was er sah und hörte das, was er in sich selber hatte. Die Wuth selbst bezeugt, wie gern er sich in andre Leidenschaften versetzen, und von aller Angst loßmachen will; er jagt den Bedienten fort, um nicht länger einen Gegenstand vor sich zu haben, der solche so lebhaft in ihm erweckt hat, und ruft den Seyton, seinen Vertrauten, um sich zu trösten. Aber ehe noch Seyton kommen kann, fällt sehr natürlich diese

künst-

künstlich erregte Wuth, weil die Veranlassung dazu fort ist, ganz nieder; und Makbeth sinkt in die gewöhnliche Verfassung eines geängsteten Bösewichts herunter, der jetzt noch weniger Gutes sich verspricht, und um sich her sieht, als vielleicht wirklich da ist. Ich muß es noch bemerken, daß Makbeth nicht zuerst durch diesen Bedienten die Ankunft des Engländischen Heeres erfuhr, und daß daher diese Nachricht allein ihn nicht in so heftige Wuth gesetzt haben würde, wenn er nicht jede Gelegenheit hätte ergreifen wollen, sich von seinen innern Gefühlen loszureißen. — Selbst die Prophezeyungen der Zauberinnen, so vortheilhaft er auf sich solche auslegte, und so glücklich zweydeutig sie, um ihn zu beruhigen, auch waren, konnten nicht seine Angst stillen. Er nimmt sie zu oft vor sich, und betrachtet und wiederhohlt sie zu vielfältig, um nicht dadurch zu bezeugen, daß er in sich selbst etwas trage, und sprechen höre, das sie alle widerlege; und ich könnte hievon, wenn ich einen Kommentar über dies vortrefliche Trauerspiel schreiben wollte, sehr viel Beweise geben. — — Wie Seyton komt, fragt Makbeth ihn so gleich nur nach Neuigkeiten: ein neuer Beweis von dem Zustande seines Gewissens; und wie er vom Seyton die Bestätigung der alten Nachrichten erhält und sich dadurch von aller Errettung von seinem Gericht, das er mit dem Engländischen

dischen Heer über ihn zu kommen, innerlich fürchtet, abgeschnitten sieht, bricht seine innre Angst von neuem in Wuth aus. Diese äußert sich auch nur in so fern anders, als Seyton sein Vertrauter, und nicht sein Bedienter ist. Er nimmt seine Zuflucht zu seinen Waffen, und sucht äußern Schutz für innre Feinde: eine Verwechselung, die nur zu sehr natürlich; — und umgekehrt die Eigenschaft eines großen, so wie hier eines höchst elenden Mannes ist. — Man höre ihn weiter!

Seyton antwortet ihm, als er seine Waffen fodert:

'Tis not needed yet! *o)*
Macb. I'll put it on:
Send out more horses, skirre the country round,
Hang those that talk of fear. Give me mine armour.

Man sieht, daß er sich nicht, auf die Vorstellung des Seyton, abreden lassen will, sich zu bewaffnen. Er konnte nicht; denn wo hätt' er sonst seine Zuflucht hinnehmen, wo hätt' er nun Trost suchen sollen? denn seine Angst in ihm ist so mächtig, daß er auch die hängen lassen will, die nur von Furcht reden. Indem er diese Furcht rund um sich herum

o) Seyt. „Es ist noch nicht nöthig.
Macb. Ich will sie anlegen. Schickt mehr Reuter aus, stöbert die ganze Landschaft durch, laß die Schurken aufhängen, die von Furcht reden. Gieb mir meine Rüstung.“

herum ausrotten will, denkt er ihrer selbst loß zu werden. Und wie sehr er wirklich sie in sich fühlt, ist die wiederholte Foderung seiner Rüstung. Denn wenn auch dies zugleich Begierde zum Kampf anzeigt: so ist diese Begierde eigentlich nichts, als der Wunsch, der Angst loß zu werden. Ein innerlich ruhiger, und nicht gequälter Mann würde den Augenblick besser abmessen können, in welchem die Zubereitung zur Schlacht nöthig ist. —

Man hat gesehn, daß Makbeth einen Arzt mit auf das Theater gebracht hat; aber dieser kann wahrscheinlich, nach Makbeths eigener Vermuthung, ihm so wenig Tröstendes zu sagen haben, und Makbeth selbst ist, durch sein eigenes Gefühl, so sehr auf andre Gegenstände und Vorstellungen geführt worden, daß er nicht ehe, als bis er so zu sagen **muß**, den guten Doktor anredet:

How do 's your patient, doctor? *p)*

Doct.

p) Makb. „Was macht eure Patientinn, Doktor?
Dokt. Gnädigster Herr! ihre Krankheit besteht hauptsächlich in schwermüthigen Einbildungen, die sie in ihrer Ruhe stören.
Makb. So heile sie davon! Kannst du die Schmerzen eines kranken Gemüths nicht stillen, einen eingewurzelten Kummer aus dem Gedächtniß ziehen, die eingegrabenen Unruhen des Gehirns ausglätten, und den überladenen Busen von diesem gefährlichen Unrath reinigen, der das Herz beklemmt?“

Wiel. Uebersetzung.

Doct. Not so sick, Mylord,
As she is troubled with thick-coming fancies,
That keep her from her rest.

Macb. Cure her of that!
Canst thou not minister to minds diseas'd,
Pluck from the memory a rooted sorrow,
Raze out the written troubles of the brain;
And with some sweet oblivious antidote,
Cleanse the full bosom of that perilous stuff
Which weighs upon the heart.

Wenn keine der vorhergehenden Stellen die innre Verfassung des Makbeth von der Seite gezeigt hätte, von welcher ich sie bis jetzt angesehen habe: so würde diese hier uns diese Seite, auf die hellste Art, sichtbar machen. Was der Arzt hier an seiner Gemahlinn heilen soll, das fodert er, indem er zwar sie nur nennt, zugleich für sich mit; und nur deswegen klagt er sich eben derselben Krankheit nicht an, einmal, weil sein stärkerer Geist noch nicht ihren Aeußerungen so sehr untergelegen war, als der schwächere Geist der Königinn, und dann, weil ein offenbares Geständniß von einem solchen Zustande so viel schändliches mit sich führt, und seinen Angelegenheiten so sehr schaden konnte, daß wir dies billig nicht von ihm erwarten können. Der Ton, mit dem er von der ganzen Sache spricht, und, da der Arzt ihm versetzt, daß in solchen Zufällen der Kranke sich selber helfen müsse, die Antwort, die er ihm hierauf giebt:

Throw

Throw physick to the dogs, *I'll none of it*

„Wirf deine Arzneyen den Hunden vor; ich will keine davon“

beweisen diese Anmerkung noch mehr. —

Makbeth fährt in der Folge der Scene fort, seine Waffen zu federn, und zu versichern, daß er weder Tod noch sonst etwas fürchte; beydes sind Wiederholungen, daß er nur zu gewiß alles fürchtet, was nur zu fürchten ist. Natürlich artet solch ein Zustand, in einem Menschen von Makbeths Charakter und Temperament, in Fühllosigkeit, und endlich in Verzweiflung aus. Es ist sehr bekannt, daß, unter immerwährendem Druck und Beklemmung, das Leben, so zu sagen, wegstirbt; und die Stelle ist, meines Bedünkens, zu vortreflich, in welcher Shakespear es bestätigt, daß aus fortdauernder Furcht endlich Unempfindlichkeit werde, als daß ich sie nicht mitnehmen sollte. In der Scene, worinn wir das nächstemal den Makbeth wieder sehen, hört er ein Geschrey; er fragt was es ist? und als man ihm antwortet, es seyen Weibsleute, welche schreyen: so sagt er:

I have almoſt forgot the taſte of fears:
The time has been, my ſenſes would have cool'd
To hear a ſhriek, and my fell of hair
Would at a diſmal treatiſe rouſe and ſtir
As Life were in't. I have ſupt full with horrors,

Direneſs familiar to my ſlaught'rous thoughts
Cannot once ſtart me.

„Ich habe die Furcht ganz verlernt. Die Zeit iſt vorbey, da mich der Schrey einer Nachteule ſchauern gemacht, und meine Haare ſich in die Höhe gerichtet und bewegt hätten, als ob Leben in ihnen wäre. Ich habe mit Schreckgeſpenſtern zu Nacht gegeſſen: das Entſetzlichſte iſt mit meinen blutigen Gedanken ſo vertraulich geworden, daß es mich nicht mehr erſchrecken kann.“

Wenn ich es mir erlaubt hielte, weiter den Charakter des Makbeth aus einander zu ſetzen, und ſeine innre Geſchichte zu entwickeln: ſo würden ſich noch manche Bemerkungen über ſeinen Zuſtand machen laſſen, die vielleicht nicht ohne Nutzen wären. Vielleicht wird aber jetzt ein junger Dichter aufgemuntert, dieſe Bemerkungen ſelbſt im Shakeſpear aufzuſuchen; und da wird ihm dann auch die Gemahlinn des Makbeth Stoff zu einer reichen Erndte von Anmerkungen geben können. — Dies ſind ungefehr die Bemerkungen, die ich über das Erhabene, das durch verſchiedene Leidenſchaften in uns erzeugt wird, hier dem künftigen Romanendichter habe mittheilen wollen, damit er nicht Leidenſchaften ungenützt laſſe, die er, zur Unterhaltung ſeiner Leſer, ſo vortheilhaft gebrauchen kann.

Ich

Ich wiederhol' es, daß ich damit nichts gewollt, als ihn erinnern, daß wir mit Theilnehmung, auch für andre Dinge, als Liebhaber und Liebhaberinnen geschaffen sind, und daß es Unrecht ist, immer auf Liebe und Liebe allein den Grund eines Romans aufzuführen. Zwar haben wir schon aus- und einländische Werke dieser Art, in welchen die Liebe nicht die Hauptrolle spielt (z. B. den Tristram Shandy, Sebaldus Nothanker u. a.) aber diese Werke sind so höchst selten, und Liebe und Roman sind so genau verbundene Ideen, daß die Anmahnung wohl nicht zu viel seyn kann, diesen eben angeführten Beyspielen noch mehr zu folgen. Und wenn in ihnen nun gerade auch nicht die zuvor berührten Leidenschaften sich gebraucht fanden: so sind diese nur deßwegen hier bemerkt und aus einander gesetzt worden, damit die, in den Romanen zu gebrauchenden Materialien, desto mehr allen Romanendichtern einleuchten mögen. Denn —

Die Anwendung der, aus **dramatischen** Dichtern, genommenen Beyspiele wird dem Romanendichter, für sein Werk, sehr leicht seyn. Das Shakespearsche Trauerspiel umfaßt, wie gedacht, einen Raum und Zeit, welche bis jetzt nur unsre erzehlende Werke einnehmen können. Und Shakespear hat die Leidenschaften so vortreflich, so wahr behandelt, daß ich, da sich Gelegenheit fand, diese

Behandlung zum Theil aus einander zu setzen, auch deßwegen diese Beyspiele aus ihm genommen habe. Denn, wenn man auch diese und ähnliche Leidenschaften nicht brauchen wollte, oder könnte: so läßt sich doch, aus der Shakespearschen Behandlung derselben, so viel Brauchbares, für die Aufführung andrer Leidenschaften, folgern, daß der Romanendichter, auch nur aus diesem Gesichtspunkt betrachtet, manches aus ihnen lernen kann. Und in der Schilderung der Leidenschaften findet sich unter uns, und besonders in Romanen, noch immer so wenig Wahres; und der Romanendichter dürfte leicht glauben, daß er, um diese Wahrheit zu lernen, nicht zu dem dramatischen Dichter seine Zuflucht nehmen dürfe, daß dieß eine zweyte Ursache war, auch diesen, auch den erzehlenden Dichter, auf das Studium eines so großen Meisters zu führen. —

Aber warum sollte der Romanendichter nicht eben so gut, wie der tragische Dichter, auch auf die Erregung und Ausbildung unsers Mitleids, denken? — Daß es diese Leidenschaft vorzüglich verdiene, wird sich in der Folge mehr ergeben. — Wir können in dieser Welt nicht immer alles thun, um unsre Mitmenschen von ihrem Leiden, von ihrem Unglück zu befreyen, (eine Pflicht, die uns vor allen andern obläge; denn darum nur sind wir Menschen) aber die Mittel sind in unsrer Gewalt,

immer

immer richtig für sie zu empfinden, immer Theil an ihren Schicksalen, auf eine gerechte Art, zu nehmen. Und wenn diese Theilnehmung schon einen großen Trost dem Leidenden gewährt; wenn er sich erleichtert fühlet, auch wenn er nur einem bösen Nachbarn q) sein Leiden klagen kann; und wenn diese Theilnehmung nun nicht in allen Menschen so bereitwillig entsteht, oder auf die Art entsteht, wie sie billig sollte (eine Sache, wovon Jeden die Erfahrung überzeugt): warum sollte nicht auch der Romanendichter, zur Anbauung dieser Leidenschaft, das Seinige beytragen? — Oder wären die Gränzen seiner Kunst so enge, daß er es nicht kann? Man sagt, nur gegenwärtiges Leiden erregt unser Mitleid; und schließt daraus, als ob wir die Personen selbst, handelnd vor uns sehen müßten, wenn dies Mitleid in uns erregt werden sollte. Daß der Grad des Mitleids durch die Gegenwart der Personen erhöhet werde, versteht sich wohl von selbst; aber der Romanendichter wird, wenn er sich nur nicht auf das bloße, kahle Erzehlen der Vorfälle einschränkt, die Illusion so weit treiben können, daß wir immer noch vom Mitleid so viel empfinden, als zur Ausbildung desselben nöthig ist. Beyspiele beweisen es. Wer bemitleidet

q) Sophocl. Phil. v. 201 - 205.

leidet nicht, auf die lebhafteste Art, die unglückliche Clementina? —

Nur theile der Romanendichter, nach weisen Absichten, seinen Personen ihre Leiden zu! Ich habe über dieser Zutheilung schon vorher einen Wink gegeben. Die Personen sollen, in des Dichters kleiner Welt, (eben so wie in der größern, wirklichen) zu ihrer Besserung, zu ihrer Vervollkommung leiden. Er soll seine Strafen, sein Unglück ausspenden, wie die Vorsicht es ausspendet; und wie die Gesetzgeber billig es sollten, wenn sie es könnten, — die Menschen besser dadurch zu machen. Das Leiden, um des Leidens selbst willen, und um die Leser angenehm damit zu unterhalten, ist, in einem Werke, worinn der Dichter Zeit und Raum hat, höhere Absichten haben zu können, — eine so ungereimte, so unedle Erfindung, als irgend eine. Und diese Zeit, diesen Raum hat der Romanendichter. Mit der Anordnung seines Werks verträgt sich jene Besserung. In der Folge mehr hiervon. Es versteht sich aber, daß hier die Rede von einer wahren, einer Menschen anständigen Besserung ist, die sich nicht aufs Aeußere dieses Menschen einschränkt. —

Eben so ungereimt würde es seyn, einen Menschen ohne Verdienst, ohne Anlaß leiden zu lassen, — eben aus dem Grunde, der vorhin schon angeführt

führt worden. Das hieße einem Muley Ismael ins Handwerk fallen, und nachahmen wollen. —

Man folgere, aus allem, was ich gesagt habe, nicht etwann, als ob ich aus dem Roman ein bloßes tragisches Werk machen wolle? dies würde gerade mit meinen Begriffen im Widerspruch stehen. Ich habe nur die Leidenschaft des Mitleids auch hier in ihre Rechte einsetzen, und mehrere Quellen dazu so wohl, als überhaupt für den Roman anzeigen wollen, aus welchen der Dichter schöpfen könne, um seine Leser zu vergnügen [r]). —

Ich habe auch nicht alle Leidenschaften, die Mitleid in uns erwecken, indem sie zugleich das Gefühl der Selbsterhaltung erregen, hier anzugeben, vermeynt. — Nur eins will ich noch hinzusetzen.

Man ist gewohnt, vorzüglich das für Erhaben zu erklären, was irgend eine Erhebung über das, was gewöhnlich Eindruck macht, anzeigt. Zufolge dessen sollte nun ehe die Person, die mitten in ihren Leiden unbeweglich bleibt, die sie nicht fühlt, oder

r) Wenn der Romanendichter seine Personen, in seinen Leidenschaften, selbst redend, einführen will: so findet sich in den Elements on Crit. im 17ten Kap. (nach der ersten Auflage) und im 2ten Theil der Mendelssohnschen Schriften, so viel Lehrreiches, daß ich nichts kann, als ihn dahin verweisen.

nicht fühlen will, für erhaben erklärt werden. Aber wenn der Mensch billig das seyn soll, was zuerst ihn Natur, und dann Grundsätze und Pflicht zu seyn fodern: so sind diese vermeynten Erhabenheiten, wahre romantische Erhabenheiten. — Auch der Dichter würde bey diesem Tausch verlieren. Denn jene Erhebung erregt bloß Bewunderung; und das Kalte dieses Gefühls ist genug bemerkt, und allgemein bekannt.

13.

— Divine amitié, felicité parfaite,
Seul mouvement de l'ame où l'excès soit permis!

VOLTAIRE.

Unsre Nachbarn haben einen kleinen, ganzen Roman aufzuweisen, der beynahe auf Freundschaft allein gebauet ist. Ich will zwar nicht entscheiden, ob sein Verfasser diesen Gegenstand so bearbeitet und genützt habe, als er genützt zu werden verdient? aber davon bin ich vest überzeugt, daß all' unsre gewöhnlichen Liebesgeschichten nie so anziehend werden können, als es Freundschaft, auf eine gewisse Art behandelt, werden kann.

Zwar weis ich, daß in den neuern Zeiten, Verbindungen dieser Art, nicht mehr die Innigkeit, den Werth, den Umfang haben konnen, den sie in den

den ersten Zeiten der Welt haben mußten; aber noch sind sie nicht unwahrscheinlich, noch sind sie nicht ohne Reiz.

Solch eine Verbindung führt so viel Glückseligkeit bey sich; sie macht das Leben so leicht, so angenehm; sie kann so natürlich zur Lehrerinn, zur Anführerinn der sanftern, gefälligen Tugenden werden; — ihre Behandlung kann ferner zur Entwikkelung so vieler Falten des menschlichen Herzens dienen, und, indem wir dabey die verschiedenen Einschränkungen sehen, die unsre Eigenthümlichkeiten annehmen müssen, wenn wir im geselligen Leben glücklich seyn sollen, — können wir ferner dadurch der Glückseligkeit dieses geselligen Lebens um so mehr fähiger werden: einer Glückseligkeit, die für den rechtschaffenen, nicht nach Sclaverey dürstenden Mann, eine der wichtigsten und anständigsten ist, — daß ich aller dieser Ursachen wegen, mir es nicht versagen wollen, einige Bemerkungen über die Freundschaft niederzuschreiben.

Ein französischer Scribent (es ist Rochefaucault oder La Bruyere) behauptet, daß die Freundschaft dem Menschen nur eine sehr kalte Nahrung gewähren, und kaum Statt für ihn haben könne, wenn er einmal die Liebe gekostet. Wenn der Franzose Recht hätte: so würde der größte Theil des menschlichen Geschlechts, auch dieser Ursache wegen, dieser höhern Verbindung gar nicht mehr fähig seyn; und diejenigen gerade am wenigsten, die es, ihrer Natur nach, am mehrsten seyn sollten; die zarten, weichgeschaffnen Seelen.

Ich weis, daß sich solche französische Einfälle von selbst widerlegen; aber ich weis auch, daß, dem ungeachtet, die mehrsten derselben, von unsern lieben Landsleuten, als Orakel angesehn, und nachgelallt werden, besonders wenn sie sich, wie dieser, von einem Manne herschreiben, von welchem wir glauben, daß er, mit der Göttinn der Weisheit im engsten Bunde gestanden habe. Und da wär' es nun leicht möglich, daß selbst unsre Dichter, in Behandlung der Freundschaft, dies Vorurtheil unterhalten könnten, das natürlich den Menschen abhalten muß, sich solch einer Verbindung werth zu machen, oder sie gehörig schätzen zu lernen.

Es ist nur zu gewiß, daß diese Verbindung, nach jener, für gewisse Jahre, viel reizendern, nicht allein bestehen, sondern daß sie selbst nach den, in jener Leidenschaft gemachten Erfahrungen desto sicherer bestehen, — ja, daß sie so gar erst, in Jahren eigentlich statt finden könne, wenn wir schon die Glückseligkeiten jener gekostet haben müssen, woferne wir zu diesen fähig seyn sollen. —

Nach dem gewöhnlichen Sinn, den man mit dem Wort Freundschaft verbindet, kann sie sehr viele

viele Gestalten annehmen. Wo findet man nicht Freunde? und wer hat nicht Freunde? Aber ächte Freundschaft, wenn sie einige der vorhergenannten Wirkungen hervor bringen soll, kann wohl nur unter gewissen Bedingungen, und bey gewissen Eigenschaften statt finden. Und wenn gleich nur der Tugendhafte allein ihrer fähig ist, so kann doch sein besonderer Charakter, sein Geschmack, seine ganze Verfassung der Freundschaft jedesmal das Eigenthümliche geben, welches sie haben muß, um, in unserm Fall, nicht einförmig zu werden; und alle die Veränderungen, alle die abwechselnden Gestalten hervorbringen, die nöthig sind, den Leser angenehm zu unterhalten.

Wenn ich Beyspiele erhabener Freundschaft geben wollte; so würde ich, ohne zu erkannten Fabeln meine Zuflucht nehmen zu dürfen, aus Geschichtschreibern, Weltweisen und Dichtern des Alterthums, — und auch der neuern Zeiten, viele solcher Beyspiele herhohlen können. Lucian allein würde mehr, wie eins gewähren; und würde zu der Untersuchung Anlaß geben können, ob nicht zu den, ächte Freundschaft hervorbringenden Ursachen, eine Gesetzgebung, ein Land mehr, als das andre, Veranlassungen haben könne. Aber ohne mich hier auf diese Untersuchung einzulassen, beweißt der Toxaris des Lucians wenigstens, daß man bey Bildung der

Freund-

Freundschaft und ihrer Thaten eben so sehr Rücksicht auf das Vaterland der Freunde haben müsse, als bey den übrigen Zügen, in der Zusammensetzung der Charaktere. Wer die vom Toxaris angeführten Beyspiele gegen die, vom Marsip gebrauchten, hält, wird sich hievon leicht überzeugen. —

Freundschaft scheint nicht schnell entstehen zu können. Gegenseitige Prüfungen und Untersuchungen müssen vorher gegangen seyn, ehe das Bündniß geschlossen worden ist. Auch tugendhafte Seelen können noch Widersprüche hegen, bey welchen die Freundschaft nicht zu bestehen vermag. — Und wie oft ist in dem Aeußern des Menschen ein so künstlicher Betrug, vermöge dessen wir es erst, nach langer Zeit, entdecken können, daß das nicht Tugend war, was uns Tugend schien. Wie sehr könnte uns derjenige Dichter lehren, in die Tiefen des Herzens schauen, der einmal eine **werdende** Freundschaft mit in seinen Plan ziehen wollte! — Einzelne Beyspiele, als wie das vom Montagne und Boetins, beweisen nichts für das schnelle Entstehen der Freundschaft.

Auch wird der Dichter die Freundschaft nicht mit der Lebhaftigkeit und Heftigkeit schildern und auftreten lassen, die nur den Leidenschaften eigenthümlich ist. Dies gründet sich nicht auf Willkühr, sondern auf die Natur der Eigenschaften, aus welchen

ächte

ächte Freundschaft entsteht. — Hierzu kommt, daß sie, wie gedacht, nur in gewissen Jahren des Lebens, [s]) entstehen kann. Wenn ächte Freundschaft ein Band zweyer Seelen seyn soll, um diese Seelen gegenseitig rechtschaffen, und wahrhaft glücklich zu machen; wenn dies Band alsdenn geknüpft werden muß, um das ganze Leben hindurch zu dauren: so scheinen diese Absichten nicht erreicht werden zu können, ohne daß nicht die vorhergenannten Eigenschaften sich bey den knüpfenden Personen finden. — Und ohne diese edlen Endzwecke verdient wohl keine Verbindung den Namen Freundschaft. —

Aber, wenn Freundschaft gleich die Lebhaftigkeit der Leidenschaften nicht zuläßt: so braucht sie doch nicht kalt, unthätig, langweilig zu seyn. Der Dichter, der ein Herz hat, wird in seinem Herzen schon die Wärme, schon die Theilnehmung finden, die, ohne leidenschaftlich zu seyn, dennoch den Leser nichts weniger, als einschlafen lassen wird. Und Freundschaft selbst kann zur Leidenschaft, bey dem Unglück des Freundes werden; und sie muß es werden, wenn sie ihrer Natur treu bleiben soll.

Ist

s) Omnino amicitiae, corroboratis jam, confirmatisque ingeniis et aetatibus iudicandae sunt. *Cic.* de amicitia 20.

Ist die Freundschaft nach den vorher angeführten Grundsätzen gestiftet worden: so wird sie sich nicht auf eine Art, oder bey Gelegenheiten äußern, wo sie das Ansehn von Uebertreibung oder Unschicklichkeit haben könnte. Sie wird nichts mehr und nichts weniger seyn, als was sie, unter Menschen seyn muß, und seyn kann.

14.

Es bedarf wohl keines großen Beweises, daß all' die sanftern Tugenden und Leidenschaften, als allgemeine Menschenliebe, Gutherzigkeit, Gefälligkeit, Dankbarkeit, Großmuth, Eigenschaften und Gegenstände sind, welche, wenn nicht erhabene, doch höchst anziehende und angenehme Empfindungen in uns erwecken. Wer sich hiervon näher überzeugen will, der untersuche all' die Charaktere in Minna von Barnhelm, welche Lessing hat anziehend machen wollen. Das wahre gute Herz, das aus ihnen hervorleuchtet, erregt unsre so lebhafte Theilnehmung für sie. Was brauch' ich weiter zu sagen, als dies, um allen Romanendichtern solche Charaktere aufs nachdrücklichste zu empfehlen? Es läßt sich aber noch etwas, zur Erhöhung ihres Werths hinzusetzen. —

Ich nehme billig an, daß die Ausbreitung edler und rechtschaffener Gesinnungen einer der ersten Endzwecke ist, warum ein Dichter die Feder ergreifen sollte, so viel nämlich diese Ausbreitung sich mit der Natur seines Werks, verträgt. Und nun mag Home für mich reden. „Jede vorzüglich dankbare Handlung, sagt er, wirkt in dem Zuschauer, ausser der Hochachtung für die dankbare Person, noch eine gewisse unbestimmte Bewegung zur Dankbarkeit; — eine gerechte Handlung vermehrt unsre Gerechtigkeit; — eine großmüthige Handlung muntert uns zur Großmuth auf." Wer sollte nicht gern diese so weise und vortrefliche Einrichtung der menschlichen Natur nützen wollen? wer sollte nicht gern dazu beytragen wollen, Dankbarkeit, Gerechtigkeit und Großmuth in der Welt zu vermehren? —

Bey Gelegenheit der verschiedenen erhabenen Gegenstände ist bereits angemerkt worden, daß das Gefühl des Erhabenen überhaupt, in der Dauer nicht so höchst anziehend bleibe, und daß lauter erhabene Gegenstände so gar Sättigung und Widerwillen in uns erzeugen können, wenn sie nicht wie in den letztern Fällen, unser Mitleid zugleich erwecken. Es ist ferner eben da gesagt worden, daß das Erhabene, das sich auf bloße Bewunderung gründet, wenn es nicht mit der größten Sorgfalt

behan-

behandelt werde, Anlaß zu Unternehmungen geben könne, die nicht geradeswegs auf das Wohl der Menschheit zwecken. Diese beyden Eigenschaften des Erhabenen finden sich nun bey den sanftern und liebenswürdigern Tugenden und Gefühlen, deren hier vorhin gedacht worden ist, nicht; und dieß ist eine Ursache mehr, warum sie so sehr in den Werken der Nachahmung zu empfehlen sind.

Mit diesen meinen eignen Gründen, will ich die Meynung des Burkes verbinden, weil durch diese jene so sehr verstärket werden. „Die großen, bewundrungswürdigen Tugenden, die zum Erhabenen gehören, erwecken mehr Furcht noch, als Liebe; — die sanftern Tugenden sind es, welche unser Herz einnehmen, als Mitleiden, Freundlichkeit, Gutthätigkeit. — Es ist das sanfte Grün, auf welchem wir gern unsre Augen ausruhen lassen, wenn sie von dem Anschauen glänzenderer Gegenstände ermüdet sind! u. s. w. Ich würde den ganzen zehnten Abschnitt des dritten Theils abschreiben können, wenn ich alles hersetzen wollte, wodurch mein Urtheil bestätigt wird. Ich begnüge mich, den Leser an den Engländer selbst zu verweisen; und setze nur noch hinzu, daß, so wie das Erhabene, seiner ganzen Natur nach, (so wie es auch vorher schon bemerkt worden,) nicht in allen Menschen, und in gleichem Grade in allen erzeugt

werden

werden könne: so sind die Herzen aller Menschen, wenn sie nicht ganz verwahrloßt sind, den Eindrükken dieser sanftern Tugenden offen. —

15.

Ich komme zu demjenigen unsrer Gefühle, welches weit dauernder als das Gefühl fürs Erhabene, und eben so allgemein, und noch allgemeiner als das Gefühl für die sanftern Tugenden ist. Mit dieser Allgemeinheit verbindet es einen sehr hohen Grad von Anziehendem, das nicht sowohl in seiner Natur, als in denen damit verbundenen Leidenschaften liegt.

Wenn ich sage, daß der hohe Grad des Anziehenden nicht sowohl in der Natur der Liebe selbst liege: so will ich erstlich nichts anders sagen, als daß der Gegenstand dieser Leidenschaft sie veredle oder erniedrige, je nachdem er selbst edel oder niedrig ist. Wenn die Liebe des nachherigen Gemahls der Pamela noch irgend etwas Anziehendes hat, so ists, weil er die Pamela liebt. In dem geadelten Kaufmanne des Brandes ist nichts abscheulicher, als Rutlers Liebe zu der so genannten Baronessinn. Sie macht den Mann vollends lächerlich [t]). Hiezu kom-

t) Ich wähle diese Beyspiele als solche, wo es der Endzweck der verschiedenen Dichter war, daß die Liebe keinen andern, als den angezeigten Eindruck machen sollte.

kommen noch andre Verhältnisse. Der Grad, in welchem wir die Liebe empfinden, — ihr Einfluß auf unsre übrigen Handlungen, — und die Umstände, unter welchen wir ihr dienen, entscheiden von ihrem Werth, und machen sie in den Augen des unparteyischen Zuschauers entweder zum niedrigsten oder zum sanftesten Geschäft des Lebens. Wenn Antonius, sowohl in der Geschichte, als in dem bekannten Trauerspiel des Dryden, in seiner Liebe zur Cleopatra so weit geht, daß er seinen Ruhm, seine Provinzen, seine Gattinn selbst aufopfert, und sagen kann:

> One look of hers (Cleopatra's) would thaw me into tears
> And I should melt till I were lost. — &c.

so scheint er, rechtmäßig, als ein elendes Schlachtthier an ihrem Altar zu fallen. Aber wie gern, mit wie vieler Theilnehmung sehen wir einen Tellheim eine Minna lieben! In den mehresten französischen Trauerspielen ist die Liebe höchst lächerlich, weil oft unter Tod und Leichen der Held sich mit seiner Liebe nur beschäftiget. Doch alle diese besondern Einschränkungen thun noch nichts zur Sache, als daß sie die Liebe größtentheils nur vor der Gleichgültigkeit, oder gar vor der Verachtung des Zuschauers schützen. Das, was eigentlich in diesem eine so angenehme Theilnehmung erregt,

sind

sind die mit ihr verknüpften Hoffnungen von großer Glückseligkeit, und die Vorstellung des peinigenden Kummers, der dem unglücklich Liebenden zu Theil werden kann. Daher hat sie einen so mächtigen Reiz, der beynahe bis zum Erhabenen geht, in der Geschichte der unglücklichen Clementina. Und die süßen Träume von künftiger Glückseligkeit, die entzückenden Hoffnungen, womit sich alle Liebhaber, vor dem Besitz ihrer Geliebten, unterhalten, als ob ihnen jene Freuden durch diese zugeführt werden würden, sind es, die den Leser so sehr hinreißen. „Der Dichter aber, sagt ein Engländischer Philosoph, der zwey Verliebte vorstellte, die in vollkommener Sicherheit sich ihre gegenseitige Zärtlichkeit einander beschreiben, würde Gelächter, aber keine Sympatie erwecken.“ Die Praxis der Dichter aller Jahrhunderte beweist die Richtigkeit dieser Anmerkungen. Es wäre traurig, wenn gleich mit dem Hochzeittage alle Liebe aufhören sollte; es kann so gar in den ganz ersten Zeiten der nähern Verbindung nach, ein höherer Grad von Entzuckung und Zärtlichkeit in der Natur statt finden, und ich habe — aber freylich wenige Beyspiele davon gesehen; indessen wurden diese Entzükkungen, wenn sie der Dichter auch mit seiner ganzen Kunst höchst wahrscheinlich zu machen gewußt hätte, dennoch für den Zuschauer gewiß verloren seyn; und nicht, weil solche Vorstellungen, ihrer Seltenheit in der Natur wegen, nie Wahrscheinlichkeit genug erhalten könnten; denn es liegt nicht in der Natur der Liebe, daß sie so selten gesehen werden, es liegt in der Natur der Verbindungen, und in denen Personen, die sich verbinden; — aber der Zuschauer würde sie deßwegen nicht nachfühlen können, weil er eigentlich nicht durch diese Entzückungen, sondern durch die, mit ihnen verknüpfte Furcht oder Hoffnung in Bewegung gesetzt wird: zwey Leidenschaften, welche die mehrste Gewalt über uns alle haben, und mit Recht über uns haben, weil sie zu unserm Seyn unausbleiblich nothwendig sind. Diese beyden Leidenschaften lassen sich nun mit verschiedenen andern Leidenschaften vereinigen, und sind größtentheils die Grundlagen von unsern angenehmen, oder unangenehmen Gefühlen. Wenn auch die Furcht in der Natur beständig ein verdrüßliches Gefühl ist, das wir lieber nicht haben, als haben wollen: so verliert sie doch in den Werken der Nachahmung diese genaue Beziehung auf uns, und setzt uns in die angenehmste Bewegung.

Die mehr, oder weniger bessere Verbindung dieser zwey Leidenschaften mit der Liebe ist es also, die den größten Theil des Reizes erzeuget, der uns so sehr hinreißt. —

Aber

Aber es giebt noch mehrere Mittel, diese Leidenschaft anziehend zu machen, Mittel, die fast durchgehends vernachläßigt werden. Es ist so bekannt, und so oft bemerkt, daß jede Leidenschaft, wenn sie mit einiger Stärke und mit Dauer sich unsrer bemächtigt hat, einen Einfluß auf alle unsre übrigen Empfindungen und Handlungen hat, und unsre guten Dichter haben dies so wohl zu nützen gewußt, daß wir einen Theil des Vergnügens, das uns ihre Werke geben, dieser Beobachtung schuldig sind. In Emilia Galotti hat die Liebe so mächtigen Einfluß auf den wollüstigen Prinzen, daß er, ohn' Untersuchung ein Todesurtheil unterschreiben will: ein Zug, der uns den ganzen Charakter des Prinzen, und die ganze Natur seiner Leidenschaft sichtbarer macht, und dem Denker mehr Unterhaltung gewährt, als hundert Beschreibungen [u]).

u) Ich habe mehr als einen, so genannten Mann von Geschmack, diese Scene in Emilia Galotti zwar wahr finden, aber entweder als unzusammenhängend mit dem Ganzen, oder als ganz unbedeutend für das Werk erklären hören. Es ist unbegreiflich, wie weit unser Publikum hinter unsern Lessingen, Wielanden u. a. zurück ist! So bald nicht alles ist, wie wir es gewohnt sind, in den faden französischen Trauerspielen oder albernen Romanen zu finden, so sind wir gar nicht mehr zu Hause; wir wissen nicht, ob oder was wir dann denken sollen? Eine Abhandlung, wie man die Dichter lesen müsse, fehlt uns ganz, und wär' uns höchst nöthig. Die Uebersetzung der Plutarchischen dieses Innhalts

In Minna von Barnhelm sind wir Minnens Liebe die ganze dritte Scene des zweyten Aufzugs schuldig: eine Scene, wodurch uns Minna tausendmal liebenswürdiger wird, als sie es uns, wenn sie nichts könnte, als bloß lieben, jemals werden würde. Eben so sind in der Geschichte des Agathon, der ganze Charakter desselben, und seine ganze Denkungsart, Zeugen von dem Einfluß der Liebe auf den ganzen Menschen. In Musarion ist diese Wahrheit eben so schön, eben so richtig behandelt. In den gewohnlichen Dichtern aber finden wir nichts von diesem sichern Einfluß der Liebe auf all' die übrigen Gefühle und Vorstellungen der liebenden Person; man liebt, und das ist alles! Und wann auch in einigen dieser Werke, die Liebenden andere Handlungen, als Thaten der Liebe, unternehmen, so sieht man in diesen nichts von dem Einfluß ihrer Hauptleidenschaft, weder auf ihre Thaten, noch ihre Art zu denken. Jede ihrer besondern Unternehmungen besteht vor sich, ohne Einwirkung auf die übrigen Bestandtheile des Charakters. Und wenn ja die Liebe auf die übrigen Gesinnungen einer Person wirklich Einfluß hat, so

halts kann dem Uebel noch nicht steuern. Wir suchen in den Dichtern noch immer nicht das Wesentlichste; und viele wissen gar nicht, was sie im Dichter suchen sollen.

so ist dieser Einfluß entweder ganz vorübergehend, und die Spuren, ob eine Person geliebt, — und ernsthaft geliebt hat, sind sogleich zugeweht; oder der Dichter weis nicht einmal, auch nur diesen vorübergehenden Einfluß sichtbar und anschauend zu machen. — Bey jungen Personen besonders ist die Vernachläßigung dieses Einflusses der größte Fehler wider die Wahrscheinlichkeit; denn auf die Ausbildung des weiblichen Geschlechts besonders wirkt diese Leidenschaft sehr mächtig. Ich möchte gern manchen Dichter fragen: Warum er ein Paar Personen sich lieben lassen? Ich hoffe gewiß die Antwort zu erhalten, damit der Leser eine Hochzeit habe. — Und doch werden unsre Dichter sehr böse, wenn man über ihr Hochzeitmachen sich des Lachens nicht erwehren kann. Aber es ist gewiß, daß sie höchstens nichts als den Einfluß der Liebe aufs Aeußere des Menschen bemerken, auf Anstand, Mine; und doch nicht einmal bis zum Putz, oder zum Compliment geht es. Exempla sunt odiosa! Aber wem fallen sie nicht dutzendweise ein? Nur eins! wer siehts der Clary an, daß sie den Durimel (im Deserteur) schon lange Zeit geliebt hat? oder daß sie überhaupt liebt?

Es ist sehr gewiß, daß aus der Liebe sehr viel edle, und höchst anziehende andre Leidenschaften entstehen können, so wie sie, nach Maaßgabe des

Charakters der liebenden und geliebten Person, und nach Veranlassung der übrigen Situation der Personen, auch zu hochst schrecklichen andern Leidenschaften Anlaß geben kann, die aber immer noch in den Werken der Nachahmung, die angenehmsten und lehrreichsten Unterhaltungen gewähren werden. Und so wie die Liebe auf andre Gefühle und Leidenschaften einen Einfluß hat: so wirken auch die besondern Eigenschaften der liebenden Person wieder zurück auf diese Leidenschaft. — Eben so wird auch der Charakter der geliebten Person dem Charakter der Liebenden gegenseitig Züge geben, die oft noch in der Folge des Lebens bleiben. Es giebt Leute, die es sehr geschwind, besonders den mehrsten Frauenzimmern ansehen wollen, ob sie jemals wirklich geliebt haben; und ob ihr erster Geliebter ein Geck oder ein vernünftiger Mann gewesen ist? —

Daß in dem Gefolge der Liebe sehr anständige Leidenschaften sich finden können, mag ein schon angeführter Engländischer Philosoph für mich bezeugen. „In der Liebe findet sich, sagt der Verfasser der Theorie unsrer moralischen Empfindungen, eine starke Mischung von Menschlichkeit, Edelmuth, Gütigkeit, Freundschaft, — die Sympatie, die wir gegen diese empfinden, macht die Leidenschaft, die sie begleiten, weniger unangenehm, und unterstützt sie in unsrer Einbildungskraft“ u. s. w.

Wenn

Wenn diese Eigenschaften nun in der Natur der Liebe selbst schon liegen, wenn es nichts, als dieser bedarf, um daß jene mit herbeygeführt werden: wer wird nun wohl glauben können, — „daß die Liebe nicht höchst anziehend sey?" — Nein! das wissen wir schon; aber wer wird glauben können, daß unsre französirenden Dichter jemals die Natur der Leidenschaften studiert haben? — Ich kann mir es nicht verwehren, hier noch eine Stelle aus dem Yorick [v]) herzuschreiben: die wirklich weit mehr lehren kann, als man wohl auf den ersten Augenblick denken möchte: *I've* been in Love with one princess or another almost all my life,

 and

v) Sent. Yourn. Montreuil deutsche Uebersetzung S. 88. „Ich bin mein ganzes Leben durch beständig in eine oder die andre Prinzeßinn verliebt gewesen, und ich hoffe, das soll bis an mein seliges Ende so fortgehen; denn ich bin fest überzeugt, daß, wenn ich irgend eine niedrige Handlung begehe: so ist es gewiß zu der Zeit, wenn eine Liebe aus ist, und noch keine andre wieder angefangen hat. So lange ein solches Interregnum währet, spüre ich immer, daß mein Herz unterm Schlosse liegt. Ich kann keinen Groschen für einen Bettler herausbringen; derohalben such' ichs so kurz zu machen, als nur möglich; und den Augenblick, da ich wieder angeglommen, bin ich wieder eben so großmüthig und gutherzig, als vorhin; und kann für oder mit jedermann alles in der Welt thun, wenn man mich nur zu überzeugen vermag, daß keine Sünde dabey ist — Aber hiermit — wahrhaftig, lobe ich die Liebe, — nicht mich."

and I hope I shall go on so, till I die, being firmly persuaded, that if ever I do a mean action, it must be in some interval betwixt one passion and another: whilst this interregnum lasts, I always perceive my heart locked up — I can scarce find in it to give Misery a six pence; and therefore I always get out of it as fast as I can; and the moment I am rekindled, I am all generosity and good will again; and would do any thing in the world either for, or with any one, if they will but satisfy me there is no sin in it — — But in saying this — surely I am commending the passion, not myself.

Dies mag hier genug von dem Anziehenden seyn, das diese Leidenschaft haben kann, — und oft nicht hat. Ich will nur meine deutschen Leser hier noch an die 176ste und 177ste Seite des dritten Bandes vom **goldnen Spiegel** erinnern, wo sie sehen können, wie vortreflich auch hier Hr. Wieland die erste Liebe des jungen Tifan durch den weisen Dschengis nutzen läßt. Der Mann wählt diesen **Zeitpunkt**, „um seinem Pflegsohn die geläuterten und erhabenen Empfindungen der Religion einzuflößen.“ —

---

16. Man

16.

Man hat es oft schon gesagt, und es durchgehends wahr gefunden, daß nichts so unterhaltend ist, als launigte Charaktere w). Vielleicht ist natürliche Laune nicht der eigentliche Gegenstand des Drama; aber sie kann sehr gewiß zur Unterhaltung in einem Roman gebraucht werden; — wenn dieser Roman nur nicht deutsche Sitten haben soll. Wenn ich nämlich sehr vieler Ursachen wegen, glaube, „daß das Gemälde solcher Menschen am stärksten intressire, die am meisten unsers gleichen sind, die eine Denkungsart, eine Sprache und Sitten wie die unsrigen haben, und deren Begebenheiten und Handlungen denen gleich kommen, aus welchen der Lauf unsers eigenen Lebens besteht, mit einem Wort, das Gemälde unsrer Zeit und unsrer Nation; x)" — wenn ich dem Dichter nicht anders, als rathen kann, aus dieser nur, nach der Wahrscheinlichkeit, seine Charaktere zu wählen, und nach dem Ideal, das ihm diese gewähren kann, zu zeichnen: so brauch' ich ihm von der Laune im Charakter, nichts zu sagen, weil Deutschlands politische Einrichtung und Gesetze,

w) Ich rede hier noch nicht von der Laune in dem Vortrage des Schriftstellers selbst.

x) S. Garvens Abhandlung über das Interessirende S. 22.

setze, und unsre allerliebsten artigen französischen Sitten, diese Laune schlechterdings nicht gestatten. Die Erfahrung beweists. Wo findet man Wahrheit, Eigenthumlichkeit des Charakters? Gothisches Gepränge, Feyerlichkeit, Steife von der einen; Höflichkeit, Frechheit, Leichtsinn, von der andern Seite. Ich rede hier von dem Ganzen des Volks, nicht von einzeln Personen. Aus jenem muß der Sittenzeichner seine Charaktere nehmen, weil sich nur, nach den Voraussetzungen warum er lieber deutsche, als andre Sitten wählt, alsdenn die Wahrscheinlichkeit dieser Sitten erhärten läßt. Es würden so seltsame und verschiedene Umstände zusammen kommen, der Dichter würde so viele, ganz unnatürliche Erdichtungen, häufen müssen, um es uns begreiflich machen zu können, woher die launigte Person ihre Gesinnungen erhalten, wie sie das geworden ist, was er sie seyn läßt, daß er leicht, wider seinen besten Willen, ins Uebertriebene, und natürlich Unwahrscheinliche fallen könnte. —

Doch, wenn ich auch mit Lessingen glaube, daß ohne Laune, oder eigentlich ohne Humor, die alten Dichter die Kunst verstanden, ihre Personen individuel und anziehend zu machen; wenn ich auch gleich weis, daß Er in seinen dramatischen Werken es gewiesen, wie die Alten dies gemacht, und daß ein

ein Deutscher dies auch könne: so wollte ich doch nicht gern, daß unsre Dichter, denen Humor in ihren Werken gestattet ist, sich den Vortheil entgehen ließen, den launigte Charaktere für unsre Sitten und für unsern Geschmack haben können. Ich setze voraus, daß bey Bildung dieser Charaktere der Dichter alle die Umstände wohl beobachtete, unter welchen sie für uns wahrscheinlich und möglich werden können; und dann würden wir wenigstens in diesen Gemälden sehen, wie ein Deutscher Biedermann reden und handeln müßte, dessen Vorfahren die Römer aus Deutschland gejagt, und dessen Söhne oder Enkel die Franzosen öfter als einmal wie Spreu, aus einander geblasen haben. —

Der Wunsch, solche Charaktere, mit der Wahrheit und Richtigkeit, wie ich gesagt, gezeichnet zu sehen, wird es also rechtfertigen, wenn ich hier über das Eigenthümliche des Humors, und das Reizende desselben mich etwas weitläuftiger erkläre.

„Das Wort Laune [y]), sagt Hr. Garve in der angeführten Abhandlung, soll theils diejenige An-

y) Im alten Ben Johnson heißts vom Humor:

— When some one peculiar quality
Does so possess a man, that it doth draw
All his affects, his spirits, all to run
Some way — this may be truly said a humour

Anlage des Kopfs anzeigen, durch die ein Mensch alle Sachen von einer etwas besondern Seite ansieht, von allen auf eine etwas ungewöhnliche Art gerühret wird; theils diejenige Gemüthsart, in der er das, was er denkt, oder wozu er Lust hat, und was andre weder sagen noch thun würden, weil sie sich von der Meynung der übrigen, oder von der Gewohnheit einschränken lassen, ohne Zurückhaltung sagt und thut." — Home [z]) bestimmt diese Gemüthsart genauer. Da der Humor (für den wir jetzt, vielleicht unrecht, das Wort Laune gebrauchen) in England eigentlich zu Hause gehört, so müssen wir wenigstens den Engländer darüber anhören: „Nichts, was richtig oder anständig ist, wird Humor genannt; noch irgend etwas Sonderbares im Charakter, in Worten oder Handlungen, das man hochschätzt oder verehrt. Wenn wir auf den Charakter eines Humoristen Acht geben, so finden wir, daß das Sonderbare dieses Charakters den Mann in unsrer Achtung verringert; wir finden, daß dieser Charakter aus Umständen entspringt, die zugleich lächerlich und unanständig, und deßwegen in gewissem Maaße belachenswerth sind." Wenn Home so ganz Recht hätte: so würde die Einführung eines solchen Charakters in einem Werke der

z) 2ter Th. 12tes Kap. d. Uebers.

der Nachahmung sehr viel Behutsamkeit erfodern. Das Vergnugen an der Nachahmung könnte leicht durch das Unanständige dieses Charakters überwogen werden. Und ohngeachtet ich glaube, daß man wohl nie mit Wahrscheinlichkeit in einem [a]) deutschen Roman einen Humoristen zur ersten Person desselben machen könne: so würde doch auch schon ein untergeordneter Charakter, anstatt daß er vergnügen solle, sehr leicht Ekel erwecken können, wenn seine Sonderbarkeiten allein unanständig wären. Die kleinste Uebertreibung würde diesen Ekel veranlassen; und diese Uebertreibung und Ueberladung der Charaktere ist ein so gewöhnlicher Fehler, daß bey einem Humoristen dieselbe noch zehnmal ehe als sonst wo, möglich werden könnte. Ich setze nämlich voraus, daß der Dichter nicht die Absicht habe, einen solchen Charakter ekelhaft zu machen: eine Absicht, die er billig nie haben sollte, weil ein solcher Charakter in dem Leser nichts, als einen Verdruß erzeugt.

Aber ich glaube nicht, daß ein Humoristischer Charakter jederzeit lächerliche und unanständige Son-

a) Ich sage in einem deutschen Roman, und vielleicht. Dem Genie ist viel vorbehalten; und ich will kein Gesetzgeber seyn. — Die Engländer haben übrigens mehr wie einen Roman, in welchem der Held ein Humorist ist. Shandy ist bekannt. Mit der Absicht des Sterne vertrug sich ein solcher Charakter am besten.

Sonderbarkeiten haben dürfe. Die Sonderbarkeit selbst will ich gerne zugeben; sie ist das Hauptingredienz bey dem Humor überhaupt. Meinem Gefühle nach aber, kann man einen solchen Mann von ganzem Herzen lieben, — und mehr noch, als lieben, — hochachten; zwey Empfindungen und die letzte besonders, die man, nach dem Home, für keinen Humoristen haben kann. Ich gesteh es, daß meinem Herzen wenig Personen so nahe liegen, als Kaptain Shandy, und Korpral Trim. Ich wünschte mir wenigstens den Mann nicht zum Freunde, der beyde deswegen verachtete, weil nun einmal ihre Neigungen alle eine und dieselbe Richtung genommen haben, alle sich auf solche Art äußern, als sie in den früheſten Jahren des Lebens gewohnt worden sind. Sie behandeln alles, was ihnen aufstößt, nach Soldatenbrauch, und beziehen alles, was sie hören, auf Kriegerart; aber so harmloß, so unschuldig verfahren sie, — und oft so edel dabey, daß diese Uebermacht ihrer Neigung sie gewiß nicht in meiner Idee herunter setzt. Man erinnere sich nur, daß es eben diese Neigung ist, die in der Geschichte des unglücklichen Le Fever [b]) so wirksam, so anziehend erscheinet. —

Mich

b) Life and Opin of Trist. Shandy Vol. IV. p. 75.

Mich dünkt, daß man überhaupt alle Humoristen in zwey Classen eintheilen könne. Man kann Humorist durch den Kopf — oder durch das Herz seyn; durch eigenthümliche Denkungsart und Urtheil von allen Dingen: oder durch eigenthümliche Empfindungen und Neigungen, denen man sich, ohne Zwang, und Zurückhaltung überläßt. In den Leben und Meynungen Tristrams findet man Beyspiele für beyde Arten; Tristrams Vater für die erste; Onkel Toby, und Trim für die andre. Beyde Arten lassen sich zwar in einem Charakter vereinigen, und in einem gewissen Grade müssen beyde immer einigermaßen vereinigt seyn; aber ich glaube, daß man sie doch, nachdem eine, oder die andre die Oberhand hat, nach dieser sie benennen dürfe, wenn man sie richtig bezeichnen wolle.

Auf den Humoristen der ersten Art scheint ein Theil von dem zu passen, was Home vom Humor sagt. Indem er, vermöge seiner eigenthümlichen Denkungsart, alle äußere Gegenstände, an welchen er seinen Humor zeigt, von einer besondern Seite betrachtet, und auch beurtheilt: so ists natürlich, daß seine Meynungen, mit den Meynungen der andern Menschen, geradeswegs im Widerspruch stehen müssen. Wenn es einem solchen Manne, im wirklichen Leben, nun nicht genug ist, von jeder Sache nach seiner Phantasie bloß zu denken und zu urtheilen, sondern wenn er auch noch immer seine Meynung für die einzige rechte ausgeben, und seine besondern Begriffe noch jedermann aufdringen will: so wird er natürlich sehr geschwinde für unangenehm erklärt werden. Auch in den Werken der Nachahmung kann solch ein Charakter, wenn man ihn immer als mit andern im Widerspruch aufführt, einem Leser leicht beschwerlich seyn, welcher entweder nur eine Seite von jeder Sache sieht — das heißt, die Seite, die gegen ihr liegt, — oder, wenn er auch gewohnt ist, um jedes Ding herum zu gehen, und es von allen Ecken zu betrachten, doch nur das, was er gewöhnlich daran sieht, oder gewahr wird, für das wichtigste und wahrste, und für das vernünftigste bey der ganzen Sache hält. Aber, wenn ein Dichter den Humoristen von der Seite zeigen wollte, so würde dies seine eigne Schuld seyn. Diese Rechthaberey, dies Aufdringen der Meynungen ist so wenig ein Zug des Humors, daß, so gewiß der Humorist sein Urtheil nicht zurück hält, wenn er es sonst fällen will, er sich doch begnügt, von der Sache zu denken, wie er denkt, unbekümmert um das, was andre davon sagen. — Und je nachdem nun die Gegenstände sind, die er beurtheilt, und, seiner Situation nach, beurtheilen

kann

kann, je nachdem er sie von dieser oder von jener Seite betrachtet, kann dieser Mann nun freylich belachenswerth seyn, oder nicht. Man thut aber dem einzelnen Humoristen schon Unrecht, wenn man glaubt, daß er alle Sachen nur aus einem Gesichtspunkt allein betrachten könne; er kann sie, nach Maaßgabe seines Temperaments und seiner ganzen Lage, alle mehr oder minder ernsthaft und wichtig ansehen; aber, wenn er nie seine Stelle veränderte, so würde er bald weniger, als individuel; — er würde einförmig, ein Skelet von einem Charakter seyn. — Ich nehme hier die Fälle aus, wo durch irgend eine mächtige Leidenschaft der Humorist in Bewegung gesetzt wird; und wo der Dichter, wie im Drama, nicht Zeit und Raum hat, ihn von mehrern Seiten zu zeigen. — Von dem ernsthaften Humor sind beynahe alle tragische Stücke des Shakespear voll. In keinem Charakter findet sich dessen mehr, als im Hamlet. Aber ich glaube kaum, daß dies den Hamlet, in den Augen des Zuschauers verringert, und daß die Umstände, aus denen der Humor entspringt, belachenswerth sind. Und wenn Hamlet nicht immer allen alles zu sagen scheint, was er denkt: so ists die Schuld der Situation, in welche ihn Shakespear aus gültigen Ursachen versetzt hat. — Aber wenn der Humorist entweder, vermöge seines Temperaments, oder seiner übrigen Lage, sich mit kleinfügigen Gegenständen beschäftigt, und sie als wichtig beurtheilt; oder an wichtigen Gegenständen nur das kleinfügige sieht; oder voll von ihnen, die wirklich wichtigern gar nicht beobachtet; und wenn er dann überhaupt an jeder dieser Sachen das sieht, was andre nicht sehen, und sie so beurtheilt, wie andre sie nicht beurtheilen: so kann dies vielleicht den Mann in unsrer Achtung verringern. So lachen wir über den Schiffs-Kaptän Trunnion, im Peregrine Pickel; auch bisweilen über Tristrams Vater. **Mathias Bramble** (s. the Expedition of Humphry Clincker) gehört auch zu diesen Humoristen; nur ist sein Humor mehr ernsthaft; und wenn wir, bey gewissen Vorfällen, auch den Mund zum Lachen ziehen: so lieben wir doch den Mann, so bald wir ihn genauer kennen, wegen seiner wirklichen Menschenliebe und Milde, von ganzem Herzen.

Von dieser ganzen Art des Humor gilt es vorzüglich, was Hr. Garve in der schon angeführten Abhandlung sagt: „Andre Charaktere verschließen ihre Betrachtungen in sich, oder richten sie bloß nach den Absichten ein, die sie bey ihrer Rede haben, oder nach den Gesinnungen der Personen, mit denen sie reden. Der launigte Charakter öffnet, so zu sagen, die Seele; er treibt jeden Keim von Ge-

Gedanken gleich so weit heraus, daß er gesagt werden muß; und läßt uns also mehr von der geheimsten Philosophie des Menschen erfahren, als ein andrer. — Dies ist eben der Vortheil der wahren launigten Charaktere für den Dichter." — Ich glaube, hierzu nichts hinzusetzen zu dürfen, um dem Romanendichter den Gebrauch zu zeigen, den er vom Humor seiner Personen machen kann; und von dem Anziehenden, das solch ein Charakter haben müsse. Da aber die Beobachtungen des Hrn. Garve so sehr vortreflich von Romanendichtern genützt werden können: so hab' ich sie hier nicht vorenthalten wollen, sondern in der Note mitgetheilt [c]).

c) „Wenn der Dichter das Interesse richtig geschilderter Charaktere und Handlungen mit der Schicklichkeit der Sentenzen verknüpfen will: so muß er solche Charaktere, solche Situationen suchen, deren Entwickelung es mit sich bringt, daß die Personen mehr als andre über ihre Begebenheiten denken, und diese Gedanken freyer, als andre ausdrücken. Dies ist eben der Vortheil der wahren launigten Charaktere. — — Wenn diese Laune bey Leuten von gemeiner Seele vorkömmt, die eben nichts, als etwas Alltägliches, Niedriges, Abgeschmacktes bey den Sachen denken: so ist sie unerträglich. Für solche Menschen ist die Politesse und der Zwang der Gewohnheit ganz durchaus nothwendig, wenn wir sie nicht verachten oder hassen sollen, so wie häßliche Körper nothwendig bekleidet seyn müssen. — Aber ist es ein fähiger Kopf, und ein edles empfindendes Herz, das sich so ganz seinen eignen Eingebungen überläßt: so

Die zweyte Art vom Humor, welche entsteht, in so fern ein Mensch sich, ohn' alle Rücksicht auf andre, den Neigungen seines Herzens vorzüglich allein überläßt, und so eigenthümlich empfindet, wie jener denkt und urtheilt, — muß freylich nicht einem Manne zu Theil werden, dessen Herz keiner edlen Empfindung fähig ist, und dessen Neigungen auf unanständige und niederträchtige Dinge verfallen können. Ich habe schon den Onkel Shandy und den Korporal Trim als sehr anziehende Beyspiele genannt. Auch könnte man den guten Don Quichotte hieher zählen. Im Ritter Hudibras sind beyde Arten verbunden. Er denkt, und er handelt gleich eigenthümlich; nur hat ihn der Dichter, mit Absicht, solche Eigenthümlichkeiten gegeben, die ihn mehr noch als lächerlich machen. — Wie leicht aber solch ein Humorist von der zweyten Art unangenehm, — wenigstens uninteressant werden könne, davon ist der Charakter des Wildgoose [d]) (vielleicht aber nur für uns Deutsche; viel-

so ist uns in der That sein Umgang lehrreicher und interessanter, als wenn ein eben solcher Kopf und ein solches Herz die Maske des gemeinen Wohlstandes trägt, und, um andern Menschen ähnlicher zu scheinen, den freyen Ausbruch seiner Gedanken und Gesinnungen hindert." N. Bibl. der sch. Wissensch. 12ten B. 1stes St. S. 34 u. 35.

d) S. The spiritual Don Quixotte, or the summer's ramble of Mr. Geoffry Wildgoose. A comic Romance. —

Ich

vielleicht gar nur für mich) ein Beyspiel. Seine Neigung verleitet ihn zu Unternehmungen, die mir höchst langweilig werden. Sein Steckenpferd war nicht der Mühe werth, gesattelt zu werden, — wenigstens nicht auf diese Art.

Diese Art von Humor kann man auch anwenden, eine Person ganz lächerlich zu machen. Der Verfasser der History of Friar Gerund Zotes (ein spanischer Jesuit, Lisla) hat seinem Helden so wohl, als seinem Lehrmeister einen eigenthümlichen Hang für einen gewissen lächerlichen Geschmack im Predigen gegeben, der, wenn er auch uns nicht eben belustigt, (weil wir ihn bey uns nicht finden) dennoch für die spanischen Mönche sehr lehrreich gewesen seyn kann, weil er das Lächerliche dieses Hanges auf die lebhafteste Art schildert. —

Ich sage mit Vorbedacht, daß die Schrift nur für Deutsche vielleicht, — oder gar nur für mich wenig unterhaltend ist. Die Engländer, — wenigstens ein Engländischer Kunstrichter urtheilt anders. The piece is written (sagt einer unter ihnen) with spirit and judgment etc. und ein anderer: An entertaining Romance. S. Critical Review und Lond. Magaz. Doch ist die Stimme dieser Beurtheiler nicht immer die Stimme des Volks. — Indessen wenn sies auch wäre: so ist doch für uns Deutsche das Anziehende verloren, weil die Neigung des Wildgoose sich auf einen Gegenstand (die Bekehrungs- und Predigtsucht der Methodisten) gründet, von dem wir sehr wenig wissen.

Wenn ein Dichter, in beyden Arten dieses Humors, sich zeigen will: so muß er die Schriften der Engländer, worunter Sterne zuförderst gehört, fleißig studiren. Es ist sehr natürlich, daß man hier vornehmlich das Eigenthümliche des Humors finden muß, weil die Dichter solche Gegenstände täglich vor Augen haben, und auch zur Unterhaltung der Humoristen ihre Werke schreiben. Ich würde noch sehr viel launigte Charaktere nennen können, wenn ich ein Verzeichniß davon geben wollte. Engländische Lustspiele und Romane wimmeln davon. — Ich begnüge mich aber, die Leser an die Werke selbst zu verweisen, weil das bloße Anführen der Namen, und das, was sich hier davon sagen läßt, doch lange noch die Sache nicht ausmacht, worauf es bey der Bildung launigter Charaktere ankommt.

17.

Wenn wir frey von ernsthaften Geschäften und großen Leidenschaften sind: so werden wir durch lächerliche Gegenstände, auf eine sehr angenehme Art unterhalten. Das Vergnügen, mit welchem wir die Spötter aus allen Nationen, und aus allen Zeiten, vom Aristophanes an, bis zum witzigen Epigrammatisten herab, lesen, beweist diesen

diesen Satz, — wenn er sonst eines Beweises bedarf. Und das Vergnügen, das wir an der Laune finden, gründet sich auch eines Theils hierauf.

Aber das Lachen vermag noch mehr, als vergnügen; wenigstens, wenn wir einem Manne glauben dürfen, der den ganzen Werth des Lächerlichen, und die Natur desselben, scheint gekannt zu haben. Sterne sagt: I am firmly persuaded, that every time a man *smiles* — but much more so, when he *laughs*, it *adds* something to this fragment of life [e]). Auch Voltaire spricht beynahe so. —

Im wirklichen Leben wird der ungestüme, verdrüßliche böse, — so gar der zornige Mann, wenn seine Leidenschaft nicht auf dem höchsten Grade steht — sehr oft durch den Witz der Frau, die ihm Anlaß zum Lachen verschaft, in den gefälligen, nachgebenden, lustigen Ehegatten verwandelt. Eine solche rauhe ungestüme Gemüthsart, so viel Reiz sie oft auch für ihren Eigenthümer haben mag, ist doch, besonders bey einem sonst lebhaften Temperamente, das irgend ein wenig eitel ist, — lange so einnehmend und verführerisch nicht, als die Beschäftigung durchs Lachen über andre, Verglei-

e) Life and Opinions of Tristram Shandy. Dedicat. to Mr. *Pitt.*

gleichungen, zu unserm Vortheil, mit ihnen anzustellen. —

Vielleicht gewährt das Lachen noch einen andern Nutzen, wenn der Dichter Recht hat, der irgendwo, und mit sehr vieler Wahrscheinlichkeit sagt, daß der Lacher oft richtiger und wahrer die Gegenstände sieht und beurtheilt, als der ernsthafte, finstre Weise.

Und wenn das Lachen nun all' diese Vorzüge verschafft: so können wir mit Recht, — wenigstens wünschen, daß der Dichter unsrer Fähigkeit zu lachen, Unterhaltung verschaffe; — und mehr noch, daß er ihre Ausbildung befördere.

Auch keine Bedenklichkeit wird sich der Dichter machen dürfen, uns mit lächerlichen Gegenständen zu unterhalten. Unser Lachen setzt die Person in unsrer Achtung nicht herunter, wenn es nicht ein Spaßmacher von Handwerk ist. Und das Hohngelächter kann nicht erregt werden, als durch Gegenstände, die es verdienen. Nur auf eine Art kann vielleicht das Lachen schädlich werden; wenn uns der Dichter nämlich übers Laster lachen lassen wollte. Lachen öfnet das Herz; es führt eine Art von Vertraulichkeit herbey; und diese könnte dann zu unsrer Verführerinn werden. —

Das Lachen selbst mag in uns entstehen, aus Gründen, wie es, in der unten angeführten Schrift,

Schrift [f]), Des Touches, Fontenelle, oder Montesquiou wollen; — die Gegenstände, die es erwecken, mögen die Beschaffenheiten haben müssen, wie es [g]) Aristoteles, Cicero, Quintilian, Batteux, Gerard, oder Home verlangen: mir sey es genug, über die nöthigen Eigenschaften der lächerlichen Gegenstände, eine Stelle aus den Mendelsohnschen Schriften herzusetzen, die eine so vollständige Erklärung des Lächerlichen enthält, als man sie bedarf. „Das Lachen, sagt der Philosoph, gründet sich auf einen Kontrast zwischen einer Vollkommenheit und Unvollkommenheit. Nur daß dieser

f) Traité des causes physiques et morales du rire, relativement à l'art de l'exciter. à Amsterdam chez M. M. Rey 1768. ein französisch Schriftchen, das nicht unter die ganz schlechten gehört.

g) Aristoteles: Das Lächerliche ist ein Fehler und Uebelstand, der aber mit keinem Schmerze, oder gar mit dem Untergange der Person, welche ihn an sich hat, verbunden ist. Dichtk. 5ten Kap. — Cicero: Locus et regio ridiculi turpitudine, et deformitate quadam continetur. — Quintilian: Neque enim acute tantum ac venuste, sed stulte, iracunde, timide dicta aut facta ridentur: ideoque anceps eius rei ratio est, quod a *derisu* non procul abest risus. Habet enim, vt Cicero dicit, sedem in deformitate aliqua et turpitudine: quae cum in aliis demonstrantur, *vrbanitas*, cum in ipsum dicentem recidunt, *stultitia* vocantur. Inst. Lib. VI. 3. p. 284. Ed. Gesn. — Raml. Batteux. 2. B. 350. — Gerard über den Geschmack. S. 68 u. f. Breßl. Uebers. — Home, 7tes, 10tes, 12tes Kap.

dieser Kontrast von keiner Wichtigkeit seyn, und uns nicht sehr nahe angehen muß, wenn er lächerlich seyn soll. Die Thorheiten der Menschen, die wichtige Folgen haben, erregen mitleidige Zähren; die aber ohne Gefahr sind, machen sie bloß lächerlich. Man nennet einen solchen Kontrast eine **Ungereimtheit**, und sagt daher, ein jedes Lächerliche setzt eine Ungereimtheit zum voraus. Ein jeder Mangel der Uebereinstimmung zwischen Mittel und Absicht, Ursache und Wirkung zwischen dem Charakter eines Menschen und seinem Betragen, zwischen den Gedanken und der Art, wie sie ausgedrückt werden; überhaupt ein jeder Gegensatz des Großen, Ehrwürdigen, Prächtigen und Vielbedeutenden, neben dem Geringschätzigen, Verächtlichen und Kleinen, dessen Folgen uns in keine Verlegenheit setzen, ist lächerlich.“

Wenn ich etwas zu dieser Beschreibung des Lächerlichen hinzu setzen darf, so ists die Bemerkung, daß, wenn sich dieser Kontrast nur zwischen zufällig verbundenen Dingen findet, er nicht Lachen erregt. Der Affe in dem Egyptischen Tempel erweckt, auf den ersten Anblick, gewiß Gelächter, aber ein reisender Minister oder Fürst, den man in einer elenden Dorfschenke antrift, wo er abgestiegen ist, um zu frühstücken, wird nicht belacht. — Ein Philosoph, mit der Denkungsart und denen Sitten,

ten, die wir an ihm voraus setzen, — nicht etwann ein so genannter französischer Philosoph — macht einen so großen Absatz mit der Denkungsart und den Sitten der gewöhnlichen Hofleute, daß, wenn er seinen Aufenthalt ein für allemal an einem Hofe aufschlagen, und diesen als seine Heymath und seinen eigentlichen Wohnplatz ansehen wollte, er gewiß lächerlich werden würde; aber Plato, der sich eine Zeitlang am Hofe des Dionys aufhält, erweckt kein Gelächter; — auch nicht, wenn wir nichts von seinen eigentlichen Absichten bey dieser Reise wüßten, und auch nichts sonst, als wahre Hofschranzen, dort sähen.

Die Gestalten, unter denen das Lächerliche erscheinen, die Wendungen, durch welche der Leser zum Lachen bewegt werden kann, sind sehr mannichfaltig. In verschiedenen critischen Schriften ist hierüber so viel gesagt worden, daß ich mit Recht die Leser an diese verweisen möchte. Auch über den Unterschied des Lächerlichen und Belachenswerthen werden sie im Home Genugthuung finden. Aber noch besser wirds für sie seyn, wenn sie die feinen Spötter selbst, einen Aristophanes, Horaz, Lucian, Cervantes, Buttler, Swift, Fielding, Arbuthnot, Moliere, Fontaine, Voltaire, Rabener, Wieland, und viel andre mehr, (zu welchen auch die guten Epigrammatisten gehören,)

fleißig

fleißig lesen, studieren, und, mit gehörigen Anwendungen nutzen wollen.

18.

Ich hab' es sehr oft sagen hören, daß in dem Eigenthümlichen unsrer Nation nichts liegen solle, das der Dichter, und Schriftsteller überhaupt, als sehr anziehend gebrauchen könne. Ich gehöre gewiß nicht zu den Schmeichlern meines Vaterlandes; ich glaube, dem Leser bereits Beweise davon gegeben zu haben; aber wie man dies so gerade zu, ohn' alle Einschränkung hat sagen können, das ist mir von je her unbegreiflich gewesen. Zuvörderst sind wir immer noch Menschen; und, wenn der Verfasser der Schrift, über die moralische Schönheit, Recht hätte, so sind wir mehr Mensch, als alle andre Nationen. — Und aus dem Herzen des Menschen haben die guten Dichter vorzüglich, noch immer diejenigen Züge hergeholt, die in ihren Werken so höchst anziehend sind. Und sollten diese Züge nicht mit dem Nationellen Aeußern unsers Volks zu verbinden seyn? Oder sind wir, durch unsre äußere Form so sehr aller Empfindungen unfähig geworden, daß der Dichter alle Wahrscheinlichkeit beleidigen würde, der uns ein fühlbar, menschlich Herz gäbe? — Schwerlich würde solch eine

eine Meynung im Ernst durchgängig behauptet werden können; wenigstens würde das, was von uns, in gewissen Fällen hierinn gilt, auch von andern Nationen, und vielleicht von einigen noch mehr gelten müssen. — Doch hier ist nicht eigentlich die Rede von unsrer mehr oder wenigern Empfindsamkeit, von den Eigenschaften unsers Herzens, und dem Zustande unsers innern Seyns: es ist die Frage, ob die Eigenthümlichkeiten der Sitten unsers Volks so beschaffen sind, daß der Dichter sie gar nicht nützen könne? —

Es sey, für einen Augenblick, daß sich darinn so wenig Hervorstehendes, so wenig Anziehendes, und dagegen so viel Allgemeines, Alltägliches und Kahles findet, als man nur immer will. Wir wollen uns nur erst über das, was ich unter Eigenthümlichkeit der Sitten verstehe, und über den Vortheil, den der Dichter davon ziehen kann, und über die Nothwendigkeit, worinn er ist, sie zu gebrauchen; — darüber, sag ich, wollen wir nur erst uns mit einander vergleichen.

Der Dichter muß bey jeder Person seines Werks gewisse Verbindungen voraussetzen, unter welchen sie in der wirklichen Welt das geworden ist, was sie ist. Und hat er sie in seiner kleinen Welt geboren und erzogen werden lassen: so ist sie unter denen Verbindungen, die sich in seinem Werke befinden,

finden, und deren Grundlage immer aus der wirklichen Welt genommen ist, das geworden, was sie ist. Durch diese Verbindungen nun, das heißt, mit andern Worten, durch die Erziehung, die sie erhalten, durch den Stand, den sie bekleidet, durch die Personen, mit denen sie gelebt, durch die Geschäfte, welchen sie vorgestanden, wird sie gewisse Eigenthümlichkeiten erhalten; und diese Eigenthümlichkeiten in ihren Sitten, in ihrem ganzen Betragen, werden einen Einfluß auf ihre Art zu denken, und ihre Art zu handeln, auf die Aeußerung ihrer Leidenschaften, u. s. w. haben; so daß all' diese kleinen Züge aus ihrem Leben und aus ihrem ganzen Seyn, mit dem Ganzen dieser Person, in der genauesten Verbindung als Wirkung und Ursache stehen, — und wir folglich auch viel von diesen kleinern Zügen sehen müssen, so viel nämlich, als mit dem Hauptgeschäft der Personen bestehen kann, wenn wir nicht ein Skelet vom Charakter vor uns haben, sondern die völlige, runde Gestalt derselben erkennen, und uns Rechenschaft von ihrem ganzen Thun und Lassen geben sollen. Denn die bloße Aeußerung der Leidenschaften einer Person, ihr bloßes Thun der Sache, so wie es ohngefehr aus dem Temperament und der jetzigen Lage der Person erfolgen kann, ist dem guten Dichter so wenig genug, — obgleich bey den mehrsten so sehr gewöhnlich —

daß

daß er lieber von der Person gar nichts, als nur diese flache Oberseite zeigen wird. Es ist unmöglich, daß ohne diese kleinen Züge, das Gemälde aus dem Grunde hervortreten, und die Ründung erhalten könne, vermöge deren wir es nur als lebend, als wirklich erkennen. Ohne sie ist, wie gedacht, jeder Charakter ein dürres Skelet. Er läßt sich alsdenn eben so wenig sinnlich gedenken, als das Quadrat des Mathematikers. — Diese Züge in den Sitten finden sich nun, nicht sowohl in der Nation, als, um eigentlicher zu reden, in den verschiedenen Ständen und Einrichtungen eines Volks; und sie müssen daher auch unter uns seyn. Freylich finden sie sich auch in fremden Sitten; aber ich glaube nur, daß der Dichter, da er seine Nation immer vor Augen hat, ehe bey den Charaktern seiner Personen, wenn er sie aus seinem Volk nimmt, auf diese Eigenthümlichkeiten, auf diese Kleinigkeiten, wenn er seine Personen nun handeln läßt, aufmerksam seyn, und sie, nach Maaßgabe derselben, ihre Handlungen und Leidenschaften äußern lassen könne, als wenn er seine Charaktere von Fremden herholt. — Zugegeben auch also, daß das Ganze deutscher Sitten, Gebräuche u. s. w. nichts Anziehendes und Hervorstechendes habe, — zugegeben, daß sie nun so kalt, so einförmig, so strotzend oder so nachgeahmt sind, wie sie es wirklich sind: so kann der

Dichter doch in ihnen, mit leichtrer Mühe, und mit größrer Gewißheit, all' die tausend Kleinigkeiten finden, wodurch alle Begebenheiten seines Werks und alle Personen das Eigenthümliche erhalten, das sie individualisiret, und ihnen Leben und Wahrheit giebt.

Ein Mann, dessen Ansehn, so bald die Rede vom menschlichen Herzen ist, nicht von wenig Gewicht seyn kann, sagt von diesen kleinen Zügen: I think I can see the precise and distinguishing marks of national characters more in these — *minutiae*, than in the most important matters of state. — Und es ist doch unser Vorsatz, unser Wunsch, diese, einen Menschen vom andern unterscheidende Kennzeichen, und die Verschiedenheiten desselben, aus dem Dichter kennen zu lernen? — Man wende, was Sterne von ganzen Nationen sagt, nur auf einzelne Menschen an!

Freylich wird der größere Werth dieser kleinen Züge noch immer von der Stelle abhangen, die der Dichter ihnen giebt, und von dem Gebrauch, den er eigentlich von ihnen macht. Ich glaube nämlich, daß in einem Werke, dessen Innhalt einen gewissen Zeitraum zur Wirklichkeit erfodert, und in welchem also, von einem Ende zum andern, nicht lauter heftige Leidenschaften seyn können, wir von diesen kleinen Zügen mehrere sehen müssen, als

in

in den kürzern und wärmern Werken. Nicht, daß ohne diese Züge die wahre Aeußerung irgend einer Leidenschaft bestehen könnte, sondern daß, wenn das Herz heftig ausbricht, diese, durch menschliche Einrichtungen, dem Charakter gegebene Einschränkungen weniger sichtbar sind, und weniger ihren Einfluß auf diese heftige Aeußerung zeigen können, weil sie gleichsam als Werke der Kunst, der Erziehung, der Lebensart zu schwach sind, den Strom des Herzens zu lenken. Sie werden aber noch immer bey den Ursachen dieser Wirkung in Betracht kommen und genützt werden müssen. Der Unwille des Prinzen, in Lessings Emilia Galotti, über den Marinelli (Dritter Aufzug, Erster Auftritt) da der Prinz glaubt, daß dieser zu nachläßig oder zu sorglos für ihn, Emiliens wegen, gearbeitet habe, äußert sich zwar nicht mit der Heftigkeit, die die Einschränkungen des Standes niederreißen könnte; aber er äußert sich deßwegen nur desto richtiger. Der Prinz hat ein sehr lebhaft Temperament; und die Lebhaftigkeit, die sein Unwille dadurch erhalten müßte, würde noch vermehrt werden, weil er aufs heftigste verliebt ist; aber, diesem allen ohngeachtet, hat es Lessing ganz vortreflich zu zeigen gewußt, daß es der Herr ist, der mit seinem Unterthanen, mit seinem Diener spricht. In der fünften Scene des ersten Aufzugs geht dieser Unwille nur weiter, weil die ganze Situation des Prinzen heftiger, unruhiger, dringender ist. Aber hier, an statt, daß ein andrer vielleicht eben deßwegen den Prinzen desto heftiger würde haben poltern lassen, und uns dadurch eine sehr niedrige Idee von seinem Fürsten gegeben hätte, (indem der Anlaß noch immer nicht höchst wichtig ist, und weil er dem Prinzen noch immer nichts **kostet**,) fertigt dieser hier den Marinelli mit einer Wendung ab, die ganz den **Stand** des Fürsten charakterisirt: („**Kalt und befehlend**) Nun wissen Sie, was sie wissen wollen; — und können gehn!“ Ich gesteh' es gern, daß ich aus einem solchen Zuge mehr lerne, als aus ganzen Trauerspielen. Ich weis gewiß, daß ein gewöhnlicher Dichter höchstens auf die Gemüthsfassung und das Temperament des Fürsten alleine gesehen, und, weil es der Unterthan ist, mit dem er redet, ihn desto mehr würde haben lermen lassen; an statt daß Lessing eben deßwegen ihn vielleicht kälter bleiben läßt, weil der Unterthan für den Fürsten sehr wichtig scheinen, oder der Fürst selbst wenig Fürstliches und sehr wenig Kluges haben muß, wenn er so **gleich** in Feuer und Flammen ist. — Wir sehen eben daselbst den Prinzen noch einmal unwillig über seinen Vertrauten. (Vierter Aufzug, Erster Auftritt.) Man erlaube mir einige Bemerkungen über diese Scene. Erstlich ist die Neigung des Prinzen noch immer nicht befriedigt; — zweytens hat Marinelli, auf Rechnung des Prinzen, Dinge gethan, die der Prinz nicht billigen kann, und hat sie ohne Nutzen gethan; — der Prinz ist in seinen Hoffnungen nur noch mehr hintergangen; ferner, ist Marinelli selbst, entweder, weil er glaubt, jetzt mehr Verdienste um die Liebe des Prinzen zu haben; oder weil er von dem Grafen befreyt ist, (der natürlich seine Eigenliebe ein bisgen unterdrückt halten mußte,) sehr viel dreuster und naseweiser gegen seinen Herrn; — und endlich ist der Fürst schon heute öfter unwillig über den Vertrauten gewesen: eine Sache, die den folgenden Unwillen gewiß befördert und vermehrt: — als daß hier nicht der Unwille des Prinzen sehr natürlich dauernder und anhaltender, und in einigen Augenblicken lebhafter seyn mußte, als er es in der vorigen Scene war. Die eigentliche Aeußerung dieses Unwillens aber ist eben so vortreflich, als vorher, behandelt. So wie der Prinz nämlich dort aufhört, das zu seyn, was er sonst für den Marinelli ist, sein Freund; so wie dort das, was er durch Umstände und Kunst geworden war, verschwand, und der Prinz eben durch seine Leidenschaft dazu wurde, wozu ihn die Natur machte — (und dahin führen uns unsre Leidenschaften alle) — zum Fürsten nämlich, weil der Unwille nicht mächtig genug seyn konnte, ihn zum bloßen Menschen zu machen: — eben so wird er nun auch hier, (die Augenblicke abgerechnet, wo er alles vergißt, und nichts als Mensch ist; die Augenblicke, wo er drohend: Marinelli! sagt) — so gleich wieder zum **Fürsten**: „Ich will Rede! — Rede will ich!“ — Der Ton, in welchem er alle die Entschuldigungen, alle die Rechthabereyen des Marinelli beantwortet, charakterisirt den **Fürsten**. So gleichgültig, mit einem „**Nun gut, Nun gut**“ — konnte nur er die Prahlereyen des **Günstlings** abfertigen; der, wenn er nicht **Günstling** und **Vertrauter aller Schwachheiten** gewesen wäre, gegen einen Fürsten nicht hätte so reden können, wie er jetzt mit der größten Wahrscheinlichkeit redet, und reden **mußte**, wenn wir von dem Dichter nicht ein kahles, flaches Abbild eines Hofschranzen erhalten sollten. — —

So vortreflich hat Lessing den eigentlichen **Stand** des Prinzen, in so ferne er auf die Aeußerung der Leidenschaften seinen Einfluß hat, und die Eigenthümlichkeiten desselben, in diesen kleinen Zügen zu nützen gewußt. — Ein andrer würde nur die Leidenschaften, das Temperament, die gegenwärtige Situation der Person zu Rath gezogen; und alsdenn natürlich sie weit heftiger haben sprechen lassen, als es hier der Dichter so weislich gethan hat.

Es

Es giebt Gelegenheiten, wo der Dichter diese Eigenthümlichkeiten noch besser nützen kann. Diese Gelegenheiten sind nämlich solche, wo keine größere Kraft da ist, die sich in die Handlungen der Personen mische, und sie dazu antreibe, so, daß alsdenn diese Eigenthümlichkeiten als Ursachen gebraucht werden, gewisse Wirkungen hervor zu bringen. Dies ist natürlich in ruhigern Gelegenheiten, bey kältern Begebenheiten, wo mehr der Mensch unter seinen Einschränkungen und erworbenen Gestalten, als unter seiner natürlichen erscheinen muß. Ich wollte fast darauf wetten, daß, wenn ein gewöhnlicher Dichter den Einfall gehabt hätte, welchen Lessing seinem Just, im zwölften Auftritte des ersten Aufzugs in Minna von Barnhelm, haben läßt, nämlich sich am Wirth für die Grobheiten zu rächen, die er seinem Herrn gemacht hat, — er den Werner, der den Anschlag ausführen helfen soll, wenn er ihn durch diesen auch mißbilligen, doch diese Mißbilligung durch ein: Schäme dich! das wäre schlecht! und dergleichen Formelchen mehr, würde haben ausdrücken lassen, an statt daß jetzt Werners Motiven zur Verwerfung der ganzen Justischen Einfälle aus dem Eigenthümlichen des Standes hergenommen sind, in welchem Werner das geworden ist, was er ist. „Des Abends? — aufpaßten? — ihre zwey, einem? — das ist nichts — — Sengen und Brennen? — Kerl, man hörts, daß du Packknecht gewesen bist, und nicht Soldat; — pfuy!“ — Das sind alles Ausdrücke, die, eben so wie Justs Vorschläge, den **Packknecht**, den **ehrlichen Soldaten** charakterisiren. — Und daß diese besondern Eigenthümlichkeiten des Soldatenstandes sich etwann hier nur finden, weil Lessing den **Stand** selbst auf die Bühne gebracht: das würde so viel heißen, als daß sie, wo die Rede bloß von **Charaktern** ist, nicht nöthig wären. Doch, zugeschweige daß dann der Vorschlag des **Diderot** nur die **Stände** auf die Bühne zu bringen, was ganz anders sagte, als **Palissot** h) ihn gesagt haben will, und er auch nur wirklich sagt: so wäre das, was ich oben von Emilia Galotti gesagt habe, die beste Widerlegung dieses Ein-

h) Da ich nicht so ganz sicher voraussetzen kann, daß alle Leser mit dem Diderot- und Palissotischen Streite bekannt sind: so dient zur Nachricht, daß Diderot, weil er glaubt, die komischen Charaktere seyen erschöpft, den Vorschlag that, man solle die Stände auf die Bühne bringen, wie, z. B. den Stand des Richters. Er selbst bewies seine Meynung, indem er den Stand des Hausvaters aufs Theater brachte. Palissot erinnert dagegen, und mit Recht, daß, z. B. der Richter, auch einen eigenthümlichen Charakter haben, und entweder lustig, oder ernsthaft, stürmisch oder leutselig seyn müsse; und daß folglich seine Aeußerungen, als Richter, immer, nach Maaßgabe des Charakters, erfolgen müßten.

Einfalls. — Bekleiden wir nicht alle gewisse Stände? —

Man sieht aus den vorhergehenden Bemerkungen sehr leicht, daß selbst die unbedeutendesten Züge vortreflich genützt werden können, wenn die Wirkungen, die sie hervorbringen, — wie in diesem Falle, Werners Denkungsart, — uns angenehm unterhalten. Freylich müssen sie nicht umsonst und um wieder Nichts da seyn. Der Dichter muß sie in sein Ganzes, in seine Reihe von Ursach und Wirkung, einknüpfen; wir müssen an ihnen sehen, warum sie lieber da, als nicht da; — warum eben diese Personen, diese Individua vom Dichter gewählt sind?

Meine Foderung ist also nichts weniger, als willkührlich; der Gebrauch dieser kleinern Züge, entlehnt aus Stand und Sitten, nichts weniger als gleichgültig. — Ich habe gesagt, daß es Gelegenheiten, daß es Charaktere giebt, die zum Gebrauch dieser Züge überhaupt mehr Anlaß geben, weil sie ruhiger sind, als leidenschaftliche Ausbrüche. Ich finde zum Beweise meiner Meynung in dem Charakter des Marinelli so viel, daß man mir es verzeihen wird, wenn ich ihn hier mehr aus einander setze. Die Sache ist der Mühe werth. — Erst eine kleine Einleitung!

Wenn wir uns, so allgemein, als möglich, einen Hofmann gedenken: so ists ein Charakter, der, so lang es immer nur möglich ist, eine gewisse Gleichmüthigkeit, eine und dieselbe Gestalt, die ihm die Kunst und sein Stand gegeben haben, jedoch mit den gehörigen Anwendungen behalten muß. Ein solcher Charakter giebt natürlich mehr Veranlassungen, als irgend ein andrer, der ehe in heftige und sehr lebhafte Aufwallungen gerathen kann, zum Gebrauch dieser kleinern Züge und Eigenthümlichkeiten. Und Marinelli behauptet seinen Charakter so ganz vortreflich; der Dichter läßt ihn nur denn, wenn es seinem ganzen Charakter nach, ganz natürlich erfolgen muß, den eigentlichen Hofmann ablegen, und zur eigenthümlichen Natur des Menschen zurück kommen, daß ich gar kein besser Beyspiel zu finden wüßte, das meine ganze Meynung ins Licht setzen könnte.

Ich glaube wirklich, daß unsre tragischen Dichter deßwegen diese Rotundität ihren Gemälden zu geben vergessen, — wenn sie sie auch sonst zu geben wüßten — weil sie gewöhnlich ihre Personen in einer anhaltenden Wuth der Leidenschaften, ganz wider die Natur derselben, fortrasen lassen. Durch diesen Strom werden sie selbst nun mit hingerissen; und werden ihre Vernachläßigung, im Gebrauch dieser kleinen Züge, nicht gewahr. Wenn sie ihre

Per-

Personen ruhiger erscheinen ließen: so würd' es ihnen vielleicht weit weniger möglich seyn, diese Eigenthümlichkeiten nicht daran zu vermissen. — Vielleicht glauben sie auch, daß, da ihre Personen, durch die Verschiedenheiten ihrer Leidenschaften, — (aber eine sehr kahle und flache Verschiedenheit!) — von einander abgesondert und unterschieden sind, dies schon genug ist, um sie zu individualisiren. Aber freylich haben unsre Lustspiele, wenn ich sehr wenige ausnehme, das Ansehn, als ob unsre Dichter von der ganzen Sache gar nichts wüßten? Dem Lustspiele fehlt alles, — und in jeder ruhigern Situation fehlt alles — wenn der Dichter nicht diese kleinen Abänderungen, diese kleinern eigenthümlichen Züge, wodurch die Person individualisirt wird, zu bemerken weis; die Tragödie ist schon immer Etwas durch die allgemeine Verschiedenheit der Leidenschaften charakterisirt. —

Ich komme auf den Charakter des Marinelli zurück. — Es ist der **Marchese** Marinelli, der **Mensch** Marinelli, der zuerst über seinen Feind, den Grafen Appiani, spottet, indem, im fünften Auftritt des ersten Aufzugs, die Rede auf die Verbindung des Grafen mit der Emilia kommt. Aber kaum hat er seiner **mächtigern** Empfindung, seinem Gefühle, **als Mensch**, Genüge gethan: ein Gefühl, das stärker ist, als die, aus unsern Verbinbindungen entstandenen und angenommenen Gefühle, und daher lebhafter und schneller, und geschwinder, und zuerst sich äußert, wenn es nicht allmählig erst entsteht, sondern schon fertig in uns ist: — kaum, sag' ich, hat er jedoch so, als der Hofmann es mußte, spottend, seinen Haß befriedigt: so ist er so gleich wieder, und so ganz, selbst in seinem Spotte, bloß Hofmann, daß ihn dieser Zug alleine schon charakterisiren würde: „Hier ist es durch das Mißbündniß, welches er (Appiani) trift, mit ihm doch aus. Der Zirkel der ersten Häuser ist ihm von nun an verschlossen." — — Wer erkennt hier nicht den wahren Kleinmeister, den wahren Hofmann, wie er es nämlich, mit den übrigen Eigenschaften und der Situation des Marinelli, seyn konnte? So wie jeder vernünftige Mensch das Geschäft, welches er treibet, das Leben, welches er führet, für das, ihm am besten zustehende, für das, im Ganzen nicht unwürdige, sondern für ein, in seiner Art verdienstvolles Geschäft hält: so erkennt der Geck, der eingebildete Thor sein Geschäft, seine Lebensart für die allervortreflichste aller Lebensarten. Ihm ist es nicht genug, daß er ein solches Leben führet; andre sollen es auch führen, oder wenigstens für so wichtig erkennen, als er es erkennt, wenn er sie nicht für das halten soll, — was er selbst ist. Wie kann es nun anders seyn,

als

als daß ein Hofmann, mit den übrigen Eigenschaften des H. Marchese, zu solch einem Gecken wird; und daß er es dem Grafen als einen großen Nachtheil anrechnet, wenn dieser nicht so gehandelt hat, wie der Hofmann, wahrscheinlicherweise, gehandelt haben würde? Und wenn die Verbindung des Grafen, in der eigenen Meynung des Marinelli, nicht unedel und erniedrigend wäre: so würde die bloße Erdichtung dieses Umstandes den feindseligen Hofmann zeigen. — Ein Hofmann ist überdem vielleicht mehr als ein ander Geschöpf der Gefahr ausgesetzt, sein Geschäft und seine Lebensart für die edelste zu erkennen. Die mehrsten beneiden diese Lebensart, ehe sie dazu kommen; und hören sie auch von andern beneiden; und wenn sie nun einmal darinn sind: so trägt sehr oft, vom ersten Minister bis zum Holzträger herab, ein jeder das seinige dazu bey, sie in diesen hohen Ideen, von der Wichtigkeit und der Anständigkeit ihres Geschäfts, zu unterhalten.

Eben so sehr wird der Hofmann, von der andern Seite, durch die Neugierde, das heißt, mit andern Worten, durch die Dumdreustigkeit charakterisirt, die der Marchese bey allen Gelegenheiten äußert, — die sich keiner, als der, welcher die Fürsten viel sieht, und sich selbst sehr hoch achtet, erlaubet, — und auch nicht immer bloß

deßwe-

deßwegen, sondern eigentlicher noch mehr, wenn er Gelegenheit gehabt hat, dem Fürsten ins Herz zu sehen. Neugierig ist jeder Hofmann. Womit könnt' er sonst sich, womit könnt' er andre unterhalten, — und mit was wichtigerm könnt' er sie sonst unterhalten, — als mit Neuigkeiten, und mit Neuigkeiten von seinem Fürsten? Das giebt allein das wichtige Ansehn, warum sie lieber Hofleute, als was anders geworden sind! Der Prinz selber weis auch dies vom Marchese: Was haben wir Neues, Marinelli? sagt er zum Willkommen. — Es ist also aus den Sitten des Hofmanns ein wahrer und vortreflicher Zug, wenn Marinelli hier den Prinzen, wahrscheinlicherweise zu sehr ungelegener Zeit, fragt: „Kennen Sie denn diese Emilia?" und wenn er hernach die ganze Geschichte von der bevorstehenden Verbindung des Grafen dem Prinzen mittheilt: „Die Trauung geschieht in der Stille" u. s. w. — Wie vortreflich zugleich der Dichter diesen Charakter gewählt und geformt, und gebraucht hat, um die Zuschauer mit dem Aeußerlichen und Vorhergehenden des Stücks, das sonst größtentheils so ungeschickt erzählt wird, bekannt zu machen, da die Zuschauer der Verständigung wegen damit immer bekannt gemacht werden müssen, das will ich, nur im Vorbeygehn, bemerken, und den dramatischen Kunstrichtern zu entwickeln überlassen.

lassen. — Eben so fährt Marinelli in dieser Scene (S. 26) fort, zu fragen: „Und also wohl noch weniger der Urheberinn Ihrer Qual gestanden haben?“ — Und das erstemal?“ — Auch in dem ersten Auftritt des dritten Aufzugs ist so ein Zug noch angebracht. Wenn Marinelli neugierig ist: so muß er's immer seyn. Wenn er es nur da ist, wo uns seine Neugierde das Nothwendige lehrt: so ist er es wohl nur des Dichters wegen; und des Dichters wegen allein soll nun eine Person gar nichts seyn, weder neugierig, noch plapperhaft. Auch nützt dem Zuschauer diese Neugierde diesmal zur Verständniß nichts, weil er die Sache schon weis. — „Und lassen Sie doch hören, gnädiger Herr, sagt er, was Sie für sich selbst gethan haben. — Sie waren so glücklich, sie (Emilien) noch in der Kirche zu sprechen. Was haben Sie mit ihr abgeredet?“ Nicht eigenthümlicher, nicht richtiger kann der Hofmann geschildert werden! Der Marchese Marinelli, wenn er nichts, als dies war, mit allen Leidenschaften und Eigenschaften, die er jetzt besitzt, würde doch nie so gehandelt, so gesprochen haben, wie der Kammerherr Marinelli jetzt spricht. Und dieser Kammerherr würde bey einem gewöhnlichen Dichter ein gefällig, höflich — vielleicht niederträchtig schmeichelnd

Ding

Ding gewesen seyn; ein Ding, das, nach Belieben, zu allem Ja! oder Nein! gesagt, und alles, was der Fürst nur gewünscht, gethan hätte; aber einen eigenthümlichen, individuellen Hofmann, der das ganze Gepräge eines Hofmanns trägt, so redet, — und auch so handelt, konnten wir wohl nur von Lessingen erwarten.

Was ein andrer ehrlicher Mann Zuversicht zu sich selber nennt, das wird sehr leicht, wenn das Uebrige der Person dazu nur irgend Anlaß giebt, in einem Hofmann zur Unverschämtheit. So ein Mann ist nun Marinelli! Seine Eitelkeit, genährt durch seinen Stand, kann sich nicht einschränken, nur auf ihn selbst zu sehen; sie treibt ihn weiter; er muß auch Eingriffe auf andre machen. Denn, daß er nicht einen Augenblick verlegen ist, da der Prinz nicht die Nachricht von Emiliens Verheyrathung glauben will, ist sehr natürlich, da er die Sache gewiß weis; und das würde er auch bey jedem andern Dichter vielleicht nicht gewesen seyn. Aber daß er gegen den Prinzen ein: „Sie sind außer sich, Gnädiger Herr!" — braucht; — daß er nicht einen Augenblick ansteht, alles zu erzählen, was er von der bevorstehenden Trauung Emiliens weis, ob der Prinz gleich tobt und wüthet; — dies ist gleich viel Unverschämtheit und Niederträchtigkeit, — oder, wenn man sonst

sonst will, hofmännische Gleichmüthigkeit und Fassung, die nicht das Herz hat, böse zu werden, wenn der Prinz gleich ungerecht und grob wird, sondern der herrschenden Leidenschaft des Hofmanns, der Eitelkeit untergeordnet ist, die sich nährt, indem sie von solchen Dingen nicht gerührt wird, und dem Prinzen Sachen sagen kann, die er noch nicht weis.

Keine Scene charakterisirt den wahren Hofmann besser, als der Anfang der zehnten des zweyten Aufzugs, zwischen dem Grafen, und unserm Kammerherrn. Hier vereinigen sich, hohe Einbildungen von höfischen Angelegenheiten und Geschäften, — Freundschaftsgewäsche, so wie es der Mann führen muß, der den Ruf der Höflichkeit über alles schätzt — und hier um desto mehr sucht, da er betrügen will. — Man streiche die Züge von Freundschaftsversicherungen weg; die Scene wird bestehen können! Aber was werden wir vom Hofmann darinn sehen? Nichts! Ein Skelet von einem Charakter werden wir vor uns haben; um desto scheußlicher, da dies Skelet alsdenn der Marchese Marinelli seyn wird. Wir werden durch nichts von der Häßlichkeit, von der Niederträchtigkeit seiner Denkungsart abgezogen; wir sehen diese ohn' alle Hülle, ohn' alle Verschönerung, oder Glasur vielmehr, die sie durch die Sitten, das Eigenthümliche seines Stands erhalten hat, und die freylich nicht dick genug ist, uns am Durchsehn zu verhindern, aber eben dadurch uns desto angenehmer beschäftigt. — Ich habe bey Gelegenheit des andern Theils dieser Scene eine andre Bemerkung bestätigt erhalten, die ich, in der wirklichen Welt zu machen Gelegenheit gehabt. Der Hofmann des kleinern Hofes, wie hier Marinelli, ist immer mehr eitel; und der Hofmann des grössern, des mächtigern Hofes, immer mehr stolz als der andre. Schon Vater **Hagedorn** erkennt **kleiner Herren kleine Diener** für schlechtere und elendere Geschöpfe, als die andern; und in der Wirklichkeit haben sie viele Lächerlichkeiten mehr an sich, weil sie gern das Ansehn von Würde und Wichtigkeit haben möchten, das sie selbst am Höflinge des größern und mächtigern Hofes finden. Daher verfallen sie natürlich auf Uebertreibungen, Prahlereyen und Affektationen: Dinge, die jene nicht nöthig haben, weil sie weniger Vergleichungen ausgesetzt, und, ohne ihr Zuthun, schon durch den Hof gehoben sind, dem sie dienen. So ist die Erhebung des, dem Grafen angetragenen Geschäfts, in dem Munde des Marinelli sehr wahr, und ganz vortreflich; wenn er aber Kammerherr eines großen Königs wäre, so würd' er von seinem Auftrag schon weniger hohe Einbildungen unterhalten dürfen, weil er dann glauben müßte, daß der Auftrag schon, durch sich selbst, erhaben genug wäre. —

In der Folge dieser Scene wird der **Hofmann** in den bloßen **Menschen**; der **Kammerherr** in den **Marchese** verwandelt; und also, so vortreflich auch das Uebrige ist, liegt es außer meinem Wege.

Die **hohen Einbildungen** von der Macht und dem Ansehn des **Fürsten** in allen Fällen, von der Unfehlbarkeit und Untrüglichkeit der prinzlichen Vorzüge und Eigenschaften, — sind dem **Höflinge** und nur dem Höflinge — so eigenthümlich, daß Marinelli den Prinzen in dem dritten Auftritt des dritten Aufzugs daran erinnert: „**Die Kunst zu gefallen, zu überreden, — die einem Prinzen, welcher liebt, so eigen ist**“ läßt ihn Lessing dem Prinzen zum Troste sagen. Obgleich Marinelli dadurch hier in den Verdacht eines eben nicht weit sehenden Geistes verfällt: so ist doch dieser Zug des eitlen Hofschranzen so wahr, so vortreflich, daß wir, ohne diesen Zug, eine Seite weniger von ihm erblicken würden. Wie könnte auch der gute Mann **weiter** und **anders** sehen lernen, da er nie Gelegenheit dazu hat? — Und eben dieser Zug findet sich auch im sechsten Auftritte: „**So etwas von einer Schwiegermutter eines Prinzen zu seyn, schmeichelt die meisten.**“

sten." — Noch mehr aber sehn wir von dieser Seite des Hofmanns in dem ersten Auftritt des vierten Aufzuges. Seine Einbildungen gehn so weit, sie haben so feste Wurzel bey ihm geschlagen; oder sie machen ihn vielmehr, selbst wider allen Augenschein, so blind, daß er da, wo gerade das Gegentheil seiner Vermuthungen zutrift, sich an dem äußern Schein der Sache hält, (weil er ähnliches mit seinen Einbildungen haben konnte) und, indem die Mutter nichts weniger als aus Achtung für den Prinzen stille geworden ist, den Prinzen überreden will, daß sie eben nicht viel wider seine Liebe einzuwenden habe. Wenn dieser Zug Schmeicheley seyn sollte, wie er es doch, nach Anleitung der vorigen Züge ähnlicher Art, nicht seyn kann: so würde er weit weniger den wahren Hofmann charakterisiren. Wer dreust und unverschämt genug ist, anders zu reden, als er gesehen hat, ist nur ein Schmeichler; der aber weder sich, noch den Hof sehr lieben muß, weil er nicht seine Einbildungen für Wahrheiten hält. Aber dieser Zug ist nicht Schmeicheley. Und, indem der Hofmann von der einen Seite, als unfähig von seinen hohen Einbildungen abgebracht zu werden, charakterisirt wird: so zeigt uns der Dichter darinn zugleich das natürliche Maaß des Verstandes, das ein Höfling, wie Marinelli, haben kann, und berichtigt auf die

vor-

vortreflichste Art unsre Ideen von dem Manne. — Ich weis es gewiß, daß, wenn viele Dichter, Gebrauch von diesen letztern Zügen gemacht hätten, sie solche den Marinelli, als Schmeicheleyen, als Dinge, die er innerlich nicht glaubte, aber als Hofmann sagen müsse, — würden haben sagen lassen. Aber wie weit wären sie da unter der Idee des Höflings geblieben! Es ist nur ein sehr schaaler Höfling, ein Mann, der gewiß nicht lang' am Hofe gelebt hat, oder sein Glück daran machen, und noch weniger Günstling seines Prinzen werden kann, der nur, des Prinzen wegen, hohe Einbildungen vom Ansehn und dem Werth eines Prinzen in allen Fällen hat. Sein selbst willen hat er diese Ideen; sie sind mit ihm, so zu sagen, zusammen gewachsen; und es kann nicht anders seyn, wenn er nämlich bis zum Günstlinge oder Vertrauten eines Prinzen es schon gebracht hat. — Ich weis nicht einmal, ob der Charakter dieses Prinzen selbst einen Unterschied hierinn macht; ich wenigstens glaub' es nicht. — Man thut daher dem Hofmann auch im wirklichen Leben ein gewaltiges Unrecht, wenn man ihn der Schmeicheley gegen seinen Fürsten bezüchtigt, im Fall nämlich, schmeicheln so viel heißt, als Dinge sagen, die man selbst nicht glaubt. Der Hofmann, wenn er nur irgend den Beyfall des Fürsten hat, ist fast immer sehr aufrichtig in jedem Lobe, in jeder Erhebung seines Herrn. Wir nüchternen Leute, würden Schmeicheleyen sagen, wenn wir das sagten, was ein Marinelli vorbringt. Daß wir sie ihm zuschreiben, entsteht aus einem Irrthum. Wir Menschen alle nämlich sind, in unsern Urtheilen von denen Gründen, nach welchen andre Menschen handeln können, zu geneigt, ihnen eben das Innre zuzuschreiben, das wir haben, nur zu geneigt, uns ihre Denkungsart eben so vorzustellen, wie es die unsrige ist, als daß wir uns nicht sehr oft über den wahren Werth der Thaten, die sie thun, und der Worte, die sie reden, irren sollten, wenn wir uns nicht ganz zu entkleiden wissen. — —

Ich endige hier die Reihe der Züge, die ich aus dem Charakter des Marinelli heraus gehoben, und durch welche ich gezeigt zu haben glaube, wie nothwendig, wie wichtig der Gebrauch aller Eigenthümlichkeiten der Sitten einer Person sey, wenn uns der Dichter ein wahres Individuum geben will. Ich habe nicht den ganzen Charakter des Marinelli aus einander legen, sondern nur bloß die Züge, die ihn, meines Dünkens, als Hofmann charakterisiren, bemerken wollen: Züge, die dem Charakter die eigentliche Ründung geben, — die vielleicht mancher Dichter weggelassen hätte, weil, wenn die Person nur ein Skelet

seyn

seyn sollte, sie ohne diese Züge auszubilden war, — und die jetzt die vortreflichsten Dienste in der Zeichnung gethan haben. Ich behaupte nicht, daß dies alle diejenigen sind, die den Hofmann im Marinelli vorzüglich und allein bezeichnen; es können sich deren leicht noch mehr in einem so vortreflichen Werke finden; zumal, da ich nur bis in den Anfang des vierten Aufzugs gegangen bin. Ich überlasse gern die fernere Zergliederung einem dramatischen Kunstrichter. Mir ist es nur darum zu thun, das Eigenthümliche dieser Züge und ihren Vortheil zu bestimmen. Diese Züge sind alle, wenn wir sie bloß als Worte, als Rede, betrachten wollen, eigentlich das, was wir Handlung im Ausdruck nennen. Sie öfnen uns das ganze Herz dessen, der sie sagt; wir sehen ihn gleichsam durch und durch. Alles was Marinelli thut, sind Handlungen des Hofmanns. Ihn bloß, als Hofmann, ohne diese Eigenthümlichkeiten schwatzen zu lassen, das haben schon mehr Dichter bey mehr Hofleuten gethan; es sind aber auch Charaktere darnach geworden, so flach, so einseitig; so platte und plumpe Schmeichler, das nichts drüber ist. Wer würde ohn' alle diese Kleinigkeiten von dem Marchese so viel sehen, als er jetzt, vermöge ihrer, von ihm sieht? — Laßt diese Eigenthümlichkeiten in andern Personen so unbedeutend, so schaal euch dünken,

ken, wie ihr wollt: sie werden schon Werth genug für den delicatesten Witzling erhalten, wenn der Dichter sie zu solch' einem Gebrauch zu verwenden, ihnen solch eine Stelle zu geben weis. — Es braucht kein Hofmann zu seyn, der so gezeigt wird. Ich kenne einen Mann, dessen Geschmack freylich etwas eigensinnig ist, welcher in Herrn Brandes Grafen Olsbach keinen Zug eigenthümlicher, wahrer, und anziehender findet, als wo Frau Wandeln das Geld auffsammelt, (das ein Betrüger in der Angst fallen läßt) indem die andern Personen alle, ohn' Unterscheid diesem fliehenden Betrüger nachlaufen. Er behauptet, daß dies Zurückbleiben und Auffsammeln der Wandeln die Wirkung einer Ursache sey, die uns ganz bestimmt die Sitten und die Lebensart, und den ganzen Charakter derselben auf einmal erkläre; an statt, daß wir von den Aeußerungen der übrigen Personen, nicht auf so viel Individuelles und Bestimmtes, davon diese Aeußerungen nur allein die Wirkungen waren, — zurückschließen könnten. Ich muß es wohl, zur Verständigung dieses seltsamen Urtheils sagen, daß mein Freund nicht etwan dies Zurückbleiben und Auffsammeln als eine Wirkung des Geizes ansieht. —

Dem Romanendichter ist der Gebrauch dieser Züge eben so zuträglich, eben so verdienstlich; die

Rück-

Rücksicht auf Sitten und Stand, und Eigenthümlichkeiten der Personen eben so nothwendig; und vielleicht noch weit nothwendiger, als dem tragischen Dichter. Und, ich wiederhol' es, er wird sich an das Daseyn derselben ehe erinnern, er wird sie ehe auffinden können, wenn er die Sitten, die Personen aus seinem Volke nimmt, — zu geschweigen, daß in verschiedenen Ländern leicht diese, aus dem Stande und der Lebensart der Person entstandenen Eigenthümlichkeiten sehr verschieden seyn, und viel Nationelles haben können. — „Aber die Scene eben des Stücks, woraus ich meine Beyspiele genommen habe, liegt in Italien, und der Dichter“ ....? Ich könnte antworten, daß der Dichter Lessing heißt; und dann würde mein Einwurf gehoben seyn. — Und dies ist auch wirklich das Einzige, was sich hierauf antworten läßt. Denn so vortreflich hat Lessing das Land seiner Personen zu nützen gewußt, daß dies Trauerspiel gar nicht wirklich werden, daß es gar nicht so erfolgen konnte, wie es erfolgt, ohne daß die Scene in Italien war. Nur vermöge Italienischer, nationeller Sitten wird es das, was es ist. Sie sind ein großer Theil der Ursachen mit, deren Wirkung der Ausgang, das Ende des Trauerspiels ist. So innerlich und äußerlich national haben wir schlechterdings noch nicht ein Gedicht aufzuweisen.

 Es

Es kommt dem dramatischen Kunstrichter zu, die genaue Verbindung des Innhalts dieses Trauerspiels mit den Sitten des Landes, aus dem es genommen ist, zu entwickeln; mir sey es genug, dem Romanendichter zu sagen, daß, wenn er die Sitten eines Volks, so genau mit den Begebenheiten seines Plans verweben kann, als es Lessing zu thun gewußt hat: so ist's ihm sehr vergönnt, uns mit fremden Sitten zu unterhalten; er wird uns dadurch ein Vergnügen mehr geben. — — Aber, so wie die Sache sich insgemein verhält: so sind unsre Romane um nichts besser, weil die Scene in fremden Landen liegt; und es ist ein kahler Vorwand, daß der Romanendichter zu fremden seine Zuflucht nehmen muß, weil unsre Sitten nichts Brauchbares haben. Denn wir sehen von fremden Sitten gewöhnlich eben auch nichts in ihnen. England ist besonders der Schau- und Tummelplatz, den unsre jungen Dichter sich wählen. Aber ist deßwegen eine Person individueller und genauer gezeichnet? Und warum ist die Scene lieber nach England gelegt worden, als sonst wohin? Ist in den Begebenheiten, in den Personen etwas, warum diese nun nicht in Deutschland, sondern in England nur wirklich werden konnten? Der Dichter soll in seinem Werke nichts vorgehen lassen, überhaupt gar nichts anlegen, von dem es nicht der Erfolg des

Werks

Werks zeige, daß es für sein Ganzes gerade am schicklichsten Orte, und auf die beste Art vor sich gehe, und, an keinem andern Orte, so habe vorgehn können. Die Mittel, die er zur Erreichung seiner Absichten gebraucht, müssen im genauesten Verhältniß mit diesen stehen, so daß jene unausbleiblich nothwendig sind, um diese zu erreichen. Aber findet sich dies in den Romanen gewöhnlicher Art? Sind sie so, daß sie nur auf Engländischem Boden haben zur Reife kommen können? Gewöhnlich sind sie so eingerichtet und angeordnet, daß sie in keinem Lande dieser Erde, — oder in allen gleich sehr zu Hause gehören. Wenigstens sind die Kennzeichen, die sie von ihrem angegebenen Vaterlande tragen, sehr zweydeutig. — Im Grunde ist es Unwissenheit, Unbekanntschaft mit einheimischen Sitten, die unsere Romanendichter aus dem Lande treibet; in der Hoffnung, daß wir eben so wenig von fremden Sitten kennen werden, um sie beurtheilen zu können; oder daß wir gar nicht diese Züge aus den Sitten und dem Leben, diese individuellen Kennzeichen der Menschen, in ihnen suchen sollen. Denn was haben nun wohl unsre Romane, die in England wirklich werden sollen, anders, als Engländische Namen? Und wenns ja etwas mehr ist: so ists übertriebener, unnatürlicher Humor, der so wenig in England, als sonst wo, wirklich ist; —

oder

oder so genannte brittische Großmuth, das heißt, der Dichter hat seine Personen reich gemacht, (eine wichtige Erfindung, eine große Anstrengung für ein Genie!) und läßt sie das Geld nun oft sehr albern und unnütz verspenden; — oder, sie müssen einander brav morden und würgen, weils — Engländer sind. Was findet sich wohl, damit ich Beyspiele gebe, in dem Schauspiel Clary (Frankfurth 1770) anders, als einige dieser Ingredienzien? Ist etwas eigenthümlich Engländisches darinn? Was hat die Geschichte der ... anders, als Engländische Namen? Und wie viel mehr könnt' ich nicht nennen! Eben so sehr haben sich die Franzosen in das Mylord und Mylady verliebt. Die Scene der mehrsten Romane von Md. Ricoboni liegt in England. Arnaud hat in seinem Roman moraux eben so oft engländische Namen. Und wer mehr wissen will, braucht nur das erste beste Verzeichniß neuerer französischen Schriften aufzuschlagen. Wenn man nun dagegen, bloß in Rücksicht auf Eigenthümlichkeit und Gebrauch der Sitten, einen Fielding, Sterne, Smollet, Goldsmith u. a. m. in die Hände nimmt, so — wirft man natürlich jene so gleich ins Feuer. — Es mag überhaupt eine sehr mißliche Sache seyn, Sitten und Personen fremder Länder in Werken der Nachahmung aufzuführen. Was die Engländer sagen würden,

wenn

wenn sie verschiedene deutsche Romane, deren Scene in England ist, lesen sollten, weis ich nicht. Aber so viel weis ich, daß sie über den alten Voltaire, — nicht über sein Werk, — herzlich lachten, als sie eines seiner Lustspiele (die Schottländerinn) ins Engländische übersetzten: ein Stück, in welchem die Scene, wie bekannt, in England liegt, und dessen Sitten Engländische Sitten seyn **sollten**. Und der Mann ist doch selbst einige Jahre in England gewesen, — und ist **Voltaire**. —

Ich will es gerne zugestehen, daß, **dem Anscheine nach**, die Sitten unsrer Nachbarn und andrer Nationen mehr Unterhaltendes und Anziehendes haben, als unsre eignen. Wir sind weniger mit ihnen bekannt. Ich will auch zugeben, daß mehr, als ein Bewegungsgrund da seyn kann, warum wir im Trauerspiele, die Scene ehe nach England verlegen, als sonst wohin. Dieser Grund kann vielleicht gleich sehr seine guten Veranlassungen aus der eigenthümlichen Denkungsart der Engländischen, und aus der Verfassung und Denkungsart unsrer Nation erhalten. Aber daß nun in unsern Sitten, für den Dichter, **der sie zu nützen weis**, gar nichts Brauchbares, gar nichts Anziehendes zu finden seyn sollte: das werd' ich nie glauben. Lessings Minna und die Wilhelmine mögen das übrige lehren! — Auch dem Verfasser von

Sophi-

Sophiens Reise rechne ich das vorzüglich als ein Verdienst an, daß er die deutschen Sitten zu brauchen versucht hat. — Ich verlange übrigens nicht alle die zu nennen, denen Deutschland Dank hiefür schuldig ist. Und wenn die Eigenthümlichkeiten unsers Volks lächerlich und abgeschmackt wären: so brauche der Dichter sie als solche Dinge. Der Dichter kann alle Gegenstände der handelnden Natur nützen, so daß sie dem Leser Unterhaltung gewähren, wenn er sie aus dem rechten Gesichtspunkt zu zeigen weis. Er kann dem Volk, dem er seine Thorheiten vorhält, eben so lehrreich werden, — und vielleicht noch lehrreicher — als dem, welchem er nur seine Liebenswürdigkeiten zeigen kann. — Aber die Eigenthümlichkeiten unsers Volks sind alle nicht so albern, wie sie es zu seyn scheinen. — Es wäre traurig, wenn unsre Sitten für den Dichter gar nicht geformt und gebildet wären. Bis sie es sind, können wir mit unsern Nachahmungen nie dahin kommen, wo Griechen und Engländer gewesen sind. Wer mich anklagt, daß ich hier Römer und Franzosen nicht mit nenne, sieht die Dichtkunst nicht aus dem Gesichtspunkt an, aus dem ich sie betrachte. — Die übrigen Nationen Europens, die hier noch in Betracht kommen, übergeh' ich lieber ganz mit Stillschweigen, als daß

ich

ich meine Leser noch mehr beleidigen sollte, wenn ich, z. B. die Spanier höher schätzte, als die Franzosen. Die Italiener hat Meinhard so charakterisirt, daß Jeder selbst urtheilen kann; denn, in den neuern Zeiten sind die Nationen fast alle zu sehr Nachahmer derjenigen Nation geworden, die selbst das wenigste Eigenthümliche hat, als daß nicht all' ihre Früchte beynahe einerley Geschmack, — und ganz ähnliche Gestalt haben sollten. — Und diejenige Nation, die es nicht so sehr geworden ist, die Spanische, kennen wir leider aus den neuern Zeiten zu wenig. —

Man lasse den Franzosen, den unsre Wilhelmine langweilig dünkt, wenn er sie übersetzt lesen sollte, sie immer langweilig dünken! Schreiben wir denn nur, um die Franzosen zu unterhalten? Es ist ganz gut, wenn sie uns lesen wollen; aber es ist noch besser, wenn wir es so einrichten, daß uns unsre Landsleute mit Vergnügen, mit Theilnehmung, mit Nutzen lesen können. Das sey unser Stolz! dahin gehe unser Beeifern. Wenn dann der Franzose dabey einschläft: desto schlimmer für ihn! Und er wird, wenn er billig ist, darüber nicht klagen können. Es wäre nur Vergeltungsrecht. Wir sind ja alle so herzlich oft bey seinen witzigen Geschenken eingeschlafen. — Was er nicht versteht, lerne er verstehen; oder lese es nicht! Wie

viel

viel ist uns unverständlich, oder dünkt uns sehr unmanierlich, wenn wir z. B. einen Peregrine Pickel [l]) lesen! — Aber freylich, wir sind gute, geduldige Geschöpfe; wir möchten gar zu gerne allen Alles seyn. Wir sind gar nicht böse, wenn wir was finden, das uns nun eben nicht gar zu gut oder bekannt schmeckt (weil wir vielleicht nicht dazu gewohnt sind); aber wir würden, um alles in der Welt willen nicht, jemanden ein Gericht vorsetzen, auf das er noch oben drein sich selbst zu Gaste gebeten hat, ohne daß wir nicht seinen Geschmack vorher ganz gehorsamst um Rath fragen sollten; — und müßten wir selber auch darüber hungern. —

Wer mir diese kleine Ausschweifung nicht verzeiht, der wird schwerlich bis hierher im Lesen kommen, als daß ich nun Gelegenheit hätte, ihn dieser Ausschweifung wegen um Verzeihung zu bitten.

---

19. Ich

l) Man verstünde mich sehr unrecht, wenn man glaubte, ich gäbe den Peregrine Pickel für ein geradeswegs schlechtes Werk aus. Derjenige, der den bloß äußern Lebenslauf, und die Sitten des jungen Engländers aus einer gewissen Classe kennen lernen will, wird dies Werk mit Vergnügen lesen können. Der Zeiger weißt ganz richtig; von dem Uhrwerk aber sehen wir freylich nicht viel. —

19.

Ich werde dem jungen Romanendichter nichts über den Reiz des Neuen, des Unerwarteten, des Wunderbaren, der Schicklichkeit, des Anstandes, der Simplicität, der Naivete, der Mannichfaltigkeit, der Aehnlichkeit und des Kontrastes sagen. Es giebt Bücher, aus denen er das lernen kann, was ich ihm hier sagen könnte; und diese Bücher sind bekannt. Ich habe unter den Gegenständen, die die belebte Natur ihm als Materialien zu seinem Werke darbeut, nur einige, — nur die berühren wollen, über die ich noch etwas sagen zu können glaubte. Ich habe überhaupt mehr Winke, mehr Anlaß zum Denken, als vollständige Abhandlungen geben wollen; und wenn ich meinen Zweck erreiche: so hab' ich vielleicht mehr gethan, als alle Vollständigkeit hätte thun konnen. —

Es ist ein bekannter, — und auch schon vorher hier angeführter Grundsatz, daß der Dichter alles in der handelnden Natur nützen dürfe. Die widerlichsten, die schrecklichsten Gegenstände werden ihm brauchbar seyn, wenn er Thorheiten und Laster züchtigen, — oder sie vielmehr, ihrer Natur nach, abbilden will. In Lessings Laocoon finden sich Beyspiele, wie so gar der Ekel, den man sonst nicht als einen Gegenstand der Nachahmung ansah, dienlich seyn könne, das Lächerliche eines Gegenstandes zu erhöhen.

Auf die Art, wie der Dichter diese verschiedenen Gegenstände behandeln wird, kommt freylich noch immer das mehrste an. Die Gestalten, unter denen sie erscheinen können, — ihre Abwechselung, — ihre Verbindung bedarf einer solchen sorgfältigen Arbeit, einer so richtigen Kenntniß des menschlichen Herzens, daß es dem Dichter nicht zu verdenken ist, wenn er Jahre lang an seinen Werken feilet. Ehe ich zu den Bemerkungen, die sich auf die Verbindung der verschiedenen Materialien beziehen, übergehe, will ich noch etwas über die körperlichen Gegenstände der Natur voran schicken.

In den neuern Zeiten hat die Frage, von dem Werth oder Unwerth der Beschreibungen solcher Gegenstände, zu einigen Streitigkeiten Anlaß gegeben. Ich glaube nicht, daß Lessing selbst jede Beschreibung derselben, — auch wenn der Dichter sie als **Mittel** zu brauchen gewußt hat, aus der Dichtkunst hat verbannen wollen. Wenn diese Beschreibung aber **Endzweck** ist; wenn der Dichter nichts will, als beschreiben, und nur beschreibt, um zu beschreiben; wenn er sie als ein unrechtes Mittel braucht, oder die Beschreibung mehr ausdehnt, als sie ihm, zur Bezeichnung der Sache, nöthig ist: so scheint Lessings Urtheil wohl sehr richtig, und nichts weniger, als willkührlich zu seyn, weil es sich auf die Natur dieser körperlichen Gegenstände, und auf den Endzweck des Dichters und der Dichtkunst gründet.

Es

Es wäre unverzeihlicher Eigensinn, jede Beschreibung aus Geßners Idyllen, oder aus den Wielandschen Schriften verbannen zu wollen. Aber freylich, wenn

Ein Mückenfuß gemalt! — ein Hühnerkorb gemalt!
Ein Ziegenbart gemalt!

wird, um sie zu malen, — oder auch der Ursache wegen, warum Michaelis diese Maler züchtigte: so wird diese Malerey ekelhaft und langweilig. —

Wenn Wieland uns eine Beschreibung von dem Hause der Danae zu Smirna giebt: so ist diese Beschreibung nothwendig, weil sie einen Einfluß auf den Agathon mit hat. Wir mußten das Haus, und die Einrichtungen desselben, zum Theil kennen, weil sie, als mitwirkende Ursachen, in dem Werk gebraucht werden. Ohne diese Kenntniß können wir uns nicht so vollständig von all' den, auf den Agathon in diesem Hause, gemachten Eindrücken, Rechenschaft geben.

Daß Ort, Zeit, Umstände den Eindruck erhöhen und vermehren können, den die vor uns geschehenden Handlungen und Thaten auf uns machen, das beweist die Erfahrung. Die Nacht im Hamlet, und im Makbeth des Shakespears vermehrt sehr merklich unsre Bewegungen bey diesen Trauerspielen. Und wie können wir von diesen Dingen etwas wissen, wenn sie uns der Dichter nicht bezeichnet? Im Shakespear findet sich mehr als eine solche Beschreibung, nur freylich in so wenigen Zügen, als der dramatische Dichter beschreiben kann. Und wie vortreflich er unter andern die Beschreibung, die Antonius von dem Mantel des Cäsars macht, gebrancht hat, darüber besinn' ich mich, in einer Engländischen kritischen Schrift, (mich dünkt in dem Essay on the Genius and Writings of Shakespear) vortrefliche Bemerkungen gelesen zu haben. —

Ich will gewiß nicht unsern Alltagsbeschreibern das Wort reden, die uns, bey jeder Gelegenheit mit Beschreibung eines Morgens, eines Sturms u. s. f. ohne Anlaß, ohne Endzweck oder Absicht, als um zu beschreiben, beehren; und die bey körperlichen Gegenständen oft noch verschwenderischer sind. Wenn jede Beschreibung immer nur ein einzelner Theil eines Ganzen seyn kann; wenn jeder einzelne Theil sein größtes Verdienst darinn hat, daß er zur Vollendung, zur Erfüllung des Ganzen das seinige beyträgt: so ists natürlich, daß jede Beschreibung mit Recht nicht weiter sich ausdehnen darf, als es nöthig ist, damit wir die Wirkung, die sie als einzelner Theil (als Ursache) machen soll, und macht, erkennen mögen. —

Im Laocoon findet sich so viel Vortrefliches über die Kunst, wie man die Beschreibung körperlicher Gegenstände in Handlung verwandeln könne, daß ich nichts bessers zu thun weis, als meine Leser dahin zu verweisen.

II. Von

II.

Von der Anordnung und Ausbildung der Theile und dem Ganzen eines Romans.

II.

Von der Verbindung und dem Ganzen eines Romans.

I.

Indem ich jetzt die verschiedenen Materialien überdenke, die ich dem Dichter zur Bearbeitung vorgeschlagen habe: so halt' ichs für meine Pflicht, ehe ich irgend etwas von der Art und Weise der Bearbeitung sage, zu erinnern, daß ich, bey der Bezeichnung der verschiedenen Gegenstände, oft weiter gegangen bin, wie ich eigentlich hätte gehen sollen. Ich hielt es für nöthig, diese Gegenstände besonders zu behandeln, weil sich das, was ich etwan darüber noch zu sagen hatte, nicht so gut und deutlich würde sagen lassen, wenn ich die Natur dieser Gegenstände und den Gebrauch, den der Dichter von ihnen machen soll, zugleich behandeln wollte. Ich trennte dies also; allein es ist nicht möglich, das Anziehende vieler dieser Gegenstände zu zeigen, ohne zugleich die Kunst des Dichters zu bemerken. Diese Kunst muß nämlich oft hiezu sehr vieles beytragen, wenn diese Gegenstände in ihrer wahren Gestalt erscheinen sollen.

Das wichtigste bey der Sache ist aber noch immer vor uns. Die Kunst, diesen Materialien allen Gestalt und Anordnung zu geben; sie, im rechten Maaß, am rechten Ort, in der gehörigen Verbindung zu gebrauchen, dünkt mich, eine größere Anstrengung zu erfodern, als die bloße Erfindung. Und hierüber läßt sich unmöglich alles sagen, was zu sagen ist. Der junge Romanendichter muß das übrige aus Natur und Mustern abstrahiren. Mein Hauptendzweck ist auch nur, auf das Studium dieser beyden zurück zu führen, und kommenden Romanendichtern Gelegenheit zum Selbstdenken zu geben.

Die Frage: Wie muß der Dichter mit diesen einzelnen Materialien verfahren, um ein Ganzes der Art aus ihnen zu machen, als der Roman seyn kann, läßt sich nicht ehe gut beantworten, als bis wir wissen, zu welcher Absicht er überhaupt sein Werk verbindet? Denn, wenn diese Materialien gebraucht werden können, einen Pallast oder eine Hütte daraus zu machen, — wir haben Beyspiele von beyden Arten — so müssen wir wohl zuförderst die Absicht ausmitteln, warum der

Dich-

Dichter aufbauen soll, damit nicht auch eine Hütte statt eines Pallastes daraus werde. Und wenn manches Gebäude nur noch eine ordentliche Hütte wäre. Aber es giebt, ohne Plan, ohne Ebenmaaß hingeworfene Massen und Klumpen, aus denen man oft gar nicht weis, was man machen soll.

Ein vernünftiger Mensch wird sich keine Absicht wählen, als die er, mit seinen, in Händen habenden Materialien und Mitteln erreichen kann. Er wird aber auch, wenn er die Absicht festgesetzt hat, diese Mittel so modeln, so anordnen, daß er diese Absicht gewiß erreicht. Sie wird immer das erste seyn, worauf er denkt.

Alle Dichter haben den allgemeinen Endzweck, durch das Vergnügen zu unterrichten. Dieser Endzweck ist so edel, das Geschäft ist so wichtig, daß ich, auf die Gefahr ein bisgen ausgelacht zu werden, mit Zuversicht und Ueberzeugung sage, daß ich nur dem bürgerlichen Gesetzgeber den Rang vor ihm zugestehe, und nur den Geistlichen, der das ist, was Hagedorns Theophilus ist, — und nur diesen, nicht den ersten besten, — und ferner nur den Mann,

„dessen nächtliche Lampe den ganzen Erdball erleuchtet"
Kleist.

neben ihm zu setzen weis. Und sollte unter den übrigen Rangordnungen nicht auch diese den ersten

Platz einnehmen, sie, deren Glieder sich um die wahre Wohlfahrt des menschlichen Geschlechts verdient machen? —

Aber wenn die Dichter es zugestehen, daß sie alle den Vorsatz haben, durchs Vergnügen zu unterrichten, ist es nicht zu verwundern, daß so wenige nur, ihre in Händen habende Mittel diesem Endzweck, und der Natur dieser Mittel gemäß, zu ordnen wissen? Es scheint, als ob viele sich nicht die Mühe geben, das zu werden, was sie doch so gern seyn möchten.

Es ist vielleicht nicht so ganz leicht, die rechte Anordnung ausfindig zu machen, nach welcher sie aufbauen sollen. Es giebt große Dichter, die die Anordnung eines Werks für eine Kleinigkeit halten. Voltaire [a]) sagt irgendwo (mich dünkt, in der Vor-

a) In eben diesem Voltaire besinne ich mich, gelesen zu haben, daß eiue Zeit gewesen, wo man von dem Dichter nicht gefodert, daß er ein Philosoph seyn dürfe; jetzt aber, iu diesem Jahrhundert, sey diese Foderung allgemein. — Von dem Dichter nicht Philosophie gefodert? — Sicherlich sind die Dichter schon lange Philosophen gewesen, wenn man es auch nicht von ihnen gefodert hat. Das Sprüchelchen aus dem Horaz über den Homer ist doch so unbekannt nicht. Und was bedarfs dieser Stelle. Homer, — und auch Horaz sind beyde noch zu haben. Freylich aber sind beyde etwas mehr, als Versifikateurs. Diese bedürfen nun wohl der Philosophie nicht. Doch wer weis, was der alte Mann unter Philosophie versteht? Ich hätte längst viel

Vorrede zur Mariamne) daß nichts leichter sey, als einen Plan zu ordnen; aber ich finde in seinen Wer-

viel darum gegeben, wenn ich das hätte erfahren können. — Freylich bedarf der Dichter nicht der Lehre von Entitäten und Quidditäten, oder der Philosophie, die for ev'ry why had a wherefore, und die so weit geht as words and terms cou'd go (um mich mit dem Sänger des Hudibras auszudrücken) aber der Philosophie des Menschen bedarf der Dichter gewiß, der Philosophie, die uns lehrt quidquid sumus et quidnam victuri gignimur? Und dies ist doch wohl die ächte Philosophie, um welcher willen der größte Theil von dem, was Philosophie heißt, erfunden worden ist? Leider aber, — und so oft dies auch gesagt worden ist, so nöthig ist doch noch immer die Wiederholung — verwechseln wir noch immer die Mittel mit dem Endzweck; — gehen immer und kommen nie an; machen immer Gerüste und denken nicht an das Gebäude! — Diese ächte Philosophie zu wissen, soll der Dichter, und kann er nie genug, die ächten Philosophen studiren. Schon Horaz empfohl dies:

Scribendi recte, sapere est principium et fons;
Rem tibi *Socraticae* poterunt ostendere *chartae.*

Und nie kann er genug über den Menschen und seine Bestimmung nachdenken. Freylich braucht er eben nicht bey dem H. Doktor ** ein philosophisches Kollegium gehört zu haben. Von diesem sowohl, als von dem vorgedachten Spinngewebe muß er seinen Kopf leer erhalten. Aber zu jenen ächten Philosophen zähle er auch — ich bitte die Herrn von der Fakultät, nicht zu lachen — die Homere, Shakespeare, Wielande und Lessinge; die Mendelssohne, Home, Sulzer, u. a. m. (wozu auch noch H. Garve gehört) und nur wann er diese fleißig studirt hat, dann wird er Anspruch auf den Titel des Dichters machen können; — es sey dann, daß er, ein neuer Shakespear, fertig aus den Hän-

Werken nicht, daß diese Kunst eben sehr allgemein seyn müsse. Es giebt andre Kunstrichter, die die Anordnung eines Werks von irgend einem Umfang fürs wichtigste erklären. Zu diesen gehört Aristoteles, und einige andre ehrliche Leute mehr.

Die Vorschrift, durchs Vergnügen zu unterrichten, ist unstreitig zu allgemein abgefaßt, als daß sie nicht einer nähern Bestimmung nöthig hätte. Ich glaube sie, mit Recht, so umschreiben zu können. Der Dichter soll in seinen Lesern, auf die Art, wie er es durch seine Mittel vorzüglich kann, Vorstellungen und Empfindungen erzeugen, die die Vervollkommung des Menschen, und seine Bestimmung befördern können. Vorstellungen, die uns angenehm beschäftigen, indem sie uns denken lehren; und Empfindungen, die zugleich lehrreich sind, indem sie uns vergnügen, das ist solche, wie wir sie nach Anlage unsrer Natur und vermöge unsrer Bestimmung haben müssen. — Eben so wie die Werke der Natur geordnet

Händen der Natur gekommen ist. Ohne die Philosophie des Menschen, kommt mir der Dichter, um Hrn. Lessing einen Ausdruck abzuborgen, wie ein Wagehals vom Schneider vor, der einem Fremden, ohne ein Maaß dazu zu nehmen, einen Rock machen will. Das werden dann auch Kleider darnach; gerade nach der neuesten französischen Mode! —— Diese Note ist bloß für zukünftige Romanendichter geschrieben.

ordnet sind, die, indem sie uns Vergnügen gewähren, zu gleicher Zeit Keime zum Denken enthalten: eben so wird der Dichter sein Werk ordnen. Das sanfte Grün, so gebildet, weil es nach Maaßgabe unsers Auges so gebildet seyn muß, wenn es uns vergnügen soll, kleidet den größten Theil der Schöpfung ein, der unsre denkende Kraft auf die angenehmste Art beschäftigt. —

Ich glaube nicht, daß der Dichter auf eine andre Art füglich Lehrer seyn könne, als indem er unsre denkende Kraft und Empfindungsvermögen durch die Kunst in der Anordnung und Ausbildung seines Werks beschäftigt. Er muß sich nicht geradeswegs zum Lehrer aufwerfen; noch weniger müssen es seine Personen. Wir selbst, ohne sein Vordociren, müssen an ihm lernen können; und wir werden desto sicherer und beßrer lernen, wenn wir Gelegenheit gehabt haben, durch sein Werk unsre eignen Lehrmeister zu werden. Menschen mit ihren Tugenden und Schwachheiten; Begebenheiten, wie sie hieraus erfolgen konnen und müssen — können unmöglich auftreten, und geradeswegs Vorlesungen über die Moral, in diesem Falle, halten. Sie würden ihrer Natur ungetreu. Vom gemeinen Wesen nicht dazu gedungen, schwatzt ächte Tugend nicht gern sehr viel; und das Moralisiren des Lasters und der Thorheit möchte nicht

recht

recht viel nützen. Bey ihren Thaten würde man sehr geschwinde ihre Worte vergessen; oder, wenn der Dichter diese Thaten bloß einer Lehre wegen geschehen läßt, die Lehre selbst. Und wenn nun moralisirt werden soll und muß: so kann sehr leicht die andre Bedingung, unter welcher wir das Werk des Dichters nur sehen wollen, nicht erfüllt werden; Es kann uns Langeweile machen, an statt daß es uns vergnügen soll.

Wie muß also der Romanendichter seine Begebenheiten und Charaktere ordnen, daß er in den Lesern solche Vorstellungen und Empfindungen errege, wie wir sie, als vernünftige Menschen zu allererst haben sollten? Er hat, wie wir gesehn haben, alles, was ein Mensch seyn und thun kann, zu seinem Gebot. Jeder Roman ist eine Masse von Begebenheiten und Personen. In einem solchen Werk kann entweder eine Person oder eine Begebenheit das Hauptwerk seyn. Das Ende nämlich, der Ausgang eines Werks kann die Vollendung einer Begebenheit, so daß wir uns dabey beruhigen können, oder die Vollendung eines Charakters seyn, so daß dieser im Lauf des Werks entstandene und ausgebildete Charakter jetzt so weit ist, als er der Absicht des Dichters zufolge seyn soll, und wir nun nichts mehr wissen dürfen, um uns zu befriedigen. Wer sieht nicht, daß im im erstern Fall die Begebenheit in so fern das wichtigste ist, daß uns nämlich, ohne ihre Vollendung etwas fehlen würde, das das bloße Daseyn der Personen nicht ersetzen könnte. Die Personen sind in diesem Fall gleichsam vom Dichter verbunden, damit die Begebenheit erfolgen könne. Es ist hier noch nicht Zeit zu sagen, in wie fern dies Recht oder Unrecht sey; die Gattung selbst will ich nur charakterisiren. Die Wahl und Anordnung der Begebenheiten ist hier der Hauptzweck des Dichters. Ohne diese Anordnung kann das Resultat, das ist, diejenige Begebenheit nicht wirklich werden, die der Zweck des Romans ist. Hieraus folgt natürlich, daß der Charakter nur in so fern in Betrachtung alsdenn kommen kann, als der vorgesetzte Zweck des Dichters am besten sich mit ihm verträgt. Es brauchte eben nicht gerade eine Clarisse zu seyn — (damit ich doch ein Beyspiel anführe, und eins aus einem Romane anführe); — es konnte auch ein anderes liebenswürdiges Mädchen seyn, die durch den Loveleß verführt und unglücklich gemacht wurde; bey der eben so, wie jetzt die unglückliche Begebenheit, das Ende des Werks, der Zweck des Dichters erreicht wäre. — Im zweyten Falle ist uns die letzte Begebenheit von so weniger Wichtigkeit, daß wir den Agathon eben auch an einem andern Ort, als in Tarent ohne Anstoß denken könnten. Nur wenn das ganze Seyn dieses Agathon, seine Art zu denken, und zu handeln, anders wäre, als sie es jetzt ist: so würden wir unbefriedigt seyn. In diesem Fall sind nun die Begebenheiten bloß der Personen wegen da. —

Kommen diese beyde Einrichtungen dem Roman zu? Wenn wir uns bloß an Beyspielen halten wollen: so ist kein Zweifel. Alle Romane bis auf den Agathon und Musarion [b]) — wenn ich diese hieher zählen darf — sind von der erstern; die beyden letztern von der andern Gattung. Aber Beyspiele können nicht immer entscheiden. Die Frage wird sich vielleicht nicht ehe gut auflösen lassen, bis wir nicht gesehn, wie der Dichter seine einzelne Materialien, ihrer Natur und seinem Zweck gemäß behandeln, und wie er aus ihnen ein Ganzes formen müsse, wenn er seinen, ihm festgesetzten Endzweck, nach Maaßgabe seiner Materialien erreichen wolle.

Man erlaube mir, daß ich jeden einzeln Theil eines Romans, jeden kleinern Vorfall abgesondert von all' den übrigen, und hauptsächlich in Rücksicht auf

b) Die Ausbildung des Phanias, die Umschmelzung seiner erstern Denkungsart in eine weisere und bessere, ist wohl der Hauptendzweck dieses Werks, der so vortreflich durch die gewählten Mittel erreicht worden ist.

auf sein Entstehen und Wirklichwerden, zuerst betrachte. Darauf werd' ich die Verbindung dieser einzelnen Theile, in so fern dies ein Ganzes ausmacht, vornehmen; und mit dem Innhalt der einzelnen Theile schließen.

2.

Der Romanendichter zeigt uns in seinem Werke wenigstens die möglichen Menschen der wirklichen Welt. Was sehen wir an diesen, oder vielmehr, was müssen wir an diesen sehen, wenn wir ihr Seyn, ihr Handeln, der Wahrheit nach, betrachten wollen?

Wenn das bloße Sehn genug ist: so stoßen wir zuerst auf Figur, Schönheit, Anstand, Würde im Betragen. — Aber all' diese Dinge zeigen uns so wenig die Wahrheit im Menschen, daß man nur da noch vielleicht ein Aufsehn durch sie allein erregen kann, wo man, zum Vorwande und zur Entschuldigung sehr ehrbarer Absichten, unglücklicherweise aus der Dacierschen Uebersetzung des Plato so viel weis, daß Sokrates mit einem schönen Körper eine schöne Seele nothwendig vergesellschaftet glaubte. Die schönste anständigste Figur, die zu dem Phedrischen: O quanta species — cerebrum non habet! Anlaß giebt, wird vom Pöbel nur begafft. Und das muß doch nicht von denen Menschen gelten, mit welchen wir uns die Mühe geben sollen, Bekanntschaft zu suchen?

Das zweyte, das wir am Menschen sehn, sind Ehre, Würden, Reichthümer. Wenn dies das wäre, was wir betrachten müßten, wenn wir das Seyn eines Menschen der Wahrheit nach sehen wollten: so würde der kluge Mann öfter den Hut vor dem Fürsten und seinem Generalpächter abziehen, damit er in ihre Gesellschaft käme.

Ich sage nicht, daß in all' diesen vortreflichen Dingen gar nichts zu sehen wäre, wenn wir den Menschen, der Wahrheit nach, betrachten wollen. Aber dann erscheint alles das, was wir betrachtet haben, bloß als Ursache einer Wirkung, bloß in **Beziehung** auf den **wirklichen** Menschen; es wird uns bloß als Mittel, nicht als Absicht oder Endzweck gezeigt. Wir sehen die Schönheit bloß, in so fern sie auf den Conti oder den Prinzen wirkt; Würde bloß, weil sie den abscheulichen **Marchese** zu einem feinen **Kammerherrn** macht; Reichthümer bloß, daß sie dem guten Timon (im Shakespear) viel Freunde erwerben, — die keine Freunde sind.

Der Dichter, der das Ansehn hat, als wolle er uns von seinen Personen bloß diese Sachen zeigen, oder sie nur für die wichtigsten ausgeben, treibt

gewiß

gewiß verschiedene seiner Leser — vielleicht diejenigen, die ihm die liebsten seyn sollten — ehe zu ihrem häßlichen und armen Esop, oder zum bucklichten Scarron mit seinem durchgestoßenen Pourpoint noir, als daß sie lange in dieser Gesellschaft ausdauern.

Und was werden sie in jener Gesellschaft suchen? Sie werden die Menschen darinn empfinden und handeln sehen wollen. Das bloße **Hörensagen** wird sie natürlich weniger vergnügen können, als wenn sie jeden Einfall, jeden Spott, jede Satyre selber sagen hören. Und sie werden durch andre nie das erfahren, was sie **sehen** können. —

Der Dichter muß uns also, wenn wir vom Menschen etwas **sehen** sollen, so ganz in die Gesellschaft seiner Personen bringen, daß wir seine Personen mit ihrem **ganzen** Seyn vor uns haben.

Wenn wir das von den Menschen sehen wollen, was wir, um sie in der Wahrheit zu sehen, betrachten müssen: so ists natürlich, daß wir uns an ihren Aeußerungen, an ihren Unternehmungen zu halten haben. Aber das bloße Erzehlen: „es trug sich zu! es geschah!“ giebt uns nichts, als die Oberfläche, das Aeußere der geschehenen Dinge zu sehen. Und heißt dies den Menschen, der Wahrheit nach, sehen? sehen, **was** und **wie** er ist?

Im wirklichen Leben ist die bloße Erzehlung der sich zugetragenen Sachen so sehr selten genug, daß wir all' Augenblick einmal die Frage: „Wie ist das möglich? „Wie hat sich das zutragen können?“ hören, und selber thun. So gar, wenn wir Augenzeugen eines Vorfalls sind, worinn ein bekannter Mann nur nicht nach unsrer Einbildung verfährt: so ist diese Frage auf unsrer Zunge.

Die bloßen äußern Umstände eines Menschen sind es nie, die ihn vermögen, eine Sache zu thun. Wenn dies möglich wäre: so müßten Agathon und Danae in Marmor gehauen, sich eben so herzlich lieben können, als die Personen selbst. Wer sieht nicht, daß so zu sagen ein Medium ist, durch das die Person, oder die Begebenheit, hindurch gehen müsse, um irgend eine Wirkung auf eine andre zu machen. Dies Medium ist das Herz, die ganze Geists- und Gemüthsverfassung der Person, auf welche gewirkt wird. Der Ausdruck, den wir im wirklichen Leben bisweilen von einigen Menschen gebrauchen, daß sie Maschienenmäßig handeln, das heißt, daß es keiner Einwirkung auf ihre Geists- und Gemüthsverfassung bedarf, um sie zu einer That zu bewegen, sagt so wenig Rühmliches, daß wir ehe diese Personen für Maschienen erklären möchten. Und der Mensch soll nie Maschiene seyn; auch nicht Maschiene des Dichters.

Jede

Jede wirklich werdende Begebenheit hat ein doppeltes Verhältniß; einmal ist sie Wirkung vorhergegangener, — und dann ist sie Ursache folgender Begebenheiten. Wenn es heißt, daß wir durch einen andern, oder durch diese und jene Sache bewogen worden sind, dies oder jenes zu thun, mit einem Wort, wenn sich eine Aeußerung zeigt, wer sieht nicht, daß dies eigentlich heißt, wir sind in die Gemüthsfassung gesetzt worden, dies oder jenes zu thun.

Bey den, auf uns wirkenden Ursachen, vermöge deren ein gewisser Gemüthszustand so und auf diese Art erfolgt, kommt es nicht allein auf die, auf uns wirkende Ursache an, sondern auch auf den damaligen Zustand unsrer Gemüthsfassung, und auf tausend Kleinigkeiten mehr, die alle zusammen kommen müssen, wenn eine gewisse Wirkung erfolgen soll. Die ganze vereinte und in einander geflossene Summe unsrer Ideen und Empfindungen; — der Zustand unsers Körpers, Krankheit oder Gesundheit, Gesellschaft und Wetter und viele namenlose, dem Ansehn nach sehr unbedeutende Dinge können diesen Gemüthszustand mehr oder weniger günstig gestimmt haben, so daß der Ton erfolgt oder nicht. Unser Körper hat nur zu viel Einfluß auf den Zustand unsrer geistigen Empfindungen. In einem der Trauerspiele aus Shakespears Werken, das unsre Landsleute noch nicht deutsch besitzen, verspricht sich Menenius einen günstigern Erfolg seiner Gesandschaft an den Coriolan, wenn er sie Nachmittags unternimmt c). Nur an der Tafel, an der Tafel, an welcher Musarion presidirte, und Chloe aufwartete, nur vermöge des Beystands jenes Korbs, den Chloe herbey brachte, und vieler kleinern Umstände mehr, die wir alle bey dem Dichter finden, konnte die Wirkung erfolgen, wodurch Phanias zum glücklichen und wahrhaft weisen Manne wurde.

Wenn eben diese Begebenheit Ursach folgender Begebenheiten wird: so finden eben die vorigen Ver-

c) Wenn die Sache vielleicht nicht von Römern gilt, so gilt sie doch gewiß von vielen Menschen. Hier ist die Stelle:

He (Coriolanus) was not taken well, he had not din'd. —
The veins unfill'd, our blood is cold, and then
We powl upon the morning, are unapt
To give or to forgive; but when we 've stuff'd
The pipes, and the conveyances of blood
With wine and feeding, we have suppler souls
Than in our priest-like fasts; therefore I'll watch him
'Till he be dieted to my request,
And then I'll set upon him.

und Brutus (ein Tribun) antwortet ihm:

You Know the very road into his kindness —

Als Menenius ins Lager kommt, sagt er der Wache:

Has he (Coriolanus) din'd, canst thou tell? for I would not speak with him till after dinner.

Verhältnisse statt. Sie wirket alsdenn auf den Gemüthszustand der Person, damit die Begebenheit erfolgen könne, die eigentlich eine Wirkung davon ist.

So verhält es sich im wirklichen Leben. Das Innre und das Aeußere des Menschen hängt so genau zusammen, daß wir schlechterdings jenes kennen müssen, wenn wir uns die Erscheinungen in diesem, und die ganzen Aeußerungen des Menschen erklären und begreiflich machen wollen. Wenn wir in der wirklichen Welt nicht jedesmal alle die Ursachen, die eine Begebenheit vielmehr so, als anders hervorbringen, begreifen und beobachten können: so geschieht dies, weil die Summe der wirkenden Ursachen zu sehr groß und mannichfaltig; das Ganze zu sehr in einander geflochten ist, als daß wir sie darinn zu entdecken vermögen. Oft wollen wir auch nicht die Aufklärung der Begebenheit haben, — weil gewöhnliche Begebenheiten selten dieser Entwickelung des ganzen Gemüthszustandes einer Person bedürfen, um bloß geglaubt zu werden; — weil wir gewöhnlich nicht Unterricht in den Begebenheiten der Welt suchen; — und weil oft Erzehler und Zuhörer die geistigen Bewegungen nicht zu beobachten, anzugeben und zu begreifen wissen; oder zu Maschienenmäßig zu denken gewohnt sind, als daß sie nur einmal an das

Daseyn derselben gedenken könnten. Wenn daher, bey einer irgend unwahrscheinlichen Begebenheit ein: „Wie ist das möglich?“ erfolgt: so wird dies gewöhnlich durch Betheurungen, durch Zeugenanführung u. s. w. befriedigt.

Ich bin oft sehr geneigt gewesen, manchen Romanendichter um ein dergleichen Zeugenverhör zu bitten. Denn das, was wir in manchem lesen, bedürfte gewiß noch mehr Creditive, als die seltensten Begebenheiten der wirklichen Welt. Und bey diesen läßt doch der gewissenhafte Geschichtschreiber oft die Dokumente hinzudrucken, um seine Leser nicht zum Kopfschütteln zu bringen. —

Wenn die Absicht des Dichters zuförderst und vor allen Dingen ist und seyn soll, uns an seinen Menschen, an seinen Personen das zu zeigen, was wir, der Wahrheit nach, am Menschen sehen können: so darf er diese äußere und innre Verbindung der wirkenden Ursach irgend einer Begebenheit, die er durch eine Person ausführen läßt, schon deßwegen nicht vernachläßigen, weil wir bey dieser Vernachläßigung nie das sehen würden, was wir bey ihm sehen sollen.

Der Dichter, wenn er sich nicht entehren will, kann den Vorwand nicht haben, daß er das Innre seiner Personen nicht kenne. Er ist ihr Schöpfer: sie haben ihre ganzen Eigenschaften, ihr ganzes

Seyn

Seyn von ihm erhalten; sie leben in einer Welt, die er geordnet hat.

Mit dieser Voraussetzung werden wir nun, bey dem Wirklichwerden irgend einer Begebenheit, das ganze innre Seyn der handelnden Personen, mit all' den sie in Bewegung setzenden Ursachen in dem Werk des Dichters sehen müssen, wenn der Dichter sich nicht in den bloßen Erzehler verwandeln soll. Ich habe ein Beyspiel aus Musarion angeführt, in welchem man sehen kann, wie sorgfältig der große Dichter dieses Werks uns das Innre seiner ganzen Personen aufzudecken gewußt hat. Wir sehn nämlich das Wie des Vorfalls, der den Theophron zum γνωθι σεαυτον, der den Cleanth in seinen Stall bringt, und den Phanias zum Glücklichsten aller Menschen macht, so umständlich, daß wir diese Personen jetzt mit aller der Wahrheit erkennen, mit welcher der Dichter sie uns zeigen will und muß. Dies Innre der Personen sehen wir an den Wirkungen, die auf den einen Chloe, auf den andern der Korb, auf den dritten Musarion macht. Der Dichter zeigt uns diese Wirkungen an all' den Aeußerungen dieser verschiedenen Personen bey den verschiedenen Gegenständen; und wir sehn diese Aeußerungen so ganz eigenthümlich erfolgen, daß nach dem, diesen Personen gegebenem Charakter nur gerade dies, und nichts anders erfolgen konnte. Sie stehen in der genauesten Verbindung als Wirkung und Ursache mit einander. Man erlaube mir diese allgemeine Zergliederung in einen einzeln Fall zu verwandeln. Cleanth muß uns sein System geben, und muß es auf eine übertriebene ekelhafte Art geben, wenn Phanias von seinen unglücklichen Einbildungen zurück kommen soll. Die Sachen stehen in so genauer Verbindung, daß die eine unmöglich ohne die andre wirklich werden kann. Nun wird selbst auch ein Cleanth nicht, — und er kann nicht ohne Veranlassungen sein System auskramen. Diese Veranlassungen, diese Bewegungsgründe müssen zuvor sein Innres in Bewegung setzen, wenn jene Wirkung erfolgen soll, und müssen also so beschaffen seyn, daß sie ihn in Bewegung setzen können. Und dies Innre werden wir dadurch als bewegt erkennen, und anschauend so vor uns sehen, wenn diese Veranlassungen, diese Bewegungsgründe allein den Cleanth bewegen, sein System auszukramen; und an den Sachen selbst, die ihn bewegen, werden wir entdecken, was der vor ein Mann ist, der sich gerade durch diese, und keine andre, auf diese und auf keine andre Art, in Bewegung setzen läßt. Der Dichter hat hier die Sachen so glücklich gewählt, daß ein Theil derselben uns gerade das am Cleanth sehen läßt, was wir an ihm sehen sollen,

und

und ohne welches uns die ganze Wirkung, die das Auskramen seines Systems auf den Phanias macht, wenn nicht unglaublich, doch nicht so anschauend, so überzeugend seyn würde, als es jetzt ist. Der Dichter führt uns die verschiedenen Stufen eine nach der andern herauf; nirgends ist Sprung, nirgends ist Lücke. —

Diese, den Cleanth in Bewegung setzende Dinge, die, indem sie uns sein Innres aufklären und zeigen, zugleich die Wirkungen dieses Innern uns so anschauend darlegen, sind:

Der Augenblick, worinn Musarion
Ihn überfiel, ihr Blick, der schalkhaftsanfte Ton
Der Ironie, und (was noch zehnmal schlimmer
Als alles andre war) ihr ungewohnter Schimmer,
Die sanfte Majestät der Liebesköniginn,

Dies alles nun

Bestürmt auf einmal für die Ehre
Der Apathie zu stark, den überraschten Sinn, —

und bewegte den Cleanth zu einer großen Dummheit. Ein Stoiker, über den nichts Aeußers Macht haben soll, und, seiner Versicherung nach, hat, und den eben dies Aeußere so ganz aus der Fassung bringt, daß er seine sehr unweise Aufführung eingesteht, die hier kein Mensch wissen will, — bezeugt die ganze Macht, die dies Aeußre auf ihn wirklich hat, und entdeckt uns sehr deutlich dadurch sein ganzes Inne-

Inneres d). Dieser Zug allein, wenn wir ihn nicht auch schon in der Stellung gefunden und gesehen hatten, „die der Philosophie nicht gar zu rühmlich war," würde den Cleanth von der Seite charakterisiren, von welcher ihn Phanias sehen mußte, um den Mann kennen zu lernen, und wir mit ihm.

Was Cleanth sagt, und was Phanias dabey leidet, erweckt jenen:

— Blick voll junger Amoretten
Und Grazien, der stracks an unsichtbare Ketten
Cleantheus Tollheit legt —

Und noch geschmeidiger wird dieser unbiegsame Stoiker, wenn er hört;

Glückseel'ger Phanias! der Freunde sich erkohren,
Von denen schon der Anblick weiser macht.

Der Dichter erklärt ganz vortreflich die Ursach dieser Geschmeidigkeit; und so geschmeidig mußte Cleanth seyn, das ist mit andern Worten, so sehr mußte er sich wohlgefallen, so sehr mußte sein Inneres

d) Wenn also der Kontrast, der sich zwischen dem Charakter des Philosophen, und seiner äußern Situation befand, vorzüglich dazu beytrug, das Innre desselben zu entwickeln: so würde auch der Romanendichter diesen, vom Diderot dem dramatischen Dichter so sehr empfohlenen Kunstgriff vorzüglich gut nützen können. Man sehe hierüber seine dramatischen Werke (Ed. de Berlin) T. 2. 224. —

neres in Bewegung seyn, wenn ihn der Eifer für sein System so weit führen sollte, daß Phanias die ganzen Lächerlichkeiten seines Lehrmeisters sehen konnte. Musarions Daseyn, Musarions Gestalt, jeder ihrer Blicke, jedes ihrer Worte mußte einen Stoiker, wie Cleanth zu jenen Uebertreibungen bringen, indem diese Dinge vorher seine Eitelkeit, seine Prahlsucht, — mit einem Wort sein Innres in Bewegung setzten. Und alles, was wir von Musarion hören und sehen, war nothwendig, wenn die Wirkung erfolgen sollte; so, daß wenn man den geringsten dieser Umstände wegnehmen und abändern wollte, diese Wirkung nicht so erfolgen könnte, wie sie erfolgt. —

Der Eifer, mit welchem Theophron seine Lehren behauptet, den Beyfall, den ihnen Musarion zu geben scheint, (wozu auch der kleine Umstand gehöret, bey dem so gar Cleanth sein volles Glaß vergaß) haben diesen Cleanth in keine kleine Bewegung gesetzt, die, indem sie uns den Cleanth immer genauer kennen lehrt, den Stoiker nicht eben von der besten Seite charakterisirt, — und diese Bewegung will eben in eine Widerlegung des Theophron ausbrechen,

Als ihn ein Umstand unterbricht
Auf den der weise Mann sich nicht gefaßt gehalten.

Chloe

Chloe mit ihrem Korbe, und die Düfte,

— die aus diesem Korbe steigen,
— die Cleanth mit Mund und Nase in sich schlürft,

Theophrons Feuer, das diesen Cleanth auf sein gefrornes Blut nur desto stolzer, und daher desto entscheidender, zuversichtlicher in seinen Meynungen macht, — das oft gefüllte Glaß, ersetzen die Bewegung, die vorhin unterbrochen war; und als Phanias der Wirkung dieser Bewegung sich widersetzen will, so

— reizet dies noch mehr des Weisen Galle,
Im Eifer schenkt er sich nur desto öfter ein,
Glaubt, daß er Wasser trinkt, nicht Wein,
Und demonstrirt den Aristipp und alle,
Die seiner Gattung sind, in Circens Stall hinein.
Sein Eifer für den Lieblingssatz der Halle,
Durch jeden Widerspruch und jedes Glaß vermehrt,
Hat von sechs Flaschen schon die dritte ausgeleert,
Als der Planetentanz, womit der Geisterseher
Die Damen zum Beschluß ergötzt,
Ihn vollends ganz in Flammen setzt. u. s. w.

Ich habe in des Dichters eigenen Worten alle die übrigen Umstände angeführt, wodurch das Wie der ganzen Umformung des Phanias, in Rücksicht auf seine Achtung für diesen Philosophen, begreiflich wird. Ists nun ein Wunder, wenn Cleanth die Wirkung hervorbringt, die ihn der Dichter hervorbringen läßt? Man erzehle die Sache: Phanias

hat

hat den Cleanth aus dem Hause gejagt, weil er sich vollgetrunken, und in der Trunkenheit die ganze Ueberspannung seines Systems und den Mißlaut zwischen seinen Worten und zwischen seinen Thaten gezeigt hat, — man erzehle die Sache auf diese Art (und auf diese Art erzehlen die mehrsten Romanendichter ihre Begebenheiten, das ist ohn' alle Verbindung der äußern Wirkung mit den innern Ursachen) — was werden wir an dieser ganzen Erzehlung hören, das uns hierinn eigentlich das von Phanias und vom Cleanth zeigte, was wir, der Wahrheit nach, vom Menschen sehen wollen? Cleanth könnte auf vielerley Weise zu seiner Trunkenheit gekommen seyn; wir könnten ihn so gar deßwegen bedauern müssen; Phanias, von der andern Seite, könnte uns ungerecht, wetterwendisch heißen. Jetzt versuche man, ob man von diesen beyden Personen etwas anders denken kann, als was uns der Dichter von ihnen, vermöge der Aufdeckung ihres innern Seyns, denken lassen will? Und dies deckte er uns, wie gedacht, auf, indem er durch Gegenstände Wirkungen auf sie hervorbringen ließ, die sie auf eine oder die andre Art in Bewegung setzten. — Ich muß noch hinzu setzen, daß die vom Dichter festgesetzte Umformung der Ideen des Phanias durch die Wirkung der Musarion auf ihn eben so sehr befördert wurde.

Der

Der ganze Gemüthszustand des Phanias wird, vor unsern Augen, so sichtlich umgeschmolzen, daß, wenn er auch sonst dem Cleanth alles verziehen haben könnte, er es doch jetzt nicht mehr so kann, daß er ihn ferner schätze oder liebe.

So vortreflich sehn wir das **Wie** bey dieser ganzen Sache! So genau zeigt uns der Dichter Ursachen, wie sie das Innre der Person in eine Bewegung setzen, die wieder zur Ursache der folgenden Wirkung wird. Wenn uns Cleanth sein System vordocirte, ohne daß wir alle die Schritte sähen, die vorhergehen müssen, wenn ein Cleanth bewegt werden soll, auf diese Art seine Lehren auszukramen: so würden wir das **Wie** der Begebenheit vermissen; wir würden nicht sagen können, warum er jetzt vielmehr, als zu einer andern Zeit, warum er lieber so, als auf eine andre Art, seine Meynungen auskramete? Wir würden nichts von dem sehen, was einen solchen Stoiker in Bewegung setzen kann, — und also von diesem Stoiker eine sehr kahle, flache Idee haben. —

Wir haben gesehen, daß in dem wirklichen Leben auf diese Art alle Begebenheiten sich zutragen, und daß wir dies **Wie** schlechterdings in dem Dichter sehen müssen, der uns die Menschen, der Wahrheit nach, zeigen will. Freylich mag die Aufsuchung, die Aufklärung dieses **Wie**, die

Ent-

Entwickelung einer Begebenheit auf diese Art, ein schwerer Geschäft seyn, als die bloße Erzehlung derselben. Es erfodert einen aufmerksamen Beobachter der menschlichen Natur, einen tiefen Kenner des menschlichen Herzens. Aber diese Art von Behandlung einer Begebenheit ist es auch, die die Lessinge, Wielande, Fieldinge, Sterne, und einige andre mehr, so sehr über die gewöhnlichen Dichter erhebet. — Sie kann nicht anders erreicht werden, als wenn wir jedesmal die Ursachen, die eine Wirkung hervorbringen sollen, im genauesten Verhältnisse, und anschauend, wie sie diese Wirkung in der That hervorbringen, vor uns sehen. Das übrige hierüber läßt sich in der Folge erst entwickeln. —

Da eine Sache durch nichts so sehr begreiflich gemacht werden kann, als durch ihr Gegentheil: so will ich ein Beyspiel von der entgegengesetzten Art anführen. Ich verlange nicht das, was ich anführe, schlechterdings zu tadeln; ich gebrauche es nur, um meine Meynung in ein desto heller Licht zu setzen. Ich schätze den Mann sehr hoch, aus dessen Werken ich es wähle. Wenn ich es lieber aus seinem Roman, als sonst woher nehme: so geschiehts, weil ich sicher voraus setzen kann, daß die Romanenleser in Deutschland mit ihm mehr bekannt sind, als mit andern deutschen Romanen.

Sophie [c]) kommt auf ihrer Reise in das Haus der Frau van Berg zu Konigsberg. In der Art und Weise, wie dies zugeht, ist eben nichts unwahrscheinliches. Sophie kommt in Königsberg an, — will, auf die bloße Empfehlung der Frau Predigern, von der sie zum Abschiede noch dazu sehr kalt umarmt worden ist, sich nirgends einmiethen, als bey der Frau Debeau; — sie kann die Wohnung dieser Frau von keinem ausfragen; aber sie will doch nur zu ihr, und nicht in irgend einem Wirthshause sonst sich einmiethen, wo ihr Bruder, auf den sie wartet, sie wahrscheinlicherweise ehe erfragen könnte, als bey der Madam Debeau; — sie giebt dem ersten besten jungen Menschen, der sie dahin zu führen verspricht, ihren Arm; — dieser führt sie in einen sehr unanständigen Theil der Stadt; — H. Puff ist ihr gefolgt; nimmt sie dem jungen Menschen eben dort ab; und führt sie, nach

c) Sophiens Reise S. 172 f. 1ster Theil. — Wenn Sophie am Ende eine Prüde, eine sich sehr weise und gelehrt dünkende Prüde seyn sollte, und den Saamen dazu schon im Anfang in sich trüge, so daß sie es nur, durch ihre Begegnisse ganz würde, so hätte der Dichter ihr Zutrauen zu einem Menschen mit einnehmendem Gesicht in einen Zug von kluger Prüderie verwandeln, und dann dies Zutrauen als eine fernere Ursache, wodurch ihre Prüderie, dem gesteckenen Ziel näher käme, gebrauchen können. Dann wäre Verbindung zwischen Ursach und Wirkung.

nach einigen Umschweifen, zu seiner Schwester, der Frau van Berg. Dies ist die Erzehlung dieser Begebenheit. Alle äußere Umstände sind da, wodurch sie wirklich hat werden können; aber ist dies für den dichterischen Leser genug, der den Menschen nach der Wahrheit, das ist, mit der Veränderung seines äußeren Zustandes zugleich alle die innern Zustände desselben kennen will, um genau zu sehen, wie eine Begebenheit erfolgt ist, und warum sie nicht anders hat erfolgen können, als sie der Dichter erfolgen läßt? — Und dies können wir nicht anders sehen als indem wir an dem Betragen der handelnden Person jedesmal die Wirkungen entdecken, die diese äußern Umstände auf ihr Innres gehabt haben. Aber diese innre Verbindung von Wirkung und Ursache, die uns das an der Sophie zeigte, was wir an ihr sehen wollen, finden wir hier gar nicht. Was sehen wir von ihrem innern Seyn, von den Ursachen, die sie bewegen, der Empfehlung der sie kalt umarmenden Frau Predigerinn allein folgen zu wollen? Wie geht dies zu? Sie umarmt die Frau Predigerinn dafür desto wärmer: dies ist vortreflich; dies ist wahr; aber was that nun die Frau Predigerinn, daß Sophie ein unumschränkt Zutrauen in ihre Empfehlung setzt? Wir sehen gar keine Ursache dieser Wirkung, aus dem Innern der Sophie.

Errathen läßt sie sich; aber es kann auf mancherley Art zugehen. — Und errathen wollen wir nicht; wir wollen vom Dichter lernen. Der Dichter, der sich in solchen Fällen auf seine Leser verläßt, setzt solche Leser voraus, die schwerlich Romane lesen; und wenn sie sie lesen, die ihre eigenen Bemerkungen über den Menschen durch seine Bemerkungen bestätigt, aufgeklärt, erweitert haben wollen. Der Nutzen, die Vortheile, die er dem allergrößten Theil seiner Leser durch die Mühe verschafft, jedes Wie in seinem Werk aufzuklären, sind so groß, — sie sind so gewiß die einzigen, wenigstens die wichtigsten, die die Leser erhalten können, daß er beynahe aufhört, für sie Dichter im wahren Verstande zu seyn, wenn er sie ihnen nicht giebt. Wir werden von den Vortheilen der Aufklärung dieses Wie in der Folge reden. —

Ein „wie gieng das zu?“ werd' ich bey dieser Situation noch oft thun. Wie gieng es zu, daß Sophie auf die Unmöglichkeit, die Frau Debeau auszufragen, nicht lieber zu einem andern Mittel ihre Zuflucht nahm, um eine Wohnung zu finden? — Wie gieng es zu, daß sie sich dem ersten besten jungen Menschen anvertraut? anvertraut, da es schon anfängt, dunkel zu werden? „Er hatte ein empfehlend Gesicht,“ wird der Dichter antworten; aber ich sehe die Verbindung dieser Ursache mit ihrer

Wir-

Wirkung nichts weniger, als anschauend; vielmehr ist die unerklärliche Begierde nach Frau Debeau noch das, was sie zu treiben scheint. — Wie geht es zu, daß H. Puff ihr gefolgt ist? „Er war ein ehrlicher Mann, und sie ein hübsches Mägdchen"! — Das ist die Erzehlung der äußern Begebenheit; aber wie geht es zu, daß es nun eben Sophie ist, oder warum ist es eben Sophie, das heißt, welcher Theil ihres Seyns, welcher kleine Zug dieses Individui ist es, der den Puff in Bewegung setzt. Kann es jedes schöne Gesicht: so ist keine Ursache da, warum der Dichter seiner Sophie vielmehr solche, als andre Züge, vielmehr solche, als jene Eigenschaft gegeben hat? so ist keine Ursache da, warum sie lieber Sophie, als Henriette ist? Will der Dichter nicht, soll der Dichter nicht seine Personen individualisiren? Und soll er ihnen nicht vielmehr diese als jene Eigenschaften geben, weil die eine Art von Eigenschaften nothwendig die Mittel sind, warum die Handlungen derselben nicht vielmehr anders als so erfolgen? Cleanth mußte alle die Eigenschaften, die er hat, und nur eben diese Eigenschaften haben, wenn die Handlung so erfolgen sollte, wie sie erfolgt. Waren die abgesonderten Eigenschaften eines Stoikers überhaupt genug, diese Wirkungen andrer auf sie, auf solche Art anzunehmen, wie es hier nöthig ist.

Gewiß nicht; denn Epiktet und Zeno selbst, und Kato und Marc Aurel waren auch Stoiker; wer sieht aber nicht, daß die übrigen Eigenthümlichkeiten dieser Personen sie zu sehr verschiedenen Stoikern machten? Also die abstrahirte Idee von Schönheit ist nicht hinlänglich, uns anschauend zu zeigen, warum eine Wirkung vielmehr so als anders erfolgt ist. Und, damit ich eine Schönheit mit der andern vergleiche, war es gerade jede Schönheit oder Schönheit überhaupt, wie man sie abstrahirt sich denkt, die den Agathon fesseln konnte, und fesseln mußte, wenn wir in ihm den Agathon und nicht — etwan den Theagenes (damit ich unter Griechen bleibe) erkennen sollten? Es mußte die Schönheit der Danae, und nur in dem Anzuge, in dem Anstande seyn, die den Agathon fesselt, wenn wir in diesem Agathon ein einzelnes Individuum erkennen, wenn wir uns bestimmt Rechenschaft von der Verbindung zwischen Wirkung und Ursache geben sollten. Wenn also die Personen vielmehr diese als jene Eigenschaften haben müssen, wofern wir uns bestimmt die Frage beantworten sollen, warum eine Begebenheit vielmehr so, als anders erfolgt? so ist die allgemeine Antwort, „H. Puff folgte Sophien, weil sie schön war," — so viel als gar keine Antwort; denn diese Antwort klärt von dem eigentlichen Wie der Sache gar nichts auf. Mit einer

allge-

allgemeinen Schönheit konnte die Sache so ablaufen; sie konnte auch nicht so ablaufen; Eine bestimmte Verbindung von Wirkung und Ursache kann nicht statt dabey finden. — Im wirklichen Leben verhält sich die Sache gerade so, wie wir sie hier zu haben wünschen. Die verschiedenen Urtheile, die wir von einer und derselben Schönheit hören, beweisen, daß jeder dieser Beurtheiler etwas besonders darinn findet, worinn er sich verliebt hat, oder verlieben kann. Wohl dem Dichter, wie dem Romanendichter, der Zeit und Raum genug hat, die **besondern** Ursachen noch unter den allgemeinen herauszuheben, die eine Wirkung hervorbringen können. —

Wer sieht nicht, daß das, was ich von Sophien sage, auch von H. Puff gilt; von dessen besondern Eigenschaften sich hier keine, als Ursache der Frage: Warum es accurat H. Puff ist, der durch Sophien in Bewegung gesetzt wird? angeben läßt.

Wieland hat uns kein einziges **Wie** in seiner Musarion (so wie auch im Agathon nicht) vorenthalten, aus dem wir sehen können, warum die Sache vielmehr so, als anders erfolgt ist? In Sophiens Reise müßten, in dem angeführten Fall, alle die geschehenen Fragen beantwortet werden, wenn ich Sophiens Seyn kennen lernen, wenn ich in ihr den Menschen nach der Wahrheit sehen sollte. Zwar erlang' ich auch endlich eine, von mir selbst, aus ihrem äußern Betragen abstrahirte Kenntniß ihres innern Seyns; aber dem Dichter hab' ich nichts dabey zu danken, und diese Kenntniß bleibt sehr unbestimmt, sehr unvollständig; und an verschiedenen Stellen kann ich von ihrem innern Seyn gar nichts sehen. Von jedem Menschen, den ich in so mancherley Auftritten beobachte, als Sophien, lern' ich eben so viel; und lern' es gewisser, und bestimmter, und anschauender. In Wielands Musarion lern' ich aus einem Zuge (ich habe einen dergleichen vorher angeführt) den ganzen Stoiker kennen, den Wieland so gut, wie Hermes seine Sophie, mir zugeführt hat, damit ich ihn kennen lernen soll. Wie viel Zeit bedarf der Dichter nicht in dem einen Falle mehr, als in dem andern, zur Erreichung des Endzwecks, den er gehabt hat! Wie viel Zeit bedürfen die Leser, um die Personen kennen zu lernen, in dem wahren Sinn, den das Wort hat; und wie viel lernen dies in dem einen gar nicht, und können es nicht lernen; an statt, daß es bey dem andern bloß ihre Schuld, wenn sie nicht begreifen, was vor Ursachen, unter gewissen Umständen, diese oder jene Wirkung hervor bringen. — Man erlaube es mir, diese verschiedne

Arten

Arten der Behandlung hier durch kurze Vergleichungen kenntlicher zu machen.

In der Musarion sind die handelnden Personen wahre Menschen; ich erkenne, daß sie es sind; ich sehe in ihnen das, was ich im wirklichen Leben betrachte, und wozu ich die Anlage in mir selbst fühle. Der Dichter, dessen erste Pflicht es ist, mich mit den Personen bekannt zu machen, die er mir zeigt — denn warum zeigte er sie mir sonst? — das heißt, sie zu individualisiren, erreicht hiedurch allein seinen Zweck; — erreicht ihn dadurch, wenn er mich sehen läßt, warum sie so handeln, wie sie handeln. — In der andern Art von Behandlung seh' ich Gestalten, Figuren, die das Ansehn von Menschen haben, deren innre Vorstellungen aber von den äußern Dingen wohl einen ganz andern Gang halten könnten, als bey uns, ob gleich die Personen so erscheinen, wie Menschen. Der Eindruck, den äußere Dinge auf ihr innres Seyn machen, kann sehr füglich ganz anders seyn, als er es auf wahre Menschen ist, obgleich die Erscheinungen Aehnlichkeit und Uebereinstimmung mit den übrigen Erscheinungen der Welt haben. Man denke sich einen höhern Geist in menschlicher Gestalt. Sein Aeußeres wird immer Mensch seyn müssen; aber seine Vorstellungen, die Wirkungen der äußern Dinge auf ihn, werden ganz anders beschaffen seyn, als bey wirklichen Menschen. Es würde zu profan in einer Schrift über die Romane klingen, wenn ich das Beyspiel nehmen wollte, das ich nehmen könnte. — Wenn mir der Dichter das Innre seiner Personen aufdeckt, indem er mir an den Wirkungen die bestimmten Ursachen zeigt: so wird er mich vor allem Irrthum bewahren. Und dies ist um so mehr nothwendig und natürlich, da die Personen des Dichters gewöhnlich zarte, weiche Seelen sind, die tiefer gerührt werden, als andre; — da dieser tiefere Eindruck um so ehe Wirkungen hervorbringen muß; — und da der Dichter selbst keine andre, als wichtige Begebenheiten für seine Personen gewählt haben will.

In der ersten Art von Behandlung sehen wir ferner freye Menschen, das heißt Menschen, die durch nichts in Bewegung gesetzt werden, als was Menschen darinn setzen kann. Sie gehn, handeln, bewegen sich in allen Richtungen, die der Menschheit eigen sind. In der andern Art haben die Personen das Ansehn, als ob sie Maschienen des Dichters wären, die vielmehr da, als dort sich hinbewegten, weils der Dichter nun gerade so haben wollte. Warum geschähen nämlich die erfolgenden Dinge lieber so, als anders, da in den Personen selbst keine Ursache ist, warum sie so erfolgen?

In

In dem erstern Falle sehn wir die sich zutragende Begebenheit so erfolgen, wie alles in der Natur erfolgt, **werdend**; in dem letztern hören wir die bloße **Erzehlung** der sich zugetragenen Sache. —

Dies sey hier zur Vergleichung dieser beyden Arten von Behandlung einer Begebenheit genug! Vielleicht geht es über die Kräfte eines menschlichen Geistes, uns immer auf die bestimmteste Art diese Verbindung von Wirkung und Ursache zu zeigen; aber der Romanendichter, der nach der Vollkommenheit strebt, kann kein anderes, als dies Ziel haben. —

Es ist übrigens nicht Tadelsucht, wenn ich einen Dichter, wie den Verfasser von Sophiens Reise, einer solchen strengen Prüfung unterworfen habe. Lessing sagt irgendwo vom Genie, daß es sich gern **beurtheilen** hört, schaal oder gut, es ist ihm eins; und dieser Fall ist gewiß bey meinem Freunde wahr. Er hat es selbst gewünscht, strenge beurtheilt zu werden; und er hat immer noch so viel in seinem Romane geleistet, daß er auch die allerstrengste Beurtheilung nicht zu sehr fürchten darf. Freylich Bitterkeiten verbittet er; aber **strenge Urtheile** sind was ganz anders, als Bitterkeiten. Und einen Mann von Verdienst, den ich oben drein schätze, getrau ich mich ehe strenge zu beurtheilen, als den ersten besten Romanenklecker. — Ich muß noch, zum Ruhme seines Werks, hinzusetzen, daß sich diese genaue Verbindung zwischen Wirkung und Ursache darinn an manchen Stellen zeiget, nur daß sie nicht anschauend genug entwickelt ist, und daß sie an einigen noch ehe sichtbar seyn würde, wenn das Ganze seines Werks nicht mit so sehr vielen, außerwesentlichen Reflektionen und Bemerkungen durchflochten wäre, unter denen der aufmerksamste Leser den Faden dieses Wie verlieret, und der Dichter ihn vielleicht oft selbst, wider seinen Willen, verloren hat. Diese Reflektionen sind es, um es im Vorbeygehn zu sagen, die wir für das, in einem Werke dieser Gattung halten, was Horaz ornamenta ambitiosa nennt. Alles, was nicht zur anschauenden Verbindung des Zusammenhangs innrer und äußrer Ursachen und Wirkungen gehört, alles, was nicht zur Aufklärung des Wie sich die Sachen zugetragen? erforderlich ist, — und hiezu können freylich sehr oft Reflektionen und Bemerkungen nothwendig seyn — ist in einem Roman üppiger Auswuchs, der weggeschnitten zu werden verdient, und es um so mehr verdient, da er den Lesern gewiß nicht den Unterricht gewähret, den er, nach der Absicht des Dichters, geben soll. Das mehrere hierüber gehört an einen andern Ort. —

In

In der äußern Einrichtung der Romane liegt vielleicht ein andrer Grund, warum der anschauende Zusammenhang von Wirkung und Ursache, die innre und äußre Verbindung des Werks, bey der einen Einrichtung ehe erhalten werden kann, als bey der andern? Es dünkt mich nämlich, daß dieser Zusammenhang, mit Wahrscheinlichkeit nicht anschauend erhalten werden kann, wenn die Personen selbst den Roman schreiben, das ist, wenn er in Briefen geschrieben ist. Die Personen sind, den Voraussetzungen des Dichters zu Folge, oft in zu großer Bewegung, als daß sie in sich selbst zurück kehren, Wirkung und Ursach gegen einander abwiegen, und das Wie bey dem Entstehn ihrer Begebenheiten so aufklären könnten, wie wir es sehen wollen. Ich weis, daß eben dieser Ursach wegen, auch die übrigen Reflektionen und Bemerkungen, mit einigen andern Redezierrathen, als Gleichnisse u. d. m. in einem solchen Werke zu viel sind, und am unrechten Orte sich finden, und dennoch oft dort gefunden werden; aber ich habe auch gleich vorher schon sie für üppigen Auswuchs erklärt. — So wie wir aber an jenen Bemerkungen über den Zusammenhang der innern und äußern Bewegungen, an jenen Beobachtungen unsers innern Seyns bey dem Entstehen der Begebenheiten gewinnen, und das erhalten würden, was

wir

wir suchen: eben so haben diese moralischen Reflektionen, wenn wir bloß auf die Personen sehen, die sie machen, mehr Wahrscheinlichkeit für sich, weil wir noch ehe einen Menschen finden, der eine alltägliche Bemerkung, eine moralische Sentenz auskramen kann, als einen, der auch in der ruhigsten Situation in sich selbst sich hineinziehen, sich genau beobachten, und Wirkung und Ursache anschauend und bestimmt gegen einander abwiegen könne, oder wolle. Indessen, die Vortheile und Nachtheile gegen einander abgewogen, die aus der mehr oder mindern Beobachtung der Wahrscheinlichkeit, in den Briefen der Personen entstehen können: so ists gewiß, daß wir, bey Beobachtung der mindern Wahrscheinlichkeit, alleine gewinnen können; und daß wir also weit ehe die Vernachläßigung dieser Wahrscheinlichkeit verzeihen werden, wenn wir nur diese Beobachtungen über das Entstehen der wichtigsten Begebenheiten, diesen Fortgang und Verbindung des innern und äußern Seyns der Personen erhalten, als wenn wir, bey größerer Wahrscheinlichkeit, Dinge finden, die uns nichts nützen, und die wir wieder vergessen. Und wenn sich jene Beobachtungen gar nicht, mit irgend einer Wahrscheinlichkeit, in den Briefromanen erhalten ließen: so dürfte die ganze Erfindung dieser Behandlung wohl nicht das Verdienst haben, das man gewöhnlich

ihr

ihr beylegt. Ein Roman in Briefen wäre dann sicher, ein so dramatisches Ansehn er hat, der schlechtere Roman; und ich weis nicht, ob wir in den wirklichen Beyspielen, die wir davon haben, Widerlegungen dieser Meynung finden; ob wir einen Roman haben, der so viel leistet, als Wielands Agathon? — Es sey aber ferne von mir, dem Genie Gränzen vorzuzeichnen; und es auf die eine Art von Behandlung allein einschränken zu wollen. So wie der dramatische Dichter in seinem Werk diese Verbindung des innern und äußern Seyns seiner Personen, die Reihe von Wirkung und Ursache erhalten, und uns das Wie jeder Empfindung, jeder einzeln Scene zeigen kann; — und Beyspiele hiezu sind, von deutscher Art Minna von Barnhelm, Emilia Galotti, und vielleicht einige andere mehr — ob der Dichter gleich selbst nicht, sondern nur seine Personen sprechen: eben so kann der Romanendichter, in einem Roman in Briefen, vielleicht auch diesen Zusammenhang des innern und äußern Seyns seiner Personen, das eigenthümliche Wie jeder Begebenheit uns zu zeigen wissen; und wenn wir noch nicht Beyspiele davon aufzuweisen haben: so sind sie doch deßwegen noch nicht unmöglich.

Daß diese Verbindung des innern und äußern Seyns der Personen, dieser Fortgang des Aeußern,

wie

wie er aus dem Innern entstehet, nichts außerwesentliches in einem Werke sey; — daß im wirklichen Leben alle Begebenheiten auf diese Art ihr Daseyn erhalten; — daß der Dichter uns diesen Zusammenhang anschauend zeigen müsse, wenn wir ihn mit Gewißheit entdecken sollen: das alles glaub' ich außer Zweifel gesetzt, und die Art und Weise, wie diese Verbindung erhalten werden müsse, durch Beyspiele erläutert zu haben. Die Foderung dieses Zusammenhangs also ist keine Grille; und sie wird es um desto weniger scheinen, wenn wir alle die Vortheile, die solche Behandlung eines Werks gewähret, erst werden untersucht haben.

3.

Wenn wir von einer Sache Vortheil ziehen, oder etwas lernen wollen: so müssen wir nur den Vortheil von ihr ziehen, nur das von ihr lernen, was wir, ihrer Natur nach, von ihr lernen können. Es ist unweise, diese natürlichen Vortheile fahren zu lassen, und an deren statt andre bey eben der Sache zu suchen, die sie nicht so füglich, so natürlich mehr gewähren kann: Vortheile, die im Grunde keine Vortheile mehr sind.

Der Dichter soll durch das Vergnügen unterrichten, er soll in seinen Lesern Empfindungen und

Vor-

Vorstellungen erzeugen, die die Vervollkommung des Menschen und seine Bestimmung befördern können. Was hat der Romanendichter hiezu in Händen? Begebenheiten und Charaktere. Und was liegt eigenthümlich in diesen, wodurch er jenen Endzweck erreichen kann? — **Zuerst vom Vergnügen.**

Wenn es wahr ist, daß wir sehr angenehm bewegt werden, wenn unsre denkende Kraft Beschäftigung in dem Grade hat, der sie in Bewegung setzt, ohne sie zu ermüden, (damit ich einmal mich etwas französisch mit einem Franzosen, dem Bischofe von Pouilly ausdrücke) — wenn es wahr ist, daß es vernünftigen Wesen eigenthümlich ist, nach solchen Vorstellungen zu streben, die in einander gegründet sind, — wenn hierinn der mächtige Reiz liegt, mit welchem die Vollkommenheit alle Geister an sich zieht [f]): so kann es nicht anders seyn, als daß die vorgeschlagene Art von Behandlung uns höchst angenehm; — und zugleich höchst edel, höchst anständig für die Menschheit beschäftigen müsse. In ihr allein findet sich, Vorzugsweise vor der bloßen Erzehlung der Begebenheiten, das in einander gegründete, das aus der richtig abge-

f) Mendelss. Werke 1ster Th. S. 31. 32. N. Aufl.

abgemessenen Verbindung von Wirkung und Ursache entsteht, und das uns so mächtig an sich zieht, und hier desto angenehmer unterhält, weil wir hier so wenig diese Verbindung selbst ausspähen und aufsuchen dürfen, indem der Dichter, der seine Kunst versteht, schon dies Geschäft für uns unternommen hat. Wir dürfen hier nichts als geniessen. — Es würde ein sehr überflüßig Geschäft seyn, hierüber noch mehr zu sagen. Von der Wahrheit und Gewißheit dieses Vergnügens können uns auf doppelte Art die Schriften des Philosophen überführen, den ich in der vorigen Note genannt habe; und Agathon und Musarion, Minna von Barnhelm und Emilia Galotti können als Beyspiele der Lehre des Philosophen, angewandt auf dichterische Behandlungen, dienen. Ich weis zwar, daß wir guten Deutschen noch jetzt nicht — gewohnt sind, dies Vergnügen eben aufzusuchen [g]); — daß wir es vielleicht eben nicht

g) Als Lessings Minna von Barnhelm erschien, hab' ich einen sehr witzigen Mann, der, nach dem Zeugniß aller Welt, mit dem größten Recht, Anspruch auf den allerfeinsten Geschmack machen kann, über dies Meisterstück sprechen, und es bewundern, aber gerade das allein bewundern hören, was ganz zuletzt hätte kommen sollen, — einzele Stellen! Von der so richtigen, übereinstimmenden, zweckmäßigen Zeichnung der Charaktere, von der Entwickelung der Begebenheiten aus diesen Charakteren, von der so

nicht so eifrig wünschen, als wir es sollten; ich weis es, daß wir es nicht genug zu schätzen und zu fühlen wissen, wo wir es finden; aber der Dichter, den der Eifer belebet, das Herz und den Geist seines Volks zu bilden; der Dichter, der nicht bloß die Dichtkunst als ein Spielwerk ansieht, der nicht bloß schreibet, um sich selbst zu gefallen, — der soll sich durch unsre — wie soll ich es nennen? Gleichgültigkeit? Trägheit? Unwissenheit? französischen, an der Oberfläche gesättigten Geschmack? nicht abhalten lassen, uns anständiger, edler zu unterhalten. Er vereinige seine Mühe nur mit der Mühe der erst genannten Dichter; wir werden schon einmal von unserm Leichtsinn zurück kommen müssen, wenn wir nur oft genug Gelegenheit dazu erhalten. Und dann wird er das Verdienst besitzen, zur Umschmelzung unsers Geschmacks das Seinige beygetragen zu haben: ein Verdienst, das, was auch einige so genannte solide Leute sagen mögen, größer ist, als zehn Finanz-Entwürfe gemacht und ausgeführt, und zwanzig Friedens-Congressen beygewohnt zu haben. —

Wenn das Vergnügen außer Zweifel ist, das durch solche Behandlung eines Werks erzeugt

so genauen Verbindung der äußern und innern Geschichte, — kein Wort!

werden kann: so ist es der Unterricht eben so gewiß, den diese Behandlung giebt. Die Wissenschaft, jede Begebenheit in unserm Leben richtig beurtheilen zu können, ist eine so wichtige, eine so nothwendige Wissenschaft, daß der, der sie uns lehren kann, gewiß uns nichts bessers, nichts nützlichers, als dies zu lehren vermag. Eine Begebenheit richtig beurtheilen, heißt festsetzen, in wie fern ein Mensch strafbar oder nicht darinn gehandelt, — in wie fern es in seinen Kräften gestanden, so und nicht anders zu handeln; heißt, alle die Ursachen kennen und sie gegen die hervorgebrachten Wirkungen halten, um hernach einzusehen, auf welche Art und Weise die Begebenheit wirklich geworden ist. Daß wir diese Kunst, wenn die Rede von Handlungen andrer ist, inne haben müssen, wenn wir uns nicht, in der Beurtheilung dieser Handlungen; der Gefahr, höchst ungerecht und unbillig zu seyn, aussetzen sollen, ist wohl keine Frage mehr. Aber, daß den allermehrsten Menschen diese Kunst schlechterdings fehlt, davon kann sich auch jeder überzeugen, der bey dem geringsten, gleichgültigsten Vorfall die Menge urtheilen hört. Ich verstehe nicht etwan unter der Menge, das, was man Pöbel nennt; ich verstehe darunter von hundert tausend Menschen alle — bis auf einen etwan. Doch die Lieblosigkeit, die

Ein-

Einfalt im Urtheil über andre, ist nicht der einzige und der wichtigste Nachtheil, den uns der Mangel dieser Einsicht zuzieht. Wenn wir es einsehen gelernt haben, auf welche Art, und durch welche Mittel eine Begebenheit so erfolgt ist, wie sie erfolgte; — wenn wir das, was gewisse Ursachen unter gewissen Umständen wirken und hervorbringen können, richtig zu beurtheilen, und jede Wirkung gegen ihre Ursache abzuwiegen wissen: so werden wir uns, wenn gewisse Ursachen in uns zutreffen, uns gegen sie in Schutz zu setzen vermögen. Wir werden das Uebel vermeiden können, das daraus hätte erfolgen müssen. Und diejenigen Ursachen, welche gute Wirkungen unter gewissen Umständen hervorbringen, werden wir aufsuchen; wir werden, wenn sie in uns zutreffen, Vortheil von ihnen ziehen, und jeden unsrer Zustände in der Welt zu unserm Nutzen anwenden können. — Wer sieht nicht, daß diese Kunst, Wirkungen und Ursachen gegen einander abmessen zu lernen, durch die bloße Erzehlung einer Begebenheit gar nicht; wohl aber durch die andre Art von Behandlung, und durch sie allein, gelehrt zu werden, möglich ist? — Und ist ein solcher Unterricht nicht der Mühe werth, daß man ihn gebe? — Der Dichter thut sehr viel zur Verbesserung des menschlichen Geschlechts, der durch sein Werk diese Kunst lehret,

 der

der in uns die, von der Natur erhaltene Fähigkeit, andre, und unsre eigne Situationen, jene nach ihren Ursachen, diese nach ihren Folgen, richtig zu beurtheilen, übt. Daß dies nicht durch die simple Erzehlung, oder durch allgemeine Bemerkungen erreicht werden könne, ist außer allem Zweifel. Die Bemerkung, daß es unverzeihlich sey, von einem empfehlenden Gesichte Mißbrauch zu machen, ist sehr gut; aber sie wird gewiß sehr geschwinde vergessen, und um desto ehe vergessen, da wir sie schon so oft gehört haben; aber wenn ich nun eben dies empfehlende Gesicht geradeswegs als die Ursache einer unangenehmen oder traurigen Begebenheit erkenne; wenn ich mir diese Begebenheit gar nicht gedenken kann, ohne geradeswegs auf dies empfehlende Gesicht zu stoßen; wenn ich an all' den Aeußerungen der von ihm betrogenen Person sogleich die Wirkungen erkenne, die solch ein Gesicht macht (denn ohne diese innere Wirkungen kann ein empfehlend Gesicht nicht ein Verführer werden); — wenn ich diesem ganzen Eindruck nachfühle, den er auf die, von ihm betrogene Person gemacht haben muß, um sie zu hintergehen: so werd' ich, so bald ich einen ähnlichen Eindruck fühle, auf meiner Huth seyn. Freylich der, der nicht gewohnt ist, auf seine Eindrücke Acht zu haben, der gar nicht gewohnt ist, zu denken, wird vielleicht auch

diesen

diesen nicht nützen; aber eben der wird sich auch noch zehnmal weniger an die bloße Bemerkung der Sache erinnern. Und da wir weit ehe die gelesenen Begebenheiten, als die gefundenen Reflektionen zurückrufen, weil wir bey jenen einen Faden haben, an den wir uns halten; Gestalten, bey welchen wir uns zurück erinnern und unsre Vorstellungen auffrischen können: so ist weit mehr Wahrscheinlichkeit für den Nutzen, den eine anschauende Verbindung von Wirkung und Ursache hat, aus der wir sehen, wie die Begebenheit aus der in einer Person entstandenen, und durch eine gewisse Person oder Begebenheit gewirkten Empfindung und Vorstellung erfolgt ist; — als für den Nutzen, den die bloße Bemerkung oder Erzehlung der Sache, vergraben und verschüttet unter hundert Auswüchsen haben kann. — Denn nicht bloß auf der Stelle, wo wir der Bemerkung nöthig haben, daß ein empfehlendes Gesicht, wenn man ihm allein sich anvertraut, Schaden anrichten kann, ist diese Erinnerung genug. Da kann der Schade leicht schon geschehen, der Eindruck schon gemacht seyn. Aber vorher, ehe wir noch in den Fall kommen, müssen wir Gelegenheit haben, über diesen Eindruck, über die Wirkung, die diese Ursache hervorbringen kann, nachzudenken; wir müssen Veranlassungen haben, diese und ähnliche Vorstellungen in uns zu üben, damit, auf den Fall, die Bemerkung in uns schon zur Hand sey, deren wir bedürfen. Und diese Gelegenheit nun, diese Veranlassung, über die Ursach einer Wirkung nachzudenken, erhalten wir durch die anschauende Verbindung dieses Eindrucks, mit der Begebenheit, wenn wir uns diese Begebenheit gar nicht gedenken können, ohne daß wir zugleich ihre Ursache sehen müssen. Und bey einer fortgehenden Reihe von Wirkung und Ursache, anschauend vor uns verbunden, können wir eine Begebenheit uns nicht zurück rufen, ohne auf ihre Ursache zu treffen. —

Der bloße Wille, eine That zu vermeiden, eine Sache nicht zu thun, ist ganz und gar nicht hinlänglich, uns vor dieser Sache zu schützen. Mit dem besten Willen, dem besten Vorsatz, dieser Sache aus dem Wege zu gehen, können, durch allerhand Zufälle und Begebenheiten, unsre Vorstellungen und Empfindungen eine solche Richtung erhalten haben, daß sie nun gerade, zu unserm eignen Erstaunen, auf die Sache treffen, die wir vermeiden wollten. Wenn wir also nicht vorher gewohnt worden sind, über das Entstehen der Begebenheiten und Empfindungen, und ihrer Verbindung unter einander, nachzudenken: so werden wir weit ehe, unwissend am Ziele ankommen,

vor

vor dem wir zurückschaudern, als wenn wir zu dieser Uebung Veranlassungen gehabt haben. Clarissa wußte es gewiß, daß, einem Liebhaber sich auf Gnade und Barmherzigkeit überlassen, weit übler ablaufen könne, als in dem Hause des Vaters, auch unterm Druck von Anverwandten zu bleiben. Sie hatte also gewiß den Willen nicht, mit dem Lovelesſ zu entfliehen; aber doch entfloh sie mit ihm. Mägdchens, die in einer eben so kritischen Lage sind, könnten aber, dieses Romans ohngeachtet, mit ihren Liebhabern davon gehen, weil ihnen selbst Richardson nicht Gelegenheit genug giebt, den eigenthümlichen Gemüthszustand Clarissens zu sehen, vermöge welchem die ersten Empfindungen und Vorstellungen in ihr entstanden sind, die sie zuletzt zu diesem Schritte leiteten. Die äußern Begebenheiten, die zu diesem Vorfalle führen, sind sehr genau gegen einander abgemessen; aber das Innre von Clarissen sehn wir nur von einer Seite, von welcher es uns ganz unglaublich bleibt, daß sie solche Schritte, als den geheimen Briefwechsel, u. a. m. habe unternehmen können [h]). Wir werden an ihrem Innern nie

 den

h) Ich begreife es sehr gut, warum vielleicht Richardson uns nicht das Innre seiner Clarisse von der Seite, und überhaupt die genaue Verbindung von äußrer und innrer Ursach und den Eindruck gewahr, den das Aeußere auf dasselbe hätte machen sollen, um die folgende Wirkung her-

und Wirkung hat zeigen, warum nicht vor unsern Augen, den Gemüthszustand hat werden lassen wollen, der uns ihre Aufführung begreiflich hätte machen können. Unser Mitleid sollte auf die höchste und stärkste Art erregt werden; dazu glaubte Richardson ein höchst unschuldiges und höchst unglückliches Frauenzimmer nöthig zu haben. Ein Fehltritt, wie ihn Aristoteles für die leidende Person des Trauerspiels fodert, schien ihm genug zu seyn, den Vorwurf zu vermeiden, als ob er leidende Unschuld aufführe: und die Art, wie dieser Fehltritt im Trauerspiel zum Theil nur erfolgen kann, — zum Theil aber auch, durch die Vernachläßigung der Dichter, erfolgend, gezeigt wird, ward das Muster für den Erfolg von Clarissens Fehltritt. Er geschieht, Clarisse läßt sich mit dem Loveleß in Verständniß ein, und damit ist die Sache gemacht. Er ist ein Versehen in ihrer äußerlichen Aufführung. Wenn nun aber dies Versehen nicht wirklich werden konnte, ohne daß nicht gewisse innre Zustände, Vorstellungen und Empfindungen vorher giengen: so mußten wir diese sehen, und in der Art, wie wir diese, und was wir von ihnen sehen, liegt ein sehr großer Unterschied zwischen Trauerspiel und Roman. In der Tragödie nämlich, auch wenn uns diese vorhergehenden innern Zustände und Empfindungen, die den Fehltritt hervorbringen, gezeigt werden, kann zuerst dieser Fehltritt nicht sowohl als Wirkung, sondern als Ueberraschung der Leidenschaft erfolgen; er kann, so zu sagen, der Person entwischen; — die ganze Einrichtung des Drama läßt dem Dichter nicht Zeit, die Wirkung durch alle Grade vorzubereiten. Auch in dem bessern tragischen Dichter, der uns in dem Charakter seiner Personen all' die Eigenschaften zeigt, von welchen der Fehltritt eine Wirkung ist, haben wir immer noch mehr mit der That, und ihren Folgen zu thun, wir sind in zu großer Bewegung, und was vorgeht, ist zu ernsthaft, zu schrecklich, als

hervorzubringen; und um desto ehe hätte machen sollen, da sie der Dichter höchst empfindsam und zärt-

als daß wir jenen Fehltritt, wie eine entehrende Schwachheit, die uns am Mitleiden verhindere, ansehen, als daß wir die Eigenschaft, woraus er entsteht, als erniedrigend für die Person erkennen könnten. Wer sieht nicht, daß, in diesem so wohl, als in dem vorhergehenden Fall, diese innern Zustände uns gleichsam nur, als Blitze, erscheinen können, von denen der Leser oder Zuschauer immer nur sehr wenig zu sehen vermag? — In dem gewöhnlichen Trauerspiele aber sieht er noch weniger von ihnen. Da erfolgt der Fehltritt — weil er erfolgt. Genug, daß er da ist. Er ist ein bloßer äußerlicher Vorfall, der mit einem Charakter so gut, als mit dem andern bestehen kann; und der oft vollkommen das zu seyn scheint, was z. B. der Einsturz der Decke eines Zimmers ist: ein Ohngefehr, das aber viel Schaden und Unheil anrichten kann. — Dies glaubte nun Richardson auch für den Roman genug; und in ihm wollen wir doch noch mehr, als in dem bessern tragischen Dichter, von jenen innern Zuständen sehen. Er fängt nämlich sein Werk weit von dem Ziele an, wohin er will; er führt uns durch viel Zeit und Raum dahin; er nimmt, weil sein Werk es gestattet, seine Personen gewöhnlich in einem Zustande auf (wie es hier auch der Fall ist) in welchem wir noch nichts von dem, wenigstens sehen, was wirklich werden soll. Aber eben, weil er uns allmählig zu diesem Ziele führt, weil er die Wirkung nicht so schnell erfolgen läßt, als der tragische Dichter, so soll er uns auch mehr von den wirkenden Ursachen zeigen. Dies sind nun jene innern Zustände, zu denen, wenn wir auch die Personen anders auftreten sehen, doch der Saame schon immer in ihnen liegen muß. Und weil wir nun von diesen innern Zuständen, von dem allmähligen Erfolg der Wirkung im Roman mehr sehen müssen, weil wir den Zustand werdend vor uns haben, der im Trauerspiel schon fertig erscheint: so dünkt uns dort die Eigenschaft, der Zug, aus

zärtlich in andern Fällen gebildet hat. Wenn das Mägdchen, das aus ihr lernen will, die ganze Reihe von Wirkungen und Ursachen sähe, die am Ende den Gemüthszustand veranlaßt haben, der sie von einer Seite unbiegsam und stolz, von der andern Seite zu unternehmend und unüberlegt zeigt; mit einem Wort, wenn sie sähe, wie die innre Clarissa, die sich entschließt, mit dem Lovelesſ geheime Unterredungen zu halten, das geworden ist, was sie innerlich seyn muß, und sich hierzu zu entschließen: so würde das Werk noch lehrreicher seyn, als es ist. Wir

aus welchem der Fehltritt erfolgt, mehr bleibend, mehr dauernd als hier. Wir sehen dort nämlich mehr von ihm, mehr von diesem Innern des Menschen; seine Schwachheit, sein Versehen wird uns mehr Zug, mehr Eigenschaft im Charakter; sie muß Einfluß auf alle Folgen haben; — die Eigenschaft ist gemacht; sie kann in der Folge nicht aufgehoben, nicht vernichtet werden; sie verschwindet gleichsam nicht wieder vor uns. —

Und dadurch glaubte nun Richardson vielleicht, daß die Vortreflichkeit von Clarissens Charakter zerstört, und unser Mitleid bis zu dem Grade zu steigen, verhindert werden würde, bis zu welchem er es, in uns, erregen zu müssen glaubte. Er fürchtete vielleicht, daß wir dann nicht mehr Clarissen lieben oder beweinen würden. — Dies wars, was ich oben sagen wollte, als ich die Ursachen zu begreifen vorgab, warum Richardson vielmehr auf die eine, als auf die andre Art bey Abfassung seines Romans zu Werke gegangen. —

Ob er Recht oder Unrecht darinn gehabt, überlaß ich andrer Entscheidung.

Wir sehen jetzt nichts, als die unglückliche Clarisse, unglücklich durch die Härte ihres Vaters, und der übrigen Menschen, mit denen sie lebt; aber diese unglückliche Clarissa, mußte durch ihre vorigen und jetzigen Begebenheiten auch eine gewisse Art zu denken und zu empfinden erhalten haben, wodurch dies Unglück wirklich gemacht wird. — Auch die Person, die nie in den Fall kommen kann, in dem Clarisse ist, — und so gar diejenige, bey der Clarissens Beyspiel fruchtlos gewesen wäre — würde dann an dieser Behandlung, wo das innre und äußere Seyn eines Menschen gleichen Schritt hält, wo alles Wirkung und Ursache ist, gelernt — sie würde Gelegenheit gehabt haben, ihre denkende Kraft zu üben. Wenn also auch, zur besondern Anwendung auf einzelne Fälle des wirklichen Lebens, nichts aus dieser anschauenden Verbindung des Innern und Aeußern genützt wird: so lernen wir an ihr **denken**, und **müssen** es an ihr lernen. Diese Art von Behandlung zwingt uns, so zu sagen, dazu. Wir können alsdenn keine Begebenheit uns vorstellen, oder zurück rufen, ohne daß wir nicht genöthigt sind, der genauen Verbindung wegen, die Verhältnisse zu überdenken, Wirkung und Ursache zu vergleichen, wodurch sie wirklich geworden ist. — Und ist dieser Unterricht nicht wichtig genug? Lohnt es sich nicht der Mühe, die Menschen **denken** zu zu lehren? — Es ist gewiß das Edelste, das der Dichter lehren kann. Und wer an Möglichkeit dieses Unterrichts zweifelt, muß nie den Agathon, Musarion, Emilia Galotti, mit einem andern Vorsatz in die Hand genommen haben, als um — die Zeit hinzubringen, oder um, ohne Gegenwart seines Verstandes, ein Geschäft zu haben. —

Wenn wir gegen den Unterricht, den diese Behandlung einer Begebenheit gewährt, den stellen, den die bloße Erzehlung derselben gewähren kann: so werden wir uns desto ehe von seinem Werthe überzeugen. Man sieht, daß wir, durch das bloße **Entstehen**, durch das bloße **Wirklichwerden** eines Vorfalls diesen Unterricht durchs Vergnügen erhalten haben; dies findet schlechterdings gar nicht bey der **Erzehlung** derselben statt. Bey dieser ist es entweder der **Innhalt** der Begebenheit, der uns beschäftigt; und wer sieht nicht, daß hier noch gar nicht die Rede von dem mehr oder weniger Anziehenden oder Unterrichtenden des Innhalts ist? In dem Fall nämlich, wo die Rede davon wäre, müßte er schon **bestimmt** seyn, weil nicht jeder Innhalt das gewähren kann, was wir hier suchen. Wenn wir dies aber durch das bloße Entstehen eines Vorfalls erhalten: so folgert sehr natürlich, daß **jeder** Vorfall, **jede** Begebenheit dazu geschickt ist. —

Oder,

Oder, das, was uns, bey der Erzehlung einer Begebenheit alsdenn beschäftigen, vergnügen oder unterrichten kann, muß in der Art und Weise liegen, **wie** der Dichter den Vorfall **erzehlt** hat, ob so angenehm als Marmontel, oder so langweilig als Madam Gomez? Hier ist also bloß von der **Kunst** des Dichters die Rede, in wie fern er nämlich Meister seiner Sprache, mehr oder weniger elegant erzehlt; in wie fern Witz oder Humor in seiner Erzehlung sich zeigen u. s. w. — Diese Sachen können und müssen sich zum Theil bey der vorgedachten **Entwickelung** einer Begebenheit, bey ihrem **Wirklichwerden vor unsern Augen** finden, wenn wir dies mehr oder weniger besser sehen, mehr oder weniger angenehm dabey unterhalten werden sollen; aber, zu geschweigen, daß wir vielleicht Witz und Humor, wodurch die **bloße Erzehlung** so sehr aufgestutzt werden muß, wenn sie gefallen soll, entbehren können, und den **Witz**, in dem eigentlichen Sinn des Worts, gar entbehren müssen: so ist noch vorhin, bey dem Entwickeln des Unterrichts durch das Vergnügen, den das **Entstehen** einer Begebenheit gewährt, gar nicht an die Kunst des Dichters, und an die Verschiedenheit, die sich in Rücksicht auf den Vortrag desselben dabey zeigen kann, gedacht worden. —

Ich

Ich rede in der Folge, am gehorigen Orte, von all' den Vortheilen und Nachtheilen, die eine bloße historische oder erzehlende Einrichtung eines Werks haben kann; so wie noch umständlicher von dem Werth der einzelnen moralischen Reflektionen und Bemerkungen. —

Wenn es billig, wenn es nöthig ist, daß wir die Natur einer Sache zuerst in Erwegung ziehen, wenn wir die Wahrheit dieser Sache zeigen, und sie behandeln wollen; wenn es strafbar, wenigstens höchst nachläßig ist, die Vortheile, die aus der Natur dieser Sache entstehen, alsdenn fahren zu lassen, wenn wir doch gewisse Vortheile mit dieser Sache verknüpfen wollen, und andre an deren statt aufzusuchen, die, (wie wir schon zum Theil gesehen haben, zum Theil noch sehen werden,) weit ungewisser, weit geringer sind, als jene: so ist diese, der Natur der Begebenheiten angemessene, und ihrem Entstehen in der wirklichen Welt ähnliche Behandlung dieser Begebenheiten, die dem Dichter seinen Endzweck, **durch das Vergnügen zu unterrichten**, allein im Roman erreichen helfen kann, die **bessere**, die **wahre dichterische** Behandlung.

---

4. Man

4.

Man erlaube mir die fernern Vortheile dieser Art von Behandlung, mit allen ihren Eigenthümlichkeiten, hier zu entwickeln, ehe ich weiter gehe.

Da diese einzeln Begebenheiten schon durch die Art ihres Wirklichwerdens dem Leser ein großes Vergnügen gewähren; da dies Vergnügen eins der edelsten ist, das die Menschheit haben kann: so folgert hieraus schon, daß der Dichter lange nicht so sehr auf den Innhalt der Begebenheiten selbst, bey ihrer Wahl zu sehen habe. Es ist bereits in der Einleitung, und öfter schon gesagt, daß es, auf die Begebenheit selbst, nie ankommen könne; und daß es der innre Zustand der Personen sey, der uns beschäftige. — Es wird freylich ein Verdienst mehr seyn, wenn die Begebenheiten auch durch ihren Innhalt anziehend sind; aber es wird keine Nothwendigkeit seyn, daß sie, vor sich bestehend und einzeln betrachtet, dies Verdienst haben müssen.

Die Erfahrung beweist es, daß ihr eigner Innhalt sehr wenig, bey dieser Behandlung in Betracht kommt. Ich will bey ganz kleinen Zügen den Anfang machen, dies zu zeigen. Es dünkt eine unbedeutende Begebenheit zu seyn, ein gefundenes Schnupftuch einem andern als seinem Eigenthümer zu geben; aber man lese den Othello des Shakespear, um zu sehen, ob dieser Vorfall noch unbedeutend ist, oder ob er nicht vielmehr den Leser auf eine sehr lebhafte Art in Bewegung setzet? Daß jemand stockt und schweigt, scheint ein ganz gleichgültiger Vorfall zu seyn; aber man lese die 46ste u. f. Seite in Musarion, um bey einem bloßen Stocken und Schweigen auf die angenehmste Art unterhalten zu werden. Auch in Sophiens Reise (Th. 2. S. 29.) ist ein unbedeutender Vorfall, der durch Verbindung von Wirkung und Ursache sehr unterhaltend ist. H. Malgre wird dreuster in seinem Betragen gegen seine Geliebte, die Koschgen, weil sie eine schmutzige Zweydeutigkeit gesagt hat. Nur Schade, daß diese Wirkung nicht wieder zur Ursache andrer Begebenheiten wird! Und, damit ich zu größern Begebenheiten komme, wie klein, wie unbedeutend seinem Innhalte nach, ist der ganze Vorfall, auf den sich Musarion gründet? [i]) Eine so gewöhnliche Begebenheit, daß sie, im Munde eines andern kaum Aufmerksamkeit verdienen würde. Und wie höchst anziehend ist sie in Wielands Behandlung, durch diese anschauende Ver-

i) Auch in der N. Bibl. der sch. Wissensch. findet sich, wie ich mich zu erinnern glaube, eben diese Bemerkung über Musarion. (Band 9. S. 115.)

Verbindung einer Reihe von innrer und äußrer Wirkung und Ursache geworden! — Eben so ist Minna von Barnhelm auf einen gemeinen Vorfall gegründet. Man denke sich den Innhalt dieses Lustspiels unter den Händen eines gewöhnlichen Dichters, was würde daraus geworden seyn? Vielleicht die unbedeutendste aller Unterhaltungen, an statt, daß es jetzt eine der alleranziehendsten ist. —

Wenn durch diese Behandlung der Begebenheiten also der Dichter die Gelegenheit erhält, sehr allgemeine Vorfälle zum Innhalt seines Werks wählen zu können: so erwächst hieraus ein andrer Nutzen zur Bildung des Geschmacks. Denn da die Romanendichter, um Eindruck mit ihren Begebenheiten zu machen, und die Leser in Bewegung zu setzen, zu außerordentlichen Zufällen, Entführungen, Blutschande, Verwechselungen unter dreyfachen Namen, Einbrüchen, Zweykämpfen, Verkleidungen, Gefahren zu Wasser und zu Lande; mit einem Wort, zu Dingen ihre Zuflucht nahmen, wie wir sie einem ruhmsüchtigen Lügner in Gesellschaften erzehlen hören: so wars natürlich, daß der Kopf der Leser, — und besonders der Leserinnen mit Vorstellungen angefüllt wurde, die der Ausbreitung des Wahren, des Guten, des Schönen gerade im Wege standen, und die die Einbildungskraft, und endlich die Sittlichkeit verderben mußten. Aus diesem Gesichtspunkt allein betrachtet, verdient diese Art von Behandlung einer Begebenheit den Vorzug sehr weit vor der bloßen Erzehlung derselben. — Wenn der Dichter nach jener Art seine Begebenheiten wirklich werden läßt: so werden ihm nicht allein jene Abentheuer unnütz; ein Theil derselben wird ihm auch schlechterdings unmöglich, weil sich das Wie zu denselben oft in dieser ganzen Welt nicht finden lassen würde. Kann nun diese Art von Behandlung einen rohen Kopf nicht, wenigstens vor jenen scheußlichen und lächerlichen Ausschweifungen bewahren, wenn er ja den Einfall hat, einen Roman zu schreiben? Und gewinnt nicht die Bildung des Geschmacks auch von dieser Seite sehr augenscheinlich bey der Sache? —

Eine andre Folge, die aus dieser Behandlung der Begebenheiten entsteht, ist diese, daß der einzelnen Vorfälle nicht mehr so viel werden seyn können, als bis jetzt in den gewöhnlichen Romanen zusammen gepfropft sind. Der kleinste Vorfall nämlich wird zu seinem Wirklichwerden eine Reihe von Ursachen nöthig haben, die zwar an und vor sich selbst auch andre Vorfälle wieder seyn können; diese aber werden sehr oft aus so unmerklich kleinen Zügen bestehen müssen, daß man sie nie unter die Begebenheiten eines Romans wird zählen wollen,

wollen, wenn man die Begriffe hiezu aus den gewöhnlichen Werken dieser Art nimmt. Daher wird natürlich eine einzige Begebenheit, zu ihrem Wirklichwerden, mehr Raum erfodern, als jetzt zur Erzehlung von zehnen erfodert wird. Ob die Neugierde hiebey gewinne, und die Sucht nach Abentheuern, weis ich nicht? Aber das weis ich, daß beyde nicht verdienen, durch den Dichter gepflegt und genährt zu werden, — der diesen Namen mit Recht behaupten will.

Von dieser Art der Behandlung einer Begebenheit gilt es übrigens im eigentlichen Verstande, daß der Dichter seine Leser zwingen könne, das zu glauben, was er wolle, daß sie glauben sollen. Hier wird der kälteste Kopf überführt, und der Zweifel zum Stillschweigen gebracht. Er sieht nämlich all' die Ursachen, warum die Begebenheit erfolgt ist, und warum sie vielmehr so als anders hat erfolgen müssen? Wider diese Behandlung findet, in Rücksicht auf die Wahrheit der Begebenheiten kein Einwurf statt. — Wie sehr hiedurch also die Illusion befördert, wie wenig unsre Theilnehmung gestört werde, ergiebt sich von selbst; und wie sehr der Dichter also hierbey gewinne, wie weit sichrer er sich den Beyfall der Leser versprechen dürfe, folgert eben so leicht. Wir sehen, bey dieser Behandlung, die Personen anschauend mit all' ihren Eigenthümlichkeiten vor uns. Sie treten gleichsam aus dem Gemälde hervor; wir können sie von allen andern genau unterscheiden. Mit einem Wort, nur durch diese Behandlung allein kann der Dichter, wie schon vorhin gedacht, seine Personen individualisiren; durch diese Behandlung allein kann er das werden, was er seyn will — Dichter.

5.

Nachdem ich alles das gesagt und entwickelt habe, was über das Entstehen und Wirklichwerden einer einzeln Begebenheit gesagt zu werden verdient; nachdem ich alle die Vortheile, die diese Art von Behandlung hat, gezeigt, und es augenscheinlich gemacht zu haben glaube, daß der Dichter durch sie allein seinen Endzweck erreichen, und den Namen, den er sich giebt, verdienen kann: so komme ich zum Ganzen eines Werks, in so fern es nämlich aus verschiedenen Begebenheiten zusammengesetzt ist.

Wenn der Dichter bey einer einzeln Begebenheit nur seinen Endzweck erreicht, indem er uns eine Reihe verbundener Ursachen und Wirkungen zeigt, indem er es uns ganz genau sehen läßt, wie diese Begebenheit wirklich geworden ist: so fragt es

sich,

sich, wie diese verschiedenen einzelnen Begebenheiten mit einander verbunden und geordnet seyn müssen, die das Ganze des Dichters ausmachen?

Ich nehme den Roman hier im weitesten Umfange, den er haben kann, in so fern er nämlich ganze Reihen von Jahren, und sehr abwechselnde Begebenheiten zu umfassen vermag. Dies bitte ich, nicht zu vergessen.

Der Dichter muß immer sein Werk den Absichten zu folge, die er damit hat, und nach Anlage der Materialien, aus denen er es aufbaut, anordnen.

Der Romanendichter, so wie jeder andre Dichter, soll billig auch mit der Anordnung seines Ganzen den Endzweck haben, durchs Vergnügen zu unterrichten: einen so edlen Endzweck, daß er sicher keinen anständigern haben kann. — Gar keinen Endzweck damit zu haben; zu gar keiner Absicht den Ausgang ordnen, oder die Begebenheiten unter einander verknüpfen, als um des Ausgangs selbst willen, würde einen sehr unphilosophischen Dichter verrathen; wenigstens einen Dichter, der nicht all' den Vortheil von seinen in Händen habenden Materialien zu ziehen wüßte, der davon zu ziehen ist. —

Bey einzelnen Begebenheiten haben wir gesehen, daß der Endzweck des Dichters nicht anders erreichet werden kann, als indem wir das Wirklichwerden dieser Begebenheit, oder mit andern Worten, indem wir eine anschauende Verbindung von Wirkung und Ursache sehen, wodurch die Begebenheit erfolgt.

Jede kleinere Begebenheit macht für sich schon ein Ganzes aus. Sie hat ihre Ursache, erfolgt als die Wirkung dieser Ursache, und kann der folgenden Begebenheit, wenn sie nicht die letzte ist, wieder zur Ursache werden. Bleibt sie aber auch ohne Folgen: so hat sie dem ohngeachtet einen Anfang, Mittel, und Ende. —

Wenn also der Dichter mit seinem großen Ganzen billig den Endzweck haben soll, den er mit dem kleinern Ganzen einer Begebenheit hat; — wenn er mit dem kleinern Ganzen seinen Endzweck nicht ohne jene Behandlung erreichen kann; — wenn dies kleinere Ganze im Grunde eben das ist, was jenes größere seyn kann: — so folgt sehr natürlich, daß der Romanendichter bey Anordnung dieses größern Ganzen eben die Maaßregeln haben solle, die er bey Anordnung seines kleinern Ganzen gehabt hat. —

Dichter heißen so gerne Schöpfer. Ich glaube, daß sie nur dann diesen Namen verdienen, wann sie ihren Werken so viel Aehnlichkeit, als es möglich ist, mit den Werken des Uneingeschränkten zu

geben

geben wissen. Wenn wir eingeschränkten Geschöpfe unsre Kraft anstrengen, um das All, so viel wir vermögen, zu übersehen: so entdecken wir, daß in diesem Ganzen nichts um sein selbst willen da; — daß eins mit allem, und alles mit einem verbunden ist; — daß, so wie jede Begebenheit ihre wirkende Ursache hat, diese Begebenheit selbst wieder die wirkende Ursach einer folgenden Begebenheit wird. Wir sehn eine, bis ins Unendliche fortgehende Reihe verbundener Ursachen und Wirkungen: ein, in einander geschlungenes Gewebe, das, wenn es aus einander zu wickeln wäre, ganz ununterbrochen einen Faden enthielte; oder vielmehr dessen verschiedene Fäden sich alle in einen Anfang — die Weisheit des Schöpfers vereinen, und dessen Ende vielleicht in unsrer höhern Vervollkommung. . . doch wer kann dies, wer kann das Ganze übersehen? Aber Vernunft, Natur, Erfahrung bestätigen alle das wirkliche Daseyn dieser Verknüpfung. —

Wenn der so gepriesene Grundsatz der Nachahmung irgend einen Sinn hat: so ists wohl kein andrer, als der: verfahret in der Verbindung, der Anordnung eurer Werke so, wie die Natur in der Hervorbringung der ihrigen verfährt.

Der Dichter hat in seinem Werke Charaktere und Begebenheiten unter einander zu ordnen und zu verknüpfen. Diese müssen nun, nach den obigen

Voraussetzungen, so unter einander verbunden seyn, daß sie gegenseitig Ursach und Wirkung sind, woraus ein Ganzes entsteht, in dem alle einzelne Theile unter sich, und mit diesem Ganzen in Verbindung stehen, so daß das Ende, das Resultat des Werks eine nothwendige Wirkung alles des vorhergehenden ist. Das Werk des Dichters muß eine kleine Welt ausmachen, die der großen so ähnlich ist, als sie es seyn kann. Nur müssen wir in dieser Nachahmung der großen Welt mehr sehen können, als wir in der großen Welt selbst, unsrer Schwachheit wegen, zu sehen vermögen. Wir müssen die Verbindung der Theile unter sich, und mit dem Ausgange des Werks anschauend erkennen, ihr Verhältniß gegen einander prüfen, die Wirkungen und Ursachen abmessen, und es mit Gewißheit sehen können, warum die Sachen vielmehr so, als anders erfolgen? Ist diese Verbindung nicht anschauend vor uns da: — was hilft uns ihr Daseyn? Wenn wir sie nicht zu erkennen, wenn wir sie nicht zu unserm Vergnügen und zu unserm Unterricht anzuwenden vermögen: so ists für uns so viel, als ob sie gar nicht da wäre. In dem großen All sehen wir immer schon etwas von dieser Verbindung; und wenn wir es nicht anschauend erkennen, wenn die Erkenntniß dieser Verbindung erst das Werk der Erfahrung und Ueberlegung ist: so ist es, wie gedacht, unsre Schwachheit,

heit, nicht der Mangel ihres Daseyns, die uns verhindert, sie gewahr zu werden. —

Was also vorhin von dem Wirklichwerden einer einzeln Begebenheit vor unsern Augen gesagt worden ist, das wird eben auch von diesem Ganzen gelten. Wir werden alle die innern Ursachen, alle die geistigen Zustände, verbunden mit ihren äußern Veranlassungen, vermöge derer die äußern Begebenheiten so, und nicht anders erfolgt sind, **anschauend** erkennen.

In solch einem Werke wird ferner nichts **zu viel** seyn, das ist, entweder eine Ursache, die grosser wäre, als sie zur Hervorbringung ihrer Wirkung nöthig ist, oder eine Ursache, die gar keine Wirkung hätte, und deren Nothwendigkeit wir beym Ende des Werks nicht **anschauend** erkennen könnten. Es wird auch nichts **zu wenig** in diesem Werke sich finden können, das ist, eine Wirkung, von der wir nicht die Ursache sehen sollten, die sie hervorgebracht haben muß, oder eine Ursache, die zu schwach wäre, die ihr zugeschriebene Wirkung hervorzubringen. Es wird ferner sich nirgends ein Sprung oder eine Lücke finden. Wenn ein Charakter bey einem Vorfall anders handelt, als wir ohne Rücksicht auf den Zusammenhang des Werks, vermuthen konnten, daß er, der Wahrscheinlichkeit nach, handeln solle: so werden wir in

diesem

diesem Zusammenhange die Ursache finden, warum er jetzt vielmehr so, als anders erscheint. Anschauend werden wir all' die Veränderungen erkennen, durch die er gegangen ist, um sich uns ganz anders darzustellen, als wir es, ohne diesen Zusammenhang, für wahrscheinlich halten würden. Ein gewöhnlicher Romanen Dichter würde uns vielleicht auch, wenn er die Geschichte des Agathon zu schreiben gehabt hätte, diesen Agathon im Hause der Danae ganz anders gezeigt haben, als zu Delphi; aber in dem Zwischenraum dieser beyden Zeitpunkte, bey der Wahl der Begebenheiten vorzüglich auf diejenigen zu sehen, die diese Veränderung im Charakter des Agathon herbey führen, sie wahrscheinlich, und gar nothwendig machen konnten, das war nur von einem Dichter zu erwarten, der über die Verbindung von Ursach und Wirkung, über das Eigenthümliche, das aus einer Reihe von Begebenheiten, ausgeführt durch gewisse Charaktere, erfolgen muß, — reiflich nachgedacht hatte. Denn —

Jede Begebenheit in einem Werke, ist da, um Wirkungen hervorzubringen. Die Nothwendigkeit davon haben wir gesehen. Dies allein kann den Dichter rechtfertigen, warum er vielmehr diese als jene Begebenheit gewählt hat? und hieraus läßt sich auch, um es gleich im Vorbeygehn zu bemerken,

ken, ein Maaßstab für den Werth der Begebenheiten selbst festsetzen. Je sicherer, je anschauender sie die Wirkung hervorbringen, die sie, nach der Anlage des Dichters hervorbringen sollen, je mehr sie, als **Mittel** zu dem vorgesetzten Entzweck sich passen: je größer wird ihr Werth für das Werk seyn. Sie selbst mögen noch so klein, noch so geringfügig uns dünken; der Platz, den sie einnehmen, die Folgen, die sie haben, werden ihnen Werth genug geben.

Wenn jede einzelne Begebenheit eines Romans nur billig ihr Daseyn erhalten soll, um dem folgenden als wirkende Ursache zu dienen; wenn ein Roman sehr abgesonderte, von einander sehr verschiedene und mancherley Begebenheiten enthalten kann: so fragt es sich, **wie**, und auf welche Art wird der Romanendichter unter diesen Begebenheiten die innre anschauende Verbindung, die genaue Beziehung der einen auf die andre erhalten können, so daß ein Ganzes daraus werde, wie es vorher charakterisirt worden ist? —

Da die Personen nicht handeln, das heißt, da keine Begebenheiten wirklich werden können, ohne daß nach den vorigen richtigen Voraussetzungen der eigentliche Gemüthszustand dieser Personen in solcher Bewegung ist, als er seyn muß, wenn diese Begebenheiten erfolgen sollen: — Da bey einer

zwey-

zweytern Begebenheit, der Gemüthszustand der handelnden Personen schon durch die erstere Begebenheit geformt seyn muß, weil diese erstere Begebenheit sonst ohne Wirkung geblieben wäre; und in der zweytern sich, ohne dies, nicht eine Ursach angeben ließe, warum die Person vielmehr so handelt, als anders? so folgt sehr natürlich, daß nur die handelnden Personen der Faden seyn können, an den, um mich so auszudrücken, die Begebenheiten angereiht werden müssen, wenn unter ihnen eine genaue Verbindung von Wirkung und Ursache, sich befinden soll. Es ist nämlich sehr natürlich, daß wenn die erstere Begebenheit wieder als Ursach der zweytern im Werke erscheinen soll, sie auf die handelnde Person zurück wirken müsse, weil ohne diese Person alle fernere Wirkungen aufhören müßten. Die Begebenheiten erhalten nur ihr Daseyn, ihre Möglichkeit durch die handelnden Personen.

Es versteht sich, daß hier die Rede von den Begebenheiten einer und derselben Person ist.

Vorhin ist schon angemerkt worden, daß diese Verbindung der Theile eines Ganzen anschauend seyn müsse, weil sonst die Absicht, wozu das Ganze verbunden ist, und warum der Dichter eigentlich gedichtet hat, nicht erreicht werden kann.

Wenn nun die Wirkungen der verschiedenen Begebenheiten uns also sichtbar bleiben müssen, so

bald

bald nämlich das Ganze übersehen, erkannt, richtig beurtheilt und genützt werden soll: so muß natürlich der zweyte Eindruck, den der Charakter erhält, nur nach Maaßgabe des erstern Eindrucks, den der Charakter erhalten hat, wirken, so daß die zweyte Begebenheit also gleichsam ihre eigenthümliche Gestalt durch die vorhergehende (vermöge des Eindrucks, den diese auf den Charakter gemacht haben) bekommt. Mit einem Wort, jeder Eindruck, jede Begebenheit muß Spuren zurück lassen, die wir an dem Eindruck, den die folgende Begebenheit macht, erkennen. Die ganze Erziehung, die Agathon erhalten hatte, mußte ihn zu einem geistigen Schwärmer machen; wir sehn das Wie, das Wirklichwerden dieser Sache sehr innig, sehr anschauend. Aber dieser, vor sich bestehende fertige Eindruck, das bloße Daseyn desselben, würde für uns so viel seyn, als wenn es nicht wäre, wenn Agathon sich nicht vermöge dieses erstern Eindrucks in Danaen verliebte, wenn nicht seine Liebe eine Wirkung dieser erstern Eindrücke, dieser erhaltenen Erziehung wäre. Also nur, vermöge der Person des Agathon, vermöge des Eindrucks, den diese erstern Begebenheiten auf ihn gemacht haben, findet die innre Verbindung, die Verbindung als Wirkung und Ursach zwischen den erstern und den folgenden Begebenheiten statt. Man sieht, daß dieser

dieser Eindruck, diese Form, die Agathon durch die erstern Begebenheiten erhalten hatte, nothwendig war, wenn eine innige, anschauende Verbindung im Ganzen statt finden sollte. Wenn die erstern Vorfälle nicht Einfluß auf seinen Charakter gehabt hätten, wenn dieser Einfluß nicht bleibend gewesen; mit einem Wort, wenn Agathon nicht durch sie gebildet, nicht durch sie dazu gemacht worden wäre was er ist: so könnten die letztern mit den erstern in keiner Verbindung stehen. Man nehme einmal den Fall an, daß wir die Geschichte von Agathons Liebe mit aller der Wahrheit läsen, mit der sie jetzt geschrieben ist; — Nun käme Agathon, aus dem Hause der Danae geradeswegs nach Syrakus; — wir sähen dort z. B. aber eben den Agathon, wie er in das Haus des Hippias kam; würde sich eine Verbindung als Wirkung und Ursach zwischen diesen zwey getrennten, aber auf einander folgenden Begebenheiten finden? diese Begebenheiten würden, als ein paar einzele Dinge da stehen, von denen wir eine, welche es auch wäre, wegschneiden könnten, ohne daß wir sie als nothwendige Wirkung oder Ursache vermissen würden. Diese Verbindung zwischen den verschiedenen Begebenheiten einer Person kann sich also nur vermöge der, sie empfundenen, und durch sie geformten Denkungsart erhalten; das heißt —

ich

ich wiederhol' es — indem jede Begebenheit auf diese Person gewirkt hat: so sind die verschiedenen Eindrücke die Grundlage gewesen, auf welche die nächstfolgenden haben treffen müssen; und auf welche sie, nur nach Maaßgabe dessen, was der Mensch durch die erstern geworden war, haben wirken können. Hieraus ist am Ende das Ganze entstanden, in welchem alles unter sich, und alles mit dem Ausgang dieses Ganzen verbunden, eine Reihe in einander gegründeter Ursachen und Wirkungen geworden ist, deren Resultat, aus den vorhergehenden, nothwendig und anschauend erfolgte. Und dies Resultat, dieser festgesetzte Zweck eines Werks dieser Art kann also kein andrer seyn, als die Ausbildung, die Formung des Charakters auf eine gewisse Art. So dienen die Begebenheiten im Agathon dazu, den Agathon dazu zu machen, was er ist; so wird Phanias durch den Innhalt von Musarion aus einem unglückseligen Afterweisen, in einen glücklichen und wahrhaft weisen Mann verwandelt. Nur vermöge dieser Formung der Charaktere erhält sich der anschauende Zusammenhang in einem Werk, den wir, als eine nöthige Eigenschaft des Ganzen, erkannt haben; nur auf diese Art können die Begebenheiten eines Menschen der Innhalt eines Romans seyn. Wenn ich mir den Agathon denken will, wie er zu Tarent ankommt: so kann ich ihn mir nicht denken, ohne daß mir nicht Delphi, — Psyche, — die Priesterinn, — Athen, — Hippias, — Danae, — Syrakus einfallen müssen. Der Dichter hat mich dazu zu zwingen gewußt; so genau, so anschauend sind die einzelne Theile seines Werks zu einem Ganzen verbunden! Aber man versuche es — man verzeihe mir das Beyspiel! — Der letzte Band ist eben vom Grandison geendigt, was ist nun da, das mich im Ueberdenken des Manns, der mir zum Muster dienen soll, gerade z. B. auf Grandisons Begebenheit mit der Lady Beauchamp führe? In dem Ganzen, das ich jetzt von diesem Grandison, von diesem Individuo vor mir habe, finde ich nichts, das mich gerade auf diese Begebenheit bringen müßte, wenn ich mir das ganze Seyn des Grandison, seine ganze Verfassung begreiflich machen soll. — —

Wenn es wahr ist, daß der Dichtet keine andre Ursachen zur Wahl seiner Begebenheiten haben könne, als weil sie vorzüglich fähig sind, die ihnen zugeschriebenen, und zukommenden Wirkungen hervorzubringen: — wenn in der Natur jede Begebenheit, die in der Wahrheit einen Eindruck macht, das ist, einen Eindruck, der nicht geradeswegs durch die folgende Eindrücke ausgelöscht wird, (eine Sache, die in dem Werke des Dichters nicht Rechtfertigung finden

finden kann, weil alsdenn keine Ursache da ist, warum sie lieber erfolgt, als nicht erfolgt ist?) — wenn, sag' ich, jede Begebenheit in der Natur zur Formung und Ausbildung unsers Charakters etwas beyträgt; wenn sie auf unsre Denkungsart wirkt, und unsre Denkungsart nur nach der, durch sie erhaltenen, und mit ihren übrigen Vorstellungen zusammen geschmolzenen Vorstellung, in dem nächsten Falle wirkt: so stehen natürlich die allerentferntesten Begebenheiten in einer Verbindung als Wirkung und Ursach, und nur dadurch in dieser Verbindung, daß sie zur Bildung unsrer Denkungsart, zur Formung unsers ganzen Seyns mehr oder weniger beygetragen haben. Wenn wir dies in der Natur nicht erkennen, wenn wir nicht gewahr werden, wie unsre Art zu denken und zu handeln, durch den Einfluß der uns zugestoßenen Begebenheiten dazu gebildet worden ist, was sie ist: so ist zum Theil die Flüchtigkeit im Beobachten unsrer selbst Schuld daran, zum Theil ist diese Formung, diese Bildung so unvermerkt zur Wirklichkeit gekommen, daß es, uns selbst unbewußt, hat geschehen können. Denn natürlich haben all' die uns zugestoßenen Vorfälle, sie mögen nun so klein, so unwichtig scheinen, wie sie wollen, auf unsre Art zu denken, zu empfinden, zu handeln irgend einen Einfluß gehabt: so daß unser jetziges Seyn, unser jetzige ganze Zustand das Resultat aller derselben ist. Wenn wir aber selbst diesen verschiedenen Einfluß aller unsrer Vorfälle, und ihren Beytrag zu unsrer Formung in der Natur auch nicht ausmitteln können: so verhält sich die Sache doch ganz anders bey unsern Foderungen an den Dichter. Wir wollen, wie gedacht, und wir müssen die Wirkungen der Begebenheiten erkennen, weil sich sonst keine Ursache angeben läßt, warum sie vielmehr da, als nicht da sind? —

6.

Wenn jedes Werk nur ein Ganzes seyn soll, und seyn kann, so bald nämlich unsre Aufmerksamkeit nicht getheilt werden soll: so scheint hieraus sehr natürlich zu folgern, daß jeder Roman eigentlich nur die Begebenheiten einer Person enthalten konne, in wie fern nämlich diese Begebenheiten zur Bildung und Formung dieses Charakters beygetragen haben. Alles, was auf diese Art, als Wirkung oder Ursach in den Plan hinein gehört, gehort auch mit zum einzeln Ganzen. —

„Aber dies Ganze wird natürlich mehr wie eine Person enthalten müssen; und wie wird es mit dem Seyn dieser Personen gehalten werden können?“ — Diese Personen werden das seyn, was ein-

einzelne Begebenheiten in dem Werke sind; sie werden das ihrige zur Vollendung des Ganzen beytragen, und so gebildet, so geformt auftreten, daß sie dies können. In der Geschichte des Agathon geht es uns nichts an, wie Hippias das geworden ist, was er ist; aber das, was er ist, **mußte** er seyn, wenn alle Wirkungen so erfolgen sollten, wie sie erfolgt sind. —

Noch einem Einwurfe muß ich hier zuvorkommen, den man mir oft schon gemacht hat. „Bey diesem Entwurf finden keine Episoden statt, und **Episoden** sind“.... Nun? was sind sie denn? „Vortrefliche Mittel, den Leser einen Augenblick zu Othem kommen zu lassen; ihn durch Einschaltung einer angenehmen, — oft lustigen — überhaupt weniger beschäftigenden Begebenheit zu unterhalten.“ — Im Grunde sagt dies alles nicht sehr viel. Der Dichter in der Anordnung eines Werks dieser Art, kann seine Begebenheiten so sehr abwechseln lassen, daß er für die Leser nicht Ermüdung oder Sättigung fürchten darf. Und dies ist doch die einzige Entschuldigung für Episoden. Es steht ihm nämlich frey, sein Ganzes so anzulegen, die letzte Wirkung, die er sich vorgesetzt hat, eine solche seyn zu lassen, seinen Charakter **dazu** zu machen, die innre Geschichte seiner Person so zu ordnen, daß dies nicht, ohne eine Mannichfaltigkeit von Begebenheiten und Schicksalen hat wirklich werden konnen. Wenn der Dichter aus seiner Person das machen will, was ein Mensch seyn kann — und was will er sonst aus ihr machen? — so wird ihm diese Verschiedenheit der Begebenheiten, diese Abwechselung ernsthafterer und lustigerer, wichtiger und kleinerer Vorfälle von der Natur selbst dargeboten. Wir alle sind das, was wir sind, nur durch diese Abwechselung der verschiedenen Begebenheiten geworden. Das All ist so eingerichtet, daß ein Mensch nicht seine Bildung erhalten kann, ohne durch mannichfaltige Begegnisse hindurch zu gehen. Der Dichter muß also auf sie treffen, wenn er seine Person zu einem Menschen bilden, oder uns die innre Geschichte eines Menschen geben will. Und wozu nun Episoden, das ist, Einschiebsel, um die Mannichfaltigkeit zu unterhalten? —

Man hat überhaupt noch von der Einheit des Tones, der in einem Werke herrschen, und den man eben durch diese Episoden mannichfaltiger machen soll, seltsame Ideen. Lessing sagt irgendwo (im zweyten Theil der Antiquar. Br.) „die feyerliche Harmonie des Epischen Gedichts ist eine Grille." Und wenn nun im Heldengedicht selbst der Ton abwechseln kann: so stehts noch wohl ehe dem Romanendichter frey, sein Ganzes so zu

ordnen,

ordnen, daß der Leser abwechselnde Empfindungen haben könne.

Das, was diese Verschiedenheit der Empfindungen verursacht, nennte man gewöhnlich Episode. So nennt man noch jetzt den ganzen Auftritt des Thersites im Homer. Wenn aber Thersit in der Iliade nothwendig war (Herd. Crit. Wälder 1. N. 21. 2. N 4.) damit das Resultat des Werks so erfolgte, wie es erfolgt ist; wenn ihn Homer brauchte, den Endzweck seines Werks zu erreichen: so weis ich nicht, wie man den ganzen Auftritt Episode nennen könne? Und es ist gewiß, daß Thersit so nothwendig ins Ganze der Iliade gehört, als irgend ein anderes Stück; und heißt das Stück eines Gedichts, das schlechterdings nothwendig ist, Episode? Man nenne es aber immer so, wenn man nur das daraus macht, was diese Episode in der Iliade, — oder die so genannte Episode vom Maler in Emilia Galotti ist.

Da ich einmal bey dieser Materie bin: so will ich, um die Begriffe über Episode desto mehr aufzuklären, versuchen, den wahren Gesichtspunkt festzusetzen, aus dem diese so genannte Episode anzusehen ist.

Diese Scene ist fürs Ganze des Werks so nothwendig, als irgend eine. Wenn man sie auch durchgängig nicht für Episode erklärt hat: so ist doch ihre genaue Verbindung mit dem Ganzen meines Wissens noch nicht entwickelt; und sie kann uns lehren, was Episode seyn soll.

Alle sehen wir, daß die glühendste, mächtigste Liebe in dem Busen des Prinzen glühet; wir sehen, daß er mehr noch, als unschuldige und erlaubte Mittel anwendet, die gute Emilia in seine Hände zu bekommen; wir sehen, ihrer fatalen Schönheit wegen, die schrecklichsten Vorfälle sich ereignen. — Aber ich lese das Stück auf meiner Stube, oder sehe die Rolle der Emilia nun eben nicht durch die entzückendste Schauspielerinn vorstellen; — ich gesteh' es, meine erste Frage ist: Verdient es auch die Schönheit des Mägdchens, daß solch ein Lerm um sie ist? Der Charakter Emiliens, ihre Art zu denken und zu handeln, macht sie sehr liebenswürdig [k]); aber verliebt man sich in einen Charakter? Verliebt sich ein Wollüstling darein? das Mägdchen muß

k) Ich muß es wenigstens in einer Note sagen, daß die Art, wie uns der Dichter mit Emilien bekannt macht, ganz vortreflich ist. Ich meyne, mit ihrem Charakter, mit ihren Eigenschaften. Wir sollten für das allerliebste Mägdchen eingenommen werden; und das erste, was wir von ihr sehen, und von ihr hören, ist, daß sie aus der Kirche kommt. Es kann Leute geben, die über diesen Einfall lachen; aber ich gesteh' es, daß ein schönes Mägdchen, das am Brauttage an den Schmuck ihrer Seele zuerst denkt, für mich ein sehr liebens- und verehrungswürdig Geschöpf ist.

muß natürlich höchst reizend scheinen; aber wer ist mir Bürge dafür, daß sie es in der That ist? Das Zeugniß eines Liebhabers, des Herrn Papa und der Frau Mama, und des Hofmanns, wenn sein Prinz einer von den Liebhabern ist, sagen für die Wirklichkeit der Schönheit, in den Augen des Prüfers gar nichts; — weniger, als gar nichts. Wir sehen das, was sie sagen, für Vorurtheile an; und finden deßwegen sehr oft die Person häßlicher, wie sie wirklich ist. — Und dies Zeugniß selbst... es wird sich auf eine kahle Beschreibung der Schönheit einschränken müssen, auf die der Verfasser des Laocoon unmöglich verfallen konnte. Körperliche Schönheit, und ihre Bezeichnung gehört in das Gebiet des Malers. Was würde der Leser, oder der Zuschauer von ihr wissen, von ihr sich vorstellen können, wenn ihm ein Theil derselben nach dem andern zugezählt würde?

Das Mägdchen muß also andre Bürgen zum Zeugniß ihrer Schönheit haben. Die mindste Voraussetzung, daß der Prinz ein Mägdchen so rasend lieben könnte, das nur mittelmäßige Reize habe, würde ihn verächtlich machen; eine Absicht, die der Dichter nicht haben konnte, weil der Prinz uns sonst nicht fürchterlich geblieben wäre. Und der Gedanke, daß ein Mann von einem gewissen Range, der viel Schönheiten gesehen haben mußte, und viel gewöhnliche Schönheiten zu seinem Gebote haben konnte, — der eben weil er ein Prinz und ein Italienischer Prinz ist, und Vergnügen sucht, sich nur in die außerordentlichste Schönheit so heftig, bis zu solchen Ausschweifungen verlieben könne, bedarf der allergrößten Bestätigung, wenn uns der Prinz, eben der Heftigkeit seiner Leidenschaft wegen nicht verdächtig werden, und zu einem andern Gedanken Anlaß geben soll, — daß nämlich der Käfer gewöhnlich auf dem Miste liegen bleibt. —

Alle diese Zweifel hebt Conti. „Aber wird das Mägdchen schöner, weil der Maler sie malt?" — So wenigstens bin ich schon oft gefragt worden. Freylich wird sie's; für uns nämlich, die wir sie nicht sehen, nicht kennen. Wie glänzend wird diese Schönheit, nun sie der Maler, als ein Ideal eines schönen Gesichts annimmt. Und dieser Maler ist **Conti**: Er, der seine Kunst studiert hat, und all' ihre Vorzüge, all' ihre Eigenthümlichkeiten kennt. Man setze, anstatt dieses Conti, einen gewöhnlichen Klecker, das heißt, man gebe der ganzen Scene, der ganzen Unterhaltung zwischen dem Prinzen und dem Maler, (die von vielen so schief beurtheilt worden ist) eine andre Gestalt; man nehme das alles weg, was man sagte, daß es Lessing auskrame, um seine Kunst zu zeigen: — würden wir es noch so überzeugend wissen,

wissen, daß Emilia ein Engel von einem Mägdchen seyn muß, daß sie alles des Lerms werth ist, der um sie gemacht wird. Diese Unterhaltung ist das für mich, was im Homer die Greise sagen:

> Ου νεμεσις Τρωας και ἐυκνημιδας Αχαιους
> Τοιη δ᾽ ἀμφι γυναικι πολυν χρονον ἄλγεα πασχειν·
> Αινως αθανατοισι θεης εἰς ὦπα ἐοικεν.
>
> Il. Γ. 156. f.

Und Conti, der so bezaubernd von der Schönheit Emiliens spricht, bringt ihr Gemälde dem Prinzen, da der Prinz noch nicht Liebhaber von Emilien ist; — für den Conti nämlich. Aber Conti bringt es, weil er weis, daß der Prinz ein Liebhaber der Schönheit überhaupt ist, und Emilie eine Gestalt, mit der er vor dem Prinzen bestehen wird. Noch mehr! Conti ist seiner Sache hiemit so gewiß, er hat einen so hohen Begriff von Emiliens Schönheit, daß er es wagt, ihr Gemälde mit dem Porträt der Orsina zu bringen, dieser Orsina, die er noch für die Geliebte des Prinzen hält. So gewiß ist er, der Schönheit kannte, der es zeigt, daß er sie kennt, seiner Sache, Emilien für ein Ideal auszugeben. Aber er beschreibt sie nicht, als ein solches. Wir sehen es an ihm, an den von Emilien auf ihn gemachten Eindrücken, daß sie es ist. Und der ganze Einfall des Conti, läßt uns vom

Prinzen so viel sehen, als wir sehen müssen, um all' seine folgenden Unternehmungen sehr wahrscheinlich zu finden. Die Scene dient uns zur Einleitung und Vorbereitung fürs folgende. Ein Prinz, der Schönheit so liebt, bloß weil sie Schönheit ist, und ohne nähere Beziehung auf ihn, daß Conti hoffen kann, er werde, als Liebhaber, der Käufer des Gemäldes seyn, muß ein entzündbar Herz haben: und was wird aus diesem Herzen erst werden, wenn diese Schönheit diesem Herzen näher liegt? Auch wird dadurch das glimmende Feuer in volle Glut gesetzt. Wer sieht nicht, daß ohne dies Gemälde die folgende Scene mit dem Marinelli nicht so erfolgen konnte, wie sie jetzt erfolgt? Und wenn diese Scene nicht so erfolgte, so — man schließe weiter! oder nehme Emilia Galotti in die Hand, und lese, und studiere, und bewundere! —

So vortreflich ist das, was man Episode genannt hat, mit dem Ganzen in Emilia Galotti verbunden, so gewiß gehört es mit in den Plan des Stücks, und konnte nicht wegbleiben, wenn nicht das Stück weniger wahrscheinlich werden sollte. Auf diese Art kann man dem Leser Kenntnisse vorlegen, ihm Gelegenheit geben, zu lernen, indem man ihm zugleich Gelegenheit giebt, zu denken, ohne den Lauf seiner Vorstellungen und Empfindungen dadurch

durch aufzuhalten. Es wird dem Leser nothwendig, alles dies zu wissen. — [1])

Wen es dünkt, daß ich mich zu lange bey Entwickelung dieser Scene aufgehalten habe, der schreibe dies auf Rechnung der Vortreflichkeit ihrer Behandlung, und der Nothwendigkeit, meine Begriffe von der Episode zu entwickeln, und zu zeigen, wie das, was ganz andre Vorstellungen und Empfindungen erzeugt, als der Hauptton des Stücks, nichts desto weniger nicht Episode seyn dürfe, wenn der Dichter Meister seiner Kunst ist.

Freylich erfodert eine solche Anordnung eines Werks eine vorher überdachte Wahl und Anordnung der Charaktere und Begebenheiten. Der Entwurf muß gemacht, Wirkung und Ursach gegen einander abgemessen, und das Resultat des Werks festgesetzt seyn, ehe der Dichter die Arbeit anfängt, wenn er solch ein Werk, oder eine Musarion, einen Agathon liefern will. Wenn er bloß dem Witz sich überläßt, oder hofft, daß ihm, unter der Arbeit schon das aufstoßen wird, was er braucht; oder

1) Auch das kann ich mir nicht verwehren, wenigstens in einer Note zu bemerken, daß wir an dieser Scene sehen, wie ein Dichter den Stand und das Land seiner Personen nützen könne, um sie zu individualisiren, und uns zu lehren, warum er vielmehr die Scene in dies, als in jenes Land gelegt habe?

oder wenn er gar besondere eigenthümliche Vorfälle und Begebenheiten in sein Werk hineinzwingen, und mit seinen Personen Dinge verbinden will, die nur auf andre sich paßten; wenn er bloß dichtet, um zu dichten; so wird natürlich sein Werk nie das werden können, was die gedachten Werke sind. —

Doch das würde nicht schaden, wenn sie nur eben so was gutes wären, wenn sie nur so wie diese, sich mit der Natur der gewählten Materialien vertrügen, und das wären, was sie, nach Anlage dieser seyn müßten, wenn sich Wahrheit, Uebereinstimmung mit der menschlichen Natur in ihnen finden soll; — wenn sie nur, so wie diese, dem Dichter eben so nützlich wären, seinen Endzweck zu erreichen, das heißt, durch das Vergnügen zu unterrichten. —

Das unsre bessere Anordnung, unter der Voraussetzung, daß der Roman einen ganzen Zeitraum einnimt, und abwechselnde, sehr verschiedene Begebenheiten enthält, mit der Natur und der wirklichen Welt übereinstimme, glaub' ich erwiesen zu haben; daß der Dichter damit vorzüglich allein seine Absicht erreichen könne, wird sich sehr leicht von selbst ergeben. —

Das, was von dem Vergnügen, und von dem Unterricht, den eine einzelne Begebenheit durch

ihr

ihr anschauendes Entstehen verschaffen kann, gesagt worden ist, gilt, mit noch mehrerm Rechte, von einem solchen Ganzen des Dichters. Die Aehnlichkeit, die sich zwischen diesem großen Ganzen, und einer kleinern, nach obigen Grundsätzen behandelten Begebenheit befindet, ist schon bemerkt worden; und also braucht alles das, was von dieser Begebenheit gilt, nur einer Anwendung, um auch eben von diesem Ganzen zu gelten.

Es versteht sich von selbst, daß dieser Unterricht durchs Vergnügen nur desto größer, desto wichtiger seyn wird, wenn wir ihn durch mannichfaltigere, abwechselndere Verbindungen zwischen Ursach und Wirkung erhalten. Indem wir auf der einen Seite, durch diese Verschiedenheit sehr angenehm beschäftigt werden: so sehen wir auf der andern, unter welchen Umständen, oder nach welchen vorhergegangenen Begebenheiten, die folgende tiefern oder seichtern Eindruck macht; zu welchen Folgen, zu welcher Gefahr, oder zu welchem Gewinn ein gewisser Gemüthszustand, (gebildet durch vorhergehende Begebenheiten) führen könne; wir sehen, wenn die Formung der Person uns gefällt, unter welchen Umständen, und wie sie das geworden ist, was sie ist? und können, zu unserm Seyn Vortheil davon ziehen; und gefällt uns ihre Ausbildung nicht: so werden wir sie auf eine andre

andre Art nützen können, indem wir alle Gelegenheiten kennen lernen, wodurch wir am Ende dieser Person ähnlich werden müssen. Das sicherste Mittel, den Leser zu lehren, von welcher Art ein Geschäft, eine Lebensart, eine Leidenschaft ist, besteht darinn, den Eindruck, den die Sache unter verschiedenen Umständen machen kann, auf diese Art, anschauend zu entwickeln. Dann wird der denkende Leser besser, als aus zehn moralischen Vorlesungen das lernen, was er thun, und was er fliehen soll; er wird es mit dem Vortheil lernen, daß er weis, wie er es machen muß, um seinem Vorsatz gemäß zu handeln; er wird das, was ihn gut oder böse, glücklich oder unglücklich machen kann, weit lebhafter, weit anschauender erkennen, als vorher. — Für den Leser, der nicht denkt, und nicht selbst denken will, ist nirgends etwas zu lernen. Ich setze aber noch hinzu, daß hier der Dichter auch den Vortheil verschafft, daß er, wie schon vorhin gedacht, den Leser gleichsam zum Denken durch diese Anordnung seines Werks zwingt. —

7.

Wenn, nach all' den vorhergehenden Bemerkungen, in einem Roman, von einem gewissen Umfange, die Begebenheiten dem Charakter unter-

untergeordnet seyn müssen, so daß sie nämlich nur der Wirkungen wegen, die sie auf ihn machen, der Form wegen, die sie ihm geben, gewählt werden dürfen; wenn der Dichter sie nur als Mittel gebrauchen kann, so bald nämlich der Dichter, der Natur der Sachen gemäß, verfahren, und seinen Endzweck erreichen will: so folgert hieraus sehr natürlich, daß unter den beyden zuerst gedachten Anordnungen, deren die Materialien des Romanendichters fähig sind, diejenige, in der die Begebenheiten des Hauptwerks und nur die Charaktere der Vollendung derselben wegen, gewählt sind, nicht die natürlichere, nicht die eigenthümliche und bessere, sondern daß sie geradeswegs dem Endzweck des Dichters, und der Natur der Sachen zuwider sey. — Es läßt sich nämlich in ihr nicht Rechenschaft geben, (wie schon bemerkt ist) warum der Dichter ehe diese, als jene Personen zu Ausführung seines Plans und seiner Begebenheiten gebraucht habe? Jedes liebenswürdige, tugendhafte Mägdchen kann so gut, als Clarisse, mit Clarissens Schicksalen verbunden werden. Und ist dies: so ist das wahre Vergnügen, der wahre Nutzen, — das Eigenthümliche eines Gedichts verloren. —

Wenn also die Begebenheiten einer Person nur dadurch unter einander verbunden werden können, daß wir am Ende, an der Gestalt, an der ganzen

Denkungsart und dem ganzen Seyn der Person erkennen, daß sie durch diese oder jene Schicksale, durch diese oder jene Begebenheiten, so zu sagen, gegangen ist: so ist natürlich die äußere Veränderung, die Veränderung in den bloßen Schicksalen der Person, die Verschiedenheit ihrer letztern von ihrer erstern Lage, nicht das, womit sich ein Werk schließen kann, so bald nämlich der Dichter den Ruhm haben will, zweckmäßig gedichtet zu haben.

Die mehrsten Romane endigen sich aber auf diese Art. Die letztere Situation ist unglücklich, wenn der Anfang glücklich, oder sie ist glücklich, wenn der Anfang unglücklich gewesen ist. Das Mägdchen fängt den Roman an, und mit der Frau endigt er sich gewöhnlich; oder das Mägdchen glaubt sich im Anfange eine Braut, ist allgemein beliebt; und am Ende verlassen, verachtet, gar nichts, ohne daß sie was anders ist, als sie war. Die, durch die ihnen zugestoßenen Begegnisse, veränderte, umgeschmolzene, verbesserte, geformte Denkungsart sehen wir fast nirgends.

Und wenn wir sie finden: so erscheint sie als ein Deus ex machina vor uns. Wir wissen nicht, wir sehen nicht, wie die Sache zugegangen ist? das, was in dem Werke uns gezeigt worden ist, hat die Sache entweder gar nicht bewirken, oder doch so, wie sie erfolgt, nicht bewirken

kön-

können. Und wenns auch möglich gewesen wäre: so hat uns doch der Dichter nicht gezeigt, wie es eigentlich dabey zugegangen ist? Der Dichter hat, mit einem Wort, seine Begebenheiten nicht, ihrer Natur und der Wahrheit gemäß, zu nutzen gewußt. —

Darf ich Beyspiele anführen? — Wem fallen sie nicht selbst Dutzendweise ein? — Man erlaube mir an dessen statt, die Eigenthümlichkeiten dieser Behandlung zu entwickeln, damit man sie desto ehe vermeiden könne.

Wenn mein Begriff, meine Voraussetzung vom Ganzen richtig ist: so versteht es sich von selbst, daß der Romanendichter seine eigne Absichten, die er mit seinem Werk gehabt hat, so genau mit den, in seinem Werk gebrauchten Mitteln verbunden haben müsse, daß sie aus diesen erfolgen, ohne, daß wir seine Hand weiter im Spiele sehen. Er muß vorher die Materialien, das heißt, seine handelnden Personen und ihre verschiedenen Eigenschaften, aussuchen, zurechtputzen, nach Maaßgabe ihrer entworfenen Einrichtung zusammen setzen, — das Werk aufziehen, — und nun es seinen Weg gehen lassen. Der Dichter selbst gehört gar nicht mit ins Ganze seines Werks; er wäre was außerordentliches, das gleichsam in den Gang desselben hineingriffe. Der Künstler, der all' Augenblicke über seiner Uhr stellen muß, hat wahrlich keine gute Uhr gemacht. Es hat mich daher nicht wenig gewundert, wenn ich Dichter sagen hörte: ich hatte dieser Situation nöthig, ich brauchte diese Wendung u. s. w. Was Diderot vom dramatischen Dichter sagt, gilt gewiß auch vom Romanendichter. Er führt so gut, wie jener, lebende, handelnde Personen auf. Wenn er sein Werk nicht so zu ordnen gewußt hat, daß diese Situation, diese Wendung aus den, seinen Personen gegebenen Eigenschaften erfolgt, und so erfolgt, daß sie uns eine natürliche Wirkung derselben zu seyn scheint; — sondern, wenn er diese Situation bloß nach seiner Willkühr, von seinem Witz, oder seiner Phantasie anlegen läßt, ohne, daß er aufs Ganze seines Werks, und seiner Personen zurück sieht: — so hat er wahrlich nur ein mittelmäßig Werk gemacht.

Ich will mich bemühen, an einigen Beyspielen zu zeigen, wie der Dichter seine Nothwendigkeit mit der Nothwendigkeit der handelnden Personen zu verbinden suchen müsse.

Erstlich von der Nothwendigkeit und der Wahrscheinlichkeit der handelnden Personen selbst ein Wort. Ich glaube, daß eine That nothwendig heiße, wenn zufolge des eigenthümlichen Charakters, und der ganzen jetzigen Lage der Person, nichts anders erfolgen könne, als was wirklich erfolgt.

Es

Es konnte nach dem, dem Agathon gegebnen Charakter, aus der Situation, in welcher er das erstemal ins Haus der Danae kam, nichts anders erfolgen, — als daß er Danaen anfieng, zu lieben. Seine Liebe war gleichsam das Resultat von dem, was er selbst war, und von dem, was er von Danaen hörte und sahe. Bey einer solchen **Nothwendigkeit** wird uns nichts im Werke eines Dichters einen Augenblick aufhalten, oder anstößig werden können. Es ist nichts da, das bedenklich wäre; das Gewicht ist gerade so schwer, als die Last, die es in die Höhe ziehen soll. Und nur um desto besser lernen wir das bey der Sache, was wir, nach den vorher festgesetzten Begriffen dabey lernen sollen. — Bey der **Wahrscheinlichkeit** [m]) verhält sich die Sache ganz anders. Es ist wahrscheinlich, daß Lord Bomston in Rousseaus Julie sich so eifrig des St. Preux annimmt; aber es ist nichts

m) Corneilles Verdrehungen (Sec. Disc. p. 532 f. Ed. d Amsterd.) mit des Aristoteles Lehre von der Nothwendigkeit und Wahrscheinlichkeit, verdienten, daß sie gerügt, und von einem dramatischen Kunstrichter besonders so gerügt würden, wie vom Lessing, in seiner Dramaturgie, die übrigen Verdrehungen des Corneille. Für angehende dramatische Dichter würde dies von dem größten Nutzen seyn. — Daß meine Begriffe von Nothwendigkeit und Wahrscheinlichkeit mit den Begriffen des Philosophen zusammen stimmen, davon glaub' ich überzeugt zu seyn; und das hat mich in meiner Meynung darüber bestätigt. —

nichts weniger, als nothwendig. Der Engländer konnte es thun, oder auch nicht; in seinem Charakter, in seiner Situation liegt nichts, das ihn verband, so zu handeln. Es ist ferner, aber kaum nur wahrscheinlich, daß Clarissa sich in einem unerlaubten Briefwechsel mit dem Lovelesſ einläßt, und ihn auch fortsetzt. In ihrem Charakter, in ihrer eigenthümlichen Denkungsart ist nichts, das sie dazu vermöchte, ist nichts, das uns befremden würde, wenn die Sache anders erfolgte. — Wenn der Dichter nicht den höhern Grad von Nothwendigkeit zur Grundlage der Handlungen seiner Personen machen kann: so soll er es dem Leser wenigstens nie an diesem geringern Grade der Wahrscheinlichkeit fehlen lassen. Es ist aber sehr gewiß, daß der Leser bey dieser bloßen Wahrscheinlichkeit lange das nicht an Charakter und Begebenheit lernen kann, was er bey der Nothwendigkeit lernt. Bey wichtigen und entscheidenden Vorfällen verlangen wir schlechterdings mehr zur Rechtfertigung dessen, was geschieht, als Wahrscheinlichkeit. Nur bey geringern Begebenheiten, das ist, bey solchen, die nicht entscheidende Wirkungen und Eindrücke hervorbringen, begnügen wir uns mit Wahrscheinlichkeit. — Und diese Nothwendigkeit, oder im andern Fall diese Wahrscheinlichkeit seiner Personen muß nun der Dichter sowohl in Herbeyholung der Situationen

seiner

seiner Personen, als in ihrem Betragen darinn, vor allem andern beobachten, und unter ihr seine Nothwendigkeit verbergen.

Ich verstehe unter der Nothwendigkeit des Dichters eine Begebenheit, die er nöthig hat, damit er den Endzweck erreiche, den er mit seinem Werke sich vorgesetzt hat. Wenn Agathon das werden sollte, was er am Ende des Werks ist: so mußte ihn der Dichter in Situationen bringen, in welchen er die Menschen von der Seite kennen lernen konnte, von welcher sie sich gegen Oberherrn, Befehlshaber, Könige; und von der andern Seite, wie sie sich gegen Sclaven, gegen Anbeter, — mit einem Worte, wie die Menschen sich am Hofe zeigen? Dies war der Zweck, die Absicht des Dichters; wie wußte er solche in den Zweck seines Helden zu verwandeln? Erstlich wars die Denkungsart und der Charakter des Agathon, der ihn aus dem Hause der Danae ziehen mußte, so bald er alles erfuhr, was sie war; — eben diese Erfahrung mußte seine vorigen Neigungen, seinen ersten Geiz nach rechtschaffenen und guten Thaten in dem Grade wieder erwecken, worinn er, nach seinen Begebenheiten mit der Danae, erweckt werden konnte. Der Dichter hatte dies schon vorbereitet; die geheimen Nachrichten von der Danae bliesen nur den glimmenden Tocht in volle Flamme; —

vermöge seiner vorigen Begebenheiten, und der, durch sie geformten Art zu denken, konnte er nicht nach Athen zurück kehren; — in Jonien konnte er, mit seinem jetzigen Abscheu vor Danaen, und mit seinem Unwillen über sich selbst, nicht bleiben; — Agathon war ein Grieche, in dem ächten Sinn, den dies Wort bey wahren Griechen hatte, das heißt, außer seinen Landsleuten mußten ihm alle andre Völker Barbaren dünken; — in Sicilien herrschte Dionys, und Agathons Freunde waren an diesem Hofe (der Dichter hatte vorher die Geschichte in diesen Zeitpunkt verlegt) — ein Schiffer war da; — Agathon konnte, nach seinem ganzen Charakter und seiner ganzen Situation, nicht lange unschlüßig seyn; — er ist in Sicilien. — Ist es möglich, nur zu vermuthen, daß der Dichter in diese Sachen sich gemischt habe? Es geht so zu, wie es, nach allen Gesetzen der Natur zugehen mußte. Das ganze innre und äußre System des Agathon ist verbunden, um diese Wirkung hervorzubringen. Agathon mußte so denken, wie er dachte, und in solchen Umständen seyn, wie er war, damit diese Reise erfolgen konnte. Ich möchte den Dichter sehen, der mit dem Agathon, wie er mit Ausgang des zweyten Kapitels im achten Buche vor uns aufspringt, und den Sophisten verläßt, mit all' seinen Eigenschaften, seinem Charakter,

seinen

seinen gehabten Begebenheiten, seinen Neigungen und Eigenthümlichkeiten, — was anders anfangen könnte, als der Dichter mit ihm anfängt? —

Nun dürfte wohl in einem Roman, der die bloße äußere Geschichte eines Menschen enthält, diese Nothwendigkeit der Personen nicht so genau mit der Nothwendigkeit des Dichters verbunden werden können, daß nicht der Dichter durch seine Personen durchgucken sollte. Da für eine Person das nur nothwendig ist, was so wohl vermöge ihrer Situation, als vermöge ihrer Denkungsart, ihres innern Seyns erfolgen muß, so daß diese Situation so wohl, als die Denkungsart der Person die Ursache sind, von welcher diese Nothwendigkeit jetzt die Wirkung ist: so ist die ganze gegenwärtige Summe der Denkungsart einer Person zu allererst in Erwegung zu ziehen, wenn man sie aus einer Lage in die andre bringen will. Denn, wenn sie nicht Maschiene seyn soll; so muß dies Wollen von ihr selbst kommen; und es muß, wie gesagt, so leicht kein anderes, als eben dies Wollen erfolgen können. Und der Dichter also, dem es mehr um die äußern Schicksale seiner Personen zu thun ist, darf nicht zu dieser innern Nothwendigkeit der Personen seine Zuflucht nehmen, weil sonst nach dieser die Sache oft ganz anders gehen müßte, als sie geht. Ich will mich an einem

Beyspiele begreiflicher machen. Ich nehme es aus einer bekannten Schrift, über deren Werth ich mich schon zu sehr erklärt habe, als daß man bey der Wahl dieses Beyspiels eine andre Absicht denken könnte, als die, meine Meynung begreiflicher, und für kunftige Romanendichter überzeugender zu machen. Der Verfasser von Sophiens Reise hatte die Begebenheit (Th. 1. S. 61. u. f.) eben so nothwendig, als, nach Maaßgabe der verschiedenen Absicht und der verschiedenen Gattung, Wieland die Reise Agathons nach Sicilien. Die Motiven zu dieser Reise aber hohlte Wieland aus dem Innern des Agathon; und jene Begebenheit wird allein durch die äußern Umstände der Personen eingeleitet. Ich will alle Umstände getreulich anführen, wodurch diese Begebenheit wirklich wird. Sophie muß durstig seyn, wenn sie sich schlafen legt; — sie muß sich einschließen; — sie muß nicht ohne Nachtlicht schlafen, das Kühle der Nacht nicht leiden, und das Schloß der Thüre muß von inwendig nicht geöfnet werden können; — ein Fenster muß offen stehen: dies, mit den Umständen, die aus der Lage des Orts, und der Abwesenheit des H. Leß.., erfolgen, ist es, wodurch ein Begebenheit von solcher Wichtigkeit wirklich wird. Es ist, wie wir sehen, alles von außen her geholt; wir sehen nichts von Sophiens Innern, in

der

der ganzen Anlage der Situation. Das Einschließen könnte uns einen Theil ihres Charakters öfnen, wenn das Einschließen übertrieben, und ein Zug ihrer Prüderie wäre; wenn sie vorzuglich durch dies Einschließen in die folgende so sehr unangenehme Lage geriethe. Dann wäre die Sache vortreflich von dieser Seite behandelt; aber jetzt ... man sage mir, was ist in all den angeführten Umständen, die freylich dem Dichter alle nothwendig sind, wenn die Sache so erfolgen soll, wie sie erfolgt; — das aus Sophiens Denkungsart und innern Lage eben so nothwendig erfolgte? Von dem Einschließen hab' ich schon geredt. Und was war in der vorhergehenden Lage der Personen und in dem Ganzen des Dichters, vermoge dessen Sophie gerade in diese, und in keine andre Situation kommen konnte, vermöge dessen die Sache so erfolgen mußte, wie sie erfolgt? Wo sind die Ursachen in dem Ganzen des Dichters, welche diese Umstände so hervorbringen, daß sie nun gar nicht anders erfolgen könnten, als sie wirklich werden? — so daß wir uns wundern müßten, wenn sie anders erfolgten? — Aus allen dem, was in dem Ganzen des Dichters vorgeht, ist gar nichts da, vermöge dessen die Umstände bey diesem Schlafengehn, und dies Schlafengehn selbst so erfolgten, das nun billig nichts anders erfolgen könnte.

So-

Sophie konnte sich **allein** schlafen legen; aber auch nicht; und wahrscheinlicher **nicht** allein, als ohne Gesellschafterinn. Ich weis, daß sie nie das werden konnte, was sie wird, wenn die angeführten Umstände nicht alle wirklich wären; aber die Situation wird nichtsweniger, als durch sie so herbeygeführt, daß sie eine Wirkung von ihnen ist; sie sind **Veranlassungen** dazu, nicht **Ursache**. Welche ist die **wirkende Ursache**, die Sophien im Zurückgehen vom Fenster gerade auf H. Leß...s Bett führte? Und diese Sache ist so **wichtig**, daß wir von dem Dichter mehr als Wahrscheinlichkeit, daß wir mit Recht die innigste Verbindung von Wirkung und Ursache fodern können. — — Wer sieht ferner nicht, daß mit diesen ganzen Umständen und Vorfällen die Sache noch ganz anders erfolgen konnte, als sie erfolgt? Was ist nämlich in all' diesen Umständen, das gerade den H. Leß... nach Hause bringen muß? Was ist darinn, daß den H. Leß.. bewegt, sich mit Sophien einzuschließen? Er hätte es, eben dieser Umstände wegen, nicht gesollt. — Und was ist in dem H. Leß... selbst, das ihn gerade in diese Situation führe? Wenn in seiner Denkungsart der Grund dazu liegen kann: so hat ihn uns der Dichter wenigstens nicht sehen lassen. — Agathon mußte das seyn, was er ist, wenn die Sache so erfolgen sollte,

sollte, wie sie erfolgt, er mußte so denken, und so empfinden, wie er empfindet, und denket, — aber der Anlage in Sophiens Reise zufolge, konnte H. Less... immer noch was anders seyn, als er ist, und die Begebenheit konnte doch auf dieselbe Art wirklich werden, wie sie es jetzt wird. Im Agathon konnte, ohn' alles das, was vorhergegangen war, die Reise nach Sicilien ihre Wirklichkeit nicht erhalten; in Sophiens Reise dürfen wir nichts, als die Dinge wissen, die die Unmöglichkeit der Situation verhindern; das vorhergehende ist zum Erfolg der Sache gar nicht so nöthig, wie es ist. Es konnte auf zehnfache Art anders seyn, und doch war die Situation möglich. Wenn H. Less... und Sophie das erstemal in ihrem Leben sich sahen: so konnte die Sache eben so erfolgen. — Und Sophie brauchte nicht Sophie zu seyn; sie konnte einen ganz andern Charakter haben, als sie hat; und die Sache war auch gemacht.

Ich schränke mich auf die Situation selbst ein, und indem ich sie bloß als Wirkung betrachte. Wenn ich sie als Ursache folgender Begebenheiten ansehen sollte; so würd' ich zu dem gesagten noch vieles hinzu setzen müssen. Damit ich aber meine Meynung recht begreiflich mache; so erlaube man mir, sie an einem andern Beyspiel zu zeigen. Ich glaub',

glaub', im ganzen Ernst, diese Bitte um Erlaubniß thun zu müssen. —

Wenn man die Entstehung von Agathons Liebe gegen die Entstehung der Liebe des Grandisons zu Henrietten hält; so findet man in jener alle die Eigenthümlichkeiten, alle die Besondernheiten, alle die kleinen Umstände in Danaens ganzer Situation, und in ihrem ganzen Betragen, — in ihrem Anzuge, — in der Einrichtung ihres Hauses, — in ihrer Ausführung von Daphnens Rolle nach Agathons Ideen u. s. w von der einen Seite; — und von der andern in dem ganzen Charakter des Agathon, in seiner Art zu denken und zu empfinden, alle die Gründe anschauend, wie diese Liebe entstand, und warum die ehrlichen Leute sich lieben, und sich lieben mußten? Wie sehr diese Behandlung der Natur angemessen, wie lehrreich sie sey, ist von solchen Behandlungen überhaupt schon gesagt worden. — Wie wenig von all diesen kleinen Umständen, die den eigentlichen Anlaß zu Grandisons Liebe gaben — oder vielmehr wie gar nichts findet sich in der Richardschen Erzehlung von der Entstehung dieser Liebe. Nicht einmal der Umstand, daß er Henriettens Befreyer gewesen war, wird uns gezeigt, als ob er Einfluß auf das Entstehen der Leidenschaft des Grandison gehabt habe: ein Umstand, den Sterne, wenn

wenn ich mich recht besinne so ausgedrückt hat: You take a whitering twig, and put it in the ground; and then you water it, because you have planted it. Grandison liebt Henrietten, — weil er sie liebt; und weil sie überhaupt ein liebenswürdig Mägdchen ist. Die Sache ist gut, und die Erzehlung kann amüsiren, das heißt, die Zeit verderben helfen; aber das, was der Leser aus dem Dichter lernen will, weßwegen er gerade den Dichter in die Hand nimmt, das lehrt sie nicht, das Vergnügen gewährt sie nicht. — [n])

Ich

n) Ich fürchte die Verwunderung vieler meiner Leser über meine Kühnheit, den Richardson zu tadeln. Man schränke aber meinen Tadel auf das ein, was er wirklich ist, auf den Mangel dichterischer Kunst in seinem Werk; und der Verfasser wird ihnen doch noch, wegen vieler guter Eigenschaften sehr werth bleiben können. Auch will ich ihm diese Achtung nicht nehmen. Er ist, als Romanendichter, gerade so gut, wie er für den größten Theil der Leser seyn muß; und immer noch einer von den besten, so wie es deren giebt. — In England hat er, unter den wichtigsten Theil seines Volks nie den Beyfall gehabt, den man ihm in Deutschland gegeben. Sie haben ihm den Fielding von je her vorgezogen; und nicht deßwegen allein weil er mehr national, mehr Humorist, lustiger ist als Richardson. Dies hab' ich von mehr als einem Engländer gehört, der mit Recht Foderung an Genie und Witz machen konnte, — ich hab' es in Deutschland nämlich von ihnen gehört. Wenn die äußere Einrichtung seines Werks, das Briefschreiben der Personen selbst, vielleicht als eine Entschuldigung angegeben wird, warum Richardson nicht so sehr, als Fielding das Innre seiner Personen auf-

Ich habe schon bemerkt, daß in dieser Behandlung, die Personen das Ansehn von Sklaven, von Maschienen haben, die nach der Willkühr des Dichters sich bewegen. Wir können nichts an ihnen lernen; wir sehen nichts an ihnen von dem, was wir im Romanendichter sehen wollen. Solche üble Folgen hat es, wenn der Dichter nur um sein selbst willen, seiner Nothwendigkeit wegen allein, die Situationen anleget. Die schon vorher angeführten Beyspiele von der unrechten Behandlung der Begebenheiten, die, im Grunde, den hier zuletzt angeführten vollkommen ähnlich sind, haben die Unschicklichkeit dieser Behandlung schon aus mehrern Gesichtspunkten gezeigt. Was von ihnen gegolten hat, gilt auch von der letztern. Und so wie die Nothwendigkeit des Dichters allein in diesen sich zeigt: so zeigt sie sich auch in jenen. —

Nun

aufdecken können, oder wenn man gar die Schuld auf die Beobachtung des wahrscheinlichen Anstandes und der feinern Lebensart unter Personen des sogenannten Nigh life schieben wollte: so würde der Ausweg für den Dichter, der wahrer seyn will, sehr leicht zu finden seyn. Aber, — zugegeben, (wie es auch schon bemerkt ist) daß die erstere Entschuldigung gelten, und dann dem Uebel leicht abgeholfen werden könne: so ist die letztere nicht der Widerlegung werth, wenn der Dichter selber redet. Was kann ihn abhalten, diese Personen von allen Thorheiten des Wohlstandes zu entblößen? — Nichts! —

Nun denke man sich ein ganzes Werk, aus vielerley Begebenheiten, und auf diese Art zusammen gesetzt: was soll der Leser daraus nützen? Eine Begebenheit steht in dem Zwischenraum der vorhergehenden und der folgenden, ohne, mit Wahrheit, die Wirkung jener, und die Ursache dieser zu seyn. Der Witz des Verfassers läßt uns von einem Vorfall zum andern hinüber hüpfen. Da sind Hindernisse, die am Ende keine Hindernisse sind; da bringen ganz fremde Begebenheiten oder Personen, unerhörte äußere Veränderungen zum Vorschein; da ersterben Vorfälle und Begebenheiten, von welchen wir, am Ende, nicht die geringste Spur mehr finden; — da haben wir eine solche Menge verschiedener, von einander abstechender Vorfälle, bey welchen der Leser, bald weinen, bald lachen soll, (wenigstens nach dem Vorsatz der Autoren) und diese sind so zusammen gedrängt, daß man sie nicht zu übersehen vermag; — da häufet der Dichter ein Abentheuer über das andre, um nur den Leser warm zu erhalten; und er muß es, weil dies allein die Neugierde des Lesers beschäftigen; und sonst nichts als diese beschäftigt werden kann; da ...

desinit in piscem mulier formosa superne. —

Ich glaube nicht auf eine unrechte Art das, was man gewöhnlich Roman nennt, hierdurch charakterisirt zu haben. So sind sie in der Wahrheit, und so müssen sie seyn, wenn der Dichter nichts, als seine vermeynte Nothwendigkeit allein hört, das heißt, wenn er einen Vorfall in sein Werk hineinflechten will, ohne Rücksicht auf das Innre seiner Personen, ohne Rücksicht auf den Eindruck, den dieser Vorfall, für die folgenden Situationen, auf die Personen, und ihre Art darinn zu denken und zu handeln, seiner Natur nach machen sollte. — Wer sieht nicht, daß der Witz die böse Krankheit ist, aus welcher diese Gebrechen zum Theil entstehen? — Ich rede von Romanendichtern, die noch witzig sind. Es giebt deren freylich auch genug, die nicht einmal Foderung an Witz machen können. —

Doch möchte die Anordnung eines Werks seyn, wie sie wollte, wenn sie nur irgend etwas zweckmäßiges, irgend etwas wahrhaft nützliches, zur Unterhaltung, zur Verbesserung, zur Vervollkommung des menschlichen Geschlechts beytrüge. Aber die letztere, die ich, zum Unterschiede von der erstern, die historische nennen will, (nach den gewöhnlichen, vielleicht sehr falschen Begriffen, die wir uns von der Geschichte machen) hat, bey den guten Eigenschaften, die sie haben kann, nun gar nichts, das nicht jene bessere, zuerst gedachte Anordnung nicht auch und besser hätte. Und die Vortheile, die diese eigenthümlich hat, und die gerade die wesent-

lich-

lichsten Eigenschaften eines solchen Werks sind, kann jene gar nicht haben. —

8.

Es scheint auf den ersten Augenblick schon eine Beleidigung, — wenigstens eine strafbare Geringschätzung und Gleichgültigkeit für das, was wir selbst sind, wenn wir aus den Begebenheiten, aus dem Aeußern des Menschen das Hauptwerk in Fällen machen, wo es uns frey steht, aus dem Innern desselben, aus dem, was eigentlich Mensch ist, und heißt, unsern Endzweck zu bilden. Der Mensch selbst war ehe, als Begebenheit oder Vorfall; er läßt sich ohne sie; ein Vorfall, eine Begebenheit, eine That nicht ohne Menschen denken. Und sehr philosophisch, sehr richtig über den wahren Werth des Menschen, über das, was er zuerst seyn sollte, heißt es auch nicht gedacht, wenn wir den Gesichtspunkt, aus dem die menschliche Natur eigentlich zu betrachten, und aus dem allein des Menschen Verdienst und Unverdienst, Glück oder Elend zu entscheiden ist, über seinem Aeußern vergessen. Und ist etwan dies Innre nicht das Wichtigste bey unserm ganzen Seyn? Kann der Leser aufgeklärter werden, kann er richtiger über das denken lehren, was ihm zu wissen gerade am nöthigsten ist. — und deßwegen am nothwendigsten, weil man ihn so herzlich wenig davon lehrt — wenn seine Lehrer, seine so genannten Vormünder, ihm das, als das Wesentlichste zeigen, was es nun gerade zu gar nicht, oder nur in Beziehung auf sein Innres nur ist? — Wenn der Dichter nicht das Verdienst hat, daß er das Innre des Menschen aufklart, und ihn sich selber kennen lehrt: so hat er gerade — gar keins. Dies Gebiet ist ihm zum Anbau zugewiesen; oder er vielmehr hat es sich zugeeignet. Denn nur dies Verdienst kann er haben; dies ist es, was er vorzüglich thun kann. Und wenn er dies nicht hat: warum ist er denn, was er ist? — Den andern Unterricht, das andre Vergnügen kann der Leser nützlicher und besser erhalten, als durch ihn. Wenn er daher einen Werth ums menschliche Geschlecht haben, wenn er seinen Mitmenschen nützlich werden, wenn er geduldet, und nicht schlechterdings, als ein überflüßiger Hausrath angesehen werden soll: so muß er sich um dies Verdienst bewerben. Und dies Verdienst kann der Liedersänger so gut wie der Epische Dichter, (es versteht sich nach Maaßgabe ihrer Materialien) erhalten. — Doch ich hab' es nur mit dem Romanendichter zu thun. Er kann dies vorzüglich. Er hat vorzüglich Mittel in Händen, uns Thüren zu öffnen, die nur der Dich-

Dichter überhaupt öffnen kann. Wenn er sie nicht zu öffnen versteht, oder sie nicht öffnen will: so muß er es uns nicht übel nehmen, wenn wir ihm sehr aufrichtig sagen, daß wir seiner entbehren können. — Aber, wenn er dies thut, wenn er uns sehen läßt, wie wir gut oder böse, wie wir wahrhaft glücklich oder unglücklich werden können: wenn er uns unsern innern Zustand, worauf alles dies beruht, als das wichtigste ansehen und ihn uns kennen lehrt, damit wir an andern lernen können, wie wir uns selbst, und wie wir andre, unsre Kinder, Schüler, Untergebene ausbilden sollen: — so hat er ein Verdienst ums menschliche Geschlecht, das nur mit dem, das unsre äußre Glückseligkeit festsetzt, oder mit dem, das mit ihm zugleich an der Berichtigung unsrer innern arbeitet, — und sonst mit keinem verglichen werden kann. — Ich weis es, daß unser Inneres und Aeußeres so mit einander verwebt sind, daß beyde gleich sehr zu unsrer Glückseligkeit beytragen; aber ich weis auch, daß dies Innre allein von unserm Glück oder Unglück, Verdienst oder Unverdienst entscheidet. Wer eine Theorie der Empfindungen schreiben, und das Maaß dazu von etwas anderm, als unserm innern Zustande nehmen wollte, würde eine sehr kahle Theorie schreiben; und wer unser Verdienst zu bestimmen dächte, ohne uns die Krone oder das

Schurzfell zu nehmen, würde nicht viel mehr thun, als Dichter, die beym Altar und der Bahre im Solde stehen. —

Nichts mehr, — oft noch weniger ist der Romanendichter, oder kann der Romanendichter nützen und vergnügen, als jener, wenn er sich auf die Vortheile einschränkt, die er durch die bloße äußre Geschichte seiner Personen erhalten kann. Der Beweis hiezu ist herzlich leicht. — Erstlich von dem Innhalt seiner Begebenheiten.

Wenn der Innhalt uns bloß vergnügen soll: so kann dies die erste, beste abentheuerliche Zeitungsneuigkeit, oder das Alteweibermährchen auch. Die Begebenheit wird uns freylich zur Unterhaltung; aber zur Unterhaltung unsrer Neugierde. Und ob diese nun eben einer Unterhaltung bedürfe; ob eben der Dichter sich herablassen solle, für diese zu schreiben, das will ich zwar nicht, nach den Absichten, warum vielleicht in Deutschland noch bis jetzt die Romane gelesen werden, entscheiden; aber dreust sag' ich, daß der Dichter zu viel Stolz haben müsse, für die Neugierde zu schreiben. Wer ihn nicht aus andrer Ursach liest, lese ihn gar nicht! Und wenn der Dichter sich selbst zu schätzen weis: so wird er nicht nach neugierigen Lesern fragen. Verachten wird er sie; — und am Ende zwingen, klüger zu werden; denn sie werden ihn lesen und ihn verstehn lernen müssen, wenn er nicht ihrer Unwissenheit nachgiebt. O daß doch alle deutsche Dichter sich hiezu vereinigten, und nicht um ...

„Doch die bloße Befriedigung der Neugier ist es nicht allein, die der Leser durch den Innhalt der Begebenheiten erhält, und erhalten kann. Sie kann ihm zum Lesen führen; aber er kann für andre Bedürfnisse Nahrung im Dichter finden, Unterhaltung für seine Empfindungen?“ — Ich gebe es gerne zu, daß der Innhalt der Begebenheiten eines Romans einigen Werth um den Leser haben könne, wenn er seine Empfindungen beschäftigt; es ist uns so nöthig, und so angenehm, zu weinen und zu lachen, daß wir dem, der uns dies verschafft, Dank schuldig sind. Aber es kommt sehr darauf an, wie wir weinen und lachen. Wer bloß diese beyde Fähigkeiten beschäftigt, ohne sie zweckmäßig zu beschäftigen, der hat nur für die Stellung des Bedürfnisses gesorgt. Und sehr ungesunde Nahrung kann auch den Hunger stillen. Doch die Nahrung braucht nicht eben ungesund zu seyn, um doch nichts zu taugen. Wenn der Dichter es gleich vermeidet, dasjenige belachen oder beweinen zu lassen, was es nicht verdient, und was uns dadurch schädlich werden kann, indem wir es aus einem falschen Gesichtspunkt betrachten lernen;

(ein Fall, von dem hier eigentlich noch nicht die Rede ist) so werden wir doch, wenn wir das wie der Begebenheit erkennen, die wir z. B. beweinen sollen, weit richtiger, weit angemessener unsre Empfindungen an ihr verspenden können, als wenn wir auf den bloßen Innhalt derselben sehen. Und dies ist, was wir nur von jenem bessern Romanendichter, wie ich gewiesen habe, lernen können, dies ist es, warum ich eben die Aufklärung der Wirkung und Ursache, die anschauende Verbindung zwischen dem Innern und dem Aeußern des Menschen, gefodert, und vorher schon gesagt habe, daß der bessere Romanendichter, außer seinen eigenthumlichen Vortheilen und Vorzügen, alles das gemeinschaftlich mit dem historischen Erzehler der Begebenheiten, — und es besser, zweckmäßiger habe, als dieser. Denn, wenn das Entstehn, das Wirklichwerden einer Begebenheit vor unsern Augen, das Eigenthümliche des bessern Romans, und überhaupt das Wesentlichste bey der Sache ist: so schließt dies Wirklichwerden nicht das Anziehende der entstehenden Begebenheit aus; es vervollkommt, es bestimmt, es berichtigt unsre Theilnehmung an diesem Anziehenden nur. Ich werde dies an einem Beyspiele begreiflicher machen. Man lese die höchst anziehende, und durch die zauberische Einbildungskraft des Dichters so verführerisch ausgemalgemalte Scene im Agathon, wo Danae ihren Liebling mit einem Concert unterhält; eine Scene deren Innhalt gewiß das Herz der Leser in sehr angenehme Bewegungen setzt; man lese sie, sag' ich, und abstrahire von all den Ursachen, wodurch sie wirklich wurde, und von all den Wirkungen, die sie hervorbrachte, und untersuche nun seine Empfindungen: werden sie das seyn, was sie, der Wahrheit, der Billigkeit nach, seyn sollen? Keinesweges! Wir werden uns herzlich dabey vergnügt; aber vergnügt haben, ohne nur einmal an den Nachtheil denken zu können, den unser Vergnügen haben kann. Je reizender, je entzückender der Innhalt selbst ist, je weniger können wir, wenn uns der Dichter nämlich nicht die Mittel dazu selbst an die Hand gegeben hat, es zu unserm Nuzzen anwenden. Und diese Mittel sind eben die, die der Dichter des Agathon gebraucht. Man stelle sich an Agathons Seite hin, und höre die Musik; nicht sie allein, sondern auch Agathons Zustand wird uns beschäftigen; und so wird unsre Theilnehmung verdoppelt seyn. — Mit jedem Augenblick wird diese Musik anziehender für mich, weil ich sehr gewiß, mit der Kenntniß, die ich vom Agathon habe, weis, daß sie es für ihn wird; ich fühle mit ihm; aber — sie führt den Agathon in das Orangewäldchen, und der ganze folgende Zustand des Agathon lehrt mich, in wie weit ich selbst Recht habe, mich den sanften Eindrücken der Tonkunst zu überlassen; — die Scene lehrt mich, die ganzen Folgen, auf die meine aufgebrachten Empfindungen hinaus laufen können. Ich erwache gleichsam von meinen süßen Träumen, in die mich der Dichter versetzt hatte; aber ich erwache zu meinem Vortheil: Ein andrer würde mich haben fortträumen lassen, und vielleicht wär' ich nicht ehe, als durch einen herben Stoß, den ich meinem Traum zu danken hatte, erwacht. — Jetzt seh ich an diesen angelegeten, und erfolgten Wirkungen das, was ich von der sie wirkenden Ursache, von Danaen denken soll; und seh' es jetzt natürlich noch allein, weil Agathon nicht so schnell erwachen kann, als ich, er, der aus dem süßen Traum in noch süßere verfällt. — Ich lerne mein Urtheil über den Werth ähnlicher Scenen berichtigen; ich lerne meine Empfindungen richtig schätzen; — ich habe mich als ein vernünftiger Mensch bey dieser Scene vergnügt. — Kann dies der bloße Innhalt einer Begebenheit, ohne Rücksicht auf ihre innern Ursachen, und ihre innern Wirkungen? — Bey dem bloßen Erzehler der Begebenheiten bin ich nichts als der Zuhorcher der Musik; nichts mehr oder weniger, als wenn ich ein Concert in einem Musiksaale höre — Und oft

oft noch weit weniger, denn der Dichter, der mir nicht an den Wirkungen, die seine Begebenheiten hervorbringen, ihren Innhalt zeigt, wird ihn mir nicht so lebhaft geben können, als mein Ohr. Aber, wie gedacht, diese Wirkungen müssen wir auch, mit ihren Folgen sehen, wenn wir vernünftig unterhalten werden sollen. —

„Der Innhalt der Begebenheit kann aber auch **unterrichtend** werden, wenn wir an dem Betragen des Mannes, dessen Thaten den Innhalt der Begebenheit ausmachen, ein Beyspiel sehen, wie wir uns betragen sollen?" — Grandison sey das Beyspiel! — Wie muß ich es nun anfangen, so zu handeln, wie er? — Ich muß so denken, so empfinden, wie er — (Ich nehm' es an, daß Grandisons äußre Umstände hier noch nicht in Betracht kommen; die kann der Dichter doch mir nicht geben.) Also muß ich zuerst Grandison seyn. — Aber **wie** werd ich dies? — davon sagt der Dichter kein Wort; das ist deine Sache! Lern es! da wird es schlimm aussehen! — Im Ernst, der Dichter thut seinen Lesern zu viel Ehre, der sich hierinn auf sie verläßt. Diejenigen, die Gebrauch von einem Beyspiel machen wollen, die sich, **mit Recht**, Muster suchen konnen, suchen nicht solche fertige Muster in Romanen; und die

übrigen

übrigen läßt der Dichter gerade da im Stiche, wo sie seiner am nöthigsten haben. Und daraus erfolgt denn auch gewöhnlich das, was H. Musäus anfieng, so wahr, so lebhaft zu schildern. Mir ist Grandison der zweyte so schätzbar, als er es immer nur Abbten seyn konnte. —

Weit lehrreicher aber, als der erste Grandison, so bald die Rede vom Unterrichtenden des Charakters ist, ist die Geschichte des schon oft angeführten Agathons. Denn in ihm sehen wir, wie er zu all den Eigenschaften gelangt ist, die ihn uns so schätzbar machen; „wir sehen, um mich mit des Dichters eigenen Worten auszudrücken, warum vielleicht viele Menschen nicht so tugendhaft und weise sind, wie Agathon, wir sehen, wie es zugehen müßte, wenn sie es werden sollten." Wer lernt nicht, zum Beyspiel, am Agathon, wie ein rechtschaffener Mann am Hofe sich betragen könne; wer lernt es nicht um desto ehe, da er das ganze Innre des Agathons aufgedeckt sieht, und sein eigenes mit ihm vergleichen, und darnach modeln kann, um ihm ähnlich zu werden? Und wenn Agathon kein glücklicher, kein so genannter kluger Hofmann war: so lehrt es den, ihm ähnlichen vielleicht den Hof meiden, an dem er eben das Schicksal haben würde, das Agathon hat.

Ein

Ein Mann [o]), dessen kleinstes Verdienst es war, von Ramlern so gar, unter die Helden seiner Zeit gesetzt zu werden, und den ich mit diesem Agathon bekannt zu machen das Verdienst gehabt, hat es öfter als einmal gesagt, daß er aus dem Agathon mehr gelernt habe, seitdem er ihn am Hofe zu Syrakus gesehen, als ihn all seine eigne Erfahrungen gelehrt hätten, — und daß er es gelernt habe, weil er gesehn, wie es zugienge, daß man sich so leicht, in seinen Urtheilen über gewisse Dinge, bey gewissen Gesinnungen, irren müsse? Er versicherte, es nicht umsonst gelernt zu haben; und aus der Folge seines Lebens läßt sich dies bestätigen.

o) Und warum sollt' ich den Mann hier nicht nennen? Er ist nicht mehr! — Es war der Preuß. G. v. Seydlitz; ein Mann, dessen Rechtschaffenheit, dessen Menschenliebe gewiß seinen Verdiensten, als Krieger gleich kamen. — Sein Urtheil über den Agathon kann dem Verf. desselben nicht gleichgültig seyn, da der Mann mehr war, als Krieger, und rechtschaffener Mann; er vereinte in sich alles, was den großen Mann charakterisirt. Er war gerade so scharfsinnig, gerade so witzig, hatte gerade einen so gebildeten Geschmack, als es sich mit seinen übrigen Beschäftigungen und Eigenschaften nur vertragen konnte. — Und sein Geschmack war nicht durch französischen Witz verdorben. Wem diese unschuldige Anekdote anstößig wird, den erinnere ich an Sternens Sentimental Yourney: „why should I not rescue one page from violation by writing *his* name in it. u. s. w." (The Translation) — Die ganze Stelle paßt lange nicht hieher; aber sie entschuldigt.

tigen. Seit der Zeit war Agathon sein Lieblingsbuch, und sein Name, der unter den Subscribenten der neuen Auflage steht, kann es bezeugen helfen. Wenn dies alles auch weiter nichts erwiese, als daß die Geschichte Agathons, durch ihre Einrichtung, sehr lehrreich seyn könne: so hätt' ich meinen Endzweck damit erreicht —

„Aber in den Begebenheiten eines historischen Romans kann viel Moral liegen; es können nützliche Bemerkungen für die Sitten daraus sich folgern lassen?“ — Eigentlich ist dieser Einwurf schon vorher beantwortet worden; es ist im Grunde der vorige, mit dem Unterschiede nur, daß die darinn gefoderte Sache noch schwerer durch einen historischen Roman erhalten werden kann, als die erste; denn, so wie dort ein anschauendes Beyspiel lehrreich seyn soll: so behauptet man dies hier von den Reflectionen, die aus diesem Beyspiel sich erst sollen folgern lassen. Wenn dort das anschauende Beyspiel nicht lehrreich werden konnte, weil man erst dem Beyspiele ähnlich seyn muß, wenn man es nachahmen will: so lassen sich hier die Moralen nicht so bestimmt aus der Begebenheit folgern, wie sie es müssen, wenn sie richtig und leicht, und nützlich angewandt werden sollen. — Wir wollen die Sache in einen bestimmten Fall verwandeln. Richardson selbst weist

seiner

seiner Geschichte Clarissens, in der Vorrede des Grandison, unter andern die Moral an, daß Mägdchens durch sie gelehrt würden, von einem Manne, der keine guten Grundsätze hat, auch nach den schönsten Versprechungen, nicht viel gutes zu hoffen. — Es soll sich dies also aus der Begebenheit selbst herleiten lassen; und da geht uns nun der Vorfall selbst, und sein Innhalt nicht mehr an, als daß er eine Sache enthält, aus der sich diese Moral von selbst ergeben soll. Mit diesem Innhalt haben wir es hier nur Beziehungsweise zu thun; das heißt, in wie fern er sich zu dem paßt, das daraus gefolgert werden soll. Er ist eigentlich nichts mehr oder weniger, als was die Esopische Fabel für die Moral ist, die sich aus ihr ergiebt. Ich will hier nicht solch eine Begebenheit so ganz genau mit einer Esopischen Fabel vergleichen, wie diese nach Lessings Theorie p) seyn muß, wenn sie für eine wahrhafte Fabel gelten soll. Eine Begebenheit, zugleich gebildet zu andern Endzwecken, würde nach Lessings sehr richtiger und wahrer Erklärung beurtheilt, augenscheinlich zu sehr dabey verlieren; aber wenn sich nur dann, wann eine Fabel die von Lessing gefoderten Eigenschaften hat, mit Richtigkeit und Wahrheit die Moral daraus fol-

p) Ich darf wohl die Leser alle mit Lessings Fabeln bekannt voraus setzen? —

folgern läßt, die sie enthalten soll: so folgt sehr natürlich, daß eine Begebenheit, die, ihrer übrigen Anlage nach, diese Eigenschaften nicht hat, auch unmöglich diese Moral so gut lehren könne, als — eine Esopische Fabel. — Dies klingt seltsam auf den ersten Augenblick; aber es ist dem ohngeachtet sehr wahr. —

Daß eine Begebenheit, behandelt, wie sie es der Natur und Wahrheit gemäß seyn sollte, so gut, und weit besser noch, als eine Esopische Fabel, einem jungen Mägdchen zum Unterrichte werden kann, so bald dies Mägdchen irgend nur Fähigkeit und Willen hat, sich unterrichten zu lassen, dies habe ich vorher schon, an Clarissens Beyspiel selbst gezeigt. Wenn nämlich ein Mägdchen anschauend sähe, wie Clarissens Geist und Herz allmählig so gebildet und geformt worden, daß sie sich mit einem Loveleß in einen heimlichen Briefwechsel einlassen können; — wenn dieser Schritt, als eine Wirkung ihrer, vorher durch allerhand Zufälle gebildeten Denkungsart und Empfindungen erfolgte: so würde es nur von dem Mägdchen abhangen, daran zu lernen, was ihr nöthig ist. Wer sieht aber nicht, daß alsdenn die schon so oft genannte genaue Verbindung von Wirkung und Ursach sich zwischen der Person und ihren Begebenheiten finden müßte, die sich jetzt nicht dabey findet?

Ich

Ich habe des Umstandes schon gedacht, daß, wenn eine Person so gut wie die andere mit einer Begebenheit verbunden seyn kann, sich schlechterdings keine Rechenschaft geben läßt, warum die Begebenheit vielmehr so erfolge, als anders. Der denkende Leser wenigstens, wenn seine Empfindungen abgekühlt sind, fodert diese Rechenschaft, — und denkende Leser wünscht doch der Dichter, — wenn er sie auch nicht zu unterhalten vermag? —

In Clarissens Geschichte wird nun diese Foderung gar nicht befriedigt. Jedes andre liebenswürdige Mägdchen könnte, wie gedacht, unter dem Druck ihrer Eltern, dahin gebracht werden, mit ihrem Liebhaber zu entfliehen; und könnte eben so unglücklich seyn, als Clarisse.

Und eben, weil jedes andre liebenswürdige Frauenzimmer Clarissens Geschick hätte haben können; weil alsdenn sich eben auch aus diesem Geschick jene Moral hätte können folgern lassen: so lehrt jede wahre Esopische Fabel die Sache **bestimmter**, — und also **besser**, als Clarissens Geschichte. Denn eben, weil diese Moral bestimmter, anschauender aus der mit ihr verbundenen Begebenheit oder Vorfall sich ergiebt, eben deßwegen wird sie uns angenehmer beschäftigen, und eben deßwegen nun auch einen tiefern Eindruck

 machen.

machen [q]). — Und also sollte nun der Dichter, der vorzüglich mit seinen Romanen lehren will, seine Begebenheiten genauer, inniger mit seinen Personen, auch seiner Moralen willen, verbinden lernen.

Doch es sey, daß die angegebene Moral in Clarissens Geschichte liege, es sey, daß sie wenigstens daraus gefolgert werden könne; — um zu bestimmen, ob das Daseyn dieser Moral verdiene in Betracht gezogen zu werden, müssen wir sehen, ob sie den Lesern wahrhaft nützlich zu werden fähig sey?

Ich

q) Es kann Leute geben, die es ehe glauben, daß eine genaue Beziehung zwischen dem Innhalt der Fabel und ihrer Moral sich befinden müsse, wenn es ihnen ein Franzose sagt. Ein Kunstrichter dieser Nation, bey dem sich einige einzele gute Bemerkungen finden, schreibt, bey Gelegenheit der neunzehnten Fabel des zweyten Buchs der Fabeln des La Motte: Nous ne sommes point piqués d'entendre dire à deux animaux, ce qui pourroit être dit tout aussi bien par d'autres avec la même justesse. Il faut, pour bien faire, que ce, que dit un Acteur de la fable, ne puisse être dit que par lui, sans quoi je ne m'intéresserai que foiblement à ce qu'il dira. — — Tout autre espèce d'animal, qui se promène dans les appartemens, deux souris par exemple, auroient pour une pareille conversation, été aussi bonnes que deux grillons. Il n'en est pas de même du corbeau & du renard; ce qu'ils disent ne convient qu'à eux. *Oeuvr. de Remond de St. Mard.* T. 4. p. 206. 208. Edit. d'Amsterd. 1759.

Ich nehme einzelne Fälle aus. Daß nicht mancher sich aus Clarissens Geschichte, in Rücksicht auf diese Moral, unterrichtet, — daß er nicht so gar die Anwendung davon zu machen, aus der Geschichte gelernt habe: das begehr ich keineswegs zu läugnen. Wer das wollte, müßte die Herzen aller Menschen durchschauen können. Aber der, der nach dieser freylich leicht genug zu findenden Moral, (wenn er einmal Moral suchen will) auch die Anwendung von ihr zu machen gelernt, würde dies aus jeder andern Begebenheit gelernt haben, und hätte eben so gut zu andern Quellen seine Zuflucht nehmen können, als zu dieser. Clarisse hat um seinen hieraus gezogenen Nutzen kein ander Verdienst, als jeder andre Vorfall gehabt hätte, aus dem sich diese Moral hätte lernen lassen. Und dieser sind wahrlich noch genug. Hieraus ergiebt sich aber, daß, bey dem bloßen Daseyn der Moral, doch noch lange nicht auf ihren gewissen Nutzen zu rechnen sey.

Erkennen läßt sich freylich diese Moral leicht genug. Aber — zuerst sucht man sie nicht, in einem auf diese Art behandelten Roman, weil man nicht so, wie in dem bessern Roman, gerade zu auf sie geführt wird. Ein junges Mägdchen liest den Roman zuvörderst des Innhalts wegen; und wird durch die Empfindungen, die seine Begeben-

 heiten

heiten erzeugen, so hingerissen, daß sie unmöglich, unter diesen Empfindungen, auf die Moral Acht haben kann, die in den Begebenheiten liegt. — Wer das Herz kennt, weis dies aus der Erfahrung. — Je mehr oder weniger also der Roman ihre Empfindungen beschäftigt, je werther wird er ihr seyn; aber, wenn in dieser Beschäftigung selbst nicht für das Maaß dieser Empfindungen, für ihre Berichtigung gesorgt ist; wenn nicht in dem Entstehen und Wirklichwerden der Begebenheit sich etwas findet, das ihre Empfindungen leiten und ordnen hilft: so gehen diese Empfindungen für den Nutzen verloren; — und sie wird auch nun, in dem Lauf dieser Empfindungen, nicht auf das geführt, was aus der Sache zu lernen ist. Diese beyden Dinge stehen, wie wir vorher an einem Beyspiel aus der Geschichte Agathons gesehen haben, in sehr genauer Verbindung, und sind im Grunde eins. — Das Nachdenken über die Sache allein, kann sie also nur zum Auffinden der Moral führen. Es mag überhaupt bey gewissen und sehr vielen Personen eine böse Sache um diese Führerinn seyn. — Gewöhnlich, wenn wir angenehm beschäftigt gewesen sind: so suchen wir, in der Rückkehr zu diesem Geschäft, das Vergnügen vorzüglich wieder, das wir vorher gehabt haben, wir suchen das halberloschene Gefühl wieder anzublasen, und wie

wie ist dies auch anders möglich? Das warme, zu süßerer Beschäftigung gewohnte Herz soll diesem entsagen, und Dinge aufsuchen, die es, in seinem jetzigen Zustande, für höchst überflüßig und langweilig erkennen muß? — Wenn in unserm Vergnügen selbst also diese Moral nicht lieget, wenn das beschäftigte Herz von diesem Vergnügen abstrahiren, und an die Lehre, die etwan in der Begebenheit zu finden sey, denken solle: so macht der Dichter Foderungen an seine Leser, die kaum in ihrer Gewalt sind. Es ist wirklich seltsam, daß Dichter sich vorzüglich gefühlvolle, weichgeschaffne Seelen zu Lesern wünschen, und hernach eben diese sanften Seelen so gleich wieder in die fühllosen Stoiker verwandeln wollen. Denn dies ohngefehr müßten sie zugleich mit jenem seyn können, wenn sie den Foderungen des Dichters an sie Genüge thun sollten. — Und wenn sie, in diesem Fall, wo, nach der eigenen Anlage des Dichters, all' ihre Empfindungen flott sind, mit einemmal in Denker sich verwandeln, und Sittenlehren aufsuchen könnten, was würden sie nicht bey ruhigen und gewöhnlichen Vorfällen, wo sie ganz Meister ihrer Denkungskraft sind, thun können? Denn daß nicht aus jeder Begebenheit, aus dem alltäglichen Vorfalle, auf eben die Art, wie in diesen Romanen, merkwürdige Moralen und Sittenlehren zu ziehen sind, wenn wir einmal darauf ausgehn, Moralen aufzusuchen, das bedarf wohl nicht erst eines Beweises.

Doch ich will noch eins zugeben. Die Moral sey gefunden, sey so lebhaft, bis zum Vorsatz, sie anzuwenden und zu beobachten, erkannt, — ist dies genug? Schon vorhin habe ich hierauf geantwortet. Um sich von der Wahrheit und Gewißheit meiner Antwort zu überzeugen: so frage man das erste beste Frauenzimmer, die Clarissens Geschichte mit Aufmerksamkeit und mit dem obigen Vorsatz gelesen hat, wie sie es eigentlich anfangen soll, um nicht in Clarissens Fall zu kommen? oder, wie man denken müsse, um nicht darein zu kommen? man frage sie, welche Eigenschaften in Clarissen selbst es sind, die Anlaß zu ihrem großen Leiden gegeben haben? — Und wenn sie diese Fragen so beantwortet, daß man sich, bey dem möglichen Falle, der gewissen und fruchtbaren Anwendung versichert halten kann: so hat sie es nicht aus Clarissens Geschichte gelernt. — Und das gienge leicht an. Die angeführte Moral ist so bekannt, so allgemein wahr und richtig eingestanden, daß, wenn das Buch sonst nichts enthielte, als die Ausführung dieser Lehre, wir es entweder gar nicht bedurft, — oder es doch zu hoch geschätzt hätten. — —

Der

Der Romanendichter also, der sich schmeichelt, durch Moralen dieser Art sich zum Lehrer des menschlichen Geschlechts zu erheben, hört nur seine Eigenliebe, und will andern gern die Vorzüge seiner Kunst anpreisen, die er, nach diesen Anpreisungen zu urtheilen, selber nicht recht gut kennt. Wenn es bloß um diese Moral zu thun ist: so kann die erste beste gute Esopische Fabel, wie gedacht, mehr und besser lehren. Wir übersehen das Ganze dieser Fabel, wir werden durch nichts abgezogen, oder zurück gehalten, die in ihr liegende, und aus ihr geradeswegs und allein folgende Lehre zu erkennen, und nach allen ihren Theilen zu übersehen, — und uns einzudrücken. Und in historischen Romanen, in welchen die Begebenheiten um desto wärmer und bewegender seyn müssen, je weniger sie sonst auf andre Art interessiren können, ist das Auffinden der Moral aus der Begebenheit eben dadurch um desto mißlicher. — Vom eigentlichen Moralisiren, Maximen und Sentenzen in der Folge.

9.

Bey der historischen Behandlung eines Romans hat der Dichter noch etwas, um den Leser zu reizen, das ist, daß er ihn durch den seltsamen Innhalt seiner Begebenheiten, und durch die seltsamen Wendungen der Geschichte überrascht, in Erstaunen, in Verwunderung setzet. Wenn sich gleich nicht alle Romanendichter dieser Art dieses Mittels bedient haben: so ist es ihr doch vorzüglich eigenthümlich, und verleitet dazu.

Es ist seltsam, daß man dies Vergnügen dem Leser so sehr hoch anrechnet. Alle Dichter wünschen ofter, als einmal gelesen zu werden, und doch denken so wenige Romanendichter daran, daß sie den Leser nur das erstemal überraschen. Und wenn er mit all den Sprüngen und Masken der Geschichte bekannt ist, warum sollte er einen Roman das zweyte mal in die Hände nehmen, wenn er nichts, als das Vergnügen der Ueberraschung daraus ziehen kann?

Und dies Vergnügen ist überhaupt so höchst armselig, verglichen mit dem, das der bessere Dichter dem Leser zu geben vermag. Was Diderot r) hier-

r) Le Poët me ménage par le secret un instant de surprise; il m'eût exposé par la confidence à une longue inquietude. —— Je ne plaindrai qu' un instant celui qui sera frappé et accablé dans un instant. Mais que deviens-je, si le coup se fait attendre, si je vois l'orage se former sur ma tête ou sur celle d'une autre, et y demeurer long-tems suspendu? —— —— Que tous les personnages s' ignorent, si vous le voulez, mais que le *spectateur* les connoisse tous. —— Si l'etat des personnages est inconnu, le spectateur ne pourra

hierüber schreibt, ohngeachtet ers eigentlich nur vom Drama sagt, gilt auch größtentheils vom Roman. „Der Dichter, heißt es unter andern, bewirkt durch sein Geheimniß eine kurze Ueberraschung; und in welche anhaltende Unruhe hätte er uns stürzen können, wenn er uns kein Geheimniß aus der Sache gemacht hätte! Wer in einem Augenblick getroffen und niedergeschlagen wird, den kann ich auch nur einen Augenblick bedauern. Aber wie steht es alsdenn mit mir, wenn ich den Schlag erwarte, wenn ich sehe, daß sich das Ungewitter über meinem oder eines andern Haupte zusammenzieht, und lange Zeit darüber verweilet? — Meinetwegen mögen die Personen alle einander nicht kennen; wenn sie nur der Leser alle kennt. — Wenn der Zustand der Personen unbekannt ist: so kann sich der Leser nicht stärker für die Handlung interessiren, als die Personen. Das Interesse aber wird sich für den Leser verdoppeln, wenn er Licht

pourra prendre à l'action plus d'interêt que les personnages. Mais l'interêt doublera pour le spectateur, s'il est assez instruit, et qu'il sente que les actions et les discours seroient bien différens, si les personnages se connoissoient. C'est ainsi que Vous produirez en moi une attente violente de ce qu'ils deviendront, lorsqu'ils pourront camparer ce qu'ils sont avec ce, qu'ils ont fait ou voulu faire. *Oeuvr. de Diderot* T. II. p. 213 seq. (Edit. de Berlin.)

genug hat, und es fühlet, daß Handlung und Reden ganz anders seyn würden, wenn sich die Personen kennten. Alsdenn nur werde ich es kaum erwarten können, was aus ihnen werden wird, wenn ich das, was sie wirklich sind, mit dem, was sie thun oder thun wollen, vergleichen kann." — So weit Diderot! Und wer da glaubte, daß die Sache im Roman anders gehen müßte, weil es ein Roman und nicht ein Drama ist, müßte zugleich glauben, daß der Leser in einen andern Menschen, oder vielmehr in ein ganz ander Geschöpf verwandelt wird, wenn er einen Roman, statt eines Schauspiels in die Hand nimmt. —

Und so wie nun durch diese vermeinten Ueberraschungen und Sprünge, die eben der Diderot einen Zusammenhang kleiner Kunstgriffe nennt, der Roman fürs zweyte Lesen den allergrößten Theil seines Reizes verloren hat, und oft bloß deswegen das zweyte mal gar nicht mehr gelesen wird: so zieht der bessere Roman nach der ersten Lektüre den Leser nur dadurch desto gewisser zur zweyten, weil die Beschäftigung, die er so angenehm gewähret, nicht mit einem male abgemacht werden kann. Die genaue Verbindung von Wirkung und Ursache zu erkennen, dem Dichter nach, eine gegen die andre abwiegen, jede derselben unter sich, und mit dem Ganzen vergleichen, das ist nicht mit einem mal, —

viel-

vielleicht nicht mit zehnmal Lesen geschehn. — Und je öfter ein solches Werk den Leser an sich zieht, je gewisser werden auch alle die Vortheile seyn, die es, seiner Einrichtung nach, gewähret. —

Ich weis überhaupt gar nicht, wie die Dichter zu einer bloßen historischen Verbindung verschiedener Begebenheiten und Vorfälle haben kommen können? Der Dichter soll und will ja mehr, als Biograph seiner Personen seyn. Der Biograph steht nicht auf der Stelle auf welcher der Dichter steht. Jener zeichnet auf, was er sieht und weiß; aber den Gesichtspunkt, aus dem er es ansehen soll, und den der allein kennt, der das Ganze dieses einzeln Menschen übersieht, kann er nicht kennen; er weis die Beziehungen, die Verhältnisse nicht, die sich zwischen dem, was er aufzeichnet und zwischen dem befinden, was seine Person werden soll, oder werden kann. Er kann den Punkt nicht sehen, in dem alle einzelne Strahlen zusammen kommen und vereint werden sollen. Wenn er uns einen Vorfall erzehlt: so können wir nicht von ihm fodern, daß er uns sage, warum dieser Vorfall wirklich wurde? Er sieht den Gang und die Einrichtung der Räder aufs höchste nicht weiter, als nur in so ferne das Gegenwärtige dadurch hervorgetrieben wird. Mit dem Dichter verhält es sich ganz anders. Er ist Schöpfer und Geschichtschreiber seiner Personen

zugleich.

zugleich. Er steht so hoch, daß er sieht, wohin alles abzweckt. Und in der Welt des Schöpfers, und vor den Augen des Schöpfers ist alles mit allem, Körper und Geisterwelt mit einander verbunden; alles ist zugleich Ursach und zugleich Wirkung. Es ist nichts da, das allein nur eins von beyden wäre. Alles ist **werdend** in der Natur. — Und wir sind nun alle auch so geschaffen, daß, wenn wir über unser Seyn denken gelernt haben, wir diese Verbindung auszuspähen uns bemühen; und daß dies Geschäft, und die Auffindung der Einrichtung, nach der alles in der Natur vor sich geht, uns zugleich auf die angenehmste Art beschäftigt, und für unsre Zwecke höchst unterrichtend wird. Wie vortreflich der Grund, zu unserm Unterricht und Vergnügen also in der Einrichtung der Natur selbst gelegt worden, wie zweckmäßig wir für das geschaffen sind, was da ist, wie übereinstimmend hier die Maschine mit dem gebauet worden, der sie brauchen soll, das überlaß ich zu weiterer Ausführung andern. — Mir sey es genug, noch hinzuzusetzen, daß sich in der Beschäftigung, die uns die **werdende** Natur oder ihre Nachahmung giebt, und in diesem Punkt allein Vergnügen und Unterricht mit einander vereinigen, so daß dadurch allein, im wahren Sinn, der Unterricht durch das Vergnügen gegeben wer-

werden kann, den der Dichter sich zum Endzweck vorgesetzt hat.

10.

Ich glaube kaum, daß der Vorzug, den ich dem bessern, nach Anlage der Werke der Natur geordneten Roman gegeben habe, Partheylichkeit oder Vorurtheil heißen könne, wenn man sich die Mühe giebt, über alles das zurück zu denken, was hier von seinem Werth gesagt worden ist.

Ich verlange nicht, durch mein Urtheil, einige sehr berühmte und angenehme Werke der historischen Gattung, wie z. B. die Richardsonschen Romane, herunter zu setzen. Diese Romane sind mir besonders seit der Zeit werther als vorher, daß ich in den Gellertschen Vorlesungen die 258te Seite gelesen. Daß ich aber ein Werk, wie den Agathon z. B fürs bessere ausgebe, weil ich, wenn ich es als Roman und überhaupt als ein dichterisches Produkt betrachte, mit meiner ganzen Ueberzeugung es für besser erkenne, das glaub' ich sagen zu konnen, ohn' alle Umschweife.

Und warum sollt ich nicht? — Wenn mehr Leute, wie ich, den Agathon für ein sehr vortrefliches Werk erkennen, warum könnte vielleicht die Entwickelung seiner Einrichtung nicht Anlaß zu Ent-

Entstehung mehrer solcher und ähnlicher Werke geben? Man versteht mich schon, was ich unter ähnlichen Werken meine: solche, deren innre Einrichtung und Begebenheiten auf die Art nur geordnet sind, wie die im Agathon. Aehnlichen Innhalt rath' ich nur deßwegen nicht, weil zu viel Gefahr bey der Vergleichung seyn dürfte.

Die Sachen hat der Romanendichter ja in Händen, aus welchen er solch ein Werk aufbauen kann; Personen und Begebenheiten. Er glaube nicht, daß er zum Nachahmer, oder eigentlich zu dem Geschöpf werde, das Horaz ein servum pecus nennt, wenn er, in diesem Stück der Anordnung seines Werks, einem andern folgt. Denn dieser so wohl, als er, sind beyde hier nichts, als Nachahmer der Natur. **In den wesentlichen, aus der Natur der Sache fließenden,** und mit der **wirklichen**, von ihm nachgeahmten Welt, **übereinstimmenden** Stücken, müssen alle gute Dichter einander gleich seyn. Der Unterschied besteht bloß in der äußern Gestalt und Form, in den Zierrathen, und dem Putz, in welcher die Sache erscheint. Das si je fais — *ma* façon kann also nur hievon gelten. Und wer wird dem Dichter darinn Gesetze vorschreiben können? wenn er mit seinen Mitteln diejenigen Absichten verbindet, die sich aus der Natur dieser Mittel ergeben, wenn

er

er nicht bloß dichtet, um zu dichten, sondern mit seinen Arbeiten diejenigen Zwecke verbindet, ohne welche diese Arbeiten unnütze Zeitvertreibe sind; wenn er, bey Abfassung seiner Werke, sich nicht mit dem, sehr vom Ohngefehr abhängenden, Troste beruhigt, daß er doch wohl irgend einem Menschen nützlich werden könne, sondern wenn er sie so einrichtet, daß sie den, aus ihrer Natur und Gattung, herfließenden Vortheil, zu unserm Nuzzen und Vergnügen, gewähren: so hängt es sehr von seiner Willkühr ab, uns mit einem Agathon, oder Tristram, mit einem Helden, oder mit seinem Waffenträger zu unterhalten; es hängt sehr von ihm ab, Sternens oder Fieldings oder Goldsmits Laune anzunehmen, (wenn sich nur nicht zwischen ihr, und seinen Gegenständen ein beleidigender Kontrast findet.) Ich nenne die übrigen Veränderungen nicht, die aus dem Genie des Dichters, und seiner verschiedenen Absicht entspringen können, weil sie sich von selbst ergeben. Nur muß er ja dies Aeußere nicht fürs Wichtigste, fürs Nothwendigste, fürs Einzige bey der Sache ansehen (wie wir Beyspiele in Theorien haben) — sondern sich erinnern, daß auch im wirklichen Leben, wenn man nicht ein Hofman, oder ein Geck, oder ein junger Herr, oder ein Kind ist, das Kleid nie das Wesentlichste am Manne ausmacht. — Er gebe uns

also

also nur innre Geschichte; das andre hängt von seiner Willkühr ab! —

Man fürchte übrigens nicht, daß wir je, auch unter sehr guten Erziehungsanstalten, zu viel von denen Leuten erhalten werden oder können, bey welchen das Kleid nicht das Wesentlichste ist; Oder — weil die fortgesetzte Allegorie leicht bitter oder zweydeutig werden könnte — man fürchte nicht, daß die kommenden Romanendichter einen Mißbrauch von den hier angepriesenen und entwikkelten Grundsätzen machen, und uns mit Werken dieser Art überschwemmen werden. Der Werke selbst könnten wir wohl so bald nicht zu viel erhalten; aber es gehört so viel Kenntniß des innern und äußern Menschen dazu; es bedarf so vieler Zeit, solch ein Werk zu Stande zu bringen, daß wir uns von unsern geschwinden Romanendichtern keinen Ueberfluß solcher Werke vermuthen dürfen. Und Mißbrauch im andern Sinn, das heißt unrichtige Anwendung der gefundenen Bemerkungen würde eben nicht schädlich werden können. Mißgeburt gegen Mißgeburt — denn zur Welt wird deren doch kommen — kann die noch immer am mindsten scheußlich aussehen, die nicht aus ganz ungesunder Nahrung entsprungen ist.

Auch nicht Einförmigkeit ist in unsern Romanen dadurch zu besorgen. Der Veränderungen, die

die aus dem verschiedenen Genie der Dichter, in der äußern Einrichtung des Werks entstehen können, ist schon gedacht. Und in der Materie selbst kann sich eben so viel Verschiedenheit finden. Zuerst, in Ansehung des Aeußern!

Nicht allein so mannichfaltig, durch die Abwechselung der Begebenheiten, als die gewöhnlichen historischen Romane, sondern noch mannichfaltiger kann der bessere Roman werden. Die innere Geschichte verschiedener Menschen erfodert verschiedene Begebenheiten; und gewiß können und müssen sie abwechselnder seyn, als die Folgen einer Liebesintrige. Und wenn diese Verschiedenheit der Begebenheiten selbst nicht statt fände, wenn ein gewisses Einerley in ihnen herrschen müßte: so würden diese Begebenheiten durch ihren verschiedenen Beytrag zum Ganzen, durch ihre Einwirkung auf die verschiedenen Charaktere, eine Verschiedenheit erhalten, vermöge welcher uns eine und dieselbe Begebenheit unter hundertfacher Gestalt erscheinen könnte. Wie mannichfaltig, wie verschieden würde z. B. nicht die Liebe, nach Maaßgabe der verschiedenen Wirkung, die sie in verschiedenen Menschen hervorbringt, auftreten müssen? — Dem bessern Romanendichter stehen die Begebenheiten und Vorfälle des gewöhnlichen Romans frey, (wenn es nämlich nicht jene seltsame Abentheuer, jene unnatürliche Vorfälle sind); er macht aber einen andern Gebrauch von den guten. Sie sind für ihn nichts, als Mittel, so wie sie für jenen Endzweck sind. Und wenn er natürlich jene Abentheuer aufgiebt: so verliert zuerst der Leser nichts dabey, und dann bietet dem Dichter die Natur so viel andre zu seinen Zwecken dar, daß er gewiß reicher ist, als der gewöhnliche Romanschreiber.

Und wenn die Begebenheiten, die äußre Geschichte so ist, daß sie sich nicht mit einer Art von Täuschung für wahr annehmen läßt; wenn sie auch, um mich mit verdienstvollen Kunstrichtern auszudrücken (S. N. Bibl. der sch. Wissensch.) einen Schein von Allegorie, von Erdichtung hat, — wenn nur die Charaktere, und ihre innre Geschichte nach der Natur geschildert, nur die Handlungen und Sitten, Handlungen und Sitten wahrer Menschen sind, — und ich setze hinzu, wenn er mit diesem Aeußern nur nicht, wie gedacht, ins Unnatürliche und Uebertriebene fällt: — so kann dieser romantische Anstrich so gar das Vergnügen des Lesers erhöhen. Da aber freylich nicht jede Imagination die Imagination des H. Wielands ist, um uns jene Schätze, jene Bezauberungen zu verschaffen, die auch im Agathon uns so sehr entzücken: so will ich, dieser Ursache wegen, auch hierinn die wirkliche Welt lieber empfehlen.

In Ansehung seines innern Innhalts hat der bessere Roman eben so wenig Einförmigkeit, als in Ansehung seines Aeußern. Der Punkt, von welchem der Dichter ausgehen, und wohin er seinen Helden führen will, hängt ganz von ihm ab. Die Einschränkungen wenigstens, die er über das Letztere, in der Folge dieses Versuchs, noch finden wird, lassen ihm immer noch tausendfältige Freyheit. Er kann den Held in der Wiege aufnehmen, (oder auch, wie Tristram sich anfängt, vor der Geburt schon) — und ihn, anschauend, vor uns ausbilden und werden; oder eine Person in gewissen schon fertigen Jahren wählen, und ihr die vorgesetzte, zweckmäßige Gestalt durch ihre verschiedenen Begebenheiten, vor unsern Augen, annehmen lassen. Er gebe uns nur innre Geschichte; er gebrauche nur das, was er braucht, nach seiner Natur; er verkenne nur seine Materialien nicht, und verwechsele Endzweck und Mittel mit einander! —

Der Freyheit, die er in der Wahl seiner Charaktere hat, hab' ich schon gedacht. Es wäre ganz französische Grille, hier Personen von gewisser Gattung auszuschließen, weil sie nicht in den Zirkel der gens du bon ton, der Leute von so genannter feiner Lebensart gehören.

Diderot [s]) nennt dies im Drama eine lächerliche Ehrerbietung; und im Roman kann es gewiß nicht anders heißen. Wenn uns der Dichter nicht mit dem low life der Engländer unterhalten darf: so kann doch der deutsche Landjunker so gut, wie der Hofmann, der balsamirte, Zuckersüße Petitmaitre so gut wie Sebaldus Nothanker, der Innhalt des Werks werden. Auch die Damen aller Art stehen ihm zu Gebot. Jeder Mensch hat seine innre Geschichte. —

Vorzüglich kann der Dichter uns bey dieser Behandlung des Romans, mit einheimischen Sitten unterhalten. Um das Innre irgend eines Menschen wahrhaft zu behandeln, Ursach und Wirkung immer in genauer Verbindung zu zeigen, muß man die äußern Umstände, die auf dies Innre zurück wirken können, und immer darauf wirken, in die genaueste Erwägung ziehen. Wer es uns aufklären, wer uns die innre Gestalt irgend eines Menschen anschauend darlegen will, muß alle die äuß rn Umstände genau kennen, die auf seine Ausbildung Einfluß haben, und gehabt haben. Dieser Einfluß ist sehr gewiß. Wer vermag ihn aber bey Aus-

s) Un inconvenient trop commun, c'est que par une *veneration ridicule* pour certaines conditions, bientôt ce ne sont les seules dont on peigne les moeurs. T. 2, p. 260. (Edit. de Berl.)

Ausländern zu übersehen? — Und eben dadurch könnte dann der Dichter für die Nation höchst lehrreich werden, wenn er ihr zeigte, wie mit ihren Anstalten und Einrichtungen, mit ihren Vorurtheilen und Erziehungsplanen, aus dem jungen Deutschen nichts anders werden kann, als ein Geschöpf, das sich in andern oft selbst verachtet. Wir schreyen alle wider Nachahmungssucht; wir klagen alle über den Mangel von Originalität, und keiner zeigt, wie wir, vielleicht ohne daß wir selbst es wissen, das werden, was wir alle nicht gern seyn wollen, und vielleicht alle, mehr oder weniger, sind. Und wenn wir es durch Umstände würden, die nicht vom bloßen Menschen allein abhangen, warum sollte der Dichter nicht auch diese Umstände in einem Lichte zeigen können, das weder zu verhaßt, noch zu hell schiene? — Mit der vorgeschlagenen Behandlung der Begebenheiten, mit der Freyheit, den kleinsten unbedeutendsten Vorfall darinn nützen und anziehend machen zu können, darf der Dichter ja nicht fürchten, daß diese kleinen Umstände dem Leser langweilig, oder seine Personen ununterhaltend dünken werden. Die Klage, daß deutsche Originale Ekel oder Schlaf erwecken, wird durch diese Behandlung — wenn der Dichter sonst seine Kunst versteht; und was gehn uns andre an? — unmöglich gemacht. — Eigentlich gilt diese Klage auch nur vom Drama. Das Schauspiel kann uns, nach der Natur seiner Gattung, nichts, als schon fertige und gebildete Charaktere zeigen, die der Dichter, zur Hervorbringung eines Vorfalls oder einer Begebenheit unter einander verbindet. Zum Wirklichwerden einer Begebenheit wird dies erfodert; und dies Wirklichwerden ist der Zweck des Drama. — Hierinn liegt auch der eigentliche Unterschied zwischen Drama und Roman. So wie jenes die Personen braucht, damit eine Begebenheit ihr Daseyn erhalte, weil, wenn wir Shakespears historische Schauspiele ausnehmen, nur eine Begebenheit der eigentliche Innhalt desselben ist, eben so hat der Roman mehrere und besondere Begebenheit, die sich in einem größern Umfange von Zeit zutragen, mit einander zu verbinden; und diese Verbindung kann nun nicht anders, als natürlich durch die Formung und Ausbildung, oder innre Geschichte eines Charakters erhalten werden. Der dramatische Dichter hat nicht Zeit, noch Raum, uns auf diese Art zu unterhalten. Obgleich bey ihm das innre und äußre Seyn seiner handelnden Persönen so genau mit einander verbunden ist, als es im Roman nur immer seyn kann — ich habe Beyspiele davon angeführt — obgleich diese Verbindung in ihm, sich so gut zeigen und sichtbar seyn muß, als im Romanendichter, wenn er etwas mehr

seyn

seyn will, als ein gewöhnlicher Werkmeister: so kann doch, wegen der Kürze der Zeit, und der Schnelligkeit der Handlung, dieser, durch die Begebenheiten im Charakter gemachte Eindruck, diese, als Wirkung der Begebenheiten erfolgte Formung, nicht anschauend sichtbar werden. Daher ist denn auch im Drama die Umschmelzung eines Charakters, das, was man durch Sinnesänderung ausdrückt, ein so gröblicher Verstoß wider Wahrheit und Natur, weil der dramatische Dichter nicht Zeit und Raum hat, diese Umformung zu bewirken. Dem Romanendichter aber ist die Veränderung des innern Zustandes seiner Personen eigenthümlich. Die innre Geschichte des Menschen, die er behandelt, besteht aus einer Folge abwechselnder und verschiedener Zustände. Freylich aber muß diese Veränderung nicht, wie schon gedacht, ohne hinlängliche, auf die Person wirkende Ursachen, und in einer Zeit wirklich werden, deren Unwahrscheinlichkeit wegen man sie dem dramatischen Dichter verbietet. — Der Romanendichter, der die Eigenthümlichkeiten seines Produkts nicht kennen oder nutzen, und da ihm die Behandlung vieler und mancherley Begebenheiten, ohne sie durch die Ausbildung und innre Geschichte eines Charakters unter einander zu verbinden versagt ist, sich auf die Behandlung einer einzeln wichtigen Begebenheit einschränken wollte, würde dadurch sich freywillig der Vorzüge und Eigenthümlichkeiten seines Werks begeben, und sich zugleich der Gefahr, mit dem dramatischen Dichter verglichen zu werden, bloßstellen. Ich sage mit Recht, Gefahr. Denn bey ganz ähnlichem Innhalt und Endzwecken, und bey gleich vollkommener Behandlung des Gegenstandes, würde der Romanendichter sehr augenscheinlich verlieren. Die Illusion, die das Drama durch die vermeinte Gegenwart der Personen und seine ganze Einrichtung bewirkt, ist, verglichen mit der Illusion im Roman, so mächtig, so anziehend, daß man bey dieser sehr leicht einschlafen kann, wenn man nicht, durch die Eigenthümlichkeiten, und die übrigen Vorzüge des Romans, wach erhalten wird, die sich, in dem hier angenommenen Fall, nicht finden.

II.

Wenn die Ausbildung und Formung, die ein Charakter durch seine mancherley Begegnisse erhalten kann, oder noch eigentlicher, seine innre Geschichte, das Wesentliche und Eigenthümliche eines Romans ist: so entsteht natürlich die Frage: bis zu welchem Punkte der Romanendichter den Charakter führen, wo er ihn stehn lassen könne, wenn der Leser beruhigt seyn solle?

Es giebt Leute, die da behaupten, daß es gar nicht nöthig sey, den Leser zu einem beruhigenden Punkte zu bringen, sondern daß der Dichter das Recht habe, mitten im Lauf der Begebenheiten, aufzuhören. Man nennt so was täuschen; und glaubt dadurch dem Leser ein Vergnügen mehr gegeben; oder wenigstens Proben eines erfinderischen Genie's, in solcher Anordnung eines Werks, gezeigt zu haben. —

Home mag, an meiner statt, diese Leute widerlegen. In dem Kapitel von Würde und Niederträchtigkeit, heißt es: „jedes Werk, das Kunst und Erfindung zeigt, erregt unsre Neugierde nach zwey Umständen; zuerst, wie es gemacht ist, und hernach, zu welcher Absicht es gemacht ist. Unter diesen beyden Untersuchungen ist die letzte die wichtigste, weil allemal die Mittel der Absicht entsprechen müssen; und in der That wird unsre Neugierde von der Endursache weit mehr gereizt, als von der wirkenden Ursache. Dieser Vorzug, den jene vor dieser hat, fällt nirgends mehr in die Augen, als wenn wir die Werke der Natur betrachten. Wenn wir in der wirkenden Ursache Macht und Weisheit entdecken, so zeigt die Weisheit nicht weniger in der Endursache; und in dieser allein werden wir die Güte gewahr, die unter allen göttlichen Eigenschaften die wichtigste für den Menschen ist.“

Und an einer andern Stelle setzt er hinzu: „Die Methode, der Neugier des Lesers zu spotten — verhindert die Sympathie, die eine interessante Begebenheit wirkt, wenn man sie nicht unterbricht.“ t)

Es ist also der Vortheil des Dichters, seine Leser bis zu einem beruhigenden Punkte zu führen; und nichts weniger als ein Verdienst, ein Haufen Materialien zusammen zu führen, den Grund zum Hause zu legen, und dann es ohne Dach stehen lassen. Solch Haus fällt in den Grund, und Krähen und Raben nisten am Ende darinn. —

Und warum hätte der Dichter das, was er vorgehn und geschehen läßt, geschehen lassen, wenn es nicht zu einem gewissen Zweck, zu einer gewissen Absicht geschehen wäre? Wenn dieser Zweck, diese Absicht nun ein Nichts ist, wenn die ganze Reihe von Wirkungen und Ursachen nun mit einem mal abgeschnitten wird, ohne sich in einen Punkt zu vereinen: wie wird der Dichter von ihrer Anordnung, von der Ursache, warum sie vielmehr so, als anders verbunden sind, warum die Begebenheiten sich vielmehr so, als anders zugetragen haben, — wie wird er hiervon Rechenschaft geben können? Diese Rechenschaft ist er seinen besten Lesern schuldig; und

t) Elements of Crit. Ch. 11. - 9. (nach der ersten Auflage.)

und sie werden sie von ihm fodern. Ohne Vereinigung der verschiedenen einzeln Fäden eines Werks in ein Ende, ohne Verknüpfung ihrer in einen Knoten, läßt sich kein wahrhaftes Ganzes denken.

Die alte Erfindung, den Roman mit der Hochzeit zu enden, ist wirklich so ganz übel nicht. Dieser Punkt ist gewöhnlich der Ruhepunkt unsers äußern Lebens; und da nun diese Romane uns nur mit der äußern Geschichte ihrer Personen unterhalten: so hören sie natürlich hier am schicklichsten auf. An fernern Abentheuern würde es unsern Erfindern gewiß nicht fehlen, wenn sie nicht fühlten, daß die Reihe der Vorstellungen, die sie im Leser erregt haben, sich hier sehr gut enden könne, ohne daß unter den vorhergegangenen sich welche befinden, die die folgenden nothwendig machten.

Der bessere Romanendichter hat andre und muß andre Absichten mit seinen Personen haben, als die bloße Bestimmung ihres äußern Geschicks. Die Ausbildung, oder vielmehr die Geschichte ihrer Denkungs- und Empfindungskräfte ist sein Zweck. Diese in einem Zustande zu lassen, in welchem sie nichts stätes, nichts gesetztes haben, hieße so viel thun, als — Nichts. Denn warum etwas machen, das, weil es das nicht bleiben kann, was es ist, uns durch sein hin und her Schwanken nur in Unruhe setzen würde, und lieber ganz ungemacht,

ganz

ganz ungethan hätte bleiben können? Der Punkt muß also stäte und fest seyn. —

Wenn wir den Roman bloß von der Seite ansehen, daß er nur die innre Geschichte einer Person enthält; so scheint er nicht das ganze Leben eines Menschen, von seiner Geburt, bis zu seinem Tode, umfassen zu dürfen. Es hat das Ansehn, als ob dies umsonst Dichten heißen könne, weil dies Etwas machen hieße, das wieder aufhörte zu seyn. Warum hätte der Dichter erst geschaffen, wenn er wieder untergehen lassen wollte? Warum hätte er sein Werk erst ins Seyn gerufen, wenn er es zum Nichtseyn wieder zurück führen wollte? Denn aus eben dem Keim, woraus die Vollkommenheiten des Menschen sich entwickeln, entwikkelt sich auch ihre Vernichtung; oder vielmehr diese Vollkommenheiten, diese Eigenschaften des Menschen werden der Keim selbst, der die Vernichtung enthält. Und warum sie erst schaffen, wenn sie nur zu dem Gebrauch geschaffen sind? Was könnte dem Leser darüber Beruhigung geben? Die Genugthuung, die ihm hierüber die Natur gewährt, kann ihm der Dichter nicht verschaffen. In der Natur dauert alles fort; und aus dem, was sichtlich untergeht, entsteht etwas anders. Was aus dem Helden des Romans, wenn ihn der Dichter von der Wiege bis ins Grab geführt hätte, werden

den würde, wüßten wir nicht, und könnten wir nicht wissen. Aber, daß aus dem Staube des Helden in der Natur etwas anders wird — und wäre es auch nur eine Staude, eine Blume — das sehen wir, davon sind wir überzeugt, und wissen, daß es nicht anders seyn kann. Und eigentlich geht von diesem Helden selbst gar nichts, vor unsern Augen unter. Der *hier* zerrissene Faden wird *dort* wieder angeknüpft; oder vielmehr der eigentliche, wahre Faden dauert ununterbrochen fort. Der Gedanke, die Vorstellung von einer Verwandlung in Nichts, ist für die Menschheit, in aller Art, der trostloseste, der schrecklichste aller Gedanken. Wir können ihn nicht aushalten, nicht ertragen. — Die gütige Vorsicht hat ihn uns unbegreiflich gemacht. —

Es scheint auch noch eine andre Ursache da zu seyn, warum der Dichter nicht bis zu diesem Punkt seinen Helden führen dürfe? Diese Ursache liegt vielleicht in den Gränzen seiner Kunst. Er würde uns nämlich nicht *anschauend* die Verbindung zeigen können, die sich zwischen diesem Ausgange aus dem Leben, zwischen diesem Ende seines Helden, als *Wirkung*, und zwischen den vorhergegangenen Zuständen desselben, als *Ursach* dieser Wirkung, findet. Die Verbindung liegt im Körper; und ist also außer seiner Macht. —

Aber

Aber eben dadurch wird nun diese Veränderung des Zustandes eines Menschen, zu seiner äußern Geschichte gehören: und dann scheint dem Dichter auch diese Verwandlung erlaubt. Wenn nämlich der innre Zustand des Menschen ein solcher ist, daß er, auf keine Art, in dieser Welt mehr befestigt und stäte gemacht werden könne: so glaub' ich, daß der Dichter diesen äußern Zustand erfolgen lassen dürfe, weil nur dann dadurch der Leser befriedigt werden zu können scheint. Ich habe, unter dem Titel, Geschichte der Einbildung, einen Roman im Manuscripte gesehen, in welchem die innre Geschichte eines Menschen bis zu einem Punkte geführet war, wo die Person nicht stehen bleiben konnte, wenn nicht der Leser höchst unbefriedigt seyn sollte. Hier hatte der Dichter natürlich mit dem Tode schließen müssen. Doch was führ' ich unbekannte Beyspiele an? Wir haben eine Clarissa; und wenn gleich dieser Roman, besonders im Anfange nicht, Clarissens innre Geschichte enthält: so sehen wir doch in der Folge, und besonders gegen das Ende, sehr viel davon. Und diese innre Geschichte endigt sich mit Clarissens Tode. — Nur scheint es, daß in diesen Fällen der Dichter seine Personen in einem gewissen, schon fertigen Zustande aufnehmen, und von einem Zeitpunkte ihn anfangen müsse, wo, so zu sagen, die Grund-

lagen

lagen schon, zu diesem Ausgange gelegt waren. Die Person muß schon geschaffen, muß schon da seyn; ihr Entstehn, ihr Werden muß sich nicht von ihm herschreiben, wenn er in diesem Falle sich nicht immer noch jenen Vorwurf, umsonst geschaffen zu haben, zuziehen will. —

Wenn aber diese Personen durch ihn geworden sind; wenn jene Veränderung des äußern Zustandes nicht statt finden darf, oder kann: so scheinen noch einige Bemerkungen nothwendig zu seyn. Der Dichter könnte alsdenn vielleicht seinen Helden auf einem Punkte stehen lassen, der, ob er gleich ståte und feste wäre, dennoch die Leser unbefriedigt und unberuhigt lassen könnte. Er könnte die Person nämlich zu einer höchst elenden Denkungs- und Empfindungsart geführt haben; und dies wäre dann so viel, als einen Haufen Materialien und Mittel zusammen schleppen, um ein Haus daraus zu bauen, das aus lauter Mångeln und Realitäten bestände, das unendlich mehr böse, als gut wäre. Und wer wollte gern solch ein Gebäude aufführen? wer gern dem großen Werkmeister der Natur so unähnlich werden? — Das Vergnügen, jemand glücklich zu sehen, und glücklich zu machen, hat zwar, selbst wenn man es auf Personen der Einbildung nur anwendet, so viel Reiz, daß dieser Fall nicht so leicht zu befürchten scheinet; aber dennoch...

was geschieht nicht oft? — Allein es giebt auch Hütten, die gut und dauerhaft, nur in ihrer Art es sind, und diese — doch ohne Figur!

In der wirklichen Welt werden wir, durch alle Begebenheiten unsers Lebens, auf diese oder jene, aber immer auf die, für uns, für unser Seyn, für unsern ganzen Zustand aufs **Beste** passende Art ausgebildet. Wir, unser Charakter, unser eignes Selbst, ist am Ende, so schlimm wir selbst es auch oft angelegt haben, nach Maaßgabe aller Umstände, immer das **Beste**, das aus uns werden konnte. —

Der höchste Grad einer positiven Vollkommenheit braucht — und kann auch nicht der Punkt seyn, bis wohin der Dichter seinen Helden, um die Leser zu beruhigen, führen darf. Wenn der Leser nur nicht in ihm, geradezu den Schöpfer des Bösen erkennt; wenn er nur seine Personen in einen Zustand setzt, der, nach den, in seiner kleinen Welt befindlichen Umständen, und den Eigenschaften der Personen, der beste für sie ist. Hierdurch nur allein wird er der wahre, ächte Nachahmer des großen Alls, der er seyn will. Und hiermit verträgt sich die vorgedachte Veränderung des äußern Zustandes der Personen sehr gut. Denn bey der Lage ihres **innern** Zustandes, die dort angenommen worden, ist dann diese äußre Veränderung gerade das **Beste** für sie.

Man

Man kann hieraus sehr leicht folgern, daß, so wie in dem eben angeführten Fall, das Aeußre des Zustandes der Personen mit ihrem Innern, in so fern ganz zusammen, und übereinstimmte, so daß das eine für sie so gut das Beste war, als das andre, — diese Uebereinstimmung, als eine natürliche Folge der genauen Verbindung, worinn das Aeußre und das Innre des Menschen sich immer befindet, auch in allen übrigen Fallen nothwendig ist. Die äußre Situation, mit welcher das Werk sich endet, muß also auch für den Leser ein Punkt der Beruhigung seyn. —

Wenn das Innre des Menschen, die Geschichte seines Charakters, seines Seyns immer das Hauptaugenmerk des Dichters bleibet; — wenn der Weg zu dem Beruhigungspunkte, der hierinn für die Leser nöthig ist, oder eigentlicher zu jedem dieser besondern Punkte (denn ihrer können, wie vorhin gedacht, sehr viele seyn) vielleicht nur einer ist: so muß der Romanendichter also wohl vorher berechnen, damit er nicht Umwege nimmt, oder zu viel Wegs geht, um dahin zu kommen. Die Bildung und Formung der Person in diese, oder jene Gestalt, das Resultat ihrer innern Geschichte, muß durch solche Begebenheiten hervorgebracht werden, als

1) nöthig waren zu dieser Wirkung. Die Person muß gerade auf dem Punkte stehen, auf

welchem sie, nach Anlage der Umstände, und der Begebenheiten stehen kann.

2) Es müssen deren nicht mehr seyn, als nöthig waren. Der Eindruck der einen muß nicht durch den Eindruck der andern ganz vernichtet und überflüßig gemacht werden, so daß man der erstern hätte entbehren können.

3) Es müssen nicht widersprechende Begebenheiten seyn, vermöge welcher man glaubt, Eigenschaften in einer Person vereinigen zu können, die sich nicht mit einander vertragen. Mit einem Wort, es muß Uebereinstimmung, es muß Einheit im Charakter seyn. Das mehrere hierüber in der Folge!

12.

Ich komme zu dem Innhalt der einzelnen Theile eines Romans. Dieser Innhalt kann entweder so beschaffen seyn, daß er geradeswegs Unterricht und Lehren für uns enthält; oder er kann sich bloß mit unsern Empfindungen beschäftigen. Ueber die Art, wie wir jenen Unterricht erhalten können, über die Gestalt, die diejenigen Gegenstände haben müssen, welche Empfindungen, wie sie Menschen zukommen, in uns erzeugen sollen, ist vielleicht noch allerhand zu sagen nöthig.

Zuerst

Zuerst vom Unterricht in diesen einzelnen Stellen. Wer sieht nicht, daß dieser Unterricht, dies Moralisiren, das gerade zu nichts als Moral ist, was ganz anders ist, als jene, aus Begebenheiten gefolgerte Lehren? —

In der vorhin angeführten Scene aus Emilia Galotti findet sich ein Beyspiel, wie sehr vortreflich, und mit aller möglichen Wahrscheinlichkeit der Leser geradeswegs Unterricht erhalten, und mit lehrenden Ideen beschäftigt werden könne. Und eben dort ist auch die genaue Verbindung dieser Scene mit dem Ganzen des Werks, ihre Nothwendigkeit für das Trauerspiel, erwiesen. Eben so konnt' ich aus Musarion ... ich müßte den größten Theil der Musarion herdrucken lassen, wenn ich alle die Stellen anmerken wollte, die geradeswegs Unterricht enthalten. In der Gattung dieses Gedichts, und in dem besondern Innhalt von Musarion lag natürlich mehr Veranlassung dazu, als in einem Trauerspiel liegen kann. Die beyden Philosophen unter andern sind in Umstände gesetzt, in welchen sie ihre Denkungsart und Gesinnungen äußern müssen; und wer aus dieser Aeußerung, auch im eigentlichen Sinne, nichts lernt, hat nur sich die Schuld beyzumessen. Der Auftritt ist zugleich so genau mit dem Ganzen als Wirkung und Ursach verbunden; er erfolgt so eigenthümlich aus der

Denkungsart der handelnden Personen; er setzt ihren ganzen innern Zustand in ein so helles Licht, und wird also zugleich ein so glückliches Mittel zur Individualisirung der Personen, — daß er auch, aus diesem Gesichtspunkt betrachtet, gleich wahr, und gleich vortreflich ist. Phanias konnte, ohne diese Scene nicht das werden, was er wird, er konnte nicht von seinen Irrthümern zurück kommen; die beyden Afterweisen konnten nicht den Charakter haben, den sie des Ausgangs wegen haben müssen; wir konnten nicht so innig, aus der Vergleichung zwischen dem, was sie reden, und was sie thun, erkennen, was es eigentlich für Geschöpfe sind, — wenn uns der Dichter nicht mit den Systemen der Stoiker und Pythagoräer unterhalten hätte. Eben so lehrreich, im eigentlichen Sinn, ist die Unterhaltung, — natürlich der Theil der hieher gehört — welche Phanias mit der Musarion im dritten Buche hat, wo jene Systeme geprüft, und des Lesers Vorstellungen berichtigt werden. Und eben so richtig, und so nothwendig, wie die vorhergehende Scene, ist sie mit dem Ganzen, mit dem Zweck des Dichters verbunden.

Nicht so verhält es sich mit dem größten Theil der moralischen und critischen Betrachtungen, von denen einige neuere Romane wimmeln. Oft

Je saute vingt feuillets pour en trouver la fin,

und es gelingt mir doch nicht. Die Richardsonschen Romane sind es, die zu dieser Einwebung moralischer Sentenzen, und critischer Bemerkungen den Anlaß gegeben; aber der Engländer hat es immer noch mit einer gewissen Sparsamkeit, und mit einer zehnmal großern Schicklichkeit gethan, als seine deutschen Nachahmer.

Und schicklich sind, wie gedacht diese Sentenzen, diese Ausspinnungen moralischer Lehrsätze, diese Beobachtungen über des Menschen Thun und Lassen allein, wenn in dem Gange des Werks dadurch eine Wirkung hervorgebracht wird, so, daß das Ganze dadurch fortrückt, und seinem Ziele näher kommt, oder wenn dadurch ein Licht aufgestecket wird, das uns den Zusammenhang aufkläret. Alsdenn sind diese Betrachtungen nicht mehr Einschiebsel, sondern sind fürs Ganze so nothwendig, als irgend ein andrer Theil. Wir wollen die Sache näher betrachten.

Die mehrere oder wenigere Schicklichkeit und Wahrscheinlichkeit erhalten solche Stellen, je nachdem sie sich entweder vom Autor selbst und von seinen Personen herschreiben. Der Verfasser des Agethon hat sehr viel moralische Betrachtungen in sein Werk hineingeschoben; allein sie sind schlechterdings nothwendig, um die vergangenen Begebenheiten ins hellste Licht zu setzen, dem Leser den rechten Gesichtspunkt zu zeigen, aus dem er Charakter und Vorfall beurtheilen soll, und den Einfluß jeder Begebenheit auf den Charakter des Agathon aus einander zu setzen. Das vierte Kapitel des achten Buchs (Erst. Aufl.) hat die Ueberschrift: eine kleine Abschweifung, und könnte leicht einigen Lesern entbehrlich scheinen. Aber der weisere Dichter hat in ihm die Rechtfertigung gegeben, warum er den Agathon lieben lassen? Der denkende Leser findet darinn die Aufklärung über Agathons ganze Begebenheiten zu Smyrna, — über die Macht der Liebe, — über ihren Einfluß auf das menschliche Herz: Dinge, die alle nothwendig sind, unsre Vorstellungen vollständig zu machen, und die doch mancher Leser nicht aus sich selbst herauszufinden vermag. Ich sehe nicht ab, wie ohne dies Kapitel die innre Geschichte Agathons berichtigt werden könnte?

Auf diese Art nun kann der Dichter in eigner Person moralisiren. Nicht alltägliche Bemerkungen, die jeder selbst machen kann, wenn er es verdient, daß der Dichter als Leser an ihn denkt, — nicht entbehrliche Zusätze und Digressionen, die man wegschneiden kann, ohne die mindeste Lücke im Werk und in unsern Vorstellungen gewahr zu werden, soll der Dichter einflicken. —

Noch

Noch weniger sollen es die Personen. Situation und Charakter sind ihnen gewöhnich beydes gleich sehr im Wege, nur Bemerkungen ächter Art anzubringen; vielweniger denn moralisches oder kritisches Geschwätz.

Wenn die Bemerkungen der Personen Schicklichkeit haben sollen, so müssen zuvörderst ihre Charaktere so gebildet seyn, daß sie moralisiren können, und daß wir ihr Moralisiren gerne hören. Der Vorzug, den launigte Charaktere hierinn haben, ist bereits bemerkt. Es ist ihnen natürlich über alles eigenthümlich zu denken, und herauszusagen, was sie denken. Man braucht aber auch nicht eben ein Humorist zu seyn, um Betrachtungen anstellen zu können. Wir haben vorhin den Dichter des Agathon selbst gehört; er sagt aber auch im sechsten Kapitel des achten Buchs von seinem Helden, daß er auf der Reise nach Syrakus eine Menge Betrachtungen gemacht habe, und diese lesen wir zum Theil dort. Zuerst war nun Agathon der Mann darnach, daß er Bemerkungen anstellen konnte. Er ist so gebildet, daß er denken muß und kann; aber das, was er denket, trägt sehr viel dazu bey, dies vermeinte Moralisiren vollends in ein sehr vortheilhaft Licht zu setzen. — Er moralisirt nämlich nur über sich. Seine ganzen moralischen Betrachtungen schränken sich darauf ein, sich selbst sein innres Seyn aufzuklären und Rechenschaft davon zu geben; und der Leser genießt dieser Rechenschaft mit. Außer dem nothwendigen Lichte, das dies Moralisiren über den Charakter Agathons verbreitet; außer der Richtigkeit und Wahrscheinlichkeit, die die ganze Sache durch die Denkungsart der Person, seine letztern Begebenheiten, seine ganzen Schicksale erhält; außer der Nothwendigkeit, daß ein Agathon, bey solcher Gelegenheit auf sich selbst zurück kommen muß, wird nun der Leser im Genuß des Vergnügens, das ihm diese Situation, ihrer Wahrheit wegen, gewähren muß, nicht durch den Gedanken gestoret, daß der Moraliste, auf Kosten eines andern, auftritt, und ihn unterhält. — Diese Vorstellung hat gewiß Einfluß auf unser Urtheil über die Betrachtungsreichen Personen in den gewohnlichen Romanen. Im geselligen Leben sind diese Geschöpfe unausstehlich, die bey jedem Anlaß, den eine Person geben kann, bey dem geringsten Vorfall, ihre Weisheit auskramen, um uns zu zeigen, daß sie von einer bessern und höhern Gattung, wie wir, und fähig sind, uns Unterricht zu geben. Daß sie im Roman eben diese Wirkung hervorbringen, ist sehr natürlich. Was ist eine Person hier sonst, als eine Gesellschafterinn, die der Dichter uns zuführet. — Und kaum werden wir im geselligen Leben, wenigstens sichtlich, sie so finden,

finden, wie es unter andern Henriette Byron, und Sophie sind. Diese Personen wollen dem Leser das Verdienst wegnehmen, bey irgend einer Begebenheit etwas denken zu können; sie buchstabiren uns gleichsam ein Nichts von moralischen Bemerkungen vor und verlangen, daß wir ihnen nachlallen sollen. — Ists wahrscheinlich, daß wir sie hören werden? Und wenn sie noch so gute Sachen sagten, so sehen wir ihnen zu sehr ins Herz, als daß wir ihnen das Recht, unsre Lehrer zu seyn, eingestehen sollten. —

Dies Ansehn von Würde und Vortreflichkeit, das, nach des Dichters Vorsatz, diese Personen durch ihre Bemerkungen erhalten sollen, und durch dessen Anmaßung sie uns so ekelhaft werden, weil sie es, auf Kosten anderer, gewöhnlich nur suchen, ist nicht das einzige, das in diesen Personen den Leser beleidigt. Die mehrsten dieser geschwätzreichen Charaktere vereinigen in sich Vollkommenheiten und Eigenschaften, — vermöge welcher sie nämlich solche Schwätzer geworden sind — die schlechterdings mit der Wahrscheinlichkeit nicht bestehen können. Ich streite einem Frauenzimmer nicht die Eigenschaften ab, vermöge welcher sie z. B. die Unterhaltung haben könnte, die Richardsons Henriette mit H. Walden hat. Aber, wenn man von eben diesem Frauenzimmer vorgiebt, daß sie zugleich alle mögliche weibliche Vollkommenheiten und Eigenschaften besitzt: so läugne ich schlechterdings die Möglichkeit, daß sie, besonders sehr jung, alle die Kenntnisse sich erwerben könne, die zur Führung einer solchen Unterredung nöthig sind. Es giebt Eigenschaften, die sich geradesweges einander ausschließen, ohne daß sie, moralisch betrachtet, einander entgegen gesetzt seyn dürfen. Doch hiervon an einem andern Orte! — Wer aber glaubt, daß, wenn man von einer Eigenschaft und Vollkommenheit reden und schwatzen könne, man nun auch das Recht habe, sie sich zuzueignen, oder daß man sie wirklich besitze, und sie in Thätigkeit und Ausübung bringen könne, und auf diese Art all' die Eigenschaften in sich vereinigen, von welchen man zu sprechen weis, würde nichts mehr glauben, als daß der Dichter, der den Julius Cäsar und den Falstaff, den Hamlet und den Othello, Julie und Beatrix reden lassen kann, zugleich Julius Cäsar und Falstaff, Hamlet und Othello, Julie und Beatrix ist. — Wir wollen wirkliche Individua vom Dichter haben.

Und alles, was diese Henriette [u]) sagt und thut, so wohl in dem vorher angeführten Auftritt, als sonst,

u) Auch der größte Theil der Nation, für die der Grandison geschrieben ist, verdammt die Henriette als eine langweilige,

sonst, steht verwittwet und verwayst da; und kann, nach Belieben, herausgeschnitten werden, ohne daß wir etwas vermissen, oder irgend etwas dunkler sehen. Beyspiele haben dies bewiesen. Der Mann, der die Romane Richardsons in einen Auszug gebracht, hat die bitterste Satyre, die sich über ein dichterisches Werk machen läßt, gemacht. Aber man versuche einmal und schneide aus dem Agathon heraus! —

Noch öfter ist die Situation der Personen gar nicht so, daß sie nur Zeit hätten, an die allerkleinste Moral zu denken. Es giebt Leute, die in der Heloise des Rousseau gerade das, was nicht dahin gehört, für das beste halten: Rousseaus moralische Betrachtungen. Und freylich, da es Rousseausche Betrachtungen sind: so les' ich sie eben auch gern, wenn ich gleich von ihnen, so wie von jenen sagen muß:

> Purpureus, late qui splendeat, vnus et alter
> — Pannus —
> *Sed nunc non erat his locus.* —

Julie

lige, ekelhafte Gesellschafterinn. Ohnlängst noch ist dort ein Roman (The Card) von neuem gedruckt, und bey der Gelegenheit, von den Kunstrichtern, der Nation auch deßwegen empfohlen worden, weil er, wie sie sagen, die spun-out superfluities of the female chit-chat, in der Geschichte des Grandisons lächerlich macht.

Julie ists, die den sieben und funfzigsten Brief des ersten Bandes über die Duelle schreibt; aber — abgerechnet, daß Rousseau vielleicht allein diesen Brief schreiben konnte, — ist Julie bey der bevorstehenden Gefahr ihres Geliebten, in einer Verfassung philosophiren zu können? Ich frage jeden, der das weibliche Herz kennt; dies Herz, wenns liebt? — Rousseau hat dies gefühlt. Julie endigt den Brief: Je ne t'ai rien dit de ta Julie, und von dieser hätte sie eben mit ihm reden müssen. Denn über der Gefahr, in der sich St. Preux befand, und über der sehr sichtlichen Bekümmerniß, in der sie im Briefe an den Engländer erscheint, hätte sie alle die Verabredungen vergessen müssen, vermöge welcher der Liebhaber ihr das Recht gegeben hatte, seine Gouvernante zu seyn; sie hätte daran, daß St. Preux durch sein eignes Herz an sie schon erinnert werden würde, gar nicht denken können, wenn ihr der Dichter ihr eignes Herz gelassen hätte. Aber dem Rousseau war's um eine Abhandlung über den Zweykampf zu thun, die, so schön sie immer seyn mag, ich doch das erste mal nicht endigen konnte. Und wir Deutschen sind hierinn von einem so seltsamen, und so wenig aufgeklärten Geschmack, daß ich noch neuerlich irgendwo, eine Aufforderung an Romanendichter gelesen habe, die ganze Sache des Zwey-

kampfs

kampfs zu behandeln. Als ob solche Sachen, wenn sie entschieden werden sollen, fürs Tribunal des Romanendichters und nicht vielmehr des Philosophen gehörten? x) — Und noch würd' ichs gelten lassen, wenn die ganze Sache frauenzimmerlich wäre; denn Frauenzimmer könnten vielleicht einen Romanendichter, statt der Philosophen zu Rathe ziehen; aber Mannspersonen erwarten Entscheidungen über solche Sachen vom Romanendichter! ohne Einschränkungen hinzuzufügen, unter welchen sie etwas darüber erwarten können! und mit einer Art, als ob das, was sie darüber in Romanen gefunden haben, vollkommen gut, und an der rechten Stelle gewesen wäre! Was wird doch aus uns Deutschen noch werden! Oder vielmehr, was sind wir nicht schon! — Wie läßt sich eine Sache gerade zu, und der Wahrheit nach, ausmachen und entscheiden, wenn die Personen, die diese Sache unter Händen haben, unmöglich in dem Gemüthszustand, in der äußern Situation, von solchen Einsichten seyn können, als zur Berichtigung einer Sache nöthig sind. Wer sieht nicht, daß die Personen des Dichters, nach ihrer gegenwärtigen Verfassung des Geists, handeln und entscheiden müssen; und daß sie uns nur die Seite, die

x) In den natürlichen Dialogen.

die sie sehen, von der Sache zeigen können? Wie kann durch parteyische Advokaten eine Sache entschieden werden, die vor den Richterstuhl der kaltblütigen, ruhigen, untersuchenden Vernunft gehört? Oder soll der Dichter etwann seine Personen in solche untersuchende Geschöpfe verwandeln, und aller Eigenthümlichkeit, aller Natur, aller Wahrheit seines Werks, mit samt den Vortheilen, die ihm diese gewähren, entsagen, um sich einer Sache anzumaßen, der er immer, als Dichter betrachtet, nicht gewachsen ist, die man nicht in ihm sucht und in ihm liest? Freylich, wenn sein Held ein Philosoph wäre; und dann nicht einmal; wenigstens nicht zum Vortheil des Dichters. — Genug hievon! —

Wenn gute Betrachtungen und Moralen und Sentenzen in dem Werk des Dichters, nur unter gewissen und sehr, sehr wenigen Bedingungen, statt finden können: so versteht sichs von selbst, daß allgemeine triviale Sprüchelchen und Bemerkungen unter das völlige Unkraut gehören.

Der Romanendichter wählt überhaupt einen unglücklichen Weg, seinen Leser zum Unterricht zu führen, wenn er ihn durch Maximen und Sentenzen dahin bringen will. Das sind Verzäunungen und Schranken auf dem Wege, über die der, durch den Lauf der Begebenheiten angereizte Leser wegsetzt,

setzt, oder sie niedertritt, und ins blache Feld hinab eilet, wo er sich seiner Einbildungskraft und seinem Herzen überlassen kann. Wenn der Dichter, um seine Moralen an den Mann zu bringen, nun gar bloß dieser Moralen wegen seine Begebenheiten wählet, denn — adieu Illusion, Vergnügen! Unterricht! —

Und wer sieht nicht von selbst, daß überhaupt der buchstäbliche Unterricht höchst selten nur mit den Mitteln zusammen paßt, die der Dichter in Händen hat, um seinen Endzweck zu erreichen? Ist die Moral, die Betrachtung, die Reflection aus dem Innersten, aus dem Eigenthümlichen der vor uns liegenden Situation, oder des Charakters hergehohlt: so enthält sie dadurch natürlich so viel Individuelles, so viel Bestimmtes, daß sie fast nie einer allgemeinen Anwendung fähig ist. Wer kann läugnen, daß die berühmte Monologe des Hamlet

To be or not to be etc.

sehr viel vortrefliche Betrachtungen enthält; aber wer kann sie brauchen, als der, welcher gerade in Hamlets Verfassung ist? Schakespear läßt nämlich den Hamlet das sagen, was er nach seiner Verfassung sagen konnte; der Dichter hat gewiß nicht ans Moralisiren gedacht. Deßwegen aber ist gerade diese Monologe eine der vortreflichsten. Addison hatte schon in dem ersten Auftritt des fünf-

fünften Aufzugs seines Cato eine andre Absicht; er wollte moralisiren; und die Monologe ist darnach gerathen. Sie dürfte schwerlich eine dichterische Vergleichung mit der Schakespearschen aushalten.

Wir wollen überhaupt alle nicht, daß man uns geradeswegs vordocire; besonders wenn wir auf etwas anders eingeladen worden sind, so daß wir uns zum Unterricht nicht gefaßt machen konnten [y]). Wer uns noch Lehren der Sittlichkeit geben

---

y) Ich habe den Romanendichtern das Studium der Philosophen angerathen; aber gewiß nicht, damit sie entweder Sprüchelchen und Sentenzen aus ihnen herhohlen, oder sie gar über die Einrichtung ihrer Werke immer um Rath fragen sollen. Die Nichtigkeit des erstern ist oben gezeigt; und das letztere kann oft mißlich werden, wenn der Philosoph, nichts als Philosoph, seyn will. Wenn Homer und Plato zugleich gelebt und jener diesen über die Anordnung seiner Iliade um Rath gefragt hätte: so würden wir eine andre, —— aber sicherlich nicht eine bessere Iliade erhalten haben. Ich gesteh' es, daß mir in dem Philosophen nichts beschwerlicher ist, als sein Tadel des Homer; und wenn seine dichterische Versuche nicht besser waren, als seine Critik: so bin ich gar nicht böse über seine Anwendung des Homerischen Verses:

"Ηφαιστε πρόμολ' ὦδε, Θετις νυ τι σειο χατιζει.

Il. C.

Die Personen sollen ihm so handeln, wie es im Buche steht; bald heißt ihm Achill unmännlich, wenn er über den Patroclus klagt; bald gottlos, wenn der Krieger den Zevs aus zwey verschiedenen Urnen den Menschen ihre Schicksale zufließen läßt u. s. n. Und wenn ein Plato so

geben will, ohne daß wir sie suchen, sagt uns, daß wir noch Mangel daran haben. —

Wenn sich nun zu dieser Denkungsart der Fall gesellet, daß die mitgetheilten Moralen und Betrachtungen nicht eigenthümlich, sondern fein allgemein sind, so daß sie auf alle Personen und auf alle Situationen passen: so können sie natürlich nichts anziehendes behalten. Und solche allgemeine und besondre Absichten haben einige unsrer Dichter; unter dem Vorwande, daß es für eine gewisse Classe von Lesern an moralischen Schriften fehle. Aber, Lieber, haben wir denn nicht Wochen- und Monathsschriften genug? Und sind eure Moralen besser, kräftiger gesagt, wie in diesen? Beyleibe nicht! denn wir haben auch Wochenschriften, an welchen Cramer und Klopstock und Schlegel und Gerstenberg und Kronegk gearbeitet

so urtheilen kann, dann ist wohl die obige Einschränkung nicht überflüßig. — Freylich aber, glücklich der Dichter, der einen Mendelssohn, einen Sulzer um Rath fragen, und den Rath nützen kann! Von ihnen, und von den Philosophen überhaupt, wird er dann das Geschlecht der Menschen besser kennen, und immer zur Erreichung seiner Absicht die sichersten und kürzesten Mittel wählen lernen. Er wird — doch es ist hier nicht darum zu thun, wie der Dichter die Philosophen nützen solle; sondern nur vor denen Abwegen zu warnen, auf die, Philosophie unrecht verstanden, den Dichter verleiten kann.

beitet haben. Und diese Schriften haben den Vorzug, daß man Moral in ihnen sucht, und sie nicht so leicht, unter andern Dingen darinn verlieren kann. Oder glaubt ihr, daß man sie ehe lesen wird, weil sie in Romanen steht? Dies ist wohl nur denn zu vermuthen, wenn eure Romane gut geschrieben sind; und sind sie dies, so wird man gewiß über den Begebenheiten den Moralisten vergessen. — — Es bleibt dabey.

Das einzige Mittel, **geradesweges** und **buchstäblich** im Roman zu moralisiren, oder Unterricht hineinzuweben, findet nur dann statt, wann dieser Unterricht, als **Wirkung** und **Ursach**, ins Ganze gehort, oder wenn er die Verbindung unter den Theilen des Ganzen aufhellet. Launigte Charaktere sind natürlich hierunter mit begriffen; so wie alle Personen, deren Denkungsart, Situation und ganze Lage es erfodert, daß sie — **über sich selbst** moralisiren, natürlich aber unter der vorherausgedrückten Bedingung. Alle übrigen Personen haben nur dann das Recht dazu, wann sie der Dichter lächerlich, eckelhaft, oder verächtlich machen will.

---

13. Die

13.

Die einzelnen Theile eines Ganzen, die Charaktere, Vorfälle und Begebenheiten können sich auch mit unsern Empfindungen beschäftigen. Aus diesem Gesichtspunkt wollen wir sie jetzt vornehmen. Man sieht leicht, daß hier also bloß von ihrem Innhalt die Rede ist.

Die Zahl dieser Theile ist, wenn wir aus Beyspielen folgern, bey weitem die größeste, verglichen mit den vorhergehenden, in den mehrsten Werken des Witzes. Ich glaube, daß hier der rechte Ort seyn wird, es auszumachen, ob die Dichter Recht oder Unrecht hierinn handeln?

Wir fühlen es alle in uns, — und gewiß fühlen wir es in denen Jahren, in welchen der kluge Dichter sich seine Leser wünscht — daß eine ununterbrochene lange Reihe von Empfindungen, sie mogen auch so abwechselnd seyn, als sie wollen, uns ehe ermüdet, als angenehm unterhält [z]).

z) „Man kann es unsern Dichtern nicht oft genug wiederholen, sagt einer unsrer besten Kunstrichter, daß es nicht bloß durch Leidenschaften möglich ist, zu interessiren, daß sie durch diese nur selten und immer nur Augenblicke lang interessiren; daß es nur allein der Reichthum der Vorstellung, die Wichtigkeit und die Menge dessen, was sie uns zu denken geben, seyn kann, was uns bey einem größern Werke von Anfang bis zu Ende geschäftig, aufmerksam und befriedigt erhalte.“ Man lese das Uebrige

Es ist nicht möglich, daß wir immer empfinden können; und, wenn wir es könnten, so thäte der Dichter Unrecht, uns in einem fort anzuspannen, weil die Empfindungen selbst, die er in uns zuletzt würde erzeugen wollen, darunter leiden müßten; wir würden erschlafft, und des Grades von Spannung nicht mehr fähig seyn, den der Ton, den unsre Seele angeben soll, erfodert. Wir würden nur halb noch fühlen können. Es ist vielleicht schon in einem Trauerspiele mißlich, den Leser oder Zuschauer nie zu sich selbst kommen zu lassen; vielweniger in einem Werke von größerm Umfange. — Und je stärker diese Empfindungen sind, die in uns erzeugt werden sollen, je öfter muß uns der Dichter Gelegenheit geben, neue Kräfte zu sammlen. — Wenn diese, auf die Erfahrung und den Nutzen des Dichters sich gründende Bemerkungen einer mehrern Bestätigung bedarf: so erhält sie solche durch die ganze Einrichtung der menschlichen Natur. Wir können unmöglich das werden, was wir werden sollen, wenn wir nichts wollten, als empfinden. Ist nicht billig, daß auch der Dichter das Seinige zur Erreichung des Endzwecks beytrage, der uns festgesetzt ist? —

Frey-

in den Gedanken über das Interessirende (N. Bibl. der sch. Wissensch. 12. B. S. 8.) selbst nach; und mache dann die Anwendung!

Freylich wird sich kein Maaß angeben lassen, nach welchem diese Ruheplätze in einem Werke des Witzes abzustechen sind. Es hängt von der Einrichtung des Werks, je nachdem dies überhaupt mehr oder minder heftige Bewegungen erzeugt, und von vielen kleinen Umständen mehr ab, die den Dichter sein Genie allein lehren kann. Wenn aber der Dichter seinen Stoff gehörig durchgedacht, wenn er seinen Plan, als eine aneinander hängende Reihe von Wirkungen und Ursachen geordnet und genau verbunden hat, so werden sich diese Ruheplätze von selbst ergeben, und sehr gewiß eben so nothwendige Theile seines Ganzen seyn, als jene, die nur Empfindungen erzeugen sollen.

Diese letztern erfodern, wie mich dünkt, so manche Behutsamkeit und Vorsicht in ihrer Behandlung, daß ich mich billig verwundere, wie man hierinn gewöhnlich nichts, als Willkühr hören, und es für genug halten kann, uns nur in Bewegung zu setzen, und darinn zu erhalten, es sey auf diese oder jene Art. Zwar alle Kunstrichter sind nicht so gleichgültig in Bestimmung des Maaßes gewesen, das hierinn zu halten ist. Aristoteles und Horaz haben manches davon gesagt; nur Schade! daß dies ein paar Schulbücher sind, die man nicht einmal gern in die Hände nimmt, geschweige denn — versteht. Nur des letztern:

Pictoribus atque poëtis
Quidlibet audendi semper fuit aequa potestas,

ist die Schutzwehr, hinter welcher man sich so gern verbirgt, wenn man auch über das, was man hierinn versieht, zur Vertheidigung aufgefodert wird.

Es ist wirklich nichts seltsamer, als einen gewöhnlichen Romanendichter von allen Seiten, ohne Vorbereitung, Uebergang, Verbindung, Zusammenhang auf unser armes Herz losstürmen, und — leibhaftig wie der Knabe, der das Clavier spielen will und nicht kann, bald hoch, bald niedrig, bald in halben, bald in ganzen Tönen auf unsern Empfindungen herum klimpern zu sehen. Und dies ist noch nicht der ärgste Fall. Auf dem Clavier kann man doch noch nicht einzeln falsche Töne angeben; aber der Knabe nimmt auch oft des Vaters Violine und spielt — gerade so wie z. B. die Geschichte des Glücks geschrieben ist. — Ists ein Wunder, wenn, — so wie der Körper aus schnellen und heftigen Abwechselungen von großer Kälte zu grosser Hitze, und von großem Durst zur Trunkenheit, ein natürlich Fieber, und oft noch ärgere Zufälle davon trägt — die Seele eben so fieberhaft, eben so ungesund durch solche Unterhaltungen wird? Und die letztern Krankheiten sind schwerer zu heilen, als die erstern.

Ich

Ich will versuchen, aus der Natur des Endzwecks, den jeder Dichter billig mit seinem Werke haben sollte, es ausfindig zu machen, wie er sich billig in Erregung unsrer Empfindungen verhalten solle? Ich habe von diesem Endzweck bereits vorhin gesagt, daß er in nichts anders bestehen könne, als solche Empfindungen und Vorstellungen in uns zu erzeugen, die unsre Vervollkommung befördern, und unsrer Bestimmung uns näher bringen können. Es fragt sich, in welchem Zustande müssen unsre Empfindungen seyn, wenn sie mit unsrer Bestimmung bestehen sollen?

Es giebt Leute, denen zu gefallen ich, eh' ich weiter gehe, von der Erregung unsrer Leidenschaften überhaupt ein Wort sagen muß. „Ists auch erlaubt unsre Leidenschaften zu erregen?“ — so fragen noch immer manche Kopfhänger, die eben so gern in Deutschland eine Schule von Verschnittenen am Herzen anlegen möchten, als ein großer Herr ohnlängst irgendwo eine von leiblichen Verschnittenen angelegt hat: eine Ehre, die nicht einmal Italien mit den Söhnen Teuts, und den Nachkommen Hermanns theilen kann. —

Daß uns die Natur, oder vielmehr der weise und gütige Urheber der Natur so geschaffen hat, wie wir sind, das heißt, mit den Anlagen, mit welchen wir auf die Welt kommen, wird wohl keiner läugnen. Wir sind alle geneigt, zu bewundern, zu lieben u. s. w. Der Bauer, der nun eben den Mund aufsperrt, wenn er einen von jenen Kopfhängern sehr stark reden hört, bewundert eben so gut, als der, dem irgend eine große That des Grandisons die Brust in die Höhe treibt. Und ich weis noch nicht, daß aus jener Bewunderung dem Bauern ein Verbrechen gemacht worden ist. — Nicht einmal das ist ihn gelehrt worden, daß er nur Gegenstände, die es werth sind, bewundern, und wie weit er überhaupt in seiner Bewunderung gehen solle: Dinge, die es wohl werth sind, gesagt zu werden, weil der ehrliche Bauer eben so leicht vor dem Gerüste des Taschenspielers seinen Mund aufsperren kann, als an einem andern Orte, — und weil ihm leicht, wenn er es zu weit treibt, eine Ohrfeige eben so nöthig ist, als sie es der Mutter des Bruder Gerundio auf andre Veranlassungen war, wenn der Mund wieder in Ordnung gebracht werden soll. —

Es ist das Geschäft des Dichters, durch die Erregung der Leidenschaften seiner Leser, ihnen Gelegenheit zu geben, ihre Empfindungen in dem gehörigen Maaß, und für solche Gegenstände auszubilden, die es werth sind, uns in Bewegung zu setzen. Der Dichter, der entweder bey Erregung unsrer Leidenschaften gar keinen Vorsatz hat, als die

die Erregung selbst, oder einen andern — vielleicht weniger edlen, wird es mir erlauben, daß ich von seiner Dichtkunst nicht eben gar zu hohe Ideen haben mag. — Wir finden im wirklichen Leben Versuchungen genug, unsre Leidenschaften auf unrichtige Gegenstände anzuwenden, und uns dadurch in Gefahr, Schande und Elend zu stürzen. Soll der Dichter diese Versuchungen vermehren helfen? Gewiß nicht! —

Die Erregung unsrer Empfindungen auf die rechte Art, hat den Nutzen, den jede Uebung des Guten hat. Denn unsre Empfindungen erregen, ist nichts, als sie üben. Uebung macht stark.

Unsre Empfindungen werden also, bey Gelegenheit in keinem, als dem gehörigen Grade entstehen. Und je öfter unsre Menschenliebe, unser Mitleiden, all' unsre geselligen Leidenschaften geübt worden sind, je leichter werden sie, bey Veranlassungen im wirklichen Leben, erwachen. Der Mann, den der Dichter das Unglück und Elend hat bemitleiden lehren, wird ehe dem Hülfsbedürftigen beyspringen, als der härte Kopf, oder das zähe Herz, die von solchen Uebungen ihrer Gefühle nichts haben wissen wollen. —

Und endlich, wenn es gewiß ist, daß wir im wirklichen Leben eben so leicht auf eine ergetzende als verdrüßliche Art in Bewegung gesetzt werden können: so laßt uns der Vorsicht danken, die uns durch die Werke der Nachahmung Anlaß und Gelegenheit giebt, unsre ergetzenden Bewegungen zu vervielfältigen, indem solche zugleich zu unsrer Vervollkommung, und zum Nutzen des Ganzen angewandt werden können.

Eine Stelle aus dem Sterne, der auch ein Geistlicher war, würde die Widerlegung dieser verschrumpften Herzen und schiefen Köpfe vollenden, wenn sie nicht zu lang wäre in den Text eingerückt zu werden. Sie mag in der Note stehen [a])!

14. Ehe

a) Sweet pliability of man's spirit, that can at once surrender itself to illusions, which cheat expectation and sorrow of their weary moments! — Long — long since had ye numberd out my days, had I not trod so great a part of them upon this enchanted ground: when my way is too rough for my feet, or too steep for my strength, I get of it, to some smooth velvet path which fancy has scatter'd over with rosebuds of delight; and having taken a few turns in it, come back strengthen'd and refresh'd. When evils press sore upon me, and there is no retreat from them in this world, then I take a new course — I leave it — and as I have a clearer idea of the elysian fields than I have of heaven, I force myself, like Eneas, into them — I see him meet the pensive shade of his forsaken Dido and wish to recognize it — I see the injured spirit wave her head, and turn of silent from the author of her miseries and dishonours — I loose the feelings for myself in hers — —

Surely

14.

Ehe ich weiter gehe, glaub' ich eine schon gemachte Bemerkung wiederhohlen zu müssen, daß nämlich nicht der Leser gerade all' diejenigen Leidenschaften empfindet, die die Personen eines Werks empfinden. Denen Personen, die wir zu unsern Lieblingen in den Werken der Nachahmung machen, Personen, deren Empfindungen und Vorstellungen mit den unsrigen übereinstimmen, denen empfinden wir nach. Aber es ist ein großes Vorurtheil, dies allgemein anzunehmen. Und bedarf es Beyspiele hierüber? Wer fühlt nach, was Tquassouw für die Knonmquaiha empfindet [b])? Würden wir noch einen Socrates bewundern, wenn er selbst oft und viel bewundert hätte? —

Auch

Surely this is not walking in a vain shadow — nor does man disquiet himself invain by it — he oftener does so in trusting the issue of his commotions to reasons only. — I can safely say for myself, I was never able to conquer any one single bad sensation in my heart so decisively, as by beating up as fast as I could, for some kindly and gentle sensation to fight it upon its own ground. *Sent. Journ.* Vol. sec.

b) He was *struck* with the glossy hue of her complexion, which shone like the jetty down on the black hogs of Hessaqua; he was *ravished* with the prest gristle of her nose; and his eys *dwelt with admiration* on the flaccid beauties of her breast, which descended to her navel. The Connoisseur Vol. I. N. 21.

Auch nicht die Thaten und Unternehmungen der Personen allein, setzen uns, nach Maaßgabe ihres Innhalts, in Bewegung, wenn wir die Person davon trennen, die sie ausgeführt hat, und ihr eine andre unterschieben; oder wenn wir die geringste Mißhelligkeit zwischen Person und That entdecken. Wer sich hiervon überzeugen will, braucht nur die erste beste Parodie eines französischen Trauerspiels in die Hand zu nehmen. Und einer der Fehler, — und vielleicht der größte — die sich in den bloß historischen Romanen finden, ist der, daß man auch hier Person und That sehr gut trennen kann. Es läßt sich, z. B. denken, daß selbst Sir Hargrave Henrietten so gut aus den Händen ihres Entführers retten konnte, als Grandison. Was würde nun von der Theilnehmung an der ganzen Begebenheit übrig bleiben? So wie diese Trennung der Begebenheiten von ihren Personen in den bessern Romanen nicht statt findet, weil das innre Seyn dieser Personen, die Eigenschaften derselben die wahre wirkende Ursache dieser Begebenheiten gewesen sind: so sind es nun diese Eigenschaften zuerst, die uns, je nachdem sie uns gut oder böse, erhaben oder niedrig dünken, mehr oder weniger, auf die eine, oder auf die andre Art, in Bewegung setzen, und unsre Empfindungen erregen. Es versteht sich, daß diese Eigenschaften sich nicht ohne Thaten denken lassen,

es

es sey, daß sie sich handelnd oder empfindend äußern. Und je großer nur die Uebereinstimmung zwischen diesen Aeußerungen und ihrer wirkenden Ursache ist, je lebhafter wird die Theilnehmung seyn, die wir für die Personen haben werden.

Hiezu kommt natürlich das äußere Geschick dieser Personen. Ihr Glück oder Unglück, die besondre Art desselben, der Contrast, der sich zwischen diesem und ihrer Art zu denken finden kann, mit einem Wort, ihre ganze Lage, hilft den Ton stimmen, den der Dichter in uns angeben kann.

Und so können denn Bewunderung, Liebe, Haß, Abscheu, alle Arten des Mitleids, Zufriedenheit, Lachen u. a. m. mit allen Unterabänderungen, deren sie fähig sind, und mit allen Vermischungen und Zusammensetzungen, die daraus entstehen konnen, in uns erzeugt werden.

Nun fragt es sich:

1) Ist es billig, daß all unsre Leidenschaften und Empfindungen, erregt, gebildet, geübt werden?

2) Wie müssen die Gegenstände beschaffen seyn, für welche es gut ist, daß wir in Bewegung gesetzt werden?

3) Durch welche Mittel wird der Romanendichter am sichersten unsre Empfindungen, unsre Theilnehmung erregen konnen? —

Unter

Unter denen Leidenschaften, die der Romanendichter durch die behandelten Gegenstände, in uns erzeugen kann, sind vielleicht einige, die der Erregung und Uebung eben nicht bedürfen.

Gewisse korperliche Bedurfnisse können, zur Entstehung gewisser Leidenschaften so starke, und zu unsrer Vervollkommung so wenig zweckmäßige Veranlassungen geben, daß wir sicher nicht des Dichters bedürfen, um diese Empfindungen erregt und geübt zu haben. Die Natur selbst würde uns schon von selbst auf sie führen. Ich bedaure das Genie, das sich zu den Gedichten im Geschmack des Grecourt herabgelassen hat. Und der großte Schade ist, daß diese Gedichte wirklich, in ihrer Art, vortrefflich sind. —

Einige andre Leidenschaften sind vielleicht der besondern Beobachtung des Dichters werth, der mit Recht Lehrer des menschlichen Geschlechts heißen will. Wenn es gewiß ist, daß alle selbstische Leidenschaften stärker sind, als die geselligen; und die ungeselligen noch stärker als jene: so dünkt mich, daß, — angenommen die Erregung aller stehe dem Dichter zu Gebot — er vorzüglich auf die Anbauung und Ausbildung derjenigen denken soll, die schwerer in uns erweckt werden können, weil sie schwächer in uns sind. Und wenn dies die geselligen sind, so sind dies auch zugleich diejenigen, die zur

Ver-

Vervollkommung unsers Daseyns das mehrste beytragen. Das menschliche Geschlecht würde sich gegenseitig die größte Glückseligkeit versprechen können, wenn die Theilnehmung für andre so lebhaft in den einzeln Gliedern der Gesellschaft sich fande, als dies vielleicht möglich ist.

Der Mensch hat den geselligen Leidenschaften das mehreste zu danken. Das, was er seyn kann, wird er vorzüglich durch sie. Nicht weil sie ihm seinen Pallast bauen, seine Seide würken, und Tunkins Nest herbey hohlen helfen, (denn dies verschaffen ihm nicht sowohl die geselligen Leidenschaften, als das gesellige Leben überhaupt) — sondern weil er nie, wenn sie nicht wären, seine Fähigkeiten entwickeln, seinen Kopf aufklären, sein Herz bessern, und Tugend erwerben könnte, die er nie zu erwerben vermag, wenn nicht Gegenstände da sind, an welchen er sie ausüben kann, und wenn er nicht eben so gut äußere, als innere Hindernisse zu überwinden hat. Eben so würde er, ohne sie, nicht mehr glücklich seyn, nicht mehr in den Zustand der Behäglichkeit versetzt werden können, in welchem er die Seligkeit, zu der er bestimmt ist, schon zum Voraus in dem Grade kostet, dessen er, als Mensch, fähig ist. Was würde eine Welt ohne Menschenliebe, und Liebe überhaupt

(nach

(nach allen ihren verschiedenen Bedeutungen) ohne Mitleid u. s. w. seyn?

Wenn es das Werk der weisen Vorsehung ist, daß sie uns, zur Vervollkommung unsrer selbst und ihres Ganzen, diese Leidenschaften gegeben, und zur Entwickelung und Ausbildung derselben, in die Schöpfung Veranlassungen gelegt hat: sollte nicht der Dichter, er, der eigentliche Nachahmer des Schopfers durch die Schöpfung seiner kleinen Welt, die Absichten des höhern Schöpfers befördern, und ihre Erreichung erleichtern helfen? Kann er eine edlere Beschäftigung haben, als diese? Ist es verantwortlich, wenn er sich zu ganz widersprechenden Arbeiten herabläßt? oder ohne Entwurf, ohne Endzweck dichtet, um zu dichten? Der Romanendichter hat, vermöge der Gattung, in welcher er arbeitet, vorzüglich Mittel in Händen, den höhern Endzweck zu erreichen; er kann, auf die anziehendste Art, den Menschen, durchs Vergnügen, zu seiner Vervollkommung ausbilden helfen.

Ich glaube bereits angemerkt zu haben, daß wir die anziehende Unterhaltung, die uns der größte Theil der Charaktere in Minna von Barnhelm gewähret, vorzüglich solchen Grundzügen in denselben schuldig sind, die jene Leidenschaften in uns erregen und ausbilden helfen. Das gute, das Menschenliebende Herz leuchtet aus allen hervor, für die

die uns der Dichter hat interessiren wollen; aus dem Tellheim so gut, wie aus Wernern und aus Justen; aus der Minna so gut als aus der Franziska. Die Eigenschaften des Geistes in diesen Personen sind es nicht, die uns so unauflößlich an sie heften. — Diese wiederholte Bemerkung mag also bezeugen, einmal, daß wir selbst auf die anziehendste Art durch die Gegenstände unterhalten werden, die die geselligen Leidenschaften in uns erzeugen; und zweytens, daß keine Einförmigkeit zu befürchten ist, wenn der Dichter die Grundlage derjenigen Charactere, für welche er vorzüglich unsre Theilnehmung erregen will, von solchen Eigenschaften macht, die uns den Menschen, den guten Menschen zeigen c). Und hieraus ergiebt sich denn auch zugleich, daß die Erregung der selbstischen Leidenschaften, wenn sie nicht mit dem Mitleid

c) Diese Theilnehmung ist so gewiß, daß, ob wir gleich im wirklichen Leben sehr oft für ein bloßes schönes Gesicht in Bewegung gesetzt werden, der Dichter vergebens uns Schönheit allein zeigen wird, wenn wir die Person lieben sollen. Auch der Eigenschaften des Geistes wegen lieben wir sie nicht. — Bewundern können wir diese; aber Bewunderung allein ist ein herzlich kaltes Gefühl; ein Gefühl, das manche Leute des Nil admirari wegen, lieber gar nicht wollen statt finden lassen. — Die Eigenschaften des Herzens sind es auch, die uns, wenn wir mit Danaen erst bekannt sind, so fest an sie heften.

leid verbunden sind, und der ungeselli en lange nicht dem Leser das Vergnügen gewähret, das die Erregung jener verschaffen kann. —

Es ist noch ein andrer Gesichtspunkt da, aus welchem die Erregung unsrer Leidenschaften angesehen werden kann. Der Dichter wird sich mehr Theilnehmung versprechen, wenn er diejenigen, die ihrer Natur nach die anziehendsten sind, im Leser erregt. Es ist bekannt, daß dies die vermischten, aus Lust und Unlust zusammen gesetzten sind. Alle Arten des Mitleids gehören also hieher; aber diese befinden sich auch unter den vorgenannten geselligen Leidenschaften; und dies ist folglich ein Bewegungsgrund mehr, sie in dem Leser zu erzeugen. Und für mich ist es ein Bewegungsgrund mehr gewesen, mich so lange, vorher, bey dem Charakter des Lear aufzuhalten. —

15.

„Wie müssen die Gegenstände beschaffen seyn, für welche es gut ist, daß wir in Bewegung gesetzt werden?"

Es würde zwar sehr allgemein klingen, wenn ich auf diese Frage bloß antwortete: die Gegenstände müssen es werth seyn, daß wir für sie in Bewegung gesetzt werden; aber im Grunde liegt in in dieser allgemeinen Antwort das Wesentlichste von der Sache. Wer schämt sich nicht, wenn er auf irgend eine Art überzeugt wird, daß er sich für eine Person habe einnehmen lassen, die es, nach erfolgter reifer Ueberlegung, nicht werth war, uns einzunehmen? Ich weiß, daß der größte Theil der Menschen vielleicht gar nicht zu dieser Ueberlegung in der Wirklichkeit kommt; aber der Dichter soll dem Leser nie Gelegenheit geben, sich auf diese Art schämen zu dürfen.

Der Dichter soll die Empfindungen des Menschen bilden; er soll es uns lehren, was werth sey, geschätzt und geachtet, so wie gehaßt und verabscheuet zu werden. Er soll unsre Empfindungen nicht irre leiten; sondern uns Gelegenheit verschaffen, sie an würdigen Gegenständen zu üben, damit hernach, in der Wirklichkeit, wir sie nie verschwenden, oder unrecht ausspenden.

Wenn sich kein andrer Einwurf wider eine Art der so genannten Täuschungen fände; wenn sie auch, beym zweyten Lesen, nicht aufhörten Täuschungen zu seyn, und auf diese Art ihr ganz Verdienst verlören: so würde sich, aus den obigen Voraussetzungen, an deren Wahrheit ich unmöglich zweifeln kann, ein Einwurf folgern lassen, der die Romanendichter von dieser seltsamen Sucht billig heilen sollte. Wenn uns der Dichter im Anfange verführt, unser Herz an Dinge zu hängen, die es nicht werth waren, geachtet zu werden: so konnen wir uns, wenn wir unsern Irrthum erkannt haben, nur gar zu leicht gewohnen, unentschlossen in unsrer Wahl und in unsrem Urtheil zu bleiben: eine Sache, die dem Sceptiker und dem speculativen Beobachter gut und nützlich seyn kann: die aber im Leben gar nichts taugt.

Der Dichter, der ein Verdienst darinn sucht uns zu täuschen, und so unsre Empfindungen irre zu leiten, ist fur uns beynahe das, was die Amme fürs Kind, mit ihren Gespenstermährchen ist. Sie unterhalt das Kind mit diesen Ideen, und findet es im einzeln Falle vielleicht gut; sie macht das Kind dadurch stille und gehorsam. Aber wenn sich dies Gefühl einmal des Kindes bemächtigt hat: so entsteht es sehr oft bey Anlassen, aus welchen für das Kiud Schaden, Spott, Verachtung erwächst; und das Kind ist ein verdorbnes, verzognes Kind. Es braucht Zeit und Ueberlegung — und bey vielen helfen auch diese nicht — sich von diesem falschen Eindruck loßzumachen; — und wenn es sich davon bald loßmacht: so lacht es über den Einfall der Amme, oder verachtet sie gar deßwegen.

Und wozu helfen am Ende Empfindungen, die nichts sind, als Empfindungen? Welcher Zweck kann bey Täuschungen seyn? Der Zweck, das

Ver-

Vergnügen zu haben, den Leser irre zu leiten? Das wäre eitel, beleidigend für die Menschheit, höchst undichterisch, höchst unphilosophisch! — Oder der Zweck, die Leser lieber auf diese, als auf eine andre Art zu vergnügen? Aber warum ein Vergnügen, daß nun nichts mehr oder weniger ist, als ein Vergnügen, zu dem jeder Traum, jeder Irrthum Anlaß geben kann? Wenn der Mensch mit seinen Empfindungen haushalten, und Vortheil von ihnen ziehen, — wenn der Dichter ihn vorzüglich dies lehren soll: so sehe ich nicht ab, wie er ihn mit Empfindungen unterhalten konne, die jener bereuen muß, gehabt zu haben, die er gerne zurück nehmen, gerne nicht gehabt haben mochte, wenn er könnte; — mit Empfindungen, die, da sie schlechterdings unrecht verspendet sind, nie zur Bildung derselben den geringsten Beytrag, den kleinsten Anlaß geben können? —

Der Romanendichter unterhalte uns also mit Wahrheit! Er gebe nicht zur Entstehung von Empfindungen Anlaß, die durch die Folge wieder aufgehoben werden; er führe uns nicht einen Weg, den wir genöthigt werden, wieder zurück zu gehen, und den wir also ganz vergebens gemacht haben. Die Gestalt, die er uns vorhält, sey immer wahr, sey immer so gebildet, daß wir, seine Leser, sie nicht mißkennen, und fur was anders halten können, als sie ist.

Man würde mich sehr unrecht verstehen, wenn man glaubte, daß ich also verlange, der Dichter solle uns so gleich all seine Personen, auf den ersten Anblick, charakterisiren, und eine Beschreibung ihrer ganzen Denkungsart voran schicken. Ich halte diese Manier für die Erfindung eines Dichters, der die Kunst nicht verstanden hat, den Leser mit dem Charakter seiner Personen, durch ihre Handlungen bekannt zu machen; der nicht gewußt hat, sie in Thätigkeit zu setzen. Der Dichter soll dem Leser Gelegenheit geben, die erscheinenden Menschen selbst kennen zu lernen; die Bäume an den Früchten kennen zu lernen, die sie getragen haben. Dann nur wird er Lehrer seines Lesers! In der Folge hievon mehr!

Wenn es nothwendig ist, daß der Romanendichter dem Leser die wahren Gestalten seiner Personen zeigen soll, so bald er nämlich sein Lehrer werden, und die Macht über seine Empfindungen nicht mißbrauchen will: so ist es eben so nothwendig, ihn überhaupt mit wahren Gestalten zu unterhalten.

Je weniger sich der Mensch in seinen Neigungen und Urtheilen irrt, je näher kommt er seiner Glückseligkeit: eine Wahrheit, denk' ich, die keines nähern Beweises bedarf. Und je mehr er Gelegenheit erhält, mit dem bekannt zu werden, was der Mensch eigentlich, unter gewissen Umständen,

seyn

seyn kann und seyn muß, je weniger wird er sich in der Verspendung seiner Neigungen irren. Denn — je mehr er seine Empfindungen gewöhnt, sich nur an solchen Gegenständen und auf solche Art zu üben, wie es diese Gegenstände verdienen: je weniger werden sie für unrechte Gegenstände, und auf eine Art erregt werden können, die ihm nachtheilig ist, und seiner Glückseligkeit schadet; je weniger wird er sie auf eine unrechte Art verspenden. Wenn es also dem Dichter darum zu thun ist, seine Leser mit ihren Empfindungen, zu ihrer Glückseligkeit, haushalten zu lehren, oder, mit andern Worten, wenn der Dichter, durch die Erregung der Leidenschaften, zur Vervollkommung des menschlichen Geschlechts etwas beytragen soll (der Endzweck, der vorhin für den Dichter festgesetzt worden ist) — so ist nichts lächerlicher und seltsamer, als den Leser mit Geschöpfen zu unterhalten, und seine Empfindungen für Kreaturen rege zu machen, wie sie solche in der wirklichen Welt nie finden können. Wozu hilft unsre Empfindsamkeit, — das edelste Geschenk unsers gütigen Urhebers! — wenn sie nur für Gegenstände thätig ist, die nirgends anzutreffen, — für Dinge, die nichts mehr und nichts weniger sind — als Träume? Das, was der Mensch alsdenn hat empfinden lernen, ist in der Natur nicht gang und gebe; es nützt ihm nichts mehr, als falsche Münze. Der Dichter hat so viel als nichts gethan. Seine Leser können das nicht brauchen und anwenden, was er sie gelehrt hat. — Wie manches arme unglückliche Mägdchen könnte nicht den Beweis zu diesem Satze abgeben! Wie viele kenn ich nicht, welchen der Kopf durch das Romanenlesen, und durch jene Liebhaber der Einbildung so verrückt worden ist, daß sie auf die seltsamsten Grillen, auf die abentheuerlichsten Foderungen verfallen, und endlich elend geworden sind, — und es auch andre mitgemacht haben, weil sie nicht das in ihnen fanden, was sie in den Hirngeburten der Dichter kennen gelernt hatten, und was sie zu besitzen wünschen mußten, weil sie natürlich sich mehr Glückseligkeiten und Annehmlichkeiten von ihnen versprechen, als jene jemals leisten konnten. Und noch sind sehr wenig Romane geschrieben, aus welchen das junge Mägdchen das Gegentheil, das heißt, Wahrheit, und ihre Empfindungen zu bilden, lernen könnte. Aus dem Agathon freylich könnte sie es, wenn sie ihn nur verstünde. Seine zweyte Auflage beweist noch immer nicht das Gegentheil von der Lessingschen Behauptung, daß er für Deutschland viel zu früh geschrieben ist. Sie beweist höchstens nur, daß wir uns anfangen zu schämen, ihn nicht zu lesen. Ja, wenn es die zehnte Auflage wäre. Und für die Zeit, die wir ihn haben, wäre das nicht zu viel; wenigstens nach dem Absatz so vieler nichtsbedeutenden französischen Gedichte aller Art zu urtheilen. Ein andrer Roman, und das ist die Geschichte des Tom Jones, aus welcher das junge Mägdchen mehr lernen könnte, als aus zehn Schilderungen vollkommener Liebhaber, ist so gar von unsern Moralisten, von den Gesetzgebern des guten Geschmacks, von unsern feinen Herrn dem Frauenzimmer, als eine verbotene Lektüre, bekannt gemacht worden. Als wenn das Frauenzimmer von dem nichts wüßte, und gar nichts wissen und hören dürfte, wovon es mit diesen süßen Herrn, und vielleicht mit allen Mannspersonen nichts spricht und nichts sprechen darf! — Ich weis, daß mancher Leser hier den Kopf schüttelt; er schüttle immerhin! Eigene, mannichfaltige Erfahrungen schützen mich. —

Es ist traurig, aber es ist gewiß wahr, daß der größte Theil der Romanendichter, bey Abfassung ihrer Werke, bloß an ihr eigenes Vergnügen gedacht; bloß für ihren Kopf, und nach ihrer Phantasie gedichtet haben, ohne Rücksicht, auf den Eindruck, den ihre Geburten auf den Leser machen können. Was ihnen gefallen hat, — und wärens die seltsamsten Uebertreibungen und Verschönerungen ihres eigenen Selbst gewesen, ohn' alle Wahrscheinlichkeit, ohn' alle Rücksicht auf die menschliche

Natur, hat für die Leser unterrichtend, und vergnügend werden sollen. —

Der Dichter, der den rechtschaffenen Vorsatz hat, Lehrer des Menschen zu werden, der helfe seinen Lesern die Kenntnisse erwerben, die sie haben müssen, um ihre Neigungen vernünftig anzulegen. Es ist nicht genug, daß er ihre Empfindungen für Tugend und Rechtschaffenheit und Liebenswürdigkeit errege; er suche sie für die Tugend, für die Rechtschaffenheit zu erregen, die wir, als Menschen, besitzen können; er errege sie in dem Grade, als es Menschen geziemt, und mit ihrer Glückseligkeit bestehen kann, sie zu haben.

Man würde mich sehr unrecht verstehen, wenn man glaubte, ich verlange, der Dichter solle die Menschen mit all' ihren kahlen Nebenseiten und schaalen Eigenschaften zeichnen, die sie, unter den tausend Verhältnissen, worinn sie in der Welt sich befinden, erhalten haben müssen. Ich habe mich hierüber, bey Gelegenheit der so genannten vollkommnen Charakter, und sonst schon erklärt; aber ich will es hier wiederhohlen, daß, obgleich des Dichters Welt ein kleinerer Zirkel in dem großen Runde ist, dennoch der Dichter, in dieser kleinern Welt, von seinen Personen alle heterogene, alle, zur Ausbildung und Rotundität seiner Figuren nicht wesentliche Stücke weglassen könne, und weglassen müsse.

Man

Man erlaube es mir, hier einige Bemerkungen über die Zusammensetzung und Ausbildung der Charaktere in einem Roman hinzuwerfen.

Zuerst, — was kann der Dichter sich vor Vortheile, vor Nutzen von den Empfindungen eines Menschen, für diesen Menschen selbst, versprechen, wenn er sie für Gegenstände in ihm erregt und geübt hat, die über die Grenzen der Natur hinaus gehen? Was hilft es einen Menschen, wenn er lernt, den höchst guten lieben, und den höchst bösen hassen? Was findet sich in der Wirklichkeit, in der Natur, auf das er diese Empfindungen anwenden, und das, was er aus ihnen gelernt hat, nützen könne? —

Es ist gesagt worden, daß der Romanendichter seine Leser mit so genannten vollkommnen Charakteren unterhalten könne; und es ist nachher bemerkt worden, daß die Hauptperson eines Romans vor den Augen des Lesers, durch die ihr zugestoßenen Begebenheiten und Schicksale geführt, einen Grad von Vollkommenheit erlangen könne, der alle Unwahrscheinlichkeit, alle Bedenklichkeiten, alles Unmoralische und Unlehrreiche dabey heben könne. Aber, erstlich kömmt' es leicht einem übertriebenen Liebhaber romantischer Figuren einfallen, seinen Held durch allerhand so abstechende und seltsame Begebenheiten zu führen, und ihm, vermöge dieser,

ser, einen so abentheuerlichen, seltsamen Charakter erwerben zu lassen, (ohne daß in der Natur die mindste Wahrscheinlichkeit, Veranlassung oder Möglichkeit dazu da wäre) daß jene Bemerkungen noch immer nicht allein der Sache ein Genüge thun könnten. Man sucht und verbindet mit dem Begriff von Roman nur zu leicht so genannte romantische Charaktere, und diese romantische Gestalten haben in einem Werk, das Begebenheiten des Menschen enthalten soll, und enthalten muß, wenn es nützlich werden soll, nun so wenig zu schaffen, daß die Abkehrung derselben nicht mit Sorgfalt genug bewerkstelligt werden kann. — Und dann hat der Romanendichter nicht, und kann nicht die Gelegenheit haben, all' seine Personen **werdend** zu zeigen; wir müssen in seinem Werk schon ganz fertige auftreten sehen; und auch seine Hauptpersonen, wenn er uns nicht ihre ganze Geschichte geben will, können schon bis zu einem gewissen Grade von Ausbildung gekommen seyn, — so daß es nothwendig wird, uns über die einzelnen Eigenschaften, die sich in einer Person finden und vereinigen können, und aus welchen sie zusammen gesetzt seyn muß, wenn sie uns lehrreich werden soll, richtige und reine Begriffe zu machen. — Und hier ist nun eben der rechte Ort dazu!

Man

Man ist in Romanen nur zu sehr gewohnt, Personen gewisse Eigenschaften zu geben, die sich gar in der Natur nicht finden lassen, — unter allen möglichen Voraussetzungen nicht finden lassen. Eine ganz unerschütterte, fühllose Seele, die durch nichts in Bewegung gesetzt wird, die nichts von alle dem fürchtet oder liebet, was alle Menschen fürchten oder lieben, ist eine von diesen Mißgeburten und heißt mit Recht eine Mißgeburt. Was kann der Mensch an ihr sehen, lieben und bewundern, da er sie nicht zu erkennen vermag, da er sie nicht begreifen kann, sondern fur ein ganz fremdes Geschöpf ansehen muß? Wenn wir Wesen höherer Gattung, als wir sind, lieben und bewundern: so sind wir vorher, ehe wir dies thun, in einem Zustande der Abstraktion gewesen, in welchem wir die Vortreflichkeit ihrer Einrichtung, ihre Uebereinstimmung zwischen dem was sie sind und was sie ihrer Bestimmung nach, seyn sollen, ihre Verhältnisse und ihre Beziehungen gegen einander und auf das Ganze lebendig erkannt haben; und dann sind wir erst, nach Erkenntniß dieser Vollkommenheiten, in den Zustand des Gefühls übergegangen. In diesem Zustande der Abstraktion nun, der diesem letztern zuvor gegangen seyn muß, kann uns der Dichter nicht verlangen, weil wir in demselben den Mangel der Uebereinstimmung, der sich im Ganzen jener Wesen zeiget, den Mangel der Uebereinstimmung, der sich zwischen dem Platz, worauf sie stehen, und zwischen dem, was sie seyn sollen, finden muß, erkennen, — und so ganz an aller Illusion verhindert werden würden. —

Aber es sey, daß wir uns hintergehen lassen; es sey, daß unser Kopf und Herz Theil an dieser Gestalt nimmt; was helfen uns jene Vergnügungen, die sie uns gegeben hat, da wir sie, wie gedacht, nie anwenden, — wohl aber mit nützlichern, und eben so ergetzenden Vorstellungen hätten unterhalten werden können? — Man wird doch wohl nicht glauben, daß wir diese, für solche Gestalten, erregte, geübte Empfindungen auf wirklich höhere Wesen anwenden könnten? oder, daß unsre Empfindungen für sie einer solchen Uebung bedürften? — —

Und diese Theilnehmung ist nie von Dauer. Ueber kurz oder lang erwachen wir von dem Traume, — und schämen uns unsers Traums, weil wir umsonst und um nichts geträumet haben. —

Die Rücksicht auf das mit dem Menschen unzertrennlich verbundene fehlt bey mehrern Eigenschaften, die die Romanendichter oft ihren Personen geben. Jede Fähigkeit, jede Neigung, zu welcher das Model gar nicht in der Natur anzutreffen ist, die sich der Dichter bildet, indem er den Menschen von allen dem absonderte, was er, als

Mensch

Mensch haben und seyn muß, ist nichts, als — thorigte Einbildung. Der Dichter muß immer denken, daß der Mensch einen Korper besitzt, der ihn verhindert, eine Idee zu werden, und der nur zu viel Einfluß auf all' seine Empfindungen und Vorstellungen hat. Wie albern, wie ungereimt dünken uns jetzt nicht die Geburten der Scaderi z. B., in welchen Liebhaber zehn Jahre sich vom Anschaun der Geliebten nähren, und für einen Handkuß das Leben hingeben? Und doch, was findet sich in vielen gepriesenen neuen Romanen wahrerers? —

Eben so lächerlich ists, unsre empfindsamen Romanenhelden bey großen Gefahren, ohne daß sie durch eine entgegengesetzte Leidenschaft, im Gegengewicht gehalten würden, bey dem allerkältesten Blut, mit einer Art auftreten und so handeln zu sehen, als ob die Liebe zum Leben nun gar nicht in uns läge, und Furcht eine eingebildete, bloß von Feigen erschaffene Leidenschaft wäre. Freylich sieht so was heldenmüthig, und entzückend aus; besonders in den Augen des Frauenzimmers, und des Feigen selbst, der solche Sachen gar zu gern wahr findet, weil er sich so gut dahinter verbergen kann;

— „Doch pflückt auch oft Medor die Frucht von Rolands Thaten."

Wiel. Idris.

und

und es ist lächerlich, vernünftige Leser damit zu unterhalten, als ob so was in der Natur wäre und seyn könnte? Der Verfasser sagt dies auf eigene und sehr vielfältige Erfahrungen hin, eingesammelt von Hohen und von Niedrigen. Und er hat große Beyspiele, große Autoritäten für seine Meynung. — Es versteht sich von selbst, und es ist vorher gesagt worden, daß der Mensch in Situationen seyn kann, wo seine Leidenschaften, sein Gemüthszustand, ihn über die Gefahr hinaus setzen, wo er nicht in einer Verfassung ist, die Furcht fühlen, und die Liebe zum Leben in sich wirken lassen zu können. —

Eben so verhält es sich mit der Liebe unserer selbst, mit der wir alle, mehr oder weniger, in Eins gewachsen sind, und von welcher oft unsre Romanenhelden nicht das mindste Zeichen tragen. —

So viel von den Ideal-Eigenschaften, zu denen in der Natur sich gar kein Model findet.

16.

Eben so unrecht verfährt der Dichter, welcher verschiedene, zwar mögliche und wirkliche Eigenschaften, in einer Person vereint, die aber nie zusammen erworben werden, und in einem und demselben Menschen, als unter höchst seltsamen Um-

Umständen sich finden können. Denn dieser einzelne, kaum mogliche Fall darf gar nicht in Betracht gezogen werden, wenn wir von dem Dichter mit Recht fodern können, daß er uns für's wirkliche Leben, das heißt für die allgemeinen mehrsten Fälle, zur Ausbildung unsrer Empfindungen Veranlassungen in seinem Werke verschaffen soll. Für die möglichsten, wahrscheinlichsten, allgemeinsten Fälle müssen wir natürlich vorzüglich zu erst ausgerüstet werden; für sie muß der Dichter unsre Empfindungen erregen, üben, ordnen, wenn er sie, zur Vervollkommung unser selbst erwecken; wenn er zur Erreichung unsrer Bestimmung, etwas beytragen will.

Man gebe einem Manne all' die Eigenschaften und Kenntnisse, die den tiefsinnigen Gelehrten charakterisiren; und zugleich all' die so genannten Feinheiten und Artigkeiten, die wir nur im täglichen Umgange mit der Welt erlangen können, und man hat ein sehr ungereimt Ding gethan. Diese Eigenschaften vertragen sich schlechterdings nicht mit einander. Einem Menschen fehlt die Zeit, diese Eigenschaften zu erwerben. Helvetius d) sagt: „ein

d) De l'esprit Disc. IV. ch. XV. T. 3. p. 217. (Edit. de Paris 1758.) In diesem und dem vorhergehenden Kapitel finden sich zu viel wahre Bemerkungen über die seltsamen Mischungen, die wir oft in den Menschen zu sehen verlangen; und diese Bemerkungen sind zu lehrreich für den Dichter, als

„ein Mann hat sein ganzes Leben mit Unterhandlungen hingebracht; die Geschäfte haben ihn bedächt-

als daß ich sie nicht herüber tragen sollte. Der Mann ist überhaupt von der Seite, wo ihn der Dichter und Kunstrichter nützen könnte, noch zu wenig bekannt; so wie von einer andern Seite zu sehr verschrien. Aber, als Philosoph ihn zu empfehlen, bin ich auf alle Art weit entfernt. — Il est des talens & des qualités, qu'on ne possede qu'à l'exclusion de quelques autres. — Qu'un homme contemple sans aigreur la méchanceté des hommes; qu'il la considere comme un effet necessaire de l'enchainement universel; qu'il s'éleve contre le crime sans haïr le criminel; on vantera sa moderation: & dans le même instant, on l'accusera par exemple, de trop de tiédeur dans l'amitié. On ne sent pas que cette même absence des passions, à laquelle il doit la modération dont on le loue, doit le rendre moins sensible aux charmes de l'amitié. — Un pere veut qu'à de grands talens son fils joigne la conduite la plus sage. Mais sentez-Vous que Vous desirez dans Votre fils des qualités presque contradictoires? — Les grands talens supposent toujours de grandes passions; & les grandes passions sont le germe de mille écarts; — ce qu'on appelle bonne conduite dans un jeune homme est presque toujours l'effet de l'absence des passions. — Il faut de grandes passions pour faire du grand en quelque genre que ce soit. Eh bien! je consens, dit le pere, que mon fils en soit animé: il me suffit d'en pouvoir diriger l'activité vers certains objets. Mais — combien ce desir est hazardeux! C'est vouloir qu'avec de bons yeux un homme n'apperçoive precisément que les objets que Vous lui indiquerez. — Est-ce à la bonne conduite que Vous donnez la préférence? Croyez qu'un caractére passionné feroit pour Votre fils un don funeste; — etouffez en lui tous les ger-

dächtlich gemacht, die er getrieben hat; und doch verlangt man, wenn dieser Mensch in der Welt

 auf-

germes des passions. — Vous ne voulez point renoncer à l'espoir d'en faire un homme de mérite? rendez lui les passions, tâchez de les diriger aux choses honnêtes: mais attendez Vous à lui voir exécuter de grandes choses, & quelquefois commettre les plus grandes fautes. Si les hommes passionnés s'illustrent dans les Arts, si les Sciences conservent sur eux quelque empire, & si quelquefois ils tiennent une conduite sage; il n'en est pas ainsi de ces hommes passionnés que leur naissance, leur caractére, leurs dignités, leurs richesses appellent au commerce du monde. — — Un pere, exigeant qu'aux plus grands talens ses fils joignent la conduite la plus sage, demande qu'ils aient en eux le principe des écarts de conduite, & qu'ils n'en fassent aucuns. — — On exigera qu un ecuyer, habitué a diriger la pointe du pied vers l'oreille de son cheval, soit aussi bien tourné qu'un danseur de l'opera: on voudra qu'un philosophe, uniquement occupé d'idées fortes & générales, écrive comme une femme du monde, — dire des riens d'une manière agréable. On ne sent pas que c'est demander la reunion de talens presque exclusifs, & qu'Il n'est point de femme d'esprit, comme l'experience le prouve, qui n'ait à cet égard une grande superiorité sur les Philosophes les plus célébres. C'est avec la même injustice qu'on exige qu'un homme, qui n'a jamais lu ni étudié, & qui a passé trente ans de sa vie dans la dissipation, devienne tout à coup capable d'étude & de meditation: on devroit cependant savoir que c'est à l'habitude de la meditation qu'on doit la capacité de mediter; que cette même capacité se perd, lorsqu'on cesse d'en faire usage. — Comment penser beaucoup, quand il faut beaucoup exécuter? — —

C'étoit

auftritt, daß er das Ansehn von Freyheit und Ungezwungenheit mit sich bringe, das er unter dem Zwange seiner Verfassung verloren hat."

Die Romanendichter haben gewöhnlich für solche Uebertreibungen keine Entschuldigung, als daß diese Charaktere dennoch einen großen Theil der Leser

C'étoit à cet amour de gloire, tant de fois condamné dans le Cardinal Richelieu, qu'il devoit ses grands talens pour l'administration. — Vouloir concentrer, dans un seul desir, l'action des passions fortes, & s'imaginer qu'un homme vivement épris de la gloire se contente d'une seule espèce de succès, lorsqu'il croit en pouvoir obténir en plusieurs genres, c'est vouloir qu'une terre excellente ne produise qu'une seule espèce de fruits — Il seroit sans doute possible d'unir plus de modestie aux talens: ces qualités ne sont pas exclusives par leur nature, mais elles le sont dans quelques hommes. — — Si l'on désignoit dans chaque homme, par des rubans de deux couleurs différentes, les vertus & les défauts de son esprit & de son caractére, il n'est point d'homme qui ne fût bariolé de ces deux couleurs. Les grands hommes sont comme ces mines riches, où l'or cependant se trouve toujours plus ou moins melangé avec le plomb. — Combien de fois n'a t'on pas accusé l'homme de génie de n'être pas dans ses manières, aussi agréable que l'homme du monde? — La plupart des gens de genie vivent dans le recueillement: c'est dans le silence de la solitude que les verités se devoilent à leurs yeux. Or tout homme dont le genre de vie le jette dans un enchaînement particulieur de circonstances, & qui contemple les objets sous une face nouvelle, ne peut avoir dans l'esprit ni les qualités ni les défauts communs aux hommes ordinaires. Nous sommes unique-

Leser sehr angenehm in Bewegung setzen, und eben deßwegen zur Nachahmung reizen können; und daß, weil diese Charaktere gewöhnlich nichts, als gute Seiten zeigen, die Nachahmung nie nachtheilig werden könne. Diese Entschuldigung beruht auf so schwachen Gründen, sie enthält so wenig gedachtes, daß ich mich wundre, wie man sie so lange

quement ce que nous font les objets qui nous environnent. Vouloir qu'un homme qui voit d'autres objets & méne une vie différente de la mienne, ait les mêmes idées que moi, c'est exiger les contradictoires, c'est demander qu'un bâton n'ait pas deux bouts. — Si les gens froids ne sont pas sujets à des écarts aussi frequens que l'homme passionné, c'est qu'ils ont en eux moins de principes de mouvement; ce n'est qu'à la foiblesse de leurs passions qu'ils doivent leur sagesse. — Un homme est d'un caractére ouvert; c'est par sa franchise qu'il nous a plu: on exige, que changeant tout à coup de caractére, il devienne circonspect au moment précis qu'on le desire. On veut toujours l'impossible. — En général on peut assurer que tout se tient dans le caractére des hommes; que les qualités y sont liées aux defauts; & qu'il est même certains vices de l'esprit attachés à certains états. Qu'un homme occupe un poste important — si ses jugemens sont sans appel, s'il n'est jamais contredit, il faut qu'au bout d'un certain tems l'orgueil penétre dans son ame, & qu'il ait la plus grande confiance en ses lumières. So weit Helvetius! Bey ihm selbst wird man, in der Verbindung dieser einzelnen Bemerkungen, noch manche Aufklärung, noch manches Beyspiel finden, das diese Sätze bestätigen, und dem Dichter die Mühe des Lesens vergelten wird.

hat hingehen lassen können, ohne nicht, durch ihre Widerlegung, die Dichter selbst, von ihrer Nichtigkeit zu überzeugen. Zuerst von dem Vergnügen an solchen Charakteren!

Ich will es nicht läugnen, daß diese Gestalten dem gewöhnlichen Leser ein Vergnügen gewähren; aber woran findet denn nun der gewöhnliche Leser, der sich den erhaltenen Eindrücken, ohn' Ueberlegung überläßt, nicht alles Vergnügen? Ein solcher Leser vergnügt' sich vielleicht auch, wenn der Mann, dessen überlegenes Verdienst er fühlet, unglücklich ist; soll der Dichter ihn etwa auch mit diesem Vergnügen unterhalten? Oder seine Theilnehmung wird vor dem Gerüste eines Seiltänzers eben so lebhaft erregt, wie sie es nur immer durch die wahreste übereinstimmendste Schilderung eines Charakters werden kann: soll der Dichter sich auch bemühen, ihr dies Vergnügen zu verschaffen? Denn, daß jenes Vergnügen an den übertriebenen Charakteren an sich unschuldiger ist, ändert in der Sache nichts, wenn diese Charaktere nur bloß des Vergnügens wegen da sind, das sie geben können. Wer die Einfälle und Phantasien der Leser bloß hören, und seine Arbeiten nach der Foderung, die diese machen, einrichten wollte, würde seltsame Dinge schaffen müssen, um ihnen ein Genüge zu thun. Denn wo würden sie stehen bleiben, wenn

sie

sie ihrem Vergnügen allein folgen dürften? — Der Dichter, der einem Vergnügen nachgiebt, das zu nichts zweckt, bestärkt dadurch den Hang für das unüberlegte Vergnügen überhaupt, und öfnet zugleich dem unerlaubten Vergnügen die Thüre. Und von einer Seite betrachtet ist jede bloße Schmeicheley, die wir dem Menschen machen, jedes Opfer, das wir aus bloßer Gefälligkeit bringen, unerlaubt, und des Lehrers der Menschen unanständig. —

Durch den Nutzen wird es nicht ersetzt, den solch ein Charakter gewähren kann, wenn er zu Nachahmungen Anlaß giebt. Ich habe mich hierüber schon vorher erklärt. Wenn uns solch ein Charakter aufmuntert, ihm nachzueifern, ihm ähnlich zu werden: so müssen wir vorher uns ganz an seiner Stelle befinden können, unser innres und äußres System muß ganz mit dem seinigen zusammenstimmen; und wenn nun dies in der Natur nirgends sich findet: so ist die Mühe vergebens. Und in diesem Fall befinden sich die, aus widersprechenden Eigenschaften zusammengesetzten Charaktere. Von ihnen das Uebertriebene absondern, sie auf das, was Menschen seyn können, herunter setzen, um alsdenn die Anwendung von ihnen auf uns machen zu können, heißt so viel, als das sorgfältige Gewebe des Dichters wieder aus einander fäseln, seine ganze Arbeit vernichten, und den Charakter in das verwandeln, wozu ihn der Dichter von Anfang her, hätte machen müssen, wenn er zur Nachahmung für uns hätte tauglich und wir der Mühe überhoben seyn sollen, nach dem Dichter, eine andre Schaffung mit ihm vorzunehmen: eine Sache, bey welcher die ganze Bildung des Dichters kein weiteres Verdienst hat, als daß sie unsre Mühe vergrößert.

„Aber so nach könnten vielleicht auch die von mir selbst gefoderten, so genannten vollkommenen Charaktere, leicht eben so unwahrscheinlich, eben so unphilosophisch seyn, als die hier von mir getadelten, da sie auch aus Eigenschaften zusammen gesetzt sind, die nicht so ganz allgemein heißen konnen?" — Ich antworte hierauf, — was ich schon geantwortet habe. Es ist ein anderes Ding um einen vollkommenen, und ein anderes um einen übertriebenen und unnatürlichen Charakter. Die von mir getadelten gehören zu den letztern: wer sieht das nicht? Aber jene enthalten nun gar nichts, das, erstlich, in der Natur nicht anzutreffen; oder zweytens nicht mit einander zu verbinden wäre. Die so genannten vollkommenen Charaktere heißen in diesem Sinne nichts anders, als solche, welche die, dem Menschen, und allen Menschen vorzüglich zukommenden Eigenschaften,

ten, Tugend und Verstand, in einem solchen Grade besitzen, als Menschen überhaupt, und diese besondern Menschen unter all den Umständen ihrer innern und äußern Lage, sie besitzen können. Ihre Vollkommenheit ist nicht die höhere moralische Vollkommenheit, die sich in Menschen, abstrahirt von allen Umständen und von allen innern und äußern Hindernissen, finden kann; es ist eine Vollkommenheit, wie sie mit dem, vor uns da liegenden Geschlecht der Menschen zu bestehen vermag. So, wie ein anderer Charakter aus Eigenschaften des Geistes und Herzens zusammen gesetzt seyn kann, die nicht geradeswegs moralische Eigenschaften sind: so sind hier die Eigenschaften der Person vorzüglich moralische Eigenschaften. Freylich wird auch bey jenem sich Moralität im Charakter finden müssen, wenn er kein Unding seyn soll; aber so wie bey ihm eine Leidenschaft z. B. Ehrgeiz oder Muth die herrschende Eigenschaft ist: so ist es hier Liebe zur Tugend. Und so wie jener unnatürlich seyn würde, wenn er entweder von einer Leidenschaft allein belebt wäre, oder wenn sich diese über die Gränze, wohin sie im Ganzen der Menschen gehen kann, ausdehnete: so würde es auch der so genannte vollkommene Charakter seyn, wenn er kein Gefühl, als das Gefühl seiner Pflichten, oder es in solchem Grade hätte, als es bey Menschen, im Ganzen genommen, sich

sich gar nicht finden kann. Und so wie jener auch immer nicht ein wirklicher, einzelner Mensch, ein wahres lebendes Individuum ist, und auch kein **Einzelnes** seyn soll: so wird es freylich auch nicht dieser bessere Mensch seyn. Aber darum, daß er nicht das Abbild, oder das Urbild wirklicher, lebender Menschen ist, ist er nicht unnatürlich; weil es jener sonst eben so gut seyn müßte. Der Unterschied zwischen beyden besteht bloß darinn, daß die Eigenschaften, die sie haben, die Leidenschaften, von welchen sie belebt werden, **verschieden** sind.

Dies ist das, was ich unter einem vollkommenen Charakter verstanden habe. Und das Beywort **vollkommen** hab' ich ihm gelassen, nur weil ich glaube, daß, weil wir doch zuvörderst und vor allen Dingen erst Menschen seyn müssen, derjenige **vollkommen** heißen könne, der die wesentlichsten und vorzüglichsten Eigenschaften des Menschen besitzet. Wenn ich daher gesagt habe, daß die Zeichnung der übrigen Charaktere, und aller Charaktere überhaupt eben so gut **ideal** seyn müsse, als die Zeichnung dieses Charakters: so sieht man leicht, daß dies, in beyden Fällen nichts anders heißen könne, als die Absonderung, aller — wenn ich mich so ausdrücken darf — heterogenen Theile von diesem Ganzen eines Charakters.

Ich

Ich weis nicht, ob sich mit diesem Ideal eines Charakters das καθολȣ des Aristoteles, das Allgemeine, das er von den dichterischen Charakteren fodert, verträgt [e])? Ich glaub' es wenigstens. Im Aristoteles ist nie die Rede von den Grundeigenschaften, die ein Charakter haben oder nicht haben solle, sondern bloß von dem Maaß, bloß von dem Grade, in welchem er sie haben und äussern müsse; und da hab' ich nun alle Uebertreibungen, alle, dem Einzeln und besondern Menschen nur zukommende Eigenthümlichkeiten eben so eifrig dem Romanendichter widerrathen, als es nur immer Aristoteles verbieten mag. Ich finde in der besondern Einrichtung des Romans, wenn ich ihn, als

e) Es sey fern von mir, nur den Einfall zu haben, eine Sache besser entscheiden zu wollen, als ein Lessing oder Hurd es gethan haben; aber ich kann es mir nicht verwehren, gegen Hurd anzumerken, daß sein Tadel des Euripides, wenn Elektra sagt:

Θάνοιμι, μητρὸς αἷμ' ἐπισφάξασ' ἐμῆς

vielleicht dadurch eine große Milderung erhalte, daß hier Elektra noch in einer ganz andern Lage, in Ansehung ihres innern Seyns ist, als da sie sich beym Sophokles weit gelinder ausdrückt. Hier hatte sie ihren Bruder schon erkannt; ihr Herz war um vieles erleichtert; im Euripides ist sie immer noch in größerer Ungewißheit, sie hat weniger Hoffnungen; ihr innrer Ungestüm, ihr Groll mußte noch größer, noch stärker seyn, da er durch mehr Schranken aufs Herz zurück getrieben wurde.

als eine, vom Drama und dem Heldengedicht verschiedene Dichtungsart ansehe, nichts, das ihn von der Nothwendigkeit frey spräche, eben so allgemeine Charaktere zu haben, als jene, wenn sie für den Leser lehrreich werden sollen. Und da er mit der Epopee, nach meinen Begriffen, verwandter Gattung ist, da er noch genauer, als irgend eine Dichtungsart, mit dem Menschen allein es zu thun hat: so mag man selbst urtheilen, ob ihm hierinn etwas anders zukomme, als jenen Gattungen, und mit wie vielem Recht ich den so genannten vollkommenen Charakter, der die wesentlichsten und eigenthümlichsten Eigenschaften des Menschen enthält, dem Romanendichter zur Behandlung empfohlen habe? Diese Eigenschaften im Menschen sind hier nichts, als jene Tapferkeit im Helden; jene Weisheit im Staatsklugen. — Und bey der, dem Romanendichter möglichen und eigenthümlichen Behandlung; bey der Voraussetzung, daß solch ein Charakter natürlich der Held seines Werks seyn muß, wird er um desto wahrscheinlicher, um desto lehrreicher für uns alle seyn. Er wird uns nämlich das, was wir billig zuerst, und vor allem Andern seyn sollten; das, was Jahrhunderte und Zeiten uns immer mehr und mehr machen, — er wird uns lehren Menschen werden. — Man lasse ihn aber auch, alsdann noch seine Personen über-

übertrieben scheinen, (ohngeachtet dies nur immer die Schuld des Dichters seyn wird) — moralische Eigenschaften, Tugend und Verstand, zu bewundern, uns zu beeifern sie nachzuahmen, mit dem Vortheil, zu sehen, wie sie erlangt werden können, wird immer lehrreich, immer anziehend seyn; wird nie lächerlich, oder gefährlich werden können. — —

Alle **wahre Uebertreibungen**, alle unnatürliche Zeichnungen von Charakteren, und wenn sie selbst nicht im Bösen übertrieben sind, kann der Romanendichter nur so brauchen, wie Wieland seinen Don Sylvio, — oder, damit ich von seinem Vorgänger anfange, wie Cervantes den Don Guichott, u. a. m. solche unnaturliche Helden gebraucht haben, — um sie lächerlich zu machen.

17.

Wenn der Romanendichter nicht nützlich werden kann, so bald er nämlich seinen Leser mit übertriebenen, als Muster gebildeten Charakteren unterhält: so kann er es eben so wenig werden, wenn er ihm so böse, so elende Menschen zeiget, als sie in der Wirklichkeit unmöglich zu finden sind. Es würde — wenn ein Geschöpf den Gedanken haben darf — der größte Tadel der Vorsehung seyn,

seyn, wenn sie eine Welt hätte schaffen können, in welcher es möglich gewesen wäre, daß ein Mensch ganz böse, ganz ruchlos seyn könnte. — Auch die strenge philosophische Unmöglichkeit eines solchen Menschen nicht in Erwägung gezogen, ist in denen Verhältnissen, und in denen Verbindungen, unter welchen der Mensch gebildet wird, schlechterdings immer etwas, das ihm, auf eine oder die andre Art, eine gute Eigenschaft erwerben, oder das ihn abhalten hilft, alle mögliche böse zu besizzen. Alle Niederträchtigkeiten, alle Bosheiten in einem Menschen vereinen, ist eine so ungereimte Erfindung, als alle Vollkommenheiten auf einen zusammen schütten [f]). Stand, Geschäfte, Erziehung, Neigung, die einem Menschen Gelegenheit geben, gewisse Bosheiten zu erlernen, sind ihm selber im Wege, gewisse andre sich eigen zu machen;

und

f) Wenn — wie ich bemerkt zu haben glaube — wir in den auf uns gekommenen Werken der alten Dichter, keine solche Uebertreibungen der Charaktere, weder im Guten, noch im Bösen finden: so könnte es, für einen denkenden Kopf, vielleicht einen sehr anziehenden Stoff abgeben, wenn er untersuchen wollte, auf welche Art unsre Dichter in diese Uebertreibungen verfallen sind, und haben verfallen können? — Vielleicht fände er in Religion, Gesetzgebung, und einigen Dingen mehr, vorzüglich aber in jenen all die Veranlassungen dazu. Und die Entwickelung derselben, könnte manchen noch unaufgeklärten Punkt aufhellen, und eine sehr interessante Unterhaltung gewähren.

und die Zeit, die er auf die einen verwendet, wird ihm fehlen müssen, wenn er sich in den Besitz der andern zu setzen auch trachten wollte. —

Und wozu unsre Empfindungen, unsern Haß, unsern Abscheu also für Dinge zu erregen, die wir nie in der Wirklichkeit antreffen? Was vorhin von dem unnützen Geschäft, uns mit unnatürlichen Vollkommenheiten zu unterhalten, gesagt worden ist, gilt auch hier. Eins ist im Grunde eben so vergeblich, als das andere. Wenn wir das nicht anwenden können, was uns der Dichter gelehrt, was er in uns geübt hat, wozu brauchen wir seiner Dichtung?

Es ist also unbillig, es ist ohn' allen Nutzen, den Leser mit Charakteren zu unterhalten, und seine Empfindungen für sie rege zu machen, die gleich weit über, oder gleich weit unter der Staffel der Vollkommenheit stehen, die die menschliche Natur betreten kann.

So ungerecht es ist, uns Gegenstände vorzuhalten, die in der Natur nicht wirklich sind, und also ganz vergeblich unsre Theilnehmung zu erregen: eben so ungerecht ist es, unsre Empfindungen anders ertönen zu lassen, als sie hätten ertönen sollen. Der Dichter, der uns Gegenstände in einer andern Gestalt zeigt, als sie, ihrem wahren Werthe nach, haben sollten, begeht einen Hochverrath am menschlichen Geschlecht.

Der

Der Vorwurf klingt hart; aber er ist sehr gegründet. Es ist nichts grausamer, als Menschen zu verführen, daß sie eine Sache hochachten, die ihren Abscheu verdient.

Es giebt einen gewissen Gesichtspunkt, aus dem man die strafbarsten und lasterhaftesten Neigungen und Leidenschaften zeigen kann, so daß sie den Leser vergnügen. Sie erlangen ein Ansehn von Erhabenheit und Würde, wenn sie mit einer gewissen Größe der Seele, mit einer gewissen Zuversicht ausgeübt werden, als ob die Personen, welche sie ausüben, sich in ihrem Besitz glücklich, und sie selbst für rechtmäßig erkenneten. Anstatt unsern Abscheu zu erregen, können sie alsdenn unsre Verführer werden. Und dies geht sehr naturlich zu; da uns eine Sache desto mehr in Bewegung setzt, je mehr sie es selbst ist, — da uns jede Bewegung vergnügt, so überlassen wir uns gern der Macht jener Leidenschaften, wenn uns der Dichter nicht mit der größten Sorgfalt, ihre wahre Gestalt sehen läßt, oder sonst den Strom unsrer Empfindungen zu lenken weis.

Ego homuncio hoc non facerem? ego vero illud faciam, ac lubens.

sagt Cherea, wenn ihm Jupiter vorgeht.

Diesen falschen Glanz, den man aber dem Laster giebt, hat es in der Wirklichkeit nicht. Im

Home

Home und der Lessingschen Dramaturgie finden sich so viel wahre Bemerkungen hierüber, daß ich lieber mit den Worten dieser Verfasser, als mit meinen reden will. Bey Gelegenheit einer Stelle aus den Abhandlungen des Corneille über das Drama, worinn er, von einer Person (der Cleopatra) behauptet, daß, weil alle ihre Verbrechen, mit einer gewissen Größe der Seele verbunden sind, die etwas Erhabnes hat, man, indem man ihre Handlungen verdammet, doch die Quelle bewundere, woraus sie entspringen; — bey dieser Gelegenheit sagt Lessing [g]): „einen verderblichern Einfall hätte „Corneille nicht haben können. Befolget ihn in der „Ausführung, und es ist um alle Wahrheit, um „alle Täuschung, um allen sittlichen Nutzen der „Tragödie gethan! Denn die Tugend, die immer „bescheiden und einfältig ist, wird durch jenen glänzenden Charakter eitel und romantisch: das Laster „aber mit einem Firniß überzogen, der uns überall „blendet, wir mögen es aus einem Gesichtspunkte „nehmen, aus welchem wir wollen. Thorheiten „bloß durch die unglücklichen Folgen von dem Laster „abschrecken wollen, indem man die innre Häßlichkeit desselben verbirgt! Die Folgen sind zufällig; „und

g) Dramaturgie Th. 2. S. 243.

„ und die Erfahrung lehrt, daß sie eben so oft glück-„ lich als unglücklich fallen. — Die falsche Folie, „ die so dem Laster untergelegt wird, macht, daß „ ich Vollkommenheiten erkenne, wo keine sind; „ macht, daß ich Mitleiden habe, wo ich keines „ haben sollte.“

Es ist überhaupt ganz wider die Natur des Lasters, daß es auftrete, und seiner Bosheiten sich rühme. Solche unsinnige Bravaden sind an einer andern Stelle eben der genannten Lessingschen Schrift noch einmal gerügt. „Der großte Bose-„ wicht, heißt es, weiß sich vor sich selbst zu ent-„ schuldigen, sucht sich selbst zu überreden, daß das „ Laster, welches er begeht, kein so großes Laster „ sey, oder daß ihn die unvermeidliche Nothwen-„ keit es zu begehen zwinge. Es ist wider alle Na-„ tur, daß er sich des Lasters, als Laster rühmet; „ und der Dichter ist äußerst zu tadeln, der aus „ Begierde etwas Glänzendes und Starkes zu sagen, „ uns das menschliche Herz so verkennen läßt, als „ ob seine Grundneigungen auf das Böse, als auf „ das Böse, gehen könnten. — Alles athmet bey „ dem Corneille Heroismus; aber auch das, was „ keines fähig seyn sollte, und wirklich auch keines „ fähig ist: Das Laster.“

Solche Tiraden, solche glänzende Vorstellungen des Lasters sind nun zwar in den gewöhnlichen Roma-

Romanen nicht Gang und Gebe; aber falsche Schilderungen gewisser erhabener Leidenschaften können sich in ihnen so gut, als in den dramatischen Dichtern finden. Sie übertreiben eben so gut, als diese, die Leidenschaften in ihren Personen.

Keine dieser Leidenschaften ist solcher seltsamen Verdrehungen fähiger, als der Ehrgeiz. Diese Verdrehungen schreiben sich alle aus den neuern Jahrhunderten her. Man kann jetzt mit jeder Missethat beynahe den Begriff von Ehre verbinden. Diese Leidenschaft gründet sich gewöhnlich auf gewisse Verabredungen unter den Menschen, zufolge welchen auch diejenigen Unternehmungen Wirkungen des Ehrgeizes heissen können, die der Wahrheit nach, und in den Augen solcher Menschen, die diese Verabredungen nicht kennen, oder nicht eingesogen haben, Wirkungen der Raserey und des Unsinnes sind. Ehrgeiz rechtfertigt alle Grausamkeiten, alle Ausschweifungen. Es ist eben so gut falscher Ehrgeiz, der den jungen Horaz (in dem Trauerspiele des Corneille die Horazier) vermag, der Mörder seiner Schwester, ohn' alle Bewegung von Reue, zu werden, weil er sich ein Verdienst um sein Vaterland davon verspricht, als es eine Art von falschem Ehrgeiz ist, der dem Lovelesſ bewegt, Clarissen zu schänden, weil er sich Ruhm von seinem Siege über so viel Tugend, so viel Schönheit verspricht.

spricht. Denn die Süßigkeiten des Genusses sind nicht das, was ihn allein zu dieser Unternehmung treibet. Ich weiß, daß Richardson weit behutsamer in der Behandlung des Loveless zu Werke gegangen ist, als Corneille in dem oben angeführten Falle. Horaz giebt seine Unternehmung für un acte de justice aus; und Corneille läßt ihn, durch den König, mit einem:

Vi donc, Horace, vi guerrier magnanime,
Ta vertu met ta gloire au dessus de ton crime,
Sa chaleur genereuse a produit ton forfait u. s. w.

freysprechen; und Loveless wird gestraft; aber zu geschweigen, daß selbst diese Strafe für den Loveless viel zu rühmlich ist, und daß er eine ganz andre verdiente, geht er in seinem ganzen Betragen gegen Clarissen so rund, so dreust zu Werke; er hat einen so zuversichtlichen, ich möchte beynahe sagen, gewissenhaften Anstand bey seiner Unternehmung, er hat so sehr das Ansehn, als ob er sich selbst ganz ruhig, und mehr als ruhig, freudig, und zufrieden befände; der Dichter läßt ihn mit einer so liebenswürdigen, zuversichtlichen Art seine Bosheit ausführen, er scheint uns so angenehm, so witzig, daß er ehe zur Nachahmung reizt, als davon abschreckt. Er scheint uns nichts weniger, als innerlich, das heißt wahrhaft unglücklich in seinem Verbrechen;

er

er fühlt sich lange nicht so strafbar, so unruhig, als er sich fuhlen sollte. — [h])

Ueber die Art, wie der Dichter den Lasterhaften bilden solle, wenn er die Empfindungen der Leser nicht irre leiten und sie falsch, oder gar zum Verderben ausbilden will, finden sich im Home vortreffliche Bemerkungen, die ich schon vorhin angekündigt habe. „Es ist wider die Ordnung der Natur, wenn eine Leidenschaft in irgend einem Falle, sich wider Vernunft und Gewissen auflehnt. Eine solche Verfassung der Seele ist eine Gattung von Anarchie, deren sich jeder schämt, und die jeder zu verbergen und zu verstellen sucht. Selbst die Liebe, so löblich sie auch seyn mag, ist mit einer Schaam verbunden, deren man sich bewußt ist, wenn sie unmäßig wird; man verbirgt sie vor der

 Welt,

h) Noch eine Stelle aus der Dramaturgie verdient wohl einen Platz hier. „Die Alten, sagt Lessing, schöben öfters lieber die Schuld auf das Schicksal, machten das Verbrechen lieber zu einem Verhängniß einer rächenden Gottheit, verwandelten lieber den freyen Menschen in eine Maschiene; ehe sie uns bey der gräßlichen Idee wollten verweilen lassen, daß der Mensch von Natur einer so schrecklichen Verderbniß fähig sey, — die aus unbegreiflichen Missethaten, aus Bosheiten, die unsern Begriff übersteigen, aus Gräueln, die mit Lust begangen werden,“ gefolgert werden könnte. Wenn unsre beßre Religion uns dies nicht gestattet: — so kann doch wohl weder sie, noch sonst irgend etwas den Dichter entschuldigen, der uns das im Menschen zeigen wollte, was die Alten nicht in ihm fanden? —

Welt, und entdeckt sie nur dem geliebten Gegenstande. — Daher ist es eine Hauptregel, bey Vorstellung starker Leidenschaften, ihre Gesinnungen, so sehr als möglich, zu verdecken oder zu verstellen. Besonders findet dies bey lasterhaften Leidenschaften statt. Ein Mensch räth niemals einem andern ein Verbrechen mit trocknen Worten. Wir lassen ein Verbrechen, selbst in unsern Gedanken, sich nicht in seinen natürlichen Farben zeigen; und wenn wir es einem andern rathen, oder auftragen, so muß es durch verdeckte Worte geschehn; man muß ihm die Handlung unter irgend einem vortheilhaften Lichte vorstellen.. — Die Beyspiele hiezu nimmt Home aus dem Shakespear. Der unrechtmäßige Herzog von Meyland, thut dem Sebastian, in dem Lustspiel der Sturm, den Vorschlag, seinen Bruder, den König von Neapel zu ermorden:

Antonio: — — What might,
Worthy Sebastian — O what might — no more. —
Ant yet, methinks, I see it in thy face,
Wat thou should'st be; th' occasion speaks thee, and
My strong imagination sees a crown
Dropping upon thy head.
Act. 2. Sc. I.

Ein anderes! König Johann will Huberten bewegen, den Prinzen Arthur zu ermorden;

K. John. Come hither, Hubert. O my gentle Hubert
We owe thee much: within this wall of flesh

There

There is a ſoul counts thee her creditor,
And with advantage means to pay thy love.
And, my good friend, thy voluntary oath
Lives in this boſom, dearly cheriſhed.
Give me thy hand, I had a thing to ſay —
But I will fit it with ſome better time. —
By heaven, Hubert, I'm almoſt aſham'd
To ſay what good reſpect I have of thee.

Hubert. I am much bounden to your Majeſty.

K. John. Good friend, thou haſt no cauſe to ſay ſo yet —
But thou ſhalt have — and creep time ne'er ſo ſlow,
Yet it ſhall come for me to do thee good. —
I had a thing to ſay — but, let it go:
The ſun is in the heav'n, and the proud day,
Attended with the pleaſures of the world,
Is all too wanton, and too full of gawds,
To give me audience. If the midnight-bell
Did with his iron tongue and brazen mouth
Sound one into the drowſy race of night;
If this ſame were a church-yard where we ſtand,
And thou poſſeſſed with a thouſand wrongs;
Or if that ſurly ſpirit Melancholy
Had back'd thy blood, and made it heavy thick,
Which elſe runs tickling up and down the veins,
Making that idiot Laughter keep men's eyes,
And ſtrain their cheeks to idle merriment,
(A paſſion hateful to my purpoſes);
Or if that thou could'ſt ſee me without eyes,
Hear me without thine ears, and make reply
Without a tongue, uſing conceit alone,
Without eyes, ears, and harmful ſounds of words;
Then, in deſpight of broad-ey'd watchful day,

 I would

I would into thy bosom pour my thoughts. —
But ah, I will not — Yet I love thee well;
And, by my troth, I think thou lov'st me well.

Hubert. So well, that what you bid me undertake,
Though that my death were adjunct to the act,
By heav'n, I'd do't.

K. John. Do not I know, thou would'st?
Good Hubert, Hubert, Hubert, throw thine eye
On yon young boy. — I'll tell thee what, my friend;
He is a very serpent in my way.
And wheresoe'er this foot of mine doth tread,
He lies before me — Dost thou understand me?
Thou art his keeper. —

Die Anwendung für den Roman wird dem Romanendichter nicht schwer werden. — Wer sieht in diesen Zügen nicht die wahre, eigenthümliche Gestalt des Lasters, wer lernt es nicht kennen? und wer kann sich nun in seinen Empfindungen dafür irren? — Der Leser verlangt von dem Dichter, daß er ihm seine Bekanntschaften mit der wahren Natur, und mit dem wahren Menschen erleichtere; sein Vergnügen soll ihm Unterricht verschaffen. Unsre Empfindungen sollen auf die richtigste, auf die wahreste Art erregt werden, damit sie, durch diese, aus dem Werke des Dichters erhaltene Uebung, in der Wirklichkeit, im Leben, eben so entstehen, und nicht, durch ein zu viel oder zu wenig, einen Unfall, ein Mißvergnügen oder ein

ein Unglück mehr, oder eine Freude, ein Vergnügen weniger veranlassen, und uns zuziehen. — Und man glaube ja nicht, daß Menschen, der Wahrheit nach, gezeichnet, uns weniger in Bewegung setzen; daß wir einen Theil weniger Vergnügen haben werden, wenn wir den Menschen so sehen, wie ihn die Natur schaffen kann. Es ist immer nur die Schuld des Dichters, wenn wir uns an der Wahrheit nicht ergetzen. Das lehren Erfahrung und Beyspiele! —

In unsern Romanen fängt an, ein anderer, eben so falscher Geschmack zu herrschen: eine Erhebung und Anpreisung von Reichthümern und Schätzen, vermöge welcher man den wichtigsten Personen, — und so gar der Tugend selbst, — einen Zusätz von Ansehn und Würde zu geben vermeint, wenn man sie reich, mit Gold und Kostbarkeiten beladen auftreten, und Schätze großmüthig verspenden läßt. Solche Erfindungen mögen freylich nicht viel kosten; Anstrengungen des Genies können sie unmöglich heissen. Auch mögen sie auf den jungen Leser und das eitle Mägdchen Wirkung genug machen; nur Schade, daß diese eben dadurch verdorben, eben dadurch gewöhnt werden können, nur das zu schätzen, was sich eben so ihnen darstellet, — und daß der übrige Theil der Leser die Mühe hat, durch diese Zierrathe sich durcharbeiten, oder über sie weghüpfen zu müssen, wenn sie nämlich nicht in genauerer Verbindung mit dem Menschen stehen, — als daß er sie besitzet. Doch wer weiß, ob die Zahl dieser eben so groß ist, daß der Dichter auf sie denken solle? Bey unsern allerliebst französischen Sitten ist freylich der Schnitt vom Rocke und die Frisur vom Kopf ein wichtiger Ding, als der hellste Kopf und das reinste Herz. Und was müssen nun nicht erst jene Kostbarkeiten vor Wirkungen machen! — Doch im Ernst, soll der Dichter diesen Geschmack unterstützen, soll er ihn nähren? Soll auch er die Menschen verführen wollen, einen andern höher zu achten, weil er reich ist? Schon Longin hat gesagt: Εἰδέναι χρὴ, φίλτατε, διότι, καθάπερ κἀν τῷ κοινῷ βίῳ οὐδὲν ὑπάρχει μέγα, οὗ τὸ καταφρονεῖν ἐστι μέγα, οἷον πλοῦτοι, τιμαὶ, δοξαὶ, τυραννίδες, καὶ ὅσα δὴ ἄλλα ἔχει πολὺ τὸ ἔξωθεν προστραγωδούμενον, οὐκ ἂν τῷ γε φρονίμῳ δόξειεν ἀγαθὰ ὑπερβάλλοντα, ὧν αὐτὸ τὸ περιφρονεῖν ἀγαθὸν οὐ μέτριον. Θαυμάζουσι γοῦν τῶν ἐχόντων αὐτὰ μᾶλλον τοὺς δυναμένους ἔχειν, καὶ διὰ μεγαλοψυχίαν ὑπερορῶντας [i]). Und ich gesteh' es, daß ich, ohne im mindesten den Stoiker affektiren zu wollen, nichts lächerlicher kenne, als auf Dinge einen großen Werth zu legen und sie für Wesentlich zu erklären,

i) Περὶ ὕψους VII. Edit. Mor. Lipſ. p. 32.

ren, die im Grunde mit dem Koth auf der Gasse nur zu viel ähnliches haben. Was soll aus dem Geschlecht der Menschen werden, wenn seine Lehrer, seine Vormünder selbst, diesen Sachen ein gewisses Gewicht geben können? —

Ich habe bereits Gelegenheit gehabt, zu sagen, welchen Gebrauch man, billiger Weise von diesen Dingen machen kann. Sie können als Ursachen gebraucht werden, gewisse Wirkungen hervor zu bringen; das heißt im Werke selbst; oder Wirkungen von gewissen Ursachen seyn. Sie können beziehentlich erscheinen. Es ist, z. B. sehr natürlich, den Gegenstand seiner Liebe mit alle dem zu überhäufen, was man für gut hält; aber denn haben diese Sachen keinen andern Werth, als in so fern sie Zeugen, Beweise, Wirkungen der Liebe sind. Nur freylich müssen sie es nicht allein seyn, nur müssen sie nicht für die wichtigsten angesehen werden. Es giebt Frauenzimmer, die noch jetzt keinen zweydeutigern Beweis von Liebe kennen wollen, als Geschenke. Die Sachen selbst aber müssen nie Etwas bedeuten sollen. Emilia gedenkt der Edelgesteine, die sie von ihrem Liebhaber erhalten hat; aber sie gedenkt ihrer gerade so, wie es zu wünschen wäre, daß jeder Dichter ihrer gedenken ließe, — als nichtsbedeutender Spielwerke, die sie aber schätzt, weil sie solche, als Beweise von der Liebe ihres Grafen ansieht. Und der Ring in

Min-

Minna von Barnhelm, mit allen Schätzen der Minna ist gewiß nicht da, ihr einen Werth mehr in den Augen der Leser oder Zuschauer zu geben. Sie sieht den Ring so an, wie Emilia die Edelgesteine ansieht. In der ganzen Denkungsart dieser Personen, und all' derer, die wir in diesen Stücken sehen, ist nicht ein Zug, der ein Gefühl von Würde verriethe, das aus dem Besitz dieser Schätze entstanden wäre, oder deswegen Achtung vom Leser oder von einer andern Person foderte. Und dann wird dieser Sachen nur gelegentlich, nur wo sie, als Ursachen oder Wirkungen nothwendig sind, gedacht; und diesen Gebrauch hat der Dichter so sparsam eingerichtet, daß der Leser gewiß nicht auf den Irrthum geführt wird, sie für wichtig zu halten, oder einen andern Werth auf sie zu legen, als sie verdienen. In .... ist ein Geklingel von Kostbarkeiten, Geschenken, Putz, Ringen, und Uhren und Steinschnallen und goldenen Degen u. s. w. von Anfang bis zum Ende; Auf jeder Seite ist etwas davon zu finden; Und die Art, mit welcher der Dichter davon reden läßt, bezeugt sehr augenscheinlich, daß seine Personen, — und also auch er, — keinen kleinen Werth auf diese Possen legen; und das Verdienst dadurch zu erhöhen glauben. So geht es, wenn man sich auf äußere Geschichte des Menschen, auf pure kahle Begebenheiten

heiten und Vorfälle einschränkt. Dies verführt naturlich dazu. Was läßt sich, bey solcher Einrichtung bessers sagen? —

Was ich von dem weisen Gebrauch der Reichthümer und Kostbarkeiten in Emilia Galotti gesagt habe, gilt auch von dem Gebrauch dieser Dinge im Agathon. So kostbar, so verschwenderisch auch immer, z. B. im Hause des Hippias und der Danae alle Einrichtungen sind, so wenig hat der Dichter dadurch seinen Personen einen Werth geben wollen. Er braucht sie als Ursachen zu einigen Wirkungen auf den Agathon, die uns noch mehr von dem Charakter desselben; aber nichts, als was sehr anständiges, sehr wahres zeigen, das gewiß nichts dazu beytragen kann, unsre Ideen von diesen Dingen zu erhöhen [k]).

So also nur, nur Beziehungsweise, nicht als von selbstständigem Werth, nicht als einen Zusatz von Würde, oder Verdienst, oder um einen Charakter dadurch zu erhöhen, soll der Dichter diese Dinge

k) Wenn Uebertreibungen hierinn statt finden: so gehören sie zu jenem Romantischen, über das die Verfasser der Neuen Bibliothek der schönen Wissenschaften (Th. 9. S. 116 u. f.) so richtig geurtheilt haben. Und von solchen Uebertreibungen ist hier gar die Rede nicht. Was wir hören und sehen, mag so ideal seyn, als es wolle, (es versteht sich, daß hier bloß vom Aeussern die Rede ist) wenn es mit keinem wahren Werth belegt wird, desto besser! —

Dinge gebrauchen. Was Pope bey einer andern Gelegenheit sagt:

Poets like Painters — unskill'd to trace
The naked nature and the living grace,
With gold and jewels cover ev'ry part,
And hide with ornaments their want of art.

Essay on Criticism v. 293. C

drückt ganz vortreflich die Manier der gewöhnlichen Dichter aus. Sie möchten uns gern für ihre Personen einnehmen, und wissen unglücklicher Weise zu wenig, was uns an sich zieht und mit Recht an sich ziehen darf; — sie beurtheilen vielleicht zu sehr das ganze menschliche Geschlecht nach sich; — sie haben sich zu wenig Mühe gegeben, über die Unterhaltung nachzudenken, die der Leser mit Recht von ihnen verlangen kann, als daß sie uns nicht vorzüglich das geben sollten, was doch zuerst in die Augen fällt. Aber der vernünftige Mann sieht solche Dinge für nicht viel besser an, als die Klapper des Säuglings. —

Wenn man hier einwenden wollte, daß, bey meinen Foderungen, den Menschen, nach der Wahrheit zu zeichnen, es dem Dichter zu vergeben sey, wenn er ihm ein Verdienst oder Würde mehr, durch den Besitz der Reichthümer, zulegte, weil die Sachen in der wirklichen Welt so zugehen, wo man immer nach dem Werth der Menschen beurtheilt, wie jener

jener Knabe im Gellert die beyden Vögel: so antworte ich, daß ich nie verlangt habe, alle schaale Nebenseiten und alle Abgeschmackheiten der Welt in den Werken der Nachahmung aufgenommen, — oder für was anders aufgenommen zu sehen, als was sie wirklich sind. Der Dichter soll eben die Menschen lehren, alle Sachen aus dem rechten Gesichtspunkte anzusehen, und nach ihrem wahren Werth zu beurtheilen. Aber ist es möglich, daß dies jemals erreicht werde, wenn noch jetzt die Dichter — wie ich es unlängst irgendwo gelesen — ihre Personen deswegen mit Reichthümern und Schätzen überladen zu haben vorgeben, weil sie es sich nicht verwehren könnten, diesen Personen alles zu geben, was sie glücklich machen, und ihren Werth vermehren könne: eine ganz artige Philosophie, die kaum in dem Munde einer Mad. Riccoboni oder Beaumont zu verzeihen wäre!

18.

Wenn jede unrichtige Schilderung der Leidenschaften, für den Leser gefährlich werden, und seine Empfindungen falsch ausbilden muß: so hat wohl keine mehr Schaden angerichtet, als die Liebe; denn keine ist noch so falsch geschildert worden, als diese.

Bey Gelegenheit des Anziehenden, das diese Leidenschaft überhaupt hat, hab' ich einer von den Unrichtigkeiten, die sich in der Schilderung derselben, in den gewöhnlichen Romanen finden, gedacht, weil diese Unrichtigkeit vorzüglich unsre Theilnehmung vermindert. Diejenigen, von denen hier die Rede ist, verringern zwar nicht geradezu unsre Theilnehmung; aber sie sind eben deßwegen desto gefährlicher, je weniger sie unsre Täuschung stören. Ein süßer Irrthum schadet mehr, als ein anderer, der sein Gegengift bey sich führet. —

In unsern Romanen erscheint die Liebe gewöhnlich so engelrein, so unkörperlich, so geistig, daß nichts drüber gehen kann. Aber man rede noch so feyerlich von dauernder Unschuld, man platonisire noch so zauberisch von den geistigen Glückseligkeiten, die sie gewährt, der Roman endigt sich immer, und muß sich immer, bey den Voraussetzungen, daß wir Menschen sind, mit einer Hochzeitnacht endigen. In der Natur führt die Liebe gewiß dahin; es ist Thorheit, dies läugnen zu wollen. Aber, indem man diese Seite an ihr verbirgt; indem man all' ihre Süßigkeiten, die sie gewiß hat, mit zauberischen Farben ausmalt, und alle die Bitterkeiten, die ihr eben so eigenthümlich sind, verschweigt: so füllt man den Kopf des armen Mägdchens, das die wahre Gestalt dieser Leidenschaft hätte, aus einem Roman,

Roman, kennen lernen können, mit romantischen Ideen von Glückseligkeit und Unschuld, die das arme Mägdchen, bey der nächsten Gelegenheit, — und das mit einigem Anschein von Recht! — in wahre Empfindungen zu verwandeln sucht. Und nun, so bald sie nur den Vorsatz hat, sich einmal einzuschiffen, zu schwach zurück zu kehren, und unterwegens mit Aussichten reiner und entzückender Freuden unterhalten, — schifft sie, unwissend, ins tiefste Elend hinüber. — Der Romanendichter, der Gewissen hat, lege hier die Hand aufs Herz! Es ist grausam, es ist schändlich, irgend einer Leidenschaft, durch Verkleisterungen und Uebermalungen, eine Gestalt zu geben, als sie ihrer Natur nach, haben kann. — Und alles dies wird vermieden, wenn uns der Dichter, der Wahrheit gemäß, nicht bey einer hervorgebrachten Wirkung stehen läßt, sondern diese, ihrer Natur nach, wider zur Ursache des folgenden gebraucht. Das Entstehen der Liebe selbst geht, gewöhnlich noch wahrscheinlich genug zu; aber die entstandene Liebe ist unter funfzigmalen nicht das, was sie in der Wirklichkeit ist, und seyn muß. Es ist überhaupt traurig, daß unsre Romanendichter gewöhnlich mit der Natur der Leidenschaften so wenig bekannt sind, daß sie, trotz Zeit, trotz aller Veränderung in der Situation der Person, die Leidenschaften, in einer einförmigen, und ganz ähnlichen Dauer fortgehen lassen, als ob irgend etwas in der Natur nur den zweyten Augenblick das seyn könnte, was es den ersten gewesen ist. —

Man würde mich unrecht verstehen, wenn man glaubte, Liebe und natürlich Bedürfniß sey ein's in meinen Augen; oder jene sey, und müsse ganz körperlich seyn, sie gestatte nicht jene zärtliche Empfindungen, jene Sympathie, welche ihre Freuden vervielfältiget, verfeinert, veredelt. Das, was ich, vorher bey Gelegenheit des Anziehenden, das diese Leidenschaft hat, hierüber gesagt habe, wird mich rechtfertigen. Hier habe ich nichts, als die Folgen, den endlichen Ausgang dieser Leidenschaft, das Ziel, auf welches alle Liebende, später oder früher treffen, bemerken, und so Wahrheit und Natur in ihre Rechte wieder einsetzen wollen. — Wer da glaubt, daß er diese Leidenschaft nicht so zeigen müsse, wenn er noch Leserinnen haben wolle, der bedenke, daß er die Wahl hat, entweder Verführer, oder Lehrer seiner Leserinnen zu werden, wenn er gleich dies letztere nicht, ohne Wahrheiten zu sagen, werden kann. Es ist besser, daß ihn das junge Mägdchen nicht liest, oder vorgiebt, nicht gelesen zu haben, oder daß sie beschämt bey seinem Lesen wird, als daß er zur Entstehung eines verführerischen Wahns, und süßer Träume Anlaß giebt,

von

von welchen das thörigte Mägdchen mit Schrecken und Grausen, oder gar auf immer unglücklich, erwacht. —

Außer diesem Betruge, in der Schilderung der Liebe, befindet sich eine andre Falschheit in ihrer Vorstellung, die eben so wenig lehrreich ist, als jene. Man führt nämlich sehr oft Charaktere, und vorzüglich Charaktere des weiblichen Geschlechts auf, denen man ganze Jahre hindurch kein ander Geschäft giebt, und dies Geschäft ihnen, als Verdienst anrechnet, — als Liebe, und Liebe!

In der Natur ist dies schlechterdings unmöglich. Daher ist es nun zuerst in der Nachahmung so höchst unwahrscheinlich, eine Person nichts denken, fühlen, oder thun sehen, als lieben. Und dann wird auch der Charakter einer solchen Person so höchst läppisch, so wenig unterhaltend, daß, wenn ihn der Dichter nicht von einer nachtheiligen Seite zeigen will, er uns gar nicht beschäftigt. — Wie kann er nun noch lehrreich werden?

Die Einzelnheit einer Empfindung findet schlechterdings nicht statt. Es kann Zeitpunkte geben, — aber diese Zeitpunkte sind wahrlich von sehr kurzer Dauer — in welchen wir nur für eine Sache leben. In den folgenden sind immer unsre Sinne allen Eindrücken offen. Von allen Seiten strömen Empfindungen auf uns zu; und, nach der Anlage des Charakters, fühlen wir mehr oder weniger bey jeder Vorfallenheit. Wie thörigt es also ist, uns in einem ganzen Menschen, ein einzelnes Stück Liebe zu zeigen, ergiebt sich von selbst. Der Irrthum ist um desto ärger, da die empfindsamen Charaktere, die die Romanendichter gewöhnlich ihren Personen geben, eben dieser Empfindsamkeit wegen, allen Eindrücken um desto mehr offen sind. — Es versteht sich von selbst, daß die Gegenstände, von welchen eine Person die mehrern Eindrücke erhalten soll, in das Ganze des Dichters aufgenommen, und als Wirkung und Ursach, mit den übrigen Theilen, zur Hervorbringung des Resultats verbunden seyn müssen. —

Noch auf eine andre Art kann die Liebe, zur Entstehung sehr falscher und unrichtiger Empfindungen Anlaß geben. Dies geschieht, wenn man die Liebe nicht allein, als das einzige und angelegenste, sondern auch als das wichtigste Geschäft des Lebens zeiget, dem alles andre, Tugend und Pflicht, ohne Umstände, nachstehen muß. So zeigen die französischen Dichter gewöhnlich diese Leidenschaft. Aber, wenn die Sache auch in der Wirklichkeit sich so verhielte: so wäre es der Dichtkunst unwürdig, die Liebe zu diesem Range zu erheben. Einer der verderblichsten, und elendsten Einfälle, den der große Corneille jemals gehabt hat, ist das l'amour rend

tout

tout permis in dem Munde des Maximus. — In der Wirklichkeit geht es aber, — wenigstens bey uns kaltblütigern Deutschen — ganz anders zu. Und was soll man nun von denen Romanendichtern denken, die so treuherzig hierinn den Franzosen nachäffen? Der Einfall kann sie unmöglich entschuldigen, daß, bey einer andern, als bis jetzt gewöhnlichen Behandlung der Liebe, der Dichter weniger Leser, besonders Leserinnen haben würde. Denn dieser Einfall könnte sich nur von einem Manne herschreiben, dem seine eigne Eitelkeit wichtiger ist, als die Ausbildung der Empfindungen des menschlichen Geschlechts. Und der ganze Einfall ist ungegründet. Der Dichter, wenn er nur seine Kunst versteht, wird um desto mehr gelesen, je wahrer er ist. Hat Agathon nicht Leser unter uns gefunden? Freylich wissen viele von diesen Lesern ihn vielleicht nicht ganz richtig zu schätzen, und sein Verdienst abzuwägen; aber es sey nur die Sorge des nachkommenden Romanendichters, seine Leser durch ähnliche Werke zu nöthigen, oder ihnen Anlaß zu geben, denken zu lernen, und nicht sie in ihrer Trägheit, in ihren alten Vorurtheilen, in ihrer Unwissenheit zu bestätigen, und zu nähren. — Die Nachwelt, die unsre Sitten, unsre Denkungsart, unsre Moralität, aus dem größten Theil unsrer Romanen kennen lernen wollte, was würde sie wohl lernen? Man vergleiche einmal das, was wir aus den Dichtern des Alterthums, von den Sitten der damaligen Zeit lernen, mit dem, was uns die Geschichte davon überliefert hat. Alles ist hier, so viel es die verschiedenen Gattungen vertragen, übereinstimmend; eine wird durch die andre aufgeklärt. Man halte das, was wir vor uns sehen, gegen das, was unsre Dichter geschehen lassen; und urtheile dann. — Eine, zu dieser ganzen Materie sich vorzüglich passende Stelle aus dem Agathon, wird hier am rechten Orte, zur Anwendung, stehen. „Es ist eine längst ausgemachte „Sache, daß die Griechen von der Liebe ganz an„dere Begriffe hatten, als die heutigen Europäer. „— Denn die Rede ist hier nicht von den meta„physischen Spielwerken oder Träumen des gött„lichen Platons. — Ihre Begriffe scheinen der „Natur, und also der gesunden Vernunft näher „zu kommen, als die unsrigen, in welchen Scythi„sche Barbarey und Maurische Galanterie auf die „seltsamste Art mit einander contrastiren. Sie „ehrten die ehliche Freundschaft; aber von dieser „romantischen Leidenschaft, welche wir, im eigent„lichen Verstande Liebe nennen, und welche eine „ganze Folge von Romanschreibern bey unsern „Nachbaren jenseit des Rheins und bey den Eng„ländern bemühet gewesen ist, zu einer heroischen

„Tu-

„Tugend zu erheben; von dieser wußten sie eben „so wenig, als von der weinerlich-comischen, der „abentheurlichen Hirngeburt einiger Neuerer, mei-„stens weiblicher, Scribenten, welche noch über „die Begriffe der ritterlichen Zeiten raffinirt, und „uns durch ganze Bände eine Liebe gemalt haben, „die sich von stillschweigendem Anschaun, von „Seufzern und Thränen nährt, immer unglücklich, „und doch selbst, ohne einen Schimmer von Hof-„nung, immer gleich standhaft ist. Von einer so „abgeschmackten, so unmännlichen, und mit dem „Heldenthum, womit man sie verbinden will, so „lächerlich abstechenden Liebe wußte diese geistreiche „Nation nichts, aus deren schöner und lachender „Einbildungskraft die Göttinn der Liebe, die Gra-„zien, und so viele andre Götter der Fröhlichkeit „hervorgegangen waren. Sie kannten nur die „Liebe, welche scherzt, küßt und glücklich ist; oder, „richtiger zu reden, diese allein schien ihnen, unter „gehörigen Einschränkungen, der Natur gemäß, „anständig und unschuldig. Diejenige, welche sich „mit allen Symptomen eines fiebrischen Paroxis-„mus der ganzen Seele bemächtigt, war in ihren „Augen eine von den gefährlichsten Leidenschaften, „eine Feindinn der Tugend, die Störerinn der „häuslichen Ordnung, die Mutter der verderblich-„sten Ausschweifungen und der häßlichsten Laster“

 u. s. w.

u. s. w. — — Wenn gleich unsre Sitten und Gebräuche, es dem Romanendichter, der der Wahrheit getreu bleiben will, nicht gestatten, diese Leidenschaft so zu behandeln, wie die Griechischen Dichter sie behandelten, weil die Nation sie so ansah: so wird doch auch er immer etwas dazu beytragen können, durch seine Schilderung, die Liebe zur Natur und zur Wahrheit zurück zu führen; oder vielmehr, er wird aus dieser Stelle folgern können, wie sehr unrecht die Romanendichter gethan, sich von dieser Natur und Wahrheit zu entfernen, und zur Entstehung so abentheurlicher und scheußlicher Ideen Anlaß zu geben.

19.

Wenn die Wahrheit, die Richtigkeit aller Vorstellungen erfodert wird, wofern der Dichter verlangt, uns auf eine rechtmäßige Art zu vergnügen, und durch dies Vergnügen zu unterrichten: so ist Einheit und Uebereinstimmung in all den verschiedenen Handlungen einer Person, nach Maaßgabe ihres Charakters, ein sehr nöthiges Erforderniß hierzu. Das, was bis jetzt von dieser Einheit und Uebereinstimmung gesagt worden ist, bezieht sich mehr auf die Zusammensetzung der verschiedenen Charaktere, auf die mehr oder mindere

Aneinanderpassung und Wahrheit der einzeln Eigenschaften, als auf die Aeußerung dieser verschiedenen Personen, in Handlungen. Von dieser ist nun hier die Rede!

So wie es ungereimt seyn würde, einen ganzen Charakter aus einer einzeln Eigenschaft zu machen (denn in der ganzen Natur findet sich nicht eine Eigenschaft, eine Leidenschaft allein, und keine Mischung ist mannichfaltiger, und anders, als sie, nach den Umständen, worinn der Mensch sich von je her befunden hat, und noch befindet, hat möglich werden können. Clima, Nahrungsmittel, Erziehung, Religion, Stand, Gesetzgebung und tausend größere und kleinere Umstände mehr kommen zusammen, den Menschen dazu zu bilden, was er ist) —

So wie sich die verschiedenen Eigenschaften, die der Dichter seinen Personen giebt, in einem Charakter müssen finden lassen, mit einander vertragen, und vereinigen können, so daß nicht eine gerade die andre ausschließt; — Ferner

So wie die, mit einander vereinten Eigenschaften, sich eine in die andre fügen, und nur nach den Abänderungen und Einschränkungen erscheinen können, die eine durch die andre erhält, und besonders nach denen, die sie durch die Haupteigenschaft der Person erhalten — (Ulyß ist

 tapfer,

tapfer, Nestor ist tapfer, Achill ist tapfer; wenn ihre Tapferkeit sich aber auf ähnliche Art äußerte, so wüßte ich nicht, daß Ulyß und Nestor auch ausserdem weise, kluge Männer wären. Wenn Achill einen seiner getödteten Krieger, den er liebte, hätte rächen wollen, würd' er nicht mit der Vorsicht, die Ulyß dabey gebraucht, in die ersten Reihen hervorgetreten seyn [l]). Auch steht es nur dem Ulyß allein, seines übrigen Charakters wegen, zu, daß er, da die Rede vom Zweykampf mit dem Hektor ist, der letzte unter denen ist, die da aufstehen, um sich zu diesem Zweykampf anzubieten. Und würde der weise Nestor, so wie der weise Ulyß, wenn er sich auch gebrauchen lassen, den Philoktet ins Lager zu bringen, von dem Theater verschwunden seyn, wenn Philoktet, die Waffen in Händen, im Zorn entbrennt [m])? Aber, so wie sich die Weisheit des Nestors von der Weisheit des Ulyß darinn unterscheidet, daß jene natürlich, und offen; diese aber Künsteley und List ist; eben so erhält auch die Tapferkeit dieser beyden Personen, durch die Hauptzüge ihres Charakters, durch ihre Weisheit und Klugheit, ihre Abänderungen und Einschränkungen; Nestors Tapferkeit zieht immer Erfahrung zu

l) Iliad. Δ.

m) Soph. Phil. Act. V. Sc. 3.

zu Rathe; und die Tapferkeit des Ulyß geht beständig mit der größten Vorsicht zu Werke) —

Eben so sollen nun auch billig im Roman die Aeußerungen der verschiedenen Personen, in Thaten und Worten, **Wirkungen** seyn, von welchen ihr Charakter die Ursache ist. Charakter, und Rede oder That müssen in dem genauesten Verhältniß dieser Art, mit einander stehen. Der Mensch muß nichts thun, als was er, zufolge seines, aus verschiedenen Eigenschaften zusammengesetzten Charakters thun **muß**, oder wenigstens thun **kann**. —

Wider diese Wahrheit, wider diese Nothwendigkeit nun, wird nirgends mehr verstoßen, als in den gewöhnlichen Romanen. Die Romanendichter scheinen es sich, als ein Vorrecht, zugeeignet zu haben, daß ihre verschiedenen Personen, ohne Uebereinstimmung zwischen Mann und That, auftreten dürfen; und glauben dadurch vielleicht das Wunderbare, das heißt, nach den gewöhnlichen Begriffen, das Anziehende in ihren Werken, zu vermehren. Und wo könnten sie auch die seltsamen Begebenheiten und Vorfälle hernehmen, wenn sie nicht, zu dieser Erfindung, ihre Zuflucht hätten? Wenn es ihnen um eine Wirkung, um einen Vorfall, eine Begebenheit in ihren Werken zu thun ist: so ist ihnen die Person sehr gleichgültig, die sie hervorbringt; genung, wenn die Wirkung erfolgt. Wie stimmt es mit dem Charakter eines alten, wollüstigen Kriegers, z. B., zusammen, daß, wenn er ein jung Mägdchen behorcht, für welche er ungefähr das empfindet, was der hungrige Magen, um mich mit Fieldingen auszudrücken, für ein Stück gekocht Rindfleisch fühlet, daß, sage ich, er ein Lied, das dies junge Mägdchen eben, und nur einmal singt, (ein Lied, das noch dazu gar nicht in seinen Kram taugt, und für seine Denkungsart paßt) — auswendig lerne, oder gar aufschreibe? — Er, der alte Wollüstling, sieht das Mägdchen überdem das erstemal. — Wenn dies etwann Wirkung der Schönheit und Liebe seyn soll: so ist Charakter und Situation der Person, — gerade die beyden wichtigsten Sachen! — ganz dabey vergessen worden. Eben so ists, wenn Personen, welchen der Dichter buchstäblich viel Zurückhaltung zugelegt hat, bey der ersten, besten Gelegenheit, auf die erste Bekanntschaft mit ihrer Geschichte, heraus platzen. — Ich enthalte mich fernerer Beyspiele. Exempla sunt odiosa. Nur hüte sich der Romanendichter, der uns mit Wahrheit und Natur unterhalten, — der unser Lehrer werden will, vor ähnlichen Abschweifungen!

---

20. „Durch

20.

„Durch welche Mittel wird der Romanendichter am sichersten unsre Empfindungen, unsre Theilnehmung, erregen können?“

Es ist bereits öfter, als einmal bemerkt worden, daß es nicht eigentlich die Thaten und Unternehmungen der Personen in einem Roman, sondern die Eigenschaften und der Charakter derselben sind, an welchen wir vorzüglich Theil nehmen. Wie muß uns der Dichter diese zeigen, wie muß er die verschiednen Gegenstände behandeln, damit diese Theilnehmung desto gewisser erfolge?

Im Home finden sich (im ersten Theil des zweyten Kapitels) sehr viel richtige Bemerkungen über die **ideale Gegenwart**, und die Nothwendigkeit derselben, wenn die Gegenstände der Nachahmung unsre Leidenschaften erregen sollen. Nur was sich dort **nicht** findet, soll hier mitgenommen werden. Aber auch dies sind schon bekannte Sachen. —

Die Romanendichter schränken sich gewöhnlich aufs bloße Erzählen der Leidenschaften und Empfindungen ihrer Personen ein. Wenn diese lieben, so erzählen sie uns, daß sie lieben; und damit ist die Sache gemacht. Es hat sich eine gewisse Reihe von Formelchen und Ausdrücken eingeschlischlichen, wodurch man uns den Zustand der Personen anschauend zu bezeichnen glaubt; und es ist möglich, daß sie im Anfange, da sie gebraucht wurden, noch einigen Eindruck machten; aber jetzt sind wir so sehr mit ihnen bekannt, sie sind so allgemein, daß wir unmöglich noch etwas bey ihnen fühlen können. Sie sagen uns höchstens die Sache selbst, und wir wollen mehr sehn, als dies. Der Eindruck ist sehr verschieden, den es macht, wenn wir eine Wirkung vor unsern Augen erfolgen sehen, oder wenn wir sie erzählt hören. Und diesen flachen, kahlen Eindruck, den die bloße Erzählung der Begebenheit macht, und der unsre Leidenschaften gar nicht erregt, kann nun der Romanendichter vermeiden, wenn er diese Erzählung in Handlung zu verwandeln weis.

Eigentlich ist diese Verwandlung nichts, als die vorher schon vorgeschlagene Behandlung der Begebenheiten, so daß wir diese nämlich, im Roman, **werdend**, mit einem Wort, so sehen, wie z. B. die Liebe Agathons **wird**. Die Sache selbst aber, wird hier von der Seite angesehen, wo sie gerade den Eindruck macht, den der Dichter machen muß, wenn sein Leser nicht kalt bleiben soll.

Diderot, der den Unterschied im Eindruck sehr gewiß fühlte, den das Erzählen einer Wirkung,

und

und das Hervorbringen derselben macht [n]), scheint den Romanendichter von dem letztern freyzusprechen. Wie sehr sich aber eben dadurch das angeführte Wielandsche Werk von allen übrigen Werken ähnlicher Art unterscheide, und um wie viel mehr die Illusion des Lesers dadurch befördert, und also der Endzweck des Dichters erreicht werde, ist schon vorhin genug bemerkt worden. Es giebt so gar Dichter, die bey solchen Gelegenheiten, und wenn sie uns das Warum ihres Darums vorenthalten, von geheimen Sympathien, von dem unbekannten je ne sçais quoi u. s. w. reden. Das heißt dem edlen Titel, eines Schöpfers im Kleinen, entsagen. Denn der muß alle Kräfte seiner geschaffenen Personen, mit all' ihren Wirkungen kennen und übersehen. —

Doch dies Erfolgen der Wirkung selbst, vor unsern Augen, ist noch nicht genug, wenn der Romanendichter unsre Leidenschaft bis zu dem Grade zu erregen wünscht, warum er eigentlich gedichtet hat. Es ist nicht genug, daß wir eine Leidenschaft haben werden, daß wir sie haben entstehen sehen, um Theil an ihr zu nehmen; es ist nicht genug, daß wir, z. B. wissen, dieser oder jener liebt nun:

— wir

n) Quelle différence de *peindre* un effet, ou de le *produire*. *Oeuvr. de Did.* T. 2. p. 196. (Ed. de Berl.)

— wir wollen diese gewordene Liebe nun als eine Ursache anderer Wirkungen sehen. Man lasse von einem gewöhnlichen Liebhaber, zehn Seiten hindurch, erzählen, daß er seine Geliebte aufs innigste liebe, daß er aus Liebe sterben, daß er zu den Schatten gehen, mit einem Wort, alles, alles aus Liebe thun wolle; und man höre dagegen vom St. Albin (Im Hausvater) daß er mit einemmal ganz verändert ist von dem, was er war. Er ist weniger sorgfältig in der Wahl seiner Bedienten, seiner Pferde, seiner ganzen Equipage; weniger gewählt in seinem Anzuge, als sonst; er geht allen Zerstreuungen und seinen jugendlichen Freunden aus dem Wege; er bringt ganze Tage in seinem Zimmer mit Lesen, Schreiben, Denken zu. Und in der Folge hören wir noch mehr. Er hat sich in ein viertes Stockwerk eingemiethet; er hat sich in einen armen Handwerksmann verkleidet; er schleicht sich des Abends aus dem Hause seines Vaters, damit er seine Sophie sehen und sprechen könne, die er auf keine andre Art sonst sehen oder sprechen kann: — man halte dies, sag' ich, gegen alle nur mögliche Erzählungen von Liebe, Treue, Zärtlichkeit; und sage dann, wobey man mehr von der Liebe, gesehn habe, wobey man mehr beschäftigt, — und wobey folglich unsre Empfindungen lebhafter erregt worden? ob bey diesen Handlungen

der

der Liebe, oder bey jenem Geschwätz von ihr? — Eben so lasse man den Prinzen, in Emilia Galotti, an Statt, daß er das Gemälde seiner Emilia gegen die Wand drehet, wenn Marinelli kommt, damit dieser Marinelli es nicht sehen solle, — sehr viel zärtliches von seiner Liebe sagen; und sehe zu, ob sich irgend etwas finden könne, das, indem es den liebenden Italiener so vorzüglich charakterisirt, unsre Einbildungskraft so beschäftigen, uns so in Bewegung setzen werde, wie dieser Zug? — Ich glaube einiger Auftritte aus Minna von Barnhelm schon gedacht zu haben, wo Minna, nachdem sie ihren Tellheim wieder gefunden, der Franciska Geld aufdringt, dann ihr Geld für den ersten verwundeten Soldaten giebt, den sie antreffen würde u. s. w. Was konnte Minna sagen, das so gut ihre glückliche Liebe ausdrückte, als dies; und das also unsre Theilnehmung so stark zu erregen vermochte, als eben diese Handlungen einer wahrhaft Liebenden? —

Natürlich muß das, was unsre Theilnehmung erregen, unsre Empfindungen lebhaft beschäftigen soll, uns viel, und bestimmte Dinge sehen lassen. — Und sollte dem Romanendichter nicht so gut, wie dem dramatischen Dichter der Gebrauch solcher Züge frey stehen? Zwar hab' ich selbst die Beyspiele aus dramatischen Dichtern genommen; aber gewiß andrer Ursachen wegen, als weil ich glaubte, daß sie nur dem Schauspiel allein zukommen. Denn auch aus erzählenden Werken hätt' ich sie nehmen können. Der Dichter der Musarion sagt uns sehr wenig davon, daß Phanias verliebt ist, und Phanias selbst erzählt es nicht; aber ein

— „er stockt, er schwieg" —

oder die Thränen

— „die wider Willen
In runden Tropfen ihm die Augenwinkel füllen" —

sagen mehr, mehr als zehn Erzählungen und zehn Liebeserklärungen hätten sagen können. Freylich werden wir die Sache immer nicht so lebhaft vor uns sehen können, als im Drama; aber um so mehr der Romanendichter Raum und Zeit in seinem Werke hat, um so ehe wird er uns, an statt von seinen Personen zu erzählen, daß sie lieben oder hassen, Handlungen der Liebe und des Hasses zeigen; — und um so mehr wird er dann auch unsere Theilnehmung erregen. —

Auch dann, wann die Rede von der bloßen Beschreibung einer Wirkung ist, kann der Dichter nie bildlich, nie bestimmt genug seyn. Auch wenn er nur in Prosa schreibt, ist die erste Foderung an ihn, daß er das Abstrakte ins Concrete verwandele; daß er uns das, in einem einzeln Fall zeige, was er sagen will. Und die Sache ist ja

auch

auch so bekannt, so allgemein angenommen! Aber vielleicht eben, weil sie so bekannt ist, wird ihrer weniger, auch in der Ausübung, gedacht. Oder wird man ihren Mangel nicht gewahr? — Nichts ist, wie gedacht, kahler, nichts macht einen flachern Eindruck, als die allgemeinen Formeln und Ausdrücke; und in keiner Sprache sind sie häufiger und keiner sind sie eigenthümlicher als der französischen. Daher lesen sich denn auch die französischen Werke des Witzes so höchst langweilig; besonders wenn man einmal mit den Werken der Engländer bekannt ist. Ich würde hier dieses Umstandes nicht erwehnen, wenn ich nicht überzeugt zu seyn glaubte, daß auch diese flache Manier des Ausdrucks in unsrer Sprache, von den Franzosen sich herschreibt. — Home sagt: (Im 21sten Kap.) „Jeder Mensch von einigem Nachdenken muß gemerkt haben, daß ein Vorfall einen weit stärkern Eindruck auf einen Augenzeugen macht, als auf dieselbe Person, wenn sie von einem dritten ihn erst erfährt. Scribenten von Genie, welche wissen, daß das der beste Zugang zum Herzen ist, stellen jedes Ding so vor, als ob es vor unsern Augen vorgienge, und verwandeln uns gleichsam aus Lesern und Zuhörern in Zuschauer. Ein geschickter Scribent verbirgt sich und läßt nur seine Personen sehen; mit einem Wort, alles wird dramatisch, so sehr es nur immer möglich ist. — — Aus diesem glücklichen Talent enspringt der Nachdruck des Styls " u. s. w. Dies wird nun zum Theil dadurch mit erreicht, daß uns der Dichter ein bestimmtes Bild giebt, in welchem wir die Wirkung einer Leidenschaft, in einem einzelen Fall, in welchem wir die Aeußerung, bestimmt, sehen, die, z. B. der allgemeine Ausdruck: er liebte sie mit der innigsten Zärtlichkeit, enthalten kann. Denn diese Aeußerung, dieser Ausdruck kann vielleicht, unter hundert verschiedenen Gestalten und Bildern, je nachdem die Person ist, von welcher er gebraucht wird, erscheinen. Welchen soll nun der Leser sich gedenken? Und einen einzeln Fall muß sich der Leser denken, in ein Bild muß er diesen Ausdruck verwandeln, wenn er die Sache sinnlich fassen, wenn er sie sich anschauend darstellen, — mit einem Wort, wenn er in Bewegung gesetzt werden soll. Er wird, wenn seine Einbildungskraft auch lebhaft genug ist, sich das Bild zu schaffen, doch dem Dichter wenig Dank wissen, der ihm unter allen möglichen Fällen sich zerstreuen, und eine Arbeit überläßt, welche nicht zu haben, er nun eben den Dichter in die Hände nahm. Doch wie viele sind unter den Lesern der Dichter, die diese Arbeit selbst übernehmen, und dem Dichter nachhelfen können? — Vielleicht sehr wenige. —

Und

Und daher kommt es denn nun sehr natürlich, daß die mehrsten dieser Leser, nach Endigung des Romans nicht eine Sache bestimmt wissen, und sich vorstellen können, die sie, nach der Meynung des Dichters, aus ihm hätten lernen sollen. Dieses einzele Bild eines allgemeinen Falls, gewährt uns allein diejenigen Kenntnisse, die wir im Dichter überhaupt suchen, die Kenntniß des Menschen, indem wir die bestimmten Aeußerungen und Gestalten sehen, die der Mensch in den angenommenen Fällen haben kann. —

Es versteht sich von selbst, daß das Bild genau das darstellen muß, was es soll; daß es weder über, noch unter, noch seitwärts der sich zugetragenen Wirkung ist. Ein Dichter, der, z. B. statt: „er liebte sie mit der innigsten Zärtlichkeit," zu sagen, diesen Ausdruck in ein und dasselbe Bild kleiden wollte, es sey die Rede von der Zärtlichkeit eines süßen Schwärmers, oder eines üppigen Wollüstlings, würde noch besser thun, wenn er die erste allgemeine Formel beybehielte. Denn beyde, der Schwärmer und der Wollüstling, können mit der innigsten Zärtlichkeit lieben; aber ein Ovid *) äußert seine Zärtlichkeit, indem er Corinnen entkleidet, und ein Agathon zieht, so gar über eine

 schla-

*) Amor. Lib. I. El. V. Deripui tunicam &c.

schlafende Danae, „mit der leichten Hand eines Sylven das seidene Gewand wieder her, das Amor verrätherisch aufgedeckt hatte.“ — Oder, wenn ein Dichter, anstatt zu sagen: „er war entzückt, wenn er sie nur sah,“ unter einem und demselben Bilde, die Entzückung zweyer sehr verschiedenen Personen zeigen, und z. B. das, was Petrarca von sich selbst, in diesem Zustande sagt:

Così carco d'oblio
Il divin portamento.
E'l volto, e le parole, e'l dolce riso
M'aveano, e sì diviso
Da l'imagine vera,
Ch'i' dicea sospirando:
Qui come venn'io, ò quando?
Credendo esser in Ciel, no là dov'era.

als ein Bild jeder Entzückung ansehen, und nicht denken wollte, daß, z. B. ein Polydor, in der Waise des Otway, unter ganz andern Bildern, seine Entzückung, im ähnlichen Falle, ausdrükken muß:

— when a Heav'n-born Maid, like you, appeard,
Strange pleasures fill'd his (Men's) Eyes, and fir'd his heart.

Monimia Act. I.

Der Unterschied, der sich zwischen dem Eindruck der allgemeinen Formel, und dieses bildlichen, bestimmten Ausdrucks findet, ist nur zu groß, als daß

daß wir nicht mit Recht auf die Foderung dieses letztern bestehen sollten, wenn der Dichter unsre Theilnehmung zu erregen verlangt. Dies wird sich in einigen Beyspielen am besten zeigen. Man sage: „ach! wenn ich doch mit ihm gestorben wäre,“ oder mit der Julie p):

> Oh churl, drink all, and leave no friendly drop
> To help me after? —

Oder: „das Mägdchen war entzückt, da sie mit ihm tanzte,“ — und halte dagegen:

> Wie schwebte das glühende Mägdchen im himmlischen
> Tanze daher!
>
> Weißens Romeo u. Julie.

hier haben wir eine bestimmte Vorstellung, an welcher unsre Einbildungskraft sich halten kann, ein Bild, das uns die Handlung darstellet, die uns in Bewegung setzen soll; dort eine allgemeine Beschreibung, bey der sich nichts sehen, folglich nichts empfinden läßt. —

Das, was zum Vortheil dieses bestimmten, bildlichen Ausdrucks, in Ansehung der Leidenschaft der Liebe und ihrer Wirkungen gesagt worden ist, gilt von ihm in allen Fällen. Home bemerkt ganz

p) Oder auch mit Weißens Julie: „O warum konntest du mir nichts in dem unglücklichen Becher lassen? geliebter — Meyneidiger! nicht etliche tödtliche Tropfen?“

vortreflich, daß in der Stelle des Addisons, wo dieser die Bedienten des Ritters Roger von Coverley beschreibt:

„Man sollte seinen Kammerdiener für seinen Bruder ansehen, sein Kellermeister hat graue Haare, sein Stallknecht ist einer der ernsthaftesten Männer, die ich noch gesehn habe, und sein Kutscher hat die Miene eines geheimen Raths" —

die Beschreibung des Stallknechts, der Beschreibung der übrigen Personen an Werth nicht gleich sey, weil der Ausdruck weitschweifig und allgemein ist, und kein bestimmtes Bild machen kann. —

Einige, aus dem Home genommene Beyspiele, mögen den Werth der bildlichen, bestimmten Ausdrücke noch mehr aufhellen. Zu dem Ende will ich die gewöhnlichen Beschreibungen dagegen setzen. Im Shakespear heißt es vom Fähndrich Pistol:

„Er ist kein Polterer; — ein frommer Schelm, wahrhaftig, ihr könnt ihn streicheln, wie einen jungen Hund; er wird nicht mit einer türkischen Henne poltern, wenn sie die Federn nur mit einem Scheine von Widerstand aufsträubt."

2ter Th. Heinr. IV. 2 Aufz. 9 Auftr.

Man setze an dessen statt:

„Er ist ein stiller, furchtsamer, guter Mensch; er thut keiner Seele Leids" — und sehe ... aber man sieht nichts mehr! die bestimmte Gestalt ist

weg,

weg, und man hat ein Formelchen, bey welchem man sich hundert besondre Vorstellungen machen kann, und von einer zur andern schwanken muß. —

Auf folgende Beschreibung würde sich mancher Romanendichter schon sehr viel zu Gute gethan haben: „Der Ort ist wüste und leer, und in eine Einöde verwandelt, wo nur Thiere wohnen und Unkraut wächst.“ Eine Stelle aus dem Ossian mag ihn überführen, wie Unrecht er hätte:

„Die Distel schüttelt da ihr einsames Haupt, das Moos flisterte in den Wind. Der Fuchs sah aus den Fenstern hervor, und das Unkraut des Gemäuers flatterte um seinen Kopf“

Fingal.

Man sage von einem Sterbenden: „Er starb in der größten Verzweiflung,“ oder denke sich dies unter folgendem einzeln Fall q):

„Lord Kardinal, wenn ihr Gnade vom Himmel hofft, so hebt die Hand in die Höhe, gebt ein Zeichen eurer Hoffnung. Er stirbt, und giebt kein Zeichen.“

2ter Theil Heinr. VI. 3 Aufz. 10 Auftr.

q) Lord Cardinal if thou think'st on Heav'ns bliss.
Hold up thy hand. make signal of thy hope.
He dies and makes no sign!

und vergleiche nun die verschiedenen Eindrücke!

Und eben so die folgende Stelle:

„Er sieht aus wie ein gesetzter, ehrbarer Mann, und giebt sich ein Ansehn von Weisheit und Würde; und weil er wenig redet: so halten ihn die Leute für sehr klug.“

mit dieser aus dem Shakespear r).

„Es giebt eine Gattung Leute, deren Gesichter, wie ein stehender Pfuhl, unter einer finstern Haut stecken, die immer eigensinnig still sind, in der Absicht, den Namen weiser, ernsthafter Leute, von tiefer Einsicht zu gewinnen, wie, wenn einer sagen wollte, ich bin Herr Orakel, und wenn ich den Mund öffne, so muß kein Hund bellen!“ u. s. w. —

Man folgere aus diesen Vergleichungen, um wie viel tiefer der Eindruck gemacht, um wie viel mehr die Illusion befördert, und also unsre Theil-neh-

r) There is a ſort of men, whoſe viſages
Do cream and mantle like a ſtanding pond;
And do a wilful ſtillneſs entretain,
With purpoſe to be dreſs'd in an opinion
Of wisdom, gravity, profound conceit;
As who ſhould ſay, I am Sir Oracle,
And when I ope my lips, let no dog bark!
March of Ven. Act. I. Sc. 1.

nehmung erregt werde, wenn wir, statt des allgemeinen Ausdrucks, statt einer unbestimmten Vorstellung, die Sache in einen einzeln Fall, in ein bestimmtes Bild verwandelt sehen. Meine Absicht bey diesen Vergleichungen und Beyspielen, ist keine andre gewesen, als die Vorzüge des individuellen Ausdrucks der Sache, und derjenigen Vorstellung, die uns durch das Kleid, um mich so auszudrücken, alle Züge und die besondre Gestalt des Körpers hindurch erblicken läßt, — anzupreisen. Ich habe nicht etwann den Gebrauch der eigentlichen, künstlichen Figuren der Rede überhaupt behandeln, oder jene räthselhafte Schreibart empfehlen wollen, die, unter den Händen eines Meisters von vortrefflicher Wirkung ist, in der wir aber auch oft, um mich mit dem Dichter auszudrücken, zwey Garben Stroh durchwühlen müssen, um zwey Körner Weitzen zu finden. Eine Abhandlung über jene (die eigentlichen Redefiguren) muß man vielleicht in einer Theorie der Dichtkunst überhaupt, suchen; und diese räthselhafte Schreibart möchte ich ehe abrathen, als empfehlen, da sie oft mehr Dunkelheit, als Licht, über die vorzustellenden Gegenstände verbreitet. Auch will ich nicht die, als Beyspiele angeführten Stellen, gerade zur Nachahmung aufgestellt haben. Die Situation, in welcher sie gebraucht worden, die Person, die sie gebraucht hat, und die

die Sprache selbst, aus welcher sie genommen sind, können sehr leicht manches zu ihrer Wahrheit und Vortrefflichkeit beytragen. Man soll nur von ihnen die Anwendung auf andre Fälle, machen, nur die Vorzüge der bildlichen, bestimmten Vorstellung der Sache, folgern lernen. — Unsre Sprache hat ihre Eigenthümlichkeiten so gut wie irgend eine andre; und diese Eigenthümlichkeiten müssen, beym Ausdruck, zu allererst zu Rathe gezogen werden. Aus ihnen können dem Dichter unendlich viel Vortheile zuwachsen. Kein Dichter scheint bis jetzt noch so sehr diese Eigenthümlichkeiten gekannt, und sie in wahre Vorzüge unsrer Sprache vor andern, verwandelt zu haben, als H. Lessing. Sein Styl ist original deutsch.

Ich weis, daß manche Leute diese Lebhaftigkeit des Ausdrucks nicht eben für einen Vorzug erkennen werden. Sie kann ihnen leicht den Verfeinerungen zu widersprechen scheinen, die sie mit unsern Sitten, unserm Geschmack, unsrer Sprache vorhaben. Denn gar zu gern möchten sie uns ehrliche Deutsche in kalte, manierirte, feine, artige Geschöpfe verwandeln, die in Allem den bon ton haben, die in Allem sage, das heißt immer nüchtern sind; — gerne möchten sie unsre Sprache mit H. Herdern zu reden, entmannen. — Mein Vorsatz ist hier nicht, das Ungereimte dieser vermeinmeinten Verbesserung zu zeigen, oder eine Abhandlung über die Vorzüge und Eigenthümlichkeiten unsrer Sprache zu schreiben; ich will, wie gedacht, nichts, als das Studium dieser Sprache, und jenen bildlichen Ausdruck, jene, von dem Dichter gefoderte lebende Vorstellung der geschehenden Dinge, empfehlen.

Es ist der Mühe werth, über das Letztere, das angeführte Kapitel im Home, durchzugehen. Die Fehler, in die der Schriftsteller hierbey verfallen kann, finden sich eben dort angemerkt.

21.

Wenn es, zur Erregung unsrer Leidenschaften, und unsrer Theilnehmung überhaupt, höchst nothwendig ist, daß uns der Dichter die vorzustellende Sache in **Handlung** zeige, und nicht **beschreibe** oder **erzehle**: so läßt die Sache sich noch aus verschiedenen Gesichtspunkten betrachten.

Man hört so oft die Leser selbst über die guten Dichter klagen, daß diese ihnen Bemerkungen und Urtheile vorgemacht und vorgefällt haben, die sie selbst auch wohl hätten machen können, wenn ihnen der Dichter nur dazu Gelegenheit gegeben, das ist, die Gegenstände, an welchen er seine Bemerkungen machte, von der Seite gezeigt hätte, von welcher

er

er sie sah, als er Gelegenheit hatte, diese Bemerkungen zu machen. Hätte er ihnen die Handlung gezeigt, und in dem Lichte gezeigt, worinn sie die Leser sehen mußten, um das Bemerkende gewahr werden zu können: so würden sie schon selbst das abstrahirt, und mit Vergnügen davon abstrahirt haben, was er ihnen vordocirt.

Von dem wenigen Nutzen, den das bloße Moralisiren des Dichters hat, und haben kann, ist schon vorher die Rede gewesen. Ich gesteh' es gerne zu, daß folgende Stelle sehr gute Bemerkungen enthält:

„Karl Grandison redet mit Frauenzimmern, als Frauenzimmer, und nicht als Gottinnen. — Andre Mannspersonen, die nichts bessers zu sagen wissen, machen ganz auf einmal Engel aus ihnen. — Wenn ihre Bolzen einmal verschossen sind: so können die armen Seelen nicht weiter fort. — — Und das Uebrige machen sie dadurch voll, daß sie uns ins Gesicht lachen, um uns von ihrer Aufrichtigkeit zu überführen." —

Die Sache ist wahr; die Anmerkungen so richtig, und die Anwendung könnte so nützlich werden, wenn die Vorstellung nicht, von dem größern Reiz der Vorfälle und Begebenheiten verdunkelt würde,

und

und so ihr ganzer Nutzen verloren gehen müßte. Die Erfahrung mag dieses entscheiden! Von hundert Lesern des Grandisons werden neun und neunzig sich auf den geringfügigsten Vorfall des Werks sehr leicht besinnen; aber kaum der hundertste wird sich darinn erinnern können, so was jemals im Grandison gelesen zu haben. Die Stelle steht einzeln, verwaist da, ohn' Ursach, und bleibt ohne Wirkung; sie muß sich verlieren, weil wir durch nichts auf sie zurück gerufen werden. Aber es war ein Mittel da, die Aufmerksamkeit, wenigstens der allermehrsten Leser, auf die Sache weit mehr zu heften, und so einen weit tiefern Eindruck damit zu machen. Der Dichter konnte ihnen die Gelegenheit verschaffen, die Bemerkungen selber zu abstrahiren. Dies Mittel verträgt sich mit dem Plan des Grandison zu gut, als daß ich fürchten dürfte, es so gar von den Partisanen des Richardson verworfen zu sehen. Die Personen, die zur Ausführung dieses Mittels nöthig sind, finden sich im Werke; und sie erscheinen auch handelnd. Nur läßt der Dichter uns das nicht gerade an ihnen sehen, was seine Henriette an ihnen sah, um diese Bemerkungen machen zu können. Und vielleicht sollen wir es, damit sie die Ehre allein habe, nicht an ihnen sehen. Denn es könnte leicht seyn, daß sich der Dichter es, als ein größer Verdienst

ange-

angerechnet habe, wenn er seine Welt- und Menschenkenntniß uns auf diese Art zeige, als wenn er nur uns Gelegenheit gäbe, sie zu erwerben. So müßten wir es wenigstes sehen, daß er ein guter Beobachter sey. Die Eitelkeit, die so gern eine nahe, baldige Befriedigung sucht, kann einem Schriftsteller leicht diesen Streich spielen. Und wenn sie ihn gerade nicht dem Richardson gespielt hat: so könnt' es doch bey Manchem schon zugetroffen seyn. Das heißt dann aber auch dichten, um zu dichten; das heißt, nicht Mittel einer höhern Absicht wegen, sondern um ihrer selbst willen, wählen; das heißt, die Dichtkunst von einer sehr unrechten Seite ansehen; — die Schale nehmen und den Kern liegen lassen. Schwerlich gewinnt der Dichter dadurch in unsern Augen; oder dünkt uns größer. —

Doch die Sache hat noch eine andre Seite. Denn — damit ich mich recht begreiflich erkläre — es kann mehr Mühe kosten, einen Fenwich, Hargrave, Greville (Mannspersonen, welche Henriette unstreitig in Gedanken hatte, als sie einige mit dem Grandison contrastiren ließ) in solche Situation zu setzen, solche Handlungen thun zu lassen, von welchen wir gerade das hätten abstrahiren können, was Henriette von ihnen bemerkt hat. Aber diese Mühe würde dem Dichter reichlich belohnt

lohnt worden seyn. Alsdenn nämlich hätten wir, um mich so auszudrücken, einen Stamm gehabt, an welchem sich unsre neu erworbenen Kenntnisse hätten anhalten können; und so wären sie nicht, wie jetzt, unter dem Gedränge der herzueilenden und folgenden Begebenheiten, zu Boden getreten und vernichtet worden. Und um wie viel unsre Theilnehmung mehr erregt, um wie viel unser Vergnügen vermehrt worden wäre, wenn wir, zuerst eine Handlung, statt dieser Anmerkungen vor uns gesehen, und dann sie so vor uns gesehen hätten, daß wir selbst diese Bemerkungen hätten abstrahiren können; das heißt, Wirkungen gesehen hätten, von welchen die, in jenen Mannspersonen getadelten Eigenschaften, die Ursachen gewesen wären; — das wird wohl jeder Mensch von Gefühl selbst bemerken. Freylich müßten wir diese Verbindung von Ursach und Wirkung, **anschauend** sehen; wir müßten an der Handlung, eines Greville z. B. die Eigenschaften **lebendig** erkennen, die uns das an ihm sehen ließen, was Henriette an ihm und seines gleichen bemerkte. Solch ein Charakter müßte, durch seine hierher gehörigen Eigenthümlichkeiten, bey schicklichen Gelegenheiten und auf schickliche Personen, **Wirkungen** hervorbringen, die uns gleichsam nöthigten, zu der Ursache derselben zurück zu kehren, und sie gewahr zu werden. In diesen Wirkungen müßten wir all das Unanständige, all das Lächerliche jener Schmeicheleyen, und jenes Betragens gegen das Frauenzimmer, mit seinem ganzen Einfluß auf dasselbe sehen; und dann würden wir es lebendig und gewiß, so gut, und besser wie Henriette, gesehen haben. Und hätten wir dann es nicht bemerkt, so war es nicht die Schuld des Dichters; es war unsre. — Wie diese hervorgebrachte Wirkung, zur Ursache anderer Wirkungen hätte werden können, und überhaupt, als ein besondrer, einzeler Theil eines Ganzen, hätte behandelt werden müssen: — das gehort nicht hierher! —

Wenn eine solche Handlung nicht mit den übrigen wirkenden Ursachen des Richardsonschen Plans zu verbinden war; wenn sich die Begebenheiten, die nöthig waren, so bald der Leser jene Bemerkungen selbst machen sollte, nicht mit der Absicht des Dichters, uns nur Handlungen gewisser Art zu zeigen, zusammen paßten: — so kann ich nichts anders, als den Dichter beklagen, der sich die vergebliche Mühe genommen hat, Bemerkungen einzuweben, die unter den Begebenheiten verloren gehen, und, ohne daß man sie vermißt, weggeschnitten werden können. Aber ich begreife sehr gut, wie sie sich mit einem Plan vertragen könnten, in welchem man den, in allen Fällen anständigen, edlen Mann

schil-

schildern wollte. Doch das gehört nicht hierher! — Auch ist mein Vorsatz nicht, den Richardson geradezu zu tadeln. Ich habe dies Beyspiel nur gewählt, um den Vorzug, den die Handlung vor der Erzehlung hat, auch von dieser Seite, ins Licht zu setzen.

22.

Die Erregung unsrer Leidenschaften hängt so sehr davon ab, daß wir die vorzustellenden Gegenstände so lebhaft, so anschauend sehen, als möglich, daß ich hier, mit Recht, Gebrauch von einer Stelle aus dem Home machen zu können glaube. Er sagt (Ch. 22.) der Dialog schicke sich vorzüglich zum Ausdruck der Empfindungen. Man hat es versucht, indem man die Personen selbst schreiben läßt, den Roman so dramatisch zu machen, als möglich. Sollte es nun nicht erlaubt seyn, an Stellen, wo die Rede von Empfindungen ist, selbst in dem Roman, wo nur der Dichter spricht, eine Anwendung von dieser Bemerkung zu machen? Der Wahn wenigstens, daß man die verschiedenen Gattungen der Dichtkunst nicht mit einander vermischen müsse, und der wohl mit der Lehre, von den drey berühmten Einheiten einerley Urheber hat, sollte den Dichter nicht davon abhalten. Wenn der Dialog natürlich herbeygeführt würde; wenn die Personen sich so zusammen finden müßten, daß es nun nicht anders seyn könnte, wenn ihre ganze Situation diese, dem vollen Herzen so natürliche Ergießung erfoderte: so sehe ich nicht ab, was den Romanendichter abhalten sollte, zwey Liebende z. B. in Unterredung aufzuführen? Der Leser würde dadurch gleichsam in den Zuschauer verwandelt; und der Dialog, als ein nothwendiges Stück mit dem Ganzen verbunden seyn. — Das, was ich in verschiedenen angenehmen Schriften dieser Art, bis jetzt noch von solchem Dialog gefunden habe, ist nicht das, was ich mir davon vorstelle; aber doch beweist es die Möglichkeit der Sache. Man sieht übrigens schon, daß ich hier nur von der Einführung dieses Dialogs in erzehlenden Romanen rede. — In den andern findet er sich schon. Mit welchem Erfolg will ich hier nicht bestimmen.

Ich verlange übrigens lange nicht alles gesagt zu haben, was dazu beytragen kann, den Roman dramatischer zu machen, und unsre Empfindungen lebhafter zu erregen. Das Studium der Muster, und einiger bekannten Kunstrichter, als des Home u. a. m. mag das lehren, was ich nur habe anmerken, nur als ein Mittel, interessanter zu werden, empfehlen wollen. — Ohne diese Kunst wird

nie

nie der Dichter seinen Endzweck mit seinen Lesern erreichen, — sie nie bis zu dem Grade täuschen, als er es wünscht: er wird, mit einem Wort, nie für sie das seyn, was er seyn will — Dichter.

Hier wird es die Gelegenheit seyn, Etwas von der Erzehlung zu sagen, die der Dichter oft genöthigt ist machen zu lassen, um uns mit den, vor Eröffnung der Scene, ereigneten Begebenheiten bekannt zu machen. Hier sind gewöhnlich die Personen selbst die Erzehler. Zuvörderst müssen diese Personen in einer Situation seyn, daß diese Erzehlung für sie, das heißt, für ihre jetzige ganze innre und äußre Lage nothwendig sey. Es muß ihr Bedürfniß, und nicht das Bedürfniß des Dichters seyn, daß sie die vergangenen Begebenheiten erzehlen. Den Unterschied, der hieraus entsteht, kann man sehn, wenn man die Erzehlung Heinrich des Vierten [s]) in der Henriade, gegen die Erzehlung des Engels, im verlornen Paradiese [t]), oder gegen die Erzehlung des Agathon [u]) hält. Agathon ist in einer Gemüthsverfassung, wo es ihm, so zu sagen, nothwendig wurde, sich seiner Geschichte

s) Henriade Ch. 2.

t) Paradise lost Book V. seq.

u) Agathon, Sieb. Buch.

zu entledigen. Er konnte Danaen seine vorigen Begebenheiten nicht länger vorenthalten, wenn seine Situation ferner das Ansehn von Wahrheit und Natur haben sollte. Ermüdet, und zum Theil erschöpft, ist er in einer Art von Ruhestand, wo seine Ideen sehr natürlich auf sein voriges Leben zurück geführet wurden. Der Dichter hat alles gethan, was möglich ist, ihn aus einem Theil seines süßen Traums erwachen zu lassen, und an seine vorigen Tage zu erinnern Die paar Worte des Sophisten, — das Fest selbst, — der Traum von seiner Psyche. Und seine Müdigkeit (es war nicht bloß körperliche) öffnete diesen Ideen, so zu sagen, den Weg; oder vielmehr sie war nicht im Stande, sie im Herzen zurück zu halten. Er suchte Beruhigung und Erleichterung; sein Herz hatte sie nöthig; was ist natürlicher, als daß er es Danaen ausschüttet? Nur in der Erinnerung an sein vergangenes Leben, nur in der Erzehlung konnte er seine Beruhigung finden. — Nicht aus diesem Gesichtspunkte betrachtet, aber aus einem andern, ist die Erzehlung des Engels im Milton, eben so nothwendig. Nicht des Engels willen, aber Adams willen mußte sie geschehn. Der erste Mensch mußte von dem Vergangenen unterrichtet werden, wenn nicht sein Schutzgeist den Vorwurf verdienen sollte, daß er ihn sehr unvorbereitet, seinem bevorstehenden

den Schicksal überlassen. — Heinrich der vierte erzehlt, weil der Dichter eine Erzehlung nöthig hat; und von der Nothwendigkeit des Dichters allein wollen wir gar nichts wissen.

Nur wann die Erzehlung so erfolgt, wird dann auch der Leser glauben, daß er diese Erzehlung hören müsse; er wird glauben, dabey zu verlieren, wenn er sie nicht hört; er wird die Erzehlung wünschen. Und eine natürliche Folge hiervon wird es seyn, daß er sie mit vieler Theilnehmung hören wird.

23.

Ueber die äußere Einrichtung eines Romans weis ich dem Romanendichter sehr wenig zu sagen. Die Verschiedenheiten, die darinn statt finden können, sind gern seiner Willkühr überlassen. Ich habe mich zwar schon darüber erklärt; aber ich will es wiederhohlen! Der Dicher wähle seine Personen, aus welcher Classe er wolle; — er führe uns von der Wiege des Helden, bis zu seiner fertigen Ausbildung, wie Fielding; oder bringe einen Theil dieser Begebenheiten, wie Wieland, in Erzählung; — er zeige uns einen ganzen werdenden Menschen; oder nehme ihn, so zu sagen, bey einer gewissen Periode, in einem gewissen innern Zustande, auf, um ihn in einen andern zu bringen: ich glaube, daß er den Leser immer gleich angenehm unterhalten wird. Es sey ferne, den Dichter hierinn einschränken; oder all die verschiedenen äußern Gestalten des Romans für etwas anders ansehen zu wollen, als für — Kleinigkeiten. Eine Trauungs-Ceremonie mehr oder weniger macht die Sache nicht aus. Nur am Wesentlichsten lasse er es nie fehlen! Nur sey das Aeußere und das Innere seines Werks, aus allen Gesichtspunkten betrachtet, in der vortreflichsten Uebereinstimmung!

Die Nachtheile, die die Einkleidung der Geschichte in Briefe hat, ist bereits bemerkt worden. — Ich setze noch hinzu, daß ich, so ein dramatisches Ansehn sie auch immer haben mögen, in ihnen doch nur immer Erzählung höre, weil ich nur immer vergangene Begebenheiten hören kann. Und da die Personen selbst ihre Geschichtschreiber, selbst die Erzähler ihrer Vorfälle sind, so scheint es sehr schwer zu seyn, sie in einem Tone davon sprechen zu lassen, den sie uns nicht, als Prahler, als zu sehr beschäftigt mit Ihrem Selbst darstellt: ein Umstand, der allein einen Menschen unerträglich machen kann; wenn wir nämlich sonst nichts von ihm wissen. — Die Romane in Briefen, die wir haben, möchten schwerlich meine Meynung so ganz widerlegen. Geschwätz und Prahlerey legt man ihnen fast durchgängig zur Last. — Auch noch

aus

aus einem andern Gesichtspunkte läßt sich die Sache ansehen. Zugeschweigen daß die Illusion des Lesers sehr oft gestört wird, weil wir immer, mehr oder weniger, den Dichter durch seine Personen durchgucken sehen, findet sich in den mehrsten Briefen aller Romane ein Mangel von Wahrscheinlichkeit und Widerspruch, der meines Wissens, noch gar nicht bemerkt worden ist. Ein Brief fängt sich oft sehr ruhig an, und wird immer unruhiger, (ohne daß die Person ihre Stelle verändert habe) so daß wir am Ende eine Begebenheit erfahren, wodurch sie natürlich in ihren Kummer, in ihre Unruhe gestürzt worden ist: eine Situation, in welcher sie sich aber also schon befand, da sie anfieng zu schreiben, und nach welcher sie also ihren Brief, weil sie eben in voller Bewegung war, ganz unruhig, ihrem Zustande gemäß, hätte anfangen müssen. Ein Beyspiel aus dem Grandison wird dies klärer machen. Ich nehme den ersten, besten Brief. In heftigen Situationen sind sich die mehrsten hierinn gleich. Man sieht aus dem Ende des siebenten Briefes im vierten Theil, daß sich Henriette niedersetzte, diesen Brief zu schreiben (den sie in einem Zuge fortschreibt), nachdem Sir Grandison sie verlassen hatte, und sie, mit Augen roth von Weinen, und mit einem: es ist vorbey! es ist alles vorbey! aus der Gesellschaft ihrer

Freunde gegangen war, um eben diesen Brief anzufangen. Wie hätte nun der Brief, ihrer Situation zufolge, in welcher sie ihn anfieng, seyn müssen? Zwar eine Einleitung steht da, die es entschuldigen soll, daß sie an das kältere, vorhergehende zuerst denkt; aber, — ich überlasse die Entscheidung einem Jeden, — ob in solcher Situation, und bey einem empfindlichen Charakter, wie Henriettens, sie nur an diese kalte Einleitung einmal denken konnte? Auf die paar Worte: O Lucia! ich hab' eine solche Unterredung zu erzählen, — folgt ein Brief, als ob Henriettens Gemüthsfassung, in der sie, ihrer eigenen Beschreibung nach, sich befand, da sie den Brief anfieng — nichts weniger als die trübe, melancholische gewesen wäre, die sie, mit Wahrheit, nach einer solchen Unterhaltung mit dem Grandison, auch seyn mußte. In dieser Gemüthsfassung nun, mit der sie, ihrem eigenen Geständniß zu Folge, schon war; da sie anfieng, und in welcher sie also, am Ende des Briefs, der Natur der Leidenschaften zu Folge, nicht mehr seyn sollte, weil sie ihr Herz ausgeschüttet hatte, und ihr Kummer leichter geworden war, — in eben dieser Gemüthsfassung endigt sie nun den Brief, mit einer Ergebung in alles, mit einem: „ich weis, Sie werden mich bedauern,“ mit der sie geradesweges, nach Anlage des menschlichen Herzens, und

ihrer

ihrer Situation, und ihres empfindlichen Charakters, den Brief anfangen mußte x). —

Man sagt vom Richardson, daß er seine Personen so vortreflich charakteristisch habe schreiben lassen. Es mag seyn! aber gewiß selten nach denen Situationen, in welchen sie sich befanden, da sie anfiengen. Und wenn das charakteristisch heissen kann: so weis ich nicht, was es heißt. Wieder

x) Ich besinne mich, in einem Engländischen Schriftsteller (mich dünkt, im Addison) eine Bemerkung über den Ovid gelesen zu haben, die zu wahr ist, und zu gut sich auf das Obige anwenden läßt, als daß ich sie nicht herschreiben sollte. Es ist bekannt, und die Erfahrung kann Jeden davon überführen, daß ein großer Theil der Elegien, die der unglückliche Dichter aus seinem Verbannungsorte schrieb, sich weit rührender, weit mehr im Tone eines bekümmerten, wahrhaft klagenden Geistes anfangen, als sie sich enden, mit einem Wort, daß sie im Anfange mehr Elegie sind, als beym Ausgange. Dies schien der angeführte Schriftsteller mir sehr glücklich dadurch zu erklären, daß er annahm, der Dichter habe sich, mit einem wahrhaft bewegten Herzen, niedergesetzt; allein das Geschäft des Dichters selbst habe seinen Kummer zerstreut; er habe seine Leiden, über der Arbeit sie auszudrücken, vergessen; und so sey er natürlich in den, ihm eigenthümlichen Ton wieder zurück gefallen; er sey der bloß witzige Ovid wieder geworden, der er überhaupt war. — Das, was von seinem Leiden, von seinem Unglück zeugen sollte, wurde zum Mittel, ihn wieder aufzuheitern. — Man mache hiervon die Anwendung auf den angeführten Brief Henriettens und andre von der Art! In der Natur des menschlichen Herzens liegt nichts, das der vorigen Bemerkung widerspräche. Sie wird uns durch alles bestätigt.

der Dichter in diesen Fehler verfallen ist, begreife ich leicht. Wenn die Person nämlich den Brief in dem Tone angefangen hätte, in welchen ihre Gemüthsfassung, da sie sich zum Schreiben niedersetzte, gestimmt war: so würde der Leser natürlich nicht durch die verschiedenen Vorstellungen, durch die die Person hindurch gegangen ist, um in ihren letztern Gemüthszustand zu kommen, geführt werden können; er würde das letztere zu erst erfahren, die Wirkung ehe, als die Ursache gewahr werden müssen. Daraus würden, dem Ansehn nach, Lükken oder Sprünge im Werke entstehen. Und um dies zu vermeiden, hat denn wohl der Dichter die Person erst vor den Augen des Lesers das werden lassen, was sie schon war, da sie anfieng. Vergessen kann er dies unmöglich haben. — Ich will es zugeben, daß eine Person auf diese Art ihre Geschichte erzählen könne, wenn sie sich nicht im heftigsten Affekt niedersetzt: — wenn der Dichter sie nicht ehe anfangen läßt, als bis ihre aufgebrachten Leidenschaften ruhiger geworden sind; aber, zugeschweigen, daß es natürlicher ist, sie in jenem Zustande anheben zu lassen, weil dann das beunruhigte Herz vor allen Dingen Linderung und Erleichterung, und Entledigung seines Kummers sucht: so kann auch in jenem Fall, nie diese Unruhe wieder bis zu dem Grade steigen, in welchem sie, im Augen-

Augenblick der Handlung selbst, war. Und um diesen Zustand ist es doch dem Dichter vorzüglich zu thun. —

Es sey ferne von mir, dem Genie Gränzen vorzeichnen zu wollen! Es kann vielleicht auch diese Einkleidung der Geschichte in Briefen so behandeln, — ob ich es gleich nicht abzusehn vermag — daß der kaltblütigste Untersucher nicht Anlaß zum Tadel erhält. —

Wenn der Dichter selbst der Erzähler ist: so kann ich ihm, über den Ton, in dem er erzählen soll, und über die Schreibart, nichts sagen, als was er nicht in allen guten Kunstrichtern besser gesagt fände. Er hüte sich nur, daß er uns die Thaten und Begebenheiten seiner Kinder, in einem Tone erzähle, der ihn in den Verdacht der ekelhaftesten Schmeicheley bringen kann; denn keine Schmeicheley ist lächerlicher, als die der Vater seinem Kinde macht. Und wir würden dadurch nur an das Daseyn des Dichters selbst erinnert werden; und von ihm wollen wir selten gern etwas wissen. Wir haben es mit seinen Personen zu thun. — Das größte Lob, das er erhalten kann, ist, — daß wir ihn ganz über seinem Werke vergessen haben.

In Ansehung des Styls will ich Deutlichkeit zuerst, und dann Richtigkeit und Nachdruck empfehpfehlen. Wenn, nach der Sage der Kunstrichter und Journalisten, unsre besten Köpfe noch den Vorwurf verdienen, daß sie sich oft unrichtig, unbestimmt, oder gar affektirt ausdrücken: so wird der Romanendichter nicht mit Sorgfalt und Behutsamkeit genug zu Werke gehen können. — Die Vorzüge der Schreibart sind von so guter Wirkung, daß einige der Romanendichter der Lebhaftigkeit ihres Styls, — und vielleicht ihrem Witze, — einen großen Theil des Beyfalls zu danken haben, mit welchem ihre Werke aufgenommen worden sind. Diese Eigenschaften fühlt jeder Leser, der aber die höhern und wichtigern Schönheiten nicht einzusehn vermag.

Uebereinstimmung zwischen der Materie und der Schreibart ist eine höchst wichtige, höchst nothwendige Erfoderniß, aber es ist so viel schon darüber gesagt worden, daß ich nichts hinzusetzen darf, um den Werth der Sache zu zeigen.

Die Vorzüge des launichten Schriftstellers sind bekannt. Außer dem Reiz, den die launichte Erzählung gewährt, hat der Schriftsteller dieser Art vielleicht vorzüglich das Recht, vor seinen Personen hervorzutreten, und uns mit Bemerkungen und Aufklärungen über die Reihe der Begebenheiten zu unterhalten. Alltägliche Dinge aber werden

wir

wir freylich auch von ihm nicht hören wollen. — Den Mißbrauch der Laune aber, kann ich nicht genug widerrathen. Unter den Händen der Yörickschen Nachahmer hat die gute Laune zu so abentheurlichen Verdrehungen in Gedanken und im Styl Anlaß gegeben, daß sich nichts poßierlicher lesen läßt, als ein Theil unsrer Reiseschreiber. Und das, was die Yörickschen Reisen charakterisirt, Kenntniß des menschlichen Herzens, findet sich nun in ihnen so wenig, daß sie uns durch nichts, der seltsamen Sprünge wegen schadlos halten, die sie mit unsrer Einbildungskraft vorgenommen haben. — Auch an einzeln Stellen kann zu viel Laune unangenehme Wirkungen machen. Der weise Dichter des Agathon hat, in der neuen Auflage, das Gleichniß, das sich unten auf Seite 6. der ersten Ausgabe findet, weggeschnitten. Und eben so ist eine andre Stelle von der 169 Seite der ersten Ausgabe zurück gelassen worden; vielleicht weil beyde, für die Wichtigkeit der bezeichneten Sache, zu launicht waren. In heftigen, sehr rührenden Situationen kann Laune eben so unschicklich seyn. Vielleicht verträgt sie sich aber desto besser mit unwichtigen, gleichgültigen Begebenheiten und Personen, indem sie natürlich den weniger anziehenden Innhalt aufstutzt. —

Hier

Hier endige ich diesen Versuch. Dies Wort selbst wird es erklären, was die ganze Schrift seyn soll. Ich habe nicht etwann den Gesetzgeber machen wollen; nur meine Meynung hab ich, frey sagen zu dürfen, geglaubt, — und um desto ehe, da weder beym Lobe, noch beym Tadel, eine andre Absicht gewesen ist, als diese. Nicht um des Dichters, sondern um mein selbst willen, hab' ich das Gute gelobt. Ich gesteh' es, daß ich zu stolz bin, um schmeicheln zu können; aber eben so gewiß bin ich es auch, um aus niedrigen Absichten, tadeln zu wollen!

E N D E.

Verbesserungen.

Seite 7. Linie 9. lies, statt vermittelten, — verwickelten.

Seite 22. Linie 7. lies, statt neuern, — Neuern.

Seite 87. Linie 2. lies, statt die Henrietten so reden machen, — die aus Henrietten auf diese Art rede. Das erste würde ein Gallicismus seyn.

Inhaltsübersicht zum »Versuch«

Dem Text entnommene Formulierungen erscheinen kursiv

Vorbericht III–XX

I. Von dem Anziehenden einiger Gegenstände

1. 3–24

Zu Gattung und Natur des Romans – Die milesischen Fabeln und andere ältere Formen des Romans – Bestimmung der *Idee eines Romans* aus seiner historischen Unterscheidung vom Epos – Größe und Umfang der Gegenstände – Epos: *Thaten des Bürgers,* Roman: *Handlungen und Empfindungen des Menschen* – Ablehnung der epischen *Schreibart* und des Wunderbaren für den Roman

2. 24–30

Studium des Menschen zur Wahl anziehender Gegenstände – Geringere Illusionskraft des Romans gegenüber dem Theater – Fähigkeit des Romans zur Schilderung aller Gegenstände – Vorrang des Menschen und des *Werdens* seiner Leidenschaften für die Darstellung

3. 30–42

Höchste Anziehungskraft aller Gegenstände, die das Streben nach *Vollkommenheit* fördern – Besonderer Wert der Gegenstände, die das *Gefühl des Erhabenen* wecken – Die Erhabenheit des Unermeßlichen – Herleitung des Erhabenen aus Tugenden und aus *heftigen Leidenschaften* – Rechtmäßige und unrechtmäßige Erhabenheit (Home, Burke)

4. 42–58

Tugendhaftes Handeln folgt aus der jeweiligen Bestimmung des Menschen. Historische Wandlung dieser Bestimmung – *Erhabene Tugend:* Höchstmaß an empfundener und bezwungener Leidenschaft – Der wahrhaft nach Tugend Ringende ist vom *ganz vollkommenen Charakter* zu unterscheiden (Shaftesbury) – Der Roman bewegt durch Darstellung der inneren Bewegtheit der Personen

5. 59–61

Natürlichkeit und Individualität auch des *wahrhaft Tugendhaften* – Vorrang der Empfindungen vor den Begebenheiten (Garve)

6. 62–68
Tugend und *Verstand* – Erhabene Tugend handelt aus selbsterkannten Grundsätzen – Auch den Tugendhaften schränken Erziehung und Umwelt ein – Überladenheit des *vollkommenen Charakters* – Möglichkeit individueller Vollkommenheit des Menschen; der Roman stellt sie in ihrem Werden dar

7. 69–78
Unterschiedliche Begriffe von Vollkommenheit *nach Maßgabe der Zeiten* und der Völker – Eigentümlichkeit der Charaktere im Drama und im Roman

8. 79–87
Erhabene Tugend des *großen Verstandes* und des *großen Geistes* – Natürlich-psychologische Motivation der erhabenen Gesinnungen

9. 87–100
Gefühl des Erhabenen: Bewunderung und Mitleid – Ästhetisches Vergnügen an *Furcht und Schrecken* der handelnden Personen – Der innere Ausdruck der Leidenschaften übertrifft an Erhabenheit bloße Taten und deren Schilderung – Monolog und Dialog sind natürliche Mittel des Romandichters zu dramatischer Wirkung

10. 100–105
Leidenschaften, die das Gefühl des Erhabenen wecken: *Furcht und Schrecken* (Macbeth)

11. 105–148
Zorn und Raserei: Ihre innerlich notwendige und zugleich rührende Darstellung in King Lear – Vorzüge eines empfindend-leidenden Helden

12. 148–168
Verzweiflung und Gewissensnot (Macbeth) – Vorbildlichkeit Shakespeares; Bedeutung des Mitleids auch für den Roman – Leiden der Personen um ihrer Vervollkommnung willen

13. 168–174
Erhabene Freundschaft als vorzüglicher Gegenstand des Romans

14. 174–177
Darstellungswert der *sanften Tugenden und Leidenschaften*

15. 177–186
Darstellungsfähigkeit der *Liebe* – Ihre Bedeutung für die Gesamtheit des geschilderten Charakters muß anschaulich werden

16. 187–200
Natürliche Laune (Humor) – Nutzen des humoristischen Stils für die Ausbildung des Geschmacks und der Sitten in Deutschland – Der humoristische Charakter soll zugleich sonderbar und achtenswert sein. Humor *durch den Kopf* (Eigentümlichkeit der Denkungsart) – Humor *durch das Herz* (Eigentümlichkeit der Empfindungen) – Vorzüge des *launigten Charakters* (Garve)

17. 200–206
Wert des Lachens – Auch lächerliche Gegenstände müssen in ihrer inneren Notwendigkeit dargestellt werden

18. 206–240
Die eigentümlichen Lebensbedingungen der Charaktere – Vorzug genauer Kenntnis der deutschen Sitten – Bedeutung charakterisierender kleiner Züge für die Kennzeichnung von Stand und Sitten, zur *Ründung* eines individuellen Charakters (Emilia Galotti) – Forderung des nationalen Romans

19. 241–244
Die Beschreibung von Naturgegenständen im Roman – Beschreibung und Handlung (Lessing)

II. Von der Anordnung und Ausbildung der Theile und dem Ganzen eines Romans

1. 247–257
Vorrang von *Gestalt und Anordnung* vor der *bloßen Erfindung* der Gegenstände – Aufgabe der Dichter, *durch das Vergnügen zu unterrichten* (: die Vervollkommnung des Menschen durch Förderung des Denkens, Vorstellens und Empfindens) – Ablehnung unmittelbarer Lehre – Historischer Roman: *Vollendung einer Begebenheit,* Charakter-Roman: *Vollendung eines Charakters*

2. 257–288
Gegenstand des Romans: *Mögliche Menschen der wirklichen Welt* – Umfassende Darstellung des *Wie* statt bloßer *Erzählung der äußeren Begebenheit:* Entwicklung der Geschichte aus der inneren Verfassung der Individuen – *An-*

schauender Zusammenhang von Wirkung und Ursache – Unzulänglichkeit des Briefromans: Mangelnde Einsicht der Personen in die Motivation ihrer Handlungen – Keine Eingrenzung des Genies

3. 288–304
Vergnügen: Bewegung des Denkens durch vollkommen ineinander gegründete Vorstellungen – *Unterricht:* Vermittlung ethischer Urteilskraft durch Einsicht in die menschliche Natur, in das Werden der Ereignisse – *Fertige* Zustände in der Tragödie – Unzulänglichkeit einer *bloßen historischen Darbietung* der Gegenstände

4. 305–310
Charakter-Roman: Vorzüglich Schilderung des inneren Zustandes der Personen – Abkehr von bloßer Abenteuerverkettung – Verminderung der Begebenheiten – Glaubwürdigkeit durch Individualisierung

5. 310–324
Der Roman ahmt den vernünftigen, unendlichen Zusammenhang der Schöpfung nach, bietet jedoch eine *anschauliche* Verbindung der Teile zum *Ganzen* – Notwendiger Beitrag jeder Begebenheit zur *Formung eines Charakters* im Roman – Vergleich mit der *Bildung* des Menschen durch jede *Begebenheit in der Natur*

6. 324–336
Begebenheiten und Nebenpersonen dienen der Ausformung *eines* Charakters: Nur ein Hauptheld im Interesse der Geschlossenheit des Romans – Innere Notwendigkeit der Episoden. Rechtfertigung ihrer Vielfalt in der umfänglichen Handlung des Romans

7. 336–355
Ablehnung des historischen Romans – Notwendigkeit statt *Wahrscheinlichkeit* – Sachgebotene Wahl der Begebenheiten und innere Folgerichtigkeit der Handlung – Willkür des *Witzes*

8. 355–375
Maßgebender Wert des *inneren* Menschen – Bloße Befriedigung der Neugier – Urteilendes Mitempfinden der inneren Handlung – Vergnügen und moralische Belehrung nur durch das anschauliche *Wie,* durch Individuation der Charaktere – Im Vortrag unmittelbarer Lehre ist der historische Roman der Aesopischen Fabel unterlegen

9. 375–381
Das *armselige* Vergnügen der Überraschung beim historischen Roman – Der Romandichter: *Schöpfer und Geschichtsschreiber seiner Personen zugleich* – Wahre Vereinigung von *Unterricht* und *Vergnügen* durch die Nachahmung der *werdenden Natur*

10. 381–392
Die *innere Einrichtung* des Romans bringt das Wesen des Dargestellten zur Anschauung – Wahlfreiheit des Dichters nur in der *äußeren Gestalt und Form* – Keine Ständeklausel – Selbsterkenntnis durch getreue Darstellung nationaler Eigentümlichkeiten – Drama: fertige Charaktere, Roman: *innere Geschichte eines Charakters*

11. 392–402
Die innere Geschichte, nicht der Tod des Helden, bestimmt den Abschluß des Romans – Vollkommene individuelle Ausbildung des Charakters am Ende der Geschichte

12. 402–418
Unterrichtende Abschnitte des Romans: Verbindung jeder Belehrung mit dem *Ganzen* des Romans und der jeweiligen Situation des Helden – Einschränkung des *buchstäblichen Unterrichts*

13. 419–426
Auf Empfindung zielende Abschnitte des Romans: Wechsel empfindungsreicher und ruhiger Partien – Erregung der Leidenschaften im Leser nur im Hinblick auf seine Vervollkommnung *im wirklichen Leben*

14. 427–434
Steigerung der Teilnahme des Lesers bei möglicher Identifikation mit den Empfindungen der Personen und bei Übereinstimmung ihrer Taten mit ihrer inneren Verfassung – Vorzug der *geselligen Leidenschaften;* ihr ethischer Wert und ihre ästhetische Anziehungskraft gründen in der Natur der Schöpfung – Wert der *vermischten Leidenschaften*

15. 434–448
Der Dichter *bildet* die Empfindungen des Lesers. Moralische Wirkung *wahrer* Charaktere – Verführung durch übernatürlich-vollkommene und *romantische* Charaktere

16. 448–461
Über die Versammlung *unvereinbarer Eigenschaften* in einer Person – Forderung nach menschlich bemessener und individueller Vollkommenheit des Helden

17. 461–479
Unwahrheit des absolut bösen Charakters – Warnung vor der Einführung von Charakteren, deren Verbrechen *mit einer gewissen Größe der Seele verbunden sind* (Lessing) – Der Wahrheit entsprechende Unterordnung der Leidenschaften unter *Vernunft und Gewissen* (Home) – Nur funktionaler *(beziehentlicher)* Gebrauch kostbarer Requisiten

18. 479–488
Gefahr *platonisierender* und romantischer Darstellung der Liebe – Der Lehrzweck *wahrer* und natürlicher Liebesdarstellung

19. 488–492
Wahrheit und Notwendigkeit im Roman: Einheit der dargestellten Reden und Taten mit den Charakteren der Personen

20. 493–509
Über die eindrücklichsten Darstellungsmittel: Notwendigkeit *idealer Gegenwart* des Dargestellten (Home) – Verwandlung bloßer Erzählung in *bildliche* Handlung – Dramatische Anschaulichkeit (Home) – Bestimmter, *individueller Ausdruck der Sache* ohne verdunkelnde Bildlichkeit – *Eigentümliche* Vorzüge des deutschen Sprachstils

21. 509–515
Kein vorgreifender Erzähler-Kommentar – Die bildliche Handlung erwirkt Teilnahme und Urteil des Lesers

22. 515–519
Ablehnung strenger Gattungsgrenzen zwischen Drama und Roman. – Erlaubnis des *natürlich* motivierten Dialogs – Der Ereignisbericht einer Romanperson am Beginn einer Szene

23. 519–528
Freiheit in der *äußeren Einrichtung* des Romans – Der *Briefroman* gestattet nur die Wiedergabe vergangener Handlungen; Distanz zur Bewegtheit der Empfindungen und Ereignisse – Möglichkeit zur Überwindung dieser Mängel durch das *Genie* – Übereinstimmung von *Materie* und *Schreibart* – Die Zwischenrede des humoristischen Schriftstellers.

Autorenregister zum »Versuch«

Namen antiker Autoren in der Schreibweise Blanckenburgs. Eingeklammerte Buchstaben zeigen an, daß die betreffende Anmerkung auf der vorhergehenden Seite beginnt.

* Es handelt sich nicht, wie bisher angenommen, um John Dennis' »Essay on the Genius and Writings of Shakespeare«.

* »Theorie der moralischen Empfindungen« ist der Titel der 1770 in Braunschweig erschienenen deutschen Übersetzung von Chr. G. Rautenberg.

NACHWORT

VON

EBERHARD LÄMMERT

„... ich werde nicht ruhig seyn, bis wir einen guten Roman haben ...“

Herr Selten in »Sophiens Reise«, XII. Brief.

Mit der bescheidenen Absicht, eine Anleitung für „junge, angehende Romandichter“ vorzulegen, ließ der kgl. preußische Premierlieutenant Christian Friedrich von Blanckenburg zur Ostermesse 1774 seinen »Versuch über den Roman« erscheinen, wenige Monate nur vor Goethes »Werther«.

Schon der Vorbericht weist den Verfasser, der mit einem lakonischen „B.“ zeichnet, gleichermaßen aus als wägenden Kenner zeitgenössischer Romanliteratur wie als eigenständigen Dilettanten gegenüber der langen Reihe zünftiger Lehrmeister und Kunstrichter im Bereich der schönen Wissenschaften. Den Wagemut, sich für den ersten „Grübler“ zu halten, der dieser so verbreiteten wie geringgeachteten „Gattung von Schriften“ theoretische Überlegungen widmet, kann er nur deshalb aufbringen, weil er sich von der Orientierung in herkömmlichen Traktaten zur Dicht- und Redekunst offenbar wenig oder nichts versprach. So finden sich über Gottsched und Bodmer nur ganz beiläufige und fast burschikose Bemerkungen, der Name Breitingers fehlt ganz, und selbst der derzeit vieldiskutierte Batteux erscheint nur einmal in einer lockeren Aufzählung. Huets berühmten Traktat und auch seine alsbald erfolgte Übersetzung von Happel hat er nicht zur Kenntnis nehmen können; aber er verschmäht ebenso die Auseinandersetzung mit der beachtlichen Reihe von Discoursen und Dialogen über die Romane, die seit Beginn des Jahrhunderts vorliegen, wie die Bezugnahme auf jene ästhetischen Lehrbücher, in denen die „milesischen Fabeln, Ritterbücher und Romane“ sich seit der Jahrhundertmitte – nicht nur bei Gottsched – besondere Paragraphen erobert hatten.

Die Folgen solcher Abstinenz sind in seiner Schrift allenthalben bemerkbar. Die „kleine Einleitung“, in der er über die Herkunft der Gattung berichtet, bleibt beträchtlich hinter dem zeitgenössischen Stand der Kenntnisse zurück und bedeutet angesichts des Umfangs, den solche Erörterungen in den älteren Poetiken einnehmen, nicht mehr als die eilige und karge Erledigung einer traditionellen Pflicht. Dort hingegen, wo er in eigener Sache argumentiert, verleitet ein Mangel an geschulter Begrifflichkeit des Denkens und terminologischer Prägnanz ihn häufig genug zu Weitschweifigkeit und ermüdender Wiederholung.

Bemerkenswerter sind jedoch die Vorteile, die sein »Versuch« aus der Abstandnahme von der schulgerechten Erörterung seines Gegenstandes zieht. Sie entlastet ihn nämlich zugleich von der Fortführung oder Wiederaufnahme leidiger Prinzipiendiskussionen, die nicht zum wenigsten für das Schattendasein jener irregulären „Gattung von Schriften" gegenüber den etablierten literarischen Gattungen mitverantwortlich waren. Der Streit um die Berechtigung des „Wunderbaren" in der Poesie, der sich vor allem an den erzählenden Gattungen entzündet hatte, galt zwar schon seit geraumer Zeit als entschieden; aber an dem Verdikt, daß der Roman wegen seiner willkürlich erdichteten Abenteuerhandlung dem Epos prinzipiell unterlegen sei, hatten auch einsichtigere Beurteiler wie Johann Adolf Schlegel kaum etwas ändern können. In ihrem knappen Artikel ›Romanhaft‹ bewahrt Sulzers »Allgemeine Theorie der Schönen Künste« noch im Erscheinungsjahr des »Versuchs« diese Auffassung. Ebenso mühsam und wenig erfolgversprechend wäre es für Blanckenburg gewesen, die Auseinandersetzung über den Rangunterschied zwischen den prosaischen und poetischen Dichtarten aufzugreifen – diese Unterscheidung vermochte die Hochschätzung des Epos gegenüber dem Roman noch für geraume Zeit zu festigen. Schillers Reaktion auf Goethes »Hermann und Dorothea« nach dem ausgiebigen Briefwechsel über »Wilhelm Meisters Lehrjahre« ist dafür nur *ein* Zeugnis; selbst nach der jähen Emanzipation des Romans um 1800 deuten Schellings und späterhin auch Hegels Ästhetik noch mit ihrer Wertschätzung des Epos die traditionelle Gewichtsverteilung an. Im engeren Bereich der Romantheorie schließlich hatte sich aus der traditionellen Polemik gegen die Vorherrschaft abenteuerlicher Liebeshandlungen – lange genug war der Begriff Roman mit der erdichteten Liebesgeschichte nahezu ineinsgesetzt worden – die kompliziertere Kontroverse entwickelt, wie die Forderung nach „wahrer" Historie mit der Freizügigkeit erfundener Handlung zu vereinen sei. Im Jahr vor dem Erscheinen des »Versuchs« bezeugt die Abhandlung »Über das Historische im Agathon«, mit der Wieland die Zweitauflage rechtfertigend einleitete, die Aktualität dieser Kontroverse.

Alle diese Leitthemen der gelehrten Erörterung hinterlassen zwar ihre Spuren im »Versuch« und werden dort tatsächlich zu gutem Teil zeitgemäß oder gar zukunftweisend, aber doch nur unter der Hand und gewissermaßen unabsichtlich mitbehandelt; jedenfalls lenken sie den Autor nicht von seiner eigenen, resoluten Fragestellung ab, die den Impetus des ganzen Unternehmens ausmacht: Wie man „dem größten Teil des menschlichen Geschlechts", der in zunehmendem Maße Romane liest, *gute*, den Geschmack und damit Sitten und Erkenntnis fördernde, mit einem Wort, *bildende* Romane schaffen könne. Seine „Theorie für die Romane" hat also ein durchaus praktisches Ziel, das auch der heutige Beurteiler, der es vorzieht, anhand des Textes poetologische oder erkenntnistheoretische Einzelfragen zu diskutieren, nicht aus den Augen verlieren darf.

Dies abwägend, wird man schließlich die Lektüre, durch die der junge Autor sich selbst zu diesem Unternehmen gerüstet hat, auch nach einiger Prüfung nicht für die schlechteste halten: Er studiert vor allem andern mit Eifer und Sorgfalt die *besten Romane* seiner Zeit. Und hier erweist sich der Dilettant als Kenner von einigen Graden: Die wenigen Musterromane, an die er sich hält – »Agathon«, »Tom Jones« und die Romane Sternes – haben ihren die Zeitgenossen überdauernden Rang im Laufe zweier Jahrhunderte erwiesen, und es paßt ins Bild, daß Blanckenburg wenig später fähig sein wird, Goethes »Werther« eine Rezension zu widmen, die an Beobachtungsschärfe und Urteilssicherheit die meisten zeitgenössischen Äußerungen beträchtlich überragt. Nicht weniger geschmackssicher ist seine Exempelwahl unter den Dramen Shakespeares und Lessings, denen er aus noch zu prüfenden Gründen wichtige Regeln für die Romankunst abgewinnen möchte. Erstrangige Romane und Dramen also – und unter ihnen »Agathon« vor allen anderen – sind die entscheidenden Anreger für die selbständigen Gedankengänge und die praktischen Ratschläge des »Versuchs«.

Seinen Widerpart wählt er gleichfalls mit Bedacht. Er hält sich nicht lange bei der im Vorbericht glossierten Flut mittelmäßiger Abenteuer- und Liebesromane auf, zu deren Bekämpfung sich seit Gotthard Heideggers »Mythoscopia Romantica« bereits eine regelrechte, sitten- und geschmacksrichterliche Topologie entwickelt hatte; vielmehr wendet er seine Kritik auf den berühmtesten, meistgelesenen und meistnachgeahmten Autor anspruchsvoller Romane, auf Richardson. Auch darin freilich bleibt er im Bunde mit Fielding und Wieland. Doch bringt Richardson ihn in dem ihm wichtigsten Punkte auf seinen eigenen Weg: Vornehmlich in Abhebung von dessen moraldidaktisch konzipierten Charaktermodellen entwickelt

Blanckenburg seine Ansichten von der Bestimmung des Romans, den inneren Werdegang „wirklicher Menschen“ naturwahr und umstandsgetreu darzustellen. Die Kunst einer pragmatischen und situationsgerechten Charakteranalyse sieht er vor allem bei Sterne vorbildlich entwickelt.

Während seine sonstige Inanspruchnahme westeuropäischer Erzählliteratur immerhin den interessierten Leser verrät, reicht seine Beschäftigung mit deutschen Autoren über Wieland kaum hinaus. Lediglich dem Verfasser von »Sophiens Reise« widmet er aus persönlichen Gründen wohlwollend kritische Aufmerksamkeit. Dagegen geraten selbst die Kronzeugen älterer deutscher Romankunst, die bis zur Jahrhundertmitte der Romankritik die Maßstäbe setzen – die »Aramena« Anton Ulrichs von Braunschweig und Lohensteins »Arminius« –, nicht einmal mehr in seinen Blick; Ziglers »Banise« macht nur scheinbar eine Ausnahme – bei Gelegenheit eines Kästner-Zitats. Gleiche Nichtachtung erfahren die »Insel Felsenburg« und sogar die »Schwedische Gräfin«.

Solche Horizontverlagerung ist nicht weniger bemerkenswert als die bedenkenlose Entfernung von der Ästhetik der Leipziger und der Schweizer. Sie ermutigt den jungen Kritiker nicht allein, sie nötigt ihn geradezu, seine Maßstäbe an den in der Romankunst beträchtlich weiter fortgeschrittenen westeuropäischen Literaturen zu bilden, und hier wiederum fesseln ihn – das gehört in den siebziger Jahren zur Konvention derer, die auf sich halten – vor allem die Landsleute Shakespeares.

Das Bild wiederholt sich, wenn man die nicht sehr zahlreichen ästhetischen Schriften mustert, aus denen er sein Rüstzeug bezieht. Er zeigt sich unterrichtet in Lessings und Mendelssohns Schriften, und er ist ein aufmerksamer Leser literaturkritischer Organe, vor allem der ›Neuen Bibliothek‹ seines Freundes Christian Felix Weiße. Dort lernt er in Einzelfolgen Garves »Gedanken über das Intereßirende« kennen, die er ebenso unbedenklich ausschreibt, um eigene Gedanken fortzusetzen[1], wie er seinem Hauptgewährsmann Home die Gedankenführung in schwierigeren ästhetischen Erörterungen überläßt. Daß er seinen Blick auch im Bereich ästhetischer Theorie vorab auf einige zu seiner Zeit besonders geschätzte Engländer und Franzosen richtet, ist weniger die Frucht eige-

[1] S. 189f. und 196f. zerlegt Blanckenburg beispielsweise eine Garve-Stelle zu bequemerem Gebrauch in verschiedene Zitate mit neugewählter Reihenfolge, um sich von der eigenen Definition der „Laune“ und des „launigten Charakters“ zu entlasten.

ner systematischer Umsicht als einer verständigen Beobachtung der öffentlichen Diskussion und des Büchermarktes. Bei näherem Zusehen erweist sich, daß es vielfach eben erschienene oder neuaufgelegte Übersetzungen sind, die seine Aufmerksamkeit auf sich ziehen oder daß, wie im Falle Shaftesburys, sein Weg über die Lektüre seiner deutschen Anreger, vor allem über Mendelssohn, führt; Lessings Übersetzung macht ihn mit Diderots »Discours sur la poésie dramatique« und dessen »Père de famille« bekannt. Wenn er einen entlegeneren Autor behandelt, so geht man selten fehl, wenn man den Hinweis zu solcher Behandlung bei seinem unmittelbaren Gewährsmann sucht.

Wir haben im Autorenregister die Nachweise in größerem Umfang nach Werken aufgeschlüsselt, um die punktuelle Art seiner Orientierung auch bei den wiederholt beigezogenen Autoren kenntlich zu machen. Bei Home und bei Burke, den beiden Kronzeugen für seine breiten Erörterungen über das „Erhabene“, beschränkt sich seine Kenntnis jeweils auf das einschlägige Hauptwerk. Homes »Elements« zitiert er meist nach der verbreiteten Verdeutschung Meinhards, Burke gar – und daraus erklärt sich die hartnäckige Verschreibung seines Namens – kennt er nur aus der gerade erschienenen Übersetzung[2].

Die Verwendung von Garves Burke-Übersetzung ist für uns noch aus besonderem Grunde interessant. Sie erlaubt, die Entstehungszeit des »Versuch«-Manuskripts näher zu bestimmen. Da Blanckenburg über das *erste Drittel* des Werkes hin aufgrund dieser Lektüre die Thesen Homes, dem er im übrigen nähersteht, mehrfach korrigiert und von Burke die Lehre von der doppelten Herleitung des Erhabenen übernimmt[3], dürften der größte Teil, wenn nicht die ganze Niederschrift des Manu-

---

[2] »Burkes, [!] Philosophische Untersuchungen über den Ursprung unsrer Begriffe vom Erhabnen und Schönen. Nach der fünften Englischen Ausgabe. Riga, bey Johann Friedrich Hartknoch, 1773.« – Entgegen gelegentlichen Datierungen der Ausgabe auf 1772, die auf die vorzeitige Ankündigung in den Verzeichnissen der Frankfurter und Leipziger Ostermesse 1772 zurückgehen, wurde diese von Garve besorgte Übersetzung erst 1773 fertiggestellt, wie Heinsius und Kayser richtig angeben. Dies bezeugt eine Nachricht des Verlegers Hartknoch an Herder vom 24. 1. 1773; vgl. »Von und an Herder. Ungedruckte Briefe aus Herders Nachlaß«, hrsg. von H. Düntzer u. F. G. Herder. Leipzig: Dyk 1861, Bd 2, S. 39f.

[3] vgl. die im Autorenregister angegebenen Stellen.

skripts und sein Druck innerhalb eines Jahres anzusetzen sein.

Gestützt wird diese Eingrenzung durch Blanckenburgs frühen Hinweis darauf, daß die neue Ausgabe des Agathon „unlängst erschienen", aber noch nicht in seinem Besitz sei[4]. Diese neue Ausgabe, die zur Ostermesse 1773 vorlag, gelangt dann, wie die vorletzte Seite des Buches bezeugt, während der Niederschrift in seine Hand. Bei der Bewunderung, die Blanckenburg dem »Agathon« zollte, ist es durchaus denkbar, daß die Nachricht von dieser neuen Ausgabe und die Hoffnung, daß dem Werk nun eine größere öffentliche Aufmerksamkeit zuteil werde, einen entscheidenden Anstoß zur Abfassung des »Versuchs« gegeben hat[5].

Zieht man hinzu, daß die säumige und nicht in allen Punkten korrekte Drucklegung des Werkes – „die ich der Langsamkeit des H. Breitkopfs schuldig bin"[6] – den Unmut des Verfassers herausforderte, so engt sich die Abfassungszeit auf eine Reihe von Monaten ein, in denen ein gewissenhaft absolvierter preußischer Militärdienst obendrein seine Rechte forderte[7].

Unter solchen Verhältnissen nimmt sich die Beschäftigung, die sich der junge Offizier in seinen „müßigen Nebenstunden" zumaß, achtbar genug aus, und man wird in der wenig später gegebenen Selbstcharakteristik seiner schriftstellerischen Tätigkeit eher einen Anflug standesbewußten understatements als eine Geste der Entschuldigung wahrnehmen. Bald nach der Fertigstellung des »Versuchs« schreibt er an Karl Konrad Streit, den Herausgeber des »Alphabetischen Verzeichnisses

---

[4] »Versuch«, S. 10, Anm. c. – Die vielbenutzte Meinhardsche Übersetzung von HOME »Grundsätze der Critik« war in revidierter Auflage, besorgt von Engel und Garve, 1772 erschienen. Deshalb merkt Blanckenburg S. 394 eigens an, daß er noch der Erstauflage von 1763 folgt. – Die deutsche Übersetzung des auf S. 198 englisch zitierten »Spiritual Don Quixote« von Richard Graves erschien ebenfalls 1773.

[5] Damit erhielte FRIEDRICH SENGLES treffendes Urteil (s. Literaturhinweise, S. 199f.), daß ohne das Beispiel des »Agathon« „Blankenburgs Buch in Deutschland kaum möglich gewesen" wäre, noch eine äußere Pointe.

[6] Blanckenburg in einem Brief an Friedrich Nicolai vom 20.IV.1774. Der Brief befindet sich im Nicolai-Nachlaß, den derzeit das Tübinger Depot der Berliner Staatsbibliothek aufbewahrt.

[7] vgl. dazu »Einige Nachrichten von dem Leben des Hrn. von Blankenburg...« in: Neue Bibl. d. sch. Wiss., Bd 59, 1797, 2. St., bes. S. 305; Verfasser ist Chr. F. Weiße.

aller im Jahr 1774 in Schlesien lebender Schriftsteller«[8]: „Ich pfuschere... so ein bisgen ins Handwerk, wie der Bauernadvocat ins Handwerk des Rechtsgelehrten; höchstens bin ich Dilettante... Der Zuschnitt zum Gelehrten ist bey mir nie gemacht worden; was ich bin, bin ich so von Ungefehr, durch mich selbst geworden."

Die vorwiegende Orientierung an Werken, die ein breiteres als das bloße Fachinteresse beanspruchen konnten; die unbekümmerte Zuhilfenahme von Autoritäten, unter denen der urteilssichere Beobachter allerdings gut zu wählen verstand; sein Verzicht auf kanonische Leitthemen und Argumentationsweisen und sein waches Interesse für Neuerscheinungen; schließlich seine Angewiesenheit auf die eigene, wenngleich beneidenswert gut ausgerüstete Bibliothek – das alles charakterisiert den noblen Liebhaber, der es sich leisten konnte, für ein Stiefkind der Literatur in öffentlichem Interesse einen Gang zu wagen.

Derselbe Autor jedoch, der Übersetzungen zitiert, wo es ihm gutdünkt, hat die Originale zur Hand, um kritische Stellen zu überprüfen, und er ist selbstverständlich in den alten und neuen Sprachen so zu Hause, daß er, wie im Falle Shaftesburys, wichtige Stellen in eigener Übersetzung dem Zitat beifügen kann, oder, wie im Falle des Longin, auf den Home ihn lenkt, die Beiziehung weiterer Stellen mit einer kleinen Attacke in der Homerphilologie zu verbinden weiß. Auch Diderots Thesen vermag er – über Lessings Hilfestellung hinaus – nach eigenem Umblick so weit einzuschränken, wie es für seine Zwecke vorteilhaft ist. Überall dort also, wo ihm der Gegenstand wichtig ist, greift er gründlich nach und beweist dann eine Belesenheit, wie er sie in der karg bemessenen Zeit der Niederschrift nicht erst hätte erwerben können.

Schließlich muß man auch seine bereitwillige Weitergabe von Lesefrüchten und das bemerkenswerte Insistieren auf wenigen Hauptgedanken mit den praktischen Zwecken, die der »Versuch« verfolgt, in Verbindung bringen. Nicht eine umfassende Ästhetik zu geben, maßt sich der Autor an. Vielmehr liegt ihm daran, eine größere Zahl künftiger Romandichter zum Wohle einer breiten Leserschaft mit den Maximen und den Fertigkeiten auszurüsten, die in anderen achtbaren Sparten der literarischen Künste und in wenigen vorbildlichen Romanen schon geübt werden. Steht er in der allgemeinen Erörterung

[8] Breslau 1776, S. 21f.

der Empfindungs- oder der Nachahmungstheorie ganz im Schatten seiner Gewährsleute, so liegt in der Versammlung solcher anderwärts entwickelten Kunstregeln und ihrer spezifischen Anwendung auf die Romantheorie seine Selbständigkeit.

Sein Ziel, von dessen Erreichbarkeit ihn der »Agathon« überzeugt hat, ist es, den Roman in Deutschland zu einem schätzbaren Erziehungs- und Bildungsinstrument zu erheben. Wer anschaulich unterwiesen wird, so argumentiert er, der lernt mit Vergnügen; und die Lektüre guter Romane ist die unterhaltendste Form, Verstand und Empfindungskraft zu bilden. Für solche guten Romane stellt er, „ohne dem Genie Gränzen vorzuzeichnen", als geschmackssicherer Leser und nachdenklicher Beobachter des literarischen Lebens eine Reihe von Hinweisen zusammen, nach denen sich insgesamt, unter gehöriger Rücksicht auf die Verstandes- und Seelenkräfte, die der Formung vor anderen wert sind, der Roman zu einem Organon der Charakterbildung entwickeln ließe.

Gewiß spricht aus solcher Zielsetzung ein noch ungebrochener, aufklärerischer Erziehungsoptimismus. Aber auf eine höchst sublime Weise sind auch Goethe und mindestens die Älteren unter den Romantikern noch dieser Spur gefolgt. Mitte der siebziger Jahre bedurfte es jedenfalls, wie sehr immer die Konventionen der Gattungspoetik sich gelockert hatten, noch einiger Unerschrockenheit, die Dramenkunst Shakespeares und Lessings oder die ästhetischen Grundsätze Shaftesburys und Homes zu bemühen, um Kompositionsregeln für die Romane aufzustellen. Ein unprätentiöses Selbstbewußtsein und nicht zuletzt die Unabhängigkeit seines Standes konnten den kunstliebenden Offizier dazu ermuntern, dies in raschem Zugriff und in der Form eines *Essays* zu tun, eines „Büchelchens", das ihm freilich unter der Hand „nur zu stark"[9] geriet.

Eine freundlich-gerechte Fügung will es, daß das früheste anerkennende Urteil über das Buch aus der Feder Wielands stammt, dem der »Versuch« das meiste verdankt. An den Staatsrat Freiherrn von Gebler, der als gleichfalls unabhängiger homme de lettres für den Mann wie für den Gegenstand den gehörigen Sinn haben konnte, schrieb Wieland am 19. Mai 1774: „Unter den Neuigkeiten die uns die Messe gebracht hat, nimmt sich ein *Versuch über die Romane* aus, der uns einen

---

[9] Blanckenburg an Nicolai im gleichen Brief vom 20. IV. 1774, s.o. S. 548.

deutschen *Home* in dem Verfasser entdeckt. Er nennt sich von Blanckenburg, und ist ein königl. preußischer Lieutenant. Das Seltsamste an der Sache ist, daß dieser Lieutenant mehr Kenntnisse, Geschmack und Kritik hat, als irgend einer von unsern Professoren, Kunstrichtern und Recensenten."[10]

Knapp sieben Jahre zuvor hatte Lessing den »Agathon« einen Roman genannt, der „für das deutsche Publicum noch viel zu früh geschrieben"[11] scheine. Blanckenburgs Romantheorie von 1774 wird, gemessen an der Kritik, die der »Agathon« gefunden hatte, das erste gewichtige Zeugnis dafür, daß ein „denkender Kopf" ihn nicht nur zu genießen, sondern auch zu nützen verstand. Der Gewinn, den er als produktiver Leser aus der Lektüre des »Agathon« zog, erweist sich nicht zuletzt darin, daß er in wenigen, aber wichtigen Punkten über sein Vorbild hinausgriff und die Umrisse der künftigen „Kunstepoche" des deutschen Romans vorzeichnete.

*

Die zweiundvierzig Kapitel des »Versuchs« stellen die Geduld auch des gutwilligen Lesers auf einige Proben, weil er im Fortgang der Lektüre dieselben, nicht immer scharf formulierten, aber doch fast wortgleichen Beweisgänge und Forderungen vielfach wiederholt findet. Selbst in der Kapitelabfolge scheinen etliche Kreisbewegungen den konsequenten Fortgang zu hemmen.

Prüft man indessen den Umkreis der hartnäckig wiederholten Gedankengänge, so schält sich ein ineinandergreifendes System weniger Hauptthesen heraus, aus denen sich fast alle Einzelforderungen und -erwägungen des »Versuchs« herleiten. Schon die erste dieser Thesen markiert eine höchst folgenreiche Wendung in der Geschichte der deutschen Romantheorie.

---

[10] Veröffentlicht nach dem Original durch Friedrich Schlegel im ›Deutschen Museum‹ Bd 3, 1813, S. 445, dann – u. a. unter Änderung des Namens in „Blankenburg" (dazu unten S. 584) – in »Auswahl denkwürdiger Briefe von C. M. Wieland«, Bd 2, 1815, S. 34f.

[11] »Hamburgische Dramaturgie«, 69. Stück. – Für Lessings anhaltendes Interesse an der Entwicklung des deutschen Romans mag auch der Umstand sprechen, daß er in einem Brief an J. J. Eschenburg vom 26. Nov. 1774 den Adressaten eigens daran erinnert, ihm ein zugesagtes Exemplar des »Versuchs« zu übermitteln. Vgl. Ges. Werke, hrsg. von P. Rilla, Bd IX, Berlin: Aufbau-V. 1957, S. 620.

1. Eine der Hauptursachen für die abschätzige Bewertung des Romans in Deutschland hatte bislang darin gelegen, daß die Maßstäbe zu seiner Beurteilung vom Epos hergeleitet wurden. Selbst wohlmeinende Beurteiler wußten den Romanschreibern selten besseres zu empfehlen als eine Orientierung an den Vorzügen dieser höchstgeachteten Literaturgattung, für die die Epen Homers unbestritten den Kanon abgaben.

Blanckenburg ist weit entfernt davon, den hohen Rang des Epos zu leugnen. Auch er mißt den guten Roman am Epos der Alten. Aber er ersetzt die normative Abstufung durch den *historischen Vergleich*.

Einen allgemeinen Vorstoß in dieser Richtung hatte schon Garve mit seiner »Betrachtung einiger Verschiedenheiten in den Werken der ältesten und neuern Schriftsteller...« (1770) unternommen, und über die besonderen historischen Umstände, denen das griechische Epos seine Entstehung und Form dankte, konnte Blanckenburg das Nötige bereits aus dem umfänglichen Artikel ›Heldengedicht‹ in der »Allgemeinen Theorie« seines Mentors Sulzer erfahren. Nicht in der Formulierung solcher Grundsätze also, denen Herder alsbald ein ungleich umfassenderes geschichtsphilosophisches Fundament gab, wohl aber in ihrer Anwendung zu einer vorurteilsfreien Neubewertung des Romans liegt Blanckenburgs Selbständigkeit.

Er führt die seither konstatierten Hauptunterschiede der Gattungen auf ihre jeweiligen Zeit- und Umweltbedingungen zurück, und dieser Schritt ermöglicht ihm das Postulat einer *Ranggleichheit* von Epos und Roman in den ihnen jeweils zukommenden Epochen der Geschichte. Galten für die griechischen Verhältnisse die aristotelischen Forderungen der bedeutenden äußeren Handlung, des Götter- und Heldenpersonals, des hohen Stils, weil das Epos den Bürger der Polis zu bilden hatte, so folgt aus der neuzeitlichen Veränderung der Bildungsideale notwendig eine veränderte Skala der erzählenswerten Gegenstände, der zu erwählenden Charaktere und schließlich eine dieser Veränderung angemessene, neue Schreibart.

Mit einer einzigen Wendung ist also der Roman von der Vormundschaft des Epos befreit und gleichzeitig dazu legitimiert, dessen Stelle einzunehmen. Als Lessing zur Formulierung seiner Dramentheorie Aristoteles in zeitgemäßem Sinne auslegte, glaubte er noch, zu dem *eigentlichen* Aristoteles zurückgefunden zu haben. Im Namen der gleichen Idee vom bürgerlichen Menschen der Neuzeit, die Lessings Konzeption zugrunde lag[12], geht Blanckenburg einen bemerkenswerten Schritt weiter und unternimmt es, wie schon der Rezensent des ›Teutschen Merkur‹ scharfsichtig bemerkt, ein „Aristoteles für die prosaischen Homere“ seiner Zeit zu werden.

Aufgrund seines geschichtlichen Ansatzes kann Blanckenburg tatsächlich mit Nachdruck einen „neuen Aristoteles“ für eine künftige „deutsche Poetik“ fordern[13]. Geht er dabei in der Sammlung der Einzelargumente noch keineswegs über Bekanntes hinaus, so bedeutet seine Trennung von antiken und modernen Musterformen im Bereich der Erzählkunst doch nicht weniger als den Auftakt und die Wegbereitung einer historisch orientierten Gattungspoetik.

Zwar entdeckt Blanckenburg noch nicht wie der gleichaltrige Herder in der Geschichte selbst die auf ständige Veränderung wirkende Kraft, wie er überhaupt dem energetischen Denken Herders trotz seiner Vorliebe für die Vokabeln „Werden“ und „Wirkung“ noch fern steht. Die historischen Idealtypen jedoch, die er einander gegenüberstellt, bleiben bis weit über 1800 hinaus Kernbestand auch der bedeutendsten gattungspoetischen Systeme, und mancher scharfsinnige Gelehrte, der im 20. Jahrhundert seine Kraft auf die zeitunabhängige *Wesensbestimmung* „des Romans“ oder „der Novelle“ wandte, fällt hinter Blanckenburgs Entwurf einer geschichtsgebundenen Gattungspoetik unversehens in eine uneingestanden normative Bestimmung der einzelnen Gattungen zurück.

Schon sechs Jahre nach Blanckenburgs theoretischem Befreiungsakt kann Johann Karl Wezel in seiner Vorrede zu »Hermann und Ulrike« den Roman die „bürgerliche Epopöe“ nennen, eine Bestimmung, auf die Hegel dann seine These von der angemessenen Vorherrschaft des Romans im „prosaischen Zeitalter“ gründete.

2. Der relativen Gültigkeit idealer Gattungsbestimmungen entspricht bei Blanckenburg die historische Relativierung des menschlichen Vollkommenheitsideals. Daß der Roman wie

---

[12] Der etwas verwirrende Gegensatz, in den Blanckenburg die Begriffe „Bürger“ und „Mensch“ bringt (bes. S. XIII, 17, 32), entspringt nur seinem von πολίτης hergeleiteten Wortgebrauch zur Bezeichnung des besonderen griechischen „Bürgerstandes“, während sein Gegenbegriff „Mensch“ oder „nackte Menschheit“ dem nicht mehr ständisch verstandenen Bürger-Ideal des 18. Jhs entspricht.

[13] Vgl. bes. »Versuch«, S. 13, Anm. f.

alle Erzähl- und Dramenkunst menschliche Tugenden und Laster ins rechte Licht zu rücken habe, zweifelt er freilich so wenig wie Gottsched oder Bodmer jemals an. An der Musterhaftigkeit des epischen oder dramatischen Helden hält er unbeirrt fest. Der musterhafte Held jedoch ist nicht mehr die mit aller denkbaren Vollkommenheit ausgestattete Idealfigur, wie sie noch Richardson im »Grandison« vorgestellt hatte; es ist der wirklich anzutreffende oder doch unter bestimmten Bedingungen mögliche, also der mit begrenzten und „vermischten" Eigenschaften ausgestattete, „natürliche" Mensch. Vorbildlich wird er durch die Art, in der er seine Anlagen ausbildet und seiner Leidenschaften Herr wird.

Shaftesburys kräftiges Verdikt über den „vollkommenen Charakter" war seiner Zeit bereits geläufig genug, die Sache selbst bedurfte kaum mehr der Diskussion. Bezeichnend für den Stand der Romantheorie war jedoch die Äußerung eines so besonnenen Kritikers wie Mendelssohn, dem von den poetischen Kunstregeln weitgehend auszunehmenden Roman sei auch der vollkommene Held erlaubt. Es verwundert nicht, daß Blanckenburg hier entschieden widerspricht. Hatte er mit seinem historisierenden Ansatz den Roman von der Bindung an die Heldentypen befreit, so führt ihn die Abkehr von einem überzeitlichen Vollkommenheitsideal dahin, den gewonnenen Spielraum zu nutzen und die *individuelle* Vollkommenheit des Helden als Zielpunkt der Romanhandlung zu fordern.

Individuelle Vervollkommnung, in der freilich für Blanckenburg nach Leibnizschem Muster nur eine vorgegebene Verfassung der Person zu klarer und harmonischer Ausprägung gelangt, kann der Romanautor allein dadurch wahrscheinlich machen, daß er ihre besondere Genese samt allen unverwechselbaren Anstößen und Wirkungen schrittweise vorführt. Dabei lenken nicht willkürliche Taten des Helden den Gang der Handlung. Seine „Sendung" ist es, *gebildet zu werden* durch die Lebensumstände, denen er begegnet, und durch die Erfahrungen, die er aus ihnen zieht: Der „vorwiegend leidende" und seiner Bestimmung entgegenreifende Held, den Goethe im »Werther« vorstellen und im V. Buch der »Lehrjahre« proklamieren wird, ist damit entworfen.

Bemerkenswert bleibt freilich, wie sehr es Blanckenburg auch Mitte der siebziger Jahre noch an der Möglichkeit mangelt, den genetischen Charakter seines Vollkommenheits-Begriffs auch terminologisch zu fassen. Während er bereits Phänomene zu treffen versucht, für die eine organologisch orientierte Denkweise wenig später die Begriffe „Entwicklung“ und „Reife“ einsetzen kann, bleibt er in der begrifflichen Fassung seiner Vorstellungen noch vorwiegend angewiesen auf ein Arsenal zustandsbezeichnender und resultativer Termini oder muß seine Zuflucht zum substantivierten „Werden“ nehmen. Dieser Umstand, wie sehr er auch seine historische Position innerhalb der Spätaufklärung kennzeichnet, ist zu gutem Teil verantwortlich für die Unschärfe und Weitschweifigkeit seiner Argumentation gerade an den Stellen, an denen seine Theorie Prinzipien des künftigen Entwicklungsromans anzielt.

3. Der Reifeprozeß des bildsamen, seiner innewohnenden Eigenschaften erst nach und nach mächtig werdenden Helden fordert nicht anders als der verpönte Abenteuerroman eine lange und variationenreiche Kette äußerer Begebenheiten und Handlungen. An die Stelle der willkürlich einander überbietenden Abenteuerepisoden tritt jedoch der Bildungsplan des Helden als das Prinzip, das alle äußeren Begebenheiten, den gesamten Kreis der Nebenpersonen und selbst die noch zugelassenen Episoden als Agentia oder mindestens als Spiegelelemente dem Entwicklungsgang der Hauptperson zuordnet. Lessing hatte für das Drama die Forderung einer einheitlichen Handlung als Quintessenz der aristotelischen Einheitsregeln bereits zum Hauptsatz erhoben, und in der Diskussion über die Rolle der Episoden im Epos hatte mindestens Batteux bereits die Erwägungen Blanckenburgs vorweggenommen. So finden Blanckenburgs Äußerungen über die Bindung der Episoden an den Entwicklungsgang der Hauptperson nicht von ungefähr den übereinstimmenden Beifall seiner Rezensenten; hier befand sich der Autor des »Versuchs« im Consensus mit den Kunstregeln, die seit geraumer Zeit für das epische Gedicht aufgestellt waren.

Wiederum bedurfte es jedoch zur Anwendung dieser Regeln auf den neu konzipierten Roman wichtiger Modifikationen. Sie führen Blanckenburg – abkürzend gesagt – dahin, anstelle der Einheitstheorie eine Ganzheitstheorie zu entwickeln, die der zeitlich und räumlich *offenen* Entfaltung der Romanhandlung bei aller Zielgerichtetheit den nötigen Spielraum ließ.

Dabei weiß Blanckenburg bereits die Vorteile einzuschätzen, die der Roman gegenüber dem Drama zur Darstellung eines individuellen Bildungsganges bietet. Der Roman hat „Zeit und Raum“, dem Leser das mähliche Werden des Helden in möglicher Vollständigkeit vorzuführen. Während Sterne ein knappes Jahrzehnt zuvor bereits diese „Mählichkeit“ mit allen Registern überlegener Erzähllaune vorexerziert und dabei das Ideal „vollständigen Erzählens“ humoristisch ad absurdum geführt hatte, hält Blanckenburg die Ausfaltung der psychologischen Vorbedingungen und Folgen jedes Handlungsschrittes nicht nur ernsthaft für möglich, sondern sogar für wünschenswert, um dem Leser hinreichend klare und ineinander gegründete Vorstellungen von der Wirkung aller einzelnen Vorgänge auf die Entwicklung des Helden zu geben. Seiner Empfehlung treulich folgend, hat Blanckenburg in seinem eigenen Roman – nicht ohne Witz, aber kaum mit der nötigen Ironie – beinahe ein Dutzend Seiten auf die Darstellung einer Ohrfeige verwandt.

Der ernsthafte Grund, ein solch penibles Erzählverfahren anzuraten, liegt in Blanckenburgs noch optimistisch-beharrlicher Annahme eines gradsinnigen Kausalzusammenhangs zwischen psychologischer Disposition, Vorfall, Empfindung und Reaktion. Im Falle einer Ohrfeige mag dieser Nexus sich nahelegen. Der Nachdruck jedoch, mit dem in vielen Kapiteln des »Versuchs« diese Empfehlung wiederholt wird, erklärt sich vor allem aus einer Neuverteilung der Gewichte zwischen äußeren Begebenheiten und innerseelischen Vorgängen. Die Konsequenz und die Erfüllung der *inneren Handlung* nämlich bestimmt nach Blanckenburgs Auffassung die Abfolge der äußeren Begebenheiten und die Rundung des Romans zu einem „Ganzen“.

4. Die Abkehr von der äußeren Einheit der Handlung zugunsten der „inneren Geschichte“ ist einer der bemerkenswerten Vorgänge in der europäischen Romankunst des 18. Jahrhunderts. Den deutlichsten Gewinn daraus zieht zunächst der humoristische Roman. Aus dem angestammten und insbesondere von Sterne und Jean Paul, aber auch schon von Fielding und Wieland kultivierten Recht des „launichten Schriftstellers“ zu illusionsdurchbrechender Einrede entfaltet sich ein eigenes Ordnungsprinzip, das sich auf die Ideenassoziation des souveränen Erzählers gründet und seine ideale Einheit in scheinbar unerschöpflicher Digression findet, in deren Abfolge sich das Produzieren und Komponieren von Erzählgegenständen selbst als Geschichte darstellt. Die Erhebung dieser „inneren Geschichte des Erzählens“ zum Ordnungsprinzip des Romans hat zu nicht geringem Teil die Kunst der Stil-, Formen- und Perspektivenmischung heraufgeführt, die dem europä-

ischen Roman seit der Romantik vor anderen literarischen Gattungen den Spielraum gab, zur Epopöe des modernen schöpferischen Selbstbewußtseins zu werden.

Blanckenburg gibt seinen Lesern nur wenig Gelegenheit, die besonderen Valenzen des humoristischen Erzählstils seiner Zeit richtig einzuschätzen. Selbst das angestammte Vorrecht der willkürlichen Zwischenrede räumt er dem Humoristen nur halb widerwillig ein. Zu sehr ist er – und daran haben die ästhetischen wie gesellschaftlichen Gründe, die dem Roman in Deutschland eine so spärliche und verspätete Entwicklung angedeihen ließen, nicht geringen Anteil – darauf bedacht, den Roman den *hohen* Kunstformen seiner Zeit anzugleichen. So bleiben denn auch die Kapitel, die er der humoristischen Erzählweise widmet, am ehesten in konventionellen Anschauungen befangen. Das zeigt sich schon äußerlich an der hergebrachten Anordnung, lächerliche Gegenstände und launige Schreibarbeit jeweils am Ende entsprechender Aufreihungen gesondert zu behandeln.

Dagegen ist seine Theorie das früheste und auch wohl wichtigste Organon für die andere Richtung, die die Emanzipation der „inneren Handlung“ im 18. Jahrhundert nahm. In dem Roman mit ernsthaft bildender Tendenz, der ihm vorschwebt, ist nicht die souveräne „Laune“ des Erzählers, sondern die seelische Bewegtheit des Helden das Prinzip, das den Erzählvorgang organisiert. Das zu erzählende Abenteuer ist die Entwicklung und Läuterung seiner Gesinnungen und nicht etwa die äußere „Historie“ seines Lebens. Blanckenburg geht bereits so weit zu behaupten: „Es kömmt überhaupt ... nicht auf die Begebenheiten der handelnden Person, sondern auf ihre Empfindungen an.“

Der Weg, auf dem Klopstock zuvor das Epos zu regenerieren trachtete und der in der Folgezeit zu dem jähen Aufschwung der Lyrik als der Gattung führte, die den entschiedensten Gewinn aus der künstlerischen Aufwertung innerer Bewegtheit gegenüber der Darstellung äußerer Aktionen ziehen konnte, wird hier auch für den Roman eröffnet. Tatsächlich hat der deutsche Entwicklungsroman – ob zu seinem und unserem Segen bleibt dahingestellt – zu seiner hohen Kunstform vor allem durch den konsequenten Zuschnitt der Erzählhandlung auf die innere Ausbildung eines individuellen Charakters gefunden.

So sehr ist Blanckenburg in seinem Reformeifer von der Aufgabe erfüllt, dem Romandichter die vorbildliche Darstellung eines individuellen Bildungsganges darzulegen, daß selbst die Ironie, mit der bereits Wieland den Stufenplan zur Bildung seines »Agathon« arrangierte, ganz außer seinem Blick bleibt. Vorbildlich ausgeführt findet er an seinem Kronzeugen für den künftigen guten Roman vor allem die Herleitung der Empfindungen des Helden aus den äußeren Begebenheiten und wiederum die Herleitung seiner Handlungen aus seinem inneren Zustand.

Da Blanckenburg auch die wünschenswerte Bewegtheit des Lesers, getreu seinem gradsinnigen Kausaldenken, an die Intensität bindet, mit der der Held durch seine Empfindungen bewegt wird, spricht er vor allem denjenigen Empfindungen besondere Anziehungskraft zu, die durch ihre Gewalt beeindrucken oder die durch das Erwecken von Mitleid in besonderem Maße zu rühren imstande sind. Aus drei Gründen also: Weil den Empfindungen und Leidenschaften des Helden in hohem Maße Aktionscharakter zukommt, weil die Vervollkommnung des Helden mit der vollen Entfaltung seiner Charakteranlagen identisch ist und weil die Teilnahme des Lesers sich nach seiner Meinung vor allem an der Folgerichtigkeit der inneren Handlung entzündet, werden für Blanckenburg die verschiedenen Äußerungsformen seelischer Bewegtheit zum *Hauptgegenstand* der zu erzählenden Geschichte.

Der zeitgenössische Stand der deutschen Romantheorie, in die die schon seit geraumer Zeit ausgebildete Lehre vom Aktionscharakter der Empfindungen bisher keinen Einlaß gefunden hatte, und die mangelnde Möglichkeit zu empirischer Kontrolle an einer genügenden Zahl schätzenswerter Romane machen die Einseitigkeit verständlich, mit der Blanckenburg diese These verficht. Wiederum bezieht er dabei seine Einzelargumente von Gewährsleuten, deren Blick in allgemein-ästhetischen Fragen viel weiter reicht. In der Meinung, daß „nicht die Begebenheit interessirt, sondern der Charakter", weiß er sich nicht nur mit Garve einig[14], sie ist längst Allgemeingut der zeitgenössischen Dramentheorie, seit Johann Elias Schlegel in der „Nachahmung der Personen" das auszeichnende Gestaltungsprinzip der Shakespeare-Dramen gegenüber den Dramen des Gryphius mit ihrer „Nachahmung einer großen Handlung" entdeckt hatte. Blanckenburgs häufige Rekurse auf Shakespeare stehen im Zeichen dieser inzwischen verbreiteten Auf-

---

[14] GARVE »Einige Gedanken über das Intereßirende«, vgl. »Versuch«, S. 61.

fassung. Seine Anlehnung an die Empfindungslehre Homes, Burkes und Mendelssohns bemerkt man im ersten Teil des »Versuchs« auf Schritt und Tritt. Dennoch wird man es nicht als eine kompositorische Unselbständigkeit oder gar bloße modische Konzession auslegen dürfen, daß der erste Hauptteil des »Versuchs«, der von den „Gegenständen" des Romans handelt, vor allem eine Lehre von den Empfindungen und Leidenschaften ausbreitet. In Zusammenhang mit seiner Konzeption eines vorwiegend auf Charakterentfaltung gerichteten Romans ist diese Erhebung der Empfindungen und Leidenschaften zur Hauptmaterie des Romandichters nur konsequent.

Man ermißt die historische Tragweite dieser Neuorientierung, wenn man ein gutes Jahrhundert vorausblickt auf den ersten Versuch Thomas Manns, sich als Erzähler zu etablieren. In seiner frühesten Novelle »Gefallen« findet sich die Bemerkung, daß eine psychische Sensation, nämlich der beziehungsvolle Duft eines Fliedersträußes, „den eigentlichen Beweggrund des Erzählens" und den Anlaß für die Bewegtheit des Zuhörers abgab. Freilich wird jenem Zuhörer die Mehrzahl der Anderen ironisch entgegengestellt, die sich „nur" an die äußere Geschichte halten. Eben solche Leser aber hat schon Blanckenburg im Auge, wenn er die sorgfältige Komposition einer „inneren Handlung" zur edleren Beschäftigung und zur Geschmacksbildung der Menge empfiehlt. Freilich scheint er darin von größerer Hilfsbereitschaft und auch von größerem Optimismus beseelt als der mehr auf Unterscheidung bedachet junge Novellist; aber schließlich hat auch Thomas Mann bereits in seinem ersten großen Roman ein Auge dafür gehabt, beide Arten von Lesern auf ihre Kosten kommen zu lassen. Blanckenburg, dem gute Romane das Mittel sind, gute Leser heranzubilden, legt allen Nachdruck auf ihre Ablenkung vom bloßen Reiz der äußeren Begebenheiten. Schon wenig später stellt er in einer Rezension des »Sebaldus Nothanker« ausdrücklich fest: „Die gewöhnlichen Romanenleser, wenn sie nicht durch die Kunstrichter auf diesen Unterschied geführt werden, lesen weit zu flüchtig und zu oben hin, als daß sie bis zur Verbindung zwischen Charakter und Begebenheiten untertauchen fähig wären, noch weniger daß sie die Aufsuchung derselben, als den Zweck der Romanenlektüre ansehen... Wir würden uns einiges Verdienst um sie anmaßen, wenn wir sie, bey dieser Gelegenheit, aufmerksam auf die innere Einrichtung solcher Werke machen, und sie dahin bringen könnten, vorzüglich hierauf bey solcher Lektüre zu sehen."[15]

Freilich muß die Anlage des Romans selbst in allen ihren Teilen solchen Ansprüchen Rechnung tragen. Blanckenburgs Forderung nach der Ausrichtung des ganzen Romans auf die innere Geschichte einer Charakterbildung geht so weit, daß er selbst die Darstellung des Todes nur im äußersten Fall zulassen will, da der Tod im allgemeinen ein bloß äußerer Zustoß sei und also in der Regel nicht aus der inneren Verfassung des Helden hergeleitet werden könne. Für den Tod des Werther kann er gleichwohl wenig später volles Verständnis aufbringen.

Jean Paul findet in seiner »Vorschule« später überzeugendere Gründe für den Zuschnitt der Handlung auf die Charakterentfaltung des Helden. Im Jahre 1805 ist diese Auffassung schon so sehr Gemeingut, daß selbst der altväterliche Johann August Eberhard im 201. Brief seines »Handbuchs der Ästhetik« eine ganze Seite darauf wendet, die Begrenzung des Romans wie des Epos auf eine einzige Handlung zu verteidigen, die bei ihm nach überkommener Tradition in der Regel eine Liebeshandlung ist. Er sieht sich zu dieser Verteidigung allerdings nur deshalb herausgereizt, weil er zuvor – seinesgleichen geschieht – eine These Blanckenburgs bei der Erinnerungswiedergabe in ihr Gegenteil verkehrt hat: Blanckenburg teile dem Roman im Gegensatz zum Epos die „Geschichte des ganzen Lebens" zu. –

Ein Überblick über die Reihe großer deutscher Entwicklungsromane vom »Wilhelm Meister« bis zu Stifters »Nachsommer« belehrt darüber, daß ein bestimmendes Merkmal dieser Romanform, ihre Konzentration auf einen Entwicklungsgang von der Jugend bis zur Lebenshöhe, bei Blanckenburg bereits, wie unbeholfen immer, aus der Dominanz, die der innere Reifeprozeß des Helden gewinnt, konsequent abgeleitet ist.

5. Den Roman, „der sich weniger zum Spielraum der Geschichte ausbreitet, als zur Rennbahn der Charaktere einschränkt", nennt Jean Paul im § 71 seiner »Vorschule« den „dramatischen Roman"; er hält ihn gegenüber dem „epischen Roman" für die bessere, weil strengere Form. Blanckenburgs

---

[15] »Das Leben und die Meinungen des Hrn. Magister Sebaldus Nothanker. Erster Band...« in: Neue Bibl. d. sch. Wiss., Bd 17, 1775, 2. St., S. 273f.

einseitig auf den Idealtypus des Charakterromans ausgerichtete Theorie liefert bereits die wichtigsten Argumente zu dieser Unterscheidung und deckt ihre Wurzeln in der Empfindungslehre und der auf ihr gründenden Wirkungsästhetik auf.

Um auf den Leser die gehörige Wirkung zu tun, muß der Romandichter nach der Auffassung Blanckenburgs alles daran wenden, das innere Werden der Personen *anschaulich* vorzustellen. Nur so können die Empfindungen, die den Charakter der Romanpersonen formen, auch im Leser selbst hervorgebracht werden, und diese Aktivierung seiner Teilnahme ist die Voraussetzung für die bildende Wirkung des ästhetischen Gegenstandes.

Der zwischen der Bewegtheit des dargestellten Vorgangs und der Bewegtheit des Lesers angenommene Kausalnexus bezieht sich dabei nicht unbedingt auf die vorgestellte Sache selbst – Blanckenburg hat durch Lessing, Mendelssohn und Burke bereits einige Gründe für das „Vergnügen an tragischen Gegenständen" kennengelernt. Er waltet jedoch streng zwischen dem *Grade* der Anschaulichkeit und dem Grade der Affektation, die der erzählte Vorgang im Leser hervorruft.

An Blanckenburgs »Versuch« läßt sich vorzüglich studieren, daß die Wende von der Nachahmungs- zur Illusionstheorie, eine der folgenreichsten in der Geschichte der neueren Ästhetik, in ihren Anfangsstadien von didaktischen Erwägungen entscheidend befördert wurde. Wenn er dem Romandichter das unvermittelte Moralisieren verwehrt und Reflexionen über die Romanpersonen nur im Zusammenhang mit ihrer konkreten Lebenssituation oder übersetzt in direkte Selbstbesinnung der Personen gestatten will, so drückt sich darin nicht ein vermindertes Zutrauen in die belehrende Wirkung des Kunstwerks aus. Analysiert man die Gründe, die wenig später bei Herder zur Verbannung der reinen Lehrdichtung aus dem Kreis der poetischen Künste führen, so trifft man die gleichen didaktischen Impulse an, die Blanckenburg bei seinen Anweisungen leiten: Den „ganzen Menschen" vermag der Dichter nur zu erziehen, wenn er seiner Empfindungsfähigkeit und seinem Urteilsvermögen den Spielraum läßt, sich die vom Dichter vorgestellte Welt in unmittelbarer Anschauung produktiv anzueignen.

An ausgezeichneter Stelle, im ersten Kapitel des II. Teils, rückt Blanckenburg den so um die „wahre Wohlfahrt des menschlichen Geschlechts" besorgten Dichter bereits nahezu in den Rang des Gesetzgebers und des geistlichen Seelsorgers und in eine Reihe mit dem Gelehrten – eine Erhöhung, wie sie unter anderem Vorzeichen erst die Romantik vollendete. Der Dichter lehre die Menschen, indem er sein Werk wie die Werke der Natur einrichte, ihr eigener Lehrmeister zu werden.

Wieder liegt das Ungewöhnliche dieser Äußerung in der Mitte der siebziger Jahre vor allem darin, daß der *Romandichter* in den Kreis der poetischen Bildner einbezogen wird. „Allerdings lehrt und lehre die Poesie und also der Roman, aber nur wie die Blume durch ihr blühendes Schließen und Oeffnen und selber durch ihr Duften das Wetter und die Zeiten des Tags wahrsagt" – so kehrt als sicherer Besitz dieselbe These dreißig Jahre später in Jean Pauls »Vorschule« wieder (§ 69).

Um den Leser am Bilde erzählend vorgestellter Menschen zum Lehrmeister seiner selbst zu erziehen, bedarf es also der möglichst vollkommenen Vergegenwärtigung ihrer Empfindungen und Handlungen. Zu „idealer Gegenwart" aber – der Ausdruck stammt von Home – gelangen erdichtete Personen auf die natürlichste Weise im Drama. Seine Illusionskraft ist deshalb der des Romans von Natur aus überlegen.

Die führende Rolle, zu der in der Poetik wie in der literarischen Kultur des 18. Jahrhunderts die Bühnenkunst aufrückt, ist in Zusammenhang zu sehen mit der besonderen Eignung zur ästhetischen Erziehung, die sie im Zeichen der aufkommenden Illusionsästhetik gewinnt. So ist es nicht – wie mehrfach behauptet – allein ein aus der Not erzwungener Übergriff, wenn Blanckenburg die Eigenschaften des ihm vorschwebenden Charakterromans ausgiebig an *Dramen* exemplifiziert. Ebensowenig verwundert es, daß er dem Romancier in Anlehnung an Diderot und Lessing eine ganze Reihe von Praktiken anempfiehlt, die allesamt auf eine Dramatisierung der Romanhandlung hinauslaufen. Dahin gehört zuvörderst sein Plädoyer für das Gespräch im Roman, aber auch seine Empfehlung, die Personen in ihren Äußerungen und Handlungen sich selbst charakterisieren zu lassen.

Über die Vorzüge einer Selbstdarstellung der Personen im Dialog konnte Blanckenburg die nötigen Argumente bereits in dem Kapitel ›Von epischen und dramatischen Werken‹ bei Home finden. Er hätte allerdings – das sollte billigerweise nicht unterschlagen werden – eine weitreichende Vorbereitung zu seiner Theorie dramatischen Erzählens bereits bei den von ihm herzlich geringgeschätzten Schweizern antreffen können. Schon 1741 rühmte Bodmer anläßlich einer Betrachtung der »Syrischen Aramena« das Gespräch im Roman als einen

„Kunstgriff der Aufführung", durch den „die Erzehlungen selber zu Handlungen werden"[16]. Eine solche Annäherung der epischen Handlung an Darbietungsformen des Dramas konnte noch in Übereinstimmung mit der aristotelischen Poetik erfolgen. In Breitingers »Critischer Dichtkunst« stehen gleichartige Erwägungen aber bereits im Zeichen einer wachsenden Interessenahme an der ästhetischen Vermittlung psychologischer Vorgänge und Reaktionen. So ist es für Breitinger die allgemeine Aufgabe der Poesie und das besondere Vermögen der dramatischen Rede, den Leser durch volle Vergegenwärtigung der erdichteten Gegenstände zum „Zuseher" zu machen, und in diesem Sinne gilt für ihn insbesondere bei der Darstellung der „Gemüthes-Gedancken" der erdichteten Personen das „einfältige Erzehlen" als frostige Wiedergabe aus zweiter Hand gegenüber der Selbstäußerung der Personen[17]. Es verwundert danach kaum mehr, daß bereits 1753 der findige Verfasser der »Geschichte einiger Veränderungen des menschlichen Lebens, In dem Schiksale des Herren Ma*** « seinem Werk eine Vorrede beifügen konnte, die „Von dem Nuzen der Schauspiels-Regeln bei den Romanen" berichtete.

Der enge Zusammenhang zwischen der Erhebung sinnlicher Anschauung zu einem eigenen Erkenntnisvermögen, der zunehmenden Darstellung psychologischer Vorgänge und der Heraufführung eines neuen dramatischen Erzählstils im 18. Jahrhundert verdiente eine eigene Monographie. Im gleichen Jahr wie Blanckenburg trug einer der aufgewecktesten Literaturtheoretiker seiner Zeit, Johann Jakob Engel, in seiner Abhandlung »Ueber Handlung, Gespräch und Erzehlung« in Weißes ›Neuer Bibliothek‹ die These vor, daß alle seelischen Vorgänge vom Erzähler tunlich in dramatischer Unmittelbarkeit dargeboten werden sollten. Bei Blanckenburg selbst schließt sich die Forderung, der Romandichter habe alles „Abstrakte ins Concrete" zu wandeln und also alle Empfindungen samt den aus ihnen folgenden Handlungen um des größeren Eindrucks willen in dramatischer Bildlichkeit darzustellen, aufs natürlichste an seine Vorstellung an, daß der Roman vor allem anderen die Formung eines Charakters anschaulich zu machen habe.

---

[16] Johann Jakob Bodmer »Critische Betrachtungen über die Poetischen Gemählde der Dichter«, Zürich: C. Orell und Comp. 1741, S. 551.

[17] Johann Jakob Breitinger »Critische Dichtkunst ...«, Zürich: C. Orell und Comp. 1740, bes. S. 470.

Blanckenburg wie Engel nehmen mit ihren ausführlichen Begründungen wichtige Positionen in einer Entwicklung der Romankunst ein, deren Kulminationspunkt erst im späten 19. und 20. Jahrhundert liegt. Die Überhandnahme der szenischen Darstellung und der direkten Rede im naturalistischen Roman, die Entwicklung der „erlebten Rede" und des inneren Monologs zur Selbstkennzeichnung seelischer Vorgänge durch die Romanpersonen, selbst die Emanzipation des historischen Präsens kennzeichnen den vehementen Drang zur „idealen Gegenwart", in die der auf Illusion einer wirklichen Handlung bedachte Erzähler die erzählte Vergangenheit zu verwandeln trachtet.

Noch ist Blanckenburg, wenngleich auch er den Erzähler als eigenmächtigen Zwischenredner und Arrangeur möglichst aus der Geschichte verbannt sehen will, weit von der Theorie eines „objektiven Erzählers" und deren Überspitzung bei Spielhagen entfernt. Dessen rigorose Forderung aber, der Erzähler dürfe sich mit keinem räsonnierenden Zusatz in die Darbietung des zu erzählenden Geschehens „einmischen", ist nur eine letzte Konsequenz aus dem vor mehr als einem Jahrhundert neu erweckten Sinn für die besondere Illusionskraft einer unmittelbar dramatischen Vorführung der Personen in Rede und Handlung. Hier wie schon dort ist dabei die so erreichbare „Naturwahrheit" der Geschichte das entscheidende Argument.

Die frühe Entlehnung dramaturgischer Termini und der unbedenkliche Gebrauch der Bezeichnung „dramatisch" bei Blanckenburg zeigen an, wie zeitig sich bereits im 18. Jahrhundert die Überleitung der festen Gattungsbegriffe in Grundkategorien des poetischen Darbietungsstils vorbereitet. Dies ist in Blanckenburgs Theorie ein bemerkenswertes Korrelat zur Historisierung idealer Gattungsnormen. Nicht von ungefähr bot dazu die erzählende Dichtung als das traditionelle genus mixtum der Redeweisen den günstigsten Ausgangspunkt.

Selbstdarstellung der Charaktere mit dem Ziel möglicher Unmittelbarkeit und dramatischer Roman sind also schon lange vor Jean Pauls »Vorschule« notwendig einander zugewandte Erzählformen. Den deutlichsten Ausdruck findet diese Tendenz zur Dramatisierung des Romans in dem durchwaltend negativen Akzent, den bei Blanckenburg der Begriff „Erzehlung" erhält. Er verdient einige Erläuterung, obwohl die Belastung der Vokabel mit pejorativer Bedeutung nicht sein Werk ist, sondern schon bei Bodmer und noch beim jungen

Goethe begegnet. „Erzehlung“ ist das Gegenteil von anschaulicher Vorführung der Personen und der Wirkungskette ihrer Empfindungen und Handlungen. Sie ist der kahle „historische“ Bericht äußerer Begebenheiten.

Die Umwertung des Begriffs der „Historie“, noch bis zu Richardson ein Ehrentitel des Romans, der seine Glaubhaftigkeit verbürgen sollte, konnte sich vollziehen, nachdem die poetische Fiktion in den Rang einer Naturwahrheit eingerückt war. Die Brücke dazu bot für Blanckenburg, für den „Erfindung“ und „Wahrheit“ noch Gegensätze sind, der Rekurs auf die psychologische Notwendigkeit, die „innere“ Wahrheit der erzählten Vorgänge. Dem bloßen Ereignisbericht nun, der die innere Notwendigkeit der Vorgänge nicht aufdeckte, mangelte folgerichtig jede poetische Überzeugungskraft.

Man muß sich hüten, diesen Gegenbegriff zum „dramatischen Roman“ mit der Bezeichnung „episch“ in allzu nahe Verbindung zu bringen. Zwar erscheint diese Art von „Erzehlung“, die „bloße Lebensbeschreibung“ in Jean Pauls »Vorschule« unter der Rubrik ›Epischer Roman‹; aber auch dort nur als dessen „unpoetische Klasse“. Die „Erzehlung“ oder – wahlweise – der „historische Roman“ bei Blanckenburg ist nach allen seinen Merkmalen: Reihung äußerer Begebenheiten, Erweckung bloßer Neugierspannung, der Abenteuerroman hergebrachter Art oder der psychologisch nicht genügend fundierte, mithin nicht bildende Roman.

Diese Einschätzung der „Erzehlung“ ist ein besonderes Indiz für die Kontinuität didaktischer Prinzipien im Wandel der Mimesislehre. Für Gottsched und die Schweizer war nämlich die „bloße Erzehlung der Geschichte“ wegen ihres Mangels an sinnreicher Anordnung der Gegenstände zu bestimmtem Lehrzweck der poetischen Fabel unterlegen. Nach der Neueinschätzung des sinnlichen Erkenntnisvermögens sind nun der Mangel an Anschaulichkeit und der Verzicht auf die Vergegenwärtigung einer inneren Handlung, die allein den Leser in gehörige, produktive Bewegtheit versetzen können, die Hauptgründe für den geringeren Bildungswert einer „bloß erzählten Historie“.

Diese Geringschätzung überträgt Blanckenburg nun bemerkenswerterweise auf den *Briefroman,* eine der Modegattungen seiner Zeit. Es verblüfft zunächst, daß er, der bei jeder Gelegenheit fordert, daß die Begebenheit durch das „Medium“ des „Herzens“ gehen müsse, um Wirkung zu tun, die Möglichkeiten ganz übersieht, die gerade dieses Erzählgenre zur Selbstenthüllung der inneren Verfassung einer Person und ihrer seelischen Reaktionen bietet. Indessen lenkt ihn nicht nur das Beispiel Richardsons und seiner minderen Nachahmer, die ihren Hauptpersonen ohne Rücksicht auf psychologische Wahrscheinlichkeit monströse Weltbetrachtungen und Moralisationen in die Feder fließen lassen, von diesem Sachverhalt ab. Geleitet durch seine Vorstellung von dramatischer Unmittelbarkeit der Handlung, sieht er im Briefschreiber noch ausschließlich den Berichterstatter vergangener Ereignisse, also den „Erzähler" im oben bezeichneten Sinn. Deshalb können die Mitteilungen des Briefromans für ihn grundsätzlich nicht den Charakter „idealer Gegenwart" gewinnen; die doppelte psychologische Verwertung, die das Erlebnis einer Begebenheit im Akt seiner Niederschrift erfährt, die „ideale Gegenwart" also der Seelenbewegtheit des Schreibers als „Handlung" des Briefromans aufzufassen, fehlt ihm noch der Blick. Erst als er im »Werther« einem Helden begegnet, dessen individuelle Verfassung so gut wie seine konkrete Lebenssituation ihn zu der „Notwendigkeit" drängen, in Briefen „seine Empfindungen auszuschütten", vermag er den Handlungscharakter dieser „Einkleidung" aufzufassen und sie damit im Einklang mit seiner Theorie zu billigen. Freilich kommt Goethes Roman auch in anderer Hinsicht seiner Theorie mehr als jeder frühere Briefroman entgegen: Er erzählt in strenger Beschränkung die „Begebenheiten, von welchen der junge Werther ein so mitleidenswürdiges Opfer wird", und stellt, indem dieser „Mann sein Herz reden und sich ergießen läßt", die „innere Geschichte" eines Individuums so vor Augen, daß „wir ... über die Verhältnisse zwischen Menschen und ihren Zufällen, und den gegenseitigen Einfluß von Begebenheit und Charakter, und das Werden und Wachsen aller unsrer Neigungen denken lernen"[18].

6. Um dem Leser das „Ganze einer Person" anschaulich zu machen, ist es notwendig, sie mit einer Fülle „kleiner Züge" auszustatten, die ihrer Erscheinung „Rotundität" verleihen. Da das Darstellungsziel des Charakterromans in Blanckenburgs Sinne nicht der ideale Mensch, sondern ein konkreter Einzelner ist, müssen diese Züge mit Sorgfalt auf den Stand und die Sitten, auf die Zeit und die Umgebung des Helden abgestimmt sein.

---

[18] Alle angeführten Zitate aus Blanckenburgs »Werther«-Rezension: Neue Bibl. d. sch. Wiss., Bd 18, 1775, 1. St., S. 47, 50 u. 93.

Einer langen Tradition zufolge, die im 17. Jahrhundert bei der Scudéry und bei Huet belegt ist und nochmals im historischen Roman des 19. Jahrhunderts zu neuer Blüte gedeiht, schmückt und beglaubigt der Romandichter seine im Ganzen erfundene Fabel durch historisch „wahre" Einzelheiten. So rügt schon Gottsched an Ziglers »Asiatischer Banise«, daß er nicht in der für den Romanschreiber gehörigen Weise „die Personen nach ihren Umständen recht vorstellt, und ihnen nicht solche Characteres beylegt, welche von der wahren Beschaffenheit der Zeit" und ihrem Stand hergeleitet sind[19].

Geschieht das bei Gottsched im Namen der Wahrscheinlichkeitslehre, so gewinnen solche Empfehlungen in der Illusionsästhetik des späteren 18. Jahrhunderts und für den „realistischen" Roman der Folgezeit ein noch bedeutenderes und allgemeineres Gewicht: Sie befördern die Einbildung von der „Naturwahrheit" des ganzen Werkes. Besonders klaren Ausdruck findet diese Modifikation der traditionellen Empfehlung schon bei Diderot, den Blanckenburgs Zeitgenosse Engel in einer Rezension der »Contes moraux« ausgiebig zu Worte kommen läßt: Um der naturwahren Illusion willen streue der Erzähler „kleine Umstände, die genau mit der Sache verbunden sind", ein, „daß ihr euch genöthiget finden werdet, bey euch selbst zu sagen: Meiner Treu! das ist wahr! Dergleichen Dinge erfindet man nicht. Auf diese Art wird ... die Wahrheit der Natur ... das Blendwerk der Kunst verbergen"[20].

Blanckenburgs eigene Auseinandersetzung mit Diderot und insbesondere seine ausgiebige Analyse des Marinelli geben die Richtung an, in der diese geläufige Vorschrift für seine Romantheorie wichtig wird. Auch ihm kommt es auf die Naturwahrheit des ganzen Werkes an, in einem womöglich noch ernsteren Sinne, denn so weit hat er an der deutschen Shaftesbury-Rezeption der sechziger Jahre Anteil genommen, daß er dem Dichter die Aufgabe zumißt, in seinem Werk in überschaubaren Maßen die Hervorbringungsweise der Natur nachzubilden. So dienen für ihn die „kleinen Züge" nicht allein zur Beglaubigung oder – neuer gewandt – zur Vortäuschung historisch wahrer Verhältnisse; vielmehr sind sie vor allem notwendige Ingredienzien, um die vorgestellten Menschen mit allen Eigentüm-

[19] in: Beyträge Zur Critischen Historie Der Deutschen Sprache, Poesie und Beredsamkeit, hrsg. von Einigen Mitgliedern der Deutschen Gesellschaft in Leipzig, VI. Stück, 1733, S. 287f.

[20] Neue Bibl. d. sch. Wiss., Bd 16, 1774, 2. St., S. 293; Neudruck bei Voss, s. Literaturhinweise, S. 141.

lichkeiten, die die Natur ihnen mitteilt, vollständig auszustatten. In seiner eigenen Diktion heißt das sehr hübsch: Das „dürre Skelet" eines Charakters läßt sich nicht „sinnlich gedenken". Auf diese Weise fügt sich in Blanckenburgs Theorie einmal mehr der Widerhall einer allgemeinen Lehre seinen besonderen Vorstellungen von den Bildungstendenzen des Charakterromans ein.

Es mag reizvoll sein, in der hier geforderten Konkretion des Individuums durch historisch, geographisch und sozial unverwechselbare Merkmale Voranzeichen einer Determination der Romanpersonen durch die Umweltverhältnisse zu sehen – Blanckenburgs Theorie konnte bezeichnenderweise gegen Ende des 19. Jahrhunderts in dieser Richtung ausgelegt werden; doch bleibt festzuhalten, daß alle diese „kleinen Züge" für Blanckenburg vorab als Unterscheidungsmerkmale gelten, die in ihrer Summe die Einzigartigkeit des Individuums verbürgen. Allerdings entspricht es so gut seiner Anschaulichkeitslehre wie es spätere Maximen „wirklichkeitsgetreuer" Darstellung vorwegnimmt, daß er die differenzierte, bildliche Vorführung vor der allgemeinen Beschreibung, die prägnant-eigentümliche Vokabel vor dem typisierenden „Formelchen" empfiehlt. Hier bereitet sich, wenn auch mit einseitiger Akzentuierung, die spätere Unterscheidung zwischen „runden" und „flachen" Charakteren vor. Alle Kennzeichnung einer Person durch ihre eigentümlichen Lebensverhältnisse dient aber für Blanckenburg letzten Endes dem einen Ziel, das Ineinandergreifen aller inneren und äußeren Umstände zu ihrer bestmöglichen Vervollkommnung bloßzulegen. Ihre darstellerische „Ründung" bedeutet somit in seinem Sinne die poetische Hervorbringung eines *originalen* Menschen.

7. Scheinbar unvermittelt steht neben diesen Mahnungen zur individuellen Abrundung jedes Charakters die wiederholte Aufforderung zur Darstellung deutscher Sitten und Eigentümlichkeiten. Wie ein ceterum censeo erscheinen solche Mahnungen insbesondere an Kapitelschlüssen, oder sie bilden den Auftakt anderweitiger Gedankengänge. Sogar der Verzicht auf einen humoristisch angelegten Haupthelden wird mit dem Mangel an deutschem Sinn für solche „Originale" – nicht unzutreffend – begründet.

Dieses letztere Argument ist besonders geeignet, die Verkettung der Thesen aufzudecken, die bei Blanckenburg von der Forderung des anschaulichen Charakterromans zur Aufstellung seiner Richtlinien für einen deutschen Nationalroman führt.

Um dem griechischen Heldengedicht an Würde gleichzukommen – das war bereits Blanckenburgs erste Hauptthese – müsse der zeitgenössische Roman „das ganze Seyn" des Menschen so darstellen, wie es sich unter den gegebenen historischen Verhältnissen zu entwickeln vermag. Von dem vorwiegend innerlichen Emanzipationsvermögen des Menschen seiner Zeit hatte er, nach den historischen und sozialen Gegebenheiten nicht unbegründet, eine hohe Vorstellung. Allerdings vertraute er auf den unmittelbaren Erweis innerer Bildung durch gleichsinnige äußere Handlungen. Diese Verkettung sei dem Leser in möglicher Naturwahrheit vorzuführen.

Die Einsicht des Lesers in die Naturwahrheit der Charaktere werde nun – so hatte schon Garve gelehrt – am entschiedensten dadurch befördert, daß man sie mit Eigenschaften ausstatte und in Situationen versetze, „aus welchen der Lauf unseres eigenen Lebens besteht". Jener kausal verstandene Zusammenhang zwischen vollendet anschaulich vorgeführtem Originalcharakter und der Interessenahme des „Zuschauers" führt den Autor des »Versuchs« gradlinig zur Forderung von Charakteren deutschen Standes und deutscher Sitten für die künftigen Leser deutscher Romane. Der wirkungspsychologischen Überlegung entspricht dabei durchaus die humanitärdidaktische, daß im Roman wie im Leben ein Individuum durch seine konkreten Lebenserfahrungen zur Klarheit über seine eigentliche Bestimmung gelangen solle.

„. . . in gewißem Betracht ist also jede Menschliche Vollkommenheit *National*, *Säkular*, und am genauesten betrachtet, *Individuell*." Dieser Satz Herders, der auch seiner Auffassung über die „Würkung der Dichtkunst auf die Sitten der Völker" zugrundeliegt[21], wirft, indem man ihn rückwärts wendet, auf die Geschichte ästhetischer Ideen in Deutschland, insbe-

---

[21] aus »Auch eine Philosophie der Geschichte« (1774) Sämmtl. W., hrsg. v. B. Suphan, Bd V, S. 505. Der Satz wird von ARMAND NIVELLE mit Recht als ein Leitgedanke der Herderschen Ästhetik hervorgehoben; s. Literaturhinweise, S. 138ff. – Die Preisschrift »Ueber die Würkung der Dichtkunst auf die Sitten der Völker in alten und neuen Zeiten« (1778) wiederholt und verfestigt die Anschauungen, die Blanckenburg zur Unterscheidung von Epos und Roman bestimmten; dort auch an Mercks Aufsatz anklingende Überlegungen zur späten und mangelhaften Entwicklung einer literarischen Kultur in Deutschland (s. unten S. 570 f).

sondere auf die Gleichsinnigkeit ihrer Entwicklung im Zuge der Aufklärung und der Romantik, ein beinahe überscharfes Licht. Er ist in beiden Richtungen – denn hier koinzidieren Ausgangs- und Zielpunkt – auf Blanckenburgs Romantheorie anzuwenden. Das Fehlen guter Romane für ein lesebegieriges deutsches Publikum hatte dem jungen Offizier Anlaß zu einem Jahr emsiger Beschäftigung mit der Theorie des Romans gegeben. Zur allgemeinen Förderung des Geschmacks und der Sitten hatte er ihm die Darstellung lebenswahrer Charaktere vorgeschrieben, die sich Leser in den gleichen Zeit- und Lebensumständen zum Bilde nehmen konnten, um die Vervollkommnung ihres eigenen Charakters ernsthaft zu betreiben. Der Wirkungsbereich solchen Anschauungsunterrichts an originalen Individuen entsprach dabei der Reichweite gemeinsamer Sprache, also der *Nation,* die in ihrer genealogischen Herleitung obendrein sehr bald selbst als ein Individuum höherer Art aufgefaßt wurde, das im Laufe der Geschichte zu fortschreitend klarer Ausformung gedeihe.

So ist schon bei Blanckenburg die Vorstellung von der naturwahren Herausbildung der Individualität im Laufe der Geschichte die Klammer zwischen seiner Konzeption einer inneren Vervollkommnung des Einzelnen und der „inneren" Bildung der Nation. Fern steht ihm allerdings noch die Folgerung, daß ein so gedachter Bildungsgang auf beiden Ebenen nicht nur die Selbstvollendung des individuellen Charakters, sondern auch seine höchste Vereinzelung unerbittlich nach sich zieht.

Blanckenburgs Theorie ist gerade wegen ihrer fast mechanisch durchsichtigen Ableitung des Nationalromans aus dem individuellen Vollkommenheitsideal einer humanitär gesinnten Epoche ein nicht unbedeutendes Zeugnis für den frühen und beträchtlichen Anteil, den die deutsche Dichtungstheorie an der Herausbildung eines auf den Wirkungsbereich deutscher Sprache gegründeten Nationalbewußtseins hat. Unmittelbarer als zahlreiche anspruchsvollere Kunsttheorien der Folgezeit läßt sie überdies den Zusammenhang zwischen einer schon auf ihre Autonomie bedachten Ästhetik und konkreter außerliterarischer Wirkungsabsicht erkennen.

Die nationalpädagogische Wirkungsabsicht Blanckenburgs erfährt ihre aktuelle Zuspitzung nicht zuletzt durch die Widerstände, die in Deutschland der Ausbreitung einer literarischen Kultur entgegenstanden. Noch vier Jahre später kennzeichnet Mercks borstiger Aufsatz »Ueber den Mangel des Epischen

Geistes in unserm lieben Vaterland« diese Widerstände und faßt damit einen Chor zeitgenössischer Klagen zusammen, die einen besonderen Mangel an gesellschaftlicher Freizügigkeit und weltläufiger Kultur in Deutschland für die Rückständigkeit seiner dramatischen und epischen Literatur verantwortlich machen. Tatsächlich trug dieses weitverbreitete Mißvergnügen selbst nicht wenig dazu bei, daß trotz mancher wohlgemeinter Vorstöße zur Etablierung deutscher „Originalromane" noch Mitte der siebziger Jahre Romane, deren Gegenstand „ausländisch, oder antik, oder utopisch"[22] gewählt war, nach Zahl und Qualität im Übergewicht waren, und Blanckenburgs Kronzeuge für den künftigen deutschen Roman machte davon keine Ausnahme.

Diese Notlage macht es verständlich, daß Blanckenburg den nicht übermäßig geglückten Originalroman »Sophiens Reise von Memel nach Sachsen«, dem Hermes ein regelrechtes Programm zur Beförderung des Geschmacks unter den Deutschen eingefügt hatte, bei aller Kritik mit schuldiger Achtung behandelt und den Autor dazu ermuntert, „die Zahl der ächten Romane" zu vermehren. Im Zuge seiner eigenen Überlegungen gibt er jedoch ein viel schärferes Rezept an, wie dem weitempfundenen Übelstand abzuhelfen sei, und dabei kommt ihm seine Theorie von der strikten Lebenswahrheit abzuschildernder Verhältnisse zustatten. Demjenigen, der über den mangelnden Reiz einheimischer Sujets klagt, empfiehlt er, aus der Not eine Tugend zu machen und zur Kur der Leserschaft die deutschen Sitten, wie sie eben sind, das heißt mit allen ihren Mängeln und Unzulänglichkeiten, vorzuführen.

Dieses Konzept einer satirischen Zeitdarstellung wird zwar hin und wieder eingeschränkt durch Vergleiche mit den französischen Sitten, an denen der Autor sein Selbstbewußtsein wieder aufrichtet. Allerdings nehmen diese Invektiven gegen die französische Modeliteratur sich zwischen denen Lessings und Herders noch vergleichsweise zurückhaltend aus. Gegenüber dem grimmigen Humor aber, mit dem Lichtenberg oder Merck dem deutschen Roman aufgrund der bedauernswerten deutschen Zustände die Lebenschancen absprechen, bedeutet Blanckenburgs Rat, das Volk nicht nur mit dem Vorweis seiner alten Vorzüge, sondern auch durch anschauliche Demonstration seiner gegenwärtigen Torheiten und seiner charakteristi-

---

[22] Joh. Heinr. Merck »Ueber den Mangel des Epischen Geistes...«, in: Teutscher Merkur, 1778, 1. St., S. 48.

schen Schwächen zu erziehen, einen Schritt voraus. Freilich gelangte zur Höhe dieser Kunst, ernsthafte Würdigung und Satire des deutschen Nationalcharakters zu verbinden, der gute deutsche Roman auch fernerhin nur selten.

Maßgebliche Gründe für diese Seltenheit schälen sich bei einer Gesamtbeurteilung von Blanckenburgs Unternehmen bereits heraus.

*

Der Rundblick über die leitenden Gesichtspunkte, nach denen Blanckenburg die Gegenstände des Romans und ihre Anordnung bestimmt, ließ ein bemerkenswert geschlossenes System erkennen, und es ließ sich mehrfach zeigen, daß spezifische Erzählformen, die die künftige Romankunst vor anderen entwickelt, aus Blanckenburgs Ansätzen folgerichtig herzuleiten sind.

Die Herausbildung des deutschen Entwicklungsromans vollzieht sich in unmittelbarem Anschluß an die Theorie von der ernsthaft innerlichen Selbstausbildung eines Charakters, wie sie der »Versuch« dem „besseren Roman" als Leitprinzip vorschreibt. »Werther« und nach ihm »Anton Reiser«, den Moritz bereits in seiner Vorrede auf die Darstellung der ‚inneren Geschichte' eines ‚individuellen Daseyns' festlegt, zeigen diese allgemeine Richtungsnahme bereits an. Nirgends so sehr wie in Deutschland ist deshalb auch, kaum daß der Roman in dieser Richtung zu einer bedeutenden Kunstform gediehen war, eine ästhetische Kluft zum „historischen" oder zum Abenteuerroman eingetreten, die wiederum Blanckenburgs Hoffnung auf eine breite, gesellschaftsbildende Wirkung dieses „besseren" Genres großenteils zunichte machte.

War Goethe in »Wilhelm Meisters Lehrjahren« noch – sehr gegen Schillers Wunsch – auf einen Ausgleich zwischen der Darstellung jener Leitidee und der abenteuerlichen Handlung, aber auch zwischen der individuellen Entfaltung und der Weltbewährung eines „gebildeten" Charakters bedacht, so erreicht in förmlicher Revolte gegen diesen Ausgleich die Poetisierung der inneren Geschichte eines Individuums im »Heinrich von Ofterdingen« bereits einen frühen Höhepunkt. Sie geht einher mit einem so sehr auf das „Wie" dieser Bildung gerichteten Erzählinteresse, daß der Verkettung der äußeren Begebenheiten für sich nahezu kein eigenes Spannungsmoment mehr zukommt.

Diese Verlagerung ist nicht nur als Symptom für die künftige Dissoziation zwischen individuell-ästhetischer Bildung und pragmatischer Ertüchtigung des Romanhelden bemerkenswert, obwohl schon aus diesem Grunde ein Studium des Phänomens „innere Handlung" in der Geschichte des deutschen Romans vom »Agathon« bis zum »Nachsommer« nicht nur innerästhetische Erkenntnisse zeitigen dürfte. Der Konzentration auf die innere Entwicklung eines Einzelnen entspricht auch die mangelnde Disposition zum anspruchsvollen und zugleich spannenden Gesellschaftsroman, wie er sich außerhalb der deutschen Grenzen im 19. Jahrhundert rasch entwickelte.

Die rasch zu versammelnden, politischen und sozialen Gründe für diesen neuerlich jahrzehntelangen Rückstand der deutschen Romankunst reichen angesichts der zunehmenden Beliebtheit, die sich die Romane von Scott, Dickens und Balzac unter dem deutschen Publikum erringen, zur Erklärung kaum aus. Mindestens ebensolches Gewicht hat die von Blanckenburg zuerst aus einem akuten Notstand hergeleitete und mit Vehemenz betriebene Einreihung des ernsthaften deutschen Romanciers unter die „Dichter" – ein Anspruch, der gerade die talentiertesten unter ihnen ein Jahrhundert lang veranlaßte, der „Poesie des Herzens" den Vorrang vor dem Erzählen äußerer Weltbegebenheiten zu geben. Selbst in Hegels lakonischer Aufforderung zu einer Versöhnung beider Bereiche klingt noch ihre unterschiedliche Bewertung an, und es bedurfte der heiteren Altersweisheit eines Fontane und der wachen schriftstellerischen Ökonomie eines Thomas Mann, um diesen Ausgleich unter Wahrung jener besonderen Kunst der Charakterdarstellung, die der große deutsche Entwicklungsroman ausgebildet hatte, tatsächlich herbeizuführen. Erst diese beiden Erzähler vermögen auch der Flut der „historischen Romane", die in einem dem Autor des »Versuchs« ganz fernliegenden Sinne für ein breites deutsches Publikum die Rolle des „Nationalromans" übernommen hatten, ein ernsthaftes Gegengewicht zu bieten und dabei selbst die Tugend „naturwahrer" Darstellung „einheimischer Sitten" neu zu begründen.

Es verdient Beachtung, daß schon unter den Rezensenten des »Versuchs« Blanckenburgs einseitige Bevorzugung des Charakterromans Bedenken erregt und Widerspruch herausgefordert hat. Der Verfasser der eingehenden Rezension in Weißes ›Neuer Bibliothek‹, der gewiß nur aus Gründen der Etikette seine Unkenntnis von der Person des Autors beteuert, rügt, daß er den für sich interessierenden *Begebenheiten* zu wenig Spielraum gönnt, und findet sowohl den komischen als auch den „erzählenden Roman“ ungenügend behandelt. Schärfer noch schränkt Musäus in Nicolais ›Allgemeiner deutscher Bibliothek‹ den Anwendungsbereich von Blanckenburgs Thesen auf eine besondere *Gattung* von Romanen ein; Blanckenburg setze den „historischen Roman“ zu Unrecht in negative Beleuchtung, weil er ihn nur an den Regeln der anderen Gattung messe. Diese andere Gattung, die Blanckenburg allein „der Bearbeitung des Dichters würdig“ halte, nennt Musäus die „philosophische“. Tatsächlich ist für Blanckenburg der Roman als Kunstwerk nur dann gerechtfertigt, wenn er imstande ist, Bildungsaufgaben der „ächten Philosophie“ wahrzunehmen, und in diesem Sinne setzt er bereits die besten Romandichter wie überhaupt die größten Dichter den Philosophen als Lehrern des Menschengeschlechts gleich. Für seine Beurteiler dagegen ist solche Annäherung des Romans an die Philosophie noch keine Rangfrage. Ihnen gilt der psychologische oder philosophische Roman als eine Spezies neben dem Roman der Begebenheiten.

Diese Unterscheidung verschiedener Arten des Romans nach der jeweiligen Dominanz der Charaktere oder der Begebenheiten hat sich seither in der deutschen Romantheorie zäh behauptet und bildet noch ein Hauptkriterium in Wolfgang Kaysers Gattungsbestimmungen der epischen wie der dramatischen Dichtung. Noch deutlicher in der deutschen Tradition begründet, heißt in Günther Müllers typologischer Trias der dem Charakterroman entsprechende Typus „Roman der Seele“.

Es hieße jedoch die Eigenart der Blanckenburgschen Theorie verkennen, wenn man sie gegenüber einer solchen, typologisch-systematischen Ausfaltung möglicher Romanarten der Einseitigkeit ziehe. Diese Einseitigkeit ergibt sich notwendig aus ihrer besonderen historischen, schärfer gesagt, ihrer konkret bildungspolitischen Gesamtorientierung. Es wäre auch voreilig, zu glauben, daß mit der Befreiung der Ästhetik von normativen Vorschriften solche Einseitigkeit selber historisch geworden wäre. Im Gegenteil: Alle Theorien, die die Funktion des Romans in einer bestimmten historischen Situation neu zu bestimmen suchen, haben auch in neuerer Zeit solche normativen Tendenzen – das gilt für Hardenbergs bündige Abrechnung mit den »Lehrjahren« so gut wie für Lukács' Romantheorie oder für die Theorie des Nouveau roman. Es gehört nicht nur zu den Vorrechten historisch orientierter Gattungstheorien, sondern bezeichnet geradezu ihre Eigenart, daß sie unter möglichen Erzählformen eine wertende Auslese treffen. Die Verbindlichkeit solcher Auswahl bemißt sich nicht zuletzt an der Bestätigung, die sie in repräsentativen und überdauernden Werken der Zeit findet. Daran gemessen ist, wie immer Blanckenburgs eigene Erprobung seiner Regeln in einem Roman nach Sterneschem Vorbild scheiterte, sein »Versuch« tatsächlich die erste deutsche Romantheorie von historischem Gewicht. In ihrer Einseitigkeit zeichnet sie, weit über Blankenburgs eigene Einsicht in solche Konsequenzen, bestimmte Entwicklungsbahnen vor, in denen unter der Hand „besserer Romandichter" die für die Epoche kennzeichnenden Werke entstanden.

Angesichts der initiatorischen Bedeutung seiner Gesamtkonzeption muß die geringe unmittelbare Wirkung auffallen, die der Beitrag des jungen friderizianischen Offiziers zur deutschen Romantheorie nach sich zog. Zwar blieb seine Verfasserschaft den Kennern nicht lange ein Geheimnis, und er selbst trug am gehörigen Ort zur Vergewisserung über seine Autorschaft bei. Aber schon Nicolai, von dem Blanckenburg nicht nur als dem Leiter eines kritischen Organs, sondern auch als dem Verfasser des »Nothanker« Aufmerksamkeit und „strenges Urtheil" nicht ohne Grund erbitten konnte, reagierte nur auf eine Weise, die selbst ein kleines Stück Satire auf das literarische Leben darstellt. Er notierte eine Antwort auf den Briefumschlag Blanckenburgs, die er seinen Sekretär mit der Direktive „Höflich" ausfertigen ließ: des Inhalts, daß er, Leiter einer großen Buchhandlung und vielbeschäftigter Mann, kaum mehr zum Lesen neuer Bücher komme, daß er aber das Buch einem einsichtsvollen Rezensenten überantworten wolle – wiewohl sich über einen baldigen Termin nichts ausmachen lasse, da „die besten Recens. sehr offt die langsamsten" seien. – Immerhin tat er das seine und fand in Musäus einen solchen einsichtsvollen Mann.

Mit den Rezensionen, die dann erschienen, durfte Blanckenburg zufrieden sein. Wenn auch die Kritiker mit Ausnahme des nachgerade panegyrischen Referates in Schirachs ›Magazin‹ dem Autor gelinde sein Außenseitertum vorhalten, so zollen sie doch seinem Unternehmen gebührenden Dank und stellen seiner Umsicht und Urteilssicherheit ein durchweg günstiges Zeugnis aus.

An Verständnis von seiten anerkannter „Kunstrichter" fehlte es also nicht; nur kam die Resonanz zwar aus Berlin, Leipzig,

Halle und dem vorgoetheschen Weimar, aber sie fand nicht den Weg in ein Organ, das auch noch in diesen Jahren dem Werk die entscheidenden Leser hätte gewinnen können, nämlich diejenigen, die das Steuer für die zukünftige Entwicklung der Dichtkunst und der literarischen Kultur in Deutschland bereits an sich genommen hatten und ihr in den nächsten Jahrzehnten Maß und Fülle geben sollten: Der »Versuch« fand keine Besprechung in den ›Frankfurter Gelehrten Anzeigen‹.

Hier scheiterte er an einer Grenzlinie, die sein Verfasser selbst kaum verantwortete. Zwar hatten Herder und Goethe sich zu dieser Zeit bereits von der Redaktion der ›Anzeigen‹ zurückgezogen, aber die seit 1772 bezogenen Fronten hatten sich seither trotz besorgter Ausgleichsbemühungen eher noch versteift. Die kraftvolle, ja häufig genug höhnische Animosität, mit der die jungen Straßburger und Frankfurter den derzeit regierenden Häuptern des literarischen Lebens in Deutschland begegneten, hat – weil sie die Zukunft für sich hatte – auch der Forschung lange genug den Blick dafür getrübt, wie sehr die klugen Theoretiker der sogenannten Spätaufklärung den Boden gelockert hatten für die hohe und selbstgewisse poetische Kultur der Folgezeit, wenngleich es ihnen selbst zu ihrer Aussaat an ungebundener Kraft mangelte. Das gilt insbesondere für den Leipziger Freundeskreis, zu dem Blanckenburg sich rechnen durfte. Wie weit aber die Lager bereits auseinandergerückt waren, läßt sich daran ermessen, daß Goethe von Blanckenburgs »Werther«-Rezension in Weißes ›Neuer Bibliothek‹ keine Kenntnis genommen hat, obwohl sie seiner eigenen Auffassung vom Kunstcharakter des Werkes in vielen Punkten weit näher kam als die lauthals geäußerten Urteile der enthusiastischen Heißsporne wie der mißmutigen Quellenfahnder, deren sich Goethe alsbald zu erwehren hatte[23].

Zwar erfahren wir noch, daß Merck Blanckenburgs »Versuch« als die Arbeit eines „Mannes von Einsicht und Belesenheit“ schätzte, aber seine Bemerkung bleibt beiläufig und wird obendrein paralysiert durch den Zusammenhang, in dem sie vorgebracht wird: anläßlich einer ungünstigen Beurteilung von Blanckenburgs 1775 erschienenem Roman, wobei insbe-

---

[23] Dazu ein wichtiger Materialbeitrag von Michelsen, s. Literaturhinweise, S. 171, Anm. 34; zur Auseinandersetzung des Kreises um Weiße mit Goethe weiteres Material und ergiebige Erörterung bei Voss, s. Literaturhinweise, S. 85 ff.

sondere dessen satirische Absichten eine scharfe Ablehnung erfahren[24].

Dieser eigene Vorstoß Blanckenburgs zur Erprobung seiner Theorie scheint auch der Resonanz des »Versuchs« selbst weiteren Abbruch getan zu haben. Hinzu kam, daß seine Romantheorie in eine Zeit traf, da zumindest unter den Jüngeren jedwede vorgreifliche Theorie, die dem künftigen Dichter Maßregeln oder Verfahrensweisen empfahl, im Vertrauen auf die originale Schöpferkraft des Genies mit Achselzucken oder Verachtung beiseitegeräumt wurde.

Dabei hatte Blanckenburg mit der wiederholten Versicherung, mehr „Winke" als feste Vorschriften zu geben und dem Genie keine Grenzen zu setzen, diesem neuen Axiom von der schöpferischen Autonomie des Künstlers offensichtlich bereits Rechnung tragen wollen. Gerade in der scheinbaren Freizügigkeit, die Blanckenburg dem Genie beläßt, treten jedoch auch Grenzen zutage, die mehr als die behindernden äußeren Umstände die Resonanz seiner Theorie in der unmittelbaren Folgezeit einschränken mußten.

„Genie" ist für Blanckenburg, wie ein vergleichender Überblick über die Anwendungsbereiche des Begriffs rasch erhärtet[25], vorwiegend ein Besitz, allenfalls eine auszeichnende Eigenschaft des Dichters (ingenium), keineswegs jedoch der Genius als eigenmächtig gesetzgeberische Instanz. Auch dort, wo Blanckenburg das Genie von der Beachtung bestimmter Ratschläge ausnimmt, geschieht das im Vertrauen darauf, daß ihm aus eigener Einsicht in die Kunstgesetze die Erfüllung vorgegebener Normen möglich werde. Zwar sind die Normen, nach denen das „Werden" eines Kunstwerks sich zu vollziehen habe, dieselben, nach denen die große Natur ihre Geschöpfe bildet, und insofern ist auch für Blanckenburg der Dichter schon der Schöpfer einer eigenen „kleinen Welt", die der großen Natur gegenüber noch den Vorzug der Überschaubarkeit hat: denn sie entspringt einem begrenzten Plan. Wie aber Blanckenburg selbst in der Natur noch alles nach vorbestimmten „besten" Endzwecken sich vollenden sieht, so sind auch für die Individuen, die der Dichter zu bilden hat, nach gegebenen Ausgangsbedingungen stets bestmögliche Arten ihrer Ver-

---

[24] vgl. MERCKS Besprechung des Romans in: Teutscher Merkur, 1776, 1. St., S. 270–272.

[25] vgl. S. XIII, 191 Anm. a, 287, 351 Anm. n, 383, 385, 430, 473, 499, 525.

vollkommnung ausdenkbar. Allein aus diesem Grunde kann der »Versuch« dem Romandichter eine gehörige Reihe besonders „anziehender" Gegenstände empfehlen und der Darstellung bestimmter Empfindungen und Leidenschaften, „für welche es gut ist, daß wir in Bewegung gesetzt werden", eindeutig den Vorzug geben. Dazu gehören natürlich für den aufgeklärten Reformer in erster Linie die Freundschaft und überhaupt alle „geselligen Leidenschaften", weil sie – auch außerhalb der Kunst – „zur Vervollkommnung unsers Daseyns das mehrste beytragen".

Indem aber Blanckenburg für den Romanhelden bestimmte Charakterqualitäten vorschreibt und vor anderen warnt, schränkt er auch die individuelle Vervollkommnung des Helden auf vorgefaßte Richtungen und Ziele ein. Wie sein geschichtlicher Ansatz zur Reform der Gattungslehre zwar die Epochen sondern half, aber im wesentlichen doch bei einer idealtypischen Unterscheidung der „Alten" von den „Neueren" stehen blieb, so hält er, bei allem Sinn für ihr jeweils unverwechselbares „Wirklichwerden", doch auch an idealtypischen Normen für den Bildungsgang eines Charakters fest. Da nun die Formung des Charakters obendrein auf eine naturgesetzliche Verkettung aller Einzelursachen und -wirkungen zurückgeführt wird, unterliegt nicht nur der „Endzweck" des Romans, sondern auch jede einzelne Darstellung eines Seelenzustandes und jeder Handlungsschritt solcher Normierung: Der Charakterroman stellt in Blanckenburgs Sinne nicht einen *einmalig* wahren, sondern den unter gesetzten Bedingungen *bestmöglichen* Werdegang eines Individuums dar.

Vom »Agathon« her gesehen, war das kein direkter Rückschritt. Auch fernerhin sind die Helden der bedeutendsten deutschen Entwicklungsromane keineswegs ohne Rücksicht auf ein ideales Ziel ihrer persönlichen Bildung entworfen. Wenn aber Blanckenburg so nachdrücklich die Verifizierung des darzustellenden Individuums durch gehörige Beachtung aller seiner konkreten Lebensumstände fordert, so bleibt eine viel nachdrücklichere Form der Verifizierung, die sich bei Wieland bereits ankündigt und die fernerhin die „innere Wahrheit" eines Romanhelden vor allem anderen verbürgen wird, ganz jenseits seiner Betrachtung und auch wohl seiner Wahrnehmungsmöglichkeiten: die Verifizierung nämlich durch das Ich des Künstlers selbst, der seinen inneren Werdegang und seine persönliche Welterfahrung dem Helden des Entwicklungsromans mitteilt und auf solche Weise, unter welcher Brechung und Abstandnahme auch immer, mit einem Stück innerer Autobiographie die „Lebenswahrheit“ des dargestellten Charakters verbürgt. Erst so konnte diese auf den Bildungsweg eines Individuums gegründete Romanform die ihr eingegebenen Möglichkeiten voll ausschöpfen, und nicht von ungefähr mündet sie auch in ihrer letzten unparodistisch großen Ausprägung, in der Spätfassung des »Grünen Heinrich«, unter der Hand eines zunehmend auf Wirklichkeitstreue bedachten Autors, in die direkte Ich-Form der Erzählung aus. Etwa zur gleichen Zeit übrigens läßt Spielhagen seine Erzähltheorie in der Proklamation des „objektiven“ Ich-Erzählers als der höchstmöglichen, weil wahrhaftigsten Erzählform gipfeln.

An diesen konsequenten Fortbildungen des Charakterromans hat Blanckenburgs Theorie keinen Anteil mehr, und die wenigen Monate zwischen ihrer Veröffentlichung und dem Erscheinen des »Werther« bilden in dieser Hinsicht doch eine Epoche in der deutschen Romangeschichte. Blanckenburgs Theorie gestattete es noch, ja legte es sogar nahe, Romanhelden samt ihrer „inneren Geschichte“ nach genauem Kalkül, mit vorausgesetzten Eigenschaften und einem daraus herzuleitenden Handlungsgang zu entwerfen. Auch die umstandsgetreue Ausstattung jedes einzelnen Charakters ändert nichts an dessen gewissermaßen unpersönlichem Vorausentwurf.

So hat die spitzbübische Formulierung des jungen Jean Paul: Romane seien nun „so leicht zu schreiben..., daß sie ieder lesen kan, weil man, nach der Vorschrift des Versuchs über den Roman, von Blankenburg, die Hauptsache, nämlich die Karaktere blos aus der Luft zu greifen nötig hat“, bei aller Anrechnung des satirischen Übermuts doch einige Wahrheit für sich[26]. Im gleichen Jahr 1783 erklärt Jean Paul sich übrigens in einer Ergebenheitsadresse an Blanckenburg mit der Übersendung der »Grönländischen Prozesse« als dessen Schüler und erhofft sich in dem Adressaten einen „Lerer der Kritik“. In den »Grönländischen Prozessen« selbst hatte er bereits ‚jeden neuen Roman einen anderen „Versuch über den Roman, von Blankenburg...“‘ genannt[27].

Ohne daß weitere direkte Anspielungen anzuführen wären, läßt ein Umblick unter den Romanen des folgenden Jahrzehnts

---

[26] in: »Bitschrift«, 1783, s. Literaturhinweise.

[27] s. Literaturhinweise. Der Name „Blankenburg“ ist erst in der 2. Aufl. hinzugesetzt. Das läßt vermuten, daß Jean Paul von der Verfasserschaft Blanckenburgs erst kurz vor oder während des Aufenthaltes in Leipzig im Herbst 1783 erfuhr.

Jean Pauls Urteil einige Berechtigung zusprechen[28]. Dabei ist der um diese Zeit in Mode gelangende Dialogroman nur eine der aus Blanckenburgs Theorie ableitbaren Sonderformen. Die Romane des in Leipzig wohlbekannten Friedrich Traugott Hase zeigen schon mit ihren Untertiteln: „Ein dramatischer Roman", „Ein Beytrag zur Menschenkunde", ausgeführte Tendenzen des »Versuchs« an. Wenn überhaupt, so sind also in den Verfassern der pragmatisch-psychologischen Romane des auslaufenden „pädagogischen Jahrhunderts" die potentiellen Verwerter unmittelbarer Anregungen des »Versuchs« zu sehen. Daß der junge Jean Paul an Blanckenburgs Theorie ein wenigstens zeitweiliges Interesse nahm, ist deshalb nicht ohne Reiz, weil seine Bewunderung für Laurence Sterne hier frühe Nahrung erhalten konnte und weil wir ihm die erste gründlich ausgeführte Romantheorie nach Blanckenburgs »Versuch« verdanken.

Einen nachweislich anhaltenden Bewunderer unter den jüngeren Romanautoren fand Blanckenburg indessen in Friedrich Schulz[29], einem in englischer und französischer Literatur wohlbewanderten Übersetzer und Autor vielgelesener Romane und Erzählungen, die als Schulbeispiele der unterhaltsam-erbaulichen „Vervollkommnungslektüre" vor der Jahrhundertwende gelten dürfen. Dieser wenn nicht tiefgründige, so doch „helle, geistvolle und vorurteilsfreie Beobachter" zeitgenössischer Lebensverhältnisse[30] widmete eine neue Ausgabe seines Hauptwerkes, des »Moriz«, mit allen Zeichen der Ehrerbietung dem „Herrn Hauptmann von Blankenburg"[31]: Er unterbreite ihm „dies kleine [inzwischen mit drei Büchern vermehrte] Werk ..., das seine Existenz und das Gute, was es vielleicht haben könnte, ganz allein *Ihrem* vortrefflichen *Versuch über den Roman* verdankt, und das ganz vollkommen hätte werden müssen, wenn es in seines Urhebers Kräften gestanden hätte, die Vorschriften, welche jener Codex der Romanendichtung mit so viel Scharfsinn, Deutlichkeit und Eleganz entwickelt, in ihrem ganzen Umfange

---

[28] Vgl. dazu den ausgiebigen Querschnitt, den Eva D. Becker von der deutschen Romanproduktion um 1780 gibt (s. Literaturhinweise).

[29] 1762–1798. Sein erster Lehrer in seiner Geburtsstadt Magdeburg war der auch als Romanautor bekannte Johann Gottlieb Schummel.

[30] So August Wilhelm Schlegel in einer umfangreichen Rezension mehrerer Romane von Schulz in: [Jenaische] Allgem. Lit.-Ztg, 1797; vgl. Sämmtl. Werke, hrsg. v. E. Böcking, Bd XI, 1847, S. 28.

[31] s. Literaturhinweise. »Moriz, ein kleiner Roman« erschien erstmals in Fortsetzungen im ›Teutschen Merkur‹, 1783/84.

zu befolgen". Er verspricht dem also Gefeierten fernere Nachfolge und schließt in der Überzeugung, „daß jedes *Ihrer* Gesetze, dessen Geist ich zu fassen und mir eigen zu machen vermag, eine Stuffe sey, auf welcher meine Arbeit zur Klarheit, Natur und Vollkommenheit emporsteigen werde".

Wenn es irgend eines Beleges bedürfte, daß Blanckenburgs Winke dahin ausgelegt werden konnten, Individualitäten und Handlungen „nach Muster" zu entwerfen, so liefert ihn Schulz bereits in seinem Seitenstück zu »Moriz«, dem Roman »Leopoldine«, der nicht nur in gleicher Umständlichkeit die psychologische Analyse jedes Handlungsschrittes gibt[32], sondern auch einen jungen Helden auftreten läßt, der von Moriz bald kaum mehr unterscheidbar ist.

Vergleicht man die Fluchtlinien der Gedankengänge Blankenburgs, die sich weit in die Zukunft der deutschen Romangeschichte verfolgen ließen, mit dieser speziellen, aber konkreten Nachwirkung des »Versuchs«, so scheint sich einmal mehr zu bestätigen, daß die Konkretisierung des Charakterromans, wie sie Blanckenburg vorschwebte, tatsächlich noch in der Linie dieser vergnüglich-erbaulichen Vervollkommnungsexempel lag, denen „naturwahr" angebrachte Gesellschaftssatire die Würze zu geben hatte. Aber: Anders lesen Knaben den Terenz... – man darf nicht vergessen, daß diese Schrift zu denen nicht hatte dringen können, die imstande gewesen wären, hinter dem Gatter festgefügter Idealvorstellungen auch ihre gewichtigeren Kunstanschauungen dort vorgebildet zu finden. So kann August Wilhelm Schlegel sogar anhand der Lektüre eines so ausgesprochenen Blanckenburgzöglings wie Friedrich Schulz noch vorgreiflich von „epischen Freiheiten des Romans" reden, „so wenig bis jetzt noch dessen Theorie ergründet ist..."[33]; dies im vierundzwanzigsten Jahr nach dem Erscheinen des »Versuchs«. Auch sein Bruder, der dem Roman ein neues und höheres Ziel setzte als Blanckenburg

[32] Wie sorgsam dieser gelehrige Adept des »Versuchs« sich dabei an sein Vorbild hält, mag hier ein kurzer Passus aus »Moriz« (Ausgabe von 1787, I, S. 173) belegen: „Einem Beobachter, der mit festem Tritt und unverrücktem Blicke der Natur folgt, der den unendlichen Verkettungen, dem fast unsichtbaren Gewebe, den allerfeinsten Fäden, die nur eine allmächtige Hand zwischen Geist und Fleisch ziehen konnte, nachzuspüren Beruf und Geduld hat, dem wird diese Erscheinung, und ihre Ursach kein Problem seyn, und der wird mich verstanden haben."

[33] s.o. Anm. 30, ebd S. 39.

sich je vermessen hätte, kannte den »Versuch« nicht. Immerhin mag zum Schluß, wenn nicht als Beweis für eine bedeutsamere Nachwirkung, so doch als „Wink“ festgehalten werden, daß sich ein Exemplar des »Versuchs« in der Bibliothek des achtzehnjährigen Novalis fand[34], schon geraume Zeit also, bevor er sich anschickte, einen Roman zu schreiben, der die innere Geschichte eines zur Poesie vorbestimmten Jünglings vollendet darstellen sollte und dem es, wie wir heute sehen, damit auch an eigentümlichem Nationalcharakter nicht mangelte.

* *
*

Eine Handschrift des »Versuchs« sowie Vorarbeiten, die eine kritische Überprüfung des Textes hätten lohnend erscheinen lassen, waren nicht auffindbar. Ebenso muß nach umfangreichen Nachforschungen ein Exemplar „mit vielen handschriftlichen Anmerkungen des Verfassers“ als verschollen gelten; es wird aufgeführt im »Verzeichniß der Büchersammlung des gewesenen Königl. Preuß. Hauptmanns der Cavallerie Hrn. Friedrichs v. Blankenburg«, gedruckt bei A.E.L. Löper, Leipzig 1798, S. 146 unter Nr 3427. Daß Blanckenburg mindestens sprachliche Besserungen und vor allem im ersten Teil auch Kürzungen ins Auge gefaßt hatte, legen bereits seine brieflichen Äußerungen an Nicolai unmittelbar nach dem Erscheinen des Buches nahe.

Die hier im Faksimile vorgelegte Ausgabe bietet den unveränderten Text der Ausgabe von 1774; neu eingeführt wurde lediglich die Paginierung des ›Vorberichts‹ mit römischen Ziffern, hinzugefügt wurden die Inhaltsübersicht (S. 529–534) und das Autorenregister (S. 535–539).

Der Charakter der Reproduktion ließ davon absehen, Druckfehler und Namenverschreibungen im Text zu verbessern, zumal sie die Lesbarkeit nicht ernsthaft behindern. Ebenso schien es nicht angemessen, Ungenauigkeiten in Blanckenburgs Zitierweise anzumerken. Die Abweichungen verstoßen, so weit ich sehen konnte, nirgends gegen den Sinnzusammenhang der zitierten Vorlage; jedoch empfiehlt es sich wegen der häufigen Veränderung von Wortformen und Wörtern, im Falle des Zitierens auf die im Autorenregister oder im Nachwort genannten Titel zurückzugehen.

Blanckenburgs »Versuch über den Roman« hat weder einen späteren Neudruck erfahren, noch hat er in der Literatur zur deutschen Romantheorie bis zu den zwanziger Jahren dieses Jahrhunderts

[34] Darauf wies mich liebenswürdigerweise Richard Samuel hin.

nennenswerte Beachtung gefunden. Rechnet man den gründlichen Bericht Kobersteins, den gut genützten Gelegenheitsfund Ettlingers und Riemanns aufmerksame Bezugnahmen in seiner Darstellung der Romantechnik Goethes ab, so beschränkt sich das Echo im 19. Jahrhundert auf bloße Hinweise, Inhaltsvermerke oder beiläufige Zitate. Dagegen hat die lebhafte Erörterung erzähltheoretischer Probleme im letzten Jahrzehnt das Interesse der Forschung in zunehmendem Maße auch auf Blanckenburgs Schrift gelenkt. Der Metzlerschen Verlagsbuchhandlung wird deshalb nicht nur der Herausgeber, sondern mancher bisherige und künftige Benutzer Dank wissen für einen Abdruck, der nach mehr als 190 Jahren diese Anleitung für junge, angehende Romandichter leichter zugänglich macht. Mein ausdrücklicher Dank gilt darüber hinaus meinen Mitarbeitern Eberhard Huge und Fritz Wahrenburg, deren Hilfe mir bei manchen Quellenerkundungen und insbesondere bei der Einrichtung der Verzeichnisse zustatten kam.

Dem ehemals so zuversichtlichen Autor des »Versuchs« ist zu wünschen, daß er seine Leser mit einer alten Materie aufs neue unterrichtend vergnüge.

Biographische Notiz

Eine eingehendere biographische Würdigung Blanckenburgs wird im Zusammenhang mit der Veröffentlichung von weiteren Schriften und Dokumenten seiner literarischen Wirksamkeit in der ›Sammlung Metzler‹ erfolgen. Eine konzise Darstellung von Leben und Werk gab Kurt Schreinert in der »Neuen Deutschen Biographie«, Bd 2, 1955; eine Monographie über den Lebensgang Blanckenburgs und seine Beschäftigung mit dem Roman stellt Jürgen Sang aus München in Aussicht. Als Anhaltspunkte hier die folgenden Daten:

Christian Friedrich von Blanckenburg[1], geb. am 24. Januar 1744 in Moitzlin bei Kolberg. Über seine Großmutter von Manteuffel verwandt mit Ewald von Kleist, den er lebhaft verehrte.

Früh zu wissenschaftlicher Ausbildung bestimmt. Nach dem Tode seines Vaters seit Mai 1759 Angehöriger des Krockowschen Dragonerregiments. Seit dem Ende des Siebenjährigen Krieges Offizier in niederschlesischen Garnisonen, zuletzt in Bunzlau. In dieser Zeit ausgedehnte Studien der Humaniora und des Militärwesens; Mitte der sechziger Jahre dramatische Versuche; 1768 Verfasser einer Ode zum Tode Winckelmanns; Ansammlung einer Bibliothek von 6000 Bänden, die durch Feuer zerstört wurde.

1774 Veröffentlichung des »Versuchs«. 1775 Veröffentlichung eines Romans: »Beyträge zur Geschichte deutschen Reichs und deutscher Sitten. Erster Theil«[2]; ausführliche Rezension des »Werther«.

---

[1] So seine eigene Namenschreibung, z.B. in den Briefen des Nicolai-Nachlasses, sowie die Angabe auf dem Titelblatt von Sulzers »Vermischten Schriften...«, 1781, und unter dem Vorbericht des Herausgebers zu »G. J. Zollikofers Predigten«, 1789; im übrigen schreiben bereits die unmittelbaren Freunde und Zeitgenossen häufig, Zeitschriften, Lexika und Nekrologe durchweg und nach ihnen die gesamte Forschung „Blankenburg". Allein unter dieser Schreibung ist er auch als Verfasser des »Versuchs« bekannt geworden. Nach freundlicher Mitteilung entschließt Jürgen Sang sich aufgrund eigener Ermittlungen zur Schreibung „Blanckenburg".

[2] Der Roman erschien im gleichen Verlag wie der »Versuch«. Das »Allgemeine Verzeichniß« zur „Frankfurter und Leipziger Ostermesse des 1777 Jahres" führt unter „Fertig gewordene Schriften", S. 207, den zweiten Teil des Romans auf. Weitere Nachforschungen nach diesem nicht mehr erschienenen Teil blieben bislang ergebnislos.

1776 aus Gesundheitsgründen Abschied vom Militärdienst als Hauptmann. Seit 1778 als wohlgeachteter Privatmann in Leipzig; dort freundschaftlicher und geselliger Umgang mit Chr. F. Weiße, G. J. Zollikofer und Leipziger Gelehrten; neuerlicher Erwerb einer ansehnlichen Bibliothek; redaktionelle Mitarbeit an der ›Neuen Bibliothek‹, weitere schriftstellerische und Übersetzertätigkeit bis zu seinem Tode in der Nacht vom 3. zum 4. Mai 1796.

Literaturhinweise

I. Zeitgenössische Urteile zum »Versuch«

a) Rezensionen

Magazin der deutschen Critik. Hrsg. von Hrn Schirach, Bd 3, Th. 1, Halle 1774, S. 210–244.

Der Teutsche Merkur. Hrsg. v. C. M. Wieland. Weimar 1774, 3. St., S. 351f. – Als vermutlicher Autor der Rezension wird nach Goedekes Hinweis (Grundriß, Bd IV, 1. Abt., ³1916, S. 573) verschiedentlich Wieland angesehen. Düntzer nahm sie in der Hempelschen Ausgabe (1879f.) als erster unter die Werke Wielands auf (Bd 38, S. 387f., vgl. die Chronolog. Übersicht seiner Werke, Bd 40, S. 831). Sie fehlt jedoch in der neuen Ausgabe von H. W. Seiffert: Christoph Martin Wieland, Ausgewählte Prosa aus dem Teutschen Merkur, Marbach: Schiller-Nationalmuseum 1963, wo S. 172f. die Beiträge von 1774 verzeichnet sind. Ich halte nach einem Vergleich der Rezension mit Wielands Äußerung an Gebler (s. o. 550f.) seine persönliche Verfasserschaft für unwahrscheinlich, wenngleich dort ebenfalls u. a. Home als Mentor Blanckenburgs genannt wird. Als „einen teutschen Home" bezeichnet aber auch der Wieland sicher fernstehende Rezensent in Schirachs ›Magazin‹ (S. 218) den Autor des »Versuchs«.

Almanach der deutschen Musen auf das Jahr 1775. Hrsg. v. Ch. H. Schmid. Leipzig 1775, S. 4f.

Allgemeine Deutsche Bibliothek. Hrsg. v. Fr. Nicolai. Bd 26, 2. St., Berlin u. Stettin 1775, S. 342–351. Rezension gezeichnet Ilr. [Verf.: Johann Karl August Musäus].

Neue Bibliothek der schönen Wissenschaften und der freyen Künste. Hrsg. v. Chr. F. Weisse. Bd 17, 2. St., Leipzig 1775, S. 301–311; Bd 18, 2. St., Leipzig 1776, S. 278–296.

b) Sonstige Stellungnahmen

Wieland an Tobias Philipp Freiherrn von Gebler, 19. Mai 1774. Abdruck von Friedrich Schlegel: Deutsches Museum, Bd 3, 1813, Heft 5, Brief Nr. VII, S. 445; sodann in: Auswahl denkwürdiger Briefe von C. M. Wieland, hrsg. v. Ludwig Wieland, Bd 2, Wien: C. Gerold 1815, S. 34f.

Alphabetisches Verzeichnis aller im Jahr 1774 in Schlesien lebender Schriftsteller, angefertiget von Karl Konrad Streit, Breslau: W. G. Korn 1776, S. 21f.

Almanach der Bellettristen und Bellettristinnen für's Jahr 1782.

Ulietea [Berlin], bey Peter Jobst Edler von Omai [Verf.: FRIEDRICH SCHULZ], S. 14f. – Quelle für Jördens' Lexikon, s.u.

JEAN PAUL: Brief an Chr. Fr. von Blankenburg in Leipzig, vom 22.11.1783, in: Sämtl. Werke, Abt. III, Bd 1, S. 111f.; vgl. dazu »Grönländische Prozesse«, Sämtl. Werke, Abt. I, Bd 1, S. 139, und »Bitschrift der deutschen Satiriker an das Publikum«, Sämtl. Werke, Abt. II, Bd 2, S. 133f.

ESCHENBURG, JOHANN JOACHIM: Entwurf einer Theorie und Literatur der schönen Redekünste. Zur Grundlage bey Vorlesungen. Berlin: Nicolai 1783; abgeänd. u. verm. 3. Aufl., 1805.

Litterarische Reise durch Deutschland. Erstes Heft, Leipzig: G. Ph. Wucherer u. G. E. Beer 1786, S. 75f. [Verf.: FRIEDRICH SCHULZ].

SCHULZ, FRIEDRICH: Moriz, ein kleiner Roman. Neue, verbesserte, und mit drey Büchern vermehrte Ausgabe. Weimar: Hoffmann 1787. – Widmung „An den Herrn Hauptmann von Blankenburg in Leipzig“, 4 S., zuerst in dieser Ausgabe.

II. Spätere Resonanz und Forschungsliteratur

Kursivsatz zeigt Spezialliteratur zu Blanckenburg an

EBERHARD, Johann August: Handbuch der Ästhetik für gebildete Leser aus allen Ständen, Th. 4. Halle: Schwetschke 1805.

Lexikon deutscher Dichter und Prosaisten. Hrsg. v. KARL HEINRICH JÖRDENS, Bd 1, 1806, S. 87–91.

Allgemeine Encyklopädie der Wissenschaften und Künste in alphabetischer Folge von genannten Schriftstellern, bearb. u. hrsg. v. J. S. ERSCH u. J. G. GRUBER, 10. Teil, 1823, S. 317f. (Verf.: JOHANN KARL AUGUST RESE).

VON WESSENBERG, J. H.: Über den sittlichen Einfluß der Romane. Ein Versuch. Constanz: Wallis 1826.

KOBERSTEIN, August: Grundriß der Geschichte der Deutschen Nationalliteratur, 4., erw. Aufl., Bd 3, 1866; 5., umgearb. Aufl. von Karl Bartsch, Bd 4 u. 5. Leipzig: C. F. W. Vogel 1873.

Ettlinger, Josef: Zur Ästhetik des Romans. In: Allgemeine Zeitung. Nr 69, Augsburg/München, 9. März 1892, Beilage Nr 58, S. 1–4.

RIEMANN, Robert: Goethes Romantechnik. Leipzig: H. Seemann Nf. 1902.

MINNERS, Kurt: Die Theorie des Romans in der Deutschen Aufklärung *(mit besonderer Berücksichtigung von Blankenburgs »Versuch über den Roman«)*. Diss. Hamburg 1922 (masch.).

GERHARD, Melitta: Der deutsche Entwicklungsroman bis zu Goethes ‚Wilhelm Meister'. Halle: M. Niemeyer 1926. (DVjs., Buchreihe, Bd 9.)

BORCHERDT, Hans Heinrich: Geschichte des Romans und der Novelle in Deutschland I. Teil. Leipzig: J. J. Weber 1926.

Floersheim, Anne-Lise: Der »Versuch über den Roman« des Freiherrn Chr. Fr. v. Blankenburg. Ein Beitrag zur Geschichte der Romantheorie. Diss. München 1926 (masch.); Auszug (3 S.), München 1927.

SOMMERFELD, Martin: Romantheorie und Romantypus der deutschen Aufklärung. In: DVjs. Jg 4, 1926, S. 459–490.
GRELLMANN, H.: Artikel ›Roman‹, in: Reallexikon der deutschen Literaturgeschichte, hrsg. v. Paul Merker u. Wolfgang Stammler, Bd 3, 1928/29, Sp. 67[b], 68[a].
SCHULTZ, Franz: Klassik und Romantik der Deutschen. I. Teil, Stuttgart: J.B. Metzler 1934. 3. Aufl. 1959. (Epochen d. dt. Lit. IV, 1).
KOSKIMIES, Rafael: Theorie des Romans. Helsinki 1935. (Annales Academiae Scientiarum Fennicae. 35.)
Beasley, Schubael T.: Fr. v. Blankenburg, A Biographical and Analytical Study, M.A. Diss. Cornell Univ. 1947 (ungedr.)
ders.: Christian Friedrich von Blankenburg's (1744–1796) Relation to the English Language and Literature. Doct. Diss. Cornell Univ. 1948 (ungedr.)
SENGLE, Friedrich: Wieland. Stuttgart: J.B. Metzler 1949.
Schioler, Margarethe: Blankenburgs Advocacy of Shakespeare. In: MDU 42, 1950, S. 161–165.
Schreinert, Kurt: Friedrich von Blankenburg. In: Neue Deutsche Biographie, Bd 2, 1955, S. 284f.
MARKWARDT, Bruno: Geschichte der deutschen Poetik, Bd 2: Aufklärung, Rokoko, Sturm und Drang. Berlin: de Gruyter & Co. 1956. (Grundriß der german. Philologie. 13/2.)
PRICE, Lawrence Marsden: Die Aufnahme englischer Literatur in Deutschland. 1500–1960. Bern/München: Francke Verlag 1961.
NEWALD, Richard: Von Klopstock bis zu Goethes Tod, 1750–1832, Bd 1: Ende der Aufklärung und Vorbereitung der Klassik. München: C.H.Beck 1961. (de Boor/Newald: Geschichte der deutschen Literatur von den Anfängen bis zur Gegenwart. 6/1.)
SINGER, Herbert: Der galante Roman. Stuttgart: J.B. Metzler 1961. (Slg Metzler. 10.)
MARTINI, Fritz: Der Bildungsroman. Zur Geschichte des Wortes u. der Theorie. In: DVjs. Jg 35, 1961, S. 44–63.
MICHELSEN, Peter: Laurence Sterne und der deutsche Roman des 18. Jahrhunderts. Göttingen: Vandenhoek & Ruprecht 1962. (Palaestra. 232.) *Kap. 5: Darstellung des Inneren. Die Romantheorie Friedrich von Blankenburgs. S. 141–176.*
LOCKEMANN, Wolfgang: Die Entstehung des Erzählproblems. Untersuchungen zur deutschen Dichtungstheorie im 17. u. 18. Jahrhundert. Meisenheim am Glan: A. Hain 1963. (Deutsche Studien. 3.) *Kap. 10: Friedrich von Blankenburg. S. 166–184.*
SCHRIMPF, Hans Joachim: Moritz »Anton Reiser«. In: Der deutsche Roman, hrsg. v. Benno von Wiese. Düsseldorf: Bagel 1963, Bd 1, S. 95–131.
BECKER, Eva D.: Der deutsche Roman um 1780. Stuttgart: J.B. Metzler 1964. (Germanist. Abhandlungen. 5.)
BEAUJEAN, Marion: Der Trivialroman in der zweiten Hälfte des 18. Jahrhunderts. Bonn: Bouvier & Co. 1964 (Abh. zur Kunst-, Musik- u. Lit.wiss. 22.)
VOSS, Ernst Theodor: Nachwort zu Johann Jakob Engel »Über

Handlung, Gespräch und Erzählung«. Faksimiledruck der ersten Fassung von 1774. Stuttgart: J.B. Metzler 1965. (Slg Metzler. 37.)

Trotz nur beiläufiger Erwähnungen Blanckenburgs sind wegen des nahen Sach-Zusammenhangs nennenswert:

HEINE, Carl: Der Roman in Deutschland von 1774 bis 1778. Halle: M. Niemeyer 1892.

JAUSS, Hans Robert (Hrsg.): Nachahmung und Illusion. Kolloquium Gießen Juni 1963. München: Eidos-Verlag 1964.

MATTHECKA, Gerd: Die Romantheorie Wielands und seiner Vorläufer. Diss. Tübingen 1956 (masch.).

NEUSTÄDTER, Erwin: Versuch einer Entwicklungsgeschichte der epischen Theorie in Deutschland von den Anfängen bis zum Klassizismus. Diss. Freiburg 1927.

NIVELLE, Armand: Kunst- und Dichtungstheorie zwischen Aufklärung und Klassik. Neu bearb. Ausgabe. (aus d. Französ.) Berlin: de Gruyter & Co. 1960.

SCHMIDT, Erich: Richardson, Rousseau und Goethe. Ein Beitrag zur Geschichte des Romans im 18. Jahrhundert. Jena: F. Frommann 1875. Obraldruck der 1. Aufl. Ebda 1924.

WOLFF, Max Ludwig: Geschichte der Romantheorie mit besonderer Berücksichtigung der deutschen Verhältnisse. Erster Teil [mehr nicht erschienen]: Von den Anfängen bis gegen die Mitte des 18. Jahrhunderts. Nürnberg: C. Koch 1915. (Diss. München 1911.)

Inhalt

Vortitel

EBERHARD LÄMMERT

Bauformen des Erzählens

Unveränderter Nachdruck der 1. Auflage von 1955

296 S. gr. 8°/Leinen DM 22.50

Ein Werk, „das zwar nicht mit ausdrücklichen Worten, aber schon durch sein Dasein den Anspruch erhebt, eine Art von Organon der Poetik der Erzählkunst zu sein. Besteht jener Anspruch zu Recht, so bedeutet das Erscheinen dieses Buches für die Erzählforschung ein nicht unwichtiges Ereignis. [Es] sei gleich gesagt, daß dies unseres Erachtens tatsächlich der Fall ist, und daß dieses Buch die Erzählforschung einen tüchtigen Schritt weitergebracht hat".

Herman Meyer in: ZfdA 1956

JOHANN JAKOB ENGEL

Über Handlung, Gespräch und Erzählung

Faksimiledruck der ersten Fassung von 1774
Herausgegeben und mit einem Nachwort versehen
von Ernst Theodor Voss/1965

VIII, 80 S. Faks., 75 S. Anhang, 171 S. Nachw., kl. 8°
Pappbd DM 22.– (= Sammlung Metzler. Abt. Dokumentationen, Reihe b: Aus der Gesch. d. Lit.wiss. u. Lit.krit. M 37)

Inhalt: Faksimileteil – Anhang: Herausgebernotiz. Lesarten der 2. Fassung von 1795 bzw. 1802. Erläuterungen und Ergänzungen. E.s Rezension von Gessners »Neuen Idyllen« (1772). E.s Rezension von Diderots »Contes moraux« (1773/74). Von den Formen der Gedichte (aus E.s »Anfangsgründen einer Theorie der Dichtungsarten« von 1783). Erzählung, dramatische Vergegenwärtigung und Wirkung (aus E.s »Ideen zu einer Mimik« von 1785/86). – *Nachwort.* Anmerkungen – *Personenregister.*

Y0-CML-668

STRUCTURE AND REACTIONS OF SIMPLE ORGANIC COMPOUNDS

Structure and Reactions of Simple Organic Compounds

DOUGLAS LLOYD

Senior Lecturer in Chemistry in the United College of St Salvator and St Leonard in the University of St Andrews

American Elsevier Publishing Company, Inc.
New York
1967

Library of Congress Catalog Card Number: 67:16247

American Elsevier Publishing Company, Inc.
52 Vanderbilt Avenue,
New York, New York 10017

Printed in Great Britain by
W. S. Cowell Ltd, at the Butter Market, Ipswich

Contents

Preface

In the preface to an earlier book entitled *The Chemistry of Simple Organic Compounds* (University of London Press Ltd, 1964), which was intended as a first introduction to organic chemistry, the author argued the case for first of all presenting a certain body of factual information about the subject and then going on to discuss the more theoretical aspects, using the factual information already provided as a basis.*

The present text is a logical outcome of this method and attempts to discuss in an elementary way the underlying principles of organic chemistry, with the basic assumption that the simpler routine facts of the subject are already familiar.

To the extent that the author assumes that the reader has reached a standard about equivalent to that reached by *The Chemistry of Simple Organic Compounds*, the present book is a sequel to this previous one. But there is no necessity for the reader to have read the earlier volume; so long as he has learned the structural formulae, simpler reactions, and nomenclature of the common types of organic compounds he should find the present text within his grasp. In fact in places the present text consciously overlaps the author's previous one, in order to ensure that certain aspects are dealt with, whether the reader has read the other text or not. In assuming that the reader has already learned some fundamental organic chemistry the author also assumes that he has studied other branches of chemistry, for instance that he has some idea of the electronic structure of the elements.

This book is aimed at sixth form and first year University students (and others) who are not content to know only the structural side of organic chemistry but who wish to know something of its physical background. It is hoped that it will provide correlations linking factual matter which is already familiar to the reader. It should also serve as

* 'It is not only a question of taking all the facts into account. It is a question of taking the facts into account first. A properly organised preconception can fit any sort of fact, by making suitable adjustments and assumptions.' (R. Conquest, *The Listener*, 19 December 1963, 1015.)

a 'refresher course' to people who learned their organic chemistry before the recent influx of physical ideas made itself felt.

Another hope of the author is that the present text may help to unify different branches of chemistry and show the interaction between, say, organic and physical chemistry. If the book can only do something to point out the essential unity of the all too often rigorously isolated divisions of chemistry it will have achieved some purpose.

The general plan of the book is as follows. The first three chapters deal with general structural aspects of organic chemistry, which encompass both electronic and steric aspects. Then come four chapters dealing with the reactions of organic compounds, including the effects of structure on these reactions. After this two chapters mention the way in which physical methods are used to such effect by modern organic chemists, and finally there is a brief historical chapter on the development of organic chemistry. This has purposely been put at the end, partly because it enables the author to use terms freely which have already been defined in earlier parts of the book, and partly because this development may be seen in better perspective if the present day position has already been established.

In his previous book the author stated 'The classical form of electronic theory has been used rather than the more refined modern concepts involving transition states, since the former is simpler for the beginner and can easily be modified in later work'. Again he follows up his precepts by making this modification in the present text.

The general approach has been to try and provide a bird's-eye view of the topics discussed in order to enable the student to see the range of inherent possibilities. At some points, however, it has seemed preferable to achieve this aim by discussing selected applications in greater detail. This has been done, for example, in the chapter on reaction mechanisms, where a better understanding of the factors involved is probably gained by concentrating on a few examples.

In conclusion it may not be amiss to quote again here a cautionary comment from the previous book (*p.* 175). 'Before outlining these ideas of chemical reactivity it is well to stress that they are *theories*, which may require modification as the result of future discoveries. They have been evolved in attempts to correlate the known facts, and in so far as they achieve this aim, are accepted as "true". But they are not immutable facts. A statement such as "bromine-water is decolorised by ethylene" may be regarded as factual and final. On the other hand the explanation given of how this reaction may take place cannot be regarded as factual and final in the same way. It is possible that in the future a completely different picture of the mechanism of this reaction may be adopted. This frequently happens with scientific theories; they must be regarded as the best correlation devised by men which is available at the moment – and as no more. When a more complete correlation is obtained from a new approach, then the older theory must be supplanted.'*

It is a pleasure to thank a number of people who have assisted in the preparation of this book. The author is particularly grateful to his friend and former colleague, Dr D. R. Marshall (now at University College of North Wales, Bangor), who read the whole manuscript and provided many penetrating comments and criticisms which have contributed materially to the book. Thanks are also due to Mrs P. A. Sugden for assistance with reading the proofs, and to Mr L. M. H. Timmermans, Mr A. E. Reid, and the staff of University of London Press Ltd for their help and understanding at all stages in the production of the book.

It is inevitable that errors remain in the text, for which the author takes sole responsibility. He would be most grateful if readers will draw his attention to any they come across so that they may be corrected.

St Andrews, Fife D.L.

---

* '. . . as soon as any picture or model shows its usefulness in depicting or relating certain facts, there seems to be a very nearly irresistible human urge to treat it as a fact itself, and to treat every feature of the model as if it corresponded to an actual feature of the world; and every sensible question or statement about the model as a necessarily sensible question or statement about the world. Not only is this wrong, but it is fair to say that this assumption has provided philosophy with most of its puzzles down the ages.' (G. Robinson, *The Listener*, 1964, **72**, 977.)

CHAPTER I

The Molecular Structure of Organic Compounds

The Uniqueness of Carbon

Of all the elements carbon alone has a major branch of chemistry devoted to itself. This is because of the immense number of carbon compounds which are known, whereas the number of compounds formed by any of the other elements is relatively small.

It is worth considering the factors which make carbon unique in this way. The huge number of different carbon compounds depends on the ability of the carbon atoms to form chains and rings in which different numbers of carbon atoms are linked together, while the multiplicity of isomers results from the fact that these chains and rings may be unbranched or may have numerous side-chains attached. In other words, to be the basis of a complex system such as organic chemistry, an element must (*a*) be able to form bonds with other atoms of its own kind, which are energetically stable at normal temperatures, and which are sufficiently unreactive under normal conditions of light, air and moisture, and (*b*) have a valency greater than two in order that chain branching is possible.

None of the other elements meet these criteria satisfactorily. The metallic elements can be eliminated at once since they do not form stable covalent bonds with other atoms of their own kind. Similarly all the elements that are normally monovalent or divalent are ruled out since they cannot form branched chains – the monovalent ones cannot form chains at all, of course. Possible candidates are, however, nitrogen, phosphorus, boron and silicon, all of which could form branched molecules. The fact that they do not form compounds comparable to the organic compounds of carbon can be explained if we consider the bond energies of bonds linking two atoms of the same element. For example, whereas the average bond energy of a C—C bond (*i.e.* the energy required to break the bond) is 83 kcal, that of a N—N bond is only 38 kcal. The energy of the N—N bond is thus far too low to impart the necessary stability to any molecule of even moderate complexity made up from a number of N—N bonds. The P—P bond is stronger (bond energy 51 kcal) and some compounds of moderate complexity involving such bonds are indeed known. However, P—P bonds are usually readily hydrolysed and such compounds are therefore not sufficiently stable in a normal moist atmosphere to provide a large family of compounds. Boron and silicon can also be ruled out on energetic grounds, leaving us with carbon as the only element which can form a variety of combinations of stable bonds linking atoms of the one element together.

The fundamental compounds of organic chemistry are the alkanes. The average bond energy of the C—H bond is 98 kcal, so it may be seen that the carbon skeleton is surrounded by a large number of hydrogen atoms all linked to it by strong bonds. The unreactivity and stability of the alkanes is thus understandable. (It is worth noting that the energy of the C—F bond is 105 kcal. The remarkable stability of the fluorocarbons is thus entirely reasonable.) However, by introducing other groups of atoms, the so-called functional groups, into a molecule, sites are provided at which the various typical reactions of organic chemistry can take place.

Angles between Valency Bonds

In saturated carbon compounds each carbon atom is attached to four other atoms. Since each valency bond consists of a pair of electrons it is to be expected that there will be repulsive forces between adjacent bonds. From this simple principle, therefore, one may expect to find that the four valency bonds about a saturated carbon atom are so disposed that each will be as far away from the others as possible. This will be achieved if each of the bonds is at an angle of 109° 28′ to its neighbours giving rise to the tetrahedral configuration of the carbon atom, so called because the bonds are then directed towards the corners of a tetrahedron of which the carbon atom itself is the centre.

Proof that this is indeed the case may be obtained as follows. If a compound of molecular formula CH_3Br is prepared it is never possible to obtain more than one compound, however this compound is prepared. This suggests that all the four valency bonds to the carbon atom are equivalent. Were this not the case, different isomers of molecular formula CH_3Br should be obtainable.

It is possible to arrange four equivalent bonds about a central atom in three different ways. They may be coplanar, with the bonds radiating from the central atom to the corners of a square (I); they may be pyramidal, with the central atom at the apex and the bonds forming the corners of the sides (II); or they may be tetrahedral (III).

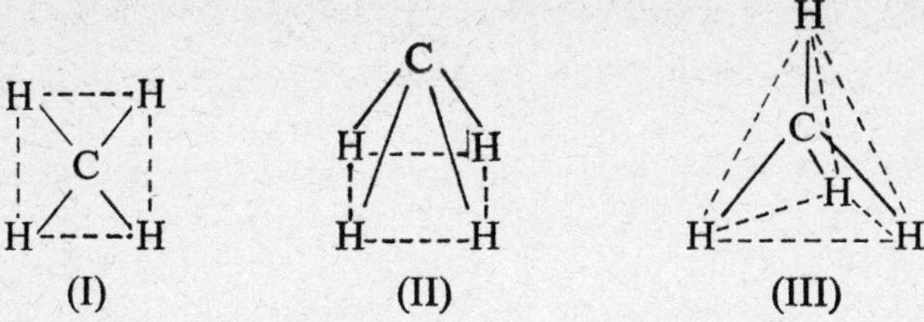

Supposing a compound of molecular formula CH_2Br_2 is made. If formulae (I) or (II) represent the correct disposition of the valency bonds in space, then *two* isomers of this formula should be possible, *i.e.* (IV *a*) and (IV *b*), or (V *a*) and (V *b*):

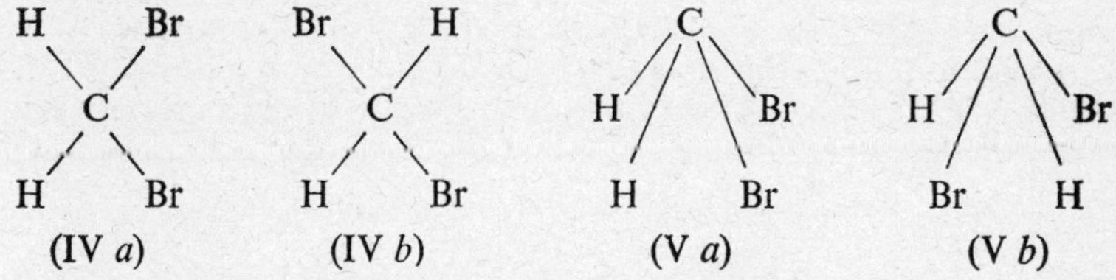

In (IV *a*) and (V *a*) each bromine atom is flanked by one hydrogen atom and one bromine atom, whereas in (IV *b*) and (V *b*) each bromine atom is flanked by two hydrogen atoms. On the other hand, if the arrangement of the bonds is tetrahedral, only *one* arrangement of the atoms is possible; for whichever valency bonds the two bromine atoms are attached to, the C—Br bonds are always at about 109° to each other and to the two C—H bonds. Since only one compound of molecular formula CH_2Br_2 has ever been obtained, one may assume that formula (III) is the correct representation of the arrangement of the valency bonds about a saturated carbon atom. This is confirmed by many stereochemical (*i.e.* 'chemistry in space') studies. (See Chapter III.) The concept of a tetrahedral arrangement of the carbon valencies was reached on purely logical grounds as long ago as 1874 by van't Hoff, long before the electronic concept of valency. It has been amply verified by means of physical techniques such as X-ray diffraction studies, etc. (See Chapter IX.)

In the case of olefinic carbon atoms only three other atoms are directly attached to the carbon atom. Using the same principle, that we should expect the valency bonds linking these atoms to be as far apart from one another as possible, we find that this is achieved if the three bonds are coplanar and at angles of 120° to one another – which is in fact the geometry of an olefinic carbon atom. Similarly the bonds to an acetylenic carbon atom are at 180° to one another.

Molecular Orbitals and the Structure of Organic Compounds

Of the electrons surrounding the nucleus in a carbon atom, in their lowest energy state two occupy the 1*s*-orbital, two the 2*s*-orbital, and two occupy 2*p*-orbitals. Since the electrons in the 1*s*- and 2*s*-orbitals are paired, whereas those in the 2*p*-orbitals are unpaired, we might expect carbon to have a valency of only two. In fact the tetravalency of carbon has been one of the fundamental facts on which the whole body of structural organic chemistry has been built. We could make carbon tetravalent by 'promoting' one of the 2*s*-electrons to an orbital of higher energy, and by having one electron in a 2*s*-orbital and three electrons in 2*p*-orbitals, all of them being unpaired.

But this still does not explain the tetrahedral arrangement of the valency bonds about carbon atoms. *s*-Orbitals are spherically symmetrical about the nucleus of the atom while the three *p*-orbitals lie in three planes all at right-angles to each other, so that three electrons in *p*-orbitals and one in an *s*-orbital should give rise to three equivalent bonds at right-angles to each other and a fourth bond of different type having no particular directional properties. To explain the four equivalent tetrahedral valencies of carbon, theory suggests that the three *p*-orbitals and the one *s*-orbital are combined or *hybridised* to give a set of four equivalent orbitals, each directed towards the corner of a tetrahedron. Orbitals formed by the combination of different kinds of orbitals in this way are known as *hybrid orbitals*. Since the ones we are presently considering are formed from three *p*-orbitals and onc *s*-orbital they are called sp^3-hybridised orbitals.

When a carbon atom is joined to four other atoms the four sp^3-orbitals of the carbon atom each overlap a suitable orbital of the atoms to which they are joined, thus forming four *molecular orbitals* arranged symmetrically about the carbon atom and each separated from each other by the tetrahedral angle of 109° 28′. (There may in fact be minor deviations from this angle.)

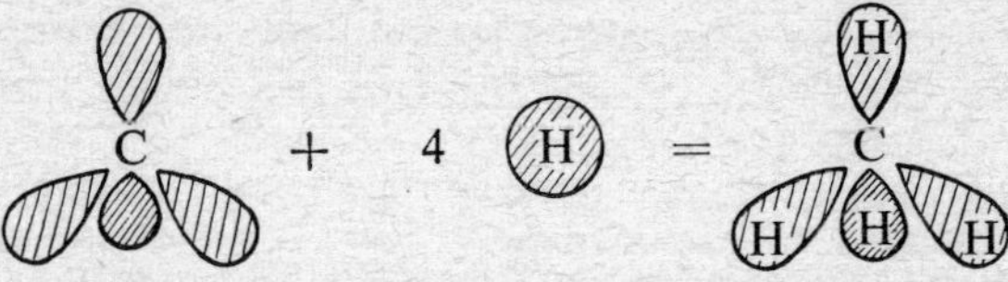

It is this overlap between the orbitals of the two atoms which produces the chemical bond. This type of bond is known as a σ-bond.

It may reasonably be asked why the carbon atom utilises one *s*- and three *p*-orbitals in bond formation since this involves one of the electrons occupying an orbital of higher energy than would be the case if two electrons occupied the 2*s*-orbital and two occupied *p*-orbitals. The answer is that the *promotion energy* required is more than compensated for by the energy liberated in bond formation and especially in the formation of bonds involving sp^3-hybridised orbitals.

The molecular orbitals involved in σ-bonds are symmetrical about the axes between the two atoms they unite. This means that rotation is possible about σ-bonds – a fact which is another of the dogma of organic chemistry. (But see Chapter II.)

Some elements are well known to have a greater attraction or affinity for electrons than others; thus elements on the left-hand side of the normal periodic table (*e.g.* sodium, potassium) are prone to lose electrons and become positive ions whereas elements on the right-hand side of the table tend to gain electrons and become negatively charged ions. This affinity for electrons, which in general increases towards the top right-hand corner of the table, is called the *electronegativity* of the element. Thus carbon is given an electronegativity of 2·5, whereas that of lithium is 1·0, and that of chlorine and fluorine 3·0 and 4·0 respectively.

When a σ-bond joins two atoms of different electronegativities the electrons forming the bond will be attracted preferentially towards the more electronegative atom. In other words the orbital is not entirely symmetrical but is displaced somewhat towards the more electronegative atom. In consequence such bonds are slightly polar. Thus in the case of methyl chloride the C—H bonds are slightly polar with the orbitals a little displaced towards the carbon atom, while the C—Cl bond is more strongly polar, the displacement this time being away from the carbon atom and towards the chlorine atom. This unequal sharing of the electrons in a σ-bond can be represented by an arrowhead on the middle of the bond pointing towards the atom which has the greater affinity for the electrons of that bond. Thus methyl chloride can be represented as:

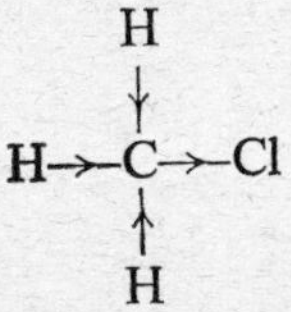

```
      H
      ↓
H→—C—→Cl
      ↑
      H
```

Such a representation gives no idea of the quantitative aspect. For instance, in this case there is no indication that the effect, called the *inductive effect*, is much more pronounced in the C—Cl bond than in the C—H bonds. Inductive effects play a part in the physical and chemical properties of organic compounds as will be seen in the later chapters.

Owing to the unequal sharing of the electrons in a molecule such as methyl chloride the molecule as a whole is somewhat polar, *i.e.* there are positive and negative 'ends' of the molecule. The extent of this polarisation can be determined experimentally and is called the *dipole moment* of the compound. All bonds linking dissimilar atoms have some dipolar character but a molecule made up of dipolar bonds may be non-polar as a whole, owing to the dipolar effects in the bonds being cancelled out by the symmetry of the molecule as a whole. Thus carbon tetrachloride, CCl_4, has four polar C—Cl bonds but has a dipole moment of zero since it is symmetrical.

Multiple Bonds

When a carbon atom is bonded to only three other atoms, as in an alkene or a carbonyl group, it is suggested that the electronic structure is as follows. Again one electron is promoted from a 2*s*-orbital to a 2*p*-orbital, but in this case the 2*s*-orbital and only *two* of the 2*p*-orbitals are hybridised to form three equivalent sp^2-orbitals, while one electron remains in a separate *p*-orbital. The three sp^2-orbitals lie in a plane at angles of 120° to each other and form σ-bonds joining the other atoms to the carbon atom. The remaining *p*-orbital is at right-angles to the plane of these σ-bonds and extends above and below this plane, *viz*:

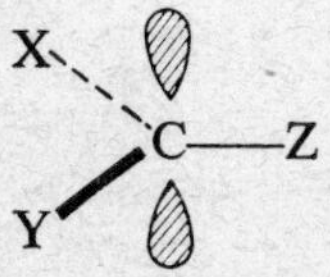

X, Y, C—Z

(C—X, C—Y, C—Z are bonds formed by the sp^2-orbitals; [p-orbital lobes] represents the remaining *p*-orbital)

In a molecule such as ethylene there will thus be two adjacent carbon atoms each linked to three other atoms by σ-bonds and each having one unused *p*-orbital:

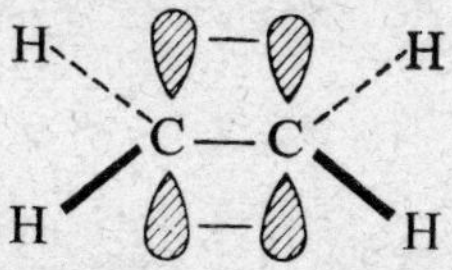

H, H, C—C, H, H

These *p*-orbitals on adjacent atoms are parallel to one another and can overlap one another laterally, thereby forming a further bond between the two atoms. But this will be a different type of bond from the σ-bonds, for the latter are formed by the overlap of two orbitals along the axis of those orbitals, whereas in this case the overlap is lateral. This type of bond has been called a π-bond and corresponds to the double bond of classical organic chemistry.

This concept of the second bond in olefins explains two further features of the chemistry of double bonds. In the first place the bond strength of the olefinic double bond is not twice the strength of a single bond, but is somewhat less. Since the second bond, being a π-bond, is of a different type from a σ-bond and involves a different type of orbital overlap, this is eminently reasonable. In the second place the lack of free rotation about a double bond is explained. If rotation about the C—C bond in ethylene were to take place the two *p*-orbitals which overlap to form the π-bond would no longer be parallel to one another and the possibility of overlap would diminish as rotation increased. Indeed after rotation through 90° there would be no overlap at all. This means that in fact the π-bond would be broken, and in normal circumstances there is not enough energy available to achieve this. Hence rotation about a double bond does not take place unless a large amount of energy is provided to the molecules.

The double bond in a carbonyl group is formed similarly by lateral overlap between a p-orbital of the carbon atom and a similar orbital of the oxygen atom.

The oxygen atom of a carbonyl group has a greater electronegativity than the carbon atom and thus the electrons of the π-bond tend to be displaced towards it. This the displacement of the π-electrons is represented in conventional formulae by a curved arrow from the double bond towards the electron-attracting atom, *e.g*:

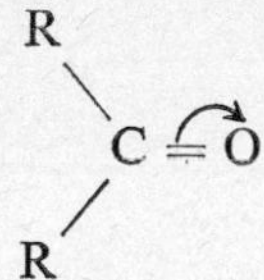

This effect, known as the *conjugative effect*, has a profound influence on the properties of carbonyl compounds. (See Chapter VI.) Even in a double bond linking two carbon atoms there may be an unequal sharing of the electrons of the π-bond if different groups of atoms are attached to the two carbon atoms. Thus in propene, owing to an inductive effect due to the methyl group, the π-electrons are repelled somewhat towards the terminal carbon atom as shown in the following formula:

$$CH_3 \rightarrow CH = CH_2$$

In the case of an acetylenic bond it is assumed that the two carbon atoms are joined by one σ-bond and two π-bonds. The carbon atoms are said to be sp-hybridised, *i.e.* in this case one of the electrons of the $2s$-orbital is again promoted to a $2p$-orbital. Of the three $2p$-orbitals now available on each carbon atom, one is hybridised with the $2s$-orbital to form two sp-orbitals at 180° to each other, while the other two occupy orbitals at right-angles both to the plane of the σ-orbitals and to each other:

H— C — C —H

These p-orbitals can not only interact laterally to form two π-bonds as in (VI) but these two π-bonds can also merge with one another to form an orbital which is barrel-shaped and symmetrical about the axis of the σ-bond (VII).

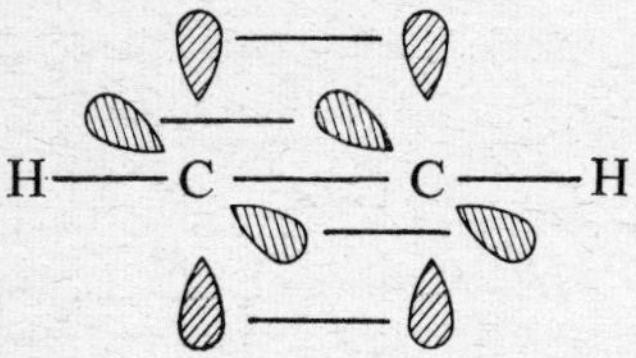

H—C—C—H

(VI)

H—C—C—H

(VII)

Delocalisation of Electrons in Benzene

In benzene each of the six carbon atoms is sp^2-hybridised, and uses these orbitals to join to the two neighbouring carbon atoms and a hydrogen atom. Each carbon atom thus has one electron in an unshared p-orbital as in (VIII).

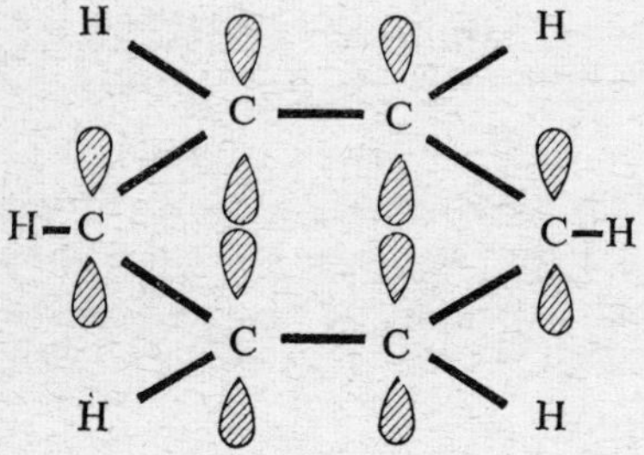

(VIII)

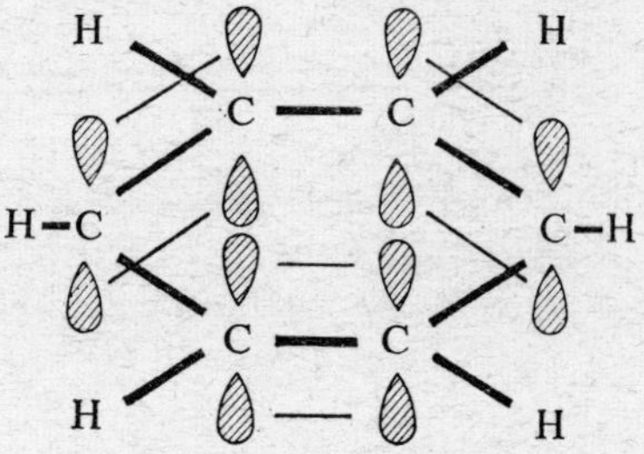

(IX)

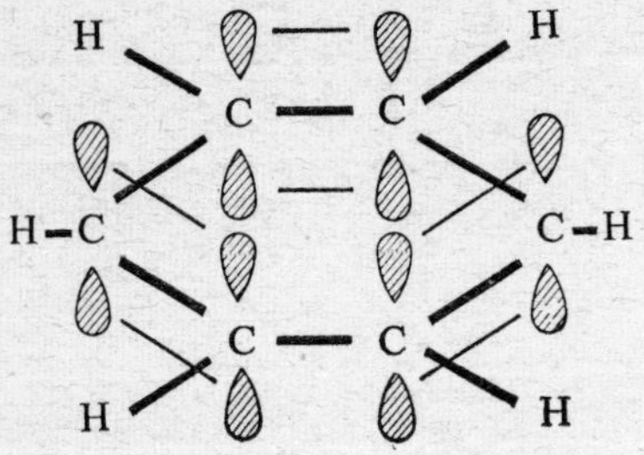

(X)

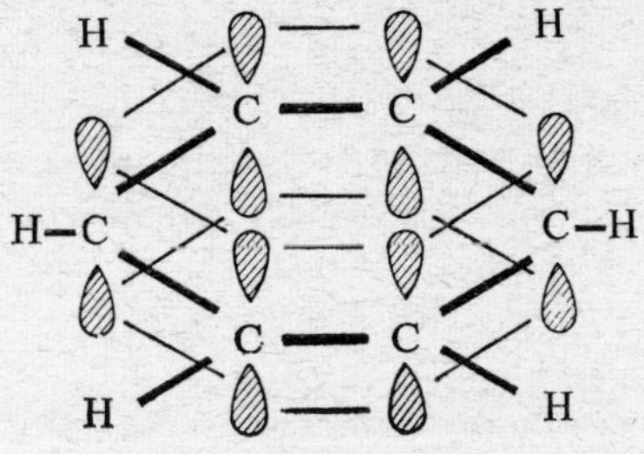

(XI)

These orbitals may overlap laterally to form π-bonds as in ethylene. If this happened only as in ethylene, the π-bonds could be formed in two distinct ways, as in (IX) and (X), corresponding to the two possible Kekulé formulae for benzene. It is generally believed however that all six *p*-orbitals overlap one another to form a large *delocalised* orbital as represented in (XI). This accounts for the fact that the benzene ring is symmetrical with all its sides of equal length and angles of equal magnitude, and that the bond lengths are intermediate between those of normal single and double bonds.

Delocalisation of the π-electrons results in the formation of bonds which are stronger than those between other pairs of atoms, which are otherwise structurally similar. Since the bonds are stronger, the molecule as a whole is more stable than might be expected from a more classical formulation. The extra stabilisation thus conferred on a molecule is known as the *delocalisation energy*. In the case of benzene the delocalisation energy is the difference in energy between the calculated value for a hypothetical cyclic molecule C_6H_6 having fixed alternating single and double bonds, and the actual experimentally determined energy of benzene. It is found that for benzene this amounts to about 36 kcal/mole. This delocalisation of the π-electrons in turn accounts for the generally saturated character of benzene in its chemical reactions, a character which has been termed *aromatic character*.

All cyclic compounds which have alternating double and single bonds do not show aromatic character in the same way. Thus cyclooctatetraene (XII) behaves as a reactive olefin while cyclobutadiene (XIII) is apparently too reactive to be isolable.

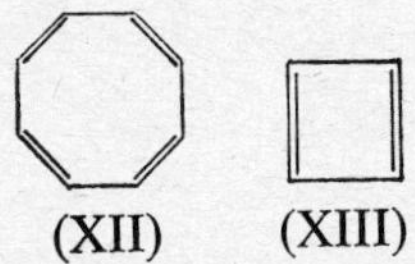

(XII) (XIII)

It has been predicted on theoretical grounds that six π-electrons can form a particularly stable delocalised orbital.

Resonance

An alternative method which has been used to describe the structure of benzene is to say that it is a *resonance hybrid* of the two Kekulé formulae (XIV) and (XV).

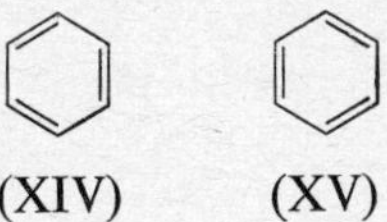

(XIV) (XV)

In such a description it is recognised that neither formula can adequately represent the structure of benzene and that neither form has any real existence. They are called *canonical forms*, and in resonance terminology a molecule is described as a hybrid of a series of canonical forms. It is essential that these canonical forms shall differ from one another only in the distribution of electrons, and that the arrangements of the atoms shall be identical in all of them. The more nearly equivalent the various canonical forms of a molecule are, the greater the degree of hybridisation between these forms. In the case of benzene, forms (XIV) and (XV) are entirely equivalent and hybridisation is complete. In this way of describing a molecule the term *delocalisation energy* is replaced by the alternative one *resonance energy*, which has the same meaning. An early attempt to give a pictorial representation of resonance likened a mule to a resonance hybrid of a horse and a donkey. This comparison is not satisfactory, for the horse and donkey are real animals of which the mule is a cross, whereas the canonical forms have no actual existence but are merely imaginary contributors to an overall reality which is different from any of the contributing forms. J. D. Roberts has suggested that a better analogy would be the attempted description of a rhinoceros as a hybrid of a unicorn and a dragon. Both the canonical forms here are fictitious but the real animal has features derived from both (and presumably other canonical forms!).

Delocalisation of Electrons in Other Groups of Atoms

Another common example of delocalisation of π-electrons is provided by the carboxylate ion, RCO_2^-. In the classical description of these ions, the carbon atom is doubly bonded to one oxygen atom, and singly bonded to another which is negatively charged and has a pair of electrons which derive from the O—H bond of the parent acid:

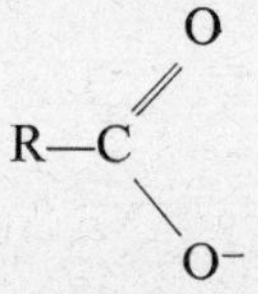

O
//
R—C
\
O⁻

In orbital terms the carbon atom and the doubly bonded oxygen atom each have a singly occupied *p*-orbital at right-angles to the planes of the atoms; the negatively charged oxygen atom has a pair of electrons in a *p*-orbital similarly disposed. Thus all these orbitals can overlap laterally to form one delocalised molecular orbital:

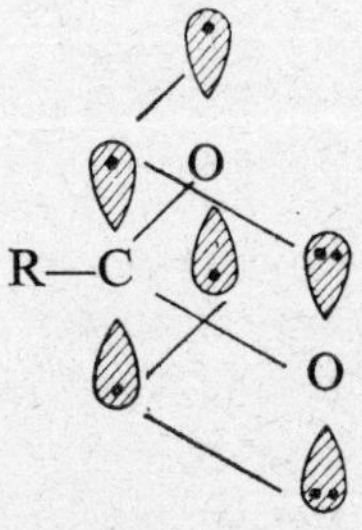

O
R—C
O

In consequence the carboxylate ion is symmetrical, and the negative charge is equally shared between the two oxygen atoms. This is confirmed by measurements which show that the two C—O bonds are of equal length. The alternative explanation in terms of resonance theory is to describe the carboxylate ion as a resonance hybrid of the two canonical forms (XVI) and (XVII):

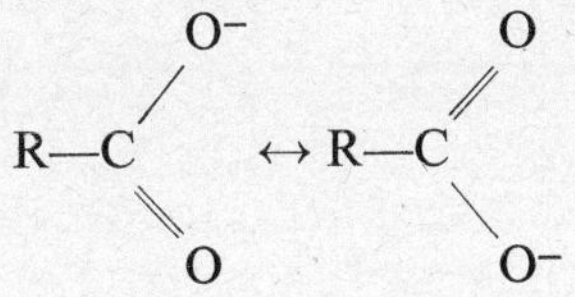

$$\mathrm{R{-}C}\begin{matrix}\diagup \mathrm{O^-} \\ \diagdown\!\!\diagdown \mathrm{O}\end{matrix} \leftrightarrow \mathrm{R{-}C}\begin{matrix}\diagup\!\!\diagup \mathrm{O} \\ \diagdown \mathrm{O^-}\end{matrix}$$

(XVI) (XVII)

Note the use of the double-headed arrow to indicate resonance. It does *not* infer a rapid interchange between forms (XVI) and (XVII) but that the molecule is best represented as a hybrid between these two forms. Using a similar notation acetone might be represented in its reactions as a hybrid of (XVIII) and (XIX):

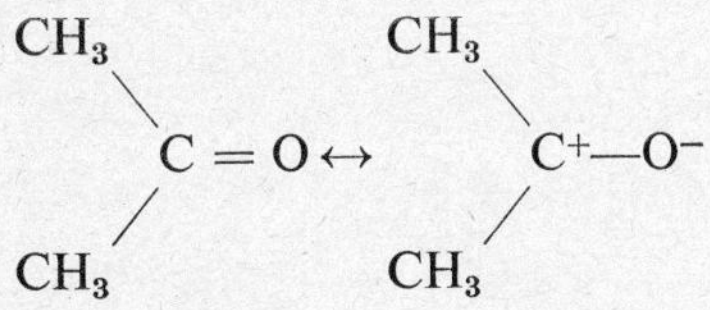

$$\begin{matrix}\mathrm{CH_3} \\ \diagdown \\ \mathrm{CH_3} \diagup\end{matrix}\mathrm{C=O} \leftrightarrow \begin{matrix}\mathrm{CH_3} \\ \diagdown \\ \mathrm{CH_3} \diagup\end{matrix}\mathrm{C^+{-}O^-}$$

(XVIII) (XIX)

In form (XVIII) the electrons of the π-bond are equally shared between the carbon and oxygen atoms. In form (XIX) they are associated entirely with the oxygen atom, conferring a negative charge on it, and leaving the carbon atom, which has a deficiency of electrons in this form, with a positive charge. The true situation is somewhere between these two extremes, as explained earlier in the chapter.

Acidity and Basicity of Organic Compounds

It is reasonable to ask why the OH group in a carboxylic acid is acidic whereas in an alcohol it is neutral.

In general two factors will govern the acidity of a molecule, (*a*) the ease of removal of a proton from the un-ionised molecule, which will be assisted by any adjacent electron-attracting group and made more difficult by electron-repelling groups, and (*b*) the tendency of the anion which is formed to recombine with a proton.

If we compare a carboxylic acid and an alcohol, in the former the OH group is adjacent to a carbonyl group. The oxygen atom of the latter tends to draw the π-electrons of the carbonyl group towards itself, causing thereby a general withdrawal of electrons away from the O—H bond, and thus facilitating the loss of the hydrogen atom as a proton:

$$R—C(\overset{\curvearrowright}{=}O)—O\leftarrow H$$

In an alcohol no such effect can operate, and in fact the inductive effect of the alkyl group operates to a small extent in the opposite direction:

$$R\rightarrow O—H$$

On removal of a proton from an alcohol the resultant alkoxide anion has its charge localised on the oxygen atom, but removal of a proton from a carboxyl group produces an anion which is stabilised by delocalisation of the charge over both oxygen atoms and the carbon atom. The carboxylate anion thus has much less tendency to recombine with a proton than the alkoxide anion. Therefore on both counts mentioned above a carboxyl group should be much more acidic than a hydroxyl group. In fact a typical carboxylic acid is 10^{11} times stronger an acid than a typical alcohol.

Introduction of electron-withdrawing groups into a carboxylic acid should, on the above ideas, increase the dissociation of the acid. That this is indeed so is well illustrated by the dissociation constants of a series of α-halogenated acids:

Acid	Dissociation Constant $\times 10^5$ (at 25°C)
CH_3CO_2H	1·75
ICH_2CO_2H	75
$BrCH_2CO_2H$	138
$ClCH_2CO_2H$	155
FCH_2CO_2H	219
Cl_2CHCO_2H	5000
Cl_3CCO_2H	20000

The C-halogen bond has a strong inductive effect towards the halogen atom and not surprisingly increases the acidity, the effect increasing with increasing electronegativity of the halogen involved (*i.e.* from iodine to fluorine) and with increasing numbers of halogen atoms. The effect is much less if the halogen atom is further removed from the carboxyl group. As the following table shows, the effect is virtually nil if three or more saturated carbon atoms are interposed between the halogen atom and the carboxyl group:

Acid	Dissociation Constant × 10^5
$ClCH_2CO_2H$	155
$Cl(CH_2)_2CO_2H$	8·5
$Cl(CH_2)_3CO_2H$	3·0
$Cl(CH_2)_4CO_2H$	2·0

Phenols are also weakly acidic. The benzene ring is weakly electron-attracting, but, more important in this case, the negative charge on the anion can be delocalised over the whole benzene ring due to interaction between the pair of electrons on the oxygen atom and the sextet of π-electrons in the ring:

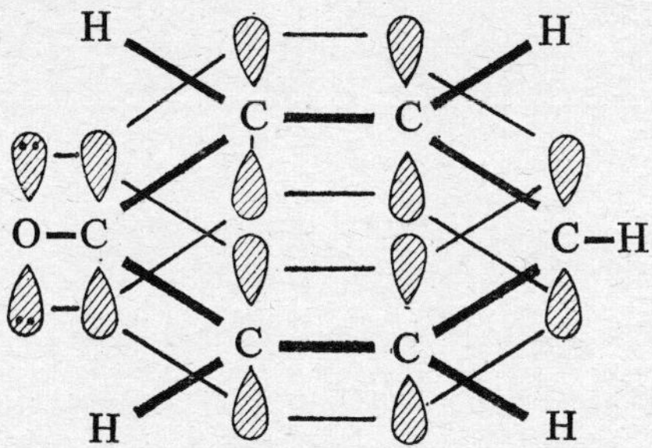

This greatly stabilises the anion and makes its recombination with a proton less likely. Again, as might be expected, electron-withdrawing groups substituted in the benzene ring increase the acidity still further. Thus nitrophenols, unlike phenol itself, are sufficiently acidic to liberate carbon dioxide from carbonates, while picric acid, 2,4,6-trinitrophenol, is a strong acid.

The commonest organic bases are the amines. Their basicity is due to the unshared lone pair of electrons on the nitrogen atom which can react with a proton to give an ammonium salt:

$$R\ddot{N}H_2 \xrightarrow{H^+} [RNH_3]^+$$

$$(e.g.\ \ R\ddot{N}H_2 + H_3O^+ \longrightarrow [RNH_3]^+ + H_2O)$$

In contrast to the way that electron-withdrawing groups increase the acidity of an OH group by facilitating the separation of a proton, one would expect such groups to decrease the basicity of an NH_2 group by lowering the availability of the lone pair of electrons.

An excellent example of this is provided by the amides, which have the electron-withdrawing carbonyl group adjacent to the NH_2 group, for normal amides are neutral compounds. In this case the lone pair can interact with the π-electrons of the carbonyl group to give a delocalised orbital:

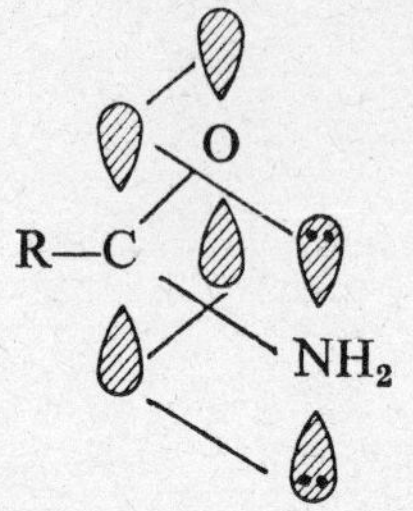

The availability of the lone pair of electrons for reaction with a proton is thus enormously lowered.

Benzenoid amines such as aniline are much weaker bases than aliphatic amines. This is due to the fact that the lone pair of electrons on the nitrogen atom can interact with the delocalised sextet of electrons in the benzene ring:

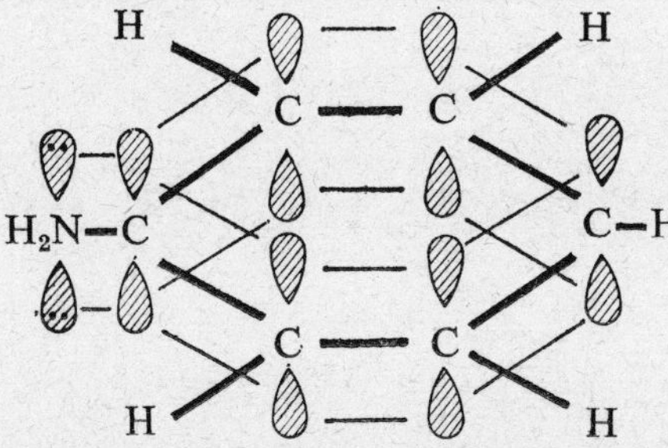

If such an amine reacts with a proton to form an anilinium salt this interaction is no longer possible, for the lone pair is then required to combine with the proton. Loss of this interaction is energetically unfavourable and formation of this salt is thus a less favoured reaction as compared with salt formation from aliphatic amines, where no such loss of delocalisation is involved.

The effect of other substituent groups on the acidity or basicity of organic molecules can be summed up approximately as follows. Ionisation as an acid means loss of a proton from a molecule, *i.e.* withdrawal from a hydrogen atom of its share in a pair of electrons: salt formation as a base means donation of a share in a pair of electrons to a proton (or other electron deficient species). Hence electron-withdrawing groups will tend to facilitate ionisation yielding a proton, but will act against reaction as a base. Conversely electron-repelling groups will lower the acidity but increase the basicity of a suitable adjacent group of atoms.

CHAPTER II

The Shape of Organic Molecules

(A proper appreciation of the topic discussed in this chapter is aided immeasurably if reference can be made to molecular models.)

Methane and Ethane

We have seen in the previous chapter that the valency bonds about a saturated carbon atom are all at an angle of approximately 109° to each other. In consequence the molecules of methane (I) and of ethane (II) can be represented in three dimensions as follows:

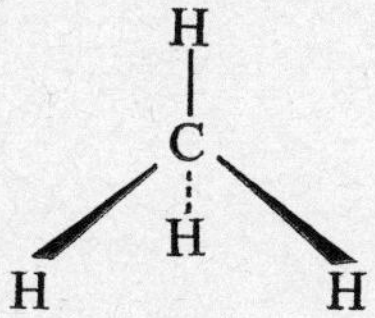

(I) 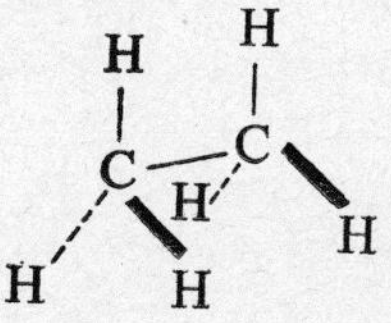 (II)

The shape of the methane molecule must be as shown, but it is possible to arrange the atoms of ethane in different ways without breaking any of the chemical bonds, and still keeping the angles between the valency bonds correct. This is because it is possible to rotate the molecule about the single bond which joins the two carbon atoms. Thus another possible shape for the ethane molecule is as follows (III):

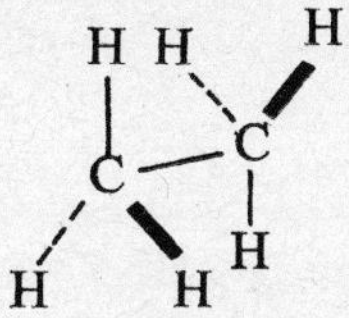

(III)

If we view the ethane molecule along the axis of the C—C bond the two formulae drawn above appear as follows:

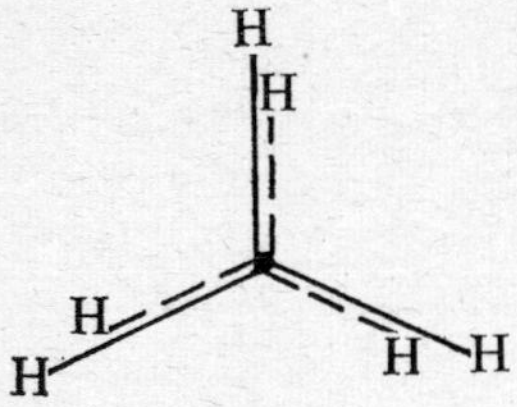

(II *a*)

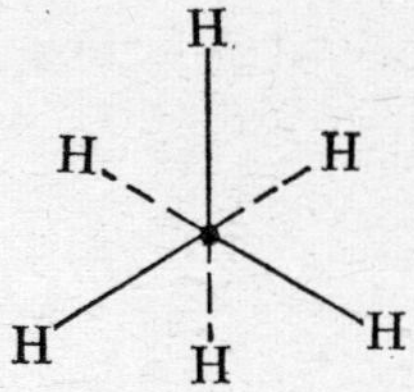

(III *a*)

The black dot represents the two carbon atoms, the unbroken lines the C—H bonds from the front carbon atom and the dotted lines the bonds joining the hydrogen atoms to the rear carbon atom.

Different arrangements of a molecule which are obtained merely by rotation about a bond in the molecule and which are interchangeable without breaking any chemical bonds in the molecule are described as different *conformations* of the molecule.

In the first of the two conformations of ethane shown in (II) the C—H bonds of the two carbon atoms are in line with one another. This is called an *eclipsed* conformation. In the second conformation shown in (III) the C—H bonds from the front carbon atom bisect the angle between adjacent C—H bonds to the rear carbon atom. This is described as a *staggered* conformation. These are not the only conformations possible for ethane. By rotation about the C—C bond any conformation between these two extreme cases can be obtained.

It is now of interest to consider whether an ethane molecule is equally likely to be found in any possible conformation or whether one particular conformation may be energetically favoured over others.

If we consider the two conformations (II) and (III) shown above, it can be seen that in the eclipsed conformation (II) the hydrogen atoms on the two carbon atoms are closer together than in any other possible conformation. On the other hand, in the staggered conformation (III) they are further apart from one another than is possible in any other conformation.

Atoms which are not directly linked to each other chemically, but which nevertheless are near to one another, repel each other, and this repulsion increases the closer the atoms are together. It follows, therefore, that there will be greater repulsive forces between the hydrogen atoms in the eclipsed conformation of ethane than in the staggered conformation. In consequence the staggered conformation will be more stable energetically than the eclipsed conformation. This may be illustrated by a graph in which the energy of the molecule is plotted against the extent of rotation about the C—C bond:

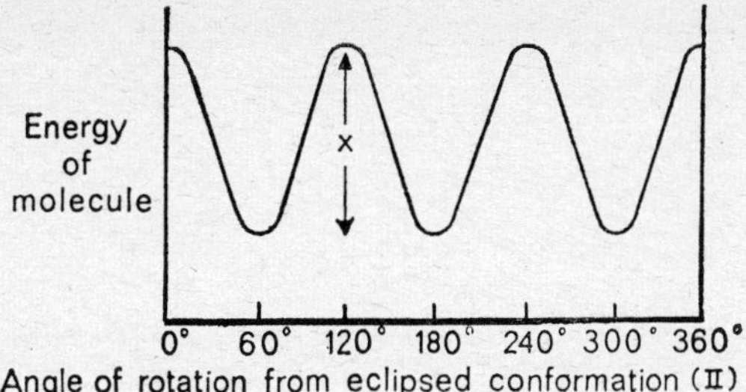

The difference in energy (=x) between the eclipsed and staggered conformations is considered to be about 3 kcal/mole. The majority of ethane molecules will be found in the conformation of lowest energy, *i.e.* the staggered conformation (III) represents the most favoured conformation.

This difference in energy, x, produces a small potential barrier to the free rotation in the molecule, as rotation from a staggered conformation involves passing through a less favoured conformation. If the value of x were of the order of 20–30 kcal/mole it would be sufficient to inhibit rotation about the C—C bond completely. As it is, rotation is not completely restricted. But on the other hand it is not completely free, and the molecules of ethane will tend to take up preferentially the staggered type of conformation.

Propane

If we now consider the propane molecule a similar position obtains, save that one of the hydrogen atoms is replaced by a methyl group. Completely staggered and eclipsed conformations are as shown in formulae (IV) and (V). Formula (V) represents the preferred conformation.

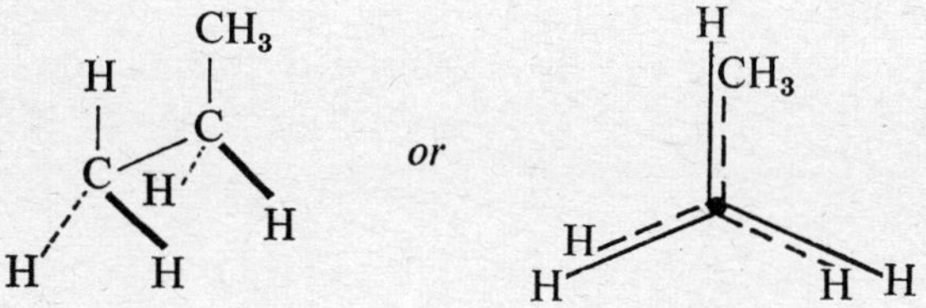

or (IV)

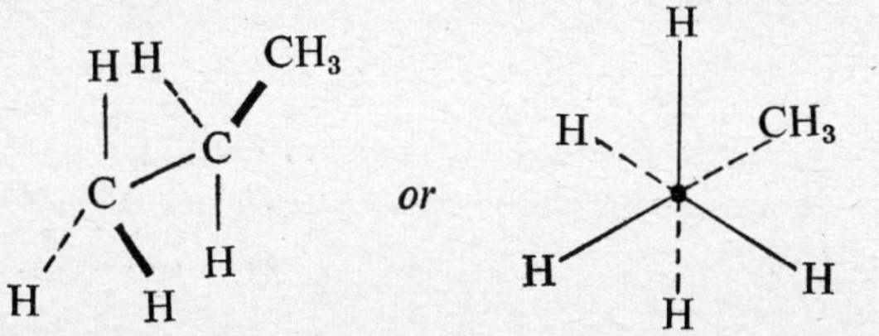

or (V)

Butane

With the next member of the alkane series, butane, the position gets rather more complicated. Whereas in the case of ethane and propane all the possible eclipsed conformations obtainable by rotation about a C—C bond are equivalent, in the case of butane this is no longer so. In butane it is possible to have an eclipsed conformation wherein two methyl groups eclipse one another, *i.e.* (VI), or one in which the methyl groups are eclipsed by hydrogen atoms, as in (VII).

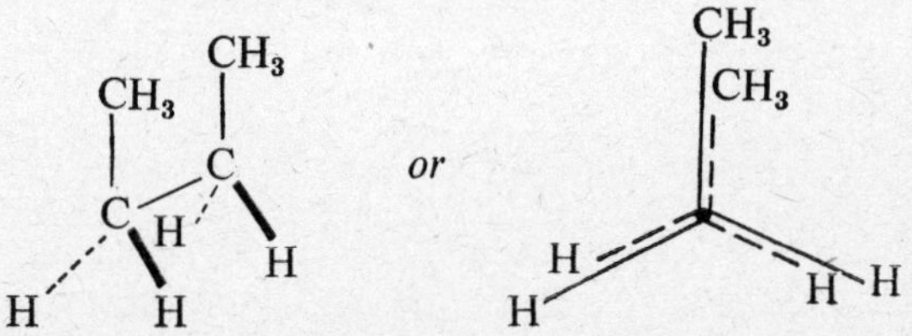

(VI)

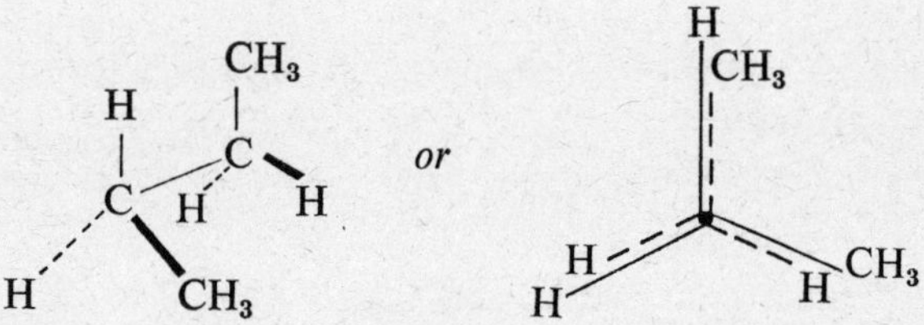

(VII)

Since a methyl group is larger than a hydrogen atom there will be more steric repulsion in conformation (VI) than in conformation (VII).

Similarly it is possible to have two different staggered conformations, one where the methyl groups are at an angle of 60° to each other, which is called the *skew* or *gauche* conformation, (VIII), and one where they are at an angle of 180° to each other, which is called the *transoid* or *anti* conformation (IX).

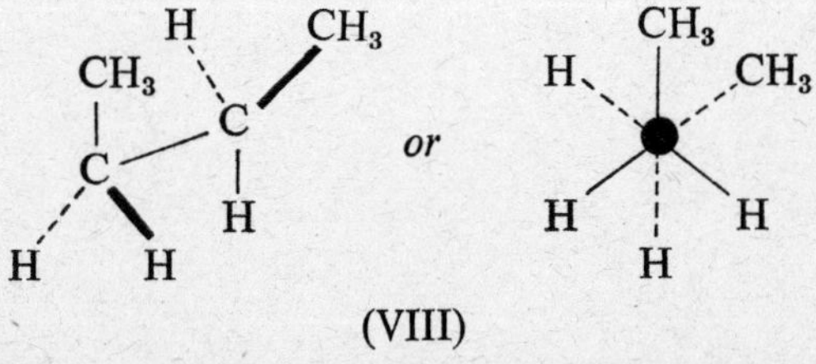

(VIII)

or

(IX)

In this instance there will be more steric repulsion in conformation (VIII) than in conformation (IX) owing to the proximity of the methyl groups in the former. Conformation (IX) in fact represents the most favourable conformation of the butane molecule. We can again illustrate the different energies of the different conformations graphically by plotting the energy of the molecule against the rotation about the central (2,3) C—C bond:

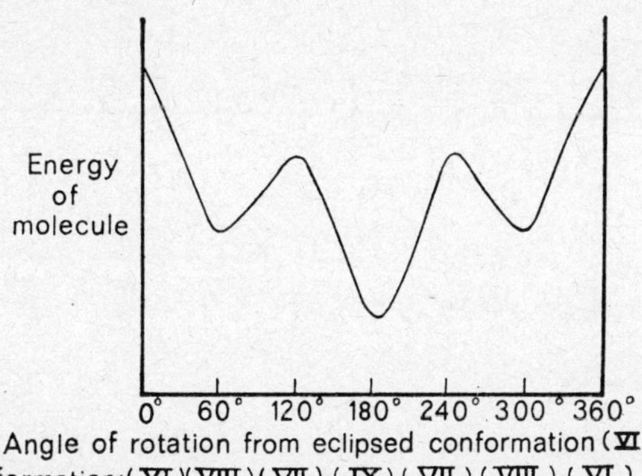

In consequence, the majority of molecules of butane will at any time take up the staggered conformation (IX). This of course represents a zig-zag form, which has been recognised for a long time as the usual shape of saturated aliphatic molecules.

CH_3 CH_2

CH_2 CH_3

It can now be seen that this zig-zag shape is preferred because it represents the most energetically favourable conformation of the molecule. Longer 'straight-chain' aliphatic molecules take up a similar shape for the same reason.

Unsaturated Compounds

Since the bonds to an olefinic carbon atom are at an angle of 120° to each other, it follows that a double bond and the atoms directly attached to it are coplanar. Thus the carbon skeleton of tetramethylethylene (2,3-dimethylbut-2-ene) (X) is flat:

$$(CH_3)_2C{=}C(CH_3)_2$$

(X)

$$CH_3{-}C{\equiv}C{-}CH_3$$

(XI)

Furthermore the molecule is constrained to this one form since rotation about a double bond is not possible. Similarly all the carbon atoms of dimethylacetylene (but-2-yne) (XI) must lie in one plane.

Cyclohexane

The study of conformational factors has been particularly intensive and fruitful in the case of derivatives of cyclohexane (XII).

(XII) (XIII) (XIV)

The cyclohexane ring cannot be planar if the valency angles about the carbon atoms are to have the normal values, for a plane regular hexagon has internal angles of 120°. Two arrangements of the carbon skeleton are possible which have tetrahedral valency angles, the so-called *boat* (XIII) and *chair* (XIV) forms. An analysis of the conformational factors involved in these two arrangements shows that the chair form is likely to be preferred over the boat form, and this has been proved experimentally to be the case.

If the boat and chair forms (XIII) and (XIV) are viewed along the axes of the 2–3 and 5–6 bonds they appear as follows:

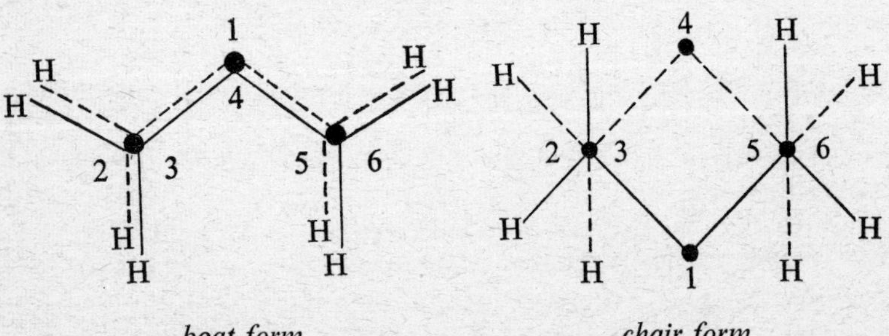

Thus it may be seen that whereas the chair form is made up from staggered conformations the boat form involves some eclipsed conformations. The chair form is therefore the preferred conformation of the cyclohexane molecule. The two forms are interconvertible by rotation about the appropriate bonds but there is an appreciable difference in energy between them. The chair form is the more stable by about 5–6 kcal/mole.

If the hydrogen atoms attached to the chair form are considered it may be seen that they fall into two groups: six above and below the general plane of the ring (shown joined to the ring by means of dotted bonds in the formula below), and six around the ring (shown joined to the ring by unbroken lines).

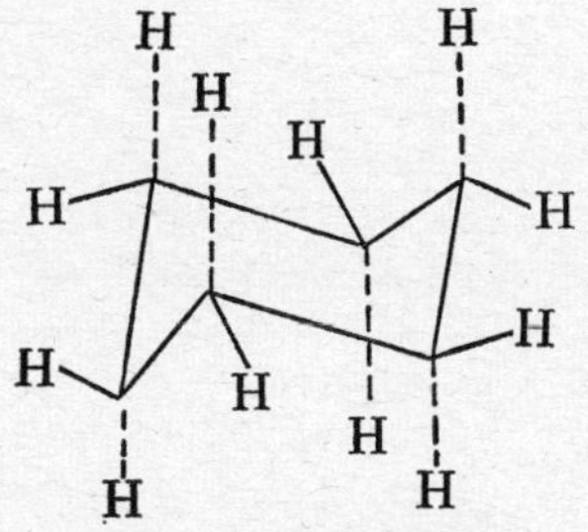

These two groups are known, respectively, as *axial* and *equatorial* hydrogen atoms. The axial hydrogen atoms are joined to the ring by bonds which are roughly parallel to the general plane of thc ring; the bonds to the equatorial hydrogen atoms are roughly in this plane.

In studying the reactions of cyclohexane derivatives it is found that there is frequently variation in reactivity depending on whether an atom or group of atoms is in an axial or equatorial position. Thus in one type of substitution reactions (S_N2 reactions; see Chapter VII) axial groups are more readily replaced than equatorial groups. This is because the substituting reagent has to approach the appropriate carbon atom from the rear and this is not easy to achieve in the case of an equatorial group, for the ring tends to block such a rearward approach.

On the other hand equatorial hydroxyl groups are more readily esterified and equatorial ester groups more readily hydrolysed than the corresponding axial groups. This is because axial groups are more crowded than equatorial groups and are thus less easily accessible to attack by a reagent.

In the case of simple cyclohexane derivatives the situation is complicated by the fact that two chair forms exist for any one molecule. By rotation about the appropriate bonds, chair form (XV) can be converted into chair form (XVI). In such an interconversion the bonds which were axial in one chair form become equatorial in the other and *vice versa*. (This is easily demonstrated by means of simple molecular models.)

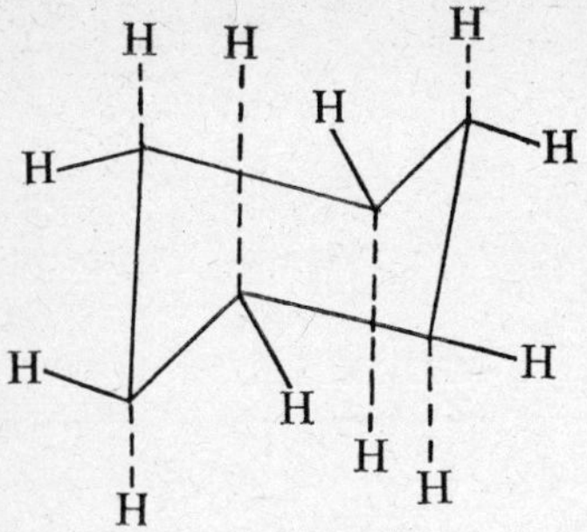

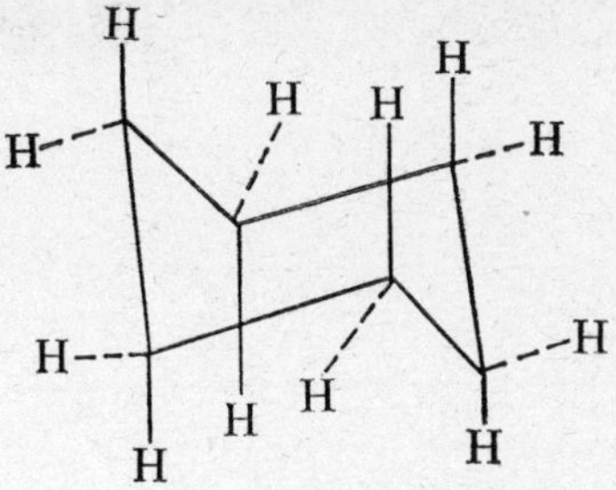

(XV) ⇌ (XVI)

Thus a substituent group attached to a cyclohexane ring is not rigidly constrained to either an axial or equatorial conformation. However, there is greater crowding, and consequently greater steric repulsion, between the axial positions than there is between the equatorial positions. In consequence cyclohexane derivatives which have large substituent groups will tend to take up predominantly whichever chair conformation results in the substituent group(s) having an equatorial conformation. For example, methylcyclohexane will exist preferentially in conformation (XVII).

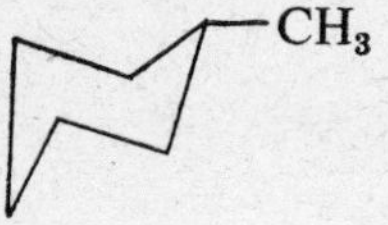

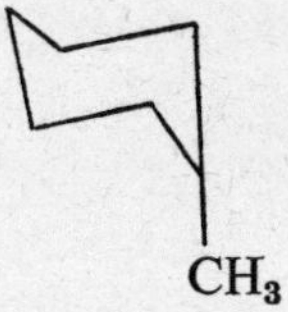

CH_3 CH_3

(XVII) (XVIII)

In fact if a sufficiently large substituent group, such as a tertiary butyl group [—$C(CH_3)_3$], is present it may effectively anchor the molecule in the one particular conformation wherein the tertiary butyl group is in an equatorial conformation.

It is also possible to restrain a cyclohexane ring to one conformation by having other rings fused on to it. This is the case in the steroids which have the carbon skeleton of cyclopentanoperhydrophenanthrene (XIX).

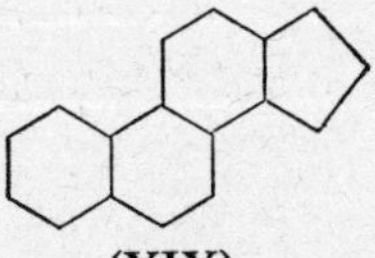

(XIX)

Conformational analysis (*i.e.* an analysis of the conformational factors involved) has been a powerful technique in the elucidation of the detailed structure of many such molecules.

CHAPTER III

Stereochemistry

Enantiomers

Four structural isomers of molecular formula C_4H_9OH are possible, namely:

$$CH_3CH_2CH_2CH_2OH \qquad CH_3CH_2CHOHCH_3$$

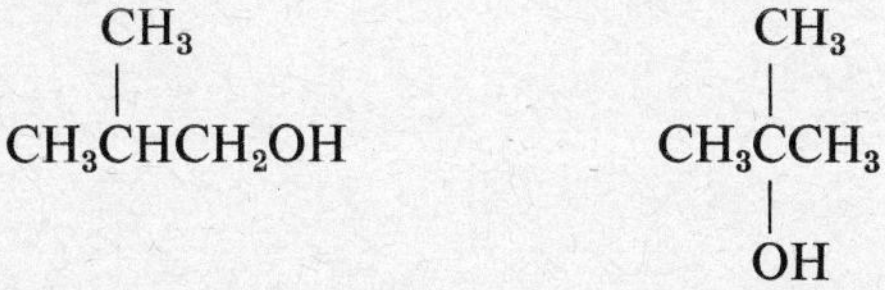

$$\underset{\displaystyle CH_3CHCH_2OH}{\overset{\displaystyle CH_3}{|}} \qquad \underset{\displaystyle \overset{|}{OH}}{\overset{\displaystyle CH_3}{\overset{|}{CH_3CCH_3}}}$$

It is possible to construct only one three-dimensional representation of the first, third and fourth of these isomers, but in the case of the second isomer, butan-2-ol, the four groups which surround the 2-carbon atom can be arranged in two different ways, namely:

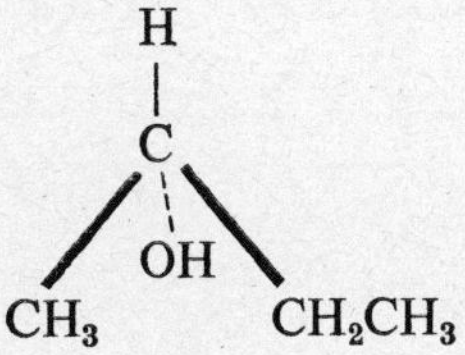

H, C, OH, CH_3, CH_2CH_3 (I) *and* H, C, OH, CH_3CH_2, CH_3 (II)

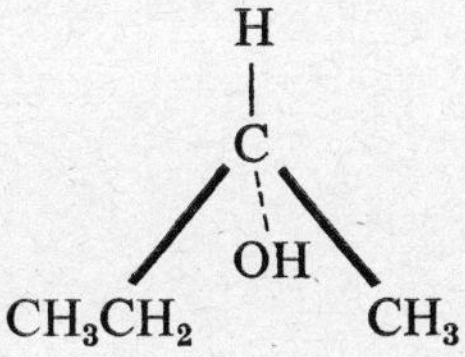

Although both of these structures may be represented in two dimensions by the formula $CH_3CHOHCH_2CH_3$ they are none the less different structural entities. It is not possible to change the one into the other without breaking a chemical bond in the molecule. No rotation about the single bonds can make from (I) a structure which is identical with, or superimposable upon, (II). (I) and (II) are in fact non-identical mirror images of each other and are called *enantiomers*.

Molecules such as butan-2-ol are *asymmetrical*; it is impossible to draw any plane of symmetry through them.

Since isomers (I) and (II) differ in the way in which the same groups of atoms are arranged in space, they are known as *stereoisomers*. The spatial arrangement of a stereoisomer is called its *configuration:* the study of stereoisomers is known as *stereochemistry*.

The stereoisomers (I) and (II) can be represented conventionally as:

$$\begin{array}{c} H \\ | \\ CH_3\text{—}C\text{—}CH_2CH_3 \\ | \\ OH \\ (\mathrm{I}a) \end{array} \qquad \begin{array}{c} H \\ | \\ CH_3CH_2\text{—}C\text{—}CH_3 \\ | \\ OH \\ (\mathrm{II}a) \end{array}$$

These formulae demonstrate the spatial difference between the two isomers and show that they are mirror images of one another. It should be noted that the formulae remain mirror images of each other and not superimposable only so long as they remain within the plane of the paper. By folding the paper it is possible to superimpose them. It is therefore understood that although the formulae may be rotated as desired within the plane of the paper, this plane itself must not be disturbed.*

In butan-2-ol the 2-carbon atom has four groups of atoms attached to it, no two of which are the same. This is the reason for the asymmetry of the molecule. Any carbon atom with four different groups attached to it is called an *asymmetric carbon atom* and must inevitably have a mirror image which is not identical. It is as well to stress that it is in fact the environment of the carbon atom, rather than the carbon atom itself, which is asymmetric.

It is possible for a molecule having more than one asymmetric carbon atom to be as a whole symmetrical. (See *p.* 38.) But one asymmetric carbon atom must lead to asymmetry of the molecule as a whole, and two enantiomeric forms of any such molecule will exist.

Optical Activity

Although a pair of enantiomers are different compounds, their physical and chemical properties are for the most part identical. There may

---

* In a more strict form of two-dimensional representation, called *Fischer projection formulae*, the conventions do not permit free rotation even within the plane of the paper; for a further discussion of this intricate point see, *inter al.*, Wheland: *Advanced Organic Chemistry* (Wiley, New York, 2nd ed. 1951), *pp.* 180 *ff*; Eliel: *Stereochemistry of Carbon Compounds* (McGraw-Hill, New York, 1962), *pp.* 16 *ff.*

however be differences in their reactions with other asymmetric molecules; thus, of a pair of enantiomers, one may react more rapidly than the other with an asymmetric reagent. They differ most strikingly, however, in their effect on plane polarised light.

Ordinary light consists of waves vibrating in all possible planes perpendicular to the direction of propagation of the light. It is possible, by passing ordinary light through certain materials such as the mineral calcite ($CaCO_3$), which have been suitably shaped, to eliminate all the light waves except those vibrating in one particular plane. The resultant beam is said to be *plane polarised.* Passage of a beam of plane polarised light through materials made up from symmetrical molecules produces no change in the beam, but if the beam is passed through a medium containing one enantiomeric form of an asymmetric molecule then the plane of polarisation of the light is rotated. A compound which is capable of doing this is said to be *optically active.*

The rotation of the plane of polarisation is detected in an instrument known as a polarimeter. Light from a suitable source is passed through a suitably shaped prism of material, called the polariser, to convert it into plane polarised light. It then passes through a tube in which is placed the sample to be investigated, and finally through another prism of the polarising material, called the analyser. If the sample tube is empty a maximum amount of light will pass through the instrument when the two prisms are arranged to pass light vibrating in the same plane. If the polariser is kept fixed and the analyser slowly rotated, less and less light will pass through the instrument until the analyser is at 90° to its original position. At this setting no light will pass through. If a sample which has no effect on plane polarised light is placed in the sample tube, the same result is obtained. If, however, an optically active sample is introduced this will rotate the plane of polarisation of the light before the light reaches the analyser. Thus the settings of the analyser to produce maximum or minimum transmission of light (the latter is usually observed) will be different from those when the instrument contains no such sample. The angle of rotation of the plane can therefore be measured. If the analyser has to be turned to the right the substance under investigation is said to be *dextrorotatory*, if it has to be turned to the left it is said to be *laevorotatory*. The angle of rotation is usually expressed in terms of *specific rotation* which is defined by the following equations:

For a sample in solution

$$\text{Specific rotation} \quad [\alpha] = \frac{\text{observed rotation (in degrees)}}{\underset{\text{(in dm)}}{\text{length of sample}} \times \underset{\text{(in g/ml)}}{\text{concentration of solution}}}$$

For a neat sample

$$\text{Specific rotation } [\alpha] = \frac{\text{observed rotation (in degrees)}}{\underset{\text{(in dm)}}{\text{length of sample}} \times \underset{\text{(in g/ml)}}{\text{density of sample}}}$$

The wavelength of the light used and the temperature at which the rotation was determined are also normally quoted.

Of the two enantiomers of butan-2-ol (or any other compound having an asymmetric centre) one is dextrorotatory and the other laevorotatory. They are designated as *dextro*- or *d*-butan-2-ol and *laevo*- or *l*-butan-2-ol, or alternatively, and more usually nowadays, as (+)-butan-2-ol and (−)-butan-2-ol. [*d* = (+); *l* = (−).] Furthermore the amount of rotation produced by identical quantities of these two enantiomers is identical, although, of course, opposite in sign.

Racemic Forms

If equal amounts of the (+)- and (−)-forms of butan-2-ol are mixed, the rotation caused by molecules of the (+)-form is just counterbalanced by the rotation caused by molecules of the (−)-form. The 50/50 mixture thus has no effect on the plane of polarisation of the light and is *optically inactive*. A 50/50 mixture of any pair of enantiomers is optically inactive and is called the *racemic form* or *racemic modification*. ((±) or *dl* form.) Physical properties of racemic forms often differ from those of the optically active forms, *e.g.* (+)- and (−)-lactic acids both melt at 26°C, (±)-lactic acid at 18°C.

In normal chemical reactions which give rise to asymmetric centres the (+)- and (−)-forms are produced in equal amounts and the product is optically inactive, *e.g.* reduction of butan-2-one gives (±)-butan-2-ol. In nature, however, reactions are frequently catalysed and controlled by enzymes, which are complicated asymmetric molecules, and, under these conditions, one enantiomer is often produced predominantly or even entirely. Thus, depending on the enzyme system which is controlling the reaction, pyruvic acid (CH_3COCO_2H) may be specifically reduced in nature to either (+)- or (−)-lactic acid.

Resolution of Optical Isomers

It has been found possible to separate mixtures of enantiomers by various methods into their (+)- and (−)-forms. Such a separation is called the *resolution* of the mixture.

It is occasionally possible to do this by mechanical separation of the crystals. The (+)- and (−)-forms are hemihedric, *i.e.* they show dissymmetry in the crystal state, and it is possible to separate the two crystal forms. It is very rarely a practical method, however. Frequently the crystal faces are too poorly developed to permit their separation, while even at best it is an extremely tedious method.

The commonest method of resolution is by reacting the racemic form with a suitable optically active compound to give a derivative or salt from which the initial compound is readily reobtainable. The mixture of the two enantiomers [(±)-A] reacts with the optically active reagent [(−)-R] according to the schematic equation:

$$(\pm)\text{-A} + (-)\text{-R} \longrightarrow (+)\text{-A-}(-)\text{-R} + (-)\text{-A-}(-)\text{-R}$$

Now the products (+)-A-(−)-R and (−)-A-(−)-R are stereoisomers of one another but are *not* enantiomers because they are not mirror images of one another – the mirror image of (+)-A-(−)-R is (−)-A-(+)-R, and of (−)-A-(−)-R is (+)-A-(+)-R. Because they are not enantiomers they have different physical properties and can hence be separated from one another. Such stereoisomers are known as *diastereoisomers*. The commonest way of separating them is by recrystallisation, for the one product is frequently less soluble in a suitable solvent than the other. Once the derivatives have been separated in this way they are reconverted (separately) to the starting compound A:

$$(+)\text{-A-}(-)\text{-R} \longrightarrow (+)\text{-A} + (-)\text{-R}$$

$$(-)\text{-A-}(-)\text{-R} \longrightarrow (-)\text{-A} + (-)\text{-R}$$

Thus samples of the enantiomeric forms of A are obtained.

Various other methods have also been used to resolve mixtures of enantiomers.

Compounds with more than one Asymmetric Centre

If an open-chain molecule has n asymmetric carbon atoms the number of possible stereoisomers is 2^n, unless there are other special symmetry factors in the molecule. (See below.)

Thus 2-bromo-3-chlorosuccinic acid can exist in four forms:

(A)	(B)	(C)	(D)
CO_2H	CO_2H	CO_2H	CO_2H
Br—C—H	H—C—Br	H—C—Br	Br—C—H
Cl—C—H	H—C—Cl	Cl—C—H	H—C—Cl
CO_2H	CO_2H	CO_2H	CO_2H

Of these four forms (A) and (B) are mirror images of one another and are therefore enantiomers; (C) and (D) are also a pair of enantiomers. A mixture of equal quantities of (A) and (B) is therefore a racemic form;

so is a similar mixture of (C) and (D). But (A) and (C) or (D) are not enantiomers, nor are (B) and (C) or (D). They are stereoisomers of one another but *not* mirror images.

The 2^n formula for the number of optical isomers is applicable when all the asymmetric centres in a molecule differ from one another. If two or more of the asymmetric centres are identical the formula may not apply, however. This is because it is sometimes possible to have a molecule which is symmetrical as a whole although it contains individual asymmetric atoms.

Consider, for example, 2,3-dichlorosuccinic acid. On drawing forms corresponding to (A), (B), (C) and (D) as above, it may be seen that in this case there is a plane of symmetry in (A) and (B), making the molecules as a whole symmetrical.

$$\begin{array}{lcccc}
 & CO_2H & CO_2H & CO_2H & CO_2H \\
 & | & | & | & | \\
\text{Plane} & Cl—C—H & H—C—Cl & H—C—Cl & Cl—C—H \\
\text{of} & ---|--- & ---|--- & | & | \\
\text{Symmetry} & Cl—C—H & H—C—Cl & Cl—C—H & H—C—Cl \\
 & | & | & | & | \\
 & CO_2H & CO_2H & CO_2H & CO_2H \\
 & \text{(A)} & \text{(B)} & \text{(C)} & \text{(D)}
\end{array}$$

(A) and (B) are in fact identical; by turning (A) through 180° in the plane of the paper it becomes (B). Thus in this case there are only three stereoisomers, a pair of enantiomers (C) and (D), and an optically inactive form (A) = (B). The latter is sometimes called the *meso*-form.

Similarly 2-bromo-3-chloro-4-iodoglutaric acid,

$$(HO_2C—CHBr—CHCl—CHI—CO_2H),$$

having three asymmetric centres, can exist as 2^3 (=8) different stereoisomers, but the situation with regard to 2,4-dibromo-3-chloroglutaric acid

$$(HO_2C—CHBr—CHCl—CHBr—CO_2H),$$

or 2,3,4-trichloroglutaric acid ($HO_2C—CHCl—CHCl—CHCl—CO_2H$) is more complicated, because in each of these cases a plane of symmetry can be drawn through the 3-carbon atom.

Asymmetric Molecules having no Asymmetric Atoms

It has been shown above that it is possible to have molecules possessing asymmetric centres which are none the less symmetrical as a whole. Conversely it is possible to have molecules having no specific asymmetric atoms which are none the less asymmetric as a whole. An example is the dicarboxylic acid (III).

CH_2 CH_2

$HO_2C—CH$ C $CHCO_2H$

CH_2 CH_2

(III)

H CO_2H HO_2C H

H H

HO_2C CO_2H

(IV) (V)

Owing to the tetrahedral valency requirements of the carbon atoms the two rings are at right-angles to each other and to the substituent groups. The shape of the molecules is thus as shown in (IV) and (V). These two forms are mirror images of one another and are not superimposable on each other. This compound has in fact been resolved.

In all cases, whether one is considering asymmetric centres or the symmetry or asymmetry of a molecule as a whole, it always remains true that if a molecule and its mirror image are not superimposable then this molecule can exist in optically active forms, but if they are superimposable the molecule is not resolvable.

Geometrical Isomerism

It has been mentioned in the previous chapters that rotation about double bonds is not possible. For this reason a molecule such as but-2-ene can exist in two forms, (VI) and (VII), which differ from each other by the fact that both

CH_3 CH_3 CH_3 H

C=C C=C

H H H CH_3

(VI) (VII)

methyl groups are on the same side of the double bond in (VI) but on opposite sides in (VII). These two forms are called, respectively, the *cis*- and *trans*-forms and are known as *geometrical isomers*. They represent another kind of stereoisomerism. These two butenes are not optically active, however. Since the molecule is planar (see previous chapter) it is possible to draw a plane of symmetry through the plane of the molecule, and the mirror images are in fact superimposable on each other. The two forms do, however, differ in many other physical properties, *e.g.* the *cis*-isomer melts at −139°C, the *trans*-isomer at −106°C.

Any alkene which has two different groups attached to each end of the double bond can exist in *cis*- and *trans*-forms. They will not be optically active unless there is some other source of asymmetry in the molecule.

It is also possible to have geometrical isomers of alicyclic compounds. Thus cyclobutane-1,2-dicarboxylic acid (VIII) can exist in two forms, (IX) and (X), in one of which the two carboxyl groups are on the same side of the ring and in the other on opposite sides. These are also described as *cis*- and *trans*-forms.

HO_2C CO_2H
CH—CH
CH_2—CH_2

(VIII)

H H
H H H H
CO_2H CO_2H

(IX)

H H
H H H CO_2H
CO_2H H

(X)

An interesting further complication arises in this case. In both isomers the two ring carbon atoms to which the carboxyl groups are attached are asymmetric since they have four different groups attached to each of them. But in the case of (IX) it is possible to draw a plane of symmetry through the molecule (shown by the dotted line), whereas no such plane can be drawn in the case of (X). Thus the *trans*-isomer can be resolved into (+)- and (−)-forms whereas the *cis*-isomer cannot.

CHAPTER IV

The Basis of Organic Reactions

In a simple reaction such as might be represented by the equation:

$$X\text{—}Y + Z \longrightarrow X + Y\text{—}Z$$

two things happen, either consecutively or simultaneously, namely the breaking of the X—Y bond and the formation of a new Y—Z bond.

The breaking of a chemical bond requires the provision of energy; the creation of a bond releases energy. The amount of energy provided to start an organic reaction is normally insufficient to cause complete dissociation of all the bonds that have to be broken in that reaction. In fact part, and often a large part, of the energy required is obtained from the energy released in the formation of new bonds in the reaction. Whether the reaction is, as a whole, endothermic or exothermic depends on whether the total energy required to break all the bonds which are broken is greater or less than the energy released in the formation of all the new bonds.

One might make the glib assumption that the more energy there is released in a reaction then the easier it will be to initiate that reaction, but it is found that in fact the ease with which an organic reaction takes place is rarely related to its endothermic or exothermic character.

It is only in reversible reactions, and then only when the equilibrium position has been reached, that the relative stabilities of the reactants and the products determine the extent to which the reaction proceeds and thus the proportion of reactants and products in the reaction mixture.

Furthermore, if reactants can form alternative products, in every case by reversible reactions, then the ratios of the amounts of the different products which are formed are also a function of the relative stabilities of these products. All such reversible reactions are said to be *equilibrium controlled*; a simple example is the reaction between an alcohol and an acid to give an ester.

Very many organic reactions are not reversible, however, or at any rate are carried out under conditions which do not permit the establishment of equilibria such as we have mentioned. In this case the controlling factor, when alternative products may be produced, is the rates at which these different products are formed. For example in the chlorination of propane the ratio of the amounts of 1-chloropropane and 2-chloropropane which are formed reflects the rates at which the competing reactions to form these alternative products proceed. Such reactions are said to be *kinetically controlled.*

When two molecules react with one another it is obviously necessary in the first place for them to come into close proximity with one another. But there are two more requirements which must be fulfilled. In the first place the molecules must be correctly aligned with respect to one another to enable reaction to proceed. In the second place they must possess sufficient energy both to overcome the normal repulsive forces which exist between them, and also, first of all to stretch and eventually to break whatever chemical bonds have to be broken in the reaction. The energy required for reaction to take place is called the *activation energy.*

The reaction X—Y + Z⟶X + Y—Z can be pictured as proceeding as follows. Z approaches X—Y from the side furthest away from X. This is an example of the necessity for the reactants to be correctly aligned with respect to one another. As Z draws closer to Y, so X is repelled from Y until a stage is reached when Z and X are approximately equidistant from Y, both being separated by more than the normal bond length. This is called the *transition state* of the reaction and, since in this state the energy of the reacting system is at its maximum value, energy of activation is required to achieve it. From this transition state either the reactants can return to their initial state, *i.e.*

X – – – Y – – – Z⟶X—Y + Z

transition state

or Z can take the place of X, *i.e.*

X – – – Y – – – Z⟶X + Y—Z

Energy will be liberated in either case.

This sequence is frequently represented graphically (see *p.* 43). The horizontal co-ordinate then represents the progress of the reaction while the vertical co-ordinate shows the potential energies of the molecules at any stage of the reaction. On collision the kinetic energy of the reacting molecules is converted in part to potential energy. If this energy is sufficient the transition state is achieved, but if it is not the excess energy is dissipated again and the molecules revert to their original energy state.

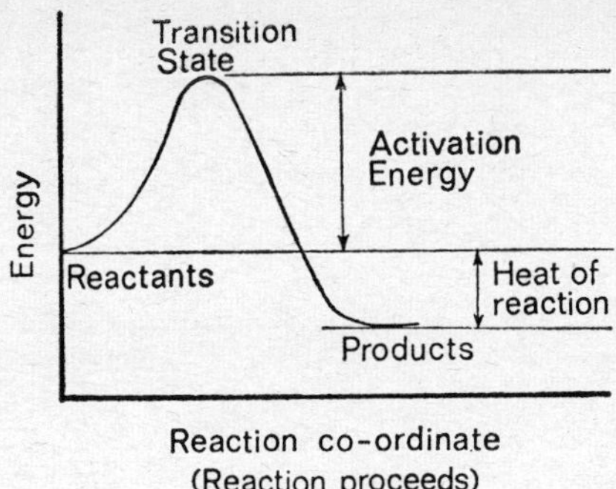

The lower the activation energy the faster a reaction proceeds (other factors being constant). Hence any factors which may lower the activation energy make a reaction proceed more readily. It should be noted that it is the difference between the potential energy of the initial reactants and that of the transition state which is crucial, so that the influencing factors must be effective in the transition state. Thus, in considering steric or electronic effects, their influence on the transition state is a more important factor than their influence on the isolated reacting molecules.

Various factors affect the height of the activation energy peak. The nature of the reaction, the structure of the reactants and the environment are all relevant. A catalyst may act by lowering the activation energy; similarly a solvent may assist a reaction in the same way, thanks to the intervention of solvation forces. (A solvent has a manifold role to play in a chemical reaction for it provides a medium in which the reactants may come into contact, it may play a part in a reaction by means of solvation effects, it may dissipate heat liberated in the reaction, and as a constant boiling medium it may provide a temperature control for a reaction.)

The rate at which a reaction proceeds must depend both on the number of collisions between reacting molecules and also upon the energies of these molecules. Both of these contributory factors will be increased by rise in temperature – hence the well-known fact that organic reactions usually proceed more rapidly when the reaction mixture is heated. A rough working rule is that in many cases the rate of reaction is approximately doubled with a ten degree rise in temperature.

In the diagram given above the reaction is shown to be exothermic, since the energy of the products is less than that of the original reactants. This is not necessarily the case. A similar graph for an endothermic reaction would have the form of the upper diagram on the next page.

It must be stressed again that the rate of kinetically controlled reactions is controlled by the activation energy and not the overall heat of reaction.

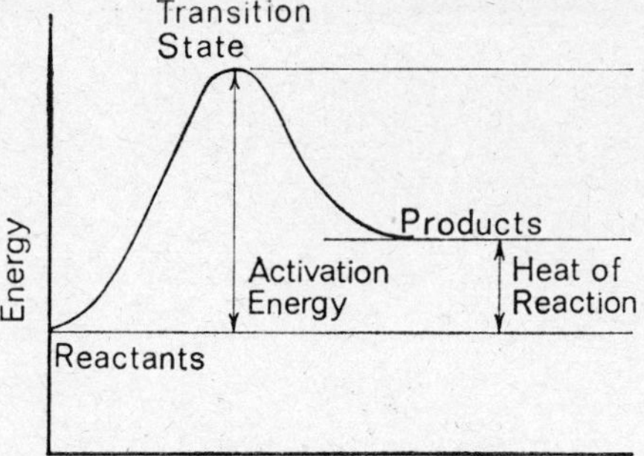

Sometimes the graph of a reaction may have the form:

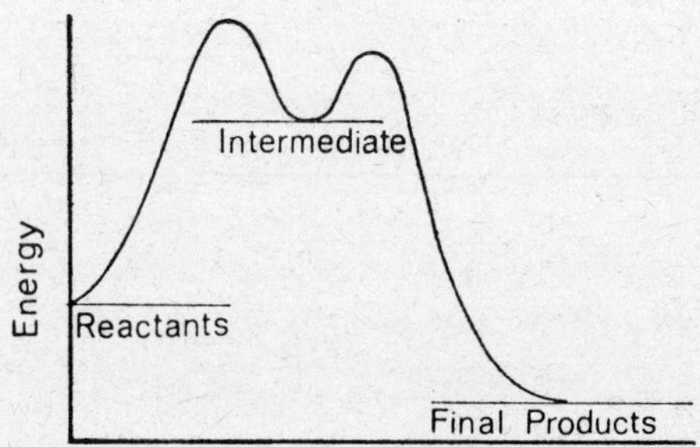

In such a reaction a transitory intermediate is formed which reacts further to give the ultimate products. An example of this type of reaction is the hydrolysis of tertiary butyl chloride. A carbonium ion is first of all formed as the transitory intermediate; it at once reacts further to form the corresponding alcohol:

$$(1)\quad (CH_3)_3CCl \longrightarrow (CH_3)_3C^+ + Cl^-$$

$$(2)\quad (CH_3)_3C^+ + OH^- \longrightarrow (CH_3)_3COH$$

Both of these steps have an activation energy which explains the twin peak in the energy diagram. Occasionally, if the trough between the two peaks is sufficiently deep the intermediate may be stable enough to be isolable. On the other hand it may be so shallow that the intermediate is almost indistinguishable from a transition state.

The path by which a reaction proceeds is called the *mechanism* of the reaction. This is investigated by studying the effects of different variables, such as changes in temperature, concentration or solvent, and minor changes in the reactants, on the course of the reaction. The mechanism of organic reactions is discussed in more detail in Chapter VI.

CHAPTER V

The Classification of Organic Reactions

All reactions involve the breaking and/or making of bonds. In organic chemistry the bonds involved are most frequently bonds to carbon atoms, and it is therefore convenient to classify organic reactions according to what happens at the carbon atoms.

Homolytic and Heterolytic Fission of Bonds

When a bond between two atoms is broken this may happen in two ways. Either it is broken symmetrically and each atom retains one electron or else it is broken unsymmetrically, one atom retaining both electrons which previously formed the bond and the other atom being left with none:

$$X{:}Y \nearrow X\cdot + Y\cdot$$

$$X{:}Y \searrow [X{:}]^{-} + [Y]^{+} \quad or \quad [X]^{+} + [Y{:}]^{-}$$

The first of these ways is known as *homolytic fission* of the bond and results in the formation of two neutral *free radicals*. This type of reaction is discussed in more detail in Chapter VII.

The second way is called *heterolytic fission* and results in the formation of negative and positive ions. Reactions of this type usually take place in solution. They are frequently strongly influenced by variations in the polarity of the solvents used; they are also often catalysed by acids and bases. Most organic reactions which are carried out in solution at normal temperatures involve heterolytic fission of bonds (though not necessarily formation of carbon ions).

Classification of Reagents

Heterolytic fission of a bond to a carbon atom may result in the formation of a positively or negatively charged carbon atom:

$$-\overset{|}{\underset{|}{C}}-X \longrightarrow -\overset{|}{\underset{|}{C}}^{+} + X^{-}$$

$$-\overset{|}{\underset{|}{C}}-Y \longrightarrow -\overset{|}{\underset{|}{C}}:^{-} + Y^{+}$$

It should be noted that ions as such may not necessarily be formed at the carbon atoms involved. Instead, as the one atom leaves the carbon atom, another may simultaneously take its place, *e.g.*

$$Z^{-} + \overset{|}{\underset{/\ \backslash}{C}}-X \dashrightarrow Z-\overset{|}{\underset{/\ \backslash}{C}} + X^{-}$$

This none the less involves heterolytic fission of the C—X bond as shown above, but accompanied at the same time by heterolytic formation of another bond.

It is reasonable to expect that a positively charged carbon atom will react with a reagent which can provide it with two extra electrons to complete its octet. Reagents which may donate pairs of electrons to a carbon atom are known as *nucleophilic* or *anionoid* reagents and include negatively charged ions, *e.g.* OH^-, CN^-, and also compounds with unshared lone pairs of electrons such as water or ammonia. Examples of reactions in which nucleophilic reagents participate are the substitution reactions of alkyl and acyl halides, *e.g.*:

$$RBr + CN^{-} \longrightarrow RCN + Br^{-}$$

$$RCOCl + :NH_3 \longrightarrow RCONH_2 + Cl^{-} + H^{+}$$

Similarly negatively charged carbon atoms will react with reagents which may accept a pair of electrons. Such reagents are *electrophilic* or *cationoid* reagents and include positively charged ions such as H_3O^+, and molecules not having complete octets of electrons, such as aluminium chloride, wherein the aluminium atom is associated with only six outer electrons. An example of a reaction involving an electrophilic reagent is the nitration of benzene, which is brought about by the nitronium ion, NO_2^+:

$$C_6H_6 + NO_2^{+} \longrightarrow C_6H_5NO_2 + H^{+}$$

To sum up, nucleophilic reagents or *nucleophiles* form bonds by donating electron pairs, while electrophilic reagents or *electrophiles* form bonds by accepting electron pairs.

(It should be noted that although we are classifying organic reactions according to what happens at the carbon atoms, in fact the organic molecules themselves react as nucleophiles or electrophiles. Thus when an alkyl halide reacts with a hydroxide ion, or when a carbonyl compound reacts with ammonia the organic molecules are themselves acting as electrophilic reagents. However, it is customary to designate organic reactions according to the character of the reagent which is reacting with the organic molecule rather than by the character of the organic molecule itself.)

Classification of Organic Reactions

Organic reactions fall into four main classes, namely *substitution reactions*, *addition reactions*, *elimination reactions* and *molecular rearrangement reactions*. Each of these classes will now be considered in turn.

SUBSTITUTION REACTIONS

In substitution reactions a group initially attached to a carbon atom is replaced by another incoming group. In other words, bonds are both broken and made at the one carbon atom. Substitution reactions can take place at either saturated or unsaturated carbon atoms and the substituting reagent may be either nucleophilic or electrophilic, *e.g.*:

nucleophilic $Na^+ OR^- + R'Br \longrightarrow ROR' + Br^- + Na^+$

$RCOCl + H_2O \longrightarrow RCO_2H + Cl^- + H^+$

electrophilic $NO_2^+ + C_6H_6 \longrightarrow C_6H_5NO_2 + H^+$

$Br_2 + C_6H_6 \longrightarrow C_6H_5Br + H^+ + Br^-$

Both nucleophilic and electrophilic substitution reactions are discussed further in Chapter VI.

Substitution reactions may also involve homolytic fission of bonds and free radicals; a common example is the reaction of chlorine with alkanes. Such reactions are discussed in Chapter VII.

ADDITION REACTIONS

Addition reactions of necessity involve unsaturated compounds. At least two substituent groups are added to a double or triple bond; and in the process a π-bond is lost and two σ-bonds are formed. Addition reactions may involve nucleophilic or electrophilic reagents. For example, the reaction of a ketone with hydrogen cyanide initially involves the addition of the nucleophilic cyanide ion, whereas the reaction of an olefin with hydrogen chloride initially involves the addition of an electrophilic hydrogen ion:

$$R_2C{=}O + CN^- \longrightarrow R_2C(CN)O^- \longrightarrow R_2C(CN)OH$$

$$>C{=}C< + HCl \longrightarrow H{-}\overset{|}{\underset{|}{C}}{-}\overset{+}{C}< \longrightarrow H{-}\overset{|}{\underset{|}{C}}{-}\overset{|}{\underset{|}{C}}{-}Cl$$

Both of these types of addition reaction are discussed in more detail in the succeeding chapter. Free radical addition reactions are also possible and are discussed in Chapter VII. They include catalytic hydrogenation and polymerisation of olefins.

ELIMINATION REACTIONS

Elimination reactions are the converse of addition reactions. At least two atoms are lost with consequent formation of a multiple bond. Thus two σ-bonds are replaced by one π-bond. Examples are the formation of an olefin from an alkyl halide or from an alcohol:

$$CH_3CHBrCH_3 \xrightarrow[\text{KOH}]{\text{alcoholic}} CH_3CH = CH_2$$

$$CH_3CHOHCH_3 \xrightarrow{\text{conc. } H_2SO_4} CH_3CH = CH_2$$

Elimination reactions may also involve nucleophilic or electrophilic reagents; of the two examples given above, the first involves a nucleophilic and the second an electrophilic reagent. For further discussion of elimination reactions see *pp.* 57 *ff.*

MOLECULAR REARRANGEMENT REACTIONS

Under suitable reaction conditions some portions of certain molecules may migrate from one position in the molecule to another. Thus on treating an oxime with concentrated sulphuric acid or with phosphorus pentachloride it 'rearranges' from an oxime to an amide, and in the process an alkyl or aryl group migrates to the nitrogen atom from the carbon atom to which it was originally attached:

$$R_2C = NOH \xrightarrow[\text{conc. } H_2SO_4]{PCl_5 \textit{ or}} R{-}\overset{O}{\overset{\|}{C}}{-}NHR$$

Such reactions are called *molecular rearrangement reactions*. The degree of rearrangement which occurs may be quite profound, as in the above example, or relatively trivial, such as a change in the position of a double bond, *e.g.*

$$CH_2{=}CH{-}CH_2CO_2^-Na^+ \xrightarrow[\text{heat}]{\text{base}} CH_3{-}CH{=}CHCO_2^-Na^+$$

Molecular rearrangements may accompany other types of reactions. Thus if the alcohol (A) is treated with sulphuric acid the elimination reaction is accompanied by a molecular rearrangement and the olefin produced is not (B) but (C):

$$\underset{\text{(A)}}{(CH_3)_3C{-}CHOH{-}CH_3} \qquad \underset{\text{(B)}}{(CH_3)_3C{-}CH{=}CH_2} \qquad \underset{\text{(C)}}{(CH_3)_2C{=}C(CH_3)_2}$$

Similarly hydrolysis of the halide (D) produces both the 'unrearranged' alcohol (E) by a straightforward substitution reaction and the 're-arranged' alcohol (F):

$$\underset{\text{(D)}}{CH_3CH{=}CHCH_2Cl} \xrightarrow{H_2O} \underset{\text{(E)}}{CH_3CH{=}CHCH_2OH} + \underset{\text{(F)}}{CH_3CHOHCH{=}CH_2}$$

Various mechanisms are involved in different rearrangement reactions. Some are brought about by nucleophilic and others by electrophilic reagents, while yet others occur by free radical mechanisms. (See also *p*. 58.)

Oxidation and Reduction

Relatively precise definitions of oxidation and reduction have been produced in inorganic chemistry, linking them with electron transfer, a loss of electrons representing oxidation and a gain of electrons reduction.

It is less easy to apply such a precise definition to the reactions of covalent organic molecules. Thus the conversion of methane to methanol is undoubtedly an oxidation but the carbon atom is surrounded by the same number of electrons in both molecules. It might be argued that in methanol, owing to the inductive effect of the oxygen atom, the carbon atom has a smaller share in these electrons, but this cannot be termed a precise correlation.

In general in organic chemistry, oxidation is considered to mean either the removal of hydrogen atoms from a molecule or the addition of oxygen or other electronegative elements to it. Thus the conversion of an alcohol to a carboxylic acid, which involves both removal of hydrogen and addition of oxygen, is always regarded as an oxidation of the alcohol:

$$RCH_2OH \xrightarrow{\text{oxidation}} RCO_2H$$

Conversely addition of hydrogen or removal of oxygen or other electronegative elements is regarded as reduction. Examples of organic reduction reactions are the conversion of an alkyl halide to an alkane and of an aldehyde to an alcohol:

$$RCl \xrightarrow{\text{reduction}} RH$$

$$RCHO \xrightarrow{\text{reduction}} RCH_2OH$$

Both oxidation and reduction may involve homolytic or heterolytic reactions.

Oxidation reactions may be substitution, addition or elimination reactions. Thus each of the following reactions are classified as oxidations:

$$\underset{\displaystyle H}{\overset{}{R—\underset{|}{C}=O}} \longrightarrow \underset{\displaystyle OH}{\overset{}{R—\underset{|}{C}=O}} \qquad \text{(substitution)}$$

$$R_2C=CR_2 \longrightarrow R_2COH—R_2COH \qquad \text{(addition)}$$

$$RCH_2OH \longrightarrow RCHO \qquad \text{(elimination)}$$

Oxidation reactions may also involve cleavage of a C—C bond and its replacement by a C—O bond, *e.g.*

$$CH_3\overset{\overset{\displaystyle O}{\|}}{C}—\overset{\overset{\displaystyle O}{\|}}{C}CH_3 \xrightarrow{\text{oxidation}} 2CH_3CO_2H$$

$$HO_2C—CO_2H \xrightarrow{\text{oxidation}} 2CO_2$$

Reduction may involve either a substitution or an addition reaction, *e.g.*

$$RCl \xrightarrow{\text{reduction}} RH \qquad \text{(substitution)}$$

$$C_6H_5OH \xrightarrow{\text{reduction}} C_6H_6 \qquad \text{(substitution)}$$

$$R_2C=O \xrightarrow{\text{reduction}} R_2CHOH \qquad \text{(addition)}$$

$$R_2C=CR_2 \xrightarrow{\text{reduction}} R_2CH—CHR_2 \qquad \text{(addition)}$$

It was noted in the previous paragraph that oxidation may also involve cleavage of a C—C bond. Conversely, reduction can also involve formation of a new C—C bond. Thus if acetone is reduced by means of magnesium amalgam the dihydroxy-compound known as pinacol is produced; its formation involves the making of a C—C bond linking two acetone molecules together:

$$CH_3-\underset{\underset{O}{\|}}{\overset{\overset{CH_3}{|}}{C}} + \underset{\underset{O}{\|}}{\overset{\overset{CH_3}{|}}{C}}-CH_3 \xrightarrow[\text{Mg/Hg}]{\text{reduction by}} CH_3-\underset{\underset{OH}{|}}{\overset{\overset{CH_3}{|}}{C}}-\underset{\underset{OH}{|}}{\overset{\overset{CH_3}{|}}{C}}-CH_3$$

pinacol

CHAPTER VI

Kinetics of Organic Reactions and Reaction Mechanisms

In the previous chapter organic reactions were classified into types but there was no discussion of the precise route by which these reactions proceed. Some of these *reaction mechanisms* are discussed in the present chapter.

Kinetic Studies of Organic Reactions

Kinetic studies of reactions involve a study of the factors which influence the rates of reactions. The information obtained thereby has been one of the most fruitful sources of information about the mechanisms by which organic reactions proceed. As a first example we will consider the hydrolysis of some alkyl halides.

Methyl chloride and ethyl chloride are not hydrolysed appreciably in neutral aqueous solution but on addition of sodium hydroxide hydrolysis proceeds rapidly. The reaction which ensues is thus obviously one between methyl or ethyl chloride and hydroxide ions. It is reasonable to assume that the greater the chance of molecules of the two reactants colliding with one another, the faster the reaction will proceed. In other words we may expect the rate of reaction to depend on the concentration both of the alkyl halide molecules and of the hydroxide ions: if we double the concentration of either reactant we double the probability of collision between the reactants and hence the rate of reaction. This can be expressed mathematically as

$$\text{rate of reaction} \propto [\text{alkyl halide}] \times [\text{hydroxide ion}]$$

(where [ ] indicates concentration of the reactant within the square bracket).

It would not be unreasonable to expect that the hydrolysis of other alkyl halides would follow a similar pattern. But if we carry out a series of hydrolyses of tertiary butyl chloride we find that in this case the concentration of hydroxide ions does *not* affect the rate of reaction, and that the rate of reaction is proportional only to the concentration of the alkyl halide. This provides a salutary warning against generalising too readily from insufficient evidence, and also against assuming that apparently similar reactions necessarily proceed by identical paths. It also illustrates the value of kinetic studies in the investigation of organic reactions.

Many reactions proceed in a series of steps. One of these steps will be slower than the others and the slowest step necessarily controls the rate at which the overall reaction proceeds. In investigating the kinetics of a reaction one is therefore investigating which step is the slowest in the sequence. This is known as the *rate-determining step.*

Of the two hydrolysis reactions we have just been considering, one is governed by a kinetic equation of the type:

$$\text{rate} \propto [\text{alkyl halide}]\,[\text{hydroxide ions}]$$

and the other by an equation:

$$\text{rate} \propto [\text{alkyl halide}]$$

Where the rate of a reaction is dependent upon only one concentration that reaction is known as a *first-order reaction*; where it is dependent upon the product of two concentrations it is known as a *second-order reaction.*

Another way of regarding reactions is to consider the number of molecules which are breaking covalent bonds or forming new covalent bonds in the rate-determining step of a reaction. If only one molecule is involved, *i.e.* if a bond in this molecule is broken without any other new bonds being formed, as in a reaction

$$AB \longrightarrow A + B$$

such a reaction is described as a *unimolecular* reaction. If, on the other hand, two molecules are involved, as in a reaction of the type:

$$AB + C \longrightarrow A + BC$$

then the reaction is described as *bimolecular.*

At first sight it might appear that the terms 'first order' and 'second order' on the one hand, and 'unimolecular' and 'bimolecular' on the other, are completely interchangeable. This is not necessarily so. For example, a bimolecular reaction may appear to show other than second order kinetics. This will be the case if one of the reactants in a bimolecular reaction is present in an overwhelming excess, say if one reactant is also the solvent. Under such conditions the concentration of the reagent which is present in excess will remain effectively constant throughout the reaction and the rate will vary only with the concentration of the other reactant. In other words, although the reaction is indeed bimolecular, the kinetics observed under these conditions will be those of a first order reaction. (If a reactant is used up in a reaction the rate of reaction will inevitably fall as the concentration drops during the course of the reaction.)

Reactions of Alkyl Halides

The substitution reactions of alkyl halides involve attack on the halide molecules by nucleophilic reagents, *e.g.*

$$OH^- + RCl \longrightarrow ROH + Cl^-$$

$$RO^- + R'Br \longrightarrow ROR' + Br^-$$

We can picture such reactions as proceeding by three alternative mechanisms, *viz.*

(i) C-halogen bond breaks first, followed by formation of a new bond to the carbon atom, *i.e.*

$$R\text{—}Hal \longrightarrow R^+ + Hal^-; \quad R^+ + X^- \longrightarrow RX$$

(ii) carbon forms bond to reagent first, followed by cleavage of C-halogen bond, *i.e.*

$$R\text{—}Hal + X^- \longrightarrow [XRHal]^-; \quad [XRHal]^- \longrightarrow RX + Hal^-$$

(iii) cleavage of C-halogen bond proceeds simultaneously with formation of new bond from carbon to reagent, *i.e.*

$$X^- + RHal \longrightarrow X\text{ -- -- }R\text{ -- -- }Hal \longrightarrow XR + Hal^-$$

Mechanism (ii) can be ruled out since it involves a carbon atom linked covalently to five other atoms, which is not possible. Mechanism (i) involves dissociation of the alkyl halide into a halide ion and a *carbonium ion.* The latter then reacts with the nucleophilic reagent. In mechanism (iii) the reagent approaches the alkyl halide, and in doing so repels the halogen atom away from the carbon atom to which it is attached until a stage is reached where the reagent and the halogen atom are about equidistant from the carbon atom, both being separated from it by more than a normal bond length. This is the so-called transition state; this situation was discussed in Chapter IV. In fact alkyl halides may react by either mechanism (i) or mechanism (iii). It is this difference in mechanism which accounts for the difference in the kinetics of the hydrolyses of methyl chloride and tertiary butyl chloride.

Mechanism (iii) must be bimolecular and is given the shorthand description of an S_N2 reaction, short for Substitution Nucleophilic Bimolecular.

In mechanism (i) the first step leading to a carbonium ion is the slow step, but once formed, the carbonium ion reacts very rapidly with the nucleophilic reagent. This first step is therefore the rate-determining step and the reaction as a whole is therefore unimolecular in this case. This type of reaction is called an S_N1 reaction.

Stereochemistry of S_N1 and S_N2 Reactions

In the case of S_N2 reactions the nucleophilic reagent will inevitably approach the alkyl halide molecule from the side of the molecule away from the halogen atom, since the inductive effect in the C-halogen bond means that a negatively charged reagent will be attracted towards the positively charged carbon atom but that there will be repulsion between the reagent and the halogen atom. We can thus picture the reaction proceeding as follows:

$$X^- + \mathrm{C(R)(R')(R'')}\text{—}Cl \longrightarrow X\text{---}\mathrm{C(R)(R')(R'')}\text{---}Cl \longrightarrow X\text{—}\mathrm{C(R)(R')(R'')} + Cl^-$$

From this simplified pictorial representation it can be seen that the new bond which is formed does not occupy the same position in the molecule that the C-halogen bond which has been broken previously occupied, but that it is in fact on the opposite side of the molecule. If the molecule in which substitution of the halogen atom takes place is unsymmetrical, the shape of the new molecule will thus have the opposite configuration from that of the original molecule, *i.e. inversion* of configuration has occurred.

In the case of S_N1 reactions the carbonium ion which is first formed is planar with its groups at 120° to each other (*cf.* other carbon atoms which are attached to only three other atoms). There seems no reason why the nucleophilic reagent should attack one side of this carbonium ion rather than the other, so one might predict that attack should take place to the same extent from either side. In the case of unsymmetrical molecules this would lead to half the molecules undergoing inversion, while the other half would have the same configuration as they started with, *i.e.* in the case of the latter half there is a *retention* of configuration. If half of the molecules retain the original configuration and half are inverted the net result is a *racemisation,* or conversion to a racemic mixture. (*cf.* Chapter III.)

In fact inversion does take place in the case of S_N2 reactions. With S_N1 reactions incomplete racemisation results; there is a slight preponderance of inverted molecules over those that have retained the original configuration. This is thought to be due to the fact that if the carbonium ion reacts sufficiently rapidly after its formation with the nucleophilic reagent, the halide ion may still be relatively near to hand and will tend to block the approach of the reagent from this side. There will thus tend to be a slight preponderance of attack from the side other than that from which the halogen atom has left, resulting in rather more molecules undergoing inversion than retention of configuration.

Factors Influencing the Order of Reaction of Alkyl Halides

In general, alkyl halides will not react exclusively by either an S_N1 or an S_N2 mechanism. Rather, reaction may proceed by either course and the position regarding the two alternatives is a competitive one, the one that proceeds the faster predominating. Various factors influence the relative rates of the two, such as the structure of the alkyl halide, the identity of the nucleophilic reagent, and the nature of the solvent.

Structure of the Alkyl Halide and Order of Reaction

The structure of the alkyl halide affects the issue in various ways. Thus the result of cumulative inductive effects of the three alkyl groups attached to the carbon atom forming the C-halogen bond in a tertiary halide, as compared to the effect of one alkyl group in a primary halide, is to raise the electron density and hence lower the positive charge on this carbon atom:

```
     R              H
     ↓              |
R→—C—Cl        R→—C—Cl
     ↑              |
     R              H
```

Because of the diminished positive charge on the carbon atom it will have less attraction towards nucleophilic reagents, *i.e.* the reactivity in S_N2 type reactions will be lowered. On the other hand, this increased electron density on the carbon atom will assist the departure of the halogen atom as a halide ion, in other words will increase the probability of an S_N1 type reaction.

Another important factor is the relative stability of the intermediate carbonium ion. If this tends to be stabilised, its formation will be assisted and an S_N1 type of reaction will be favoured. The carbonium ion may be stabilised electronically by increased electron density at the positively charged carbon atom. This is the situation in the case of tertiary halides. It may also be stabilised by delocalisation of the charge, such as can take place, for example, in the case of benzyl halides, where the positive charge in the derived carbonium ion can be somewhat delocalised over the adjacent benzene ring (*cf.* p. 23). In both of these cases electronic stabilisation of the intermediate carbonium ion will tend to facilitate S_N1 type reactions.

Steric factors also contribute. When reactions proceed by an S_N1 mechanism, a carbon atom attached to four groups becomes a carbon atom attached to only three groups in the intermediate carbonium ion. On the other hand, in reactions proceeding by an S_N2 mechanism, in the transition state the carbon atom is attached, even if only tentatively, to *five* different groups. If the original alkyl halide contains large groups adjacent to one another there will be steric repulsion between these groups (*cf.* Chapter II). The steric *strain* which this produces in the molecule will be eased in the formation of a carbonium ion, since one *less* group is now present in the molecule, but will be increased in the transition state of an S_N2 reaction, since one *more* group is then associated with the molecule. Hence the presence of bulky groups will tend to favour S_N1 rather than S_N2 reactions. Thus in general, all factors, electronic and steric, tend to favour S_N1 rather than S_N2 mechanisms as one goes from primary to secondary to tertiary halides.

Effect of Reagent and Solvent on Mechanism

Reagents which have strong nucleophilic reactivity such as OH^-, RO^-, NH_3, tend to promote reaction by S_N2 mechanisms. A crude explanation of this can be made by saying that the relatively small charge on the reacting carbon atom is sufficient to attract a strongly nucleophilic reagent and thus initiate an S_N2 reaction, whereas a weakly nucleophilic reagent requires a stronger positive charge such as is provided by a carbonium ion.

Good ionising solvents make S_N1 reactions proceed more readily. This is because the intermediate carbonium ions can be stabilised by solvation, *i.e.* by loose association with solvent molecules.

Tests for Mechanism

The obvious way of deciding the mechanism of a nucleophilic substitution reaction is by investigating its kinetics. Alternatively, the stereochemistry of the products may be examined if asymmetric molecules are concerned. A third possibility involves a study of the by-products of the reaction. Among the by-products from unimolecular reactions are products formed by molecular rearrangement reactions; such products are not obtained in bimolecular reactions of this sort.

By-products in the Substitution Reactions of Alkyl Halides

When samples of tertiary butyl chloride are hydrolysed the product always contains 2-methylpropene, sometimes as the major product, formed by loss of a molecule of hydrogen chloride from the alkyl halide.

For an elimination reaction of this sort to occur a hydrogen atom is necessary on the β-carbon atom (*i.e.* on the carbon atom next to the one linked to the halogen atom.) If this requirement is fulfilled then elimination reactions almost always accompany nucleophilic substitution reactions of alkyl halides; indeed, olefin formation may in some cases be the predominant reaction. The extent to which they are formed is dependent on the structure of the alkyl halide. Olefin formation is also favoured by an increase in the reaction temperature and by increasing the basic strength of the nucleophilic reagent.

Elimination reactions may also proceed by a unimolecular (E1) or bimolecular (E2) mechanism, as follows:

E1 type:

$$R_2CH{-}\underset{R}{\overset{R}{\underset{|}{\overset{|}{C}}}}{-}Cl \longrightarrow R_2\overset{H}{\overset{|}{C}}{-}\underset{R}{\overset{R}{\underset{|}{\overset{|}{C^+}}}} \longrightarrow R_2C = CR_2 + H^+$$

$$+ Cl^-$$

In this mechanism a carbonium ion is first formed. Electrons are then withdrawn from a β-hydrogen atom to form a double bond and liberate a proton.

E2 type:

$$X^- \longrightarrow R_2\underset{H}{\underset{|}{C}}{-}\underset{R}{\overset{R}{\underset{|}{\overset{|}{C}}}}{-}Cl$$

In this reaction the nucleophile attacks the β-hydrogen atom and in one synchronous step this hydrogen atom is removed as a proton, the electrons formerly bonding it to a carbon atom form a double bond, and the halogen atom is expelled as a halide ion.

Again there is competition between the E1 and E2 mechanisms; the same factors which tend to favour S_N1 mechanisms over S_N2 also favour E1 mechanisms at the expense of E2 mechanisms.

In the case of S_N1 reactions, but not of S_N2 reactions, molecular rearrangements may accompany straightforward substitution reactions. Thus in the hydrolysis (under S_N1 conditions) of 1-chloro-2,2-dimethylpropane (neopentyl chloride), some of the alcohol of corresponding structure is formed but the major product is 2-methylbutan-2-ol:

$$CH_3{-}\underset{CH_3}{\overset{CH_3}{\underset{|}{\overset{|}{C}}}}{-}CH_2Cl \longrightarrow \underset{\text{a little}}{CH_3{-}\underset{CH_3}{\overset{CH_3}{\underset{|}{\overset{|}{C}}}}{-}CH_2OH} + \underset{\text{mostly}}{CH_3{-}\underset{OH}{\overset{CH_3}{\underset{|}{\overset{|}{C}}}}{-}CH_2CH_3}$$

This can be explained by migration of a methyl group in the carbonium ion first formed; the rearranged ion then completes the reaction to give the major product:

$$CH_3-\underset{CH_3}{\overset{CH_3}{\underset{|}{\overset{|}{C}}}}-Cl \longrightarrow CH_3-\underset{CH_3}{\overset{CH_3}{\underset{|}{\overset{|}{C}}}}-\overset{+}{C}H_2 \rightleftharpoons CH_3-\underset{+}{\overset{CH_3}{\overset{|}{C}}}-CH_2-CH_3$$

If one assumes that the migration of the methyl group is a reversible step and that there is an equilibrium between the two possible carbonium ions, then one would expect the equilibrium to be largely towards the rearranged ion, for as it is a tertiary ion it will be more stable than the initial ion, which is a primary one. Thus the relative stabilities of these ions explains the ratios of the products obtained.

Reactivity of Different Halides

It is found that the reactivity of alkyl halides decreases in the order iodide > bromide > chloride. This is not surprising in view of the bond energies of the different C-halogen bonds which are as follows: C—I, 51 kcal; C—Br, 68 kcal; C—Cl, 81 kcal. We would thus expect the C—I bond to be the more readily broken of the three.

Other Nucleophilic Substitution Reactions

The examples given above of nucleophilic substitution reactions involve attack of a negatively charged nucleophile on a neutral molecule. This charge picture is not the only possible one. For example, two neutral molecules may be involved, *e.g.*

$$NH_3 + CH_3Cl \longrightarrow {}^{+}NH_3CH_3 + Cl^-$$

Here the ammonia molecule has displaced the chlorine atom by a nucleophilic attack, although it is uncharged, its nucleophilic character depending on the lone pair of electrons on the nitrogen atom.

Nor need the molecule with which the nucleophile reacts be neutral. For instance, in the reaction of alcohols with hydrogen halides to form alkyl halides, the alcohol first of all adds a proton to form an oxonium ion. This positively charged ion then undergoes nucleophilic substitution by the halide ion, *e.g.*

$$CH_3OH + H^+ \longrightarrow CH_3\overset{+}{O}H_2$$

$$I^- + CH_3\overset{+}{O}H_2 \longrightarrow CH_3I + H_2O$$

The formation of the oxonium ion actually involves two equilibria:

$$H_2O + HI \rightleftharpoons H_3O^+ + I^-$$

$$H_3O^+ + CH_3OH \rightleftharpoons H_2O + CH_3\overset{+}{O}H_2$$

The alcohol molecule itself will not undergo nucleophilic substitution by iodide ions but in the oxonium ion the C—O bond is weakened owing to the electron displacement caused by the O^+. This displacement also causes the carbon atom to become somewhat electron-deficient and thus susceptible to attack by a nucleophilic reagent.

Reactions of Carbonyl Groups

One of the typical reactions of the carbonyl group, the addition of hydrogen cyanide to give a cyanhydrin, was first examined kinetically by Lapworth in 1903. Working with the ketone camphorquinone, which is yellow but forms a colourless cyanhydrin thus making the reaction easy to follow, he showed that the reaction proceeded as follows. With an equivalent of hydrogen cyanide reaction was complete in 8–10 hours. The same mixture plus a trace of mineral acid failed to react in 14 days; the same mixture plus one drop of aqueous potassium hydroxide reacted completely in a matter of seconds. This is thus a reaction whose rate is very dependent on the pH of the reaction mixture. The obvious effect of variation in pH is on the dissociation of hydrogen cyanide and consequently on the concentration of cyanide ions. Hydrogen cyanide is a weak acid, only slightly dissociated. Even this slight dissociation is largely suppressed by mineral acid, whereas addition of a little alkali enormously increases the concentration of cyanide ions. Thus we may conclude that the initial and rate-determining step in cyanhydrin formation is attack by a cyanide ion. Owing to the conjugative effect in the C—O double bond the carbon atom bears a partial positive charge and is attacked by the cyanide ion. This is therefore an example of a nucleophilic addition reaction. Reaction is completed by addition of a proton to the oxygen atom:

$$R_2C{=}O \xrightarrow{CN^-} R_2C(O^-)(CN) \xrightarrow{H^+} R_2C(OH)(CN)$$

There is evidence that the initial step is catalysed by loose association of the carbonyl group, by means of its oxygen atom, with an undissociated acid molecule *viz.*

$$R_2C{=}O + H{\rightarrow}CN \longrightarrow R_2C{=}O\text{-----}H{\rightarrow}CN$$

This association makes the carbonyl carbon atom even more susceptible to nucleophilic attack.

Other addition reactions of carbonyl groups likewise involve nucleophilic attack on the carbon atom assisted by association of the oxygen atom with the reagent. Thus kinetic studies suggest that the addition of bisulphite to a carbonyl group may proceed as follows:

$$R_2C{=}O + Na^+\,H^+\,SO_3^{=} \longrightarrow R_2\overset{+}{C}{-}OH \xrightarrow{SO_3^{=}} R_2C(OH)SO_3^-$$

Such addition reactions of carbonyl groups are in fact equilibrium controlled reactions (see Chapter IV) and the position of the equilibrium is very dependent on the structure of the carbonyl compound, steric factors playing a large part. Examples of extreme cases in superficially very similar molecules are those of cyclohexanone cyanhydrin, where the equilibrium lies almost wholly on the side of the undissociated cyanhydrin, and cyclodecanone cyanhydrin, where the equilibrium is such that the cyanhydrin cannot even be formed. (Conformational factors are involved in these two cases.)

The reactions between carbonyl groups and the various compounds of general formula X—NH_2 which are in common use for the identification of aldehydes and ketones (*e.g.* hydroxylamine, semicarbazide, phenylhydrazine, etc.) follow a similar course. The lone pair of electrons of the NH_2 group initiates a nucleophilic attack on the carbonyl group:

$$R_2C{=}O \xrightleftharpoons{:NH_2X} R_2C(O^-)(\overset{+}{N}H_2X)$$

Such reactions are catalysed by weakly acidic conditions and again it is believed that association of the carbonyl group with the acid facilitates nucleophilic attack:

$$R_2C{=}O + H{\rightarrow}A \longrightarrow R_2C{=}O\text{-----}H{\rightarrow}A \xrightleftharpoons{:NH_2X} R_2C(OH)(\overset{+}{N}H_2X) + A^-$$

In a further series of equilibria this adduct loses both a proton and the atoms of a molecule of water, giving rise to the final product:

$$R_2C\begin{matrix}\diagup OH \\ \diagdown \overset{+}{N}H_2X\end{matrix} \longrightarrow R_2C=NX + H^+ + H_2O$$

e.g.

$$R_2C=O + :NH_2OH \longrightarrow R_2C=NOH \text{ (oxime)}$$

Reactions of Carboxylic Acids and their Derivatives

The differences between the reactions of aldehydes and ketones on the one hand and carboxylic acids and their derivatives on the other, despite the fact that both classes of compounds have carbonyl groups, is always stressed. These differences arise from interaction of the lone pair of electrons on the other oxygen atom of an acid or ester or on the nitrogen atom of an amide with the π-electrons of the carbonyl group. (See Chapter I.) In consequence, carboxylic acids and their derivatives do not take part in the addition reactions characteristic of aldehydes and ketones.

Yet from another point of view the reactions of the two groups of compounds are similar, for both react by interaction with nucleophilic reagents; it is the subsequent course of reaction which differs.

Let us take as an example the esterification of a carboxylic acid. This involves nucleophilic attack by an alcohol molecule:

$$R-\overset{\overset{O}{\|}}{C}-OH + R'\ddot{O}H \rightleftharpoons R-\overset{\overset{O^-}{|}}{\underset{\underset{H\overset{+}{O}R'}{|}}{C}}-OH$$

This reaction is catalysed by acid in the same way that reactions of other carbonyl compounds are:

$$R-C\begin{matrix}\diagup\!\!\diagup O \\ \diagdown OH\end{matrix} + H^+ \rightleftharpoons R-\overset{+}{C}\begin{matrix}\diagup OH \\ \diagdown OH\end{matrix}$$

The carbon atom in this ion is much more electron-deficient than that in the unprotonated acid and hence reacts much more readily with an alcohol molecule.

$$\mathrm{R{-}\overset{+}{C}(OH)_2} + \mathrm{R'\ddot{O}H} \rightleftharpoons \mathrm{R{-}C(OH)_2{-}\overset{+}{O}HR'}$$

By means of a further series of equilibria this intermediate may lose a proton and the elements of a molecule of water, thereby giving rise to an ester. (Similarly by means of the equilibria given above, the intermediate could lose a proton and a molecule R′OH to revert to the original starting compounds; but if the alcohol is present in excess the overall equilibrium will proceed to give ester formation, this being an equilibrium controlled reaction. For the same reason the reaction does not go to completion.)

Saponification of an ester proceeds by a similar mechanism, initiated by nucleophilic attack by the hydroxide ion:

$$\mathrm{R{-}C({=}O){-}OR'} \overset{OH^-}{\rightleftharpoons} \mathrm{R{-}C(O^-)(OH){-}OR'}$$

The lone pair of electrons on the oxygen atom of this intermediate now displace one of the two groups attached to the carbon atom; if OH is displaced no overall reaction occurs; if OR is displaced saponification results.

If we consider a series of carboxylic acid derivatives of general formula RCOY such as

$$\mathrm{R{-}C({=}O){-}Cl} \qquad \mathrm{R{-}C({=}O){-}O{-}COR} \qquad \mathrm{R{-}C({=}O){-}OR} \qquad \mathrm{R{-}C({=}O){-}NH_2} \qquad \mathrm{R{-}C({=}O){-}O^-}$$

their reactivity towards nucleophilic reagents decreases as we go from left to right across the page. This can be correlated with two factors. First, the electronegativity of the group Y decreases from left to right. In consequence the electron density of the carbonyl carbon atom, and hence its reactivity towards nucleophiles, decreases. Second, the stabilisation of

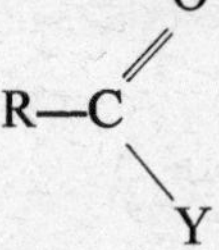

due to delocalisation of electrons resulting from interaction of the lone pair of electrons on Y with the π-electrons of the carbonyl group, increases as we go from left to right. This factor also decreases the reactivity of the RCOY molecule. Thus these two factors explain the well-known drop in reactivity acid chloride > anhydride > ester > amide > salt. This difference in reactivity is exemplified by the fact that an acid chloride can be converted into any of these other acid derivatives, whereas the others can only be converted in a straightforward way into derivatives lower than themselves in the list of reactivities.

It might be noted that although we have considered all these reactions of acid derivatives in terms of an addition followed by an elimination, the overall effect is in fact a substitution reaction, *e.g.*

$$RCOCl + OH^- \longrightarrow RCOOH + Cl^-$$

or

$$RCOCl + RCO_2^- \longrightarrow (RCO)_2O + Cl^-$$

If these two steps follow one another sufficiently rapidly the whole reaction tends towards a true S_N2 reaction, the substitution taking place this time at an unsaturated carbon atom instead of at a saturated one, as in the case of alkyl halides. It is likely that the reactions of acid chlorides and anhydrides can in fact be regarded as S_N2 reactions, but the reactions of other acid derivatives are better thought of as proceeding stepwise, *i.e.* by addition followed by elimination.

The substitution reactions of acid chlorides will take place very readily compared to those of alkyl halides since the neighbouring carbonyl group is electron-withdrawing and lowers even further the electron-density on the carbon atom, which is of course lowered in both cases by the inductive effect in the C—Cl bond:

R→—Cl (alkyl halide)   R—C(=O)—Cl (acid chloride)

alkyl halide   acid chloride

Additionally, bimolecular substitution reactions of acid chlorides will be less subject to steric strain than those of alkyl halides, for whereas the transition state in the latter case involves five groups about the reacting carbon atom, the transition state in the case of acid chlorides involves only four groups about the reacting carbon atom (since this atom is directly attached to only three other atoms in the original molecule).

Reactions of Carbon–Carbon Double Bonds

The reagents which add to olefinic double bonds are in general different from those which add to carbonyl groups. The nature of the reactions also differs, for whereas the addition reactions of carbonyl groups are equilibrium controlled and reversible, those of olefins are irreversible (under the conditions normally used).

The most accessible part of a C—C double bond consists of the electrons forming the π-bond. It is therefore not surprising that the common reagents which react with olefins are electrophilic reagents. Addition is thought to proceed stepwise, as follows:

$$>C=C< + \overset{\delta+}{X}\rightarrow\overset{\delta-}{Y} \longrightarrow >\overset{+}{C}-\overset{|}{\underset{|}{C}}-X \xrightarrow{Y^-} Y-\overset{|}{\underset{|}{C}}-\overset{|}{\underset{|}{C}}-X$$

Thus when a molecule of hydrogen chloride reacts with one of ethylene the positively charged hydrogen atom (due to the inductive effect in the H—Cl bond) is drawn towards the electrons of the π-bond. The first step in the reaction may be the formation of a loose association between the two molecules:

$$\begin{matrix} CH_2=CH_2 \\ \uparrow \\ H \\ \downarrow \\ Cl \end{matrix} \longrightarrow \begin{matrix} CH_2=CH_2 \\ \vdots \\ H \\ \downarrow \\ Cl \end{matrix} \longrightarrow \begin{matrix} CH_3-\overset{+}{C}H_2 \\ \\ + Cl^- \end{matrix} \longrightarrow CH_3-CH_2Cl$$

This is followed by cleavage of the H—Cl bond and addition of the hydrogen atom to the ethylene molecule, thereby forming a carbonium ion. The latter then reacts with a chloride ion to give the final product.

It is easy to see why a polar molecule such as a hydrogen halide adds in this way, but at first sight it is less easy to see why two non-polar molecules, such as ethylene and bromine, should react together. It is reasonable to assume, however, that a bromine molecule in the proximity of a double bond would suffer some displacement of its electrons owing to a repulsive effect caused by the π-electrons of the olefin:

$$\begin{array}{ccc} CH_2 = CH_2 & & CH_2 = CH_2 \\ & & \\ Br & \longrightarrow & Br \\ | & & \downarrow \\ Br & & Br \end{array}$$

If this happens then it is possible for reaction to take place in an identical manner to the addition of a hydrogen halide to an olefin:

$$\begin{array}{ccccccc} CH_2 = CH_2 & & CH_2 \stackrel{\vdots}{=} CH_2 & & CH_2Br\text{—}CH_2^{+} & & \\ & \longrightarrow & Br & \longrightarrow & & \longrightarrow & CH_2Br\text{—}CH_2Br \\ Br & & \downarrow & & +Br^{-} & & \\ | & & Br & & & & \\ Br & & & & & & \end{array}$$

Evidence that distortion of the electrons in the Br—Br bond is a requisite for reaction to take place is provided by the fact that the nature of the surface of the vessel in which the reaction takes place has a large effect on the rate of the reaction. If the walls of the vessel are polar (as in the case of glass) distortion of the electrons will take place, due to interaction with the walls, and reaction proceeds rapidly. If, however, the walls are coated with non-polar material, distortion due to the walls is nil and in this case reaction proceeds extremely slowly.

So far the discussion has taken it for granted that the reaction is stepwise (*i.e.* addition to both ends of the double bond does not occur simultaneously) and that the initial attack is by an electrophilic reagent. If this is so, then the presence of electron-withdrawing substituents next to the double bond should lower its reactivity, while the presence of electron-repelling substituents should increase it. This is indeed the case. For example, propene, which has an electron-repelling methyl group, reacts more rapidly in addition reactions than ethylene, whereas bromoethylene (vinyl bromide, $CH_2{=}CH{\rightarrow}Br$) reacts more slowly.

More elegant evidence is obtained by allowing ethylene to react with bromine in the presence of other anions, for example chloride ions. Under these circumstances 1-bromo-2-chloroethane is produced as well as 1,2-dibromoethane.

$$CH_2{=}CH_2 \xrightarrow{Br_2,\ Cl^-} CH_2Br\text{—}CH_2Br + CH_2Br\text{—}CH_2Cl$$

It is known that chloride ions do not react with ethylene by itself. Hence in forming the bromochloroethane the bromine atom must have added first to provide an intermediate which is then capable of adding a chloride ion. Since the chloride ion is negatively charged it seems certain that this intermediate must be positively charged, *i.e.* that the reaction is initiated by electrophilic attack on the double bond, as we have assumed. This intermediate may then react with either a bromide ion formed in the first electrophilic attack, or with a chloride ion, to give one or other of the two products which are formed. Furthermore, this result confirms the stepwise nature of the addition reaction. If both bromine atoms added to the double bond simultaneously it would be impossible to form bromochloroethane. (There is the possibility that dibromoethane might be formed first and then react with chloride ions by substitution to form bromochloroethane. But were this the case we should also expect some dichloroethane to be formed by substitution of both bromine atoms, whereas in fact *no* dichloroethane is found in the product.)

We need now to explain the operation of Markovnikov's rule, which states that on addition of a molecule HX to an unsymmetrical olefin, the hydrogen atom adds to the end of the double bond already having the greater number of hydrogen atoms attached to it, *e.g.* the reaction of hydrogen iodide with propene yields 2-iodopropane rather than 1-iodopropane:

$$CH_3—CH{=}CH_2 \xrightarrow{HI} CH_3—CHI—CH_3$$

Two factors may contribute here. First the inductive effect of the methyl group causes some displacement of the electrons of the π-bond and in consequence a permanent small negative charge on the terminal carbon atom. It is thus likely that electrophilic attack will take place preferentially at this carbon atom:

$$CH_3 \rightarrow CH \overset{\frown}{=} CH_2 \xrightarrow{HI} CH_3—\overset{+}{C}H—CH_3 \longrightarrow CH_3—CHI—CH_3$$

The second factor concerns the stability of the intermediate carbonium ion which is formed. Of the two alternative possibilities in this case, one is a primary carbonium ion (*i.e.* the positive charge is located on a primary carbon atom) and the other is a secondary carbonium ion:

$$CH_3—CH{=}CH_2 \xrightarrow{H^+} CH_3CH_2—CH_2^+ \text{ or } CH_3CH^+—CH_3$$

It is known that the stability of carbonium ions decreases in the order tertiary > secondary > primary. Therefore in this case we would expect the secondary ion to be energetically favoured over the primary one. This factor also would lead us to expect initial electrophilic attack to take place at the terminal carbon atom, thereby producing the secondary ion.

Hydrogen iodide invariably adds to unsymmetrical olefins according to Markovnikov's rule; hydrogen chloride almost always does. In the case of hydrogen bromide the alternative product may also be obtained, often as the sole product. It is found that formation of the alternative product is dependent on the presence of materials such as oxygen or peroxides. These belong to the type of compounds which promote free radical reactions and the alternative mode of addition of hydrogen bromide to an olefin, when it takes place, is due to a competing free radical addition reaction. The initiating catalyst forms a bromine atom which attacks the olefin at such a place that the more stable free radical is formed. Since the stability of radicals decreases in the order tertiary > secondary > primary this means that in the case of propene the bromine atom will preferentially attack the terminal carbon atom, thereby producing a secondary radical; attack at the 2-carbon atom would give a less stable primary radical. This radical then abstracts a hydrogen atom from another molecule of hydrogen bromide and a chain reaction ensues (*cf.* Chapter VII):

$$\text{Initiator} + \text{HBr} \longrightarrow \text{Initiator-H} + \text{Br}^{\cdot}$$

$$\text{Br}^{\cdot} + \text{CH}_3\text{—CH}{=}\text{CH}_2 \longrightarrow \text{CH}_3\text{—}\dot{\text{C}}\text{H—CH}_2\text{Br}$$

$$\text{CH}_3\dot{\text{C}}\text{H—CH}_2\text{Br} + \text{HBr} \longrightarrow \text{CH}_3\text{CH}_2\text{CH}_2\text{Br} + \text{Br}^{\cdot}\ \textit{etc.}$$

The reason why this type of reactivity is characteristic of hydrogen bromide but not of the other hydrogen halides derives from a consideration of how much energy is required to cleave the H-halogen bond to form a halogen atom, and how reactive the free atom is when formed. The following diagram illustrates these factors:

increasing energy required to break bond and form radical
←--

$\text{H—F} \rightarrow \text{H}^{\cdot} + \text{F}^{\cdot}$ $\text{H—Cl} \rightarrow \text{H}^{\cdot} + \text{Cl}^{\cdot}$ $\text{H—Br} \rightarrow \text{H}^{\cdot} + \text{Br}^{\cdot}$ $\text{H—I} \rightarrow \text{H}^{\cdot} + \text{I}^{\cdot}$

decreasing reactivity of halogen atom
--→

The energy required to break the H—F and H—Cl bonds is too great for free radical addition to be a competitive reaction. On the other hand, iodine atoms, though easily formed, are too unreactive to add to the olefin in the manner required. The bond in hydrogen bromide, however, is sufficiently readily broken to provide bromine atoms and the latter, when formed, are sufficiently reactive for a free radical reaction to take place.

Conjugated Dienes

A conjugated diene is a molecule with alternating double and single bonds, *e.g.* butadiene, $CH_2{=}CH{—}CH{=}CH_2$. In such a molecule not only do the *p*-orbitals of the carbon atoms formally joined by double bonds overlap to form π-bonds where the double bonds are shown in conventional formulae, but in addition the orbitals of these π-bonds are not discrete bonds but overlap each other to some extent to form a delocalised orbital embracing the whole conjugated system. (*cf.* the delocalised orbital in benzene.)

$$CH_2—CH—CH—CH_2$$

This delocalisation results in a lowering of the total energy of the system, *i.e.* the molecule is consequently more stable.*

When a conjugated diene reacts with an electrophilic reagent two different products are obtained. For example, the addition of bromine to butadiene results in the formation of 1,2-dibromobut-3-ene and 1,4-dibromobut-2-ene:

$$CH_2{=}CH—CH{=}CH_2 \xrightarrow{Br_2} CH_2Br—CHBr—CH{=}CH_2$$
$$+CH_2Br—CH{=}CH—CH_2Br$$

The formation of the first product could be explained by normal addition of bromine to one of the double bonds, but the second product cannot be formed in this way.

It is readily explained, however, in terms of the delocalisation of the π-electrons in the carbonium ion which is formed as a first step in the addition reaction.

When bromine reacts with butadiene it first makes an electrophilic attack on a terminal carbon atom; the end carbon atoms are those most easily approached. Furthermore, attack at the terminal carbon atom leads to the formation of a secondary carbonium ion which is additionally stabilised by interaction with the adjacent π-bond (thus involving delocalisation of the positive charge, *cf.* Chapter I), whereas attack at one of the middle carbon atoms would give a primary carbonium ion, which is less stable than a secondary one in any case (*cf.*

---

* This explanation has been questioned and, rather than invoking the delocalisation of π-bonds, the lowering of the total energy of the system has been attributed to the fact that the central C—C single bond links two sp^2-hybridised carbon atoms and therefore differs from C—C bonds linking sp^3-hybridised carbon atoms. Both explanations have also been used to explain the reduced length of this single bond compared with C—C bonds linking saturated carbon atoms. (See Dewar and Schmeising, *Tetrahedron*, 1959, **5**, 166.)

p. 67) and in addition cannot be stabilised by interaction with any adjacent group:

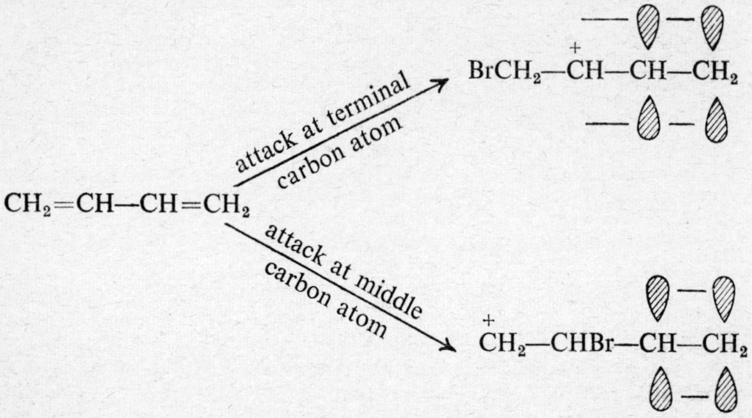

$$CH_2{=}CH{-}CH{=}CH_2 \xrightarrow{\text{attack at terminal carbon atom}} BrCH_2{-}\overset{+}{C}H{-}CH{-}CH_2$$

$$CH_2{=}CH{-}CH{=}CH_2 \xrightarrow{\text{attack at middle carbon atom}} \overset{+}{C}H_2{-}CHBr{-}CH{-}CH_2$$

Calculations of the distribution of charge in this intermediate carbonium ion indicate that alternate polarities will be set up on alternate carbon atoms:

$$CH_2 = CH{-}CH = CH_2 + Br{\rightarrow}Br \longrightarrow BrCH_2{-}\overset{+}{C}H{-}\overset{-}{C}H{-}\overset{+}{C}H_2 + Br^-$$

Subsequent attack by a bromide ion may thus take place at either of the positively charged carbon atoms giving the two alternative products which are actually obtained:

$$BrCH_2{-}\overset{+}{C}H{-}\overset{-}{C}H{-}\overset{+}{C}H_2 \xrightarrow{Br_2} BrCH_2{-}CHBr{-}CH{=}CH_2$$

$$\textit{or}\ \ BrCH_2{-}CH{=}CH{-}CH_2Br$$

Substitution Reactions of Benzenoid Compounds

Since the main electronic feature of the benzene ring is the delocalised sextet of π-electrons it is reasonable to expect that chemical reagents which react with benzene will be electrophiles. This is indeed the case. If one considers the typical reactions of benzene derivatives, halogenation is an electrophilic reaction involving Hal^+ (or a polarised halogen molecule, Hal$\leftarrow$Hal) (*cf.* halogen addition to olefins), nitration involves the nitronium ion NO_2^+, obtained by interaction between nitric and sulphuric acids:

$$H_2SO_4 + HONO_2 \rightleftharpoons HSO_4^- + H_2O^+NO_2$$

$$H_2O^+NO_2 \rightleftharpoons H_2O + NO_2^+$$

and sulphonation probably involves sulphur trioxide, which is an electrophile, as the actual reagent, while Friedel-Crafts reactions proceed *via* aluminium complexes which can provide carbonium ions to act as electrophilic reagents:

$$AlCl_3 + RCl \rightleftharpoons R^+AlCl_4^-$$

$$AlCl_3 + RCOCl \rightleftharpoons RCO^+AlCl_4^-$$

Complexes of the type R→Cl – → $AlCl_3$ may be involved rather than free carbonium ions in the case of primary alkyl halides. Halogenation similarly involves complexes of the type Cl→Cl – → $FeCl_3$ when, as is frequently the case, the reaction is catalysed by addition of iron filings. In the absence of a chemical catalyst and in the presence of light, chlorine and bromine react instead by free radical mechanisms to give addition products. (See Chapter VII.)

Interaction of these electrophiles with the benzene ring leads to a transition state involving a carbonium ion. In the formation of this carbonium ion two of the six π-electrons are donated to the electrophile to form a new bond, and the four remaining π-electrons are now delocalised over five carbon atoms. This results in an overall positive charge which is also delocalised over these five atoms. This delocalisation may be represented by a dotted line in a representation of the reaction, as follows:

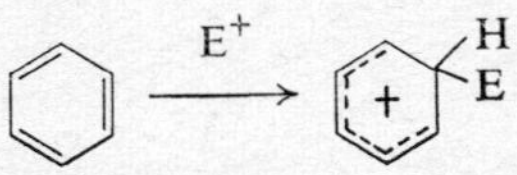

E⁺
H
+
E

Formation of this ionic intermediate involves destruction of the aromatic system of π-electrons in the benzene molecule and hence a loss of delocalisation energy. In consequence, reaction only takes place with reagents of strong electrophilic character and reactivity.

If this intermediate now reacted in the same way that the intermediate carbonium ions derived from olefins react, it would add an anion and the result would be a cyclohexadiene derivative:

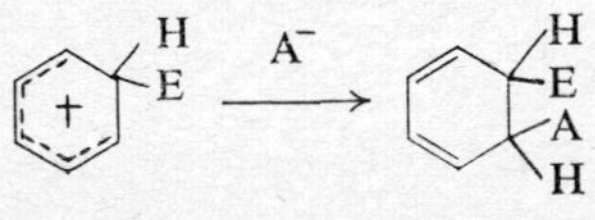

H
+
E
A⁻
H
E
A
H

If, instead, the intermediate loses a proton, it reverts to a benzenoid character, complete with a delocalised aromatic sextet of π-electrons and a consequent gain in delocalisation energy:

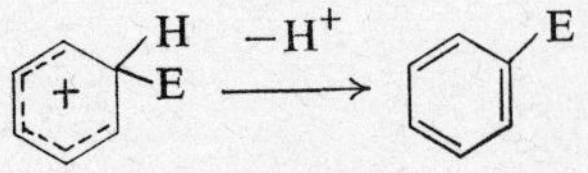

It is this gain in delocalisation energy by reversion to benzenoid type which results in the overall reaction proceeding as a *substitution* reaction rather than as an addition reaction. The delocalisation energy (or resonance energy, *cf.* Chapter I) is thus directly responsible for one of the most characteristic chemical properties of aromatic compounds, namely their tendency to undergo substitution rather than addition reactions.

In the case of electrophilic addition reactions of olefins we have seen that, as one would expect, electron donating groups promote reaction by increasing the electron density at the double bond, whereas electron-withdrawing groups lower the reactivity. A similar situation obtains in the case of the electrophilic substitution reactions of benzene derivatives; electron-donating groups such as $—CH_3$, —OH, $—OCH_3$, $—NH_2$ 'activate' the ring, while electron-withdrawing groups such as $—NO_2$, —CHO, $—CO_2H$ 'deactivate' the ring towards the normal electrophilic reagents.

A further complication which arises in the case of benzene derivatives is the effect of substituent groups on the position of attack by electrophilic reagents, and, in consequence, on the position which further substituent groups take up on being introduced into the ring. Statistically, and considering no chemical effects, one should get 40% ortho, 40% meta and 20% para substitution, *i.e.* *o-/m-/p-* = 2/2/1, since there are two ortho, two meta and only one para positions available. In fact, of course, one gets either predominantly ortho-para substitution or predominantly meta substitution. Substitution follows one or other of these patterns predominantly but not exclusively; this demonstrates the competitive nature of the reactions.

The intermediate carbonium ion has been represented above as having its positive charge completely delocalised over the five carbon atoms. In fact, this is not quite the case. In the same way that the carbonium ion intermediate in the halogenation of butadiene has positive charges on alternate carbon atoms, as described above, so in these intermediate carbonium ions derived from benzene derivatives the positive charge tends to be located on alternate carbon atoms, namely those *o-* and *p-* to the point of attack:

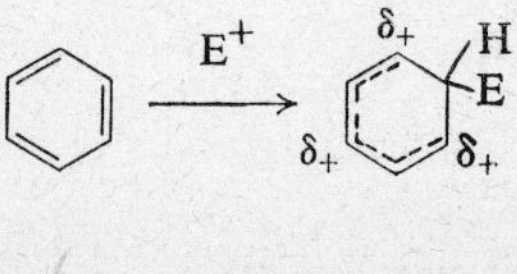

($\delta+$ is used rather than $+$ since one unit charge is spread over three positions.)

Let us consider the situation when a substituent group X is already present in the ring, and in particular the distribution of positive charge if the electrophile attacks at the positions ortho, meta, or para to X:

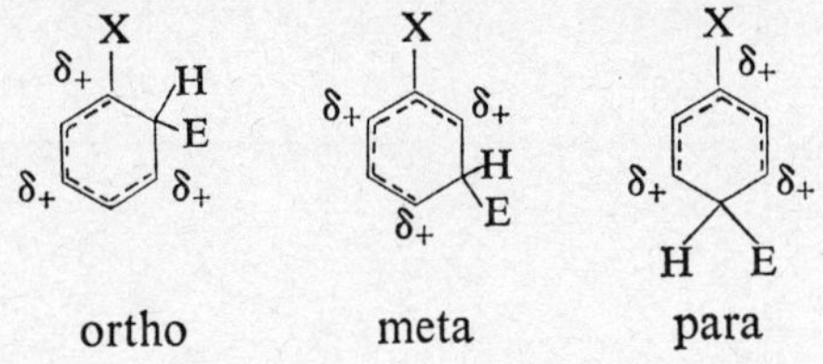

ortho meta para

If X is an electron-donating group, in the cases of ortho and para attack but not in the case of meta attack, the positive charge will be partially neutralised by this adjacent group. This means that ortho and para attack by the electrophile will be energetically favoured compared with attack at the meta position, and in the final product the ortho and para isomers will predominate. If, on the other hand, X is an electron-withdrawing group, there will be an opposite effect and the ortho and para intermediates will be less stable than the corresponding meta intermediate. This may be illustrated by considering as an example the case of benzaldehyde. In the intermediates formed by electrophilic attack on the ortho and para positions there are positive charges on adjacent carbon atoms, due to the conjugative effect in the carbonyl group:

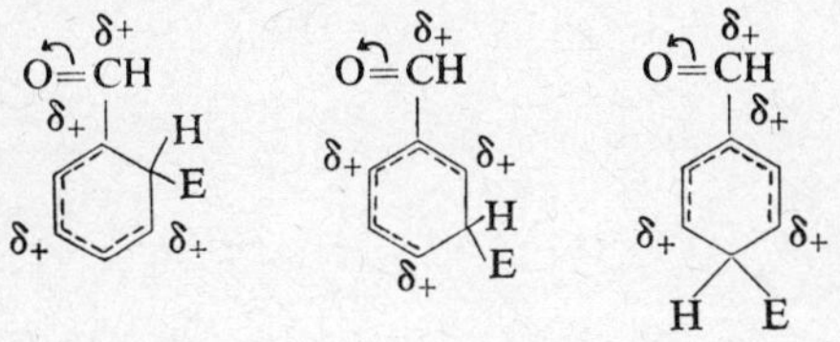

Adjacent like charges are a source of instability, hence the ortho and para intermediates are less favourable energetically than the meta intermediate and in the final product the meta isomer will therefore predominate. The effect of a substituent group on the position of electrophilic attack can be decided from consideration of all the electronic factors involved, but the assessment of these various factors is not always straightforward.

An alternative approach to this problem is to consider the effect of the substituent group on the distribution of charge in the initial molecule rather than on the stability of the intermediate. Again, owing to the delocalisation of π-electrons over the whole ring, electronic effects can be transmitted throughout the ring. The effect of an electron-donating group is to cause small negative charges to be present on the positions ortho and para to it, whereas electron-withdrawing groups cause the development of small negative charges on the positions meta to it. Consequently electrophilic reagents will tend to attack at those points of relatively high electron density.

This approach gives the same answers to those provided by the alternative method in straightforward cases. It is not satisfactory as a rigorous approach, however, for it considers only the state of the initial molecule, whereas the other method dealt with the stability of the reaction intermediate. Despite this it has some value as an elementary approach in view of its relative simplicity and the fact that it does in general give the right answers.

Whether or not the carbonium ion is a true 'intermediate' (corresponding to a minimum in the energy diagram for the reaction; see *p.* 44) or represents instead a transition state, is not altogether certain, but in any case its stability will have a bearing on the activation energy of the reaction step required to produce it and on the ease with which the competing reactions to produce the different isomers proceed.

Since the electronic effects we have been considering apply equally well to the ortho and para positions one might expect to get twice as much ortho substitution as para substitution, merely because there are two ortho positions available and only one para position. This is hardly ever the result achieved in practice; very frequently more para than ortho substituted product is obtained. One factor here is almost certainly a steric one, due to the substituent group already present hindering the approach of the reagent to the ortho positions. That this is indeed a contributory factor may be seen by comparing the amount of para and ortho substitution obtained from a series of compounds having substituent groups of similar chemical nature but different bulk:

Increasing Bulk of Side Chain →

	Toluene	Ethylbenzene	Isopropyl benzene	Tertiary butyl benzene
% ortho substitution (nitration)	58·5	45·0	30·0	15·8
% para substitution (nitration)	37·2	48·5	62·3	72·7

Similarly increase in the bulk of the reagent leads to increased para substitution at the expense of ortho substitution.

This is not the only factor involved, however, but the position is rather complicated and it will not be discussed further at this stage.

CHAPTER VII

Free Radicals

When a covalent bond between two atoms is broken in such a way that each of the atoms retains one of the two electrons which formed the bond, the resultant fragments are known as *free radicals*. This type of cleavage of a bond is described as homolytic fission of the bond. We can represent it as follows:

$$X{:}Y \longrightarrow X\cdot + Y\cdot$$

A free radical has an odd number of electrons and in consequence an unpaired electron. In formulae free radicals are usually represented as above, by writing a single dot alongside the atom or atoms concerned. They are electrically neutral species but are *paramagnetic*, *i.e.* they possess a small permanent magnetic moment, which causes them to be weakly attracted by a magnetic field. The magnetic moment is due to the presence of the unpaired electron. When substances which are paramagnetic are placed between the poles of a powerful magnet they are attracted by the magnetic field; this is used for the detection of free radicals.

Radicals of Long Life

Owing to the presence of the unpaired electron most free radicals are highly reactive and on formation at once react with neighbouring molecules, *i.e.* they are radicals of *short life*.

However some radicals of *long life* are also known. In all cases the reactivity of such radicals is diminished because of other structural features present in the radical. The classical example of a radical of long life is triphenylmethyl, $(C_6H_5)_3C\cdot$. When a sample of hexaphenylethane, $C_2(C_6H_5)_6$, which is colourless, is dissolved in a non-ionising solvent such as benzene the solution becomes coloured and molecular weight determinations show that part of the hexaphenylethane has dissociated into triphenylmethyl radicals. This is confirmed by chemical reactions;

for example, if the solution is exposed to air bis(triphenylmethyl) peroxide $(C_6H_5)_3C—O—O—C(C_6H_5)_3$, is formed. The formation of this compound must involve prior cleavage of the hexaphenylethane molecule.

In fact an equilibrium exists:

$$(C_6H_5)_3C—C(C_6H_5)_3 \rightleftharpoons 2(C_6H_5)_3C\cdot$$

Formation of the radicals is assisted by the fact that hexaphenylethane is a rather crowded molecule owing to the presence of the six large phenyl groups attached to two adjacent carbon atoms and that in cleavage of the molecule the steric strain is relieved. Furthermore the triphenylmethyl radical is stabilised by the phenyl groups; the odd electron can interact with these groups and is delocalised over the whole molecule in consequence. (*cf.* Chapter I.) This accounts for its relative unreactivity and long life.

Radicals of Short Life

Most radicals, unless they are stabilised by delocalisation of the odd electron, are extremely reactive and in consequence are of very short life. They can react in various ways, as follows:

(i) *By reaction with another radical.*

$$R\cdot + R\cdot \longrightarrow R_2$$

For example, two ethyl radicals, formed by cleavage of a C—H bond in ethane, could unite to form a molecule of butane:

$$2\cdot C_2H_5 \longrightarrow C_4H_{10}$$

Two such radicals could also react by another means known as *disproportionation* whereby one ethyl radical abstracts a hydrogen atom from the other ethyl radical, resulting in the formation of one molecule of ethane and one of ethylene:

$$2\cdot C_2H_5 \longrightarrow C_2H_6 + C_2H_4$$

On the whole reactions between two radicals are not frequent. This is because the reactivity of a radical is normally so high that it reacts with the first available species, which is less likely to be another radical, unless their concentration is unusually high.

(ii) *By decomposition of the radical.* Radicals can split to form a different smaller radical and a neutral molecule, *e.g.*

$$\cdot C_3H_7 \longrightarrow \cdot CH_3 + CH_2{=}CH_2$$

The tendency for this to happen increases with increasing length of the carbon chain and it is an important process in the 'cracking' of higher alkanes in petroleum refining, providing thus a valuable source of alkenes.

(iii) *By reaction with other molecules.* Owing to their high reactivity free radicals are likely to attack any other molecule which is in their vicinity. This attack may take two forms, either (*a*) a displacement (substitution) reaction or (*b*) an addition reaction:

(*a*) $$\text{R}\cdot + \text{R}'\text{H} \longrightarrow \text{RH} + \text{R}'\cdot$$

(*b*) $$\text{R}\cdot + \;\gt\text{C}{=}\text{C}\lt\; \longrightarrow \text{R}{-}\overset{|}{\underset{|}{\text{C}}}{-}\text{C}\lt\cdot$$

In either case a new free radical is formed and this can react further with other molecules. Reaction will in fact continue until a radical meets another radical and reacts as in (i) above without generating a further radical. A process such as (iii) which, when once initiated, continues of its own accord, is known as a *chain reaction.* The substitution reaction of chlorine with alkanes proceeds by mechanism (*a*), while mechanism (*b*) is responsible for the polymerisation of olefins.

Free radical mechanisms are also responsible for the addition of hydrogen bromide to olefins in the opposite manner to that predicted by Markovnikov's rule, for the addition of chlorine and bromine to benzene in the presence of sunlight, and for the halogenation of alkyl side-chains in benzene derivatives. Free radicals can also undergo substitution reactions with the benzene ring. Other common examples of reactions involving free radicals are the combustion of organic compounds and the slow deterioration of most organic materials on exposure to air and sunlight. Both of these reactions are free radical oxidations. Compounds known as antioxidants, which react very readily with free radicals and thus help to remove any as soon as they are formed, are often added to materials such as rubber, plastics, etc., to inhibit their deterioration and prolong their life.

Formation of Free Radicals

The formation of free radicals involves cleavage of a covalent bond and energy has to be provided to do this. The energy required is known as the *bond dissociation energy* and may be defined as the energy (in kcals/mole) consumed or liberated when a bond is broken or formed. (It is the energy required to break a *specific* bond and as such differs from the bond energy values for bonds linking different atoms which have been used in Chapter I, and which are in fact *average* values.) Another name for this energy is the *bond strength.* This energy may be supplied in the form of heat or light, thus explaining why many free radical reactions (*e.g.* the chlorination of alkanes) are catalysed by light.

Another way of producing free radicals is by introducing a compound which has a very weak bond which is easily broken. Such a compound is dibenzoyl peroxide, $C_6H_5CO—O—O—OCC_6H_5$. The middle O—O bond is very easily broken to give two free radicals, which can in turn react with the other molecules present to produce free radicals from them. For instance, in the presence of an olefin, the following reaction sequence ensues:

$$C_6H_5CO—O—O—OCC_6H_5 \longrightarrow 2C_6H_5CO_2\cdot$$

$$C_6H_5CO_2\cdot \longrightarrow C_6H_5\cdot + CO_2$$

$$C_6H_5\cdot + \;>C=C<\; \longrightarrow C_6H_5—\overset{|}{\underset{|}{C}}—\dot{C}< \quad \textit{etc.}$$

Another type of reaction that can produce free radicals is oxidation-reduction reactions involving ions that can change their valency state by one electron. Thus the reaction between ferrous ions and hydrogen peroxide produces hydroxyl radicals:

$$Fe^{++} + H_2O_2 \longrightarrow Fe^{+++} + OH^- + \cdot OH$$

Chlorination of Alkanes

It seems useful to illustrate the general comments about free radicals by reference to two specific examples of free radical reactions. One of these examples concerns an organic reaction which is frequently the first one taught in a course on organic chemistry, namely the chlorination of methane. (Other alkanes react similarly.)

When methane and chlorine are mixed, reaction is slow unless the mixture is exposed to bright light. Such irradiation, however, will sometimes make the reaction proceed with explosive violence. Here is a reaction with all the marks of a free radical mechanism, namely catalysis by light and, once initiated, the onset of a chain reaction.

Initiation is thought to involve the breakdown of a chlorine molecule into chlorine atoms, which are of course an odd-electron species:

$$Cl_2 \xrightarrow{\text{light}} Cl\cdot + Cl\cdot$$

Breaking of this bond requires energy which accounts for the part played by light in the reaction, namely to supply this energy.

These chlorine atoms will attack any adjacent molecule. (Since the concentration of chlorine atoms at any moment is very low, it is less likely that two will react together.) If the adjacent molecule is another chlorine molecule no new species results:

$$Cl\cdot + Cl_2 \longrightarrow Cl_2 + Cl\cdot$$

But if a methane molecule is attacked, a hydrogen atom is abstracted from it leaving a methyl radical:

$$Cl\cdot + CH_4 \longrightarrow HCl + \cdot CH_3$$

This methyl radical can now in turn react with some other adjacent molecule. If the latter is another methane molecule no overall change will result, but if it is a chlorine molecule, methyl chloride and a new chlorine atom are formed:

$$\cdot CH_3 + Cl_2 \longrightarrow CH_3Cl + Cl\cdot$$

This chlorine atom can now react with another methane molecule, and so on. Indeed a chain of reactions proceeds until at some stage the radical is lost by reaction with another radical or possibly with the walls of the container. Thus the overall picture of this substitution reaction is as follows:

Initiation

$$Cl_2 \xrightarrow{\text{light}} 2Cl\cdot$$

Propagation

$$Cl\cdot + CH_4 \longrightarrow HCl + \cdot CH_3$$

$$\cdot CH_3 + Cl_2 \longrightarrow CH_3Cl + Cl\cdot \quad \textit{etc.}$$

Termination

$$2Cl\cdot \longrightarrow Cl_2$$

$$2\cdot CH_3 \longrightarrow C_2H_6$$

$$\cdot CH_3 + Cl\cdot \longrightarrow CH_3Cl$$

The methyl chloride formed can react similarly with chlorine to form methylene chloride and, eventually, chloroform and carbon tetrachloride.

It is worth considering the energy balance of this reaction. The overall picture is that the bond dissociation energies of the Cl—Cl and H—CH_3 bonds are, respectively 58 and 101 kcals/mole. These are the energies required to break these bonds. On the other hand the bond strengths of the H—Cl and Cl—CH_3 bonds which are formed are, respectively, 103 and 80 kcals/mole. These are, in turn, measures of the energy released in the formation of these bonds. In other words the energy required to break the original bonds is less than that produced in the formation of the new bonds, the heat of reaction being 24 kcals. The reaction is thus *exothermic* and heat is given out.

None the less it is necessary to provide energy to initiate the reaction, for the initial breaking of a chlorine molecule requires 58 kcals/mole. But once this energy has been provided and the chlorine atoms are formed the propagation reactions proceed without further provision of energy for they are both exothermic:

$$Cl\cdot + H{-}CH_3 \longrightarrow \cdot CH_3 + HCl + 2 \text{ kcals/mole}$$

$$\cdot CH_3 + Cl_2 \longrightarrow CH_3Cl + Cl\cdot + 22 \text{ kcals/mole}$$

In each of these steps the energy required to break the bond to be broken is less than the energy provided by the formation of the new bond. (It may be noted that the alternative reaction

$$Cl\cdot + H{-}CH_3 \longrightarrow CH_3Cl + H\cdot$$

does not take place since it is not favourable energetically. The energy required to break the C—H bond is greater than that released in the formation of the C—Cl bond.)

Polymerisation of alkenes

As a second example of a free radical reaction the radical polymerisation of alkenes may be considered.

Initiation is usually provided in this case by decomposition of some easily split molecule such as dibenzoyl peroxide, which is therefore used as a catalyst.

$$(C_6H_5CO_2)_2 \xrightarrow{\text{heat}} 2C_6H_5CO_2\cdot$$

This radical, or some other resulting from it, which we may call R·, then attacks an alkene molecule by an addition reaction:

$$R\cdot + \;>C{=}C<\; \longrightarrow R{-}\overset{|}{\underset{|}{C}}{-}\dot{C}<$$

The new radical so produced then adds to a further molecule of alkene and once again a chain reaction ensues:

$$R{-}\overset{|}{\underset{|}{C}}{-}\dot{C}< \; + \; >C{=}C< \; \longrightarrow R{-}\overset{|}{\underset{|}{C}}{-}\overset{|}{\underset{|}{C}}{-}\overset{|}{\underset{|}{C}}{-}\dot{C}<$$

$$R{-}\overset{|}{\underset{|}{C}}{-}\overset{|}{\underset{|}{C}}{-}\overset{|}{\underset{|}{C}}{-}\dot{C}< \; + \; >C{=}C< \; \longrightarrow R{-}\overset{|}{\underset{|}{C}}{-}\overset{|}{\underset{|}{C}}{-}\overset{|}{\underset{|}{C}}{-}\overset{|}{\underset{|}{C}}{-}\overset{|}{\underset{|}{C}}{-}\dot{C}< \quad \textit{etc.}$$

Such addition reactions then proceed until they are terminated by either (*a*) two radicals colliding with one another and reacting either by addition or disproportionation, (*b*) a radical colliding with an initiating radical, or (*c*) a radical interacting with some impurity present.

(*a*)
$$2\,R{-}\left(C{-}C\right)_n{-}C{-}C\cdot \longrightarrow R{-}\left(C{-}C\right)_n{-}C{-}C{-}C{-}C{-}\left(C{-}C\right)_n{-}R$$

$$2\,R{-}\left(C{-}C\right)_n{-}C{-}C\cdot \longrightarrow R{-}\left(C{-}C\right)_n{-}C{-}C{-}H \;+\; R{-}\left(C{-}C\right)_n{-}C{=}C\Big\langle$$

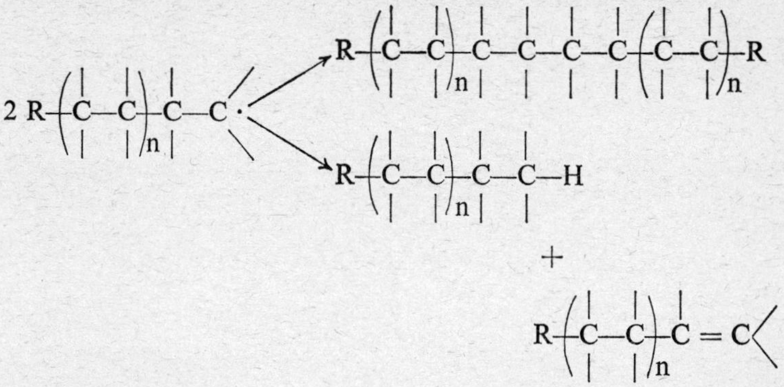

(*b*)
$$R{-}\left(C{-}C\right)_n{-}C{-}C\cdot + R\cdot \longrightarrow R{-}\left(C{-}C\right)_n{-}C{-}C{-}R$$

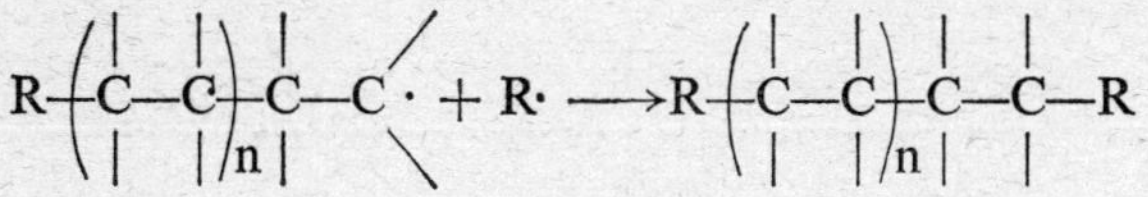

Since a number of radicals are always being lost in this way it is necessary to provide further initiating radicals to maintain the reaction. These radicals come from the catalyst which is present.

CHAPTER VIII

Spectra of Organic Molecules and their Uses

Introduction

Until relatively recent years the structure of unknown organic compounds was elucidated almost entirely from a study of the chemical reactions of those compounds. This was carried out partly by proving the presence of certain groupings of atoms by means of standard chemical tests, and partly by a study of the products obtained from degradation of the molecule into simpler molecules by oxidation, hydrolysis, etc. Confirmation of the structure was then obtained by synthesis of the compound by proven steps from known starting materials.

The last two decades have seen a virtual revolution in the methods used for the determination of structure and physical methods have played an ever increasing part. Nowadays a very large amount of information is obtained by purely physical means.

One of the most valuable sources of information is provided by the spectra of organic molecules. When light is passed through a sample of a compound, certain portions of the light are absorbed by the compound. The wavelength or frequency at which absorption takes place is a function of the chemical structure of the compound. Hence a study of the absorption spectrum of a compound may provide most valuable information about its molecular structure.

By observing the change in the spectrum of a reaction mixture with time it is also possible to follow the course of a reaction and to determine its rate.

Because the human eye is sensitive only to light of a restricted range of wavelength we are conditioned to thinking of three kinds of light; visible, being those wavelengths which we can see unaided; ultra-violet, being light with a shorter wavelength (or greater frequency) than visible light; and infra-red, being light with a longer wavelength (or lesser frequency) than visible light. In fact these lines of demarcation are entirely artificial and there is no real distinction between visible and invisible light.

Light is a form of energy and the energy is related to the wavelength or frequency by the following equations:

$$E = h\nu = \frac{hc}{\lambda}$$

where E = energy

ν = frequency

λ = wavelength

c = velocity of light (constant for all forms of light)

h = Planck's constant

It thus follows that the higher the frequency (or the shorter the wavelength) the greater the energy.

When a molecule absorbs light it gains energy and this gain may bring about increased rotations or vibrations of the atoms or may raise electrons in the molecule to higher energy levels. The particular frequency of light that any individual molecule can absorb depends upon the changes in rotations or vibrations or electronic states that are possible for that molecule. The spectrum of a compound is usually measured and presented as a continuous plot showing the absorption of light at every frequency over a particular range. The shape of such a spectrum is dependent upon the molecular structure of the compound.

Ultra-Violet and Visible Spectra

The determination of visible and ultra-violet spectra was one of the earliest physical methods employed by organic chemists in the elucidation of organic structures.

The visible spectrum extends from about 400 mμ to 800 mμ (1 mμ = 1 millimicron = 10 Å = 10^{-7} cm). The near ultra-violet spectrum extends from about 200 mμ to 400 mμ. The lower limit is determined by practical considerations. Oxygen absorbs light strongly at wavelengths below 210 mμ. Hence it is necessary to use special apparatus, excluding air, in order to work at shorter wavelengths than this. Wavelengths between 100 mμ and 200 mμ have been called the vacuum ultra-violet or the far ultra-violet. Visible and near ultra-violet spectra are frequently recorded with one instrument. The major features of visible and ultra-violet spectra are caused by electronic transitions, *i.e.* the excitation of an electron from its lowest energy state (ground state) to an excited state. The important features are the positions of maximum absorption ($\lambda_{max.}$) and the intensity of the absorption at these maxima.

Saturated Compounds

Saturated hydrocarbons absorb light in the far ultra-violet region but are transparent in the visible and near ultra-violet regions. Other saturated compounds having also hetero-atoms (*i.e.* atoms other than carbon and hydrogen) present absorb at somewhat longer wavelengths. Alcohols and ethers, for example, absorb at longer wavelengths than alkanes. They also, however, are transparent in the near ultra-violet and visible regions. Alkyl iodides, sulphides and amines do absorb in the near ultra-violet region, however. Examples of the positions of maximum absorption of some typical saturated compounds are as follows:

	$\lambda_{max.}$ (mμ)
Ethane	135
Methanol	183
Diethyl ether	182–189
Diethyl sulphide	210
Ethyl iodide	250

Unsaturated Compounds

Compounds having isolated olefinic or acetylenic bonds absorb strongly in the far ultra-violet (*e.g.* ethylene, $\lambda_{max.} = 165$ mμ; acetylene, $\lambda_{max.} = 173$ mμ) but are transparent in the near ultra-violet and visible regions. Carbonyl groups, however, have a weak maximum in the near ultra-violet as well as a strong maximum in the far ultra-violet (*e.g.* acetone, $\lambda_{max.} = 188$ and 279 mμ; the intensity of absorption of the latter maximum is only one sixtieth that of the former).

Conjugated olefins and conjugated unsaturated carbonyl compounds absorb light at much longer wavelengths and much more intensely, both the wavelength and intensity increasing with increased conjugation. This is illustrated by the data for the following compounds:

	$\lambda_{max.}$ (mμ)
Ethylene ($CH_2{=}CH_2$)	165
1,3-Butadiene ($CH_2{=}CH{-}CH{=}CH_2$)	220
1,3,5-Hexatriene ($CH_2{=}CH{-}CH{=}CH{-}CH{=}CH_2$)	258
Acetone (CH_3COCH_3)	188, 279
Acrolein ($CH_2{=}CH{-}CHO$)	210, 315

Benzenoid Compounds

Benzenoid compounds show strong absorption at the very short wavelengths of the near ultra-violet region and much weaker absorption at rather longer wavelengths. The position and often the intensity of these maxima may be considerably modified by substituent groups attached to the benzene ring. Some examples are:

	$\lambda_{max.}$ (mμ)
Benzene	198, 255
Toluene	208, 262
Phenol	210, 270
Aniline	230, 280
Styrene	244, 282

The ultra-violet and visible spectra of organic molecules provide useful information on the extent of conjugation in the molecule, and in conjunction with other spectral data often provide valuable evidence on molecular structure. For example, the ultra-violet spectrum of an unsaturated ketone would show whether or not the olefinic bond was conjugated with the carbonyl group. In some fields of study the influence of environment on the position and intensity of maxima has been investigated in some detail, but in general ultra-violet and visible spectra reveal fewer structural features than infra-red spectra. In many cases ultra-violet spectra are useful to confirm structural features deduced by other means.

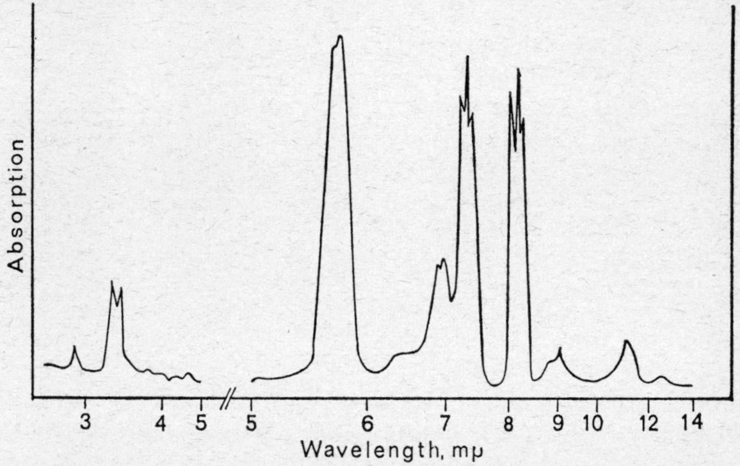

Infra-red spectrum of acetone (in vapour phase)

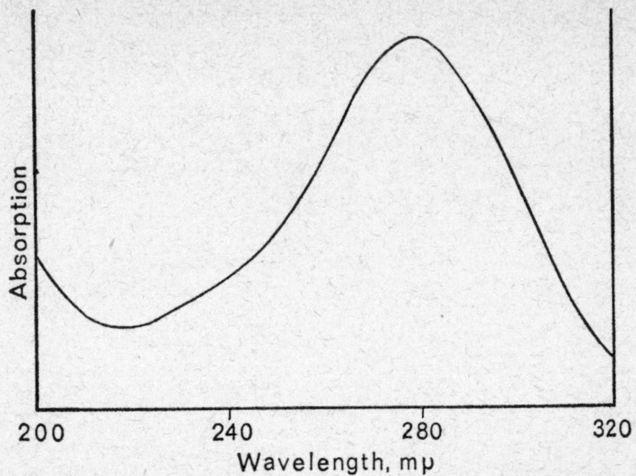

Ultra-violet spectrum of acetone (*in solution in cyclohexane*)

By observing the intensities of absorption of known maxima in the spectra of compounds, ultra-violet spectra can also be used for the quantitative determination of the compounds.

Infra-red Spectra

The portion of the infra-red range which has been of greatest use to organic chemists is that lying between 2·5 μ and 15 μ ($\mu = 10^{-4}$ cm). Instead of expressing results in wavelengths, wave-numbers, which are the reciprocals of the wavelengths, are sometimes used. Thus 2·5 μ expressed in wave-numbers becomes equal to 4000 cm^{-1} and 15 μ equals 660 cm^{-1}. In contrast with the situation which obtains in the visible and near ultra-violet portions of the spectrum, all organic compounds absorb light in the infra-red region. This fact, coupled with the much more characteristic shapes of infra-red spectra make them in general much more informative than ultra-violet and visible spectra.

In this infra-red region the absorbed radiation is converted into vibrational energy. The complex plot of absorption against wavelength or wave-number which is obtained may be used in a number of ways.

For example, an infra-red spectrum is an invaluable proof of the identity of two samples. Proof of the identity of any organic compound rests upon the accumulation of physical evidence, *e.g.* melting point, mixed melting point, refractive index, etc. An infra-red spectrum is really a vast collection of physical data for it is the record of the absorption of light of a compound at a very large number of different wavelengths. Infra-red spectra are much more irregular and have many more conspicuous features than visible and ultra-violet spectra. If two samples of material give identical infra-red spectra, it is as near as possible certain that they consist of the same compound.

Additionally it has been found that many groups of atoms give rise to absorption bands at about the same wavelength whenever they are present in a molecule, *e.g.* unbonded hydroxyl groups absorb at about 2·72–2·86 μ, aliphatic carbonyl groups at about 5·75–5·85 μ, etc. Thus inspection of an infra-red spectrum and reference to appropriate data sheets may give strong evidence of the presence or absence of certain groups of atoms. Furthermore, the exact location of an absorption peak which is due to a certain structural feature may be correlated with small variations in the environment of this feature. For example, whereas the carbonyl group in cyclohexanones absorbs at 5·81–5·88 μ, in five- and four-membered rings, the absorption maxima are at 5·71–5·75 μ and 5·62 μ–5·68 μ respectively.

A very large amount of information can thus be derived from infra-red spectra, and their determination is now a routine operation in the investigation of a compound of unknown structure. The interpretation is not always easy or straightforward, however. Interaction between adjacent groups of atoms may alter the position of the absorption maxima in such a way as to mislead the investigator and to cause him to assign certain features incorrectly. However, when interpreted by experienced persons who have a good understanding of organic structure, and especially a detailed knowledge of the particular class of compounds with which they are dealing, infra-red spectra can provide an enormous amount of information. This information is gained, moreover, in a few minutes and with the use of less than a milligram of a sample – which is in any case recoverable.

Nuclear Magnetic Resonance Spectroscopy

In the last decade a new and most powerful spectroscopic tool has been added to the organic chemist's armoury. This is nuclear magnetic resonance (or n.m.r.) spectroscopy.

Under appropriate conditions a sample of material can absorb radiation in the radio-frequency region (say, *ca.* 60 megacycles/sec) and the frequency at which absorption takes place depends on the chemical structure of the sample. This absorption is connected with the magnetic moments associated with nuclear particles. In general, nuclei with an even number of protons and an even number of neutrons (*e.g.* ^{12}C) do not give rise to n.m.r. absorption, but nuclei which contain an odd number of particles do. The most important of the latter in organic chemistry is hydrogen.

The most important feature of the n.m.r. absorption due to hydrogen atoms is that the frequency at which absorption takes place depends on the chemical environment of the hydrogen atoms in question, and it is thus possible to distinguish between hydrogen atoms in different environments. For example, in the ethanol molecule (CH_3CH_2OH) the hydrogen atoms are in different environments depending on whether they form part of the methyl group, the methylene group or the hydroxyl group. The n.m.r. spectrum of ethanol consequently shows three peaks (see accompanying diagram), one due to the three hydrogen atoms of the methyl group, one due to the two hydrogen atoms of the methylene group and one due to the one hydrogen atom of the hydroxyl group.

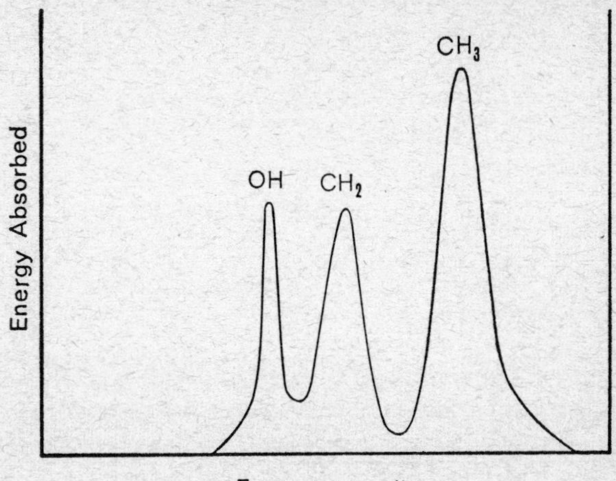

n.m.r. spectrum of ethanol

Furthermore the relative areas beneath these different peaks are proportional to the number of hydrogen atoms of each type, *i.e.* in the case of ethanol they are in the ratio 3:2:1. (In the diagram the horizontal scale is actually expressed in dimensionless units from a reference marker; the latter is commonly the single peak due to the methyl groups in tetramethylsilane, $(CH_3)_4Si$.)

If a greater resolution is employed it is found that these peaks show fine structure and are subdivided into groups of peaks. The spectrum of diethyl ketone on the next page demonstrates this.

This 'splitting' of the peaks is due to the effect of protons attached to adjacent atoms.

The multiplicity of the split depends on the number of hydrogen atoms on the adjacent atoms. If there are n adjacent equivalent hydrogen atoms the peak is split into $(n + 1)$ peaks at high resolution, the relative areas of these peaks being the same as the coefficients of the expanded binomial $(a + b)^n$. Thus in the example given the two methylene groups (which are identical and therefore absorb at the same frequency) each have as neighbours carbon atoms attached to three hydrogen atoms – the main peak due to the methylene group is hence split into four peaks (relative areas 1:3:3:1). Similarly the methyl groups, which are flanked by methylene (CH_2) groups, give peaks which at high resolution are split into three peaks (relative areas 1:2:1). The

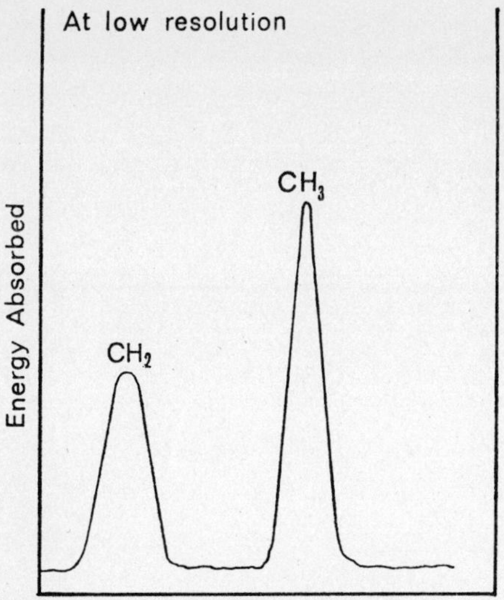

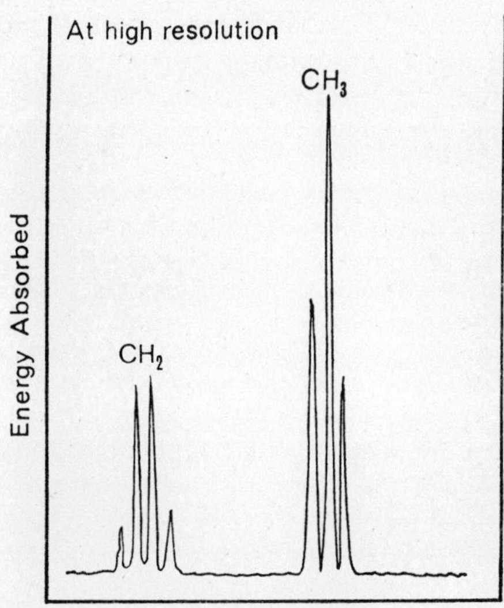

n.m.r. spectra of diethylketone

total areas of the principal peaks remain the same, whether they are split by high resolution or not.

From this very elementary and simplified discussion it may be seen that an n.m.r. spectrum can give rise to information of the types of hydrogen atom present in a molecule, the numbers of each type, and also which types of hydrogen are adjacent to one another. This technique is therefore invaluable in studying organic molecular structure.

As an example the reader may deduce the structure of the compound $C_2H_3Cl_3$ from its n.m.r. spectrum as shown below. (Consider the areas beneath the peaks and the multiplicity of the splitting of the peaks.)

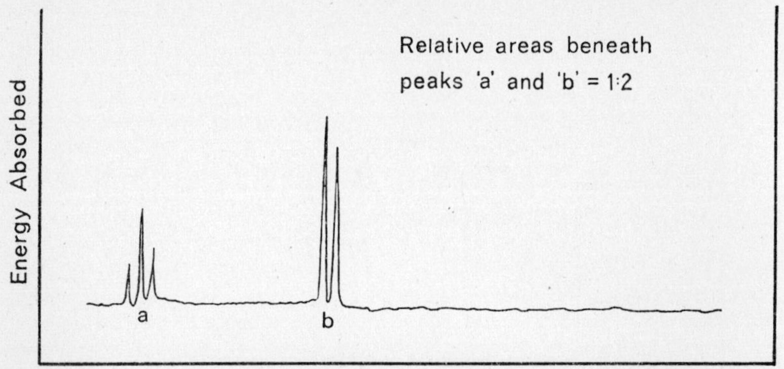

n.m.r. spectrum of $C_2H_3Cl_3$

In textbooks of organic chemistry the means of distinguishing between compounds by classical chemical means is always discussed. For example, the identity of the two isomers of molecular formula C_2H_6O can be settled on the basis of their chemical reactions. This can also be readily achieved spectroscopically. For example, the n.m.r. spectra would be quite different. As mentioned above, that of ethanol has three distinct peaks, whereas dimethyl ether, having six equivalent hydrogen atoms, would give only one peak. Similarly determination of their i.r. spectra would show that one of these isomers contains a hydroxyl group whereas the other isomer does not.

Electron Spin Resonance Spectroscopy

Another form of spectroscopy, similar in principle to nuclear magnetic resonance spectroscopy, which has been developed in recent years is known as *electron spin resonance spectroscopy* (e.s.r.). An unpaired electron has a magnetic moment and can absorb energy in the microwave region (*ca.* 10 000 megacycles/sec).

Electron spin resonance spectroscopy has therefore been particularly useful in organic chemistry for the detection and study of free radicals. Under favourable conditions a concentration of free radicals as low as 10^{-12} M can be detected. Information concerning the structure, and especially the electronic structure, of simple hydrocarbon free radicals can also often be obtained by a study of the fine structure of their e.s.r. spectra. Even more valuable has been the use of e.s.r. spectroscopy to study short-lived free radical intermediates in organic reactions.

CHAPTER IX

Other Physical Properties of Organic Compounds and their Uses

From the very beginnings of organic chemistry it has been customary to record certain physical properties of organic compounds, such as their melting points and boiling points, as an aid to their identification. As discussed in the previous chapter, in recent years physical methods have played an ever-increasing part not only in the identification of organic compounds, but also in the elucidation of their chemical structure. The present chapter briefly mentions some of these physical techniques other than the spectroscopic ones which are dealt with in the previous chapter.

Melting Points and Boiling Points

Generally speaking, melting points and boiling points give little indication about the chemical structure of organic molecules, and their main use has been for identification by comparison with known values. The use of mixed melting points should be especially noted. The melting point is also valuable as a criterion of the purity of a sample of a compound. Melting points can sometimes give indication of structure. For instance, of a pair of geometrical isomers, the *trans*-form usually has the higher melting point.

Boiling points are less useful than melting points for identification purposes, hence the practice of converting liquids to solid 'derivatives' for establishing the identity of a compound. Boiling points usually increase with increasing molecular weight within any homologous series; branched chain molecules normally have lower boiling points than the straight chain isomers. Compounds having hydroxyl groups tend to have high boiling points owing to intermolecular association brought about by hydrogen bonding. Other oxygenated compounds, such as ethers, cannot associate in the same way, and boil at much lower temperatures. (Compare the two isomers C_2H_6O, ethanol, b.p. 78°C, and dimethyl ether, b.p. −25°C.)

Solubility

Some indication of the chemical nature of a compound may be obtained by observing its solubility in water and an organic solvent such as ether or methylene chloride.

Organic compounds are practically insoluble in water unless they contain one or more oxygen or nitrogen atoms. Compounds which have one oxygen or nitrogen atom and five or less carbon atoms are generally moderately soluble. The solubility in water decreases rapidly as the ratio of the number of oxygen and nitrogen atoms to the number of carbon atoms decreases. Organic salts are frequently soluble in water but not in organic solvents. (Some dissolve in polar solvents such as methanol or acetonitrile.) Organic acids and bases are usually soluble in aqueous alkali and acid respectively. Most organic compounds are mutually soluble, at least to some extent, although compounds having large numbers of hydroxyl groups may be insoluble in many organic solvents.

In general, molecules with similar structural features have the highest mutual solubility: this is aptly summed up by the old adage 'like dissolves like'.

Refractive Index

Refractive indices are one of the most useful and easily determined physical constants for the identification of organic liquids. They are dependent on both temperature and the wavelength of the light used, so that it is normal practice to quote the conditions which were used in the determination. From the refractive index, molecular weight, and density of a compound it is possible to calculate a function known as the molar refraction. Since it is also possible to calculate the molar refraction in many cases, making allowances for various structural features in the molecule, it has sometimes proved possible to utilise molar refraction as evidence in structural determination. Thus it has enabled a distinction to be made between keto and enol forms, since the calculated values for a $—CO—CH_2—$ group and a $—COH{=}CH—$ group differ sufficiently.

Gas-liquid Chromatography

Gas-liquid chromatography is based on the same principles as ordinary column chromatography. The material to be analysed is passed in vapour form, in a current of an inert gas as a carrier, through a column containing an inert material coated with a suitable high-boiling liquid as an adsorbent. As in ordinary chromatography different organic compounds are adsorbed and desorbed at different rates. Since the time of retention on a column is a property peculiar to an individual compound for a particular column packing, *retention time* can be used as a means of identifying organic compounds. This is achieved by comparison with the behaviour of known compounds on the same column. One of its most valuable features is the small amounts of material required. The presence of small amounts of impurities in samples is also easily demonstrated.

Dipole Moments

In Chapter I it was shown that owing to the differing electronegativities of different atoms there is some separation of charge in organic molecules unless they have a centre of symmetry. The extent of this polarisation can be determined experimentally by observing the extent to which molecules of a compound orientate themselves when placed in an electric field. This information is gained by measurements of the dielectric constant of a compound. A measure of the dipole moment can sometimes solve structural problems. Thus of two geometrical isomers (I) and (II), the *cis*-isomer will have a definite dipole moment due to the inductive effects in the various bonds. Similar inductive effects will also be present in (II) but the molecule as a whole has a centre of symmetry. It will therefore have a dipole moment of zero.

```
H       H       H       X
 \     /         \     /
  C=C             C=C
 /     \         /     \
X       X       X       H

   (I)             (II)
```

Dipole moments can also provide evidence of 'long-range' interactions between groups of atoms in a molecule. Thus, the dipole moments of aniline and of nitrobenzene have numerical values of 1·53 and 3·95 units respectively. The dipole moment of *p*-nitroaniline has a value of 6·10 units. The fact that this exceeds the sum of the values for aniline and nitrobenzene is due to long-range electronic interaction between the two groups acting through the benzene ring.

X-ray Diffraction

One of the potentially most powerful tools for the determination of organic structures is X-ray diffraction. When a beam of X-rays passes through a crystal it is diffracted by the atoms which make up that crystal. By a study of the diffraction pattern produced it is possible to calculate the spacing of the atoms in the crystal. By this means we not only get a picture of the molecular structure of a compound but also precise measurements of the bond lengths and bond angles in a compound. The major drawback is the formidable and often tedious task of translating an X-ray diffraction picture into a picture of the atoms which caused it. Because of the tremendous amount of work involved it has been applied to relatively few compounds, normally ones of some unusual interest or importance. The use of computers has eased the task involved, but it is still far from being a routine type of operation.

Optical Rotatory Dispersion

We have already seen, in Chapter III, the use of a polarimeter to detect the rotation of the plane of polarised light caused by asymmetric molecules. The majority of these determinations are carried out with light of one particular wavelength, normally that of the sodium D line.

The fact that the optical rotation caused by a compound changed with the wavelength of light was first noted as long ago as 1817 by Biot. Despite this, it is only in the last decade that systematic use has been made of this property by organic chemists to assist them in the elucidation of the structures of molecules. The spectral region which has been studied has usually been the visible and ultra-violet region down to a wavelength of about 250 mμ.

When the optical rotation of a compound is plotted against the wavelength of light the graph may be a smooth curve such as the two (A and B) shown in (III).

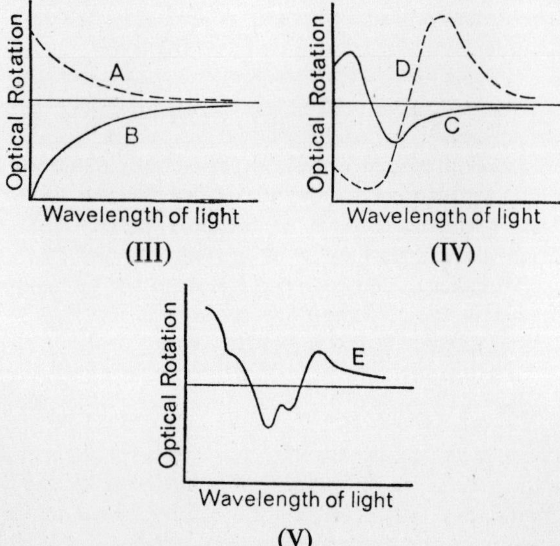

(III) (IV)

(V)

Such curves have been described as *plain curves*. Or the curves may have a peak and a trough as in the two examples (C and D) shown in (IV). The transition from peak to trough occurs approximately at a wavelength at which the compound under investigation absorbs light, *i.e.* at the wavelength where the ultra-violet spectrum shows a peak. Yet other compounds have more complicated curves, such as curve E in (V).

Much use has been made of such *optical rotatory dispersion* curves in recent years in structural determinations, by comparing the curve obtained from a compound of uncertain structure with the curves obtained from compounds believed to have related structures. It has been applied particularly to the study of carbonyl compounds since they have an absorption maximum and an irregularity in the curve at the very practically convenient wavelength of about 300 mμ. For example, optical rotatory dispersion studies have been used to locate the position of carbonyl groups in steroid molecules.

Another extremely valuable use has been in the investigation of the stereochemistry and conformation of many compounds. The shape of the curve is again dependent on both of these factors and with the aid of suitable reference compounds much valuable information has been gained, especially of the structure of cyclohexane derivatives.

Mass Spectrometry

The mass spectrometer is fundamentally an instrument for measuring the ratio of mass/charge of positively charged ions. When it is applied to organic compounds the ions normally have a unit charge and a measure of their mass is thus obtained.

In the instrument the substance under investigation is bombarded by a stream of electrons. This treatment produces a series of positively charged ions which are separated magnetically according to their mass (strictly mass/charge).

The 'parent' ion obtained from an organic molecule is one in which the molecule has lost one electron. The mass of this ion will thus give a measure of the molecular weight of the compound. This molecular weight is not an average molecular weight as obtained by most determinations but an exact numerical one. The presence of isotopes of the atoms making up the molecule is shown by other peaks with values one, two or more units greater than that of the parent peak.

Other peaks are usually expressed as percentages of the parent peak and from a study of the size of the peaks due to isotopes, not only the molecular weight but often the empirical formula can be found. This is possible because the ratios of the isotopes of the elements commonly found in organic compounds varies according to the element. Hence a study of the sizes of these subsidiary peaks and an arithmetical calculation based thereon may allow us to decide what numbers of which atoms are present. Tables have been prepared showing the ratios of these isotope peaks to the parent peak for the various empirical formulae that can correspond to any particular molecular weight. Consultation of these tables may therefore give an idea of the empirical formula.

In theory, and to some extent in practice, it is also possible to assess the molecular formula of a compound in an alternative way. A nominally integral molecular weight will usually correspond to several molecular formulae. For instance methanol (CH_3OH) and hydrazine (NH_2NH_2) both have integral molecular weights = 32. Atomic weights are not exactly integers, however, and therefore, in general, neither are molecular weights. The precise value of any particular nominally integral molecular weight depends on the formula of the molecule and will be slightly different for each molecular formula. Thus the molecular weights of methanol and hydrazine are actually very slightly different. Very accurate measurements with a high resolution mass spectrometer can give the molecular weight precisely enough to distinguish between these formulae.

Not only can molecular weights and empirical formulae be determined but it is also frequently possible to gain some idea of the molecular structure from mass spectrometry. Under the bombardment by electrons some of the chemical bonds in the sample are broken. The molecular fragments which are thereby formed appear as peaks of lower molecular weight, and from a study of these fragments a great deal of information may be gleaned about the original compound. As in all spectroscopic investigations, identification leans heavily on comparisons with the behaviour of compounds of known structure, and reference spectra of compounds with structural features similar to those which are suspected of being present in the compound under investigation are vitally important.

Mass spectrometry is thus potentially an extremely powerful technique for probing the structure of organic molecules. Two temporary hindrances to its wide application are the cost of the instruments and the necessity of highly skilled technicians to care for them. Improvements in design will no doubt lessen both of these problems and their wide use can then be anticipated.

CHAPTER X

A Brief History of Organic Chemistry

It may be claimed that ever since the discovery of fire mankind has been deliberately carrying out organic reactions, namely the oxidation of organic compounds. Various techniques of organic chemistry, such as distillation, are also of considerable antiquity.

The beginnings of organic chemistry as such may be put in the sixteenth century, with the first classification of substances into those derived from animate matter and those derived from inanimate matter. The actual term 'organic' came into use towards the end of the eighteenth century, to describe various substances isolated from natural sources, for example the drugs quinine and strychnine.

At that period it was considered that organic substances, such as the drugs, fats, sugars, perfumes, which chemists had been able to isolate from plants and animals, were somehow different from inorganic materials, and that a 'vital force' was necessary for their production. The concept of vital force was slowly eradicated by the synthetic work of various chemists who showed that it was possible to prepare organic compounds from purely inorganic materials. The classical example is Wöhler's preparation of urea from ammonium cyanate in 1828. This particular example has been criticised on the grounds that Wöhler's starting materials, although regarded as inorganic, in fact were of animal origin. This fact is irrelevant since both ammonia and potassium cyanate had previously been synthesised from their elements. The real end of vital force came with the syntheses of acetic acid and methane from their elements by, respectively, Kolbe in 1845 and Berthelot in 1856.

The term organic chemistry was retained however, but its meaning gradually became changed into the present day one of the chemistry of carbon compounds, embracing both those of natural and synthetic origin.

Until well into the nineteenth century the study of organic chemistry was very haphazard. However a coherence gradually evolved, built on the basis of atomic theory. In 1815 Berzelius showed that organic substances could be represented by definite molecular formulae and the investigation of their formulae was greatly assisted by the development by Liebig in the 1830s of adequate methods of elementary analysis.

In the 1820s Liebig and Wöhler demonstrated the important fact that different substances might have the same molecular formula. By 1830 the concept of isomerism had been accepted; the term itself was suggested by Berzelius.

In 1832 Wöhler and Liebig introduced the idea of *radicals* which could retain their identity through a series of chemical changes; Liebig described organic chemistry as the 'chemistry of compound radicals'. In 1837 modern ideas were clearly foreshadowed by Laurent in his suggestion that radicals were susceptible to certain types of substitution reactions but possessed fundamental nuclei of carbon and hydrogen atoms.

Dumas in 1840 introduced the *Theory of Types* in which he classified organic compounds into 'chemical types', each of the different types consisting of substances related to one another.

The real turning point in the understanding of the structure of organic compounds came in 1852 when Frankland published a theory of valency or the combining capacity of each kind of atom. In 1858 Kekulé applied this theory of valency to the chemistry of carbon compounds and expounded the system upon which modern constitutional formulae are based. He postulated the tetravalency of carbon and the ability of numbers of carbon atoms to join together, which in turn led to the present day concept of the carbon skeleton of organic molecules. In the same year, what was virtually the same theory was published independently by the Scottish chemist Couper. Both Kekulé and Couper devised graphical representations of molecular formulae, Couper's method being fundamentally identical with modern structural formulae.

The idea that benzene consisted of a ring of six carbon atoms linked by alternating single and double bonds was put forward by Kekulé in 1865; seven years later he added the idea that its structure alternated between the two equivalent arrangements of the double and single bonds which it is possible to draw, in some ways foreshadowing the twentieth century concept of resonance, although Kekulé thought in terms of a rapid alternation between the two formulae rather than a hybrid of the two.

The next landmark was the introduction of the theory of molecular configuration, with the concept of the tetrahedral carbon atom and of stereoisomerism. This theory was introduced quite independently by Le Bel and van't Hoff in 1874.

From this idea developed the great classical period of structural determination and synthesis which continued from that time until well into the present century. In this period the determination of structures of molecules depended almost solely on observations of chemical reactions and the whole magnificent edifice of structural organic chemistry is based on the logic with which these reactions were analysed.

In more recent years there has been a notable change in the approach to organic chemistry, based to a large extent on the greater application of physical methods to the study of organic molecules and their reactions. In addition the focus of interest has tended to shift from the structure of organic compounds for its own sake to their reactions and the factors influencing them, structural, electronic and steric.

The first association of chemical structure and reactivity with electrical charges was due to Berzelius in 1812. He suggested that all chemical bonding was electrostatic in origin. This idea proved to be incompatible with the facts of organic chemistry and was consequently dropped. Following the discovery of the electron by Thomson in 1897, the connection between the electronic structure of the elements and valency began to be realised. At the very beginning of the twentieth century Abegg and others explained the nature of ionic compounds but it was not until 1916 that Lewis introduced the concept of covalency.

In 1926 Heisenberg, Schrödinger and Dirac developed the theory of wave mechanics or quantum mechanics. They set up mathematical equations, the so-called *wave equations*, to describe the motion of electrons in terms of energy. From this the modern theory of electron orbitals and molecular orbitals has developed. The application of resonance or valence bond theory and of molecular orbital theory to organic chemistry has had a profound effect on the mode of thought of organic chemists. By seeking to explain and correlate the properties and reactions of organic compounds they have gained a greater insight into the factors which control these properties and have been able to introduce a much greater measure of systemisation into the understanding of organic reactions. Much of this understanding has been rationalised in the modern electronic theories of organic chemistry. As aforementioned, such work has been enormously helped by the applications of physical techniques to the study of organic chemistry.

Another recent development has been a greater appreciation of the effect of the shape of molecules and other steric factors on the chemistry of organic compounds. The study of this facet of organic chemistry tended to lie dormant under the surge of work on electronic theories of organic chemistry, but following the introduction of the concepts of conformation and conformational analysis, the appreciation of the importance of steric factors is again playing an important part in the understanding of organic reactions.

While organic chemistry has been developing as an intellectual discipline on the one hand, it has also been developing in another way as a practical subject of immense importance. A hundred years ago there was almost no organic chemical industry. Nearly all organic compounds in industrial use, such as perfumes, fats, dyestuffs, sugars, etc., were extracted from natural sources. Almost the only synthetic organic chemicals in technical use were ether and chloroform as anaesthetics.

Since then a massive organic chemical industry has developed and we are now surrounded with synthetic organic products in everyday life; in fact the synthetic organic chemical industry is an essential prop of contemporary life, producing as it does plastics, dyestuffs, synthetic fabrics, pharmaceuticals, fuels and solvents, to mention but a very few of its manifold applications. Two of the most important basic sources of organic chemicals are coal tar distillation and petrol refining. Coal tar distillation is by now a long-established process but petrol refining is a much more recent source which is, however, rapidly growing ever more important. Other important sources of organic materials are the fermentation industry and the preparation of acetylene from coke and lime.

Contemporary organic chemistry is thus an example both of a highly refined logical discipline, which has given us a much deeper understanding of the processes which underly organic reactions and the structure of organic molecules, and also of a most practical subject whose applications to everyday life are everywhere around us, and which has played a vital role in the raising of the material standards of mankind.

Index